# 国网四川省电力公司年鉴

（2018）

国网四川省电力公司年鉴编纂委员会　编

方志出版社

**图书在版编目（CIP）数据**

国网四川省电力公司年鉴.2018/国网四川省电力公司年鉴编纂委员会编.—北京：方志出版社，2019.2

ISBN 978—7—5144—3682—2

Ⅰ.①国… Ⅱ.①国… Ⅲ.①电力工业—工业企业—四川—2018—年鉴 Ⅳ.①F426.61—54

中国版本图书馆 CIP 数据核字（2019）第 036660 号

**国网四川省电力公司年鉴（2018）**

| | |
|---|---|
| **编　　者：** | 国网四川省电力公司年鉴编纂委员会 |
| **责任编辑：** | 何明忠 |
| **出 版 人：** | 冀祥德 |
| **出 版 者：** | 方志出版社 |
| | 地址　北京市朝阳区潘家园东里 9 号（国家方志馆 4 层） |
| | 邮编　100021 |
| | 网址　http：//www.fzph.org |
| **发　　行：** | 方志出版社发行中心 |
| | 电话（010）67110500 |
| **经　　销：** | 各地新华书店 |
| **印　　刷：** | 四川科锐得实业集团有限公司 |
| **开　　本：** | 889×1194　　1/16 |
| **印　　张：** | 26.5 |
| **字　　数：** | 944 千字 |
| **版　　次：** | 2019 年 2 月第 1 版　　2019 年 2 月第 1 次印刷 |
| **印　　数：** | 0001～1300 册 |

ISBN　978—7—5144—3682—2　　定价：190.00 元

# 国网四川省电力公司年鉴编纂委员会

（2017 年 1～12 月）



# 国网四川省电力公司年鉴编辑部

# 《国网四川省电力公司年鉴（2018）》主要特约撰稿人

| | |
|---|---|
| 刘廷鹞 | 国网四川省电力公司办公室 |
| 贺星棋 | 国网四川省电力公司发展策划部 |
| 罗　羿 | 国网四川省电力公司财务资产部 |
| 何　伟 | 国网四川省电力公司运维检修部 |
| 朱　志 | 国网四川省电力公司安全监察部 |
| 鲁　健 | 国网四川省电力公司营销部 |
| 张　烨 | 国网四川省电力公司建设部 |
| 冯　晋 | 国网四川省电力公司农电工作部 |
| 陶晓丽 | 国网四川省电力公司调度控制中心 |
| 朱文爽 | 国网四川省电力公司审计部 |
| 陈冬梅 | 国网四川省电力公司经济法律部 |
| 吴娅莎 | 国网四川省电力公司经济法律部 |
| 滕明勇 | 国网四川省电力公司人事董事部 |
| 李　秋 | 国网四川省电力公司人力资源部 |
| 李　佳 | 国网四川电网电力交易中心 |
| 周　剑 | 国网四川省电力公司运营监控中心 |
| 吴　蓉 | 国网四川省电力公司物资部（招投标管理中心） |
| 谢正军 | 国网四川省电力公司科技信通部 |
| 陆　娟 | 国网四川省电力公司离退休工作部 |
| 段卫平 | 国网四川省电力公司后勤工作部 |
| 谢玉玲 | 国网四川省电力公司思想政治工作部 |
| 江玉梅 | 国网四川省电力公司思想政治工作部 |
| 王文敏 | 国网四川省电力公司监察部（纪委办公室） |
| 张如平 | 国网四川省电力公司对外联络部 |
| 阮　征 | 国网四川省电力公司工会 |
| 彭　杰 | 国家电网公司企业管理协会四川分会 |
| 张维平 | 国家电网公司成都援藏办 |
| 李　琦 | 四川省公安厅直属二分局 |
| 王东源 | 国网成都供电公司 |
| 方美凤 | 国网乐山供电公司 |
| 刘　桢 | 国网德阳供电公司 |
| 李元源 | 国网雅安供电公司 |
| 李　征 | 国网眉山供电公司 |
| 鲁丽玲 | 国网攀枝花供电公司 |
| 李冬梅 | 国网队坝供电公司 |
| 杨　佳 | 国网绵阳供电公司 |
| 刘清宇 | 国网天府新区供电公司 |
| 林静玉 | 国网达州供电公司 |
| 何　磊 | 国网凉山供电公司 |
| 赵亮宇 | 国网泸州供电公司 |
| 张永喜 | 国网宜宾供电公司 |
| 李　锐 | 国网南充供电公司 |
| 李世佳 | 国网广元供电公司 |
| 张光平 | 国网内江供电公司 |
| 舒莘珂 | 国网广安供电公司 |
| 赵　炯 | 国网遂宁供电公司 |
| 左一丁 | 国网资阳供电公司 |
| 邹　庆 | 国网自贡供电公司 |
| 黄　超 | 国网巴中供电公司 |
| 曾春夏 | 国网甘孜供电公司 |
| 李红霞 | 国网四川映秀湾电厂 |
| 王　彬 | 国网四川省电力公司电力应急中心 |
| 贺　捷 | 国网四川省电力公司综合服务中心 |
| 马晓丽 | 国网四川省电力公司建设管理中心 |
| 席运生 | 四川电力工程建设监理有限责任公司 |
| 彭　灿 | 国网四川省电力公司电力科学研究院 |
| 王建华 | 国网四川省电力公司电源技术中心 |
| 余小闯 | 国网四川省电力公司检修公司 |
| 彭少博 | 四川电力送变电建设有限公司 |
| 陈　龙 | 国网四川省电力公司信通公司 |
| 丁妍文 | 国网四川省电力公司物资公司 |
| 丘东懿 | 国网四川省电力公司党校（管理培训中心） |
| 章志刚 | 国网四川省电力公司技能培训中心（四川电力职业技术学院） |
| 仲　冬 | 四川电力医院 |
| 胡　兵 | 四川科锐得实业集团有限公司 |

# 国网四川省电力公司年鉴

# (2018)

## 编 辑 说 明

一、《国网四川省电力公司年鉴（2018）》以马克思列宁主义、毛泽东思想、邓小平理论、“三个代表”重要思想、科学发展观和习近平新时代中国特色社会主义思想为指导，以辩证唯物主义和历史唯物主义的立场、观点、方法，实事求是、客观真实地进行记叙编纂。

二、《国网四川省电力公司年鉴（2018）》的编纂宗旨是：翔实、系统地记述公司一年中的发展进程和运行轨迹。全面反映公司在改革中不断进取的新成就和先进事迹、优秀人物；为各级领导决策和制订发展规划提供参考依据；满足广大电力职工、社会各届人士了解和研究电力改革、建设、发展的需求；为编史修志打下基础；为开展四川省电力行业与全国各省市（区）电力行业乃至国家之间的信息交流提供信息平台，推动四川电力工业持续发展。

三、《国网四川省电力公司年鉴(2018)》记述的是：2017 年 1 月 1 日至 12 月 31 日期间国网四川省电力公司系统的基本情况。

四、《国网四川省电力公司年鉴(2018)》采用条目式框架结构，即按类目、分目、条目方式进行编排，为方便读者查阅，在附录中收入了有关数据表格。本年鉴共计设置有 18 个类目、81 个分目、906 个条目。全书约 944 千字。

五、本年鉴所用资料、数据，主要由公司本部各业务主管部门和公司各基层单位提供。如各单位提供数据与统计部门提供数据不一致时，以统计部门数据为准。

# 目　录

# 特 载

责任编辑：何　飞

# 电力论坛

## 聚焦素质提升　推动高质量发展 为建设一流能源互联网企业贡献力量

石　玉　东

### 2017 年工作回顾

2017 年以来，国网四川省电力公司坚持“管理提升年”工作主线，上下同欲、拼搏进取，各项工作卓有成效，多项任务超额完成，呈现出稳中有进、进中向好的良好态势。完成售电量 1770.57 亿千瓦时，同比增长 5.79%。营业收入 973.38 亿元，同比增长 6.64%。固定资产投资 169.05 亿元，其中电网投资 162.96 亿元。投产 110 千伏及以上变电容量 1515.3 万千伏安、输电线路 2529.61 公里。利润 5.36 亿元，同比增加 0.41 亿元。资产负债率 71.13%，同比下降 2.66 个百分点。净资产收益率 0.9%，同比增加 0.44 个百分点。企业负责人业绩考核列国家电网公司第 10 名。

过去的一年，是高举旗帜、深入学习宣贯党的十九大精神的一年。我们把学习宣贯十九大精神和习近平新时代中国特色社会主义思想作为首要政治任务，紧扣“十个深刻领会”“六个聚焦”，坚持在学懂弄通做实上下功夫。召开党建工作会，印发学习宣贯实施方案，开展十大课题专题研究，科学谋划和推动公司工作。开展“旗帜领航·党徽闪光”等主题学习宣贯活动，公司班子成员率先垂范，深入基层面对面宣讲 20 次，基层领导干部宣讲 1400 余次，各级党组织以多种方式推动十九大精神进基层、进班组、进站所。组织各级党委中心组专题学习 300 余次，举办专题辅导和学习讨论 2100 余次，开展十九大精神网络答题，4.6 万余人次参加学习培训，实现学习宣贯全覆盖。通过学习宣贯十九大精神，广大干部职工思想认识更加统一，干事创业的信心和决心更加坚定，有力地推动各项工作深入实施。

过去的一年，是标本兼治、安全生产水平不断提高的一年。我们持续深化本质安全建设，率先在国家电网公司系统探索安全生产风险清单梳理，整改重点问题 294 项，不断夯实安全基础。深入开展安全生产大检查等专项活动，落实作业精准化日管控，整治隐患 2 万余条，查处违章 2122 项。制定基建领域配套改革措施，推动基建安全管理不断加强。面对“强直弱交”特性突出、负荷屡创新高、灾害频发等严峻形势，优化运行方式，强化运维保障和电力设施防外破，预警管控五级及以上风险 443 项，三大直流连续四年长周期满功率运行，确保了电网安全和电力可靠供应。深化停电计划刚性执行和配网调控管理，主网停电计划执行率提高 4 个百分点，配网临停率下降 45.7%。实施线路温升校核改造、“六防”整治等低投入高效益措施，线路输送容量提升 26%，故障跳闸及停运率分别下降 35.8%和 49.2%。制定高压电缆隧道综合整治标准，完成成都示范隧道治理。智能运检管控系统完成省内全覆盖，无人机巡检实用化工作在国家电网公司系统率先实现常态化。严格执行“五个最”的十九大保电标准，出色完成供电保障、维稳保密等工作，实现“四个零”目标。成功举办四川电网防汛减灾暨大面积停电联合反事故演练，高效应对“6·24”茂县山体垮塌、“8·8”九寨沟地震等灾害，第一时间恢复灾区供电，有力驰援地方电网，高效推进灾后重建，得到国家电网公司、四川省委省政府和社会各界充分肯定，荣获国家电网公司安全管理专业标杆。百余名员工浴“雪”奋战 23 天，快速处置 500 千伏九石一线险情，畅通水电送出“动脉”。

过去的一年，是坚定不移、深入推进“三个一”格局构建的一年。我们认准全省电力行业“三个一”格局的大方向，主动作为、全力推进，在推动形成符合四川省情的能源发展之路上不断突破。电源侧“一盘棋”发展成效明显，促成出台缓建绵阳江油煤电项目、停止发展火电和天然气发电、合理安排新能源发展等政策，逐步实现各类电源有序发展。面对今年全省装机新增 613 万千瓦、来水同比增长20%以上的巨大压力，发挥大电网、大市场、大平台资源优化配置优势，实现新能源全额消纳，调峰弃水首次下降。全口径外送电量 1389.34 亿千瓦时，连续四年突破千亿大关，公司外送电量 357.04 亿千瓦时，分别同比增长 7.95%和 35.03%。当选四川清洁能源产业联盟主席单位。电网侧“一张网”建设加快实施，促成四川省政府多次专题研究并重点督办，控股成立四川宜宾电力有限公司，探索出多方共赢、专业高效的电网资源整合模式。需求侧“一同价”管理稳步推进，用好输配电价改革成果，54家改制县公司各类电价与直供区全面同价，居民用电同价达 60 家，发展成果惠及人民群众。

过去的一年，是把握重点、电网发展取得长足进步的一年。我们发挥电力“先行官”作用，助力经济社会发展和民生改善。国家电网公司与省政府、公司与全部 21 个市（州）签订战略合作协议，电网发展环境持续优化。完善深度贫困地区电网专项规划和 144 个重点园区“一园一册”规划。全力推进外送通道建设，推动国家能源局明确雅中特高压直流落点江西，提前 7 个月建成川渝第三通道，创造了电网建设新的“四川速度”。实施“情暖藏羌”工程，开工 500 千伏马尔康等重点项目。500 千伏盐源、会东和 220 千伏兴文等工程顺利推进。建成 500 千伏新都（百泉）、宣汉（玛瑙）输变电、西成客专供电配套、九寨沟地震灾后抢建等一批强结构、补短板、惠民生重点工程。3 个单位配网建设改造标准化通过国网公司达标验收。强化农村和贫困地区供电保障，提前打赢新一轮农网改造升级“两年攻坚战”，户均配变容量较“十二五”初提升 94%，惠及 1141 万农村人口，有力助推脱贫攻坚。开展“三位一体”精准扶贫，67 个定点帮扶村实现脱贫摘帽，志愿服务工作荣获“2017 民生示范工程”，承办全省国有企业扶贫成果展，作为唯一企业在全省深度贫困地区脱贫攻坚推进会上发言，有关经验在央视等媒体广泛报道。

过去的一年，是挖潜增效、管理提升成绩显著的一年。我们坚持把发展着力点放在管理提升上，全力推进提质增效和问题整改，企业发展质效显著增强。扎实开展“管理提升年”活动，完成 137 项重点任务和 50 项卓越项目，7 项成果入选对标典型经验，6 个管理案例获国家电网公司表彰。首家接受监事会问题清单梳理现场辅导，配合做好集中重点检查，建立问题清单 1347 个，制订整改决议 433 项，全面完成年度整改目标，其中纳入重点管控的“三降一去”、低效无效资产处置、管理层级压减等 4 项任务超额完成。全年减少亏损子公司 32 家、减亏 1.75 亿元。压降“两金”存量 5.01 亿元，争取减免税费、财政补助、保险理赔 35.14 亿元。累计利库 3.56 亿元，处置废旧物资回收 6490 万元。启动内部模拟市场建设，出台管理规范和考核激励办法，为推广实施奠定基础。拓展电能替代深度广度，完成替代电量 46.56 亿千瓦时，同比增长 10.25%，占公司新增售电量近一半，成为效益重要增长点。营销“三全”建设全面推进，开展在线智能稽核，挽回电费损失 8908.9 万元，新增智能电表 403.5 万只，覆盖率达 98.86%，全口径自动采集成功率达 96.43%。强化审计成果运用，促进增收节支 1.27 亿元，组建省级审计中心。强化运营监控和法律风险防控，避免或挽回经济损失超过 4 亿元。加强同期线损管理和高损台区、三相不平衡治理，线损率同比降低 0.49 个百分点，降幅居国家电网公司系统第 1 位。历史遗留难题不断破解，追收广铝欠费 1.59 亿元、超计划 400 万元，陈欠电费压降至 5 亿元以内。实现回收川威集团有限公司陈欠节能服务费 2088 万元、不发生新欠的年度目标。医疗机构改革有序推进。完成国家电网公司系统唯一煤矿（石龙桥煤矿）“去产能”处置，妥善安置 775 名人员，得到国务院国资委高度肯定。

过去的一年，是顺势而为、改革创新卓有成效的一年。我们坚持以改革促发展，推进各项改革部署落地。配合制订并推动出台输配电价改革方案，促成藏区电网、改制县公司资产纳入输配电价测算，取消富余电量等电价政策。电力市场管理委员会顺利组建并进入实质运作，首创复式竞价撮合和偏差电量调整交易机制，试点跨省跨区现货交易，省内市场化交易电量占售电量的 33.09%，高于国家电网公司系统平均水平 4.62 个百分点。密切跟踪增量配电改革情况，第一批试点全部放弃，第二批仅 1 个项目。接收用户资产 62.1 亿元，在降低资产负债率的同时，进一步巩固市场地位。积极参与售电市场放开，成立综合能源服务公司，供区内省、市工业园区战略协议签订全覆盖。完成公司制改制。完成 42 家县级供电公司“子改分”，基本实现两级法人、三级管理。累计完成“三供一业”供电分离移交 41.07 万户，“两供一业”项目移交签约率达 100%，超前完成国家电网公司下达任务。地县调全业务融合实现新突破，在 4 家单位试点建设供电服务指挥平台，打造“电管家”服务品牌，建成“全能型”乡镇供电所 30 个，国家电网公司五星级供电所 9 个，服务质效不断提升。压减集体企业 35 户，精减用工 1822 人，应收账款较年初压降 42.3%。成立 CIGRE（国际大电网会议）工作组 1 个，新立项 IEEE 国际标准 3 项。荣获国家级管理创新奖 1 项，省部级科技进步奖 24 项、管理创新奖 37 项，国家电网公司优秀 QC 成果 9 项、职工创新成果奖 4 项、青创赛银奖 2 项。取得专利授权 230 件，其中发明专利 105 件。命名公司职工（劳模）创新工作室 35 个，创新创效氛围更加浓厚。

过去的一年，是立根铸魂、党建基础持续夯实的一年。我们深入推进“两学一做”学习教育常态化制度化，“四个意识”不断强化。将党建工作要求纳入公司章程，推行党委委员职责、片区、重点工作“三分工”，党建工作领导体制不断健全。制定“旗帜领航·三年登高”计划和“先锋川电”实施意见，推进基础建设年“五大工程”，实施合格党员积分制，基层党组织和党建力量不断充实完善。出台党建工作绩效考核等制度，构建“三位一体”考核体系，首次开展党建工作绩效综合考评。承办省国有企业党建工作会，先后 8 次在全国、全省及国网系统交流党建工作经验。落实党风廉政建设“两个责任”，率先在国家电网系统实现内部巡察全覆盖，逐项督导巡视巡察重点领域和发现问题自查自纠。

修订《领导人员管理办法》及配套制度。选派优秀青年干部到省级部门挂职，畅通政企沟通渠道。承办全省首届电力行业职业技能大赛，包揽团体、个人一等奖。开展首届大数据劳动竞赛。举办“卓越之路”企业文化节，建成全国电力行业企业文化建设示范单位。新创全国文明单位 6 家，基本实现市（州）公司全覆盖。企业微博获“金旗帜”央企微博最佳公众回应奖，微电影《牛粪》获第五届亚洲、国际微电影展“金海棠”“金桂花”奖。刘源作为国家电网公司系统 3 名职工之一获评第六届全国道德模范，鲁鹏获全国百名最美志愿者称号，16 个基层党组织、52 名党员受到国网公司党组、四川省委表彰。荣获全国、全省“五一劳动奖状（章）”8 个，国家电网公司劳动模范（工匠）5 名。

看似寻常最奇崛，成如容易却艰辛。过去的一年，国网四川省电力公司上下迎难而上、锐意进取，取得了许多具有突破性、里程碑意义的重要成果，推动事业发展迈上了新台阶。我们着眼全局、站高谋远，加快推动全省电力行业“三个一”格局构建，在化解发电产能过剩、理顺供电管理体制、提高电网运营效率等方面取得重要进展。我们破难攻坚、革弊前行，以改革的思路和创新的办法推动工作、化解难题，蹄疾步稳处置发展包袱、解决历史遗留问题，一步一个脚印推动发展质量和效率效益提升。我们苦干实干、落细落小，围绕管理提升这一企业发展的永恒主题，以目标和问题为导向，夯基础、强管理、促提升，开创了企业发展的良好局面。我们责任在肩、奋勇担当，在助力脱贫攻坚、应急抢险救援、服务地方发展中始终走在先、冲在前，以实际行动证明我们是无愧于时代、无愧于使命、无愧于人民的“川电铁军”。一年来，川渝第三通道投运、清洁能源消纳、抢险救灾等工作，得到国家电网公司和省委省政府主要领导多次批示和充分肯定，赢得社会各界广泛赞誉。

这些成绩的取得，是国家电网公司党组和省委、省政府坚强领导的结果，更是广大干部职工艰苦奋斗、共同努力的结果。在此，我代表公司领导班子向辛勤奋战在公司系统各条战线的干部职工表示诚挚的慰问！向关心支持公司改革发展的各级领导、离退休老同志以及职工家属表示衷心的感谢！

## 聚焦素质提升，推动高质量发展，主动融入建设具有卓越竞争力的世界一流能源互源网企业新征程

党的十九大把习近平新时代中国特色社会主义思想确立为党必须长期坚持的指导思想，为推进党和国家事业发展提供了思想武器和行动指南，开启了全面建设社会主义现代化强国的新征程。进入新时代，我国经济由高速增长转向高质量发展，在中央经济工作会议上，习近平总书记对解决清洁能源“三弃”问题、增加清洁电力供应提出明确要求，为加快能源革命、清洁能源消纳创造了重要机遇。省委十一届二次全会提出“一个愿景、两个跨越、三大战略、四项重点工程”的谋划，省委经济工作会议强调坚持稳中求进工作的总基调，深化供给侧结构性改革，对降低实体经济成本、强化污染防治等作出了一系列部署。面向新时代，在国家电网公司三届三次职代会暨 2018 年工作会议上，舒印彪董事长以宏大的国际视野，从全球的战略高度，提出了“一六八”战略新体系，即：建设具有卓越竞争力的世界一流能源互联网企业的新战略目标，“六个始终坚持”的指导原则、“八个着力”的战略思路。这个新战略体系，既描绘出国家电网更加广阔的发展蓝图，也为公司新时代发展指明了方向。

对照国家电网公司党组统一部署，新时代公司发展目标是：建设具有卓越竞争力的国内一流能源互联网企业。实现这一目标，可分为三个阶段来安排：到 2020 年，同步全面建成"一强三优"现代公司。到 2025 年，初步建成具有卓越竞争力的国内一流能源互联网企业。到 2035 年，全面建成具有卓越竞争力的国内一流能源互联网企业。

目标决定方向，方向决定未来。建设能源互联网企业，就是要积极适应新一轮能源革命，在供给侧，满足清洁能源大规模开发利用，提供更多绿色、低碳、优质的能源；在电网侧，建设以坚强智能电网为核心的新一代电力系统，融入更多社会系统、信息技术等，实现网络广泛互联、管理统一规范、用户灵活参与、多能协同互补；在需求侧，以用户为中心，推动业务、服务、管理的转型升级，更好地满足人民日益增长的美好生活需要，最终构建上下游紧密相联、清洁低碳、安全高效的能源体系。卓越竞争力，主要体现在电网安全控制能力、能源资源配置能力、自主创新能力、优质服务能力和企业可持续发展能力。

推动电网企业向具有卓越竞争力的能源互联网企业迈进，关键要推进高质量发展。近年来，国网四川省电力公司始终坚持质量第一、效益优先，推进"三个一"格局构建，实施效益、管理提升年活动，全力推动打赢提质增效、风险防控等系列攻坚战，在遗留问题处置、集体企业改革、"三降一去"等方面取得历史性成效，为卸下包袱、轻装前行奠定了坚实基础。特别是强化经营效益意识，严格控制发展投入规模，着力提高投资精准度，推动公司和电网不断迈向高质量发展，这高度契合新时代的要求。当前和今后一个时期，必须坚持把推动高质量发展作为根本要求，把建设内部模拟市场、开展素质提升、架好"连心桥"等作为高质量发展的实施途径，努力实现发展重点由"量"的扩张向"质"的提升转变，经营管理由简单粗放向精准精益转变，满足人民需求由"用上电"向"用好电"的转变。在此过程中，要把高质量发展，落实到谋划思路、制定措施、落地实施等各方面，推动质量变革、效率变革、动力变革，加快建设具有卓越竞争力的一流能源互联网企业。

**一、构建"三个一"格局，推动电力行业高质量发展**

"三个一"格局构建，是全省电力行业发展面临的紧迫任务。随着"十三五"末新一轮水电投产高峰期到来，全省清洁能源发电装机快速增长，对电力消纳带来挑战。与此同时，电网"强直弱交"特征明显，个别地区电网"卡脖子"与使用效率偏低的问题并存。全省供电体制复杂、管理割裂，与人民对美好生活需要的矛盾突出。解决这些问题，要从优化电源发展时序、加快外送通道建设、推动电网资源整合、强化精准投资等方面协同发力。

积极促进清洁能源发展。抓住中央关注西南水电消纳的重大机遇，落实国家增加清洁电力供应的部署，争取政策、破解难题，努力增送减弃。集中力量消纳现有过剩产能。加强对全省清洁能源发展和天然气"三联供"问题的研究，统筹考虑能源布局、结构、时序和配置方式。依托大电网、构建大市场，完善电力市场机制，推动打破省间壁垒，实现清洁能源更大范围消纳。增强资源配置能力。主动适应大容量储能、柔性输电、虚拟同步机等先进技术发展，发挥四川电网枢纽作用，推进电网广泛互联，提升平衡调节能力，推动源网荷协调发展，更好地满足清洁能源大规模接入的需要。实施"电能替代·美丽四川"行动。把握政府强化大气污染防治，及近期"煤改气"后全国出现的"气荒"、气价上涨等机遇，在交通、工业、商业、居民生活等领域广泛推进电能替代，力争"十三五"末电能占终端能源消费的比重达到 35%。结合地处西部的现实情况，加强汇报沟通，做深做细做实工作，推动完善激励政策，充分调动全社会的积极性。

全力建设坚强智能电网。坚持安全、优质、经济、绿色、高效的发展理念，提升电网资源配置、智能互动和可靠供电能力。打造本质安全电网。坚持安全第一、质量为本，实施质量强网战略，把本质安全要求贯穿电网规划、设计、建设、运行全过程，从设备、结构、技术、管理等方面综合施策，建设"四好"电网，提升内在预防和抵御风险、保持安全稳定运行的能力。加快特高压电网发展。针对电网"强直弱交"结构性矛盾，主动对接国家电网各阶段发展目标，研究四川电网目标网架，推动特高压交流环网纳入国家规划。积极推动外送通道建设，开展川电入鲁、入苏研究，明确白鹤滩、金沙江上游梯级电站外送方案，力争外送能力 2020 年达 4060 万千瓦、2025 年达 6660 万千瓦。强化配网精准投入。坚持效率效益导向，精准立项、靶向投资，建立科学的投入产出考评机制，把每一分钱都花在刀刃上。深化资产全寿命周期管理，做到导线截面一次选定、廊道一次到位、变电站土建一次完成，避免大拆大建。按照结构合理、技术先进、适度超前的原则，着力建设可靠性高、互动友好、经济高效的现代化配网，满足用户多样化用电需求。

不断增强人民群众获得感。推动逐步统一规范全省供电管理体制，理顺电价体系，让更多发展成果惠及人民群众。加快电网资源整合。结合脱贫攻坚、民生改善、应急保障等重点难点任务，找准切入点，将“一张网”建设纳入全省战略。通过股份制、无偿划转等方式，推动建立专业规范高效的“一张网”管理格局。推进全省同网同价。在“一张网”建设基础上，分“两步走”实现全省电价规范管理，年内完成各市（州）区域内同网同价，5年内形成公开、透明、统一的电价体系。

**二、全面提质增效，推动企业运营高质量发展**

保持良好效益是企业的本质要求，也是央企最大的政治责任，更是履行社会责任的基础。国网四川省电力公司地处西部，发展不平衡不充分问题突出，资产大、人员多、效率低、利润差仍是最大企情，个别单位只管花钱、不管挣钱，经营意识和动力不足。要牢固树立经营电网的理念，内强管理、外拓市场，全面提升治理能力。

持续深化改革创新。以改革思维顺应大势，以创新举措破解难题，推动各项工作不断突破。统筹推进电改和国企改革。巩固现有工作成效，密切关注政策动向，加强研究分析和信息沟通，对违规实施优惠电价等情况，要坚持原则和底线，态度鲜明地讲清道理，提出针对性建议意见。适应改革要求，完善内部管理机制，强化激励约束，提升运作效率和规范管理水平。推进“三项制度”改革，逐步实现管理人员能上能下、职工能进能出、收入能增能减。坚持创新驱动发展。深化“双创”工作，完善资金投入、人才激励、成果转化等机制，营造良好创新氛围。健全数据资产管理体系，挖掘数据资产价值，用数据驱动管理转型升级。加强信息系统清理和运维管理，加快统推系统与社会化信息手段在一线的融合运用，做到简洁明了、横向协同、纵向贯通。

努力提升经营效益。激发内生动力，增强价值创造，实现效益稳步提升。全面建成内部模拟市场。按照单位全覆盖、价值全分解、过程全监控的原则，构建涵盖省、市、县三级的内部模拟市场，推动企业运营全面对接市场运行机制，将考核结果与工资总额、负责人薪酬“双挂钩”。拓展综合能源业务。发挥电网品牌、技术、资源等优势，以“售电+”综合能源服务为主，建立投资评估、风险防控、激励考核等市场机制，延伸电网上下游业务，抢占先机、赢得市场，培育效益增长新动能，到2020年累计实现产值12亿元。

全力破解难点问题。落实“一把手”负责制，主动加压，不等不靠，加快推进，做到连战连胜。提前实现全面扭亏。按照“一户一策”原则，采取清算关闭、对外转让等方式，全力推进亏损企业治理，确保提前完成整改任务。巩固整改成效，健全长效机制，防止问题纠而复生、亏损治后再亏和新增亏损企业。全力降低资产负债率。通过接收用户资产、争取财政资金、合理控制投入等措施，切实降低资产负债率水平，年内将资产负债率控制在70%以内。深化集体企业瘦身健体。把握当前窗口期、机遇期，聚焦核心业务，精简企业户数，稳妥做好人员安置，确保队伍稳定，实现企业和人员数量“双降”。加强资产、应收账款、关联交易等管理，促进规范运营。

**三、实施“连心桥”工程，推动服务能力高质量发展**

随着人民美好生活需要的日益增长，对用电需求、服务品质、服务内涵提出更高要求。当前，公司供电服务效率不高、创新不足，频繁停电、投诉偏高、低电压等问题仍较为突出，和人民群众的要求差距还较大。要重温习近平总书记视察公司共产党员服务队重要指示精神，把服务人民美好生活需要作为工作的出发点和落脚点，作为以人民为中心发展思路的重要体现，落实国家电网公司“八大服务工程”，架好电力客户、精准扶贫、为民服务三座“连心桥”，把“业务末端”打造成“服务前端”，以一流的服务“做好电力先行官、架起党联系群众的连心桥”。

搭建电力客户“连心桥”。把以客户为中心的理念贯穿生产经营全过程、各环节，构建主动、智能、精准、优质的现代服务体系。创新组织架构。聚焦客户需求，推进资源整合和流程再造，做到前端服务网格化、后台支撑专业化。以“全能型”乡镇供电所和供电服务指挥平台为重点，探索城区低压网格化综合服务模式，推动营配调业务协同融合。深化“互联网+营销服务”，努力实现全业务线上办理、全天候“一站式”服务。优化服务机制。建立完善主动式、差异化、智能化、市场化的服务机制，抢占先机、拓宽渠道、提升品质，增强服务的便捷性、精准性和实效性，提高客户满意度。下放管理权限，提升办电效率，实现简单业务“一次都不跑”、复杂业务“最多跑一次”。强化服务治理。聚焦客户反映集中的问题，找原因、定措施，消除供电质量、抢修服务、业扩报装等方面存在的问题，确保投诉举报明显下降。完善考核机制，严肃投诉举报责任追究。

搭建精准扶贫“连心桥”。以保障坚强电力供应为首要任务，助推精准脱贫为有益补充，持续开展电力助推脱贫攻坚行动。补强发展短板。加大革命老区、民族地区、贫困地区电网建设改造力度，力争到2020年基本建成安全可靠、经济合理、坚固耐用的现代化农村电网。做好拟上划供区电网改造项目评估，科学安排时序和规模，确保供区内无一户因供电原因影响脱贫。深化精准帮扶。继续实施“三位一体”造血式扶贫，形成企业优势与地区特点有机融合的扶贫机制。跟踪贫困地区农副产品加工、休闲旅游等产业发展，快速响应用电需求。

搭建为民服务“连心桥”。坚持人民电业为人民，深化为民服务。推动建设党员服务队联盟。发挥共产党员服务队示范效应，联系公共服务、企业、协会等志愿服务组织，整合社会资源，打造为民服务新“名片”。助推乡村振兴。服务美丽乡村建设，总结推广“红细胞工程”“三本台账”“包片进村”等有效做法，创新思路载体，推进城乡供电服务实现均等化。

**四、开展“素质提升年”活动，推动队伍建设高质量发展**

一支高素质干部职工队伍，是建设具有卓越竞争力的一流能源互联网企业的核心要素和基本前提。当前，公司个别干部不敢担当、好人主义，在执行制度和要求上“打折扣、搞变通”；部分党员党性观念弱化，先锋模范作用发挥不够；职工队伍素质参差不齐，难以满足电网发展、技术应用、市场竞争的需要。要扎实开展“素质提升年”活动，建设与企业改革发展、经营管理要求相适应的一流干部职工队伍。

领导队伍要当好改革攻坚“顶梁柱”。按照“五个过硬”标准和国有企业领导人员20字要求，坚持正确选人用人导向，把对党忠诚、敢于担当、清正廉洁的好干部选出来、用起来。对党忠诚，就是要在政治上站得稳、靠得住，与党同心同德，听党指挥、为党尽责。围绕工作需要，加快弥补知识空白、经验盲区、能力弱项，提高适应新时代、落实新部署、实现新目标的本领。敢于担当，就是要自觉把责任扛在肩上、把任务抓在手上，不回避矛盾、不推诿责任、不搪塞理由，抓实抓好各项工作。强化调查研究，既要“身入”更要“心至”，解决好改革发展最急最忧的难题。清正廉洁，就是要严守政治纪律和政治规矩，严格执行廉洁从业各项规定，做到心有所戒、行有所止。带头转变作风，以上率下，形成“头雁效应”。

党员队伍要当好旗帜领航“排头兵”。广大党员要坚定信念、顾全大局、争做表率，时时作示范、处处当先锋、事事我带头。切实体现骨干作用。坚持高标准、严要求，在落实公司部署中担关键任务、作突出贡献，成为企业发展的脊梁。充分彰显模范作用。增强党性观念，敢于“向我看、跟我干、让我来”，切实担负起示范责任。积极发挥带头作用。不忘初心站在前，助推发展拼在前，为民服务走在前，创先进、争优秀、比业绩。

职工队伍要当好知行合一“实践者”。对照建设一流能源互联网企业的目标，努力提高综合素质，做到业务精湛、执行力强、甘于奉献。业务精湛，就是要弘扬劳模、工匠精神，立足岗位勤学习、多思考、善创新，掌握真本事、练就硬功夫，争做专业领域行家里手。执行力强，就是要增强规矩意识，严格落实公司决策部署和规章制度，步调一致、令行禁止，确保工作标准、流程、要求执行到位。甘于奉献，就是要增强主人翁意识，心怀感恩、爱企如家、忠于职守，在平凡的岗位上干出不平凡的业绩。

**五、建设新时代“先锋川电”，推动党建工作高质量发展**

坚持党的领导、加强党的建设，是国有企业的“根”和“魂”，是各项工作无往不胜的坚强保障。要积极打造具有新时代特色的“先锋川电”，实施“旗帜领航·三年登高”计划，深入推进“六大行动”，切实把2700个党组织和3.7万余名党员作用发挥好，将党建优势转化为创新优势、竞争优势、发展优势，在践行国企“六个力量”中勇当先锋。

全面加强党的建设。深入推进党的政治建设、思想建设、组织建设、作风建设、纪律建设，把制度建设贯穿其中，实现党建工作全面加强、全面过硬、全面提高。强化政治建设。牢固树立“四个意识”，把维护党中央权威和集中统一领导作为明确的政治准则和根本的政治要求，摆在首要位置。坚持用习近平新时代中国特色社会主义思想武装头脑、指导实践，解决工作中的难题和矛盾。压紧压实责任。完善“三位一体”考核体系，充分发挥各级党委把方向、管大局、保落实的作用，发挥基层党组织战斗堡垒和党员先锋模范作用。对照“四同步四对接”要求，推进党的建设与改革发展有效嵌入、无缝衔接。提升党建水平。坚持“五个化”方向，开展党建专业评价和对标管理，加强量化分析和过程管控，努力实现全对标、上台阶、提水平。优化基层党组织设置，推进党支部标准化建设。

切实增强文化引领。优秀企业文化是干事创业的精神支柱，也是凝聚人心、攻坚克难的有力保障。培育卓越文化。大力弘扬“努力超越、追求卓越”的企业精神和以客户为中心、专业专注、持续改善的企业核心价值观。始终关心关爱职工，全心全意依靠职工，打造相依相存、共生共荣的“命运共同体”。强化品牌认同。加强对服务人民美好生活需要、助推能源清洁转型等方面的主题传播，挖掘特色亮点，打造精品力作，增强各方对国家电网品牌认同。创新传播方式，借助主流、新兴媒体传递“国网声音”。正确引导舆论，维护良好品牌形象。大力选树典型。围绕重点工程、急难险重任务，以道德模范、身边好人、文明新风等为载体，树立一批先进典型，以正能量引导干部职工爱岗敬业、建功立业。

不断筑牢法纪红线。始终紧绷法纪这根弦，把法律和纪律作为基本要求，按制度履职、按规矩办事。加强法治建设。落实法治企业建设第一责任人职责，加快建设“三全五依”法治企业，把法治要求嵌入业务运转各个环节。强化全员法治意识，建立完善管理体系和机制，维护企业合法权益。加强协同监督，管控重点领域，防控风险，堵塞漏洞。深化内部巡察。坚持政治定位，统筹安排常规和专项巡察，创新运用“回头看”、机动式等方式，切实发挥利剑作用，推动党内监督向基层有效延伸。深化成果运用，强化问题整改，加大问责力度。加强纪律监督。落实党风廉政建设“两个责任”，保持高压态势不放松，从严从快执纪。综合运用监督执纪“四种形态”，抓早抓小、防微杜渐，真正让纪律成为“带电的高压线”。严格落实中央八项规定精神，继续在常和长、严和实、深和细上下功夫，防止“四风”问题反弹。落实“三个区分开来”要求，保护干部干事创业积极性。

## 2018年重点工作

2018 年是贯彻党的十九大精神的开局之年，是改革开放 40 周年，是决胜全面建成小康社会、实施“十三五”规划承上启下的关键一年。总体要求是：以习近平新时代中国特色社会主义思想为指导，认真贯彻国家电网公司党组和省委、省政府工作部署，践行新发展理念，坚持稳中求进工作总基调，把握高质量发展这个根本要求，全面加强党的建设，以安全稳定为前提，以“素质提升年”为载体，抓改革、强服务、补短板、提质效，全面推动公司和电网发展再上新水平。

主要发展和经营目标：发展总投入 167.1 亿元，固定资产投资 148.99 亿元，其中电网投资 143.71 亿元。开工 110 千伏及以上线路 2271.37 公里、变电容量 1124.6 万千伏安；投产 110 千伏及以上线路 2381.27 公里、变电容量 663.2 万千伏安。售电量 1848 亿千瓦时，增长 4.37%。全口径外送电量力争达到 1400 亿千瓦时，再创新高。营业收入迈过千亿大关，实现利润 5.57 亿元。提前完成亏损治理，实现全面扭亏。资产负债率 69.98%。全员劳动生产率 52.53 万元/人·年。

### 一、抓牢抓好本质安全

筑牢安全生产基础。制定落实安全生产领域改革发展实施方案，把“三杜绝一防范”目标贯穿全年安全生产工作。深入开展安全生产问题清单专项梳理，建立问题销项机制，狠抓风险隐患整治。压紧压实安全责任，制定全覆盖安全生产责任清单。加强安全教育培训，严格执行现场作业“十不干”要求。健全安全生产投入保障和激励机制，完善监督管理组织和制度体系。深化“两排查一整治”成果应用，推广电网资产统一身份编码建设，推进质量检测标准化建设三年行动计划。

保障电网安全运行。完善渝鄂背靠背、藏中联网等重点工程投运后的电网运行控制策略，加快系统保护建设，优化“三道防线”。加强三大直流、川藏联网等跨省跨区电网运维。推进输电线路“六防”“三跨”隐患治理，力争完成跨高铁重大隐患整改。强化停电计划制定和刚性执行，做到“一停多用、逢停必修”。抓好共沟电缆隐患及基础台账清理，建立配网电缆管理信息系统。强化智能变电站、直流辅助系统隐患排查，加强站用交直流、通信电源管理。开展预案修订和实战演练，提高应急处置能力。完成纪念改革开放 40 周年等重大保电任务。

加强作业现场管控。落实基建改革等 12 项措施，健全市场、管控及考核机制，推进全过程咨询试点，做实作业层班组，培养关键人员和核心分包队伍，提升基建管理水平。开展配网建设现场安全专项提升行动，将集体企业承揽工程量化分析扩展到配网工程领域。强化运检重点作业和继电保护高风险作业预警及现场安全管控，落实防触电、防感应电、防高坠、防误操作等安全措施。进一步落实精准日管控及到岗到位工作要求，严格故障抢修、小型基建等作业现场管理，确保安全规范作业。开展反违章专项督查，制订现场管控标准化手册。

强化网络与信息安全。落实国家网络安全法，开展电力监控系统和信息系统安全防护风险评估，完善各级调度、用电信息采集等安全防护措施，加强“互联网+”等新业务和并网电厂涉网安全管理，保障业务信息和客户数据安全。完成信息内网防火墙、隔离装置技术改造。逐级签订网络安全责任书，确保全员覆盖。

**二、不断提升优质服务水平**

优化服务体系。落实公司1号文件要求，深化“全能型”乡镇供电所建设，加强业务整合，强化岗位培训，将营配融合体制推广到城市供电服务领域，实现低压营配业务“一岗多能”。全面建设供电服务指挥平台，完成地市公司全覆盖，提高服务响应速度和客户满意度。

创新服务模式。加快营销“三全”建设，推动传统营销向智能营销转型。深化“互联网+营销服务”，加快实体营业厅智能化升级，低压客户手机APP缴费金额突破10亿元。改造更换114万只智能电表，全口径覆盖率和采集成功率分别达到99.9%和98%。推行片区客户经理、大客户“电管家”、敏感客户专属服务，保证服务及时精准高效。

提升服务质量。强化供电服务投诉专项整治，常态开展明察暗访，严肃问题查处和责任追究，确保投诉举报同比下降30%。开展全面用电检查，切实整治窃电、高价低接等问题，减少跑冒滴漏。强化配网运维及线路综合整治，确保配变异常和线路重复停电分别同比下降25%。实施业扩报装专项治理，简化报装程序，推行典型设计、标准化建设，下放10千伏及以下项目管理权限，确保高低压客户业扩环节分别精简至4个和3个，10千伏、400伏非居民用电平均接电时间分别压至80天和30天，客户接电费用下降30%。深化行风建设，确保满意度测评“保三争一”。

助推脱贫攻坚。深化新一轮农网改造升级，完成1330个村电网改造，做好易地搬迁项目配套电网建设。建成小康用电示范县4个。推广“彝兴”和“丽火”品牌，打造当地特色产业。巩固已脱贫村帮扶成效，推动40个贫困村脱贫，将凉山彝族自治州喜德县阿吼村打造成全省扶贫先进典型。

**三、推动各级电网发展**

发挥规划引领作用。推进四川中长期目标网架建设方案纳入国家规划。做好电网与地方发展规划衔接，配合开展“十三五”四川电网规划滚动调整。推动尽快明确金上送出方案。力争上半年核准雅中—南昌特高压工程，年内核准白鹤滩—江苏特高压工程。深化项目可研论证，加强城市总体规划禁建区、基本农田政策研究和协调，提升项目前期工作质效。

加快重点工程建设。推进500千伏马尔康、会东、盐源、蜀景三回，220千伏兴文，九寨沟电网灾后重建等重点工程建设。迎峰度夏前建成500千伏泉龙、路乐双回，220千伏百泉—马家、文峰—广惠等电网补强工程。加强成贵、成兰铁路配套供电工程建设协调，确保宜宾长宁、阿坝龙塘等工程按期投产。

提高电网建设质量工艺。深化精益化设计、工厂化加工、模块化生产、机械化施工，推进“三通一标”向各电压等级延伸。强化项目可研和初设衔接，抓好环水保一体化设计。强化标准工艺应用及质量通病防治。深化施工图预算管理，加强工程结算监督和过程管控，完善定额标准体系。

**四、积极稳妥推进各项改革**

持续推动电改落地。配合做好跨省跨区输电价格与省内输配电价有序衔接，合理核定地方电网和增量配网配电价格。争取出台外送电价激励机制、水电接入等电价政策。配合完成省内现货交易试点方案编制，做好建设前期准备工作。推动调峰辅助服务市场建设。密切关注第三批增量配电试点申报，积极引导、主动参与，因地制宜试点推进。推动四川宜宾电力有限公司规范运作，加快阿坝、达州、绵阳、凉山等地电网资源整合。

深入实施国企改革。继续推进市县业务集约融合试点。稳步实施企业剥离办社会职能，完成“两供一业”分离移交，有序做好医疗机构、职业院校改革。压减集体企业41户，减少从业人员3900余人，应收账款净额同比压降30%以上、控制在25亿元以内。完成石龙桥煤矿去产能收尾工作，加快峨电公司处置。完成2户国有房地产企业处置。

**五、深化精益管理提质增效**

优化投资策略。建立适应输配电价新机制的差异化投资策略，加强前期审查、过程评审和执行考评，科学安排项目，提高投入产出效率。深化标准成本应用，压缩非生产性支出。落实违规经营投资责任追究，完善电网发展诊断和项目后评价机制，规范控股（上市）公司投资管理，防范投资风险。

大力节支减亏。严控用工总量，盘活存量、优化增量，合理调剂和退出人员。加大“两金”清理力度，回收广铝、川威欠费2.84亿元，力争存量应收账款和存货分别压降20%和15%。加快决议整改，治理亏损企业7家、减亏1.67亿元，完成低效无效资产处置18项，提前完成整改任务。建立低效设备全域统筹调配管理机制，提高资产使用效率。推进库存物资全省平衡利库，规范高效处置废旧物资，实现物资价值最大化。深化同期线损管理系统建设，加强配网降损，强化考核奖惩，确保线损率下降0.26个百分点。

培育效益增长点。争取投资、消费、财税、电价等政策，加快锅炉“煤改电”、电蓄冷、电动交通、家庭电气化等领域替代项目推广，完成替代电量47亿千瓦时。瞄准园区、工业企业、大型公共建筑等重要客户，统筹能效诊断、能源托管、储能等技术，力争实现综合能源服务收入2.1亿元。开展跨省联动直购电和跨时空水火互济，实现交易电量10亿千瓦时。积极推广“车联网”平台，新建充电站20座、充电桩220个。

完善激励机制。完成内部模拟市场建设，实现省、市、县三级贯通。完善差异化业绩考核体系，实施企业负责人分类考核。深化工作任务、工作积分制、团队绩效考核。加强藏区企业对口帮扶。修订对标管理评价细则，强化卓越绩效管理和评价。

**六、不断提升创新和信息化水平**

推进科技和管理创新。发挥技术标准创新基地的平台效用，完善技术标准管理体系，开展技术标准实施评价。加大重点科技项目和管理创新成果培育力度，力争获评省级及以上科技进步奖25项、管理创新成果30项。争取110项发明专利获得授权。

强化数字化支撑。全面清理整合市（州）和县公司自建系统。推动现有业务微应用向国网平台集约融合。优化通信网络架构，推进无线专网建设，实现配网业务接入全覆盖。整治藏区“盲调”变电站。开展省、地两级“调控云”建设。完善运检智能分析管控系统，推广移动作业终端应用。统一业务数据管理，修订数据资产管理办法，出台数据中心运维管理规范。建设数据共享平台，提供跨专业跨层级数据支撑服务。

激发群众创新活力。举办万众创新和万众技能大赛，开展班组大讲堂、工区大练兵、单位大比武，发布一批优秀成果。建成40个劳模（职工）创新工作室，实现市（州）公司全覆盖。构建群创成果实用化平台，推动职工创新项目转化应用。力争获得省级及以上QC成果10项，国家电网公司青创赛奖项3项。

**七、深化全面依法治企**

加快建设法治企业。完善公司制企业运营机制。强化重大决策合法性、合规性审查和关键领域法律指引。开展触电人身伤害案件压降专项整治，减少被诉案件和触电人身伤害案件。推进电力法律进民族地区，建立完善重大法律问题抽查处置和市（州）公司立法配合机制。配合做好《能源法》等法律法规制（修）订。

持续强化监督检查。加强问题清单整改落实，组织开展“回头看”，确保按期完成整改任务。完善“上审下”工作机制，推动审计体系协同高效运转。统筹抓好经济责任、工程投资及专项审计，配合做好国家重大政策落实情况跟踪审计。建立大监督责任体系，发挥监察、审计、财务、法律等协同监督作用，实施项目制工作模式，防控廉洁风险。

全力做好巡视巡察。增强大局意识，自觉接受监督，维护巡视权威。加强统筹联动和汇报沟通，建立职责明晰、程序严密的配合机制，做到严肃认真、客观准确。全面梳理重大风险隐患，抓好典型问题整改。用好巡视成果，举一反三、健全机制，严肃追责问责。完善巡察工作机构和配套办法，制定三年工作规划。

**八、全面加强党的建设**

落实管党治党责任。以习近平新时代中国特色社会主义思想为指导，落实国务院国资委党委“中央企业党建质量提升年”部署，按照国家电网公司党组和公司党委1号文件要求，在全体党员中开展“不忘初心、牢记使命”主题教育。实施“旗帜领航·三年登高”计划，巩固基础建设年成果，开展对标管理年活动。年内标准化党支部建成率达到80%。深化共产党员服务队建设，创建省国有企业共产党员志愿服务联盟，打造民情信息共享、群众生活服务联动、志愿服务经验交流、党建工作人员培训“四大平台”。细化党风廉政建设“两个责任”清单，修订履职记实手册。

扎实开展“素质提升年”活动。认真落实活动方案，实施“九大工程”，打造高素质职工队伍。实施领导人员队伍“常青树”培植计划，优化年龄和专业结构，在急难险重任务和艰苦地区培养锻炼干部。开展党员党性分析和健康体检。实施“新员工孵化”“电力雏鹰”“电力飞鹰”等专项计划，储备企业发展人才。表彰优秀岗位能手、标兵100名，命名劳动模范、川电工匠各10名。争创国家电网公司一流班组8个、先进班组80个。

努力建设和谐企业。滚动修编卓越文化建设实施意见，建设党建和企业文化建设展厅。推进“以德育企·德耀川电”主题道德实践活动，常态化开展文明单位创建，打造志愿服务品牌，评选公司道德模范。实施“两年攻坚战”，改善供电所生产营业用房条件，集中解决危房、无房问题。加强文化体育阵地建设，持续繁荣职工文化。开展“青年训练营”网络挑战赛等活动。做好离退休、后勤保障、保密维稳等工作，确保企业和谐稳定。

（作者：石玉东，国网四川省电力公司董事长、党委书记。本文系石玉东2018年1月29日《在国网四川省电力公司第六届职工代表大会第三次会议暨2018年工作会议上的报告》整理，有删节，文中小标题为编者所加。）

# 深入学习贯彻党的十九大精神
# 奋力开创公司党建工作新局面

石　玉　东

## 十八大以来公司党建工作回顾

党的十八大以来，党中央把全面从严治党纳入“四个全面”战略布局，开辟了管党治党的新局面。国网四川省电力公司党委深入贯彻中央部署和全国国有企业党的建设工作会议精神，毫不动摇地坚持党的领导、加强党的建设，各项工作实现新发展新突破，取得了新成绩。

### 一、党建责任抓紧抓实

成立公司党建工作领导小组，修订公司党委议事规则，将党建工作要求纳入省公司和 5 家子公司章程。制定公司党委委员分工管理办法、党建工作绩效考核评价办法，建立公司领导定点联系基层党组织制度、下级党组织定期报告党建工作制度，开展基层党组织书记抓党建工作专项述职评议，全面构建党建责任体系。出台公司全面从严治党意见、党的建设“旗帜领航·三年登高”计划，建立党建工作责任清单，细化了党建目标、任务和措施。

### 二、思想建设持续深化

扎实开展党的群众路线教育实践活动、“三严三实”专题教育，推动“两学一做”学习教育常态化制度化，深入学习党章党规、习近平总书记系列重要讲话精神和治国理政新理念新思想新战略，加强党员干部理论武装，严肃党内政治生活。突出抓好职工思想教育，开展政治学习和形势任务教育，引导职工群众听党话、跟党走。开展微宣微讲、“百人百讲”等宣传活动，有效强化公司快速发展、改革攻坚进程中的思想引导。

### 三、组织基础不断夯实

适应公司改革发展，调整优化基层党组织设置，确保党的组织和工作全覆盖。胜利召开公司第一次党代会，按照“应换必换”全面完成基层党组织换届选举。大力推进基层服务型党组织建设，推行合格党员积分制，建立“党员责任区”“党员示范岗”，广泛开展“三亮三比三无”竞赛，在抢险救灾、应急保电、重大工程建设等急难险重任务中充分发挥党组织和党员作用。全面深化共产党员服务队建设，实施“心桥工程”六项行动，切实架起党联系服务群众的“连心桥”。

### 四、队伍素质稳步提升

坚持“好干部”标准选贤任能，坚持在艰苦地区、重点工程和重大任务中锤炼年轻干部，统筹抓好班子优化调整和补充配备，持续提升选人用人公信度。修订完善干部管理制度，充分发挥党校的阵地和熔炉作用，突出党性教育，加强各级党员领导干部培训。加快多元化人才队伍建设，建立完善“四级四类”人才体系，积极引进和培养公司急需的高端技术人才，开展职工全员轮训，实现职工队伍素质持续提升。

### 五、廉政建设深入扎实

全面落实党风廉政建设“两个责任”，建立履责记实制度，强化责任追究。深入贯彻中央八项规定精神，严肃查处公款请客吃喝、公车私用、滥发福利等“四风”问题。准确运用“四种形态”，着力用好第一、二种形态，坚决惩治不收敛、不收手的问题。紧盯重点领域，持续开展协同监督、效能监察和专项治理。率先在国家电网公司系统开展巡察工作，首家实现巡察全覆盖。加强廉洁教育，开展“清风川电”系列活动，进一步筑牢了党员干部拒腐防变的思想防线。

### 六、文化品牌有力彰显

大力弘扬社会主义核心价值观，扎实开展群众性精神文明创建活动，新建成全国文明单位 16 家。大力实施统一的企业文化建设，成功举办“卓越之路”企业文化节、“亮丽四川”社会责任白皮书发布、“星星点灯”全国诗歌大赛等一系列文化活动，公司创建“全国电力行业企业文化建设示范单位”通过验收。加强国家电网品牌传播，公司重点工作宣传持续见诸中央媒体。积极履行企业社会责任，公司扶贫工作获评“2016 年民生示范工程”。

**七、发展合力广泛凝聚**

按期完成公司及基层职代会换届改选，深化企业民主管理，建立和完善困难职工、受灾职工帮扶保障机制，广泛开展劳动竞赛、技术技能比武和职工技术创新活动，一大批集体和职工个人分别荣获全国、四川省五一劳动奖状、奖章。加强团青工作，举办青年创新创意大赛、“青年训练营”竞技挑战等活动，持续深化“青春光明行”志愿服务，建成川电留守学生之家 210 所。认真落实离退休老同志“两项待遇”，不断加强信访、保密等工作，确保了公司和谐稳定。

经过长期不懈的努力，公司党的领导不断加强，党建基础不断夯实，党建工作水平不断提升，有力保证和促进了公司持续健康发展。回顾公司党的建设工作历程，我们深刻体会到：做好党建工作，认识到位是前提，必须深刻认识和准确把握国有企业党建工作定位，把坚持党的领导、加强党的建设作为企业的“根”和“魂”；从严治党是根本，必须坚持全面从严治党，着力解决党建弱化、淡化、虚化、边缘化问题，始终保持党的先进性、纯洁性；真抓实干是关键，必须坚持抓牢抓实，层层压实党建责任，不折不扣把中央和上级党组织决策部署、公司党委部署要求落到实处；发挥作用是重点，必须坚持融入中心，充分发挥党委领导作用、支部战斗堡垒作用和党员先锋模范作用，保障和推动企业改革发展；强基固本是保障，必须坚持重心下移，切实加强基本组织、基本队伍、基本制度建设，不断增强党组织的创造力、凝聚力和战斗力。

在总结成绩和经验的同时，我们也要看到工作中存在的不足，主要是：一些基层单位和领导干部对国有企业加强党的建设的重要意义和新的要求认识不足，抓党建工作的责任意识和工作力度仍有差距；一些基层党组织在落实从严治党要求、坚持组织生活制度、加强党员教育管理等方面仍有差距，作用发挥不明显；各级领导干部的政治敏锐性、担当精神和干事创业的激情需进一步增强，人员违规违纪甚至违法的风险、违反中央八项规定的问题和风险仍然存在等。这些问题，必须着力加以解决。

## 统一思想，深入学习贯彻党的十九大精神

党的十九大是在全面建成小康社会决胜阶段、中国特色社会主义进入新时代的关键时期召开的一次十分重要的大会。习近平总书记所作的报告，高举中国特色社会主义伟大旗帜，总结了十八大以来党和国家事业取得的历史性成就和历史性变革，作出中国特色社会主义进入了新时代的重大论断，系统阐述了新时代中国特色社会主义思想和基本方略，对决胜全面建成小康社会、开启全面建设社会主义现代化国家新征程作出了全面部署。公司上下要迅速行动起来，全面深入学习贯彻十九大精神，在学懂弄通做实上下功夫，切实以十九大精神统一思想，指导行动，引领公司各项工作。

**一、深入学习领会习近平新时代中国特色社会主义思想**

党的十八大以来，以习近平同志为核心的党中央带领全党紧密结合新的时代条件和实践要求，以全新的视野深化对共产党执政规律、社会主义建设规律、人类社会发展规律的认识，从理论和实践结合上系统回答了新时代坚持和发展什么样的中国特色社会主义、怎样坚持和发展中国特色社会主义这个重大时代课题，创立了习近平新时代中国特色社会主义思想。习近平新时代中国特色社会主义思想，提出“八个明确”，深刻回答了新时代坚持和发展中国特色社会主义的总目标、总任务、总体布局、战略布局和发展方向、发展方式、发展动力、战略步骤、外部条件、政治保证等一系列基本问题；提出“十四条坚持”，明确了新时代各项事业发展的大政方针，构成新时代坚持和发展中国特色社会主义的基本方略。习近平新时代中国特色社会主义思想，是马克思主义中国化最新成果，是党和人民实践经验和集体智慧的结晶，是中国特色社会主义理论体系的重要组成部分，是全党全国人民为实现中华民族伟大复兴而奋斗的行动指南。

**二、深入学习领会中国特色社会主义进入新时代的重大论断**

党的十九大报告指出，经过长期努力，中国特色社会主义进入了新时代。中国特色社会主义进入新时代，在新中国和中华民族发展史上具有重大意义，在世界社会主义和人类社会发展史上也具有重大意义。报告用“三个意味着”，从中华民族、科学社会主义、人类社会三个维度，深刻阐明了中国特色社会主义进入新时代的标志性意义；用“五个时代”，从伟大事业、发展目标、人民幸福、民族复兴、人类贡献五个方面，深刻阐明了进入新时代的历史性贡献。要深刻认识新时代我国社会主要矛盾。新时代，我国社会主要矛盾已经转化为人民日益增长的美好生活需要和不平衡不充分的发展之间的矛盾。这一变化，是关系全局的历史性变化，对党和国家工作提出了许多新要求。同时，我国社会主要矛盾的变化，没有改变对我国社会主义所处历史阶段的判断，我国仍处于并将长期处于社会主义初级

阶段的基本国情没有变，我国是世界最大发展中国家的国际地位没有变。要深刻认识党在新时代的历史使命。实现中华民族伟大复兴是近代以来中华民族最伟大的梦想，实现这个伟大梦想是中国共产党自成立以来就肩负的历史使命。今天，我们比历史上任何时期都更接近、更有信心和能力实现中华民族伟大复兴的目标。实现伟大梦想，必须进行具有许多新的历史特点的伟大斗争，必须深入推进党的建设新的伟大工程，必须坚持和发展中国特色社会主义伟大事业。

**三、深入学习领会全面建设社会主义现代化国家的新部署**

党的十九大根据党和国家事业发展形势，对推进“两个一百年”奋斗目标作出了新的战略安排：到2020年，实现全面建成小康社会的既定目标；在此基础上，再奋斗15年，到2035年基本实现社会主义现代化；从2035年到本世纪中叶，再奋斗15年，把我国建成富强民主文明和谐美丽的社会主义现代化强国。按照这一宏伟蓝图，党的十九大报告对经济、政治、文化、社会、生态、军事、外交、党建等各方面工作作出了战略部署，明确了建设社会主义现代化强国的时间表、路线图和任务书，具有很强的战略性、前瞻性和针对性。

**四、深入学习领会推进党的建设新的伟大工程的新要求**

党的十九大从党和国家事业发展全局出发，提出了新时代党的建设总要求，对推动全面从严治党向纵深发展作出新部署。即：坚持和加强党的全面领导，坚持党要管党、全面从严治党，以加强党的长期执政能力建设、先进性和纯洁性建设为主线，以党的政治建设为统领，以坚定理想信念宗旨为根基，以调动全党积极性、主动性、创造性为着力点，全面推进党的政治建设、思想建设、组织建设、作风建设、纪律建设，把制度建设贯穿其中，深入推进反腐败斗争，不断提高党的建设质量，把党建设成为始终走在时代前列、人民衷心拥护、勇于自我革命、经得起各种风浪考验、朝气蓬勃的马克思主义执政党。

学习贯彻十九大精神，要在全面系统的基础上突出重点、抓住关键，把着力点聚焦到习近平新时代中国特色社会主义思想是党必须长期坚持的指导思想上，聚焦到5年来党和国家事业取得历史性成就和发生历史性变革上，聚焦到作出中国特色社会主义进入了新时代、我国社会主要矛盾已经转化为人民日益增长的美好生活需要和不平衡不充分的发展之间的矛盾等重大论断的深远影响上，聚焦到贯彻落实党的十九大的重大决策部署上，聚焦到习近平总书记是全党拥护、人民爱戴、当之无愧的党的领袖上。要加强学习培训。各级党委要把十九大精神作为中心组学习的重要内容，制订计划、列出专题、系统安排。领导干部要带头学习，深研细读、多思多想，真学真懂、融会贯通。要把学习十九大精神作为“两学一做”学习教育的重要内容，作为党员干部学习培训的必修课。要面向全体党员开展多形式、分层次、全覆盖的学习培训，组织干部集中培训，开展党员干部轮训，不断深化对十九大精神的学习和理解。要广泛宣讲宣传。采取灵活多样的形式和手段，充分发挥报刊、网站、微信等媒体作用，开辟专栏专题、精心策划报道，推动十九大精神进基层、进班组、进现场。领导干部要带头宣讲十九大精神，讲清楚、讲明白，让广大职工听得懂、能领会、可落实。对公司系统学习贯彻十九大精神的生动实践和典型事迹，要加强总结提炼和宣传报道。要深入贯彻落实。坚持学以致用、学以促用，以十九大精神指引公司发展方向，把十九大精神贯彻落实到安全生产、电网建设、优质服务、经营管理、改革创新、党的建设等各项工作中，形成推动工作的新思路、新办法和新举措，为公司和电网健康发展提供强大动力和保证。

## 高举旗帜，奋力开创公司党建工作新局面

党的十九大确立了我国发展新的历史方位，中国特色社会主义进入了新时代。面对新时代，承接新使命，国网四川省电力公司党的建设的总体思路和目标是：以习近平新时代中国特色社会主义思想为行动指南，坚持和加强党的领导，坚持全面从严治党，全面提升党建工作质量和水平，引领推动公司卓越发展，努力建设具有新时代特色的“先锋川电”，为实现中华民族伟大复兴的中国梦贡献四川电网力量。

国有企业是党执政兴国的重要支柱和依靠力量，是实现“两个一百年”奋斗目标、实现中华民族伟大复兴中国梦的坚强支撑。建设“先锋川电”，是新时代赋予我们的重要历史使命：公司要高举中国特色社会主义伟大旗帜，带头贯彻党中央决策部署，在践行国企“六个力量”中勇当先锋；各级党组织和全体党员要牢记新时代党的历史使命，充分发挥党的政治优势，在推动公司和电网发展中勇当先锋。坚持党的领导、加强党的建设，是建设“先锋川电”最根本的要求；厚植党建优势、聚力改革发展，是建设“先锋川电”最重要的任务。

**一、坚持“三个不动摇”，建设时代特色鲜明的“先锋川电”**

新时代要有新气象新作为。各级党组织要深刻认识新形势下国有企业新的历史定位，按照两个“一以贯之”和“四个坚持”的总要求坚持党的领导、加强党的建设，坚持“三个有利于”的方针推动改革发展，全面彰显企业政治责任、经济责任、社会责任，为决胜全面建成小康社会、实现“两个一百年”奋斗目标作出新贡献。

一要坚持高举中国特色社会主义伟大旗帜不动摇。旗帜鲜明讲政治是我们党作为马克思主义政党的根本要求。各级党组织要深入学习贯彻习近平新时代中国特色社会主义思想，深刻认识和牢牢把握新时代党的历史使命，始终在思想上政治上行动上同党中央保持高度一致，牢固树立国企姓党、为党工作观念，毫不动摇坚持党的领导，把公司建成高举党的旗帜、忠诚于党的事业、坚决贯彻落实党中央决策部署的排头兵。

二要坚持深化全面从严治党不动摇。全面从严治党是新时代坚持和发展中国特色社会主义的基本方略。各级党组织必须始终把自身建设摆在突出位置，坚持党要管党、从严治党，坚持加强党的领导不动摇，坚持服务生产经营不偏离，坚持选人用人把关不能变，坚持建强基层组织不放松，从最基本的东西抓起，从基本组织、基本队伍、基本制度严起，在打牢基础、补齐短板上下功夫，坚定不移推动全面从严治党在公司落实落地。

三要坚持推动公司卓越发展不动摇。党的十九大对加快完善社会主义市场经济体制作出重要部署，明确提出加强电网等基础设施网络建设，深化国有企业改革，培育具有全球竞争力的世界一流企业。各级党组织要坚决落实中央部署，全面贯彻国家经济发展战略，切实履行把方向、管大局、保落实的政治责任，大力构建“三个一”格局，着力抓好深化改革、提升管理等重点工作，全面提升企业发展速度、质量效益、创新能力、综合实力和竞争力，加快推动公司卓越发展。

**二、坚持“五个化”方向，建设党建水平一流的“先锋川电”**

推进党的建设新的伟大工程，对加强党的建设、提升党建工作质量和水平，提出了新的更高要求。各级党组织要按照新时代党建工作要求，以固化党建责任、健全作用机制、加强专业管理、完善制度标准、打造特色品牌为重点，以实施党的建设“旗帜领航·三年登高”计划为重要途径，全面提升党建工作科学化水平，推动公司党的建设走在前列、争创一流。

一要推进党建责任职责化。要推进党建责任入单位职责、部门职责、岗位职责，进一步明确党委各部门职责分工，落实各级党委委员职责分工、片区分工和重点工作分工，明确兼职党务人员职责。要加强对党建履责的检查督促，进一步完善党组织书记抓党建专项述职评议制度，坚持各级党委委员定期向党委报告工作、党支部委员定期向支委会和党员大会报告工作，各级党员领导干部述职要述履行党建责任情况，各单位工作汇报要汇报党建工作。

二要推进党建作用机制化。要健全完善党建工作发挥作用的体制机制，在公司章程中明确党建工作要求，将党组织的机构设置、职责分工、工作任务纳入企业管理体制、管理制度、工作规范，明确党组织在企业决策、执行、监督各环节的权责和工作方式以及与其他治理主体的关系，使党组织成为公司法人治理结构的有机组成部分。要在公司改革发展中坚持党的建设同步谋划、党组织及工作机构同步设置、党组织负责人及党务工作人员同步配备、党的工作同步开展，实现体制对接、机制对接、制度对接和工作对接，为党建工作发挥作用提供有力保障。

三要推进党建管理专业化。要以专业化手段抓党建，坚持季度评价与年度考核相结合、综合考核与专业评价相结合，全面开展党建工作考核评价；细化党建工作指标体系，开展各层级党建对标，公司党建各项指标要力争进入国家电网公司前列；建立完善党建基础数据库，推广运用党建综合管理系统，逐步实现党建工作信息化管理。建立健全各级党建领导机构和专业部门，加强党建专业队伍建设，完善党建工作培训体系，培养党建专业人才，畅通党建职业发展通道，建立健全党建激励机制，为党建专业化管理夯实基础。

四要推进党建工作标准化。加大国家电网公司党建通用制度贯彻执行力度，结合实际进一步健全完善公司党建工作制度，统一工作标准和要求，全面规范党组织议事决策、班子建设、组织建设、党员教育管理、联系服务群众等工作。突出抓好基层党建工作标准化，全面开展标准化党支部建设，统一明确支部工作基本任务、基本制度、基本要求，建设软硬件规范的党员之家，打造标准化党支部示范点，通过以点带面、整体推进，力争 2019 年公司标准化党支部建成率达到 100%。

五要推进党建品牌特色化。要围绕“先锋川电”主题，全面挖掘公司坚持党的领导、加强党的建设，服务经济社会发展，践行国企政治责任、经济责任、社会责任的特色做法、工作亮点和取得成效，持续开展传播，着力把“先锋川电”打造成为彰显公司党建特色的“红色名片”。要继续打造共产党员服务队，发挥重大品牌影响力，总结“川电留守学生之家”“心桥工程”“红细胞工程”“包片进村”“三本台账”等有效做法，全面整合公司党建优势资源，为“先锋川电”提供有力支撑。

## 真抓实干，全面推进公司党建重点工作

今后一个时期，国网四川省电力公司党建工作要全面贯彻落实党的十九大精神，坚持“三个不动摇”的基本方针、“五个化”的基本方向，以党的政治建设为统领，全面推进党的各项建设，进一步筑牢党建工作基础，强化党建责任和保障，着力将党的建设独特优势转化为推动公司和电网发展的竞争优势、创新优势和科学发展优势。重点做好以下工作：

### 一、突出抓好党的政治思想建设

坚持把政治建设摆在首位。各级党组织和全体党员，要坚定执行党的政治路线，严格遵守政治纪律和政治规矩，在政治立场、政治方向、政治原则、政治道路上同党中央保持高度一致。要尊崇党章，严格执行新形势下党内政治生活若干准则，完善和落实民主集中制的各项制度，增强党内政治生活的政治性、时代性、原则性、战斗性。党员要加强党性锻炼，不断提高政治觉悟和政治能力，永葆共产党人政治本色。

全面加强思想教育引导。坚持用习近平新时代中国特色社会主义思想武装头脑，深化理想信念教育，解决好世界观、人生观、价值观这个“总开关”问题，教育党员自觉做共产主义远大理想和中国特色社会主义共同理想的坚定信仰者和忠实实践者。以各级领导干部为重点，开展“不忘初心、牢记使命”主题教育。深入扎实做好职工思想政治工作，加强形势任务教育，为公司改革发展营造良好氛围。落实意识形态责任制，强化公司媒体管理，确保正确舆论导向。

持续推进“两学一做”学习教育常态化、制度化。各级党委要把学党章党规、学系列讲话作为中心组学习的主要内容。党员领导干部要认真践行“三严三实”要求，严格执行双重组织生活制度，主动参加基层联系点集中学习讨论、主题党日等活动。党支部要制定年度“三会一课”计划并报上级党组织备案，把“两学一做”作为“三会一课”基本内容固定下来。落实合格党员积分制，深化“三亮三比”主题活动，结合实际建立“党员责任区”“党员示范岗”，切实引导党员践行“四个合格”要求。

### 二、切实完善党的领导体制机制

推进党的领导与公司治理有机统一。认真落实《国务院办公厅关于进一步完善国有企业法人治理结构的指导意见》，符合条件的党委委员通过法定程序进入董事会、监事会、经理层，董事会、监事会、经理层成员符合条件的党员依照有关规定和程序进入党委。在二级单位进一步完善党政“双向进入、交叉任职”的领导体制。全面完成党建工作要求写入各级单位章程，确保党组织在公司治理中的法定地位。

完善党组织参与重大决策机制。健全党组织议事决策机制，厘清党委会和董事会会议、总经理办公会、监事会之间的权责边界，对党组织参与“三重一大”决策的内容、规则和程序作出具体规定，不能以书记个人参与决策代替党组织集体研究讨论，不能以党政联席会、总经理办公会代替党委会，保证党组织意图在重大问题决策中得到充分体现。

坚持党管干部原则和制度。坚持正确选人用人导向，坚持好干部“20 字”标准，严格规范干部任用程序，严肃干部工作纪律，坚决防止“带病提拔”，保证党对干部人事工作的领导权和对干部的管理权。进一步规范民主推荐、组织考察程序，加强选人用人监督管控，坚持“三个不上会”“凡提四必”“五个不准”，严把选人用人的政治关、品行关、廉洁关、能力关。

### 三、进一步夯实党建工作基层基础

健全落实基本制度。全面贯彻落实国家电网公司《基层党委工作规则（试行）》《基层党支部工作规则（试行）》等通用制度，开展制度的宣讲和学习，提高制度执行力。梳理公司党建工作制度，开展制度立、改、废工作，拟定制度清单和任务计划。制定和落实公司《基层党支部工作考核办法（试行）》《标准化党支部建设指导意见（试行）》等制度，健全完善制度体系。

建强建优基层组织。优化基层党组织设置，扩大基层党组织覆盖面，着力解决一些基层党组织弱化、虚化、边缘化问题。建立健全基层党组织按期换届提醒督促机制，落实按期换届选举工作要求。要把党支部建设作为最重要的基本建设，落实支部工作经常性督查指导机制，大力推进标准化党支部建设，深化“电网先锋党支部”创建。持续推进基层服务型党组织建设，搭建便捷高效的为民服务平台。加强共产党员服务队建设，深入开展“我为绿

色出主意”主题活动。

加强党员教育管理。认真落实党员教育培训五年规划和年度工作计划，实现党员教育培训全覆盖。严格把好发展党员的标准，严肃教育后进党员，稳妥处置不合格党员。严肃党组织关系接转，规范党费收缴、使用和管理，严格党员党性分析。将农电员工党员和劳务派遣员工党员纳入公司统一管理。全面完成党组织和党员等基本信息采集，建立健全党员电子身份信息。推进党务公开，畅通党员参与党内事务、党内监督和反映意见建议的渠道。

**四、不断加强领导班子和干部队伍建设**

从严从实抓好班子建设。加强各级领导班子优化配备，严格领导班子综合考核。持续宣贯《廉洁自律准则》，树道德高线，严守政治纪律、政治规矩，严格执行《纪律处分条例》，划清纪律底线。完善班子运行机制，严格执行民主集中制，提高班子运转效率。严格执行“三会一课”、民主生活会、谈心谈话等制度，确保组织生活经常、认真、严肃。

加强干部培养锻炼。突出理想信念和党性党规教育，将能力培养贯穿始终，领导干部每两年至少参加 1 次脱产培训。根据工作需要，有序推动干部交流任职，重点做好领导班子正职、纪委书记的交流，更加注重专业管理岗位与党建岗位的轮岗交流。着力提高干部队伍的专业化、年轻化水平，加强干部梯队建设，注重后备干部培养，让优秀年轻干部到条件艰苦、情况复杂的岗位锻炼成长。

强化干部管理监督。坚持从严管理干部，落实干部提醒、函询和诫勉制度。构建日常考核、年度考核、综合考核等考评体系，对不作为、不担当的干部要问责调整。深入推进超职数配备干部、领导干部兼职等专项治理。加强领导干部执行民主集中制、落实重大事项请示报告制度等情况的日常了解监督。加大干部评先评优、选拔任用等方面廉洁审查力度。加强对各级领导干部特别是一把手履职的监督，规范职责权限，明晰权力边界。

**五、深入推进作风建设和纪律建设**

持之以恒正风肃纪。巩固落实中央八项规定精神成果，深入宣贯《中共中央政治局贯彻落实中央八项规定的实施细则》精神，坚决查处顶风违纪行为，严防“四风”反弹回潮。加大行风问题线索查处力度，着力解决群众反映强烈的问题。深入开展纪律教育，加强正面引导和反面警示。紧盯“关键少数”特别是一把手，严把政治关廉洁关，使党员干部知敬畏、存戒惧、守底线。深化“清风川电”系列活动，净化企业政治生态。

严格监督执纪问责。加强对党的十九大精神和党章党规贯彻执行情况的监督检查。在干部培训、关键岗位培训和继续教育中开设廉洁课，推动廉洁教育进班子、进部室、进班组、进家庭。强化廉政约谈和提醒，抓早抓小，防微杜渐。落实“三个为主”要求，全面增强监督执纪问责能力。坚持无禁区、全覆盖、零容忍，把握查处重点和关键，践行监督执纪“四种形态”。健全“一案双查”制度，严格问责机制。完善公司特色廉政管控体系，深入排查整改重大廉政风险。

擦亮巡视巡察利剑。落实国家电网公司巡视巡察一体谋划、一体部署、一体推进要求，坚持政治巡察定位，总结提炼经验，规范程序，优化方式方法，适时启动新一轮巡察，组织开展机动式巡察。认真开展巡察“回头看”，加强整改落实情况监督，及时发现解决新问题。在有条件的地市公司探索开展向下巡察，推动全面从严治党向基层延伸。做好迎接国家电网公司对公司开展巡视的准备工作，认真全面进行自查自纠，坚决整改突出问题。积极支持配合巡视工作，确保顺利有序开展。

**六、广泛团结和凝聚职工群众力量**

发挥核心价值观导向作用。培育和践行社会主义核心价值观，大力实施公民道德建设工程，强化诚信建设，倡导志愿服务，深入开展“四德”教育。将 2018 年确定为公司“素质提升年”，全面提升队伍素质。加强先进典型的选树和宣传，示范引领广大员工立足岗位创先争优。常态化开展文明单位建设，细化落实全国、省级和国网公司文明单位测评体系，不断提升公司系统精神文明建设水平。

发挥卓越文化引领作用。以统一为基础，以卓越为导向，坚持做好企业文化传播、落地和管理“三项工作”。通过培训宣讲、媒体平台、环境建设，广泛传播卓越文化。建立健全协同机制，推进卓越文化进专业，强化文化建设责任，形成文化建设合力。以班组、供电所为切入点，深化企业文化示范点建设，积极打造文化标杆、夯实基础管理。突出公司重点工作开展主题策划，积极利用高端和新媒体平台，加强国家电网品牌传播。

发挥群团组织纽带作用。贯彻落实中央《关于加强和改进党的群团工作的意见》，加强群团工作领导，充分发挥群团组织联系职工群众的桥梁纽带作用。强化企业民主管理，推进厂务公开，维护职工权益。依托劳模创新工作室、青年创新创意大赛等载体，组织开展形式多样的劳动竞赛和青年创新活动，激发职工创新创效热情。加强离退休党组织建设，有效发挥离退休党员作用。贯彻全国国有企业统战工作会议精神，结合实际做好公司统战工作。

**七、抓牢抓实党建工作责任和保障**

全面落实党建责任。各级党委要切实肩负起主体责任，把抓好党建作为最大的政绩，认真落实管党治党各项任务，做到真管真严、敢管敢严、长管长严。党组织书记要履行好第一责任，重要工作亲自部署、重大方案亲自把关、重点环节亲自协调、重要任务亲自推动。班子成员要落实“一岗双责”，结合业务分工推进分管领域的党建工作。广大党员要从自身实际出发，认真践行“四讲四有”合格党员标准，争当先锋模范，争创一流业绩。

推进党建考核对标。落实公司《党建工作绩效考核评价办法（试行）》，把党建工作全面纳入企业负责人业绩考核。抓好党委书记抓党建述职评议考核、年度党建工作报告等制度执行，全面掌握基层党建工作情况。落实国家电网公司党建对标体系，研究制定公司《党建对标工作管理办法》，在各级党组织和党员中全面开展对标工作。开展党建工作健康体检，认真梳理和整改存在的问题。

强化党建支撑保障。健全完善各级党建工作机构，确保人员到岗到位。保障落实党建工作经费。加强公司党校建设，充分发挥“主阵地、制高点、智力库”作用。组织开展党建重点项目建设，推出一批优秀实践成果，打造党建特色品牌。充分运用新技术新手段，创新党建工作载体和活动形式。加强党务工作者队伍建设，持续提升新形势下做好党建工作的能力。定期评选表彰先进基层党组织、优秀党员和优秀党务工作者，建立完善党建工作激励机制。

（作者：石玉东，国网四川省电力公司董事长、党委书记。本文系石玉东 2017 年 11 月 9 日《在国网四川省电力公司学习贯彻党的十九大精神暨党建工作会议上的讲话》整理，有删节，文中小标题为编者所加）。

# 贯彻新发展理念　推动能源转型发展

谭永香

国家电网公司学习贯彻党的十九大精神暨 2017 年第四季度工作会议对贯彻落实党的十九大精神作出重要部署。国网四川省电力公司深刻认识理解当前形势变化和任务要求，贯彻落实新发展理念，谋新招、寻妙招、出实招，推动能源转型新发展、统筹解决新矛盾、积极投身改革新征程。

## 贯彻理念谋新招　推动能源转型新发展

新理念引领新发展。党的十九大提出，推进能源生产和消费革命，构建清洁低碳、安全高效的能源体系。清洁低碳是全球能源发展的必然趋势、是能源企业提升发展质效的根本遵循。

新发展理念引导合理安排能源开发时序。“绿水青山就是金山银山”，清洁能源有序合理开发已成为全川共识。国网四川省电力公司力争“十三五”期间累计替代电量达到 240 亿千瓦时，电力在四川省终端能源消费中占比达到 36%。

新发展理念推动四川电网广泛互联。近年来，国网四川省电力公司坚持共建电网侧“一张网”，将本质安全贯穿“一张网”管理，发挥资源、技术、人才、管理和服务优势，有序推进四川电网“四统一”（统一规划、统一建设、统一运营、统一管理）发展。主动对接全省重大项目、重要工业园区、重点经济带，增强电网电力支撑保障水平，为四川省经济社会发展稳中向好提供坚强保障。

新发展理念推进走出去步伐。作为四川省电力市场建设的主要推动者和重要参与者，四川电力交易中心有限公司已形成 3 大市场政策、两种交易方式、4 个交易周期、10 类交易品种的市场体系，2016 年四川电网水电外送同比增长 24%，创历史新高。下一步，四川电力交易中心有限公司将通过引入跨省水火替代、自备电厂替代和大客户直接交易等多种方式，最大限度促进四川富余水电消纳，持续助力清洁低碳、安全高效的能源体系建设。

## 贯彻理念寻妙招　统筹解决新矛盾

国网四川省电力公司抓好“三个结合”，坚持构建“三个一”（电源侧“一盘棋”、电网侧“一张网”、需求侧“一同价”）电力发展新格局，探索符合中央精神、符合地区特色、符合人民群众根本利益的好路子。

与深化改革相结合。加快完善社会主义市场经济体制，在国有企业改革进程中，国网四川省电力公司将以内部模拟市场建设为抓手，打造重效益、懂市场、善经营的市场竞争主体。积极参与由政府统领的电源侧“一盘棋”，合理化解电力产能过剩问题。实施电网侧“一张网”建设，助力各级、各类电网打破壁垒，促进电网安全、集约发展。积极推动需求侧“一同价”，促进改革红利普惠城乡。

与推进重点工作相结合。贯彻新发展理念，必须切实压紧压实各级责任，实现全员覆盖、全面落实、全程管控。国网四川省电力公司将全力推进雅中-江西特高压项目，主动加强三大特高压直流、川渝、川藏联网等工程运维保障，引导广大干部员工在重点工作中贯彻落实党的十九大精神。

与履行社会责任相结合。国网四川省电力公司贯彻新发展理念，将与履行社会责任相结合，践行“五个发展”理念，围绕创造综合价值最大化，实施富有电力特色的精准扶贫工程。“十二五”以来，国网四川省电力公司消除了 148 万户的“低电压”问题。下一步，将加强供区内 36 个贫困县电网改造，补齐短板，确保无一户人口因供电问题影响脱贫。

## 贯彻理念出实招 投身改革新征程

国网四川省电力公司贯彻落实党的十九大精神，保证思想务实、作风务实、工作务实，在实干中出实招。思想上要务实，坚定主心骨，在加强党的建设中立根铸魂。国网四川省电力公司将把思想政治建设放在首位，切实加强理论武装，从严出发，增强“四个自信”。严格落实管党治党责任，深入推进“两学一做”学习教育常态化制度化；严格实施“旗帜领航·三年登高”计划，充实加强党建力量，构建“大党建”工作格局；严格执行党委书记抓党建述职评议、下级党组织向上级党组织报告党建工作等要求，不断提升党建科学管理水平。

作风上要务实，坚守生命线，全力以赴提升企业安全水平。把确保“大安全”作为基本前提，加强本质安全建设，筑牢大电网安全防线。持续深化党风廉政建设，把廉政巡察当作发现问题、堵塞漏洞、提升管理的有效途径。做到“三降一去” 加速加力，强化风险防控，梳理问题清单，突出重点管控，建设法治企业。

工作上要务实，坚持强基固本，坚持不懈提升管理能力与水平。首先，把强化服务作为重要任务，优化服务体系，畅通服务流程，深化“互联网+营销服务”。其次，加快供电服务指挥平台试点建设，深化台区经理制、综合柜员制和移动业务终端应用，推进“三供一业”分离移交。同时，加强重点实验室建设，重点抓好地震及次生灾害电网防控、川藏特殊地质工程建设技术及应用等项目研究，用好全员创新第一资源。

（作者：谭永香，国网四川省电力公司总经理、党委副书记，本文载于《国家电网报》，2017 年 11 月 23 日）。

# 要事特辑

## 全力构建“三个一”电力发展新格局

### 总体思路

随着“一带一路”倡议的深入实施，全球能源互联网建设有序推进，美丽繁荣和谐四川的美好蓝图绘就，都给四川电网的发展提供了新机遇，提出了新要求。遵循全面深化供给侧结构性改革的新要求，立足四川省电网与电力发展实际需要，坚持电源侧“一盘棋”，优化电源结构，化解电力产能过剩问题，引导电源科学有序、协调发展；推进电网侧“一张网”，促进电网资源优化配置，打破大小网壁垒，加强清洁水电外送，促进安全绿色发展；促进需求侧“一同价”，理顺电力管理体制，逐步统一电价标准体系，促进全省用能价格降低，服务民生改善，实现开放共享发展。通过全力构建“三个一”电力发展新格局，实现全省电力事业持续健康发展，推动地方社会经济更好更快发展。第一，优化电源结构，坚持电源侧“一盘棋”。围绕科学有序、统筹协调、可持续发展目标，促进清洁协调发展。一是要加强电力发展的统筹协调，解决“过剩多”的问题。促进各类电源之间、电源与电网之间、供给与需求之间协调发展，优先开发调节能力强的大型水电项目，有序推进风、光发电项目建设，暂缓新建煤电和天然气发电，全力消纳现有过剩发电产能。二是加快电力外送通道建设，解决“送得出”的问题。三是推动建立清洁能源政策和市场化消纳机制，解决“有人要”的问题。四是加大电能替代，落实宜电则电，充分挖掘省内市场消纳潜力。第二，打破管理壁垒，坚持电网侧“一张网”。切实发挥“大电网”在技术、资金、建设和运维方面优势，加快大小电网整合，打破管理壁垒。一是坚持“四统一”原则（即全省电网统一规划、建设、运营、管理，其中，四川省行政区域内的220千伏及以上输变电实施由国家电网统一建设、运营和管理），避免电网重复建设。二是着眼于在更大范围消纳清洁能源，促进电网互联互通，打造清洁能源优化配置平台。三是着眼于服务经济发展，构建公平公正用电环境，打造电力商品公共交易平台。四是着眼于促进民生改善，逐步实现城乡供电服务均等化目标，打造供电服务均等化平台。第三，实现城乡服务均等化，坚持需求侧“一同价”。在推进“一张网”的基础上，逐步统一电价标准体系，实现全省所有电力用户共享优质规范、公正公平的供电服务，促进开放普惠共享发展。一是结合电价改革实际，逐步统一电价标准，理顺电力管理体制。二是认真落实直购电、留存电量和富余电量等扶持政策，全力支持我省实体经济发展。扎实推进电力助推脱贫攻坚各项任务落实，让广大百姓共享电力发展成果。

### 具体内涵

**一、优化电源结构，化解电力产能过剩，坚持电源侧“一盘棋”，促进清洁协调发展**

四川省清洁能源资源丰富，拥有金沙江、大渡河、雅砻江三大水电基地，水电可开发量1.48亿千瓦；风能理论储量8835万千瓦，现有经济技术条件下可开发量超过1500万千瓦；光伏发电可装机4000万千瓦以上。“十二五”以来，四川省水电大规模集中建成，2016年底水电装机7246万千瓦，居全国第一；风电和光伏发电加快发展，2016年年底总装机221万千瓦。然而，由于四川省电力需求增速回落，且跨省电力外送通道建设推动困难，清洁能源消纳矛盾突出。

“十三五”是四川省建设清洁能源基地和清洁能源示范省的关键时期。

一是水电持续大规模建设，雅砻江两河口、杨房沟、大渡河双江口、硬梁包、沙坪二级、金沙江上游苏洼龙、叶巴滩、金沙等大型水电站已核准开工，雅砻江卡拉、大渡河巴拉、金沙江白鹤滩等大型水电站正在抓紧办理核准，总装机容量2972万千瓦。此外，还有超过2000万千瓦的大型水电正在开展前期工作，预计2020年将进入集中投产高峰阶段。

二是新能源加快开发，风电和光伏发电2020年规划建成总装机容量约850万千瓦，约为2015年的7.7倍。根据全省“十三五”电力发展规划，“十三五”用电量年均增速约4.6%，较“十二五”时期的5.2%低0.6个百分点，同时外省用电需求普遍不旺，清洁能源消纳形势较为严峻。

坚持电源侧“一盘棋”，促进清洁协调发展，首先需要加强各类电源优化协调开发，按照供给侧结构性改革要求，优先开发调节能力强的大型水电项目，有序推进风、光发电项目建设，暂缓新建煤电和天然气发电，全力消纳现有过剩发电产能。

2017年10月1日，国网四川省电力公司员工精心护航±800千伏锦苏线 （王志奇 摄）

加快电力外送通道建设是保证四川清洁能源消纳的关键措施，在确保川渝500千伏第三通道2017年汛期前建成基础上，还需要国家尽快明确雅中、白鹤滩、金沙江上游特高压直流外送工程受端落点省份，并支持加快核准建设，配套各大型水电站建成并网，满足四川更多清洁能源外送消纳需要。

要推动建立清洁能源政策和市场化消纳机制，争取四川清洁能源消纳的支持政策，主动融入全国统一电力市场，打破省间壁垒，提高受端省份消纳积极性，通过政策机制和市场化方式促进四川更多清洁能源在全国范围内配置；要大力落实中央提出的“宜电则电”原则，争取电能替代政策，努力挖掘省内消纳潜力。

**二、加快大小电网整合，打破管理壁垒，坚持电网侧“一张网”，促进安全智能发展**

当前，四川电网“两头薄弱”问题依然突出，特高压正处在网架形成过渡期，个别地区网架结构不合理、供电能力不足。大小电网长期并存、管理割裂，导致部分电网改造不到位、基础薄弱、服务品质无法保障，推动“一张网”建设任务艰巨。

四川电网面临的难题是管理政出多门，全川大小电网几百个供区。必须在四川数百个供区造成管理不顺的背景下，加快大小电网整合，避免电网重复建设，提高利用效率。

坚持电网侧“一张网”，促进安全智能发展。加快构建“一张网”格局，就是要打造清洁能源优化配置平台，要着眼于在更大范围消纳清洁能源，促进电网互联互通，避免重复建设，提高利用效率和投资效益。要打造电力商品公共交易平台，着眼于服务经济发展，构建公平公正用电环境，打破大小电网用户参与电力市场交易的管理壁垒。打造供电服务均等化平台，着眼于促进民生改善，认真实施电力助推脱贫攻坚，尽快补齐贫困地区供电基础设施短板，逐步实现城乡供电服务均等化目标。坚持试点先行，重点推进与省、市国有企业股份制合作，力争取得突破。同时，将本质安全贯穿电网各环节，努力实现结构好、设备好、技术好、管理好。加强智能巡检、自动控制、在线监测等技术的融合应用，补齐配电网和自动化系统建设短板。

**三、逐步统一电价标准，实现城乡服务均等化，坚持需求侧“一同价”，促进普惠共享发展**

当前电力体制改革、国资国企改革及公司内部改革并行推进，各项改革措施进入落地实施阶段，终端市场面临全新竞争。随着社会的快速发展，广大人民群众在用电的诉求上更趋多元化，尤其是在需求侧“一同价”问题上。四川用电需求侧近200个价区，电价五花八门。理顺电力管理体制，逐步统一电价标准体系，实现全省所有电力客户共享优质公平的供电服务日益迫切。

坚持需求侧“一同价”，促进普惠共享发展。在推进“一张网”的基础上，理顺电力管理体制，结合电价改革实际，逐步统一电价标准体系，实现全省所有电力用户共享优质规范、高效便捷、公平公正的供电服务。

虽然推进“三个一”仍面临不少困难，在实现电网整合突破上仍有很长的路要走，但在四川各级地方政府的有力支持下，电源侧、电网侧、需求侧正逐步统一认识，各方加强沟通协作，加快工作落地。目前四川宜宾、达州、眉山、自贡等10余地市已签订新的战略框架合作协议，为构建“三个一”发展新格局奠定了重要基础。

### 工作成效

国网四川省电力公司认准全省电力行业“三个一”格局的大方向，主动作为、全力推进，在推动形成符合四川省情的能源发展之路上不断突破。电源侧“一盘棋”发展成效明显，促成出台缓建绵阳江油煤电项目、停止发展火电和天然气发电、合理安排新能源发展等政策，逐步实现各类电源有序发展。面对2017年全省装机新增613万千瓦、来水同比增长20%以上的巨大压力，发挥大电网、大市场、大平台资源优化配置优势，实现新能源全额消纳，调峰弃水首次下降。全口径外送电量1389.34亿千瓦时，连续四年突破千亿大关，国网四川省电力公司外送电量357.04亿千瓦时，分别同比增长7.95%和35.03%。当选四川清洁能源产业联盟主席单位。电网侧“一张网”建设加快实施，促成四川省政府多次专题研究并重点督办，控股成立四川宜宾电力有限公司，探索出多方共赢、专业高效的电网资源整合模式。　需求侧“一同价”管理稳步推进，用好输配电价改革成果，54家改制县公司各类电价与直供区全面同价，居民用电同价达60家，发展成果惠及人民群众。

## 深化精益管理提质增效

2017年，国网四川省电力公司破难攻坚、革弊前行，以改革的思路和创新的办法推动工作、化解难题，蹄疾步稳处置发展包袱、解决历史遗留问题，一步一个脚印推动发展质量和效率效益提升。苦干实干、落细落小，围绕管理提升这一企业发展的永恒主题，以目标和问题为导向，夯基础、强管理、促提升，开创了企业发展的良好局面。

### 工作成效

国网四川省电力公司坚持把发展着力点放在管理提升上，全力推进提质增效和问题整改，企业发展质效显著增强。扎实开展“管理提升年”活动，完成137项重点任务和50项卓越项目，7项成果入选对标典型经验，6个管理案例获国家电网公司表彰。

首家接受监事会问题清单梳理现场辅导，配合做好集中重点检查，建立问题清单1347个，制订整改决议433项，全面完成年度整改目标，其中纳入重点管控的“三降一去”、低效无效资产处置、管理层级压减等4项任务超额完成。全年减少亏损子公司32家、减亏1.75亿元。压降“两金”存量5.01亿元，争取减免税费、财政补助、保险理赔35.14亿元。累计利库3.56亿元，处置废旧物资回收6490万元。启动内部模拟市场建设，出台管理规范和考核激励办法，为推广实施奠定基础。拓展电能替代深度广度，完成替代电量46.56亿千瓦时，同比增长10.25%，占国网四川省电力公司新增售电量近一半，成为效益重要增长点。

营销“三全”建设全面推进，开展在线智能稽核，挽回电费损失8908.9万元，新增智能电表403.5万只，覆盖率达98.86%，全口径自动采集成功率达96.43%。强化审计成果运用，促进增收节支1.27亿元，组建省级审计中心。强化运营监控和法律风险防控，避免或挽回经济损失超过4亿元。加强同期线损管理和高损台区、三相不平衡治理，线损率同比降低0.49个百分点，降幅居国家电网公司系统第1位。历史遗留难题不断破解，追收广铝欠费1.59亿元、超计划400万元，陈欠电费压降至5亿元以内。实现回收川威集团公司陈欠节能服务费2088万元、不发生新欠的年度目标。医疗机构改革有序推进。完成国家电网公司唯一煤矿（石龙桥煤矿）“去产能”处置，妥善安置775名人员，得到国务院国资委高度肯定。

### 工作思路

必须认识到保持良好效益是企业的本质要求，也是央企最大的政治责任，更是履行社会责任的基础。国网四川省电力公司地处西部，发展不平衡不充分问题突出，资产大、人员多、效率低、利润差仍是最大企情，个别单位只管花钱、不管挣钱，经营意识和动力不足。要牢固树立经营电网的理念，内强管理、外拓市场，全面提升治理能力。

**一、持续深化改革创新**。以改革思维顺应大势，以创新举措破解难题，推动各项工作不断突破。统筹推进电改和国企改革。巩固现有工作成效，密切关注政策动向，加强研究分析和信息沟通，对违规实施优惠电价等情况，要坚持原则和底线，态度鲜明地讲清道理，提出针对性建议意见。适应改革要求，完善内部管理机制，强化激励约束，提升运作效率和规范管理水平。推进“三项制度”改革，逐步实现管理人员能上能下、职工能进能出、收入能增能减。坚持创新驱动发展。深化“双创”工作，完善资金投入、人才激励、成果转化等机制，营造良好创新氛围。健全数据资产管理体系，挖掘数据资产价值，用数据驱动管理转型升级。加强信息系统清理和运维管理，加快统推系统与社会化信息手段在一线的融合运用，做到简洁明了、横向协同、纵向贯通。

**二、努力提升经营效益**。激发内生动力，增强价值创造，实现效益稳步提升。全面建成内部模拟

2017年12月21日，国网四川省电力公司举办2017年质量管理（QC）小组发布展示会（曹志刚　摄）

市场。按照单位全覆盖、价值全分解、过程全监控的原则，构建涵盖省、市、县三级的内部模拟市场，推动企业运营全面对接市场运行机制，将考核结果与工资总额、负责人薪酬“双挂钩”。拓展综合能源业务。发挥电网品牌、技术、资源等优势，以“售电+”综合能源服务为主，建立投资评估、风险防控、激励考核等市场机制，延伸电网上下游业务，抢占先机、赢得市场，培育效益增长新动能，到2020年累计实现产值12亿元。

**三、全力破解难点问题**。落实“一把手”负责制，主动加压，不等不靠，加快推进，做到连战连胜。提前实现全面扭亏。按照“一户一策”原则，采取清算关闭、对外转让等方式，全力推进亏损企业治理，确保提前完成整改任务。巩固整改成效，健全长效机制，防止问题纠而复生、亏损治后再亏和新增亏损企业。全力降低资产负债率。通过接收用户资产、争取财政资金、合理控制投入等措施，切实降低资产负债率水平，年内将资产负债率控制在70%以内。深化集体企业瘦身健体。把握当前窗口期、机遇期，聚焦核心业务，精简企业户数，稳妥做好人员安置，确保队伍稳定，实现企业和人员数量“双降”。加强资产、应收账款、关联交易等管理，促进规范运营。

## 下一步主要工作

**一、优化投资策略**。建立适应输配电价新机制的差异化投资策略，加强前期审查、过程评审和执行考评，科学安排项目，提高投入产出效率。深化标准成本应用，压缩非生产性支出。落实违规经营投资责任追究，完善电网发展诊断和项目后评价机制，规范控股（上市）公司投资管理，防范投资风险。

**二、大力节支减亏**。严控用工总量，盘活存量、优化增量，合理调剂和退出人员。加大“两金”清理力度，回收广铝、川威欠费2.84亿元，力争存量应收账款和存货分别压降20%和15%。加快决议整改，治理亏损企业7家、减亏1.67亿元，完成低效无效资产处置18项，提前完成整改任务。建立低效设备全域统筹调配管理机制，提高资产使用效率。推进库存物资全省平衡利库，规范高效处置废旧物资，实现物资价值最大化。深化同期线损管理系统建设，加强配网降损，强化考核奖惩，确保线损率下降0.26个百分点。

**三、培育效益增长点**。争取投资、消费、财税、电价等政策，加快锅炉“煤改电”、电蓄冷、电动

交通、家庭电气化等领域替代项目推广，完成替代电量47亿千瓦时。瞄准园区、工业企业、大型公共建筑等重要客户，统筹能效诊断、能源托管、储能等技术，力争实现综合能源服务收入2.1亿元。开展跨省联动直购电和跨时空水火互济，实现交易电量10亿千瓦时。积极推广“车联网”平台，新建充电站20座、充电桩220个。

**四、完善激励机制**。完成内部模拟市场建设，实现省、市、县三级贯通。完善差异化业绩考核体系，实施企业负责人分类考核。深化工作任务、工作积分制、团队绩效考核。加强藏区企业对口帮扶。修订对标管理评价细则，强化卓越绩效管理和评价。

（撰稿人：刘廷鹞）

# 大事记

责任编辑：李　庆

# 公司2017年十大新闻

**省政府与国家电网公司签署合作协议** 国家电网公司董事长、党组书记舒印彪3月13日在北京与四川省政府会谈，双方就加快四川水电外送通道建设、推动水火互济、加大四川藏区电网建设力度、积极稳妥推进输配电价改革试点等展开深入交流。3月15日，四川省与世界500强央企投资合作座谈会暨项目合作协议签署仪式在北京举行。国家电网公司与四川省政府签署合作协议，加快四川电网发展，促进四川构建清洁低碳、安全高效的现代能源电力供应体系。“十三五”规划期间，国家电网公司将持续加大在四川的电网投资，积极稳妥开展四川输配电价改革试点工作，支撑电网可持续发展。四川省委、省政府也将加大力度支持国家电网公司在四川的发展，加快在四川推进电能替代工作。

**构建“三个一”发展格局获重大突破** 构建“三个一”电力发展新格局取得重大突破，改革的红利已经显现。四川盐源县供电有限责任公司成立，标志着公司供电辖区内全面消除了代管体制；凉山木里固增水电站开工建设，进一步促进清洁协调有序发展；集中开工的马尔康500千伏工程等项目，将有助于阿坝水电外送，更有助于优化电网结构，增强供电保障能力；9月22日，由四川省委、省政府主导，国网四川省电力公司、四川能投集团、宜宾市国资公司经过协商，以新设合并的方式对宜宾电网企业进行重组后的“四川宜宾电力有限公司”正式挂牌成立。12月7日，四川2017年调峰弃水电量同比减少1.47亿千瓦时，降低1%，这是四年来四川调峰弃水电量首次下降。这些都是公司优化电源结构，化解电力产能过剩，坚持电源侧“一盘棋”，促进清洁协调有序发展；加快大小电网整合，打破管理壁垒，坚持电网侧“一张网”，促进安全绿色智能发展；逐步统一电价标准，实现城乡服务均等化，坚持需求侧“一同价”，促进开放普惠共享发展的具体体现。

**助力深度贫困地区脱贫攻坚获表彰** 省国资委党委表彰公司为全省国有企业脱贫攻坚优秀企业，并在全省深度贫困地区脱贫攻坚推进电视电话会上作为全省唯一一家企业作经验介绍。近年来，公司累计投资 340 亿元，完善贫困地区电网设施，供区内 8536 个贫困村全部达到“户户有生活用电”标准，36 个深度贫困县户均配变容量超过全省平均水平；全力促进水电消纳，保障了“三州”地区 4200 万千瓦清洁能源并网，年经济值达 460 亿元；精准帮扶乐山马边和凉山喜德，探索出“产业+智力+爱心”扶贫模式，受到社会各界高度肯定。2017 年 12 月 28 日，在北京人民大会堂举行的第五届中国民生发展论坛暨第十一届国际公益慈善论坛上，国网资阳供电公司“红细胞”志愿服务荣获 2017 年“民生示范工程”。国网攀枝花供电公司员工廖宗毅、国网绵阳供电公司员工邹鑫伟、国网南充供电公司员工周娟、国网凉山供电公司员工王小兵、国网广元供电公司员工杨奇国、国网乐山供电公司员工摸西支子、国网巴中供电公司员工周天俊荣获 2017 年“精准扶贫带头人”称号。

**推进电能替代实现能源消费方式转变** 公司在全省积极推进“以电代煤”“以电代油”“水火置换”等多种形式的电能替代行动，实现全社会能源消费方式转变，助力企业节能减排，从源头治理大气雾霾，取得显著成效。公司通过推进煤改电、油改电、气改电等，推广电蓄冷、电锅炉、电火锅、电动汽车发展和应用，2017 年完成替代电量 45 亿千瓦时，预计“十三五”规划期间四川省将完成电能替代电量 200 亿千瓦时。同时，四川水电外送形成“1525”新格局，即利用 10 大外送通道，面向 5 个市场（华东、华北、华中、西北、重庆），依托 2 级平台（北京+四川），实施 5 项举措（深化战略合作、推动市场定价、丰富交易品种、挖掘通道能力、完善周期组合），四川水电外送电量不断创新高，2017 年全口径水电外送超过 1300 亿千瓦时。

**积极培育和践行社会主义核心价值观** 近年来，公司深入学习贯彻中共十八大、十九大重要精神，积极培育和践行社会主义核心价值观，着力加强员工思想道德建设，取得明显成效，受得社会的广泛认可和赞誉。南充张思德电力为民服务队、资阳市红细胞学雷锋志愿服务联盟喜获“四川省十佳志愿服务组织”，国网乐山供电公司“马边扶贫”志愿服务项目喜获“四川省十佳志愿服务项目”。公司员工刘源荣获第六届全国道德模范称号，5名员工、1个集体荣获第五届四川省道德模范称号。11月20日，公司召开“学习道德模范·建设先锋川电”培育和践行社会主义核心价值观座谈交流会，贯彻落实全国精神文明建设表彰大会重要精神，广泛学习宣传全国道德模范刘源的先进事迹，进一步深化公司社会主义核心价值观教育，推动“先锋川电”建设。

**500千伏川渝第三通道工程建成投运** 6月26日，“十三五”规划期间四川首条电力外送通道——500千伏川渝电网第三条通道工程建成投运，新增川电外送能力最大200万千瓦。未来，3条通道组成的川渝断面输电能力将超过500万千瓦，可在一定程度上缓解四川“弃水窝电”压力并满足重庆供电需求，促进西南地区清洁能源大范围优化配置。省委书记王东明批示：“感谢国家电网的大力支持和四川公司的辛勤工作。望继续扎实推进电力外送通道建设，进一步促进我省水电消纳，促进清洁能源优化配置。”国家电网公司总经理、党组副书记寇伟到四川考察川渝电网第三通道运维并看望慰问员工。

**企业文化节展示新成就新成果新面貌** 举行庆祝建党96周年暨2017年“卓越之路”企业文化节成果展示活动。在为期一个月的企业文化节里，公司通过开展一系列形式新颖、具有行业特色、员工喜闻乐见、更多职工参与的文化活动，集中展示公司发展新成就、文化新成果、员工新面貌，持续推进卓越文化建设，展现公司干部员工的良好精神风貌，进一步传播了国家电网公司卓越文化。

**科学应对突发自然灾害及时恢复送电** 在今年两次突发灾害中，历经多次自然灾害的公司依然交出了合格答卷。6月24日凌晨5时45分，茂县叠溪镇新磨村突发山体高位垮塌，公司紧急驰援受灾地区，全力配合地方政府开展抢险救援工作，帮助地方电力公司抗灾保电，点亮了茂县叠溪镇新磨村山体垮塌救援现场的第一盏应急照明灯。8月8日21时19分46秒，7.0级地震突袭九寨沟县，作为央企和救灾工作的能源支撑，公司以最快的速度，冲在第一线，8月10日22时30分，110千伏九寨沟变电站恢复送电，地震中受损的国家电网供区所属线路和变电站全部恢复送电。12月12日，总投资3500多万元的九寨沟灾后抢建项目——九寨沟灾区电网并网工程全面完工投入运行，使九寨沟受灾群众温暖过冬和灾后重建项目开工用电更有保障。

**电力交易中心消纳水电释电改红利** 作为国内最大水电送端省级电力交易平台，四川电力交易中心成立一年来，用户数突破 1000 家，在释放改革红利和促进四川弃水消纳两个方面取得突破，释放改革红利约 60 亿元，并充分发挥“北京+四川”两级电力交易平台协同作用，促进清洁水电外送，2017 年已经落实的外送电计划达到 330 亿千瓦时，同比净增约 70 亿千瓦时，增幅达到 24.8%。

**全省售电侧改革进入落地实施阶段** 四川省能源局在四川电力交易大厅组织召开四川省售电公司市场注册启动仪式，标志着四川省售电侧改革进入落地实施阶段。四川省率先在条件成熟的国家和省级产业园区、工业园区及其他条件成熟的地区启动售电侧改革试点并逐步推开，一系列配套管理办法也将陆续出台，全力助推四川电力体制改革，建设一个规范有序、富有四川特色的售电市场，通过市场手段高效配置资源，支持四川经济社会发展。

# 国网四川省电力公司大事记
# （2017年1月~12月）

## 1月

**1月3日** 上午，公司在本部召开中共十九大代表候选人暨省第十一次党代会代表候选人推荐提名工作电视电话会，安排部署代表候选人推荐提名工作。公司本部各党支部负责人在主会场参加会议，各基层单位各级基层党组织相关负责人在分会场参加电视电话会议。

**1月5日** 公司召开行风监督员座谈会，总结2016年纠风和行风建设工作，听取省纪委、监察厅、精神文明办有关领导和公司第七届行风监督员的意见建议，畅谈公司下一步行风建设和供电服务工作。省纪委常委、监察厅副厅长贾瑞云出席会议并对行风工作提出要求。公司党委书记潘敬东表示，公司将进一步弘扬创先争优精神，强化监督管理，加强沟通互动，推动公司行风建设和供电服务水平再上新台阶。

**1月12日** 公司召开四川电网迎峰度冬新闻通气会，公司副总经理陈云辉向在场媒体介绍了迎峰度冬保春节供电相关情况。随着四川气温持续走低，四川电网用电负荷和日用电量不断攀升。四川主网用电负荷增长较快，最大用电负荷和日最高用电量均突破2016年同期水平，分别达到2664万千瓦和5.1亿千瓦时，同比增加4.7%和7.6%。随着气温进一步降低，用电负荷还将继续攀升，预计今冬明春四川电网最大用电负荷约为2900万千瓦，同比增长7.9%，最高日用电量为5.5亿千瓦时，同比增长8.5%。公司已根据电煤供应情况和来水情况，积极采取外购电、调增国调巨型水电厂发电留川比例等措施，填补火电缺额，满足省内用电需求。

**1月13日** 国家电网公司第三届职工代表大会第二次会议暨2017年工作会表彰特等劳动模范、劳动模范、国网工匠、先进集体、一流班组和优秀班组长等多个模范人物和集体。国网成都供电公司“连心桥”共产党员服务队队长刘源等个人和集体获表彰。

**1月17日** 公司与眉山市政府正式办理四川启明星铝业有限责任公司移交手续，签订移交协议。

**1月18日** 公司第六届职工代表大会第一次会议暨2017年工作会议在国网四川管培中心召开。石玉东作题为《全面深化改革创新，全力提升管理水平，为早日建成“一强三优”现代公司而努力奋斗》的工作报告；公司党委书记潘敬东主持会议。

会议宣读了国家电网公司贺信和省领导的批示；传达了国家电网公司三届二次职代会暨2017年工作会议精神。会议宣读了表彰事项，并为荣获国家电网公司特等劳动模范、劳动模范、先进集体、一流班组的代表颁奖。

**1月19日** 上午，公司第六届职工代表大会第一次会议暨2017年工作会议完成全部议程胜利闭幕。

**是日** 下午，公司党委2017年工作会议在国网四川管培中心召开，石玉东出席会议，潘敬东作了题为《坚持党的领导 加强党的建设 为早日建成“一强三优”现代公司提供坚强保障》的工作报告。

**1月20日** 石玉东到西南电管局、党组书记、局长王尊相家中，代表公司送去新春祝福。

**1月22日** 在新春佳节即将来临之际，公司召开本部离退休老同志情况通报会，公司领导与公司离退休老领导、老同志欢聚一堂，共庆鸡年新春。石玉东出席通报会并讲话，潘敬东主持通报会。通报会后，老同志们表演了精彩的文艺节目。

**22日** 公司与巴中市政府签署战略合作框架协议，加快建设“安全可靠、智慧高效”的智能电网，进一步提高巴中电网供电能力和供电可靠性，保障城乡居民生产生活和经济发展电力需求。

**1月25日** 在成都市高新区，被列为2016年省、市重大项目服的220千伏京东方变电站顺利投运。220千伏京东方变电站输变电工程工期紧、任务重，从供电方案批复到建成投运仅耗时13个月，创造了公司220千伏客户专用变电站建设速度最快、耗时最短的历史。京东方二期项目投资约460亿元，主要为第六代新型半导体显示器件生产线，2017年用电量4亿千瓦时，2018年用电量10亿千瓦时，将大幅拉动全市工业产值增长。

**1月27日—2月2日** 春节期间，四川电网运行整体平稳，有力保证了全省城乡居民的可靠供电。最大用电量为3.73亿千瓦时，同比增长22.6%，日均用电量3.43亿千瓦时，相较于2016年增长20.77%，电网最高负荷为2093万千瓦，同比增长18.7%，最低负荷1129万千瓦，同比增长31.4%。

## 2月

**2月7日** 由四川电力送变电建设公司组织运维的公司500千伏甘蜀一线，成功创建四川首条国家电网防冰害（覆冰）标杆线路，连续两年未发生冰害故障跳闸事件。

500千伏甘蜀一线是四川电网超高压骨干线路之一，地处全国罕见的60毫米重冰区，同时也是甘孜藏族自治州水电送出的电力主动脉。该线全长170千米，铁塔391基，线路途径甘孜州、雅安市及成都市，翻越海拔3000多米的二郎山阴山面，就在这片山区的不足20千米线路区段就夹杂着20毫米到60毫米不同程度的重冰区。

**是日** 公司与攀枝花市政府签订《关于共同建设攀枝花智能电网战略合作框架协议》，双方进一步明确加快建设“网架坚强、安全可靠、绿色友好、经济高效”的智能电网，进一步提高攀枝花电网供电能力和供电可靠性，积极支持攀枝花市经济社会发展，加快“中国钒钛之都”和“中国阳光花城”建设。

**是日** 四川省发改委对在川万家企业开展节能目标责任考核，公司获节能目标责任考核“超额完成”等级。公司“十二五”规划期累计完成节能量90350.77吨标准煤，规划节能量占四川全省“十二五”期节能量的0.61%，较国家下达的“十二五”规划期间节能目标27000吨标煤高234.63%。

**2月8日** 在川各大电力企业共聚公司，召开四川省电力行业协会理事长联席会暨全省电力行业2017年工作座谈会，共商四川电力发展大计。副省长刘捷等出席会议。四川省电力行业协会理事长石玉东主持会议。

2016年，四川全社会用电量达到2101亿千瓦时，同比增长5.45%；全省装机容量9108万千瓦，其中水电装机达到7245万千瓦，居全国第一；清洁能源发电量3021亿千瓦时，占比达89.6%；四川全口径外送电量再创新高，达到1286.99亿千瓦时。

**2月13日** 石玉东在《国家电网报》发表《坚持改革创新 全力构建“三个一”发展新格局》的署名文章。

**13日** 由中央宣传部、中央文明办等15家部委组织开展的2016年宣传推选学雷锋志愿服务“四个100”先进典型名单出炉。经层层择优推荐、集中展示和群众投票，国网德阳供电公司员工鲁鹏登上100名“最美志愿者”榜单，成为本次评选活动中公司系统唯一入围者。2012年，“鲁鹏志愿服务队”正式成立，经过4年多的发展，已建立14分队、拥有550余名志愿者的“鲁鹏志愿服务队”，累计开展各类志愿服务活动350余次，并获评“四川省青年优秀志愿者组织”，成为公司一个规范性、示范性和持续性的志愿服务平台。

**2月20日** 潘敬东在《国家电网报》发表《严明党风党纪 构建风清气正的发展生态》的署名文章。

**2月27日** 石玉东在公司早调会上对全国两会（第十二届全国人民代表大会第五次会议、政协第十二届全国委员会第五次会议）期间保电等相关工作提出三点要求。

## 3月

**3月13日** 国家电网公司董事长、党组书记舒印彪在北京与四川省委副书记、省长尹力一行举行会谈。双方就加快四川水电外送通道建设、推动水火互济、加大四川藏区电网建设力度、积极稳妥推进输配电价改革试点等展开深入交流。四川省委常委、常务副省长王宁，国家电网公司总会计师、党组成员李汝革，副总经理、党组成员王敏参加会谈。

**3月15日** 四川省与世界500强央企投资合作座谈会暨项目合作协议签署仪式在北京举行。国务院国资委党委书记郝鹏、四川省委书记王东明出席会议并讲话。四川省委副书记、省长尹力主持会议，舒印彪出席会议并发言。双方就“十三五”规划期间加快建设四川坚强智能电网、支持四川建设全国优质清洁能源基地和国家清洁能源示范省、推进四川能源清洁高效利用、积极稳妥推进电力体制改革、营造良好电网发展环境、建立协商机制推动共赢发展等合作事宜达成框架协议。

**3月20日** 公司打响±800千伏复龙换流站2017年集中检修攻坚战，四川电力送变电建设公司作为四川唯一参检单位调集各专业优势力量，组建特高压检修项目部，投入230余人的检修力量，其中80%技术人员具有换流站安装、调试或检修工作经验，项目经理、项目总工等重要岗位人选具备多个省份、多座换流站的检修、技改履历，承担本次检修的主要工作。 检修工作涵盖2900余项例行检修预试、40余项专项消缺及隐患治理、9项中小规模大修技改及7项特殊性检修项目，作业量超过检修工作总量一半，作业组织规模创历史新高。

**3月22日** 在川渝电网500千伏第三通道建设现场，石玉东接受了正在现场采访施工的新华社、新华社网络电视台、人民网、《四川日报》、四川电视台等媒体记者的采访。

**22日** 四川省2016—2017年度重大项目集中开工的川渝电网500千伏第三通道进入放线施工阶段。

**3月25日** 在北京召开的全国企业管理创新大会上，公司主创的《供电企业基于“三本台账”的用户需求精准管理》（国网德阳供电公司创造）、《基于快速响应的农村供用电故障抢修服务管理》（国网遂宁供电公司创造）两项成果以其明显的创新性、科学性、示范性、效益性和实践性，突出服务创新和客户体验创新，双双荣获第二十三届全国企业管理现代化创新成果二等奖。这是公司继第十八届国家级管理创新成果以来连续六届获此殊荣。

**3月28—30日** 国家能源局电力司副司长赵一农率华东、华中各省（市）发改委（能源局）相关负责人到成都、西昌等地实地调研四川水电通道建设情况，推进四川第四回特高压外送通道建设，解决近年来四川省出现的水电消纳难问题。

四川水电资源丰富，但由于外送能力严重不足，水电弃水问题日益突出，2016年达到了141亿千瓦时。为尽快解决四川水电消纳问题，按照国家电力发展“十三五”规划，需要尽快建设四川水电外送第四回特高压外送通道。该工程计划起于四川省凉山彝族自治州盐源县，途经四川、云南、贵州、湖南、江西五省市，止于江西省抚州市东乡县，直流电压等级±800千伏，额定输送容量1000万千瓦，线路长度约1701千米。建成投运后不仅能满足四川省水电外送需要，同时为受端省份提供清洁稳定的电力供应，实现全国范围清洁能源优化配置。

**3月31日** 中国国际航空股份有限公司客舱服务部金凤乘务组与国网四川电力共产党员服务队在成都签订结对共建协议，并座谈交流。国航客舱服务部一行还参观了国网成都供电公司电力调度控制中心、国网成都市高新供电公司营业大厅以及国网四川电力（成都高新）共产党员服务队，并与国网四川电力共产党员服务队队员、青年志愿者一起到崇州市怀远小学“川电留守学生之家”开展关爱活动。

## 4月

**4月6日** 世界海拔最高、海拔跨度最大、自然条件最复杂的输变电工程——藏中联网工程开工动员大会在西藏林芝召开，藏中联网工程正式开工建设。国家电网公司董事长、党组书记舒印彪，西藏自治区党委副书记、自治区人大常委会主任、党组书记洛桑江村等领导参加开工仪式。工程总投资约162亿元，新建、扩建110千伏及以上变电站16座，新建110千伏及以上线路2738千米，计划于2018年建成投运。

**4月13—16日** 四川广元、乐山等地遭受强对流天气，局部地区雷电、大雨、冰雹突袭，大量树木拦腰断裂，房屋受损，电网设备设施也受到严重破坏，致使乐山电网、广元电网多条线路受损。灾情发生后，公司迅速启动应急预案，指挥国网广元、乐山等供电公司立即组织抢修，受损线路全部恢复供电。

**4月27日** 公司召开庆“五一”劳模座谈会议。2017年公司系统共8个集体、4名个人获得全国、四川省五一劳动奖状、奖章、工人先锋号荣誉称号。

## 5月

**5月1日** 零时38分，±800千伏锦苏线检修后一次性投运成功，四川境内三大特高压直流输电线路年度“大体检”圆满收官，为2017年迎峰度夏大规模水电外送做好了准备。

**5月9日** 国网四川盐源县供电有限责任公司成立，公司与凉山州政府战略合作协议和“一张网”战略迈出了重要一步，盐源县电力发展迈入新阶段。公司供电辖区内县级供电企业全面消除了代管体制，四川省“三个一”（电源侧“一盘棋”，电网侧“一张网”，需求侧“一同价）电力发展格局取得重大突破。

**5月12日** 四川电力交易中心有限公司在成立一周年之际，公司邀请省经信委、国家能源局四川监管办公室、省发改委、省能源局以及发电企业、社会媒体等，公布一年来的成绩单。2016年5月12日，四川电力交易中心有限公司在成都挂牌成立，成为国内最大的水电送端省级电力交易平台。2016年参与直接电力交易用户数达到531家，市场交易规模452亿千瓦时，占省内用电量的21.51%，释放改革红利约60亿元。2017年直接交易用电户数增至828家，预成交电量459亿千瓦时。

**5月17日** 以“弘扬企业家精神打响‘川字号’品牌”为主题的2017年全国企业家活动日四川分会场暨企业家年会在成都市金牛宾馆召开。石玉东被授予第十一届“四川省杰出企业家”称号。该会议在中国企业联合会，中国企业家协会、四川省经信委、省政府国资委指导下，由四川省企业联合会，四川省企业家协会主办。

**17日** 10时23分，由248基铁塔串连组成，长

240.6千米的川渝第三通道500千伏输电线路工程（四川段）正式贯通。

**5月23日** 公司在国网天府新区供电公司召开“全能型”乡镇供电所建设工作现场会：统一认识，交流经验，明确工作重点，加快推进“全能型”乡镇供电所建设各项工作，确保如期完成目标任务。

**5月30日** 公司经过20多天连续奋战，圆满完成了±800千伏复奉、锦苏、宾金三大特高压直流输电线路及接地极线路的隐患排查工作，为即将开展的四川三大特高压直流输电线路满功率运行奠定坚实基础。

链接：国网四川检修公司完成无人机杆塔精细化巡检3819基，通道巡检1812千米，直升机巡检990公里，激光扫描508千米，建立了直流线路三维立体模型；完成了三大直流及27条近区500千伏线路的停电检修，消除各类隐患缺陷319项、消除通道树竹隐患446处、清除通道内山火隐患点可燃物7836亩、整治不合格地网124基、加装避雷器238套、加装分布式故障诊断装置22套、加装防次档距振荡间隔棒436个、消除绝缘子破损和硬跳线管母发热等缺陷267项、防污清扫260基，完成了锦苏及接地极线路OPGW光缆改造工作，全面提升了所辖设备的健康运行水平，为三大直流满功率运行做足了充分准备。

**5月31日** 成都市第二座500千伏智能变电站——白泉变电站成功带电投入运行，该站是四川地区首座采用程序控制投运的500千伏智能变电站，投运后四川500千伏电网新增容量达240万千伏安，所形成的环网将为成都电网提供坚强的骨架，一定程度上缓解成都局部地区夏季用电紧张的局面。

## 6月

**6月7—9日** 公司高度重视高考保电，各供电公司提前部署落实各项保电措施，成立高考保电工作领导小组，明确相关部门的保电职责，重点组织开展针对招办、考点、酒店的用电专项排查，签订保电协议，明确保电责任，对存在重大隐患的立即书面通知客户并督促客户进行了整改，并报政府相关部门备案，圆满完成四川省高考期间供电工作。

**6月10日** 由中国电力作家协会和公司主办，《星星诗刊》杂志社、《脊梁》杂志社、中国电力作家协会四川分会、四川科锐得文化传播有限公司承办的“星星点灯”全国诗歌征文大赛颁奖典礼暨诵读活动历时4个多月，在成都圆满结束，5000多名诗歌爱好者参与了这次以电力为主题的诗歌大赛。

**6月14日** 公司召开干部任免宣布大会，宣布公司领导任免的决定：石玉东任国网四川省电力公司董事、董事长、党委书记，谭永香任国网四川省电力公司董事、总经理、党委副书记，谭志红任国网四川省电力公司副总经理、党委委员，免去石玉东国网四川省电力公司总经理职务，免去潘敬东国网四川省电力公司党委书记、副总经理职务。

**6月26日** “十三五”规划期间四川首条水电外送通道—川渝电网第三条通道正式建成投运。川渝第三通道的建成投运将新增川电外送能力200万千瓦，未来3条通道组成的川渝断面输电能力将超过500万千瓦，一定程度上缓解四川“弃水窝电”压力，满足重庆供电需求，消除川渝电力交换“卡脖子”状况，促进西南地区清洁能源大范围优化配置。

四川境内±800千伏向家坝—上海、锦屏—苏南、溪洛渡—浙西三大特高压直流输电线路，±500千伏德阳—宝鸡直流线路、四川—重庆4回500千伏交流线路，形成“四交四直”外送格局，四川跨省跨区电力交换能力达到2850万千瓦，在全国省级电网中排名第一。

**26日** 最高人民检察院检察长曹建明在成都组织部分在川全国人大代表召开座谈会，听取部分在川全国人大代表对检察工作的意见和建议。全国人大代表、公司副总经理、国网成都供电公司总经理褚艳芳等8位在川全国人大代表应邀参会。曹建明高度评价褚艳芳代表的意见和建议，并对三条意见建议逐一进行了详细回应，特别是针对电力电缆的重要性、特殊性，曹建明指出，要从危害公共安全的角度思考问题，完善司法解释，加大打击力度。

褚艳芳对检察工作提出三点建议是：一是加强对破坏电力电缆行为的打击力度；二是进一步加强检企共建；三是加强知识产权执法司法力度，更好地服务地方经济发展。

**6月27日** 四川省能源局在四川电力交易大厅组织召开四川省售电公司市场注册启动仪式，四川电力交易中心有限公司现场发布了售电公司市场注册服务流程，四川省售电侧改革进入落地实施阶段。售电公司是未来电力市场的重要成员，建立售电公司广泛参与、运转良好的售电市场，有助于提升电力市场活跃度，促进电力市场规范运行。

## 7月

**7月2日** 四川省委书记王东明在公司《关于川渝电网第三通道500千伏输变电工程建成投运的报告》上批示：“感谢国家电网的大力支持和四川公司的

辛勤工作。望继续扎实推进电力外送通道建设，进一步促进我省水电消纳，促进清洁能源优化配置。”省长尹力、常务副省长王宁、副省长刘捷也在《报告》上批示：“祝贺！感谢省公司的艰辛工作。望运营好、维护好，实现预期目标。”

作为省“十三五”规划期间首条跨省电力外送通道——川渝第三通道500千伏输变电工程，于2017年6月27日正式投运，新增川电外送能力200万千瓦，年输送电量约70亿千瓦时，对于促进水电消纳、打造清洁能源基地（示范省）、推进美丽繁荣和谐四川建设具有重要意义。

**7月12日** 由公司与国网电动汽车服务有限公司共同出资组建的国网四川电动汽车服务有限公司正式成立，石玉东和国网电动汽车服务有限公司董事长、党委书记彭建国共同为国网四川电动汽车服务有限公司揭牌。

公司已建成投运24座高速城际直流快充站、23座城市直流快充站和143座分散交流慢充站，共计1107台充电设备（其中直流充电桩361台、交流充电桩746台），全部接入国家电网公司“车联网 e 平台”，充电服务网络运营水平不断提升。

**7月14日** 上午，四川省委常委、常务副省长王宁在石玉东和谭永香陪同下调研四川电力交易中心有限公司，并听取了关于中心基本情况、省内电力市场建设情况、跨省外送交易情况、品牌形象宣传和未来展望五个方面的工作汇报。

**7月27日** 石玉东在《国家电网》杂志发表《努力构建“三个一” 电力发展新格局》的署名文章。（“三个一”即：电源侧“一盘棋”、电网侧“一张网”、需求侧“一同价”）

**27日** 21时30分，四川电网最大用电负荷再创新高，达到3301.9万千瓦。其中，成都、天府新区、南充、眉山、自贡、宜宾、资阳、内江、广元、巴中等地的用电负荷均创下历史新高，四川电网面临严峻“烤验”。

**27日** 四川省机井通电工程提前半年完工，5000余眼机井通上了动力电，40多万亩农田生产用电有了保障，农村电力配套设备得到改善，预计将减少农民灌溉支出4686.5万元，为脱贫攻坚提供坚强的供电保障。由公司实施的机井通电工程总投资3.71亿元，涉及23个市辖区、78个县，5000余眼机井，其中包括国家级贫困县12个，惠及农田40.67万亩。

机井通电工程是2016年10月国家电网公司与四川省人民政府签署《推进四川省小城镇（中心村）电网改造升级和机井通电工程合作协议》的重要内容。国家电网公司在四川境内规划投资94亿元，两年内完成6000个小城镇（中心村）的电网改造任务，实现5000眼农田灌溉机井通电。

## 8月

**8月1日** 公司与成都市政府在天府国际会议中心签订《建设全面体现新发展理念的国家中心城市，构建成都城市能源互联网战略合作协议》，进一步加快电网建设，精准服务成都“东进、西控、南拓、北改、中优”战略布局，不断深化政企合作，开拓双方发展的新篇章。

公司高度重视成都电网发展，围绕成都市各区县特别是天府新区等区域发展需求，不断加快电网建设进程。经过不懈努力，成都电网变电容量增长1.2倍，输电线路增长1.1倍，供电能力大幅提升至1000万千瓦以上，110千伏及以上电网设备规模居国家电网公司系统副省级城市首位，形成了以500千伏为支撑、220千伏双环网为骨干、多层级电网协调发展的良好格局，为全市经济社会发展提供了有利保障。为充分保障经济社会发展，未来五年，公司规划投入约400亿元，构建结构坚强、安全可靠、智能高效的成都电网。积极助力成都市实现“十三五”规划发展总目标。

四川省委常委、成都市委书记范锐平，成都市委副书记、市长罗强会见了公司董事长、党委书记石玉东一行，并共同出席签约仪式。

**1日** 上午，国家电网公司总经理、党组副书记寇伟到藏中联网500千伏林芝变电站施工现场调研，慰问参建员工代表。

藏中联网工程由西藏藏中和昌都电网联网工程、川藏铁路拉萨至林芝段供电工程组成，跨越西藏三市十区（县），起于西藏昌都市芒康县，止于山南市桑日县，工程总投资约162亿元；输变电线路总长度2738千米，其中500千伏线路1984千米、220千伏线路441千米、110千伏线路313千米；新建500千伏变电站（开关站）6座、扩建2座，新建220千伏变电站2座、扩建4座，新建110千伏变电站2座。

该工程计划2018年建成投运，将促进西藏水电开发外送，加强西藏中部电网结构、构建西部同步电网，满足藏中电网负荷发展与铁路供电需要，对维护社会政治稳定、增进民族团结具有重大意义。

**8月2日** 零时，规划“十三五”期间四川建成投运的首条水电外送通——川渝电网第三通道已累计向重庆输送电能14.1亿千瓦时，日均送电量超过

4000 万千瓦时，有效缓解重庆电网 2017 年夏供电压力，消除了川渝电网电力交换“卡脖子”状况。

自 6 月 26 日川渝电网第三通道投入试运行以来，至 8 月 2 日零时，川渝电网一、二、三通道外送电量共计 38.23 亿千瓦时，输送电能比 2016 年同期增加 13.36 亿千瓦时，增长 53.72%。

**8 月 2 日—3 日** 四川省总工会副主席彭闯、武晓鹏等分别带队到公司本部、国网眉山供电公司、国网甘孜供电公司调研工会工作开展情况，高度评价公司企业文化建设和职工技术创新等工作。

**8 月 3 日** 9 时 30 分，公司开展“2017 年四川电网防汛减灾暨迎峰度夏大面积停电联合反事故演练”。

演练以迎峰度夏电网大负荷运行方式为背景，设置了三个故障场景，横向加强电网运行、设备抢修、营销服务、新闻宣传等专业联动，纵向强化省地市公司的处置协同。公司多个专业部门、下属单位及国电大渡河公司集控中心、国电金堂电厂等单位共 120 余人共同参加演练。

**8 月 8 日** 21 时 19 分 46 秒，在四川阿坝州九寨沟县附近（北纬 33.20 度，东经 103.82 度）发生 7.0 级地震，震源深度 20 千米。地震造成阿坝电网 110 千伏川九线停运，九寨沟变电站主变压器报废，站内 80%开关刀闸断裂损毁，同时 35 千伏南黄线停运。黄龙景区及周边 1900 余户居民客户停电。九寨沟景区和县城失去主要供电电源，仅靠地方小水电孤网运行，也时刻面临全面停电风险。

地震发生后，公司立即启动应急响应，公司董事长、党委书记石玉东和有关负责人第一时间赶到国网四川应急指挥中心指挥抗震救灾工作。随即，一支支电力抢险队伍在阿坝、广元、绵阳、德阳、成都各地迅速集结，奔向九寨沟。当晚 23 时 15 分，第一批 14 人的电力抢险救援队赶到 110 千伏九寨沟（甘海子）变电站，投入紧张忙碌的恢复供电工作。地震后仅 48 小时，110 千伏九寨沟变电站“复活”，地震中受损的国家电网供区线路和变电站全部恢复送电。

随后，电力抢险人员继续向受灾核心区——九寨沟县漳扎镇挺近，冒着烈日和暴雨为灾区居民集中安置点、医院等搭接帐篷临时电源。截至 8 月 16 日，公司累计共完成 1561 顶安置点帐篷的临时电源搭接，为灾区居民救灾避险提供基本的电力保障，圆满完成了前阶段的电力抢险任务。

国家电网公司董事长、党组书记舒印彪高度重视，立即在国家电网公司办公厅 8 月 9 日《四川省阿坝州九寨沟县发生 7 级地震》的值班报告上作出重要指示：“灾情就是命令！面对九寨沟地震灾情，四川公司要服从大局，立即行动，在地方党委政府统一部署指挥下，积极参与救灾工作，协助抢修受损电网设施，切实保障抢修救灾用电。抢修作业中，要注意保障人身安全。”

国家电网公司董事、总经理、党组副书记寇伟作出批示：“四川公司组织有力，行动迅速。要抓紧恢复供电，搞清楚震情（人员伤亡，设备、设施损坏）对地方电力公司的抢险救援予以最大的支持。主动服务地方救援指挥部的工作，彰显国网精神、国网力量。”

**8 月 9 日** 石玉东会见到访的国网信息通信产业集团有限公司董事长、党组书记王政涛一行，双方就进一步加强合作交流进行座谈。

**8 月 14 日** 公司召开干部任免宣布大会，宣布国家电网公司党组对四川公司领导职务变动的决定。李华不再担任公司党委委员、副总经理。

**8 月 15 日** 公司召开 2017 年四川省技能大赛—四川省第一届电力行业职业技能大赛筹备工作情况通报会。省人力资源和社会保障厅、省职业技能鉴定指导中心相关领导，公司工会主席左宇龙出席会议。

**8 月 16 日** 四川省委书记、省抗震救灾指挥部指挥长王东明到阿坝藏族羌族自治州九寨沟县永乐镇南坪中学抢险救援驻地现场，看望慰问参与地震抢险的各行业代表。王东明指出在本次救灾中，电力救援力量迅速出动，在震后及时恢复，保障有力。他代表省委、省政府和四川人民对各路救援力量和广大救援人员的辛勤付出表示感谢。

**8 月 17 日** 国家电网公司副总工程师、国网华中分部主任、党委书记丁广鑫，国网华中分部副主任、纪委书记、工会主席刘勤率国网华中分部相关负责人到公司调研四川水电开发及外送消纳情况，石玉东、谭永香陪同调研。

**8 月 18 日** 公司召开第六届职工代表大会第二次会议，贯彻落实国家电网公司 2017 年改革工作会和集体企业改革会精神，审议通过公司制改制方案，对下阶段改革重点工作进行再动员、再部署、再督促，确保各项改革要求和措施有效落实落地。

**8 月 21 日** 公司与南充市人民政府签订《加快推进“十三五”南充电网建设战略合作协议》。公司与南充市政府本着相互支持、共同发展的原则，就全面实施南充电网“十三五”发展规划、加强电网建设工作领导、落实电网建设支持性措施、支持南充市城乡建设和重点项目建设、维护电力生产经营正常秩序、积极推广应用新技术、支持南充电网智能、绿色发展等方面需要共同履行的责任和义务达成共识。

**21 日** 石玉东与达州市委书记包惠座谈，双方就建立更为广泛的战略合作伙伴关系，进一步建设坚强智能电网，为达州市经济社会发展提供安全可靠的电力保障等方面进行交流。

**8 月 22 日** 公司 2017 年新进高校毕业生入职培训在管培中心开班，石玉东在开班典礼上对全体学员寄予殷切希望。

**8 月 24 日** 四川省副省长刘捷到公司指导工作，参观公司关于落实省第十一次党代会精神，构建“三个一”发展格局以及公司党建工作等成果展示，并召开相关工作会。

**8 月 24 日—25 日** 谭永香到国网眉山供电公司调研指导电网发展、生产营销、管理创新、“三个建设”等工作。其间，谭永香与眉山市委书记慕新海就深化合作、共谋发展等座谈交流。

谭永香先后到启明星铝业公司，国网眉山供电公司调控中心、信通公司、企业文化基地、“红色家园”、国网仁寿县供电公司龙正供电所等实地调研。

**8 月 29 日** 石玉东在成都召开的省国资委系统脱贫攻坚工作座谈会上作《发挥电网优势，助力脱贫攻坚》交流发言，介绍公司精准扶贫经验。

公司供区内的 70 个贫困县、8536 个贫困村均已达到“户户有生活用电”标准，其中 6799 个村能满足未来 5～10 年的生产生活用电需求。同时公司积极响应省委、省政府脱贫攻坚工作部署，累计投资 53.44 亿元，对 70 个县、3473 个贫困村电网改造升级，供区内的 75 个重点联系指导县（村）实现改造全覆盖，全面消除农村现存“低电压”问题，户均供电容量达 1.61 千伏安，较 2010 年提高近一倍，供电保障能力显著提升。在定点帮扶贫困村中，累计投资 9 亿元，建成 35 千伏及以上变电站 10 座，线路 2000 余千米，精准扶持贫困地区发展，按照“挂、包、帮”工作要求，公司系统各市（州）县供电公司选派 112 名优秀员工，安排 1.4 亿元资金，定点帮扶 143 个贫困村，确保如期脱贫摘帽。

**8 月 30 日** 15 时 42 分，公司 2017 年重点建设项目 500 千伏玛瑙（宣汉）智能变电站正式投运，这是四川第七座 500 千伏智能变电站。该站是达州地区第一座 500 千伏智能变电站、也是该地区第二座 500 千伏变电站。

**8 月 31 日** 中电联企业文化建设部副主任白俊文率创建全国电力行业企业文化建设示范单位工作组检查公司党建和企业文化建设工作，对公司创建全国电力行业企业文化建设示范单位进行考评。工作组深入国网四川电力（成都高新）共产党员服务队、成都公司检修分公司变电检修工区，详细检查了解基层单位党建工作、企业文化建设取得成果。

**31 日** 国家电网公司总经济师赵庆波到凉山彝族自治州西昌市±800 千伏裕隆换流站、雅中—江西特高压直流送端换流站站址实地考察调研，听取工作汇报，详细了解工程前期工作开展情况。

雅中－江西±800 千伏特高压直流工程起点为四川省盐源县，途经四川、云南、贵州、湖南、江西 5 省市，落点江西省南昌市，线路长度约 1700 千米，电压等级为±800 千伏，输送容量为 1000 万千瓦，总投资约 317 亿元，±800 千伏雅中换流站位于凉山州盐源县果场，占地面积约 29.6 公顷。该输变电工程是凉山西部、南部地区的水电、风电、光电送出的关键通道，是满足凉山州清洁能源送出的重要工程，工程建成后对于确保凉山州丰富的水电、风电和光电送出具有重要意义。

**8月31日—9月1日** 国家能源局在成都组织召开川渝藏“十三五”电网主网架规划咨询评估会，对西南区域“十三五”电网主网架规划进行咨询评估。按照国家电网公司总体安排部署，公司主动承担本次衔接规划研究工作，多次向能源主管部门汇报，并主动配合编制完成了“十三五”电网主网架规划衔接报告，为本次评审做了大量基础性准备工作。

## 9月

**9 月 5 日—6 日** 谭永香到南充、广安调研指导国网南充供电公司、广安供电公司电网建设、安全生产、改革改制、营销转型、管理创新、“三个建设”等方面工作，并深入变电站、变电运检室看望慰问一线员工。其间，谭永香还与广安市委副书记、市政府党组书记曾卿就深化合作、共谋发展等进行座谈交流。

**9 月 7 日** 四川省国资委党委书记、主任徐进在石玉东的陪同下，到宜宾成贵铁路 220 千伏牵引站站址现场、220 千伏兴文输变电工程施工选址现场，调研指导重点工程建设工作，加速推动四川电力“一张网”在宜宾落地。

宜宾市委副书记、市长杜紫平，副市长廖文彬，公司副总经理陈云辉陪同调研。

成贵铁路是我国西部地区骨干网路的重要组成部分，对促进云、贵、川三省经济持续协调发展具有重大战略意义。成贵铁路 220 千伏牵引站供电工程是成贵铁路运营的核心配套工程，包含宜宾东、屏山、长宁、兴文等 4 座牵引站 220 千伏供电工程，以及为其提供电源支撑的 220 千伏兴文、珙县输变电工程。该项目共新建220千伏变电站2座，总容量72万千伏安，新建220千伏线路14条，总长度约427千米，总投资7.86亿元，计划于2018年6月投入运行。

**9月11日** 公司召开启动内部模拟市场建设电视电话会，全面启动内部模拟市场建设，不断提升公司经营效益水平、市场竞争力和协调发展素质。石玉东要求全力以赴，确保内部模拟市场建设取得实效。谭永香主持会议。公司总会计师杨桂荣介绍内部模拟市场建设方案，公司领导褚艳芳、谭志红、董京营、周群、刘勇、左宇龙、陈云辉、石俊杰出席会议。

**9月12日** 公司2017年青年干部能力提升培训班（简称青干班）在公司党校开班，石玉东出席开班典礼并为学员们讲授了本次培训第一课。此次青干班以“知行合一”为培训理念，课程设计围绕知方向、知形势、知电网、强党性、强能力5个板块展开，以促进青年干部政治素养和能力水平双提升。青干班授课时间共10周，共有来自公司本部和41家基层单位的共计80名优秀青年骨干参加了本次培训。

**9月13日** 谭永香与雅安市委副书记、市长兰开驰就进一步深化合作、共谋发展座谈交流，并深入国网雅安电力（集团）公司一线班组和企业客户，调研指导电网建设、安全生产、营销转型和供电优质服务等工作。

**9月14日** 国家电网公司副总经理、党组成员王敏到国网绵阳供电公司调研了解问题清单梳理工作开展情况。王敏充分肯定国网绵阳供电公司工作实效，要求做好五方面工作。国家电网公司研究室副主任周海洋、财务资产部稽核处处长张伯凝对国网绵阳供电公司问题清单梳理工作进行了指导。石玉东、杨桂荣陪同调研。

**9月17日—22日** 国家电网公司总工程师张启平率国家电网公司安全生产大检查督导组深入国网成都、凉山等供电公司及500千伏谭家湾变电站检修作业现场、500千伏盐源变电站施工现场、110千伏乐跃变电站施工现场、青白江农网施工现场4个作业现场开展了安全生产大检查督导工作。

**9月18—22日** 首届“四川工匠杯”职业技能大赛四川省第一届电力行业职业技能大赛在公司技能培训中心举行，来自全省电力行业60支参赛队的180名选手齐聚一堂，亮剑比武。大赛设置了变电设备检修、继电保护两大专业项目。通过理论、实践操作对各选手、参赛队伍进行竞赛评选。公司包揽团体赛、个人赛一等奖。公司工会主席左宇龙作总结讲话。

省人力资源和社会保障厅、省总工会、省职业技能鉴定指导中心有关领导及公司相关业务部门出席当天活动。

**9月22日** 石玉东在人民网和《经济参考报》发表署名文章《四川电力“三个一”的理论与实践》，开创性提出构建“三个一”电力发展新格局理念（即电源侧“一盘棋”、电网侧“一张网”、需求侧“一同价”），为全国电力体制改革，实践探索出了一条符合中央精神、符合省情网情、符合人民群众根本利益的新路子。

**22日** 由四川省委、省政府主导，国网四川省电力公司、四川能投集团、宜宾市国资公司经过协商，以新设合并的方式对宜宾电网企业进行重组后的“四川宜宾电力有限公司”正式挂牌成立。该公司的成立标志着四川省立足四川电网发展实际、遵循电力发展客观规律、为积极构建电源侧“一盘棋”、电网侧“一张网”、需求侧“一同价”的“三个一”电力发展新格局迈出了最为坚实的一步。

**22日** 省国资系统2017年三季度重点项目集中开工暨宜宾220千伏兴文变电站开工仪式在宜宾市兴文县莲花镇莲花山村六组举行。副省长刘捷宣布项目开工，省国资委主任徐进，省经济和信息化委员会主任陈新有，宜宾市市长杜紫平，国网四川省电力公司董事长、党委书记石玉东，能投集团公司董事长郭勇为四川宜宾电力有限公司揭牌，石玉东、杜紫平、徐进在仪式上致辞，省人民政府副秘书长罗治平主持仪式。

**9月25日** 在省国资委组织召开的全省国资系统法治建设推进会上，公司“三全五依”法治企业建设获得省国资委的充分肯定。公司副总经理陈云辉参加了大会，公司就“三全五依”法治企业建设作经验交流。

**9月26日** 上午，位于大渡河峡谷绝壁之上的雅安市汉源县永利彝族乡古路村农村电网改造升级项目完工通电，标志着公司新一轮农村电网改造升级“两年攻坚战”提前完工。同时，公司在雅安召开省新一轮农网改造升级“两年攻坚战”全面完成及电力体制改革新闻通气会。雅安市副市长杨硕在通气会上致辞，雅安市副秘书长官健，全国人大代表、古路村党支部书记骆云莲出席通气会。此次农网改造升级历经两年，投资达99.19亿元，全省5992个中心村完成了电网改造升级，5113口机井实现通电，520个村实现通动力电。

**9月27日** 公司召开“8·8”九寨沟地震抗震救灾先进事迹报告会，对公司“8·8”九寨沟地震抗震救灾工作进行总结，宣传抗震救灾先进典型，大力弘扬伟大的抗震救灾精神。

**9月27—28日** 谭永香到资阳、内江调研，与资阳市委书记周喜安，内江市委副书记、市长任晓春就进一步深化合作、共谋发展座谈交流，并深入国网资阳、内江等供电公司和500千伏资阳变电站，调研督导安全生产、电网运行、党的建设、营销服务以及中共十九大及“双节”保电等工作，看望慰问一线员工。

**9月27日** 石玉东到国网德阳供电公司调研指导党建和安全工作。石玉东观看了“旗帜领航•三年登高、全力打造‘一流党建’”“实践‘三个一’发展理念、建设‘四个一流’现代供电企业”“聚焦为民服务、推进基层党建创新实践落地”工作展板，全面了解国网德阳供电公司相关工作开展情况。

**9月28日** 下午，国家能源局四川监管办专员马军杰一行到公司督导中共十九大和“两节”期间的保电工作，要求强化责任担当，圆满完成2017年的各项目标任务，以优异的成绩向中共十九大献礼。马军杰还到公司调控中心调研，慰问员工。

**9月29日** 四川省国有企业党建工作现场推进会在公司召开。省国资委党委书记、主任徐进，省委组织部副巡视员、省党建研究会秘书长鲜仕荃出席会议并讲话，省国资委党委副书记吴晓曦主持会议。石玉东在会上做《牢记嘱托 追求卓越 提升党员服务队建设新高度》交流发言，介绍公司党建工作经验。

## 10月

**10月8日** 谭永香到成都天府新区华阳同沟电缆故障处，现场指挥故障抢修工作，要求抢险人员第一时间尽快恢复重要客户供电，同时要保证抢修现场人员安全，做好居民客户的沟通解释工作。通过电网运行方式调整，10月8日上午近半数停电区域已恢复供电，剩余5个停电小区也在当日下午及次日凌晨陆续恢复供电。

**10月10日** 石玉东到公司科研综合楼，调研国网四川电科院、国网四川信通公司等单位入驻情况。公司副总经理谭志红陪同调研。石玉东察看了科研综合楼直流控保、动态模拟、配电变压器、环保等多个实验室，详细了解各个实验室整体运作情况及投运后使用状况，仔细询问投运后公司科研综合楼整体办公环境、设备设施等情况。

**10月11日** 石玉东在本部会见眉山市委副书记、市长罗佳明一行，双方就电力统调、电价政策、电网建设等问题进行深入交流。公司副总经理陈云辉参加会见。

近年来，在公司的大力支持下，眉山电力基础设施不断完善，电网输配能力显著提升，年用电量从建市初期的15亿千瓦时增长到88亿千瓦时，增长了近6倍。“十二五”规划期间，全市完成电网投资41.6亿元，建成以500千伏为支撑，220千伏为市级骨干网，110千伏为县级骨干网的区域电网。2017年1—8月，全市全社会用电量64.21亿千瓦时，同比增长19.68%，总量列全省第6位，增速列全省第二位。

**11日** 由公司和南充市委、市政府共同发起，国网南充供电公司、南充市红十字会、南充市食品药监局等17家单位共同参加的张思德服务联盟在南充成立。同日下午，张思德服务联盟的志愿者们前往仪陇，参观张思德纪念馆，随后前往仪陇县特殊教育学校，开展爱心帮扶、用电线路检查和义诊等活动，拉开了张思德服务联盟为民服务的序幕。

**11日** 谭永香到四川科锐得实业集团有限公司调研，要求该公司认真贯彻国家电网公司和省公司关于深化电力体制改革、加快解决历史遗留问题的决策部署，推进集体企业突出核心业务、实施瘦身健体、深化集体企业改革发展，推动依法经营、规范管理迈上新台阶，为进一步改革创造条件。

**10月12日** 国务院国资委副秘书长周渝波一行到川督察中共十九大电力安全保障工作，对公司的保电工作提出进一步要求，并到国网四川检修公司、国网四川电力运营监控中心、国网四川电力应急中心、国网四川电力调控中心了解情况。

**12日** 在第四个国家扶贫日到来之际，中央在川企业和省属国有企业扶贫工作阶段性成果展示暨2017年“扶贫日”捐赠仪式在国网四川技培中心举行，公司在此次成果展示中，以“用心，用情，用力，电亮扶贫路”，讲述汇报公司近年来在扶贫工作中的故事与成果。

谭永香出席活动并代表公司举牌捐赠，公司副总经理谭志红出席活动。

“十二五”规划以来，公司累计投入农网资金340亿元，解决14万户、63万人的无电问题，消除148万户“低电压”，户均容量达到1.61千伏安，较“十二五”规划初期提高了近一倍，用电质量大幅提升，有效助推供区5019个贫困村、169万贫困人口脱贫奔康。落实全省深度贫困县脱贫攻坚工作会议精神，进一步加强供区内36个深度贫困县电网改造，全力补齐电力发展短板，确保无一户人口因供电问题影响脱贫。

**12 日** 公司召开三季度线损分析会暨同期线损管理系统建设推进会，进一步提升线损管理水平，推进同期线损管理系统建设。谭永香出席会议并提出要求。

**12 日** 石玉东到阿坝藏族羌族自治州调研，与四川省人大常委会副主任、阿坝州委书记刘作明，州委副书记、州长杨克宁就进一步加强深度合作进行了友好交流。

石玉东考察了 220 千伏红原变电站、500 千伏马尔康变电站站址，听取了阿坝州清洁能源送出情况的汇报，调研了红原县花海光伏电站、若先光伏电站、双江口电站施工现场，听取了能源开发消纳情况的汇报。

**10 月 16 日** 公司召开干部任免宣布大会，宣布国家电网公司党组对四川公司领导职务变动的决定。石玉东主持会议，谭永香等公司领导参加会议。石玉东宣读了《中共国家电网公司党组任免通知》，周群不再担任国网四川省电力公司党委委员、纪委书记。

**16 日** 四川省委宣传部、省人力资源和社会保障厅、省文明办、省军区政治工作局、省总工会、团省委、省妇联等七部门联合发文表彰第五届四川省道德模范名单，国网四川省电力公司 1 个集体和 5 名员工光荣上榜。

其中，国网四川电力（德阳）共产党员服务队队长鲁鹏、国网古蔺县供电公司离休干部车盛寅被授予第五届四川省道德模范助人为乐模范称号，国网资阳市雁江供电公司员工蒋小康、国网南江县供电公司员工彭大权（已故）被授予第五届四川省道德模范见义勇为模范称号，国网成都供电公司藏区共产党员突击队被授予第五届四川省道德模范诚实守信模范称号，国网雅安市名山供电公司员工张新被授予第五届四川省道德模范孝老爱亲模范称号。

**10 月 20 日** 谭永香到四川峨眉山电力股份有限公司（简称峨电公司）调研，听取了峨电公司负责人的工作汇报，深入了解峨电公司供电、发电及煤矿三个产业板块的安全、稳定及经营情况，对峨电公司攻坚克难、队伍稳定、煤矿去产能等工作给予充分肯定。

**20 日** 石玉东在公司本部会见广安市委副书记、市长曾卿一行，双方就进一步加快广安电网建设，提升电网供电保障能力进行深入交流座谈。

**20 日** 石玉东在《国家电网报》发表《把握新时代要求，贯彻新发展理念》的署名文章。

公司将按照中共十九大报告绘就的宏伟蓝图，推动全面从严治党要求落地生根，推进内部模拟市场建设，全面提升经营业绩，把中共十九大精神贯彻落实到企业的方方面面，推动各项工作取得新发展。

**10 月 25—26 日** 国务院国资委改革局副巡视员唐祖君带队，到公司开展石龙桥煤矿去产能验收工作。唐祖君肯定石龙桥煤矿去产能工作的圆满完成，在工作推进过程中营造了和谐稳定的环境，积极学习其他单位先进经验，操作规范得当。希望做好收尾工作，为此次煤炭去产能工作画上一个圆满的句号。

**10 月 26 日** 在德阳市中江县石埡子村一家村民的坝子里，进行了一场特别的新闻通气会。公司为全川农村共产党员服务队代表授旗，标志着共产党员服务队进农村，着力推进城乡供电服务均等化工作全面启动。“党员服务队进农村”以共产党员服务队为主体，拓展延伸服务内涵，大力实施“农村电网提升、农村服务提升、农电管理提升”三大工程，全面推进城乡供电服务均等化。

**26 日** 谭永香到国网四川节能服务有限公司、国网四川电动汽车服务有限公司、国网四川建设管理中心调研，并对这些单位下一步工作提出要求。

**10 月 27 日** 下午，谭永香在本部会见交通银行四川省分行行长王毅峰一行，双方就进一步深化合作、共谋发展座谈交流。公司总会计师杨桂荣参加会见。

## 11月

**11 月 1 日** 阿坝州马尔康 500 千伏输变电工程等项目集中开工仪式在阿坝州马尔康市松岗镇举行，总投资 25.1 亿元。此次阿坝州电网项目集中开工，是国家电网公司贯彻落实中共十九大精神，落实中央脱贫攻坚、全面建成小康社会部署的具体举措，也是国家电网公司服务藏羌民族地区经济社会发展，服务民族地区人民对美好生活向往的实际行动。“十三五”规划期间，国家电网在阿坝州规划电网投资达到 116 亿元，新增变电容量 405 万千伏安。

省人大常委会副主任、阿坝州委书记刘作明宣布项目开工，公司董事长、党委书记石玉东，阿坝州委副书记、州长杨克宁在仪式上致辞，阿坝州常务副州长徐芝文主持仪式，公司副总经理董京营全面介绍电网集中开工项目情况。

此次集中开工电网项目有 4 项，包括 500 千伏项目 1 项，110 千伏项目 3 项，工程总投资 25.1 亿元，变电容量 210 万千伏安，线路长度 398 千米，涉及阿坝州 7 个县级行政区域。

**11 月 1—2 日** 国家电网公司基建部副主任丁燕生率队到公司督察新一轮农网工程“两年攻坚战”

工程建设任务完成情况，并实地抽查了国网绵阳供电公司、国网资阳供电公司所属的12个工程现场。丁燕生充分肯定四川公司农网工程建设整体管理水平和建设所取得的效果。

**11月3日** 国家电网公司法律部负责人到四川调研指导公司法治企业建设工作，用“做得实、要求细、水平高”对四川公司的法治企业建设工作给予高度评价，希望四川公司继续发挥示范作用，推动国家电网公司的法治企业建设工作更进一步。公司副总经理陈云辉在宜宾参加调研座谈会。

**3日** 公司在内江召开践行绿色发展新闻通气会，通报公司践行绿色发展、服务全省经济社会方面所做的工作。

据统计，2017年在全省范围内将完成电能替代45亿千瓦时，全口径水电外送超过1300亿千瓦时。一方面，电能替代稳步发展，节能减排效果显著，1—9月，公司实现替代电量30.45亿千瓦时，其中宜宾五粮液集团的酒槽发电、遂宁蓬溪自强皮业锅炉“煤改电”等一批电能替代项目推进绿色能源替代纵深发展；另一方面，西电东送创新高，水电外送效果显著。10月6日，四川西电东送电量超过6000亿千瓦时，相当于减排PM2.5约4.2万吨，PM10约10.2万吨，减排二氧化碳1.5亿吨，二氧化硫、氮氧化物约270万吨，水电外送为东部地区大气污染防治和节能减排做出了巨大贡献。

**3日** 公司召开“上市公司国有股权管理政策与实务研究深化”管理咨询项目验收会，与会专家一致认为，项目按照合同要求按期完成了所规定的全部内容，达到课题研究预期目标，质量符合标准，同意项目通过验收，建议继续做好后期推广应用工作。公司总会计师杨桂荣作为评审专家出席会议并就项目深化应用提出要求。

**11月6日** 石玉东在《清廉四川》杂志上发表：从严监督执纪 建设“清风川电”，阐述公司认真落实“两个责任”，着力建设“清风川电”，积极营造风清气正的良好生态。公司在全省政风行风满意度测评中，连续四年排名靠前，获省监察厅通报表扬。

**6日** 上午，公司召开党委中心组学习（扩大）会议，开展学哲学用哲学专题学习，传达国家电网公司学习贯彻中共十九大精神暨2017年第四季度工作会议精神。

公司特别邀请四川大学马克思主义学院原理教研室主任薛立波教授为大家讲解《实践论》《矛盾论》，薛立波以《学习十九大，深刻领会社会主要矛盾转变的意义》为题，为大家作了一堂精彩的马克思主义哲学讲座。

**11月8日** 公司召开“电改新形势下电网规划管理新机制的深化研究”管理咨询项目验收会。与会专家组充分肯定该项目成果，一致通过验收，认为该项目研究方法科学合理、成果丰富实用，具有较强的创新性和实用性，并建议加强后续推广应用工作。公司副总经理陈云辉出席会议并提出要求。

**8日** 在云南省临沧市举行的第五届亚洲微电影艺术节上，公司推送的作品《牛粪》《你是我的眼》获金海棠奖大国工匠单元优秀微电影奖，《春夏秋冬又一春》获金海棠奖好作品奖。此次艺术节上，国家电网公司系统共有5部作品获奖。

**11月9日** 中央宣传部、中央文明办、中央军委政治工作部、全国总工会、共青团中央、全国妇联评选表彰了第六届全国道德模范。国网成都供电公司员工刘源被授予“全国道德模范（助人为乐类）”荣誉称号，这是公司员工首次获此殊荣。

**9日** 公司召开学习贯彻中共十九大精神暨党建工作会，会议深入学习贯彻中共十九大精神，用习近平新时代中国特色社会主义思想武装头脑，总结中共十八大以来公司党建工作，进一步明确公司党的建设目标和任务，安排部署当前和今后一个时期党建重点工作，奋力开创公司党建工作新局面，持续推动公司和电网健康发展。石玉东出席会议并作重要讲话，谭永香主持会议。

**9日** 位于甘肃省境内±1100千伏吉泉线甘2标段顺利跨越330千伏玉福新线并全线贯通，标志着有川电铁军参与建设的吉泉线直流公司建管段率先全线贯通。

由四川电力送变电建设有限公司承建的该工程甘2标段途径瓜州、玉门两县市，东至玉门花海镇，线路亘长141千米，自立式铁塔277基，沿线气候、地形地质条件复杂，冬季极寒，夏季酷暑，戈壁、沙漠等特殊地形特点明显。工程与已投运的±800千伏天中和祁韶线近距离走线，且先后跨越兰新高铁、兰新电气化铁路，2次跨越连霍高速公路、3次跨越多回750千伏电力线路，同跨5回330千伏电力线路，施工难点突出，技术水平要求高，工程建管极具挑战性。该工程将于2018年6月正式投运。

**9日** 公司近两年运检业务职工创新实践活动优秀成果在国网四川管培中心集中展出。

本次展示的公司运检职工创新成果共56个，全部来源于班组，服务于现场。包括2017年职工创新实践活动成果37个，2016年获得国家电网公司优秀运检职工创新项目成果2个。此外，为鼓励“小创意、微创新”，本次成果展示还展出17个来自基层一线，解决现场实际问题的“小微”创新项目。

2017 年，公司开展运检业务职工创新实践活动，累计收到 27 家基层单位创新项目 272 项，涌现出创新团队 140 个。继公司 2016 年有 2 项获得国家电网公司第一届运检业务群众创新实践活动奖项后，2017 年运检职工创新再获佳绩，选送的 4 个优秀项目从国家电网公司 3489 项职工创新项目中脱颖而出，进入国家电网公司第二届运检业务职工创新实践活动 79 项决赛项目并均获奖。

**11 月 12 日** 谭永香到泸州与市委书记蒋辅义会谈，并到金南方电器公司、北辰产业园、国网泸州供电公司调控中心等实地调研。谭永香看望慰问一线员工，详细了解泸州电网结构、运行状况、电网发展规划等，要求进一步完善电网规划研究，搞好电网建设，促进泸州电网更加坚强可靠，为服务泸州地区产业转型发展和“双两百”大城市建设等提供更为强劲的电力支撑。

**11 月 14—15 日** 在工业和信息化部、四川省人民政府联合主办的 2017 年全国应急产业发展推进交流会上，公司展出多种应急救援装备，集中展示了公司在救援处置、应急服务等方面自主研发的技术成果，体现了公司应急救援装备的专业化、系统化和科学化。

**11 月 16 日** 下午，石玉东、谭永香在公司本部会见许继集团有限公司董事长、党委书记张旭升，总经理、党委副书记周群一行，双方就进一步加强战略合作，促进共同发展进行深入交流。许继集团将继续做好泸州的智能电网产业项目，全力以赴在配电网自动化、精准负荷控制、智能变电站、电缆监控和在线检测等方面为公司提供有力支撑，双方加强在特高压运行维护、检修以及科研项目等方面的深入合作。

**11 月 13—17 日** 国家电网公司董事牛越生、陈津恩一行分别到国网宜宾、成都等供电公司和公司本部，调研四川电网发展情况。牛越生、陈津恩一行到四川电力交易中心，了解四川省内电力市场建设情况以及跨省外送交易情况。

国家电网公司副总经济师，西南分部主任、党委书记王抒祥主持在国网成都供电公司调研座谈，国家电网公司基建部副主任丁燕生，石玉东、谭永香陪同在国网成都供电公司调研。

**11 月 17 日** 全国精神文明建设表彰大会在京举行。中共中央总书记习近平亲切会见全体代表，国网四川电力（成都）共产党员服务队队长刘源作为第六届全国道德模范（助人为乐类）参加表彰大会。

刘源 15 年来恪守党员服务队“有呼必应，有难必帮”的承诺，全身心投入到日常抢修、社区服务、扶贫帮困等工作中，始终坚持“模范引领、善小而为、创新驱动”，为需要帮助的人们送去了光明和温暖，展现了电力人的大爱与担当。

**17 日** 公司党委发文《关于向第六届全国道德模范刘源同志学习的决定》，广泛开展向第六届全国道德模范刘源学习活动。

**11 月 18 日** 06 时 34 分，西藏林芝米林县发生 6.9 级地震，震源深度 10 千米，川电铁军参建的藏中联网工程沿线震感明显。四川送变电建设公司、四川蜀能公司、四川电力工程建设监理公司、国网四川物资公司、四川电力医院、国网四川电力服务公司等 6 家参建单位快速响应，联合应对。川电全体参建员工平安无恙，现场秩序稳定，应急物资充裕，积极投入震后隐患排查、余震预防、救灾配合等工作中。

**11 月 20 日** 公司召开“学习道德模范•建设先锋川电”培育和践行社会主义核心价值观座谈交流会。会上，全国道德模范刘源、四川省道德模范张新、四川省十佳志愿服务项目——马边扶贫志愿服务项目代表、四川省十佳志愿服务组织——张思德电力为民服务队代表、四川省十佳志愿服务组织——“红细胞”志愿服务联盟代表以及国网成都供电公司、国网内江供电公司、国网四川客户服务中心等 8 个先进个人、集体和单位作了交流发言。

**11 月 21—22 日** 中国智能量测联盟峰会在北京国家会议中心举行，本次峰会论坛主题为“智能量测引领未来”，公司受邀参加新技术、新成果展示，副总经理陈云辉代表公司就“多表合一”采集建设示范应用作交流发言。

**11 月 23—24 日** 国家电网公司副总经理张智刚一行调研公司运检智能管控平台、四川电力交易中心、调控中心及国网成都供电公司变电检修工区、班组及供电服务指挥中心，全方位多专业了解四川公司整体情况。

**11 月 24 日** 上午，公司第五期青年干部能力提升班结业典礼在公司党校举行，石玉东对青年干部提出四点要求，务必要接好接力棒、跑出加速度，交出合格答卷。

**11 月 27 日** 公司特邀国家电网公司特高压工程专家、西安交通大学和华北电力大学等高校兼职教授、博士生导师孙昕教授作《“十三五”能源（电力）规划与我国能源（电力）转型》专题讲座，进一步加深对“十三五”能源规划和未来能源电力发展转型的认识，推进电网安全、清洁、协调、智能发展。

石玉东会见了孙昕教授，就新时期电网规划、能源转型、公司发展等内容进行交流座谈。谭永香、陈云辉参加座谈。

**30 日** 公司促成省能源局先后在双流机场、泸州港组织召开了全省机场、码头电能替代工作推进会，进一步提升四川省空港、港口对外整体形象，打造“绿色空港”与“绿色港口”，服务美丽中国与美丽四川建设。

在公司大力推动下，双流机场作为我国民航系统首批试点打造的“绿色空港”，完成了 74 座登机桥桥载电源全改造、22 个远机位替代、164 辆地勤车辆“油改电”等电能替代，实现年节约标煤 5.4 万吨、减排二氧化碳 11.85 万吨，减少能耗费用 1.05 亿元，成为我国民航系统绿色发展的领跑者。同时，也促成了四川省首个港口岸电项目建成投运，掀开了四川省打造“绿色港口”的新篇章。

**30 日** 四川省电力市场管理委员会第一次全体会议在公司召开，标志着四川电力市场管理委员会正式开始实质性运作。省发改委党组副书记、副主任徐立出席会议并作重要讲话，省能源局副局长邓超宣读市场管理委员会委员名单。公司总工程师石俊杰作为首届主任出席会议并发言。大会审议通过了《四川省电力市场管理委员会议事规则（审议稿）》和《四川电力市场管理委员会秘书处工作规则（审议稿）》。

**11 月 30 日** 国家电网公司督察组检查公司电网资产实物 ID 编码建设工作，督察组现场检查了眉山 220 千伏文庙变电站基建、运检专业的实物 ID 编码建设工作后，召开四川公司电网资产实物 ID 编码建设督察工作会，公司副总经理刘勇参加会议。

## 12月

**12 月 1 日** 公司选送的电视作品《牛粪》在上海荣获 2017 年度英大传媒优秀电视作品展示评比微电影类唯一的特等奖，并获得最佳摄影单项奖。这是该部微电影继 2017 年 11 月 8 日在第五届亚洲微电影艺术节上获得“金海棠”奖、11 月 19 日在第五届中国国际微电影展上获得“金桂花”奖最佳公益微电影奖后再获殊荣。

**12 月 4 日** 石玉东在公司本部会见清华四川能源互联网研究院常务副院长高文胜一行，双方就四川清洁能源发展，建立四川省清洁能源产业联盟等相关工作进行交流。

**4 日** 公司党委听取 2017 年第三轮巡察情况汇报，标志着 2015 年启动实施的巡察工作实现“全覆盖”目标。石玉东主持会议并作重要讲话，谭永香及在蓉公司领导参加会议。

公司党委自 2015 年试点探索，到 2017 年实现全覆盖目标，紧紧把握政治定位，围绕管党治党、决策部署、权力运行、纪律规矩等监督重点，累计对 8 轮 44 家基层党组织开展“政治体检”，指出问题 1800 余项，督促整改落实，完善制度机制，严肃追责问责，进一步推动了全面从严治党和依法从严治企要求深入落地。

**12 月 5 日** “四川志愿•携手圆梦” 四川省暨成都市志愿服务展示交流活动在成都武侯梦想剧场举行。南充张思德电力为民服务队、资阳市红细胞学雷锋志愿服务联盟喜获“四川省十佳志愿服务组织”，国网乐山供电公司“马边扶贫”志愿服务项目喜获“四川省十佳志愿服务项目”。

**12 月 6 日** 石玉东会见中国电建集团四川工程公司总经理王绍奎一行，双方就公司发展合作等方面的问题进行交流。公司副总经理谭志红参加座谈。

中国电建集团四川工程公司于 2017 年 6 月 29 日由原四川电力建设二公司、四川电力建设三公司合并组建成立，是山东电力基本建设总公司全资子公司。该公司业务涵盖电力工程、基础设施、节能环保等工程建设领域。

**6 日** 石玉东到挂点联系的德阳市中江县集凤供电所党支部，宣讲中共十九大精神，为一线党员讲授了一堂记得住、听得懂、接地气的专题党课，还对集凤供电所进行了调研，与每位员工握手，关心询问供电所员工和党建工作开展情况。

**12 月 7 日** 四川 2017 年调峰弃水电量为 139.96 亿千瓦时，同比减少 1.47 亿千瓦时，降低 1%（随着丰水期结束，全年调峰弃水不再增加）。这是四年来四川调峰弃水电量首次下降。

调峰弃水电量下降，原因在于四川省采取了多种措施，全力消纳。一手抓省外市场，一手抓省内消纳。全方位推广电能替代，挖掘省内用电潜力，通过推进煤改电、油改电、气改电等，推广电蓄冷、电锅炉、电火锅、电动汽车发展和应用，2017 年完成替代电量 40 多亿千瓦时。

**12 月 8 日** 石玉东在中宣部《党建》杂志发表重要署名文章《三个坚持，发挥国企党建优势》。

**12 月 11 日** 上午，全省深度贫困地区脱贫攻坚推进电视电话会议在成都召开。省委书记王东明出席会议并作重要讲话。省委副书记、省长尹力主持会议，就贯彻落实会议精神提出要求。省委副书记邓小刚出席会议。石玉东在会上作《发挥电网优势助力脱贫攻坚》经验介绍，公司为全省唯一一家发言的企业。

近年来，公司累计投资 340 亿元，完善贫困地区电网设施，供区内 8536 个贫困村全部达到“户户有生活用电”标准，36 个深度贫困县户均配变容量超过全省平均水平；全力促进水电消纳，保障了“三州”地区 4200 万千瓦清洁能源并网，年经济值达 460 亿元；精准帮扶乐山市马边彝族自治县和凉山彝族自治州喜德县，探索出“产业+智力+爱心” 扶贫模式，受到各界高度肯定。

**12 月 12 日** 公司召开董事长联络员座谈会，针对当前面临的形势，结合明年公司“素质提升年”活动，30 名董事长联络员代表畅谈建议和意见。公司工会主席左宇龙主持会议并提出要求。

**12 日** 经过 3 个多月的努力，总投资 3500 多万元的九寨沟灾后抢建项目——九寨沟灾区电网并网工程全面完工，并投入运行，这意味着九寨沟受灾群众温暖过冬和灾后重建项目开工用电更有保障。

该项目需新建 11 基铁塔、1 基电缆终端塔、5.3 千米架空线路和 2.2 千米电缆。为加快项目建设进度，工人们冒着余震频发、山体随时发生滑坡的危险，克服各种困难，通过骡马运送施工材料，主动延长每天的工作时间，在冬季用电高峰期 12 月中旬前圆满完成抢建任务。

**12 日** 凉山彝族自治州召开第四季度集中开工项目木里分会场固增水电站建设动员大会，州委书记林书成出席，公司副总经理陈云辉参会并讲话。

固增水电站位于凉山州木里藏族自治县境内，是木里河干流“一库六级”开发方案中的第五级水电站，采用引水式开发，兼顾下游减水河段生态环境用水要求。电站总装机 17.2 万千瓦，工程总投资 21.6 亿元，预计工期 40 个月。固增水电站是在中共十九大召开之后，凉山州境内率先启动的一个较大水电清洁能源项目，建成后将大大提高枯水期的供电保障能力。

**12 月 19 日** 公司收到一封来自国网西藏电力有限公司的感谢信，信中对公司及四川电力医院（国网高原病防治中心）无私援助与大力支持表示感谢。

**19 日** 公司召开标杆班组表彰暨班组建设推进会，传达学习国家电网公司班组建设创新成果发布暨工作推进会精神，总结部署班组建设工作，展示班组建设新成果、新举措，交流探索班组建设新经验、新途径。会议表彰了公司系统 21 个标杆班组、154 个五星班组、100 个先进班组、100 名优秀班组长。

**19 日** 公司召开 2017 年第二次安全生产委员会会议，总结 2017 年安全生产工作，研判当前面临的形势，剖析安全风险和问题，谋划部署 2018 年安全生产重点工作。

**12 月 20 日** 四川省委副书记邓小刚到公司调研指导工作，参观公司全面贯彻落实中共十九大会议精神，加快构建“三个一”电力发展格局以及公司党建工作等成果展示。邓小刚肯定公司全面贯彻落实中共十九大会议精神，加快构建“三个一”电力发展格局的有关工作，强调持续推进四川电网建设，继续做好水电消纳工作，构建坚强智能电网，持续助力地方经济发展。

**12 月 20—21 日** 谭永香到德阳市与市委副书记、市长赵辉，副市长李成金就直购电政策、农村电网建设、工业园区建设、电能替代等工作进行深入交流。其间，谭永香还到国网德阳供电公司和国网天府新区供电公司调研指导工作。

**12 月 21 日** 谭永香在《国家电网报》发表重要署名文章《聚焦三个市场 全面提升发展质效》。

**21 日** 公司举行 2017 年质量管理 QC 小组成果发布会，充分发挥成果的示范引领作用，引导广大职工立足岗位创新创造，进一步提升公司质量管理小组活动的整体水平，推动质量强企战略不断深化。中国水利电力质量管理协会副会长孙永安，省质量管理协会 QC 成果评审专家组长王运祥，公司总工程师石俊杰出席会议。

**12 月 22 日** 谭永香到定点联系的国网北川县供电公司宣讲中共十九大精神，要求在学习宣传贯彻党的十九大精神中，干在实处、走在前列，发扬抗震救灾精神和科学家精神，保障科技城建设能源需求，服务人民美好生活需要。谭永香走访了国网北川县供电公司党员服务队，了解国网北川县供电公司企业文化建设工作，要求继续做好“工匠精神”与优秀企业文化的共生融合，架好企业和人民群众的“连心桥”。

**22 日** 公司组织召开 2018 年电网运行方式会议，石玉东主持会议并就调度运行及电网补强等工作提出要求。

**12 月 25 日** 公司与达州市人民政府签订关于推进达州电力体制改革，建设坚强智能电网的“十三五”战略合作协议。

**25 日** 公司与乐山市人民政府签订加强建设坚强智能绿色电网，促进乐山“十三五”经济社会发展战略合作协议。

**25 日** 公司召开电力助推脱贫攻坚工作电视电话会，部署电力助推脱贫攻坚工作。

近年来，公司深入贯彻脱贫攻坚战决策部署，紧密结合全省“四大片区”“五大扶贫工程”、深度贫困地区脱贫等攻坚行动计划，统筹资源力量，加快贫困地区电网建设改造，积极助推精准扶贫，有力保障了供区内 2094 个贫困村、87.56 万人实现脱贫摘帽。

**12 月 26 日** 四川省委组织部组织人员到公司调研指导党建和共产党员服务队工作，并就成立共产党员服务队联盟进行了深入沟通交流。

**26 日** 石玉东在本部会见巴中市市长何平，双方就加强合作进行交流座谈。

**12 月 27 日** 公司召开 2018 年度党委工作务虚会，听取基层单位下一步的工作思路、打算以及对公司党建工作的建议意见；听取相关职能部门的工作思路，谋划和推动公司 2018 年党的建设各项工作。

**12 月 28 日** 公司与英大国际信托有限责任公司签订战略合作协议。

**28 日** 21 时 11 分，四川水电外送重要通道 500 千伏九石线遇险，公司展开紧急抢修，确保该线路安全。当晚，一辆货车弯道失控撞上了九石一线 256 号铁塔，导致塔身 D 腿断裂、A 腿严重侧弯，塔身倾斜约 70 度。险情发生后，公司迅速启动应急预案，石玉东第一时间联系现场，部署应急抢险抢修工作，他要求秉承抢险不冒险的原则，在确保人员安全的情况下全力抢修。元旦小长假第一天，近百名四川电网电力员工迎风冒雪奔忙在故障现场雅安市石棉县栗子坪乡孟获村。

**28 日** 在北京人民大会堂举行的第五届中国民生发展论坛暨第十一届国际公益慈善论坛上，国网资阳供电公司“红细胞”志愿服务荣获 2017 年“民生示范工程”。国网攀枝花供电公司员工廖宗毅、国网绵阳供电公司员工邹鑫伟、国网南充供电公司员工周娟、国网凉山供电公司员工王小兵、国网广元供电公司员工杨奇国、国网乐山供电公司员工摸西支子、国网巴中供电公司员工周天俊荣获 2017 年“精准扶贫带头人”称号。周娟、廖宗毅、邹鑫伟上台领奖，王小兵作为 2017 年“精准扶贫带头人”代表作交流发言。

公司累计投资340亿元完善贫困地区电网设施，供区内8536个贫困村全部达到“户户有生活用电”标准，36个深度贫困县户均配变容量超过全省平均水平；全力促进水电消纳，保障了“三州”地区4200万千瓦清洁能源并网，年经济值达460亿元；精准帮扶乐山马边和凉山喜德，探索出“产业+智力+爱心”扶贫模式，受到各界高度肯定。

**12 月 29 日** 谭永香率公司发展部、证券部等部门负责人一行深入国网遂宁供电公司调研，并对大客户沱牌舍得酒业股份有限公司进行了走访，了解其用电需求和电能替代推行情况。

（李　庆）

# 公司概况

责任编辑：何　飞

# 公司业绩

**【企业概况】**国网四川省电力公司是国家电网公司的全资子公司，主要负责四川境内国家电网的规划建设、运营管理和电力供应。截至2017年年底，国网四川省电力公司本部职能部门25个，下属二级单位37个（其中发供电企业23个、直属单位13个）；上市公司及控（参）股公司6个；县级供电企业153个（其中全资105个，控股47个，代管1个）。2017年，国网四川省电力公司坚决贯彻落实国家电网公司党组和四川省委、省政府决策部署，坚持“管理提升年”工作主线，上下同欲、拼搏进取，各项工作卓有成效，多项任务超额完成，呈现出稳中有进、进中向好的良好态势。完成售电量1770.57亿千瓦时，同比增长5.79%。营业收入973.38亿元，同比增长6.64%。固定资产投资169.05亿元，其中电网投资162.96亿元。投产110千伏及以上变电容量1515.3万千伏安、输电线路2529.61千米。利润5.36亿元，同比增加0.41亿元。资产负债率71.13%，同比下降2.66个百分点。净资产收益率0.9%，同比增加0.44个百分点。企业负责人业绩考核列国家电网公司第十名。

**【安全生产】**2017年，国网四川省电力公司持续深化本质安全建设，率先在国家电网公司系统探索安全生产风险清单梳理，整改重点问题294项，不断夯实安全基础。深入开展安全生产大检查等专项活动，落实作业精准化日管控，整治隐患2万余条，查处违章2122项。制定基建领域配套改革措施，推动基建安全管理不断加强。面对“强直弱交”特性突出、负荷屡创新高、灾害频发等严峻形势，优化运行方式，强化运维保障和电力设施防外破，预警管控五级及以上风险443项，三大特高压直流输电线路连续四年长周期满功率运行，确保了电网安全和电力可靠供应。深化停电计划刚性执行和配网调控管理，主网停电计划执行率提高4个百分点，配网临停率下降45.7%。实施线路温升校核改造、“六防”整治等低投入高效益措施，线路输送容量提升26%，故障跳闸及停运率分别下降35.8%和49.2%。制定高压电缆隧道综合整治标准，完成成都示范隧道治理。智能运检管控系统完成省内全覆盖，无人机巡检实用化工作在国家电网公司系统率先实现常态化。严格执行“五个最”的十九大保电标准，出色完成供电保障、维稳保密等工作，实现“四个零”目标。成功举办四川电网防汛减灾暨大面积停电联合反事故演练，高效应对“6·24”茂县山体垮塌、“8·8”九寨沟地震等灾害，第一时间恢复灾区供电，有力驰援地方电网，高效推进灾后重建，得到国家电网公司、四川省委、省政府和社会各界充分肯定，荣获国家电网公司安全管理专业标杆。百余名员工浴“雪”奋战23天，快速处置500千伏九石一线险情，畅通水电送出“动脉”。

**【人力资源】**2017年，国网四川省电力公司人力资源工作紧密围绕“改革发展”和“提质增效”两大

2017年5月17日，“弘扬企业家精神　打响‘川字号’品牌”为主题的全国企业家活动日，国网四川省电力公司董事长、党委书记石玉东被授予第十一届“四川省杰出企业家”称号　（王鑫　摄）

主题，以全面落实52项重点任务为抓手，加强基层调研和专业督导，注重业务协同和规范管理，战略支撑力和集约调控力不断提升。人力资源各项工作有序推进，机制建设、“三定”管理、用工规范管理、薪酬管理、福利保障管理、绩效管理、人才援藏、人才培养等工作取得新成效，人力资源管理水平大幅提升，用工总量和机构编制不断精简，员工队伍结构进一步优化，为国网四川省电力公司深化改革提供了坚实的组织保障和人才支撑。截至2017年年末，国网四川省电力公司全口径用工 10.34 万人，同比减少 2.46%，其中主业用工 8.52 万人，减少1.68%；全口径劳动生产率44.62万元/人.年，同比增长4.91%；人才当量密度1.0094，同比增长2.01%。全员培训率达96.02%，培训经费投入1.27亿元，累计举办各类培训班4824期，培训考核28.52万人次，人才当量密度达到1.0094。

**【电网建设】**2017年1—12月，国网四川省电力公司完成电网投资 162.96 亿元，完成年度计划的100%，同比下降35.87%。新开工110千伏及以上电网项目54个，开工110千伏及以上线路1577.79千米，完成年度计划100%，同比下降14.50%；开工110千伏及以上变电容量586.80万千伏安，完成年度计划100%，同比下降21.29%。

投产110千伏及以上电网项目82个，投产110千伏及以上线路2529.61千米，完成年度计划100%，同比增长 120.81%；投产 110 千伏及以上变电容量1515.30 万千伏安，完成年度计划 100%，同比增长136.27%。

主要建成投运了新都 500 千伏输变电工程、沐川500千伏开关站扩建工程、沙坪二级电站500千伏送出工程、宣汉 500 千伏输变电工程、川渝第三通道500千伏工程、黄金坪、长河坝电站500千伏送出工程等6项500千伏输变电工程。在建110千伏及以上输变电工程共86项，线路长度3273.93千米、变电容量1193万千伏安。在建500千伏项目为水洛 500 千伏变电站扩建工程、四川蜀州至丹景第三回500千伏线路工程、巴塘、乡城500千伏扩建工程、猴子岩电站500千伏送出工程、凉山盐源500千伏输变电工程、凉山会东 500 千伏输变电工程、路平至绵阳 500 千伏输变电工程、四川江油 500 千伏输变电工程、四川桃乡 500 千伏变电站扩建工程等 9 项。2017 年，国网四川省电力公司 33 项 110千伏及以上电压等级工程达标投产，其中 500 千伏变电站工程0项，220千伏变电站工程5项，110千伏变电站工程 19 项，500 千伏线路工程 1 项，220千伏线路工程 2 项，110 千伏线路工程 6 项。九江500千伏变电站获中国电力优质工程奖。国网四川电力重点工程主要包括：猴子岩电站 500 千伏送出工程、路平～富乐 500 千伏输变电工程、盐源 500 千伏输变电工程、会东500千伏输变电工程、江油500千伏输变电工程、巴塘、乡城 500 千伏扩建工程、水洛 500 千伏变电站 3 号主变扩建工程、雅安加强工程、马尔康500千伏输变电工程。

**【经营管理】**2017年，国网四川省电力公司坚持把发展着力点放在管理提升上，全力推进提质增效和问题整改，企业发展质效显著增强。扎实开展“管理提升年”活动，完成137项重点任务和50项卓越项目，7项成果入选对标典型经验，6个管理案例获国家电网公司表彰。首家接受监事会问题清单梳理现场辅导，配合做好集中重点检查，建立问题清单1347个，制订整改决议433项，全面完成年度整改目标，其中纳入重点管控的“三降一去”、低效无效资产处置、管理层级压减等 4 项任务超额完成。全年减少亏损子公司32家、减亏1.75亿元。压降“两金”存量5.01亿元，争取减免税费、财政补助、保险理赔35.14亿元。累计利库3.56亿元，处置废旧物资回收6490万元。启动内部模拟市场建设，出台管理规范和考核激励办法，为推广实施奠定基础。拓展电能替代深度广度，完成替代电量 46.56 亿千瓦时，同比增长10.25%，占公司新增售电量近一半，成为效益重要增长点。营销“三全”建设全面推进，开展在线智能稽核，挽回电费损失8908.9万元，新增智能电表403.5万只，覆盖率达98.86%，全口径自动采集成功率达96.43%。强化审计成果运用，促进增收节支1.27亿元，组建省级审计中心。强化运营监控和法律风险防控，避免或挽回经济损失超过4亿元。加强同期线损管理和高损台区、三相不平衡治理，线损率同比降低0.49个百分点，降幅居国家电网公司系统第 1 位。历史遗留难题不断破解，追收广铝欠费1.59亿元、超计划400万元，陈欠电费压降至 5 亿元以内。实现回收川威陈欠节能服务费2088万元、不发生新欠的年度目标。医疗机构改革有序推进。完成国家电网公司唯一煤矿（石龙桥煤矿）“去产能”处置，妥善安置 775 名人员，得到国务院国资委高度肯定。

**【电力营销】**2017年，国网四川省电力公司完成省内全口径售电量 1770.58 亿千瓦时，同比增长5.80%。从 2017 年整体用电情况来看：第一产业用电量13.58亿千瓦时，同比增长16.35%；其中，农业排灌用电量3.26亿千瓦时，同比增长20.28%。第二产业用电量1051.04亿千瓦时，同比增长5.49%；其中，工业用电量 1013.99 亿千瓦时，同比增长

5.47%（轻工业用电量为 133.41 亿千瓦时、同比增长 10.40%，重工业用电量为 827.95 亿千瓦时，同比增长 4.68%），建筑业用电量 37.05 亿千瓦时，同比增长 6.04%。第三产业用电量 316.39 亿千瓦时，同比增长 5.32%；其中，批发和零售业用电量 87.64 亿千瓦时，同比增长 10.84%。居民生活用电量 389.17 亿千瓦时，同比增长 6.67%，其中城镇居民用电量 218.48 亿千瓦时，同比增长 2.36%，乡村居民生活用电 170.69 亿千瓦时，同比增长 12.75%；乡村生活用电增速高于城镇居民生活用电。

2017 年电力体制改革逐步深入，售电市场竞争激烈。在严峻的市场环境面前，国网四川省电力公司充分利用市场化机制，开创增供扩销工作新局面。2017 年完成国网口径替代电量 46.56 亿千瓦时（公司口径 60.23 亿千瓦时），居国家电网公司系统第九名，占国网四川省电力公司 2017 年售电量增长电量的 48.01%，分别减排二氧化碳 399.48 万吨、二氧化硫 1.3 万吨、氮氧化物 1.14 万吨；促请各级政府出台电能替代专项政策 51 项，其中省级政策 9 项，市、县级政策 42 项，涵盖总体实施意见、改造补贴、强制“油改电”等领域；自备替代方面，在稳定 30 亿千瓦时存量市场的基础上，新增 16.5 万千瓦燃煤自备电厂参与停（减）发替代，年增加替代能力 5.4 亿千瓦时；锅炉“煤改电”方面，在补贴及“峰期弃水+枯期弃风光”交易支撑下，抓住天然气供应紧张的契机，开展及完成改造 480.16 蒸吨，预计增加用电负荷 23.54 万千瓦；机场及港口方面，全省 89 座登机桥已完成桥载电源替代 82 座，双流等 5 座机场实现了桥载电源全覆盖，年替代能力 5300 万千瓦时；火锅“气改电”方面，全省 2 万余家火锅店已推广 8138 家，年替代能力 8 亿千瓦时。

**【科技与信息化】**国网四川省电力公司聚焦基础性、前瞻性领域集中攻关，多个领域科技创新应用呈现欣欣向荣的良好态势。开展智能电网调度控制系统图模维护优化和共享平台关键技术研究，实现一体化保护整定计算和在线安全稳定分析等功能，助推电网实时监控、调度分析和计划编制等业务协同运作。整合设备状态评价、故障诊断功能以及覆冰等风险评估，以信息流为基础创建现场作业远程管控模式，初步建成四川电网智能运检分析管控系统，切实提高设备状态管控力、运检管理穿透力和运检管理质效。围绕滑坡、沉降等系列地质灾害预警难题，研发输电通道滑坡预警评估系统和应急勘测指挥装备系统，有效提升输电通道地质灾害预防水平。

国网四川省电力公司在电网建设发展、运行控制等方面培育了一批重要的科技成果。组织申报国家重点专项、国家自然科学基金等项目 2 项，“分布式光伏与梯级小水电互补联合发电技术研究及应用示范”顺利通过国家电网公司答辩并获得好评，“基于高频注入信号时空分布特性的特高压直流接地极线路保护及故障”成为首个由公司员工担任项目负责人的国家自然科学基金项目。立项牵头国家电网公司总部科技项目 9 项，其中 1 项中期督导获评为“优”、2 项验收评价为“优”，立项总数、好评数量均创下公司历史最好成绩。全年累计获得省部级（含行业奖）奖励 24 项。同时，全面完成技术标准创新基地 2017 年建设任务，顺利通过国家电网公司验收。围绕“10 个 100%”1 工作目标，持续深化技术标准实施评价，组织开展标准化良好行为企业试点。“电力系统厂站低压供电技术”能源行业标委会已完成审批和公示，正待国家能源局批复成立。申报“数字化计量设备检测技术标准验证实验室”获得国家电网公司正式命名，成为国家电网公司系统第一批技术标准验证实验室。获准成立 CIGRE C4.45 工作组，3 项 IEEE 国际标准成功立项，创公司国际标准立项历史最好成绩，在国家电网公司系统各网省公司中处于领先地位。

2017 年，国网四川省电力公司获得省部级（含行业奖）奖励 24 项。其中 2016 年度四川省科技进步二等奖 1 项，三等奖 6 项；2017 年中国电力科技进步奖一等奖 1 项，二等奖 2 项，三等奖 1 项； 2017 年国家电网公司科技进步奖特等奖 1 项、二等奖 3 项、三等奖 6 项；技术标准贡献奖二等奖 1 项、三等奖 1 项；技术发明奖三等奖 1 项。专利申请方面，全年申请专利 435 件，其中发明专利 189 件；获得专利授权 230 件，其中发明专利 105 件。

**【农电工作】**2017 年，国网四川省电力公司农电工作提前完成新一轮农网改造“两年攻坚战”建设任务，累计完成投资 99.187 亿元、8254 个单体工程项目，实现机井通电 4979 口，改造中心村 5975 个，通动力电村 1190 个。有关工作在央视 1 套“新闻联播”播出，彰显了央企的风采。国网成都供电公司、国网德阳供电公司、国网绵阳供电公司和巴中国网南江县供电公司被评为国家电网公司新一轮农网改造升级“两年攻坚战”工作先进集体。

大力实施电力助推脱贫攻坚。两次集中力量对国家电网供区内 70 个贫困县、8536 个贫困村电网状况和改造需求进行梳理，两年共计投资 53.44 亿元，精准改善供区内贫困村电网状况。截至 2017 年年底，供区内 6799 个贫困村已满足未来居民生活水平提升和产业发展的用电需求，户均配变容量较 2010 年提高近一倍，为供区内 169 万人脱贫提供电力保障。

及时接入光伏扶贫项目，推动贫困地区资源优势向脱贫优势转化。开辟绿色通道，及时为 3859 个农村产业项目通电投产，满足种植养殖、农副产品加工等产业发展需求，为贫困群众增收创造了有利条件。

选派 112 名优秀员工精准帮扶 152 个贫困村。创新“产业+智力+爱心”三位一体造血式扶贫模式，提炼精准帮扶“五步走”工作法，累计实现高石头村等 67 个帮扶村脱贫摘帽。“彝兴”和“丽火”绿色品牌扶贫项目被授予国家电网公司脱贫攻坚示范项目。国网四川省电力公司成功承办全省国有企业定点帮扶成果展示会，先后 4 次在全省交流扶贫经验，作为唯一企业在全省深度贫困地区脱贫攻坚推进会上交流发言，被表彰为四川省定点扶贫先进单位。

加强“全能型”乡镇供电所建设和星级供电所创建，推进农电管理关系全面理顺，为公司深化“两个转变”和服务新农村建设做出了积极贡献。

2017 年 10 月 12 日，四川省国资委系统扶贫工作阶段性成果展示暨 2017 年“扶贫日”捐赠仪式在蓉举行 （曹志刚 摄）

**【优质服务】**国网四川省电力公司积极开展电力市场交易信息的公开工作。通过四川省经信委召开的信息披露会、国家能源局四川监管办公室召开的厂网联席会，同时利用四川电网调度日报、电力交易大厅服务业务、电力生产电话例会、公司文件、联络员 QQ 群等方式向不同市场主体开展信息公开工作。在交易平台、交易大厅大屏幕上实时发布交易公告、交易计划、通道能力、发电出力等内容，并在交易期间进行实时交易展示，切实贯彻“公平、开放、规范、高效”的服务宗旨。新开设四川电力交易中心公众号，多渠道披露市场交易信息。

深化四川电力交易大厅服务功能，不断提升市场服务水平。运用智能化服务管理系统，不断提升优质服务品质，规范标准化服务流程，实现了服务全过程高效率和智能化。2017 年，客户评价系统共采集信息 3366 条，客户满意率 100%。面向发电企业、电力用户、售电公司等三大市场主体，开展服务满意度调查，积极听取各方建议及意见。多途径开展市场宣贯，加强沟通。积极配合政府相关部门和北京交易中心开展了北京电力交易平台应用培训、四川电力市场政策及规则培训、丰水期偏差调整规则介绍、成阿德阿首批售电公司直购电试点规则宣贯等，主动听取各方意见。2017 年，交易大厅接待来电来访、多平台处理问询答复超 3.5 万次，重大接待超 30 次。创先实施注册预约制，新增注册售电公司 146 家；新增注册电力用户 482 户。受理新机并网业务共计 227 台机；处理购售电合同业务 288 厂次；处理发电企业、电力用户及售电公司相关业务邮件共计 4569 封；通过短信平台发布信息共计 62343 条。

**【党的建设和精神文明建设】**国网四川省电力公司共有党组织 2600 个，其中，党委 285 个，党总支部 114 个，党支部 2201 个；共有党员 37716 名。2017 年，国网四川省电力公司党建工作成效显著，先后有 16 个基层党组织、52 名党员受到四川省委、国家电网公司党组表彰。全省国有企业党建工作现场推进会在公司召开，四川省委组织部、四川省国资委党委组织各市（州）组织部门和国有企业调研学习公司党建经验，公司党建工作受到各方高度评价。公司共产党员服务队典型经验在国家电网公司党建工作会上作交流。创新编写党内首本党课教材《先锋讲堂》，由红旗出版社出版。具体来说，主要抓好落实四个方面工作：

1. 建立党建工作领导小组，加强党建工作领导。制定党委委员分工管理办法，落实各级党委委员职责分工、片区分工和重点工作分工。调整公司党委委员定点联系基层党组织，强化对基层党建工作的督促指导。印发公司全面从严治党意见，明确 9 个方面 27 项重点任务，制订 65 项重点工作责任清单。出台公司党建工作绩效考核办法、党支部工作考核办法，全面强化各级党建工作考核。连续第二年开展党委书记抓党建专项述职评议，各级 129 名书记分别接受省、市公司组织的现场述职评议。

2. 持续加强基层组织建设。出台公司党的建设“旗帜领航•三年登高”计划和基础建设年工作计划，大力实施固本、铸魂、强基、壮骨、清风“五大工程”。全面完成党组织和党员基本信息采集工作，建立健全党员电子身份信息。规范基层党组织设置和管理，撤并基层党委 2 个，协调地方党委整建制转出基层党委 1 个，按照“应换必换”按期完成 511 个基层党组织换届选举。开展公司党建制度废、改、立工作，新出台制度 9 项，全面规范党内谈心谈话、党员干部联系服务群众等工作。深入推进标准化党支部建设，建立支部工作经常性督查指导机制，持续开展基层党组织“三分类三升级”，促进 78 个三类党组织整改晋级。集中开展党建工作健康体检，各级党组织共排查整改问题 271 项。深入推进“两学一做”学习教育常态化制度化，实施合格党员积分制，严肃党内政治生活，着力提升“三会一课”质效，规范农电、劳务用工党员组织关系并纳入公司统一管理。创新编写党内首本党课教材《先锋讲堂》，由红旗出版社出版。举办党支部书记、党务人员培训班，提升党务工作队伍业务水平。

3. 先锋模范作用切实发挥。举办“砥砺奋进、党旗飘扬”纪念建党 96 周年系列活动，广泛建立“党员示范岗”“党员责任区”，开展“三亮三比无”竞赛，在藏中联网工程建设中成立项目党支部、党员突击队，在迎峰度夏、“6.24”茂县山体垮塌和“8•8”九寨沟地震抢险等急难险重任务中充分发挥党组织和党员作用。公司先后有 16 个基层党组织、52 名党员受到国家电网公司党组、四川省委表彰。深化共产党员服务队建设，开展“我为绿色出主意”、党员服务队进农村、进老区等活动，为群众上门服务 2.2 万余次，经验做法在国家电网公司党建工作会、全省国有企业党建工作现场会上交流。

4. “两学一做”学习教育常态化制度化。扎实推进“两学一做”学习教育常态化制度化，推动全面从严治党突出“关键少数”并向基层延伸。组织广大干部员工深入学习贯彻中共十九大会议精神和习近平新时代中国特色社会主义思想。以全面规范自学、党课教育领学、微宣微讲导学、知识竞赛验学、带着问题深学助推学习教育常态开展，编写出版了《先锋讲堂——基层党组织书记讲党课》。制定党委工作考评办法、党委书记报告工作制度和专项述职评议制度、坚持“三会一课”、民主评议党员制度，健全完善理论学习中心组学习制度，严格和规范双重组织生活制度，确保基层党组织的领导作用、战斗堡垒作用以及党员先锋模范作用充分发挥。优化“两学一做”常态化制度化的实践载体，大力开展先进基层党组织创建、“三亮三比”主题活动、党员服务队提升工程，激发基层组织活力，搭建起党联系群众的“连心桥”。

同时，精神文明建设工作稳步推进。以“卓越之路”为主题，举办公司 2017 年度企业文化节，组织开展“文学创作、文化展示、典型选树、体育竞技”等系列活动。公司表彰 2015—2016 年度企业文化建设工作先进单位（集体）30 个、先进个人 25 名，命名企业文化示范点 40 个、示范文化长廊 10 个，编印《卓越之路——国网四川省电力公司企业文化建设示范点案例集》。公司成功创建成全国电力行业企业文化建设示范单位。同时，公司新创建成 22 家国家电网公司文明单位、6 家全国文明单位、30 家四川省（最佳）文明单位。公司员工刘源被评选为第六届全国道德模范，员工鲁鹏被评选为全国“100 名最美志愿者”，14 名员工登上“四川好人”榜，5 名员工和 1 个集体被评为第五届四川省道德模范。

**【获得荣誉】**2017 年，国网四川省电力公司各项工作稳步推进，且卓有成效，公司所属各单位及公司员工获得省部级以上各项荣誉、各类先进人物及先进集体奖项。具体名录如下列表所示：

**2017 年度国网四川省电力公司及公司员工获省部级及以上各项荣誉、各类先进人物、先进集体名录表**

**表 1**

| 序号 | 表彰项目（荣誉称号） |
|---|---|
| 1 | 国家电网公司先进班组 |
| 2 | 国家电网公司运营监测（控）工作先进集体、先进个人 |
| 3 | 国网公司劳动模范、“国网工匠”、一流班组（工人先锋号）、优秀班组长 |
| 4 | 国家电网公司企协工作先进单位、先进个人 |

续表 1

| | |
|---|---|
| 5 | 国家电网公司集体企业管理工作先进集体、先进个人 |
| 6 | 国家电网公司工会工作先进单位、先进集体、先进个人 |
| 7 | 国家电网公司战略管理和智库建设先进单位、先进个人 |
| 8 | 国家电网公司电力交易工作先进集体、先进个人 |
| 9 | 国家电网公司纪检监察工作先进集体、先进个人和公司巡视工作先进个人 |
| 10 | 国家电网公司安全生产工作先进单位、先进集体和先进个人 |
| 11 | 国家电网公司发展工作先进个人 |
| 12 | 国家电网公司锡盟—胜利、榆横—潍坊、青州换—潍坊变、临沂换—临沂变特高压交流工程先进个人 |
| 13 | 国家电网公司基建管理先进单位 |
| 14 | 四川省“8·8”九寨沟地震抗震救灾优秀共产党员和先进党组织 |
| 15 | 国家电网公司关于表彰新一轮农网改造升级“两年攻坚战”工作先进集体和先进个人 |
| 16 | 国家电网公司关于表彰东西人才帮扶工作先进单位、先进个人 |
| 17 | 国家电网公司“电网先锋党支部”名单、优秀共产党员名单、优秀党务工作者名单 |
| 18 | 国家电网公司关于表彰运维检修工作先进集体、先进个人 |

## 公司领导及机构设置

**【公司领导】**2017 年，公司领导班子成员有部分调整，公司总经理、党委副书记石玉东转任公司董事长、党委书记，原公司党委书记、副总经理潘敬东调离国网四川省电力公司，谭永香由国网华中分部调国网四川省电力公司担任董事、总经理、党委副书记，原副总经理、党委委员李华调离国网四川省电力公司，谭志红由国网西藏电力有限公司调国网四川省电力公司担任副总经理，原公司党委委员、纪委书记周群调离国网四川省电力公司。调整后的公司领导班子成员为：

石玉东：董事长、党委书记

谭永香：董事、总经理、党委副书记

杨桂荣：总会计师、党委委员

褚艳芳：副总经理、党委委员，国网成都供电公司总经理、党委副书记

谭志红：副总经理、党委委员

董京营：副总经理、党委委员

刘　勇：副总经理、党委委员

左宇龙：党委委员、工会主席

陈云辉：副总经理、党委委员

石俊杰：总工程师、党委委员

**【公司总经理助理、副总师】**

凌廷亮：总经理助理

韩晓言：副总工程师

林　敏：副总工程师、人才交流服务中心主任

刘　洋：副总经济师、党委组织部（人事董事部）主任

郑卫东：副总工程师、安全监察质量部（保卫部）主任

李镇义：副总工程师，电力调度控制中心主任、党委副书记

杜树兴：副总政工师

吕道斌：正处级调研员（副总师级待遇）

**【公司系统机构设置】**截至 2017 年年底，公司本部

职能部门 25 个，下属二级单位 37 个（其中发供电企业 23 个、直属单位 13 个）；上市公司及控（参）股公司 6 个；县级供电企业 153 个（其中全资 105 个，控股 47 个，代管 1 个）。所属基层企业名录如下：

**2017 年国网四川省电力公司系统机构设置所属基层企业名录表**

**表 2**

| 类别 | 细类 | |
|---|---|---|
| | 序号 | 单位名称 |
| （一）发供电企业 | 1 | 国网四川省电力公司成都供电公司 |
| | 2 | 国网四川省电力公司乐山供电公司 |
| | 3 | 国网四川省电力公司德阳供电公司 |
| | 4 | 国网四川省电力公司雅安供电公司 |
| | 5 | 国网四川省电力公司眉山供电公司 |
| | 6 | 国网四川省电力公司攀枝花供电公司 |
| | 7 | 国网四川阿坝州电力有限责任公司（国网四川省电力公司阿坝供电公司） |
| | 8 | 国网四川省电力公司绵阳供电公司 |
| | 9 | 国网四川省电力公司天府新区供电公司 |
| | 10 | 国网四川省电力公司达州供电公司 |
| | 11 | 国网四川省电力公司凉山供电公司 |
| | 12 | 国网四川省电力公司泸州供电公司 |
| | 13 | 国网四川省电力公司宜宾供电公司 |
| | 14 | 国网四川省电力公司南充供电公司 |
| | 15 | 国网四川省电力公司广元供电公司 |
| | 16 | 国网四川省电力公司内江供电公司 |
| | 17 | 国网四川省电力公司广安供电公司 |
| | 18 | 国网四川省电力公司遂宁供电公司 |
| | 19 | 国网四川省电力公司资阳供电公司 |
| | 20 | 国网四川省电力公司自贡供电公司 |
| | 21 | 国网四川省电力公司巴中供电公司 |
| | 22 | 国网四川甘孜州电力有限责任公司（国网四川省电力公司甘孜供电公司） |
| | 23 | 国网四川省电力公司映秀湾水力发电总厂 |
| （二）省公司层面业务支撑和实施机构 | 1 | 国网四川省电力公司电力应急中心（国家电网公司应急培训基地） |

续表 2

| 类别 | 细类 | |
| --- | --- | --- |
| | 序号 | 单位名称 |
| | 2 | 国网四川省电力公司综合服务中心 |
| | 3 | 国网四川省电力公司经济技术研究院 |
| | 4 | 国网四川省电力公司电力科学研究院 |
| | 5 | 国网四川省电力公司检修公司 |
| | 6 | 四川电力送变电建设有限公司 |
| | 7 | 国网四川省电力公司信息通信公司 |
| | 8 | 国网四川省电力公司物资公司 |
| | 9 | 国网四川省电力公司党校（管理培训中心） |
| | 10 | 国网四川省电力公司技能培训中心 |
| | 11 | 四川电力医院（国网高原病防治中心） |
| | 12 | 国网四川电力服务有限公司（机关事务服务中心） |
| | 13 | 四川电力交易中心有限公司 |
| （三）上市公司 | 1 | 四川岷江水利电力股份有限公司 |
| | 2 | 四川明星电力股份有限公司 |
| | 3 | 乐山电力股份有限公司 |
| | 4 | 四川西昌电力股份有限公司 |
| （四）控（参）股单位 | 1 | 四川峨眉山电力股份有限公司 |
| | 2 | 四川蜀盛源资产管理有限责任公司 |

# 公司本部建设

【概况】2017 年，国网四川省电力公司本部深入学习贯彻中共十八届六中全会、十九大和习近平新时代中国特色社会主义思想，以建设卓越本部为抓手，扎实推进党的建设、提升管理水平，发挥本部“四个中心”作用，为决胜全面建成“一强三优”现代公司提供坚强保证。

【党的建设】深入推进“两学一做”学习教育常态化制度化，“四个意识”不断强化。完善创先争优长效机制，开展本部党支部工作考评。抓好组织建设，指导 22 个党支部完成换届选举。强化党员教育、管理和监督，全面实施合格党员积分制，新发展党员 2 名，组织开展庆祝建党 96 周年和喜迎十九大系列活动，通过组织收听收看十九大、举办专题讲座、利用“三会一课”、主题党日等多种形式深入贯彻学习十九大精神。

2017 年 2 月 9 日，国网四川省电力公司本部举办 2016 年度卓越讲坛（曹志刚　摄）

【队伍建设】一是持续优化本部人力资源配置。制定本部轮岗交流及补员方案，组织完成 64 名本部员工轮岗交流，完成 15 个处长（专责）岗位考核补员、12 个岗位公开招聘。二是进一步规范本部临时借用人员管理。制定本部临时借用人员管理规定，对不符合规定的借用人员进行清理，按月对借用人员情况进行统计。三是做好基层骨干到本部培养锻炼工作。组织完成第六批 62 名培养锻炼人员考核总结，以及第七批 56 名培养锻炼人员的遴选工作，举办岗前适应性培训，制定“一对一”岗位培养计划书。四是加强本部员工基础信息建设。按照国家电网公司信息系统实用化考核评价要求，梳理规范 ERP 系统 3000 余条人员基础数据。及时整理更新本部员工个人信息。五是积极推进本部全员培训管理工作。科学制定培训方案，学习贯彻十八届六中全会精神，全面提升全员适岗能力，组织开展 3 期网络大学培训、3 期全员履职能力培训。

【纪律建设】落实党风廉政建设“两个责任”，保持高压态势不放松。开展本部党风廉政建设责任制落实情况自查，组织本部各党支部签订党风廉政建设责任书，完成本部员工党风廉政保证金退还工作。强化执纪问责，给予 1 人次党纪处分。召开员工大会，持续加强作风建设。

【文化建设】胜利召开本部工会第一次会员代表大会，指导 20 个分工会完成换届选举。举办本部“卓越讲坛”，评选表彰本部卓越团队、十佳员工。举行企业文化节系列沙龙、名家讲座、诗词鉴赏、读书分享、职工子女作文大赛和健步走等活动，组织志愿者到阿坝、温江等地开展志愿服务。关心慰问本部困难职工、住院职工，切实做好职工疗养各项工作。

【本部机构设置及主要负责人】2017 年，国网四川省电力公司本部机构设置及部门主要负责人如下：

刘　冰：办公室（党委办公室）主任

侯太明：运营监控中心主任

周　桦：发展策划部主任

张　敏：财务资产部主任

贺兴容：运维检修部主任

郑卫东：安全监察质量部（保卫部）主任（兼）

何　勇：营销部主任
何远刚：建设部主任
熊卫东：农电工作部主任
李镇义：电力调度控制中心主任、党委副书记（兼）
王小川：电力调度控制中心党委书记、副主任
涂心畅：审计部主任
余嘉庆：经济法律部（体改办）主任
刘　洋：党委组织部（人事董事部）主任（兼）
冯泽亮：人力资源部主任
王　林：四川电力交易中心有限公司执行董事、总经理
向　宇：物资部（招投标管理中心）主任
田立峰：科技信通部（智能电网办公室）主任
王　虹：离退休工作部主任
王　旭：后勤工作部主任
陈永举：党建工作部（直属党委办公室、团委）主任，本部党委书记
郛小端：公司纪委副书记，监察部（纪委办公室）主任、本部纪委书记
龙志明：对外联络部（品牌建设中心）主任
卿　松：证券管理部主任（兼四川西昌电力股份有限公司董事长）
雷江海：工会常务副主席
卢昌华：国家电网公司企业管理协会四川分会秘书长
袁红专：国家电网公司成都援藏办主任
刘　进：省公安厅直属二分局局长
潘旭东：社保中心副主任
王　刚：成都电力生产调度基地建设筹备处副主任

## 基层单位及领导

截至 2017 年年底，国网四川省电力公司下设有发电、供电、电力建设、科学研究、教育医疗、集体企业等单位 44 个。国网四川省电力公司所属单位主要领导成员如下：

**国网成都供电公司**

褚艳芳：总经理、党委副书记
王宏波：党委书记、副总经理
李科峰：副总经理、二级职员
白学祥：副总经理，国网都江堰市供电公司总经理、党委副书记
付　强：副总经理
卓　明：党委副书记、纪委书记
骆光翠：总会计师
曾宪平：副总经理、工会主席
王　戈：副总经理，国网成都市青白江供电公司总经理、党委副书记
杨　坤：副总经理
曾嘉志：副总经理
刘　江：国网都江堰市供电公司党委书记、副总经理
朱　峰：国网成都市青白江供电公司党委书记、副总经理

**国网乐山供电公司**

林双庆：总经理、党委副书记
靳东辉：党委书记、副总经理
徐　卫：副总经理、总工程师
王立东：纪委书记、工会主席
黄　海：副总经理
谢　星：副总经理
陈义刚：副总经理，国网峨眉山市供电公司总经理、党委副书记
王　锐：国网峨眉山市供电公司党委书记、副总经理
兰先平：副处级调研员

**国网德阳供电公司**

甘　涛：总经理、党委副书记
胡朝华：党委书记、副总经理
袁明友：副总经理
杨　斌：副总经理
王中华：纪委书记、工会主席
青　松：副总经理

**国网雅安电力（集团）公司（国网雅安供电公司）**

张　毅：国网雅安电力（集团）公司董事长、总经理、党委副书记，国网雅安供电公司总经理、党委副书记
程　虎：国网雅安电力（集团）公司党委书记、副董事长

陈　政：国网雅安电力（集团）公司副总经理（正处级）

魏明奎：国网雅安电力（集团）公司董事（正处级）

夏　军：国网雅安电力（集团）公司副总经理、总工程师，国网雅安供电公司副总经理、总工程师

袁剑波：国网雅安电力（集团）公司副总经理

沈　涌：国网雅安电力（集团）公司纪委书记、工会主席

曾　敬：国网雅安电力（集团）公司副总经理，国网雅安供电公司副总经理

唐正胜：国网雅安电力（集团）公司财务总监、董事会秘书，国网雅安供电公司总会计师

张　劲：国网雅安电力（集团）公司副总经理，国网雅安供电公司副总经理

黄廷彬：国网雅安电力（集团）公司副总经理，国网雅安供电公司副总经理

**国网眉山供电公司**

张建明：总经理、党委副书记

金富怀：党委书记、副总经理

刘开金：党委副书记、工会主席

田　伟：纪委书记

蒋　劲：副总经理，国网仁寿县供电公司总经理、党委副书记

李　伟：副总经理

肖　磊：副总经理

李建立：副总经理

曹　刚：国网仁寿县供电公司党委书记、副总经理

**国网攀枝花供电公司**

肖　杰：总经理、党委副书记

汪康康：党委书记、副总经理

刘永辉：副总经理、总工程师

王培云：副总经理

祝武权：副总经理

李天林：副总经理

封晓梅：纪委书记、工会主席

华　欣：正处级调研员

**国网阿坝电力有限责任公司（国网阿坝供电公司）**

罗　亮：国网阿坝电力有限责任公司董事长、总经理、党委副书记，国网阿坝供电公司总经理

郑文强：国网阿坝电力有限责任公司党委副书记（主持党委工作）、副总经理

张洪斌：国网阿坝电力有限责任公司副总经理，国网阿坝供电公司副总经理

王朝晖：国网阿坝电力有限责任公司纪委书记、工会主席

侯小松：国网阿坝电力有限责任公司副总经理，国网阿坝供电公司副总经理

黄　培：国网阿坝电力有限责任公司财务总监，国网阿坝供电公司总会计师

严　辉：国网阿坝电力有限责任公司副总经理，国网阿坝供电公司副总经理

**国网绵阳供电公司**

严光升：总经理、党委副书记

杨迎春：党委书记、副总经理

陈继辉：纪委书记、工会主席

权　锐：副总经理

王小平：副总经理、总工程师

罗　建：总会计师

徐　源：副总经理

金卓睿：副总经理

**国网天府新区供电公司**

张　灏：总经理、党委副书记

程文艺：党委书记、副总经理

石宇平：纪委书记、工会主席

贺　辉：副总经理，国网成都市双流供电公司总经理、党委副书记

贾有根：副总经理

林明星：副总经理

熊　茜：副总经理

蒋　平：副总经理，国网成都市龙泉驿供电公司总经理、党委副书记

蒋光祥：总会计师

李富祥：国网成都市双流供电公司党委书记、副总经理

**国网达州供电公司**

吴　耕：总经理、党委副书记

严　平：党委书记、副总经理

李　荣：副总经理，国网达县供电公司总经理、党委副书记

徐耀伦：副总经理

熊　勇：副总经理、总工程师

郑尚雄：工会主席

熊　毅：副总经理

何　平：纪委书记

**国网凉山供电公司**

周　林：总经理、党委副书记

杨　荣：党委书记、副总经理

陈银青：副总经理、工会主席

甘　洪：副总经理

李　诚：副总经理
罗　飞：副总经理
李定明：总会计师
张文有：纪委书记
石占全：副总经理
张　琼：副处级调研员

**国网泸州供电公司**

王　涛：总经理、党委副书记
尹友中：党委书记、副总经理
冯　岗：副总经理
熊筠华：纪委书记、工会主席
高　俊：副总经理
熊浩伟：副总经理
宋暾昉：副总经理

**国网宜宾供电公司**

陈　强：总经理、党委副书记
黄克林：党委书记、副总经理
张国君：总会计师
华永东：副总经理
吴汝文：纪委书记、工会主席
樊　犁：副总经理
杨　云：副总经理
李　勇：三级职员（副处级待遇）
牟　宇：三级职员

**国网南充供电公司**

廖学静：总经理、党委副书记
李敬雄：党委书记、副总经理
李　敏：副总经理
张子明：副总经理
江泰廷：纪委书记、工会主席
赵廷刚：副总经理、四川电网备调中心主任
蒲　静：副总经理

**国网广元供电公司**

赵　蕌：总经理、党委副书记
余志军：党委书记、副总经理
赵　巍：副总经理
石　红：党委副书记、纪委书记、工会主席
王　剑：副总经理、总工程师
秦文云：总会计师
王志民：副总经理

**国网内江供电公司**

何自力：总经理、党委副书记
高　峰：党委书记、副总经理
冉友铭：副总经理，国网威远县供电公司总经理、党委副书记
刘　平：副总经理、总工程师
唐　林：副总经理
唐　勇：副总经理
杨　军：纪委书记、工会主席
王秀梅：总会计师
曾　强：国网威远县供电公司党委书记、副总经理
杨　彬：副处级调研员

**国网广安供电公司**

何惧熊：总经理、党委副书记
栗　璐：党委书记、副总经理
房开建：总会计师
殷作洋：副总经理
柯祥君：纪委书记、工会主席
何　东：副总经理
陈　果：副总经理

**国网遂宁供电公司**

何永祥：总经理、党委副书记
苏旭燕：党委书记、副总经理
曾俊杰：纪委书记、工会主席
向建兵：副总经理
李　江：副总经理、总工程师
姚晓峰：副总经理
冯应贵：三级职员（副处级待遇）

**国网资阳供电公司**

涂　辉：总经理、党委副书记
马江怒：党委书记、副总经理
杨　华：纪委书记、工会主席
曾明贵：副总经理
周建聪：副总经理
龙　辉：副总经理
李　响：副总经理
张苏川：副处级调研员

**国网自贡供电公司**

姚建东：总经理、党委副书记
高永翔：党委书记、副总经理
罗明才：副总经理、总工程师
杨　忠：纪委书记、工会主席
张　涛：总会计师
代　颍：副总经理
殷　科：副总经理

**国网巴中供电公司**

贺　军：总经理、党委副书记
刘　璧：党委书记、副总经理
谭书云：总会计师
郛才斌：副总经理
何云峰：纪委书记、工会主席

戴海宁：副总经理

王爱平：副总经理

蒲朝明：副处级调研员

**国网甘孜电力有限责任公司（国网甘孜供电公司）**

明自强：国网甘孜电力有限责任公司董事长、总经理、党委副书记，国网甘孜供电公司总经理

刘友志：国网甘孜电力有限责任公司党委书记

刘明志：国网甘孜电力有限责任公司纪委书记、工会主席，国网甘孜供电公司工会主席

刘元生：国网甘孜电力有限责任公司副总经理、总工程师，国网甘孜供电公司副总经理、总工程师

陈晓东：国网甘孜电力有限责任公司副总经理，国网甘孜供电公司副总经理

石　磊：国网甘孜电力有限责任公司副总经理，国网甘孜供电公司副总经理

罗　斌：国网甘孜电力有限责任公司副总经理，国网甘孜供电公司副总经理

余　刚：国网甘孜电力有限责任公司财务总监，国网甘孜供电公司总会计师

**国网四川映秀湾电厂**

梁　柱：厂长、党委副书记

王金全：党委书记、副厂长

赵玉忠：副厂长

陈安全：副厂长

吴晓冬：副厂长、总工程师

胡　轶：纪委书记、工会主席

曾　刚：副厂长

白瑰蓉：副处级调研员

**国网四川应急中心**

马　强：主任、党委副书记

李远德：党委书记、副主任

蔡　辉：副主任、工会主席

何孝忠：副主任、纪委书记

**国网四川综合服务中心**

杨　博：主任、党委副书记，财务资产部主任

王经纬：党委书记、副主任，综合管理部主任

罗　涛：纪委书记、综合管理部副主任

潘旭东：人力资源服务部副主任，公司社保中心副主任

彭霞抒：副处级调研员

涂心畅：审计中心主任（省公司审计部主任兼）

刘　林：审计中心副主任、党支部书记（正处级）

刘礼志：审计中心三级职员

**国网四川经研院**

肖行诠：院长、党委副书记

汪荣华：党委书记、副院长

王　晞：副院长

肖　红：副院长

曾　鉴：副院长

陈雄才：纪委书记、工会主席

肖　猛：设计中心主任（副处级）

李　刚：设计中心副主任（副处级）

王慧玲：副处级调研员

**国网四川建管中心**

罗　辉：主任、党委副书记

邓武军：党委书记、副主任

吕　彬：副主任

杨勇祥：纪委书记、工会主席

何尔文：副主任，特高压直流建设项目部主任

陈治明：副主任

汪洪春：副主任、总工程师

**国网四川监理公司**

冯　瀚：总经理、党委副书记

杨　周：党委书记、副总经理

付佾修：副总经理、总工程师

谭　韧：副总经理

沈太勋：纪委书记、工会主席

朱　敏：总会计师

邓　毅：副总经理

**国网四川电科院**

苏少春：院长、党委副书记

杨子辛：党委书记、副院长

张星海：副院长（正处级）

曹树屏：纪委书记、工会主席

陈　缨：副院长

常晓青：副院长

朱清代：副院长

**国网四川客户服务中心**

王更生：主任、党委副书记

曾　敏：党委书记、副主任

唐　军：副主任、工会主席

熊永华：副主任

徐　平：副主任、纪委书记

**国网四川公司计量中心**

彭　军：主任、党委副书记

李洪武：党委书记、副主任

苗长胜：副主任、纪委书记

覃　剑：副主任

程志炯：副主任、工会主席

徐　健：三级职员（副处级待遇）

杨　敏：副处级调研员

**国网四川节能公司**

何德胜：总经理、党委副书记
陈帮之：党委书记、副总经理
罗忠华：副总经理
苗　峰：副总经理
代　明：纪委书记、工会主席

**四川省电力工业调整试验所（国网四川电源技术中心）**

徐　波：所长、党委副书记
文光辉：党委书记、副所长
魏　强：副所长
周　松：副所长
颜正行：副所长
张文章：党委副书记、纪委书记、工会主席
李　恩：副所长

**国网四川检修公司**

白仕雄：总经理、党委副书记
王嘉明：党委书记、副总经理
张剑廷：副总经理
安　宁：副总经理
张仕民：副总经理
舒　野：副总经理
李忠林：总会计师
黄　敏：纪委书记、工会主席
宋　梁：总工程师
秦　川：成都分部主任、党委副书记
陈　岩：成都分部党委书记、副主任
李龙江：西昌分部主任、党委副书记
聂鸿宇：西昌分部党委书记、副主任
陈向阳：副处级调研员
杜新萍：副处级调研员

**四川电力送变电建设公司**

郑大金：执行董事、总经理、党委副书记
张　帆：党委书记、副总经理
李百根：副总经理
王　拥：纪委书记
游　睿：工会主席
周　林：副总经理
王　毅：副总经理、总工程师
陈泓达：副总经理
刘兰捷：总会计师
龙晓春：副总经理

**国网四川信通公司**

王　卓：总经理、党委副书记
欧阳可谋：党委书记、副总经理
杨嘉湜：副总经理
李红梅：纪委书记 、工会主席
李　强：正处级调研员

**国网四川物资公司**

方　晴：总经理、党委副书记
胡瑞林：党委书记、副总经理
张昆炳：纪委书记、工会主席
闵向东：副总经理
陈　娟：总会计师
陈　峰：副总经理

**国网四川管培中心**

朱天科：主任、党委副书记
刘晓宇：党委书记、副主任
钟　良：副主任
林　琳：副主任、工会主席
高德文：副主任、纪委书记

**国网四川技培中心（四川电力职业技术学院）**

朱　康：主任（院长）、党委副书记
熊维荣：党委书记、副主任（副院长）
文海荣：副主任（副院长）
袁从文：副主任（副院长）
唐明昌：副主任（副院长）
李　力：纪委书记、工会主席
于康雄：副主任（副院长）
王　蓉：副主任（副院长）

**四川电力医院（国网高原病防治中心）**

刘红卫：院长、党委副书记
周晓梅：党委书记、副院长
王礼椿：纪委书记、工会主席
朱　可：副院长
刘道福：副院长
何清华：副院长

**国网四川电力服务有限公司（机关事务服务中心）**

冷继伟：总经理、党委副书记（机关事务服务中心主任）
李春来：党委书记、副总经理（机关事务服务中心副主任）
焦振中：副总经理（机关事务服务中心副主任）
刘柏章：纪委书记
陈和生：副总经理、工会主席（机关事务服务中心副主任）
王　刚：副总经理（机关事务服务中心副主任）
何云志：副总经理（机关事务服务中心副主任）

**四川格瑞德资产管理公司（四川科锐得实业集团有限公司）**

倪　力：总经理（董事长、党委书记）
王旭东：副总经理（总经理、党委副书记）
钟利军：〔监事会主席（正处级）〕

林映雄：（副总经理）
詹迎雪：总会计师（副总经理、财务总监）
向　波：（副总经理）
杨选华：（副总经理）
桂贤明：副总经理（副总经理）
薛永红：副总经理（副总经理）
李　贵：（纪委书记、工会主席）
林　伟：（副总经理）
王　维：（副总经理）
殷智贵：（正处级调研员）

**四川科锐得文化传播有限公司**

向　波：执行董事、总经理、党委副书记
左　炬：党委书记、副总经理
黄兴勇：副总经理

**四川蜀能电力有限公司**

林映雄：执行董事、党委书记
王世彬：总经理
杜锦宇：副总经理
张世诚：纪委书记
杨选华：总会计师

**四川西星电力科技咨询有限公司**

冯　伟：总经理、党委副书记
薛永红：党委书记、副总经理
冯树永：纪委书记

**四川岷江水利电力股份有限公司**

张有才：董事长、党委书记
李高一：总经理、党委副书记
胡瑞林：监事会主席（正处级）
肖劲松：董事会秘书
朱德彬：财务总监
任永刚：纪委书记、工会主席
罗　鹏：副总经理
田　劲：副总经理
高　军：副总经理
袁　泉：正处级调研员

**四川明星电力股份有限公司**

秦怀平：董事长
闵增华：副总经理
陈华祥：副总经理
唐　敏：副总经理、董事会秘书
邹德成：财务总监

**乐山电力股份有限公司**

廖政权：董事长、党委书记
魏晓天：总经理、党委副书记
杜品春：纪委书记、监事会主席
唐前正：副总经理
祝攀峰：副总经理
王　迅：副总经理、董事会秘书
杨景岗：副总经理、总工程师
何党军：工会主席
游　涛：总会计师
李树成：四川晟天新能源发展有限公司总经理

**四川西昌电力股份有限公司**

卿　松：董事长（省公司证券管理部主任兼）
牟　昊：党委书记、副总经理
钟显伦：党委副书记、纪委书记
李建文：副总经理
牛义和：财务总监
邱永志：董事会秘书

**四川峨眉山电力股份有限公司**

孙志远：董事长、党委书记
乔向东：总经理、党委副书记
吴豫安：副总经理
刘正雄：副总经理
吴英俊：纪委书记、工会主席

**四川电力行业协会**

文　曹：常务副秘书长（正处级）
黄　志：副秘书长（副处级）

**四川启明星铝业有限责任公司、四川启明星投资有限责任公司、四川启明星控股有限责任公司**

苟骁毅：总经理

**国网电动汽车（四川）服务公司**

王　华：执行董事、总经理（副处级）

# 电网规划与建设

责任编辑：何　飞

# 电 网 规 划

**【电网概况】**2017 年 12 月末，全省装机 9721.42 万千瓦。其中，水电 7714.36 万千瓦，火电 1661.86 万千瓦，风电 210.45 万千瓦，太阳能 134.75 万千瓦。全省统调装机 8444.95 万千瓦，非统调装机（6000 千瓦及以上）819.22 万千瓦。已建成±800 千伏换流站 3 座、换流容量 2160 万千伏安、线路长度 1713 千米；±500 千伏换流站 1 座、换流容量 300 万千伏安、线路长度 480 千米；500 千伏变电站（含开关站）48 座，总变电容量 8030 万千伏安；输电线路 175 条，线路长度 14179.709 千米。

当前，四川电网已跃升为全国规模最大、运行最为复杂的省级枢纽电网之一。省内，500 千伏主网覆盖全省各市（州），负荷中心形成梯格型双环网格局，线路长度和变电容量分别位居国家电网公司系统第一和第二位。省外，形成了 500 千伏川渝联网（洪沟—板桥、黄岩—万县、资阳—北碚）和川藏联网（甘孜—昌都）双回输电线路、±800 千伏向家坝—上海、锦屏—苏南、溪洛渡—浙江特高压直流，以及±500 千伏德阳-宝鸡直流的“八交四直”互联格局。

**【电网规划】**主网规划：一是积极汇报，促成省能源局开展四川中长期目标网架研究，并委托国网四川省电力公司具体承担此项工作，研究成果推荐特高压交流电网作为目标网架方案，得到省政府认可并已转报国家能源局。二是全面承担四川电网“十三五”主网架规划衔接工作，确保国网四川省电力公司规划项目全部纳入衔接规划和全省“十三五”电力发展规划。三是积极协调国家能源局局长到川推进雅中—江西特高压直流工程，国家能源局已正式明确江西省作为直流受端省份。四是配合国家电网公司完成与四川省政府签订战略合作协议，同时国网四川省电力公司也与全省 21 个地市签订合作协议，政府在规划落地、站址通道保护、政策支持等方面给予大力支持。五是积极参与四川省中长期电力发展重大问题研究工作，大力开展四川中长期用电需求预测、电源结构等方面研究，引导四川电力行业各方支持电源与电网协调发展，推动国网四川省电力公司电网规划落实。六是主动思考，高质量完成国家电网公司管理咨询项目“电改新形势下电网规划管理新机制的深化研究”。

配电网规划工作成效显著。滚动修编国网四川省电力公司“十三五”配电网发展规划。深入贯彻落实国家配电网建设改造行动计划和新一轮农网改造升级规划，加快构建现代智能配电网，着力解决电网发展不平衡不充分问题，形成了 1 个规划总报告、3 个专项报告及 7 个专题研究报告的规划成果体系。首次开展重点园区电网规划工作。深入研究各类园区、开发区、城市规划区等“热点”区域的电网规划方案，按照“一园一册”的要求开展了 144 个重点园区配电网规划工作。持续推进电力助推扶贫攻坚行动。认真贯彻落实国家和省政府深度贫困地区脱贫攻坚工作会议精神，制定了全省深度贫困地区（甘孜、阿坝、凉山三州）电网改造方案，配合国家电网公司编制完成全国深度贫困地区（三区两州）电网专项规划。科学开展九寨沟地震电网重建规划。制定了九寨沟县域电网应急并网项目，编制了九寨沟地震电网灾后重建规划报告，配合省能源局做好电网重建项目与政府总体重建规划的衔接工作，规划项目全部纳入了政府基础设施重建专项规划。积极推进国家能源互联网示范项目。学习借鉴先进经验和做法，克服各种困难和短板，组织研究制定了天府新区能源互联网示范项目的实施内容和具体方案，项目建设顺利推进。

# 电 网 建 设

**【概况】**2017 年，国网四川省电力公司准确把握电网建设新阶段的特征和要求，坚持强化管理提升，持续夯实管理基础和基本功，按计划完成电网建设任务，各项工作卓有成效，呈现持续提升、更趋向好的良好态势。全年完成电网投资 162.96 亿元，110 千伏及以上项目核准 54 项，开工 54 项、线路长度 1577.79 千米、变电容量 586.8 万千伏安，投产 82 项、线路长度 2529.56 千米、变电容量 1515.3 万千伏安；35 千伏项目开工 30 项、线路长度 386.25 公里、变电容量 19.415 万千伏安，投产 100 项、线路长度 1078.44 千米、变电容量 58.7 万千伏安。工程项目建设有力推进，安全质量管控有效加强，基建改革有效深化，工程造价管理不断精益，工程技术管理不断提高，建设管理水平稳步提升。

**【500 千伏及以下项目】**2017 年，主要建成投运了新都 500 千伏输变电工程、沐川 500 千伏开关站扩建工程、沙坪二级电站 500 千伏送出工程、宣汉 500 千伏输变电工程、川渝第三通道 500 千伏工程、黄金坪、长河坝电站 500 千伏送出工程等 6 项 500 千伏输变电工程。

主要投运了兰渝铁路广元牵引站 220 千伏外部供电工程、成都北三环 220 千伏输变电工程、成都十陵 220 千伏输变电工程、成都大源 220 千伏输变电工程、成都东郊 220 千伏变电站扩建工程、成都核桃村 220 千伏变电站扩建工程、乐山金仓 220 千伏输变电工程、雅安黄岗 220 千伏变电站扩建工程、绵阳江油电厂至河西 II 线 220 千伏线路改造工程、成都秦皇寺 220 千伏输变电工程、攀枝花司龙沟 220 千伏输变电工程、达州宣汉 500 千伏变电站 220 千伏配套工程、达州大竹 220 千伏输变电工程、凉山冕宁 220 千伏输变电工程、凉山会东 220 千伏变电站扩建工程、泸州泰安 220 千伏输变电工程、泸州杨桥 220 千伏变电站增容改造工程、宜宾南溪和平 220 千伏输变电工程、南充蓬安 220 千伏变电站扩建工程、南充南隆 220 千伏输变电工程、内江资铁 220 千伏输变电工程、广安新桥（金星）220 千伏变电站主变扩建工程、自贡琵琶 220 千伏输变电工程等 23 项 220 千伏输变电新建工程。

建成投运了广元昭化卫子 110 千伏变电站扩建工程、德阳秋月 220 千伏变电站配套 110 千伏线路工程、遂宁蓬溪任隆 110 千伏变电站扩建工程、遂宁船山城市生活垃圾环保发电项目 110 千伏送出工程、遂宁射洪桃花山 110 千伏输变电工程、成都十陵 220 千伏变电站 110 千伏配套线路工程、成都金牛北三环 220 千伏变电站配套 110 千伏送出工程、成都德源 II110 千伏输变电工程、成都武青路 110 千伏输变电新建工程、成都芷泉街 110 千伏输变电工程、成都永宁 110 千伏输变电新建工程、成都沙渠 110 千伏输变电工程、乐山水口 110 千伏输变电工程、乐山金仓 220 千伏变电站 110 千伏送出工程、乐山沐川 110 千伏变电站增容扩建工程、雅安龙苍沟 110 千伏输变电工程、雅安名山永兴 110 千伏输变电工程、雅安石棉姜家沟至下坪 110 千伏线路工程、雅安汉源干溪坝 110 千伏变电站扩建工程、雅安荥经至幸福 110 千伏线路工程、眉山洪雅洪川 110 千伏变电站扩建工程、眉山东坡盘鳌垃圾发电厂 110 千伏送出工程、绵阳仙人桥 110 千伏变电站增容改造工程、成都天府新区麓湖 110 千伏输变电工程、攀枝花回龙沟 220 千伏变电站 110 千伏配套工程、攀枝花大水井 110 千伏输变电工程、达州大竹 220 千伏变电站 110 千伏配套工程、达州宣汉东乡 110 千伏变电站扩建工程、达州达县雷音铺 110 千伏输变电工程、凉山冕宁 220 千伏变电站 110 千伏配套送出工程、凉山越西乃托 110 千伏变电站扩建工程、泸州古蔺二郎 110 千伏输变电工程、泸州泸县城北 110 千伏输变电工程、泸州安富 110 千伏变电站 110 千伏增容改造工程、宜宾南溪裴石 110 千伏变电站扩建工程、宜宾南溪东风 110 千伏变电站扩建工程、宜宾南溪桂溪 110 千伏输变电工程、南充南部南隆 220 千伏变电站 110 千伏配套工程、

2017 年 5 月 17 日，川渝电网第三通道（四川段）线路正式贯通

（曹志刚　摄）

南充南部白云110千伏输变电工程、南充营山三星110千伏输变电工程、内江资铁220千伏变电站110千伏配套工程、内江越溪110千伏输变电新建工程、广安永兴110千伏输变电工程、广安邻水王家110千伏输变电工程、广安邻水石马河110千伏变电站扩建工程、资阳简阳牌坊沟110千伏输变电工程、资阳安岳岳阳110千伏变电站扩建工程、自贡富顺琵琶220千伏变电站110千伏配套工程、自贡仙市220千伏变电站110千伏配套工程、自贡向义至新华110千伏线路工程、自贡代家坝110千伏变电站智能化改造工程、甘孜泸定田坝110千伏输变电工程、甘孜九龙110千伏输变电工程等53项110千伏输变电工程。

±1100千伏吉泉线甘2标段戈壁塔群排成一线　　（张东　摄）

【在建项目】2017年，公司在建110千伏及以上输变电工程共86项，线路长度3273.93千米、变电容量1193万千伏安。

在建500千伏项目为水洛500千伏变电站扩建工程、蜀州至丹景第三回500千伏线路工程、巴塘、乡城500千伏扩建工程、猴子岩电站500千伏送出工程、凉山盐源500千伏输变电工程、凉山会东500千伏输变电工程、路平至绵阳500千伏输变电工程、江油500千伏输变电工程、桃乡500千伏变电站扩建工程等9项。

在建220千伏项目为西成客运专线广元中子牵引站220千伏供电工程、西成客运专线广元剑门关牵引站220千伏外部供电工程、德阳南华π入云绣～丰谷西线220千伏线路工程、遂宁小于220千伏输变电工程、成都北府河220千伏输变电工程、成都220千伏大圣一二线增容改造工程、成都太金220千伏双回线路改造工程、成都蓉大220千伏双回线路改造工程、成都红砂220千伏输变电工程、500千伏新都变220千伏配套工程、成都市黄水220千伏输变电工程、乐山犍为220千伏变电站扩建工程、乐山沐溪500千伏变电站扩建220千伏配套工程、乐山龚嘴、铜街子220千伏线路改接工程、绵阳江油500千伏变电站220千伏送出工程、西成客运专线绵阳青林口牵引站220千伏供电工程、成都九江500千伏变电站220千伏配套工程、成昆复线四川攀枝花南牵引站220千伏外部供电工程、成昆复线攀枝花盐边牵引站220千伏外部供电工程、成昆复线攀枝花米易东牵引站220千伏外部供电工程、阿坝黑河塘220千伏输变电工程、阿坝汶川220千伏开关站扩建工程、凉山会东500千伏变电站220千伏送出工程、凉山普格至西昌南220千伏第二回线路工程、凉山普格至宁南220千伏第二回线路工程、凉山盐源500千伏变电站220千伏配套工程、凉山盐源大河光伏电站220千伏送出工程、泸州纳溪—震东Ⅱ回220千伏输变电工程、内江寿溪桥220千伏线路工程、广安岳池南220千伏输变电工程、四川资阳广惠—文峰220千伏线路工程、巴中城西220千伏输变电工程、宜宾兴文220千伏输变电工程、绵阳磨家梁-海峰220千伏线路工程等34项。

在建的110千伏项目为广元朝天熊家至海螺水泥110千伏线路工程、德阳旌阳德阳110千伏变电站增容改造工程、德阳旌阳垃圾发电厂110千伏送出工程、德阳大塘110千伏变电站增容改造工程、营门口110千伏输变电工程、成都高新大源220千伏变电站配套110千伏送出工程、成都新津110千伏输变电工程、成都毛家湾220千伏变电站110千伏配套送出工程、成都新津牵引站扩容110千伏供电线路工程、成昆铁路扩能乐山夹江牵引站110千伏供电工程、川藏铁路雅安牵引站110千伏外部供电工程、眉山东坡科工园110千伏变电站扩建工程、成昆铁路扩能眉山东坡牵引站110千伏外部供电工程、绵阳110千伏变电站3号主变扩建工程、绵阳松仙一线110千伏线路改造工程、绵阳青义110千伏输变电工程、成都龙泉驿高桐110(66)千伏输变电工程、成都天府新区秦皇寺220千伏变电站110(66)千伏送出工程、成都龙泉驿红砂220千伏变电站配套110千伏送出工程、攀枝花攀钢电厂3×100兆瓦机组关停110千伏线路改接工程、阿坝小金220千伏变电站110千伏送出工程、阿坝松潘城关110千伏输变电工程、阿坝汶川白石110千伏输变电工程、阿坝九寨沟隆康110千伏输变电工程、阿坝中查沟110千伏输变电工程、阿坝观音桥110千伏输变电工程、达州大竹清溪110千伏变电站扩建工程、达州宣汉北至盖家坪110千伏线路工程、凉山德昌乐跃110千伏输变电工程、凉山木里110千伏输变电工程、泸州龙山变电站110千伏2号主变扩建工程、泸州泰安220千伏变电站110千伏配套工程、宜宾江安底蓬110千伏输变电工程、南充仪陇金城110千伏输变电工程、南充阆中河溪110千伏输变电工程、兰渝铁路南充牵引站110千伏供电工程、兰渝铁路南充龙桂牵引站110千伏改接供电工程、巴中通江周家坝110千伏输变电工程、巴中杨家坝110千伏变电站扩建工程、成都新园北110千伏输变电工程、甘孜110千伏火地坝—中查沟线路工程、甘孜来马110千伏输变电工程、雅安万里110千伏变电站扩建工程等43项。

**【工程达标和创优】**2017年，国网四川省电力公司完成33项110千伏及以上电压等级工程达标投产，其中500千伏变电站工程0项，220千伏变电站工程5项，110千伏变电站工程19项，500千伏线路工程1项，220千伏线路工程2项，110千伏线路工程6项。九江500千伏变电站获中国电力优质工程奖。

通过达标投产考核的500千伏项目主要有甘孜长河坝电站至康定变双回500千伏输电线路工程(甘孜长河坝500千伏送出工程)。

通过达投产考核的220千伏项目主要有泸州泰安220千伏变电站工程、宜宾南溪220千伏变电站新建工程、达州宣汉北220千伏变电站工程、泸州杨桥变至泰安变220千伏输电线路工程、内江资铁220千伏变电站工程、凉山冕宁220千伏变电站工程、凉山冕宁变至冕山变220千伏线路工程。

通过达标投产考核的110千伏项目主要有成都书房村110千伏变电站新建工程、成都汉城110千伏变电站新建工程、成都龙桥110千伏变电站新建工程、成都新都工业区110千伏变电站新建工程、成都武青路110千伏变电站新建工程、成都永宁110千伏变电站新建工程、南充北塔110千伏变电站工程、南充义兴110千伏变电站工程、成都华阳二110千伏变电站新建工程、巴中江北110千伏变电站工程、泸定田坝110千伏变电站新建工程、宜宾翠屏象鼻110千伏变电站工程、遂宁安居乌木110千伏变电站工程、南充枣桠变至大桥变T接义兴变110千伏输电线路工程、宜宾孜岩变至大观变线路π入象鼻变110千伏线路工程、遂宁安居乌木变至清河变110千伏输电线路工程、成都和平路110千伏变电站工程、乐山水口110千伏变电站工程、内江越溪110千伏变电站工程、广安永兴110千伏变电站工程、广安王家110千伏变电站工程、资阳简阳牌坊沟110千伏变电站工程、广安王家变至范家湾变110千伏线路工程、广安王家变至丰禾变110千伏线路工程、资阳简阳普安变至牌坊沟变110千伏线路工程。

## 重点工程

**【猴子岩电站500千伏送出工程】**该工程线路(117+14基70.2千米)基础开挖完成131基(100%)，基础浇制完成131基（100%），组塔完成131基（100%），架线完成38.8千米（64.5%）；康定间隔扩建土建完成95%，电气部分完成90%。丹巴至康定开π接入猴子岩电站工程于2016年10月24日建成并投运，猴康三线3月8日开展停电施工，预计2018年6月投运。

**【路平—富乐500千伏输变电工程】**该工程线路（共201基2×87千米）基础开挖199基（99%），基础浇制199基（99%），组塔193基（96.5%），架线70千米（79%）。路平间隔扩建：土建完成100%，安装完成90%，调试完成80%。富乐间隔扩建:土建完成100%，安装完成90%，调试完成94%。

**【盐源500千伏输变电工程】**该工程全站土建总体进度完成99%，电气安装完成95%，调试完成60%。盐源—水洛线路(415基2×152千米)基础开挖412基(99%)，基础浇筑408基(98%)，组塔372基(90%)。二滩—普提Ⅰ回π接线路（152基2×67千米）基础开挖152基(100%)，基础浇筑152基(100%)，组塔完成 147 基（97%），导地线架设完成 56 千米（79%）。

**【会东 500 千伏输变电工程】**该工程场平完成 100%，土建完成 95%，电气安装完成 83%。甘泉—会东双回线路（269 基 2×67 千米）基础开挖 269 基（100%），基础浇筑 269 基（100%），铁塔组立 269 基（100%），架线 132.188 千米（100%）。甘泉间隔扩建基础施工完成 100%，安装 96%。

**【江油 500 千伏输变电工程】**变电站新建工程：场平 90%，土建完成 90%。富乐—广元双回 π 入江油变线路工程，南坝—富乐、广元改接入江油变线路工程（9 基 2×2.7 千米）基础开挖 9 基（100%），基础浇制 9 基（100%），组塔 9 基（100%）。

**【巴塘、乡城 500 千伏扩建工程】**巴塘扩建工程：土建完成总量的 98%，电气安装完成 40%。乡城扩建工程：土建完成总量的 100%，电气安装完成 90%。乡城—巴塘线路升压工程（7 基 2×2 千米）基础开挖完成 7 基（100%），基础浇筑完成 7 基（100%），接地施工完成 50%。

**【水洛 500 千伏变电站 3 号主变扩建工程】**进站道路：于 2017 年 10 月 10 日正式开工，主体工程施工前的施工便道修建、搅拌站搭设、钢筋制作场地搭设、征地赔偿及地方赔偿基本完成。桥梁方面桩基共 45 基，其中桥台桩基 24 基、挡墙桩基 21 基，目前正在继续进行打桩。

**【雅安加强工程】**项目前期进度：用地预审手续已上报省国土资源厅，目前因穿越禁建区调规的问题，造成规划选址仍在办理中。根据时间节点计划，争取选址意见书后三个月取得核准文件。工程前期进度：设计已招标，未定标；其余初设、施工、物资招标、林勘、征地等工作部分工作正在开展，力争上半年完成初设审查。

**【马尔康 500 千伏输变电工程】**已于 2017 年 11 月 1 日正式开工。

# 电网调度与通信

责任编辑：何　飞

# 调度机构

**【调度机构】**四川电力调度控制系统包括四川电力系统内各级调度控制机构和发电厂、变电站、梯级电站集控中心等的运行值班单位。四川电力系统设置三级调度控制机构，即：省级电力调度控制机构，以下简称省调；省辖市级电力调度控制机构，以下简称地调；县级电力调度控制机构，以下简称县调。

**【省电力调度控制中心】**四川电力调度控制中心主要负责四川电网调度运行、变电设备运行集中监控、系统运行、调度计划、继电保护、自动化、水电及新能源等各专业管理职责；调度管辖省域内500千伏电网和220千伏主网，直调所辖电厂；承担省域内±660千伏及以下直流站和500千伏交流变电站变电设备运行集中监控、输变电设备状态在线监测与分析业务。内设8个处，分别为调度控制处、调度计划处、系统运行处、继电保护处、自动化处、综合技术处、水电及新能源处、设备监控管理处。截至2017年年底，中心正式员工84人。

**【省调的职责和权限】**1. 接受国调、区域分中心（简称西南分中心）的调度管理，接受国调、区域分中心（西南分中心）授权或委托的与电力调度相关的工作。2. 负责省电网的安全、优质、经济运行，划分省电网调度管辖范围，对所辖电网及并网电厂实施统一调度管理。3. 负责电网内调度控制运行、调度计划、运行方式、继电保护、调度自动化、水库及新能源调度等专业管理，制定电力系统电力调度、设备监控方面的标准、规程、制度和办法，负责所辖电网二次设备技术监督。4. 负责指挥调度及监控范围内设备的运行、操作及电网的事故处理，参与电网事故调查分析；负责指挥电网调频、调峰及调压工作，负责指挥网间联络线潮流的调度控制。5. 负责组织制定和执行所辖电力系统的运行方式，执行上级调度控制机构下达或批准的网间联络线运行方式。6. 负责所辖电网电力电量平衡、临时交易和检修平衡，负责制定和执行所辖电力系统调度计划。7. 参与所辖电网规划、设计、建设、工程项目审查及设备选型工作。8. 受理并批复新建或改建管辖设备投入运行申请，制定新设备启动调试调度方案并组织实施。9. 参与签订发电厂、地方电网的并网协议和购售电合同，负责签订调度管辖范围内的发电厂、地方电网、用户的并网调度协议。10. 会同有关部门编制《四川电网有序用电预案》《四川电网紧急拉闸限电序位表》，报政府批准后执行。11. 负责所辖水电厂水库发电调度工作，制定水库调度方案，参与主要水电厂发电与防洪、航运和供水等方面的协调工作。12. 负责组织制定全网继电保护及安全自动装置配置的技术方案和调度管辖范围内的整定方案，并督促实施，负责继电保护专业归口管理，负责继电保护专业技术监督，负责继电保护二次设备的大修、技改项目的审查。13. 负责所辖电力系统的安全稳定运行管理。14. 参与制定自动化系统的规划，负责电力二次系统安全防护。15. 负责公司电力调度控制技术装备的运行和管理。16. 负责对本级监控范围内电网运行设备的集中监控。17. 负责四川电力系统调度控制业务中涉及电网通信通道业务的评价。18. 配合电力通信管理部门对四川电力系统的电网调度通信业务的日常运维、事故处理、调查分析。

**【省调调度管辖设备范围】**1. 四川电网除国调、国调西南分中心管辖外的500千伏系统（含500千伏站内无功补偿设备）。2. 四川电力系统内220千伏主网架和地区电力系统间220千伏联络线。3. 四川电力系统内装机容量10兆瓦及以上的发电厂及其送出系统。4. 国调、国调西南分中心委托调度管辖的设备。

**【省调监控设备范围】**1. 四川电网500千伏变电站设备（消防、安防、视频系统除外）。2. 四川电网500千伏输电设备。

**【地区电力调度控制中心】**四川电网设有22个地调，分别是：成都地调、天府地调、德阳地调、绵阳地调、广元地调、资阳地调、内江地调、自贡地调、宜宾地调、泸州地调、乐山地调、眉山地调、达川地调、南充地调、巴中地调、攀枝花地调、广安地调、遂宁地调、阿坝地调、雅安地调、甘孜地调。

**【地调的职责和权限】**1. 接受省调的调度管理，接受省调授权或委托的与电力调度相关的工作。2. 负责所辖电网的安全、优质、经济运行，负责调度控制管辖范围内设备的运行、监控、操作及电网的事故处理。3. 负责所辖电力系统调度控制、设备监控、调度计划、继电保护、调度自动化、水电及新能源等专业管理和技术监督。4. 负责编制和执行所辖电网的运行方式，执行省调下达的运行方式。5. 负责编制并执行所辖电网调度计划。6.会同有关部门编制本地区电网有序用电预案和本地区电网紧急拉闸限电序位表，报政府批准后执行。7.负责组织制定和执行所辖电力系统的继电保护方案。8.受理并批复新建或改建管辖设备投入运行申请，制定新设备启动调试调度方案并组织实施。9.参与所辖电网发展规划、设计、有关工程项目的审查和设备选型。10.负责所辖电力系统的安全稳定运行管理。11.负责所辖水电厂水库发电调度工作，制定水库调度方案。参与主要水电厂发电与防洪、航运和供水等方面的协调工作。12.负责所辖调度控制自动化设备的运行管理。13.负责签订所辖发电厂并网调度协议。14.负责对本级监控范围内电网运行设备的集中监控。15.负责四川电力系统调度控制业务中涉及电网通信通道业务的评价。16.配合电力通信管理部门对四川电力系统的电网调度通信业务的日常运维、事故处理、调查分析。

**【地调调度管辖设备范围】**1.本地区除省调调度管辖外的220千伏系统。2.本地区110千伏及以下系统。3.本地区装机容量10兆瓦以下发电厂及其送出系统。4.本地区与其他地区间的110千伏联络线（由相关地调协商调度）。5.省调委托调度管辖的设备。

**【地调监控设备范围】**1.本地区220千伏、110千伏变电站设备。2.本地区220千伏、110千伏输电设备。

# 调 度 管 理

**【电网安全经济运行】**2017年，四川电网电力生产安全平稳，在省内用电缓慢增长的背景下，电力供需总体“丰余枯足”的特点没有发生变化。丰、平水期受近年水电装机快速增长、来水偏丰和用电负荷增速偏低等多重影响，水电消纳困难，电力供大于求的矛盾十分突出。枯水期省内电力供应总体充裕，其中1—4月受省内发电能力增强、用电需求低速增长等因素影响，水库水位消落困难；11—12月电煤库存充足、水库提前蓄满，电力供应充足。

2017年，四川电网电力供需总体平衡，未发生拉闸限电，电力供需“丰余枯足”的特征明显，丰水期和平水期电力供大于求的矛盾依然十分突出，火电发电利用小时数维持在2000小时以下低位运行，水电弃水严重。

全年用电量较去年有所增长。主要原因是大工业用电企稳回升；居民用电持续增长，夏季气温炎热，高温时间长，空调负荷持续时间长，7—8月超过最大负荷80%水平的时间达到30天，同比增加10天，7月调度口径发受电电量增幅达到13.2%；四季度发受电量同比增幅扩大，10月、11月和12月发受电量同比增幅分别达到4.8%、6.3和8.6%。

枯水期1—4月燃煤机组平均开机容量仅430万千瓦，一半以上燃煤机组长期停机备用，燃煤机组平均负荷率仅达到65.2%。另外，由于发电需求不足，加上4月份来水偏多，枯水期末（汛前）水库水位难以消落的矛盾十分突出。1月迎峰度冬用电高峰时段，统调口径最大用电负荷达到2835万千瓦，同比增加149万千瓦，发电需求增加；但受水电装机增加影响，燃煤机组开机仅560万千瓦，不足总容量的一半，最高负荷日，燃煤机组开机容量仅610万千瓦，平均发电负荷率仅68%。

5月，由枯水期转为丰水期，四川各流域来水继续增加，水电消纳形势更加严峻。国网四川省电力公司经多方努力，在月度交易计划外送的基础上，追加临时外送，5月外送电量达到24.4亿千瓦时，同比增加21.7亿千瓦时，极大地缓解了水电消纳矛盾。6—11月，电力供大于求的矛盾十分突出，在维持火电最小方式的基础上，四川水电继续通过大规模外送进行消纳，除德宝直流外，均按最大外送能力送出，但仍有大量富余水电无法消纳。各流域来水偏丰，水电弃水一直持续到11月下旬才停止。12月陆续增加火电开机，但火电总体发电水平仍较低，日均燃煤机组上网电量仅0.75亿千瓦时，仅为其最大发电能力的三分之一。

迎峰度夏期间，7月，全省范围出现连续晴热高温天气，发、用电负荷节节攀升，电力供应偏紧，水电弃水减少。7月27日用电负荷达到最大值，调度口径发受电3572.4万千瓦（统调口径最大用电负荷3301.9万千瓦），为应对负荷增长，增开15台燃煤机组，总容量达到886万千瓦，系统旋转备用仅30万千瓦，电力供应偏紧。29日起受盆地降水增加影响，用电负荷下降，之后未再创新高。至8月9日调度口径最大发受电下降到2651.3万千瓦，累计下降921.1万千瓦，降幅约25.8%，之后未再反弹到 3000 万千瓦以上，2017 年度迎峰度夏高负荷时段提前结束。8 月底盆地各地普遍降水，气温凉爽，同时受环保督查影响，调度口径最大发受电仅 2140.7 万千瓦，比最高点累计下降 1431.7 万千瓦，降幅约 40.1%。

2017 年，四川电网继续开展节能发电调度试点工作，并严格执行省政府年度发电计划，全力保障风电、水电及其他可再生能源发电优先上网。全年普通燃煤机组平均发电利用小时为 1904 小时，四川电网按节能发电调度政策优先调用大容量高效率机组，60 万千瓦机组平均发电利用小时为 2234 小时，30 万千瓦机组平均发电利用小时为 1931 小时，20 万千瓦及以下机组平均发电利用小时为 339 小时。火电机组平均供电标煤耗 322.61 克/千瓦时，较传统调度方式降低 3.47 克/千瓦时，相当于节约标煤 7.4 万吨，减排二氧化碳 19.1 万吨，减排二氧化硫 0.21 万吨。

2017 年，四川电网通过开展节能发电调度工作，合计节约标煤 150.8 万吨，减排二氧化碳 391.7 万吨，二氧化硫 4.34 万吨。

另外，通过清洁水电外送，四川电网为受端省份减少了 1390 亿千瓦时火电电量，按平均煤耗 320 克/千瓦时测算，相当于为全社会节约标煤 4448 万吨，减排二氧化碳 11560 万吨，二氧化硫 128 万吨。

**【电源情况】**截至 2017 年 12 月 31 日，四川电网全社会口径装机容量 9721.4 万千瓦，其中水电 7714.3 万千瓦，火电 1661.9 万千瓦，风电 210.5 万千瓦，光伏 134.7 万千瓦。

截至 2017 年 12 月 31 日，四川电网调度口径装机容量 9137.6 万千瓦（国调 2310 万千瓦，西南分中心 330 万千瓦，省调 5805.1 万千瓦，地县调 692.5 万千瓦），发电厂共 2886 座（国调 6 座，西南分中心 1 座，省调 367 座，地县调 2512 座），机组共 6433 台（国调 35 台，西南分中心 6 台，省调 883 台，地县调 5509 台）。其中，水电装机共 7424.7 万千瓦（国调 2310 万千瓦，西南分中心 330 万千瓦，省调 4122.8 万千瓦，地县调 661.9 万千瓦），占总容量的 81.3%，机组 6249 台（国调 35 台，西南分中心 6 台，省调 743 台，地县调 5465 台）；火电装机 1370.7 万千瓦（省调 1347.8 万千瓦，地县调 22.9 万千瓦），占 15.0%，机组 122 台（省调 88 台，地县调 34 台）；风电场 20 座，装机 210.5 万千瓦，占 2.3%，均为省调调度；光伏电站 42 座（省调 32 座，地调 10 座），装机 131.7 万千瓦(省调 124 万千瓦，地调 7.7 万千瓦)，占 1.4%；自备电厂 5 座，装机 98.9 万千瓦，未纳入规模统计。

直接接入 220 千伏及以上电压等级的国调、西南分中心和省调发电机组 502 台，总容量 7760.6 万千瓦，其中火电装机 1262.0 万千瓦，水电装机 6283.4 万千瓦，风电装机 178.2 万千瓦，光伏装机 37.0 万千瓦。单机 60 万千瓦以上机组 60 台，容量 3850 万千瓦（国调 35 台、容量 2310 万千瓦，省调 25 台、容量 1540 万千瓦）。

**【统调统分电力】**2017 年，四川电网调度口径累计发电量 3237.1 亿千瓦时，同比增长 6.2%。其中水电 2909.0 亿千瓦时，同比增长 6.0%。火电 275.4 亿千瓦时，同比增长 1.1%。统调口径累计上网电量 1632.3 亿千瓦时，同比增长 12.2%。其中：水电 1338.2 亿千瓦时，同比增长 12.9%；火电 242.9 亿千瓦时，同比增长 1.7%，风电 35.4 亿千瓦时，同比增长 69.2%；光伏 15.8 亿千瓦时，同比增长 65.3%。

1.发电可调容量

调度口径最大发电出力 6369 万千瓦，同比增加 313 万千瓦，增幅 5.2%，日最大发电量 13.83 亿千瓦时，同比增加 0.71 亿千瓦时，增幅 5.4%，均发生在 7 月 27 日；省调机组日最大发电出力 3595 万千瓦，同比增加 59 万千瓦，增幅 1.7%，日最大上网电量 6.97 亿千瓦时，同比减少 0.16 亿千瓦时，降幅 2.3%，均发生在 7 月 27 日。

2.发电设备利用小时数

2017 年四川电网全口径机组平均发电利用小时数为 3805 小时，同比减少 5 小时，其中水电机组为 4238 小时，同比减少 8 小时；火电机组为 2139 小时，同比增加 6 小时；风电为 2353 小时，同比增加 106 小时；光伏为 1475 小时，同比减少 1 小时。

2017 年国调机组平均发电利用小时数为 5207 小时，同比增加 84 小时（全部为水电），西南网调机组平均发电利用小时数为 4496 小时，同比减少 222 小时（全部为水电），省调机组平均发电利用小时数为 3058 小时，同比增加 87 小时。其中：水电为 3500 小时，同比增加 92 小时；火电为 1962 小时，同比增加 15 小时；风电为 2372 小时，同比增加 125 小时；光伏为 1520 小时，同比增加 84 小时。

**【电网负荷】**2017 年四川电网用电电力、电量均创历史新高。四川电网调度口径最大发受电电力 3572.4 万千瓦，同比增加 53.5 万千瓦，增幅 1.5%，日最大发受电电量 7.17 亿千瓦时，同比减少 0.13 亿千瓦时，降幅 1.7%，均发生在 7 月 27 日。统调口径日最高网供用电负荷 3301.9 万千瓦，同比增加 18.3 万千瓦，增幅 0.6%，日最大网供用电量 6.46 亿千瓦时，同比减少 0.30 亿千瓦时，降幅 4.7%，均发生在 7 月 27 日。

调度口径最大发电峰谷差1660万千瓦，同比增加102万千瓦，增幅6.6%，发生在7月27日；调度口径最大用电峰谷差1470万千瓦，同比增加202万千瓦，增幅15.9%，发生在12月25日。

**【电网频率】**1.频率质量情况。2017 年四川电网频率质量继续保持高水平，全网无 50±0.2 赫兹越限情况，频率合格率为 100%，全网 50±0.1 赫兹累计频率越限时间 0 秒，合格率为 100%，其中四川累计责任频率越限时间 0 秒，与 2016 年情况相同，合格率为 100%。2017 年电网最高频率 50.06 赫兹，发生在 12 月 29 日 12:03；最低频率 49.94 赫兹，发生在 12 月 30 日 16:49。

2.提高电网频率质量采取的措施。频率合格率的保证，主要取决于有功功率的平衡，与用电负荷水平、发电备用容量、机组一次调频、AGC 调整能力因素密切相关。为进一步提高电网频率质量，采取的主要措施如下：

1）严格执行电网运行控制措施，留足稳定裕度和功率备用，制定可能造成频率异常的区内、区外设备故障处置预案，提高四川电网对区内、区外故障抵御能力，减轻对频率的影响程度。

2）加强负荷预测、电力电量平衡校核等技术支持手段的应用，提早预测负荷趋势，提前调整开机规模，增加系统运行备用容量；充分利用网间电力通道的输送能力，开展网间电力电量支援和交易，进一步提高省内电力电量平衡水平。

3）加强监控和人工干预。通过监视 D5000 系统、大屏的频率和联络线 CPS 数值，并充分利用 AGC、声光报警系统等技术手段，对频率、联络线功率进行实时监控；根据当前负荷变化特点，提前预判，进行人工干预，保证 AGC 可调备用容量。

4）加强 AGC 管理，充分利用水库电厂受来水影响相对较小，机组调节能力变化不大的特点，集中督促好瀑布沟、大岗山、亭子口、宝珠寺、紫坪铺等水库电厂的 AGC 运行管理，不断增加 AGC 投运容量，提高电网频率调节性能。

5）加强直流配套安控及其通信通道的运行维护，确保直流闭锁等严重故障时，安控系统正确动作切机，维持事故后电力系统的有功功率平衡。

**【无功补偿】**2017 年四川电网 500 千伏～220 千伏主网电压监测考核点的电压合格率为 100%，同业对标排名第一。

2017年四川电网500千伏最高电压为539.9千伏，1月14日发生在新都桥站，因线路充电功率过剩导致母线运行电压偏高；500千伏最低电压为515.3千伏，2月7日发生在巴中站，主要是受巴中站主变额定电压限制，亭子口电厂需进相运行来维持该站母线电压靠下限运行。

2017年四川电网220千伏最高电压为242.0千伏，4月18日发生在浑水塘电厂，因220千伏木盐线停电过程中线路末端机组相继停运后空充线路末端电压升高所致；220千伏最低电压为220.1千伏，1月12日发生在甘孜站，因甘孜站需长期投入较多电抗器补偿线路充电无功，导致母线运行电压较低。

**【电厂信息接入】**2017年，继续推进并网发电机组AGC接入试验，大幅地提升了AGC调节容量。截至2017年年底，新增AGC机组1755兆瓦，其中水电1755兆瓦，新接入水电站6座，新能源2716.54兆瓦，新接入新能源电站41座。具体见下表：

2017 年水电厂 AGC 新接入统计

表 3

| 序号 | 水电厂 | 容量/（兆瓦） |
|---|---|---|
| 1 | 溪古 | 249 |
| 2 | 立洲 | 345 |
| 3 | 若水 | 600 |
| 4 | 金康 | 150 |
| 5 | 去学 | 246 |
| 6 | 龙洞 | 165 |
| 总计/兆瓦 | 1755 | |

2017 年新能源电厂 AGC 新接入统计

表 4　　　　单位：兆瓦

| 序号 | 风电 | 容量 | 光伏 | 容量 |
|---|---|---|---|---|
| 1 | 德昌 | 202 | 竹林坡 | 40 |
| 2 | 鲁南 | 99 | 浑水塘 | 30 |
| 3 | 拉马 | 49.5 | 塘泥湾 | 40 |
| 4 | 红和 | 138 | 达拉寨 | 30 |
| 5 | 伊达 | 147 | 贡唐岗 | 50 |
| 6 | 干坝子 | 198.5 | 花海 | 23.04 |
| 7 | 火烈 | 148.5 | 下大沟 | 30 |
| 8 | 三地 | 198 | 万家山 | 30 |
| 9 | 清风 | 47.5 | 卓坤 | 50 |
| 10 | 芳地坪 | 66 | 兰错玛 | 30 |
| 11 | 望江坪 | 50 | 棉桠 | 50 |
| 12 | 鲁基 | 99 | 益门 | 50 |
| 13 | 博洛拉达 | 99 | 白乌 | 150 |
| 14 | 凉风坳 | 49.5 | 树堡 | 50 |
| 15 | | | 斯乡龙 | 50 |
| 16 | | | 正斗 | 50 |
| 17 | | | 大宝鼎 | 30 |
| 18 | | | 小南海 | 50 |
| 19 | | | 美兴 | 50 |
| 20 | | | 彰冠 | 20 |
| 21 | | | 金安 | 20 |
| 22 | | | 特里木 | 22 |
| 23 | | | 柏栎箐 | 60 |
| 24 | | | 洛乌沟 | 30 |
| 25 | | | 包谷坪 | 50 |
| 26 | | | 普隆村 | 30 |
| 27 | | | 大田 | 10 |
| 总计/兆瓦 | 1591.5 | | 1125.04 | |
| | 2716.54 | | | |

完成备调系统 AGC 运维工作，与主调同步完成电厂 AGC 接入，为四川电网 2017 年主、备调系统切换演练工作的顺利完成提供了坚强的技术保障。

**【电网技术装备】**2017年重点开展了省调智能电网调度控制系统功能完善、调度数据网络老旧设备改造、6家配电网调度控制系统建设、变电站调控数据交互规范改造、继电保护远方操作试点等工作。截止到2017年12月，22家地市单位配电网调度控制系统全面上线应用，电网二次技术装备功能不断完善、各项指标稳步提升。

【川电外送和外购电量】2017年，四川网间外购电量25.3亿千瓦时，同比增加39.9%。其中：购西北23.6亿千瓦时，同比增加36.9%。四川全口径外送电量1389.3亿千瓦时，同比增加8.0%。其中：国网四川省电力公司外送357.0亿千瓦时，同比增加35.0%。

2017 年外购外送电量构成

表 5 （单位：亿千瓦时）

| 序号 | 项目 | 2017 年 | 同比 | 同比增幅 |
|---|---|---|---|---|
| 1 | 购西北（德宝） | 23.60 | 6.34 | 36.77% |
| 2 | 购华中 | 0 | 0 | 0 |
| 3 | 购重庆（川渝偏差） | 0.36 | 0.20 | 119.69% |
| 4 | 购甘肃 | 1.30 | 0.64 | 97.61% |
| 5 | 购锦官 | 139.95 | 3.44 | 2.52% |
| 6 | 购向家坝 | 42.76 | 2.82 | 7.07% |
| 7 | 购溪洛渡 | 17.28 | -1.33 | -7.16% |
| 一 | 公司外购合计 | 225.25 | 12.12 | 5.69% |
| 1 | 川电东送 | 16.60 | 0.16 | 0.98% |
| 2 | 送华东（复奉） | 31.61 | -0.36 | -1.14% |
| 3 | 送华东（锦苏） | 84.04 | 1.62 | 1.96% |
| 4 | 送华东（宾金） | 69.38 | 9.73 | 16.32% |
| 5 | 送华东（德宝） | 0.00 | -1.08 | -100.00% |
| 6 | 送华北 | 35.39 | 7.07 | 24.97% |
| 7 | 送西北 | 46.31 | 30.86 | 199.78% |
| 8 | 送华中 | 49.11 | 30.05 | 157.73% |
| 9 | 送重庆（9 亿） | 9.00 | 0.00 | 0.00% |
| 10 | 送重庆（计划外含偏差） | 15.62 | 14.57 | 1394.64% |
| 二 | 公司净外送 | 357.04 | 92.63 | 35.03% |
| 1 | 二滩送重庆 | 40.67 | -4.45 | -9.87% |
| 2 | 锦屏外送 | 410.82 | 15.95 | 4.04% |
| 3 | 向家坝外送 | 283.05 | -6.60 | -2.28% |
| 4 | 溪洛渡外送 | 297.77 | 4.84 | 1.65% |
| 三 | 全口径外送 | 1389.34 | 102.36 | 7.95% |

【继电保护管理】2017年，继电保护及安全自动装置作为电网安全防线对电网的安全稳定运行起到了显著作用。全网220千伏及以上系统保护装置共动作1362次，正确动作1361次，不正确动作1次，正确动作率为99.93%；220千伏及以上系统共发生故障177次，快速保护动作切除故障177次，快速切除率为100%。故障录波完好率为100%。没有因为继电保护原因造成电网稳定破坏或大面积停电事故，为电网安全稳定运行和设备安全做出了贡献。

四川省调积极推动继电保护设备技改、大修等项目的落实，全网继电保护装备水平得到明显提升。截至2017年年底，全网（不含电厂及用户）220千伏及以上线路保护光纤化率达到96.53%，保护装置国产化率为99.79%，微机化率为100%，220千伏及以上线路保护、母线保护、变压器保护等双重化率均为100%。截至2017年年底，四川电网共有110千伏及以上电压等级智能变电站175座。

为应对电网特性变化和交直流保护控制协调矛盾突出问题，全面变革四川主网继电保护配合整定原则，突发故障情况下电网保供电水平显著提升。2017年四川省调共下达定值启用通知单294张，整定并下达定值单1233套，完成了500千伏线路后备保护优化调整和各项基建投运、继电保护技术改造等保护定值整定任务，确保未发生误整定事故。完成《2017年度四川220千伏及500千伏电力系统继电保护整定运行方案》的编制、审核和印发工作。4—5月，开展并完成了全网继电保护定值核对工作，确保了电网迎峰度夏前的保护定值四统一。

2017年四川省调实施继电保护和安全自动装置现场高风险作业预警管控，全过程严控继电保护人员责任风险。针对谭家湾、内江、尖山站双母线分段改造、康甘安控系统升级联调、余家站母线改造等现场继电保护高风险作业，按照计划引领、流程融合、风险预警、三层管控的工作策略，实施现场作业风险与电网运行风险预警联动，每月风险预警发布、每周风险预警通告、日前风险措施管控、作业过程现场督导，确保不发生继电保护“三误”事件，不发生因继电保护现场工作造成的五级及以上电网事件。

2017年，四川省调继续把继电保护精益化评价是继电保护专业查隐患、抓整改、强基础的重要手段，将精益化管理要求融入到管理的各个环节中，切实提升继电保护运维质量。编制了继电保护精益化评价细则实施，将继电保护精益化34类检查表格的全部检查内容梳理为13大类共计356条小项进行逐条解读，用于指导全网按统一标准开展精益化评价和整改、以及日常的各项设计、安装、调试、验收、和运维检修工作，电网建设和运行各环节的继电保护管理要求更加明确、规范和可操作。国网四川省电力公司在国家电网公司组织的现场复查评抽查工作中取得了国家电网公司系统综合第三的好成绩。

按照国家电网公司加强二次系统管理工作要求，编制了《四川电网变电站新建、改扩建工程继电保护设计审查指导意见》，对规划可研、初步设计、施工图设计、以及接入系统审查各阶段的继电保护技术要求进行明确规定，严控前期设计验收关口，提升工程前期继电保护管理水平。同时，建立与设计单位每年两次的定期交流机制，使设计单位充分了解公司反事故措施、技术标准等方面的最新要求，减少二次系统设计缺陷。

2017年，四川省调持续开展隐患排查治理，提升电网抗风性能力。按照国调中心的统一部署，排查治理国调中心通报的家族性缺陷3起，开展继电保护及安全自动装置家族性缺陷“回头看”工作，共涉及缺陷设备共95台，在2017年内完成全部整改。加大反措落实力度，确保反措落实到位，按厂站编制《厂站继电保护及安全自动装置反措问题清单》和《厂站继电保护及安全自动装置家族性缺陷问题清单》（简称“一厂站两清单”），对反措问题和家族性缺陷按照一种安全隐患类型建立一份档案表的原则编制《继电保护及安全自动装置安全隐患档案表》（简称“一隐患一档案”），确保隐患排查痕迹管理和闭环管控。

全面启动继电保护远方操作应用推广，制定了《四川电网2017年继电保护和安全自动装置远方操作推广应用方案》，实现62座变电站继电保护远方操作功能，组织各单位完成2018年至2020年保护远方操作推广应用方案编制，计划结合基建及综自改造，以3年时间将“保护远方操作覆盖率”平均提升至27%，将“继电保护平均操作耗时”平均降低22%。此外，四川省调还开展智能变电站二次系统可视化运维研究应用，提升智能变电站运维水平；开展省地县一体化整定计算平台建设，提升继电保护整定计算管理水平。

四川省调承担国调中心重点任务——第三代智能变电站就地化保护装置高海拔极端环境试运行工作，在220千伏新雅一线开展继电保护就地化即插即用保护试点。于年初完成7家试运行厂家设备的现场安装调试，实现每月运行数据和气象环境数据的自动上报国调。同时积极开展国网四川省电力公司特色工作，于11月初在新都桥变电站组织开展就地化保护装置比对式年检和更换式检修试验，其中比对式年检试验属国家电网公司首次。

四川省调牵头组织首届“四川工匠杯”职业技能大赛的继电保护专业的前期方案准备、命题组和裁判组工作。制定继电保护专业竞赛实施方案，编制下达《四川省第一届电力行业职业技能大赛继电保护竞赛考试大纲》，组织成立专家组并开展理论和实际操作命题，以及技能操作的裁判值裁工作，整个竞赛过程体现公平、公开、公正原则。2017年四川省调还举办了继电保护专业知识及技能竞赛和集中培训工作，通过各市州供电公司内部的选拔赛和赛前培训，让每一名基层员工都受到了培训，提高了技能。

【水库调度及新能源管理】1.水电装机。截至2017年12月31日，省调直调水电装机4122.84万千瓦，占省调直调装机容量的71.02%，共269座。主要情况如下：

按调节性能统计，年及多年调节水电站共13座，装机容量332.44万千瓦，占比8%；季调节水电站共16座，装机容量1116.3万千瓦，占比27%；径流式（含日周调节）水电站共240座，装机容量2674.1万千瓦，占比65%。

按流域统计，大渡河流域（含青衣江）装机2409.08万千瓦，电站数97座，是省调直调装机比重最大的流域；金沙江流域装机213.35万千瓦，电站数21座；雅砻江流域装机459.31万千瓦，电站数40座；岷江流域装机522.7万千瓦，电站数58座；嘉陵江流域（含涪江和渠江）装机516万千瓦，电站数52座。

按电站规模统计，省调直调中型电站居多，共有132座，总装机1601.75万千瓦；大1型电站只有瀑布沟、大岗山、猴子岩和长河坝4座电站，已投产的装机容量为1050万千瓦；大2型有19座，总装机1184.94万千瓦；小1型有109座，总装机281.95万千瓦；小2型有5座，总装机4.2万千瓦。

2.水电发电。2017年，四川省调直调水电发电量1338亿千瓦时，比2016年的1185亿千瓦时增加153亿千瓦时，同比增长13%。其中，枯水期（1—4月、12月）396亿千瓦时，占全年发电量30%，日均发电量2.62亿千瓦时；平水期（5月、11月）237亿千瓦时，占全年发电量18%，日均发电量3.88亿千瓦时；丰水期（6—10月）706亿千瓦时，占全年发电量52%，日均发电量4.61亿千瓦时。全年省调直调水电最大日发电量5.41亿千瓦时（7月27日），最小日发电量2.07亿千瓦时（1月29日）。省调直调水电日最大发电出力2712万千瓦（7月27日），最小发电出力556万千瓦（2月7日）。

3.水库调度工作成绩。

1）针对2017年丰水期全川来水及气温变化跳跃幅度大，水电发电能力及用电需求预测难度增大的情况，坚持滚动预测来水情况，动态分析来水变化及对发电能力的影响，适时调整水库运行策略，在满足电网用电需求及保障电网安全的基础上，动态优化水库运行方式全力增发减弃，增加四川水电消纳。

2）开展水电弃水多维度跟踪统计，按日、周、月等多时空维度，分流域、断面及区域，对调峰弃水、受阻弃水、装机弃水开展动态统计分析，及时汇报国、网调，为优化调度和精益管控提供决策参考，努力争取最大限度消纳富余水电。

3）汛前腾库消落水位，有效缓解丰水期弃水压力。建立日、周、旬、月水电发电能力及水库运行方案分析制度，密切结合电网供电需求与水情变化，科学安排各大水库运行。4月25日枯期末（电价调整节点），水库总蓄能值4.3亿千瓦时，蓄能比8.5%，同比减少4.8亿千瓦时（加下游增发电，同比减少10.4亿千瓦时），减少9.5%，为缓解后期弃水压力创造了有利条件。汛末水库合理蓄水，保障枯期用电需求。丰水期综合考虑防洪、发电、供水、航运等因素，结合来水和电网实际运行情况，动态优化各流域水库运行方式，实施有序逐步蓄水。截至10月底，全网水库总蓄能65.76亿千瓦时，总蓄能比95%，同比蓄能增加6.97亿千瓦时，同比提高12个百分点，确保了各水库汛末蓄水目标顺利完成。

4）通过精心水库调度，在2017年丰水期来水比去年偏丰25%的情况下，推迟21天开始弃水，调峰弃水电量139.96亿千瓦时，比2016年减弃1.47亿千瓦时。四川省调直调水电发电量1338亿千瓦时，比2016年的1185亿千瓦时增加153亿千瓦时，同比增长12.9%，水电消纳占比提高至82.3%，累计完成水电外送电量359.3亿千瓦时，同比增加95亿千瓦时，增幅35.9%；水电发电量创历史新高，水电发电量和发电量占比“双升”目标。

4.新能源装机。2017年，四川省调直调新能源新增装机120.11万千瓦，同比增加56%，其中风电6座，85.75万千瓦，光伏电站8座，34.36万千瓦，截至2017年年底，四川电网统调新能源电站52座，装机334.45万千瓦，同比增加56%。其中，风电场20座，装机210.4万千瓦，光伏32座，装机124万千瓦，新能源总装机占全省统调总装机容量5805.1万千瓦的5.8%。全省位于攀西地区的风电场有14座，装机194万千瓦，光伏电站27座，装机101万千瓦，合计占新能源总装机的87%。通过220千伏电压等级接入的风电场13座，装机178.2万千瓦，光伏电站7座，装机37万千瓦，合计占新能源装机64%。

5.新能源发电。2017年，省电力调控中心继续全面落实《可再生能源法》，保障风电、光伏的优先调度，无弃风弃光电量，全年共消纳新能源电量51.2亿千瓦时，同比增加67%，其中风电35.25亿千瓦时，同比增加69.2%，光伏15.8亿千瓦时，同比增加65.3%。丰水期在清洁能源消纳严峻的形势下，仍保障了风电及光伏的全额消纳，丰期（6—10月）共计消纳新能源电量达17.05亿千瓦时，占新能源全年电量的33.4%；风电场全年利用小时数2372小时，较2016年上升129小时，光伏电站全年利用小时数1520，较2016年上升84小时。

6.新能源工作成绩。

1）新能源调度运行考核机制正式实施。2017年3月，《四川风电场及光伏电站并网运行管理实施细则（试行）》（川监能市场〔2017〕28号）正式下发，新能源考核系统建设、考核流程梳理同步推进，4月顺利启动模拟运行考核，7月正式考核开始实施，新能源规范化调度管理向纵深发展。新能源调度运行考核机制的建立，促进了新能源加大技术及人力投入以提高电站自身的运维水平，新能源数据采集不全、技术支持系统投运率低、设备非计划停运次数较多、功率预测精度不达标等问题得到极大改善，成效显著。

2）持续推进D5000新能源调度与监测模块的实用化水平。通过考核机制的建立，新能源电站短期及超短期功率预测上报率及准确率稳步提高，数据质量的提高为主站功率预测的精度提高提供了扎实的基础。依托中国电科院的技术力量，定期完善及优化模型，开发相关分析统计功能，为新能源电站功率预测考核提供了稳定、可靠的结果，各新能源电站依靠本站功率预测结果开展日前计划申报工作，为四川电网电力电量平衡提供科学参考依据，为新能源全额消纳提供可靠保障。

3）启动新能源电站理论功率、可用功率、开机容量上传业务。根据国调推进富余可再生能源电力现货交易的相关工作需求，2017年4月四川启动了新能源电站理论功率、可用功率、开机容量实时上传工作业务，截至年底已完成了正式并网的50家新能源电站的新增数据接入工作。同时积极配合调度进行电网实时能力平衡监视画面的的开发，牵头编制四川相关断面新能源可用功率的计算公式纳入调度实时平衡能力监视，开展四川全网理论功率、可用功率、气象信息、风电日报、光伏日报等调度数据上传国调的相关业务，顺利完成了国调相关工作要求。

**【设备监控管理】**2017年，国网四川省电力公司系统以设备监控指标为导向，全面提升专业管理水平。全省纳入大运行体系建设的变电站共计1584座（其中500千伏站45座、220千伏站223座、110千伏站722座、35千伏站605座），集中监控覆盖率为100%，35～500千伏站监控信息接入量平均为1265条/站，水平优良；年度累积平均告警信号500千伏站为21条/站·日，220千伏站4条/站·日，110千伏站3条/站·日，35千伏站2条/站·日，整体较趋近最合理范围；省调人均监控信息量96条，地县调人均监控信息量7条，监控效率省调为28，地调为11.04，县调为0.76；500千伏变电站断路器1803台，实传试验1696台，实传率93.62%，35～220千伏变电站断路器36502台，实传试验36150台，实传率99.04%，大力提升操作效率、降低人力成本。

按照国调进一步加强调控系统本质安全建设的要求（调技〔2017〕124号），结合2017年度公司站用交直流电源和通信电源的整治的重点工作，与运检、科信、安监等部门协同配合，按业务分流原则（川电运检〔2017〕95号），明确了调控监控班组负责监视站用交直流6类、通信电源4类的必要告警信息，其余分别由运维班组、通信监控中心负责的主体责任，做到告警互有重点、互为补充，以500千伏广都站为试点完成站用交直流电源和通信电源监控信息业务分流采集、调试，实现管理成果和技术成果双赢，初步建立大运行与大检修协同监视机制。

运用大数据平台的数据整合、统计排列等技术手段，成熟应用“告警排名前十的信号、设备、间隔、变电站”模块对全省进行重点分析，及时发现主要矛盾和问题，有针对性地指导省检和各地市公司开展整改工作，该项成效刊登于第1979期国网工作动态。此外，编写了《基于设备监控大数据平台的对时系统故障专题分析报告》，为专项整治提供技术支撑。

基于国家电网公司通用制度，编制发布贯穿智能决策和OMS的设备监控信息表管理实施细则，前移变电站监控信息的标准化和规范化工作；率先实现监控信息接入、验收、许可SOP流程在智能决策与OMS的“一条线”联接，建立监控信息在规划设计、设备选型、安装调试、接入验收、监控运行、检修维护的全过程管理体系，明确相关专业的职责；定期修编发布四川电力设备监控典型信息表，滚动更新智能决策35～500千伏变电站标准库；将配电网设备监控信息纳入智能决策同质化管理，出台典型信息表并完善标准库建设。

依托智能决策首家建立完善4547种型号设备（含一次、二次、辅助设备）228185条监控信息基础数据库，实现1097038条监控信息与123792套设备台账的关联，建立1584座站监控信息表版本的“一站一档”；实现对省地县调主站EMS监控信息的实时获取，创建“智能决策发布监控信息表、EMS在运信息表和站端在运信息表”的在线校核功能；持续跟踪监控信息“回头看”遗留问题的整改，1449451

条已启动整改计划，整改计划率92.2%，1348551条已完成整改并闭环，整改完成率85.8%；针对西安主变烧损事件，协同运检、安监、科信专业厘清变电站站用交直流电源及通信电源告警信息监视职责界面，持续督导全省问题排查整改，发现881座变电站交直流类问题1909项，已完成其中1710项整改，发现1555座变电站通信电源类问题3999项，已完成其中2370项整改。

开展西藏电网公司设备监控专业帮扶。两次赴西藏参加国调中心召开的帮扶协调会，明确帮扶工作职责和范围，启动藏中联网新建工程变电站监控信息表审查工作，邀请藏中联网工程设计单位到国网四川省电力公司深入了解监控信息表的规定要求，现场指导设计单位规范化编制监控信息表。

夯实专业基础工作。落实负荷批量控制功能实用化保障，以电网迎峰度夏为契机，将已完成实际传动测试的成都、天府地调负荷批量控制应用，纳入迎峰度夏应急处置预案、演练并实际启用；坚持监控信息缺陷周分析、月管控，全省全年发现监控缺陷共计3147条，处置闭环2754条，处置率87.5%；组织召开监控运行分析例会，形成会议纪要12期，分送各部门（单位），专题分析107类问题并予以整改；坚持信息接入、调试、验收、移交的会审、会签机制，省调上线流转流程申请单共计86份，审查、验收信息3054条。

**【电网变化大事记】**1月，500千伏广都站的配套工程220千伏都兴双回和都侯双回线路投产。随着广都站配套工程的陆续投产，成都西南部电网供电能力得到了有效提升。

4 月，220 千伏铁佛变电站及 220 千伏内佛双回、茶佛双回线路投产，增强了内江电网的网架结构，提升供电能力。

6 月，500 千伏资思双回线路投产，川渝 500 千伏交流联络增至 6 回线路，有效提升了川电通过交流外送的能力。

6 月，500 千伏沙南电厂及 500 千伏沙天线投产。

6 月，500 千伏白泉变电站及 500 千伏泉丹双回线路投产。7—8 月，220 千伏桥斑线、桥村线开断进白泉站，新二村、斑竹园部分负荷转移至白泉站供电，提升了成都北部电网供电能力。

9 月，500 千伏玛瑙变电站及 500 千伏达玛双回线路投产，为提升达州电网供电能力创造了条件。

11 月，500 千伏猴子岩和长河坝电站的最后一台机组投产，2017 年两电站各投运了 3 台机组。至此，两大水电站机组全部投产完毕。

12 月，500 千伏桃乡 3 号主变投产，为提升成都南部电网供电能力创造条件。

# 电 网 运 行

**【运行方式】**2017年，华中、华北特高压交流联网运行，西南、华中电网超高压交流联网运行。四川电网通过±800千伏锦苏、复奉和宾金三大特高压直流与华东电网联网运行，通过±500千伏德宝直流与西北电网联网运行；6月川渝第三通道投运，四川电网通过6回500千伏交流线路与重庆电网联网运行；仍通过川藏220千伏交流通道与西藏昌都电网联网运行。

2017年，四川电网总体平稳运行，全年主网电力供应充足，省内用电负荷和电力外送均创历史新高。枯水期1—4月，一半以上燃煤机组停机备用，锦苏、复奉和宾金三大特高压直流保持低功率运行，德宝直流从西北电网受电，各外送通道保持较低功率运行。丰水期，水电发电需求大增，为尽量消纳水电，在维持火电最小方式运行的基础上，四川水电继续通过大规模外送进行消纳，除德宝直流外，各外送通道均按最大外送能力送出，川内主要断面送电压力较大，稳定裕度较低。

**【电网稳定】**2017年，国网四川省电力公司认真贯彻国家电网公司和国网西南分部的决策部署，始终坚持“安全第一、预防为主、综合治理”的原则，抓落实、求实效，不断加大安全风险管控力度，全面提升大电网安全管理水平，圆满完成了复奉、锦苏、宾金特高压直流长时间同时满功率外送、川渝中通道工程投运、十九大特级保电任务，以及迎峰度夏、度冬和重要节假日保电等工作任务，实现了四川电网连续36年安全稳定运行。

2017年，川渝中通道投运后电网仍保持“强直弱交”特性，复奉、锦苏、宾金三大直流与川渝外送通道同时长时间满功率外送，给电网运行带来巨大的安全压力。为保障电网安全稳定运行，国网四川省电力公司重点开展了三个方面的工作：一是深入分析电网运行特性，在国调和西南分中心的统一部署下，深入分析川渝中通道投产后新形势下三大直流、特高压长南线、川渝断面、渝鄂断面以及重庆与四川开机等因素的复杂耦合关系，深入研究单一直流连续换相失败、多直流相继两次同时换相失败和多直流连续换相失败等严重直流故障下的稳定特性及控制措施，奠定了交直流通道满功率安全运行和四川水电最大化外送的理论分析基础；二是强化运行组织管理，编制了《三大特高压直流满负荷运行特殊运行方式》《四川电网迎峰度夏（冬）方案》《丰（枯）水期四川电网稳定运行规定》《“十九大”保电期间四川电网运行方式》等调度保障方案，从完善预控措施、巩固安控防线等方面提升电网安全保障能力，重点强化落实安全控制措施，夯实交直流通道满功率外送的运行保障基础；三是加强专项隐患排查和设备消缺工作，全面清查了川电东送、交直流协调等安控系统的功能启停状态以及重要断面运行控制措施的正确性，全面清查无功补偿装置等设备的运行情况，针对发现的设备缺陷，要求相关单位完成消缺工作并加强设备运行维护，奠定交直流通道满功率外送的安全保障基础。

2017年，国网四川省电力公司落实了两项四川电网稳定控制措施。一是改造康甘安控系统，适应长河坝电站并网；500千伏长河坝大型水电站后续机组投产，极大增加了康定水电通道的装机总量，改变康定、甘谷地送蜀州的潮流分布，为适应外送需求增长及潮流分布特性变化，4月，新增长河坝水电站安控装置及其至康定变电站安控装置的通道，并基于详细计算分析，重新整定康定和甘谷地变电站的安控策略表，完善、优化康甘安控系统，有效保障了康甘通道的送出能力。二是改造瀑布沟安控系统，保障川渝中通道顺利投产；积极配合西南分中心完成保障川渝中通道投产安控系统的改造出厂验收、现场调试等工作，6月，实施瀑布沟安控系统改造及现场联调，新增瀑布沟安控装置至资阳变电站安控装置的通道，实现瀑布沟安控装置接收并执行资阳安控装置的切机指令，并完成相应的传动试验，确保安控系统可靠动作，保障中通道投产后川渝断面的外送能力及安全运行。

**【电网存在的主要问题】**2017年，四川电网存在的主要问题（薄弱环节）主要有以下5点：1.“强直弱交”以及长期大功率外送的形势依旧，安全运行压力大。一是特高压直流故障制约四川电网安全运行和跨区输电能力。6月，500千伏川渝第三通道投运后，川渝断面暂态稳定水平提升，安控切机量减少，但四川电网“强直弱交”特性无本质变化，“多回直流相继两次同时换相失败”“单回直流连续换相失败后闭锁”和“单回直流再启动”三种直流故障都会导致大量直流功率阻塞并通过交流电网长距离涌动，对交流电网冲击大，可能造成电网失步、解列等连锁反应，丰水期川渝断面及各水电通道的外送能力仍然受制于三大特高压直流故障。二是交直流电网耦合特性复杂，电网运行控制困难。三大直流满功率外送时，为保障直流故障后电网安全稳定，需要交流电网提供近区火电和重要地区机组开机支撑，同时直流配套电源开机数量越多，四川整体交流故障的稳定性越高。因此，川渝断面及各大水电通道输电能力与川渝开机方式和潮流分布耦合关系复杂，控制困难。另一方面，直流近区交流线路故障，又将影响交直流之间交互转送能力。三是四川电网安全稳定高度依赖特高压直流和直流安控系统的安全可靠运行。特高压直流输电距离长，通道环境复杂，发生故障停运的风险较大，而且还存在多个特高压直流同时停运的风险。一旦发生直流故障，四川电网的安全稳定高度依赖特高压直流和直流系统配套安控系统的正确动作，给特高压直流配套一、二次设备、近区交流电网及安控系统的运行和维护带来更高的要求和更大的安全压力。若安控拒动或不正确动作，可能引发电网重要断面解列等连锁反应，安全风险极大。

2. 水电通道长期压限额运行，水电送出受限严重，造成高峰时段电力组织更加困难。2017 年，猴子岩、长河坝等大型水电站陆续完成剩余机组投产，而原规划的雅安特高压输电工程未按计划同步建设，水电通道外送需求与输电能力不匹配的矛盾进一步加剧。雅安、康甘、攀西、瀑布沟、茂县等水电通道送出存在不同程度受限，丰水期水电整体送出受限约 1250 万千瓦，尤其攀西、康甘、雅安通道受限最为严重，分别达到了 500 万、330 万、280 万千瓦。各大水电通道丰水期长期压限额运行，其中康定、攀西通道基本全天满功率运行，雅安通道高峰和平峰时段满功率外送，电网安全稳定裕度低，安全运行压力大。同时，由于水电通道受阻导致全网最大可调出力仅 2650 万千瓦左右（远低于 4000 万千瓦左右的装机容量）。在夏季高负荷时段，为保证电力平衡，被迫增开火电机组，7 月在燃煤机组最小开机方式（330 万千瓦）基础上增开 556 万千瓦，7 月 28 日达到最大开机 22 台、总容量 886 万千瓦，最大出力 853 万千瓦，以满足夏季高峰用电需求。

3. 梯格型网架长期重载运行，任一线路停运严重影响输电能力。随着水电通道装机容量逐年增大，外送需求与外送功率同步增长，500 千伏梯格型主网架面临着日益增大的功率承载与传送压力，主要体现在三方面：一是丰水期，各大水电通道压功率限额运行，在水电通道出力受限情况下，沐叙、宾叙、坡资、天坡、蜀景、景邡、南谭等线路仍长期重载甚至满载运行，其中沐叙双回、宾叙双回线路载流能力已经成为 2017 年丰水期制约川电借道复奉、宾金直流外送的瓶颈；二是枯水期，川西断面内部的茂县、康甘和雅安水电通道出力较小，即使德宝满功率南送，川西断面仍大功率受电，此时山彭、坡彭、天坡双回长期重载运行，已成为影响枯水期成德绵地区功率受入的制约因素；三是南谭、洪遂、南遂等重要线路 N-1 停运，梯格型主网架稳定水平急剧减低，严重制约康甘、雅安、瀑布沟通道和川西断面外送，导致这些重要线路计划检修安排困难。

4. 迎峰度夏暴露局部地区电网供电能力不足，安全运行风险大。7 月，全省范围出现连续晴热高温天气，发、用电负荷节节攀升，全网统调发电负荷和用电负荷均创出历史新高。迎峰度夏期间，成都、天府、德阳、广元、宜宾、泸州、内江、自贡、眉山、资阳、南充、巴中、达州、广安 14 个地区电网日最高负荷共 37 次创出历史新高，其中天府、广元、泸州、内江、眉山、资阳、南充、巴中、达州、广安 10 个地区电网日用电量 31 次创出历史新高。全网各地不同程度出现了局部电网运行断面和输变电设备重载、过载情况，主要体现在两方面：一是成都地区 500 千伏变电容量严重不足，制约下网能力。尖山、桃乡两站主变最高下网负荷按 170 万千瓦的稳定极限运行，龙王站主变下网负荷也必须依赖金堂开机高带才能控制在稳定限额内。尖山、桃乡、龙王站任一主变故障停运，均有可能引发连锁反应，导致成都地区大面积限电。二是部分 220 千伏输电断面受限，影响地区电网供电能力。负荷高峰期，全网有 11 个 220 千伏输电断面过载（其中成都地区 9 个）。若重要断面线路故障跳闸，因全网用电负荷重、难以倒供，将被迫大量拉闸限电，同时可能引发连锁跳闸，安全风险较大。

5. 宜宾、泸州电网供电能力依赖新平、方山电厂机组开机支撑。宜宾、泸州电网均通过两台 500 千伏主变和两条 220 千伏线路与主网相连，若 500 千伏叙府站或泸州站主变 N-1 故障，主网下网功率的能力大幅降低，地区供电能力将高度依赖于新平 220 千伏、方山机组开机支撑。6 月底，叙府站和泸州站主变分别加装了中性点小电抗，解除了直流大功率外送方式下由于叙府站和泸州站 220 千伏母线短路电流超标对新平和方山电厂开机数量的限制，保障了迎峰度夏大负荷期间宜宾和泸州电网的供电能力。但是，10 月方山电厂缺煤停机，大幅削弱了泸州电网的供电能力，导致泸州地区出现四级电网风险。

## 电网通信自动化

**【通信概况】**国网四川信通公司是国网四川省电力公司数据、网络汇聚中心，承担省公司层面的骨干信息网络、系统及安全运维职责，可靠支撑国网四川省电力公司生产、营销、财务、人资、ERP、电力交易等 160 余套信息系统提供 24 小时不间断服务，全省总用户数超过 13 万，共运维 900 台物理服务器、1500 台软硬件资源池虚拟主机、46 台存储、533 台网络设备、116 台安全设备，管控全省 6 万余台内外网桌面终端。同时通过防火墙、流量控制系统、防病毒网关、运维安全审计系统、入侵检测等手段保障公司边界、网络、主机、应用及终端层面的安全防护。2017 年，国网四川信通公司凝心聚力、开拓进取，持续深化“向生产学管理、向基建学建设、向营销学服务”，深入推进“管理方式转变”和“运维方式转变”，强化安全运行，规范内控管理，降本提质增效，未发生因信息通信原因造成的电网安全事故、重大信息安全事件和重大投诉事件。圆满完成十九大、“金砖”会议、“平安 2017”攻防演练等重大保障任务。全年网络与信息系统总体运行平稳，未发生信息运行安全事件，达到年度安全生产目标。系统运行水平及网络安全保障能力进一步提升，未发生非计划停运，实现“工作零违规”“业务零中断”“数据零泄露”“安全零事故”“服务零投诉”，运行可靠率 100%。治理各类缺陷隐患共 40 余项，整改合格率 100%；开展一级检修 217 项，计划率、合格率、规范性均为 100%，系统可用率达 99.97%，同比提升 0.05%。

**【全面夯实本质安全基础】**2017 年，以各类安全检查、本质安全提升等专项工作为契机，开展信息系统账号权限治理、系统安全加固、隐患漏洞排查整改、高危端口专项治理等工作。电源方面，践行标准化作业流程，编制《信息电源系统标准化运维手册（试行）》和《蓄电池放电试验标准化工序卡》等作业指导书；升级改造机房门禁系统，实现卡、指纹、密码的三重认证。网络方面，推进《网络安全法》宣贯及落实，协助国家电网公司信通部制作《信息安全宣传手册》，参与《国家电网公司安全工作规程（信息部分）》编制；承担国家电网公司 S6000 系统建设、信息系统端口治理、统一数据保护实用化 3 项试点工作；圆满完成多次重大保障任务，及时准确进行 Oracle 数据库 SCN 重大隐患及“比特币勒索病毒”安全应急处置及防控，全年共阻断互联网外部攻击 158.16 万余次，网络安全各项指标均 100%达标。牵头开展省公司信息安全蓝队建设工作，入选国网蓝队典型经验 3 篇，一人获得省公司运维竞赛安全专业第一名，圆满完成本质安全提升、安全性评价、安全生产大检查、信息系统运行安全评价等 17 项专项行动。

国网四川省电力公司举办 2017 年信息安全攻防比赛（陶晓丽 摄）

**【持续强化数据安全保障】**2017 年，积极构建数据基础运维体系，创新性地提出了“数据基础运维支撑体系”的概念，初步完成数据基础运维的自动化流转和操作可审计、可追溯。推进全业务统一数据中心试点，累计接入包括 ERP、PMS 等 19 套业务系统及量测类全量数据的接入与清洗转换。以数据治理为切入点，按照“梳理一项，完善一项，提升一项”路径稳步消除数据安全隐患，梳理隐患及问题 3 项，完成 2 项、持续推进 1 项，完成 9147 张数据表、680724 个字段的数据资源整改工作；克服人员不足、业务系统千差万别、接入数据量巨大等困难，累计完成了 19 套业务系统数据接入数据中心的技术方案评审。制定了《国网四川省电力公司全业务统一数据中心数据分析域建设项目安全管理细则》与《数据保密协议》，开展全方位宣贯工作；全程参与数据需求和项目建设工作的技术方案审核和变更，累计完成了 25 项数据交互或接入需求技术方案审核。

**【稳步推进调度能力提升】**2017 年，持续推进调度专业持证上岗，举行调度员技能调考，2 名值长取得国家电网公司资格认证；强化值班规范性，圆满完成全国两会、十九大等重要保障，处置 IDS 公告 407 项、执行任务 151 项，执行合格率 100%，保障软视频会议 80 余次；持续推进调度水平建设，在全网 29 家单位中名列前 10，获国家电网公司“三星级调度”称号。强化缺陷风险预控，针对核心系统检修、机房环境、病毒漏洞等重要事项下发、反馈风险预警单 19 张，编制报送典型缺陷案例 1 篇；规范检修管理，全年 217 项一级检修合格率 100%。I6000 实现业务全覆盖，顺利通过国网实用化验评；实现方式编制、更新 100%线上化，年度信息运行方式、方式优化提升课题均获国网优秀评价。利用省地一体化集中监控系统构建省地全方位管控体系，省地调度话务往来共 2 万多通，下发调度联系单 8 张；首次推行全省 22 家地市信息运行方式编制和评价工作。

**【着力完善应急体系建设】**2017 年，编制完成《国网四川省电力公司信息通信应急管理体系优化提升工作方案》及《国网四川省电力公司信息通信应急基干队伍建设方案》，实现信息系统的现场处置标准化 100%全覆盖。全年开展应急演练 14 项（含无脚本演练 10 项），固化完善桌面推演流程与思维导图；与运维实际紧密结合，修编 37 套、新增 21 套现场处置预案，实现预案标准化率 100%；完善 UPS、精密空调应急预案故障场景，配套开展应急演练 5 次。作为试点单位参与国家电网公司信息通信系统现场启动应急预案演练试点工作方案编制，信息通信应急能力试点评估以及现场应急处置预案评审均获国家电网公司“优秀”评价；参与国家电网公司现场启动应急预案试点编制，高分获得应急管理“优秀”评价，承办总部信息通信应急基干队伍培训。

**【有效增强运行管理能力】**2017 年，加强设备运维监控能力，降低系统设备风险概率，完善缺陷隐患线上过程管控，落实“一患一档”闭环机制，形成典型知识库，报送典型缺陷 1 篇。重点开展老旧设备下架腾退工作，共下架 83 台服务器，搬移 79 台服务器，完成 5 楼主信息机房列机柜 1700 余根网络线缆整改；通过新旧设备替换、设备运行方式调整、规范设备线缆连接、迁移加固、专项维护等手段提升设备运行可靠性。针对交换机、负载均衡等业务集成度较高的设备，重点优化故障节点智能辨识与自动切换功能，缩短故障处置时长；制定设备、系统、链路等冗余环境轮换、切换工作方案并定期开展，降低服务器长期运行不重启、双电源双链路长期不切换验证而导致的系统宕机、停运等风险。

**【综合提升客户服务水平】**2017 年，大力建设信通运维知识体系，创新“服务省公司、服务兄弟单位、服务一线班组”理念，紧密围绕“打造高质敏捷服务”的工作目标，全年受理话务总量 76493 通，工单总量 10.16 万，投诉事件 0 起，获表扬信 9 封，

国网四川省电力公司开展运行分析会　（陶晓丽　摄）

获国家电网公司信息专业第二期信息通信优秀客服班组流动红旗一面。人资运维方面，开展数据治理 10 万条，新增组织岗位 1.7 万条，人员调动 2.1 万人次；财务运维方面，新增用户权限 3872 个，维护数据 9 万条，处理数据 7 万条；物资运维方面，处理用户权限 1469 个；规划建设运维方面，调整工程项目 1981 个、角色权限 2 万个，治理数据 3 万条；检修运维方面，整理数据 4.5 万条，受理请求 82 次；协同运维方面，开展 42 家公司信访跨单位报送功能配置及培训，配置 200 家单位协同办公保密模块；综合运维方面，各类系统账号的新建、变更 14 万次，完成 ERP 传输 392 次；营销运维方面，推进 6 项整改工作，开展 7 次交流培训，确定 25 项移交资料清单。

（一）安全生产平稳有序

信息通信系统运行稳定。信息系统运行水平类指标均为 100%，“检修合格率”“计划检修率”“检修计划一次审核通过率”100%，信息系统平均可用率 99.97%。通信检修管理规范指数、通信专业管理规范指数、通信设备及通道保障率、通信运行评价指数和重点工程建设完成率 100%，省级通信网通信设备运行率 99.999%。为省公司重点电网工程建设、三大特高压安全运行和公司经营管理提供了有力的信息通信支撑。

信息通信保障圆满完成。完成全国两会、“一带一路”、十九大、藏中联网开工仪式等重要时期信息通信保障工作。完成省公安厅“平安 2017”网络攻防演练，完成 Oracle 数据库 SCN 重大隐患转段治理，成功抵御勒索病毒。完成 2017 年国家电网公司特高压通信系统在川设备的属地化运维管理。

全面推进本质安全建设。编制《国网四川信通公司强化本质安全工作方案》，分解重点工作任务 43 项，将本质安全建设工作贯穿各专业、各领域。结合各类安全检查、本质安全提升等专项工作，开展账号权限治理、系统安全加固、隐患漏洞排查整改、特高压通信系统安全特巡，提升系统安全运行水平。开展“通信安全再提升隐患再排查”“通信电源隐患专项检查”“城区光缆外力破坏情况专项检查”等活动，成功应对多次严重覆冰、山火以及滑坡地质灾害对通信系统的影响。

（二）扎实开展“管理提升年”活动

持续深化向生产学管理。一是编制《国家电网公司电力安全工作规程（信息通信部分）》《国家电网公司信息通信应急体系建设指导意见》《国家电网公司信息通信应急能力评估指标体系》，获得国家电网公司高度认可。二是修编《国网四川省电力公司 2017 年±800 千伏复奉线、锦苏线、宾金线满功率运行通信运维保障方案》和《安控系统通道运维专项保障方案》，保证三大特高压通信业务满足“N-2”水平。三是加强检修操作过

程监管，建立月度检修分析会机制，通过线上流程规范检修工作，实现检修全过程闭环管理。

稳步推进调度能力提升。开展星级调度评价，梳理完善机构组织、基础资源、人才队伍、职责能力4项核心业务。推进调度专业持证上岗，4名值长通过国网岗位资格认证。深入开展省地一体化集中监控系统优化及数据治理，编制《信息调度集约化工作方案》《省地一体化调度监视管理办法》。

着力完善应急体系建设。编制《2017年国网四川省电力公司信息通信应急管理体系优化提升工作方案》和《国网四川省电力公司信息通信应急基干队伍建设方案》，实现信息系统的现场处置标准化100%全覆盖。持续开展信息信通系统与网络应急演练，作为试点单位参与国家电网公司信息通信系统现场启动应急预案演练试点工作。

光纤交换机整改前后对比　　　　（陶晓丽　摄）

全面开展标准化建设。从设备安装、基础平台、检修流程、配套制度四个方面开展信息系统标准化体系建设。探索自动化运维，实现操作系统的自动部署、应用系统平台组件自动巡检。强化电源专业管理，编制《国网四川信通公司信息电源标准化运维手册》。承担由国网四川电科院移交的通信技术监督工作，推动通信专业动态隐患库、通信设备基础数据采集等基础工作在全省同步开展。

不断夯实设备运行管理基础。编制《通信设备现场运行规程》和《国网四川省电力公司新建未投运变电站通信设备提前入网过渡期管理规定》。加强变电站通信设备台账，重要业务运行方式、日常检修巡视、设备隐患缺陷、测试数据、应急预案的现场规范化管理；制定全省统一的命名规范，采用二维码标签、电子标签等形式对站内设备、光缆、业务通道进行标示，提升通信设备的运维管理水平。

有效增强项目管理能力。开展固定资产“账卡物”一致性清理核对，清理出价值912万元的待报废固定资产。开展微波站清理，逐步安排微波通信设备退役、报废、无害化处理，降低老旧微波站成本消耗。将公司结余成本纳入计划统筹管理，推行财务内部订单，建立公司项目储备库，提高预算的预见性和准确性。开展信息化项目数据质量提升工作，信息化项目建设管控工作获得国家电网公司肯定，工程建设项目“北斗电力应急抢险车辆监控调度系统”被推荐候选国家电网公司年度优秀信息化建设项目。

对标工作取得新突破。通过学习领会指标体系、任务分解责任落实、分析预测监控反馈、加大考核激励力度等一些列有效措施，重点强抓弱项指标提升，在发布指标中全面消除了E段指标，其中“信通运维业务成本费用率”“信息通信系统检修计划合格率”指标提升明显。

离退休工作迈上新台阶。强化宣传，推进两项建设，将离退休党支部建设纳入单位党建工作总体规划。积极落实“两项待遇”，党政主要领导共同出席离退休见面会议，邀请退休代表参加公司重要会议。将离退休工作经费列入单位预算，积极开展健康有益的离退休活动。完善公司补充医保实施细则，分两档提高退休人员的门诊限额系数比例。

（三）业务支撑能力持续提升

创新开展业务融合。整合ERP、营销、客服和综合业务，形成“调、运、检、客户服务”业务运维新体系。建成8大运维团队，为全省10.3万用户提供“标准化、规范化、精益化、智能化”的信息系统业务运维服务。

优化提升客户服务。创新“服务省公司、服务兄弟单位、服务一线班组”理念，提供高质敏捷服务。建立健全运维服务知识体系，提升一线客服解决率。建成智能客服平台，实现多渠道及客户分级服务，满足客户多样化需求。

强化数据服务能力。构建数据基础运维体系，实现数据运维标准化，提升数据安全保障能力。建立数据运维知识库，形成长效管理机制，适应公司数据业务新常态。

（四）基础建设成效显著

完善网络安全防护体系。编制全省信息通信数据网架构安全防护方案，开展服务器区分级防护，完成分区改造，加快无线专网推广应用。建设资阳数据分中心网络，实现自建系统迁移隔离。开展数据中心安全设备及接入平台扩容等技术改造，提升公司安全防护能力。建立省、地通信专业网管系统安全等级保护定期测评机制，补齐省、地安全防护短板。

巩固基础传输网络。省级骨干通信网新接入厂站 38 个，新增、改建光缆 89 条。完成藏中联网、川渝三通道配套通信工程和区域系统保护通信专网等重点项目设计和建设准备。开通从省公司机房到移动、电信、联通三大运营商的物联网平台的 100Mbps 电力专用业务承载通道，完成无线公网管理平台国网试点应用建设，加强终端在线状态监测。

优化多媒体业务系统。完成 IMS 行政交换网省公司本部和南充备调两个核心节点建设，实现与总部和其他省公司的互联互通，启动行政交换网向 IMS 演进的步伐。完成一体化电视电话会议系统在 22 个地市公司的分体式终端增补，通过会议室规范化评价。

持续推进新技术应用。开展视频监控创新应用试点工作，完成现有视频监控平台升级改造，试点智能联动分析、生产设备远程巡视等功能，在 500 千伏尖山变、220 千伏平春变初步实现远方辅助倒闸验证，远程智能安全监督分析，作业人员出入管控功能。推进全业务统一数据中心与“国网云”建设，汇集、清洗、转换重要生产系统全量数据，提供信息系统跨域计算、故障自愈等支撑能力。

科技创新再创佳绩。获得国家电网公司青创赛铜奖 1 项；获得四川省科技进步奖三等奖 1 项；获得中国能源企业信息化管理创新奖 1 项；获得中国电力创新奖三等奖 2 项；获得省公司科技进步奖一等奖 2 项，二、三等奖各 1 项；获得省公司专利奖 1 项；获得省公司工人技术创新奖一、二等奖各 1 项、三等奖 2 项；获得省公司管理创新一等奖 1 项、三等奖 2 项；获得省公司优秀课题研究成果三等奖 1 项；获得省公司青创赛一、三等奖各 1 项；获得省公司专利奖 1 项；12 项发明和实用新型专利申请被受理；1 篇 SCI 论文获省公司论文奖。

（五）全面加强党的建设

切实履行管党治党责任。充分发挥党委政治核心作用，坚持把党建工作放到公司重点工作任务中去谋划和思考。推进“两学一做”常态化制度化学习教育，深入学习宣贯十九大精神，严肃党内政治生活，开好民主生活会，坚决执行“三重一大”、中心组学习、“三会一课”等规章制度。深入开展“三分类三升级”活动，扎实推进党支部管理整体提升。

深入推进党风廉政建设。制发党风廉政建设“两个责任”清单，落实“签字背书”要求，细化党风廉政建设暨惩防体系建设任务分工。抓好协同监督，扎实开展省公司问题清单梳理及巡察问题整改工作，立行立改提升公司经营管理质效。常态化开展廉洁教育，筑牢干部员工思想防线。

认真抓好人才队伍建设。加强人才成长通道建设，实施干部交流轮岗锻炼和调整。广泛开展“学习讲堂”活动，不断提升党员综合素质。选树先进典型，营造“比学赶超”的良好氛围。7 人获得省公司及国网公司“优秀共产党员”等多项荣誉表彰。

全力塑造信通品牌形象。充分利用国家级媒体、国家电网公司网站等平台，采用美篇、H5 等新媒体，多渠道、多维度宣传公司亮点、热点。在《国家电网报》、中国网、中工网、中国电力新闻网等国家、省部级媒体上发表消息、通讯 116 篇（次），树造了四川电力信通专业良好形象。

充分发挥群团建设作用。以党建带团建，成功创建省公司“红旗团委”。完善青年创新创意平台工作机制，获得国家电网公司第三届青年创新创意大赛铜奖、省公司及国家电网公司“青年岗位能手”称号等多项集体和个人荣誉。深入开展走访慰问、劳模座谈会、公开交流会等活动，维护职工权益，凝聚人心。着力打造“六大文化阵地”，弘扬社会主义核心价值观和国网公司优秀企业文化。

**【自动化概况】**四川省级智能电网调度控制系统已实现基础平台、实时监控与预警、状态估计、AGC、AVC、水电及新能源监测、雷电监测、调度计划、安全校核、调度管理类等 64 个应用上线运行，2017 年系统总体运行情况稳定，国家电网同业对标指标居国家电网公司 A 段。

2017 年，四川省调着力开展智能电网调度控制系统完善消缺和后续应用推广建设工作。在省调 DTS 系统上实现故障录波曲线仿真功能，为调控人员反事故演习提供更为逼真的仿真场景；实现安控策略服务化，为 D5000 系统各应用模块提供实时安控策略解析服务；完成省地一体化 DTS 安控策略服务化功能测试；规范在线安全分析电网建模，完善直流、新能源、负荷等模型；完成在线安全分析短周期计算、DSA 模型拓展等功能建设，提高在线安全分析支撑能力；完成跨省区日前、日内现货市场技术支持系统建设，实现市场管理、竞价申报、市场出清、市场清算和信息发布等功能并投入运行；实现新能源消纳实时监视功能，实现实时掌控可再生能源发电能力、电网调峰资源，实现富余可再生能源跨区输送辅助决策。

四川省调管辖范围内22个地区调度，均已建成地调主调及备调系统，县调系统已全部退役。系统具备基础平台、权限管理、数据采集与交换、稳态监控、模型画面维护、系统监视、越限统计、数据记录、控制与操作、无功电压调节等功能。通过SCADA平衡计算、多数据源差值比较、地区电网状态估计统一计算等手段，从海量信息中检测异常数据，校核厂站自动化信息准确性，为电网调度控制业务提供有力的技术保障。

四川电力调度控制中心开展了基于主配网一体化系统和省地县一体化模型数据中心的配网高级应用功能建设，推广部署了小电流接地选线、调配抢一体化DTS、配网合环操作在线校核的应用功能，探索研究了主配网检修计划风险分析、供电路径追踪、供电能力分析等功能，为实现配电网中网络重构、负荷转移或设备检修时不停电倒闸操作提供了有力的技术支持，并最大限度减少客户的停电次数，提升事故应急的响应能力和处理速度，为指导配网调控运行奠定了坚实的技术基础。

四川省调作为调控云试点单位，结合前期省地一体化模型中心建设成果依托国网科技项目开展省级调控云建设。拓展模型管理范围将原有的主网一次设备模型拓展到配网一次设备模型，为加强配网管控和主配一体化协同分析奠定基础；研究模型多版本管理，开展在、离线模型一体化管控，支持省地一体化继电保护整定计算等应用需求；依托现有成果配合调控专业完成国调重点工作DSA模型拓展工作；基于OMS新投异动流程，为地调D5000系统提供省调统调电厂及220千伏以上厂站模型，实现省地模型纵向贯通。

四川省调积极探索主配网一体化调度控制和故障抢修调度系统关键技术，推进地调配网自动化系统及配网抢修调度指挥系统建设，积极提升配网抢修调度指挥系统实用化水平，实现停电范围分析，截至2017年年底配电网调度控制系统共22套，系统全部在线运行。

**【备调系统建设】**省调已全面完成备调系统建设，20个地调完成独立备调系统（含D5000）建设，成都地调和天府地调完成成天共备系统建设。2017年，备调系统继续与省调主系统同步接入新投厂站，与主调同步完成电厂AGC接入，顺利完成四川电网2017年主、备调系统切换长周期演练工作。

**【调度数据网和EMS网建设】**2017年，四川电力调度数据网得到较大完善和发展，已全面建成国家电力调度数据网（SGDNet）双平面骨干网在四川范围内的节点，220千伏以上变电站业务系统已完成双平面接入。截至2017年年底，四川调度数据网规模达2792个节点，110（66）千伏厂站的网络覆盖率达100%，35千伏厂站的网络覆盖率达100%，为电网生产信息传输提供了可靠的传输平台。全川22个地调接入网建设已完成，22个地调已将具备业务接入条件的厂站业务接入主备调。

智能电网调度技术支持系统共15套（包括2套省调系统和13套地调系统），SCADA/EMS应用共有30套，包括地调能量管理系统30套。

# 市场营销

责任编辑：何　飞

# 营销概况

2017年，国网四川省电力公司面对市场环境深刻变化的严峻形势，广大营销系统干部员工齐心协力，攻坚克难，各项重点任务有序有力推进，工作成效显著。

1.推进“三全”建设，促进营销管理全面转型升级。2017年以来，国网四川省电力公司明确“用电信息全采集、客户用电全费控，营销管理全智能”的营销转型总体思路，提出“传统营销向智能营销转型”的目标任务。通过选取22家县级供电公司作为转型试点，并以此为基础全面推进营销“三全”建设。经过一年努力，各项营销重点指标大幅提升，管理水平取得了长足进步。

1）基本实现全采集目标，奠定营销转型基础。除新上划供区和合表客户外，国网四川省电力公司2017年年末全口径智能电表覆盖率达98.86%，比2016年初提升11.54个百分点。全口径自动采集成功率达96.43%，比2016年初提升11.37个百分点。转型试点单位指标进步更快，2016年年末已有19个试点单位实现智能电表全域覆盖，15个试点单位全口径自动采集成功率达到99%。智能电表和用电信息采集全覆盖，为营销转型奠定了坚实基础。

2）着力强化全费控执行，确保电费可控在控。国网四川省电力公司2017年促成了21个市州全部出台购电制推广政策，为购电制推广奠定政策基础。国网四川省电力公司低压客户落实购电制的户数达2750万户，比例达95%，规模位居国家电网公司第一。高压客户购电制推广从无到有，2017年12月全口径高压客户费控购电户数执行率已达54.54%，费控购电金额执行率已达83.47%。在大力推行“全费控”的同时，严格落实电费回收奖惩规定，不断强化电费风险管控，连续两年当年电费回收率100%，2016年追回陈欠电费1.95亿元，超额完成国家电网公司下达任务。

3）大力推进全智能管控，管理效率大幅提高。2017年年末，国网四川省电力公司台区线损合格率达到70%，较年初提升41个百分点。通过强化台区线损管理，促使国网四川省电力公司10千伏及以下综合线损率降低0.6个百分点，每年节约购电支出2.2亿元。在国家电网公司系统首次实现省市县三级售电量每日自动统计自动发送，为市场决策提供实时数据。推行智能稽核模式，自动调整和召测比对本地费控电表电价，节约人工成本5800万元，整改29.74万非居民本地费控电表的电价差错，消除了长期存在的电价隐患。

2.抓住关键要素，全力以赴拓展售电市场。国网四川省电力公司在复杂的市场环境下，抓住关键要素，积极应对改革，市场驾驭能力显著提升，2017年完成售电量1770.58亿千瓦时，同比增长5.8%。

1）全力争取政策，营造良好市场环境。积极参与省售电侧改革试点方案编制，多项建议被省政府采纳，赢得了良好的改革政策环境。各单位在公司统一指导下，依法依规维护公司利益，抢占市场先机，增量配电市场有序发展。33家售电公司完成交易中心注册，拓展了参与市场竞争的手段。全部完成市级及以上园区协议签订任务，其中省级及以上园区70家，市级园区111家，积极营造良好市场环境。

2）推进产权接收，把控电网关键要素。坚持不懈地推进客户产权公用属性供配电设施接收，去年签订接收协议的高压供配电设施对应原值62.03亿元，较2016年增加33.12亿元；接手运维的高压供配电设施对应原值62.91亿元，较2016年增加53.69亿元；完成入账的高压供配电设施对应原值49.63亿元，较2016年增加44.26亿元。同时，我们去年还完成供电分离移交客户41.73万户，完成进度67.35%。通过不懈努力，公司资产负债率降低2.24个百分点，财务状况持续改善。

3）深化电能替代，有效拓展市场空间。去年完成国家电网公司口径替代电量47.5亿千瓦时，占售电量增长电量的48.97%，电能替代已经成为售电量增长的关键因素。公司上下积极努力，共计促请各级政府出台电能替代专项政策51项。新增16.5万千瓦燃煤自备电厂替代，年增加电量5.4亿千瓦时；各单位抓住天然气供应紧张契机，完成“煤改电”改造480蒸吨，增加用电负荷23.54万千瓦；全省89座登机桥已完成桥载电源替代改造82座，年替代能力达到5300万千瓦时；全省2万余家火锅店已推广电火锅8138家，年替代能力8亿千瓦时，打造了电能替代的四川品牌。2017年，公司累计建成了以成都为中心，沿沪蓉高速、成自泸高速、成绵高速等城际高速公路向外辐射的快充网络。积极配合车联网平台升级，做好设施改造，提升充电服务能力，扩大车联网平台社会影响力，拓展公司新型业务。公司着眼绿色交通大局，积极支持社会运营商建设充电设施，为电动汽车市场提供支撑，全省电动汽车总量达到35000辆；积极配合政府完善政策支持，全省已有11个地市出台电动汽车充电服务费政策。在公司系统试点推行100辆电动汽车用于生产抢修和服务用车，示范推动“以电带油”，积极践行绿色出行。

3.强化责任落实，多策并举提升服务水平。随着社会环境变化和客户维权意识的提升，国网四川省电力公司近年来客户投诉量逐步增加。面对严峻的优质服务形势，制定投诉调查处理实施细则，实施投诉举报集约化管理，针对投诉集中的抢修不规范、频繁停电、表计错接线等问题，开展专项整治，全过程跟踪核实处理情况。同时，强化“曝光台”管控力度，在原有检查通报、典型案例、分析报告三个曝光栏目基础上，新增加各单位和各专业突出问题曝光栏目，2017年累计发布16类、39项、1718个专业管理问题，促进了供电服务问题的快速解决。落实国务院监事会的监管要求，完成35个业务环节85项供电服务问题清单梳理，形成了涵盖“办电服务、用电服务、服务创新和电网建设”4个方面的问题清单。持续拓展多样化缴费渠道，方便客户线上缴费，低压客户全年通过6种线上方式交费金额为16.5亿元。开通本地费控“网上购电远程下发”的居民客户数达1735万户，开通比例72%，全年通过手机APP远程购电金额6.6亿元，较2016年增长6倍多。同时，国网四川省电力公司进一步加快服务手段线上化转移，推进台区线损管理精益化，推进营配业务末端融合，完善新型“网格化”服务体系建设，提高服务响应速度。

4.坚持“三公”原则，打造“三优”团队。2017年，国网四川省电力公司着力打造“思想作风优良、业务技能优秀、工作业绩优异”的营销队伍。坚持对标和业绩考核结果按期发布，公开指标计算过程，接受各单位复核监督，建立起公开、公平、公正的考核机制。从2016年4月开始，变营销亖点指标月管控为周管控，全面提升管控频度和管控质量。修编了供电服务和营销事故责任追究管理办法，对581名员工实施了优质服务责任追究，对93名员工实施了业务质量责任追究，提高了营销队伍的整体执行力和规范性。2017年，国网四川省电力公司营销系统党员干部认真落实党风廉政“一岗双责”，针对营销廉政建设重点，利用年度和季度工作会、专题会议、工作约谈、廉政约谈等形式开展警示教育，切实排查廉洁风险，强化当事人责任考核，党风廉政建设取得了新的进步。

## 增供扩销

**【基本情况】**2017年，国网四川省电力公司完成省内全口径售电量1770.58亿千瓦时，同比增长5.80%。从2017年整体用电情况来看，第一产业用电量13.58亿千瓦时，同比增长16.35%；其中，农业排灌用电量3.26亿千瓦时，同比增长20.28%。第二产业用电量1051.04亿千瓦时，同比增长5.49%；其中，工业用电量1013.99亿千瓦时，同比增长5.47%（轻工业用电量为133.41亿千瓦时、同比增长10.40%，重工业用电量为827.95亿千瓦时，同比增长4.68%），建筑业用电量37.05亿千瓦时，同比增长6.04%。第三产业用电量316.39亿千瓦时，同比增长5.32%；其中，其中，批发和零售业用电量87.64亿千瓦时，同比增长10.84%。居民生活用电量389.17亿千瓦时，同比增长6.67%，其中城镇居民用电量218.48亿千瓦时，同比增长2.36%，乡村居民生活用电170.69亿千瓦时，同比增长12.75%，乡村生活用电增速高于城镇居民生活用电。

2017年，四川省工业生产形势良好。售电市场主要呈现以下特点：一是除9月外，国网四川省电力公司各月售电量呈现整体上升趋势；二是三季度居民商业售电量暴涨弥补了环保督察对售电量的影响，三季度虽受环保政策影响，大工业售电量显著下降，但在8月居民、商业电量因持续高温影响的拉动下，整个季度仍保持正增长；三是环保督察结束后的工业生产快速反弹，是造成四季度大工业售电量年末翘尾主要原因。

**【工作举措】**2017年电力体制改革逐步深入，售电市场竞争激烈。在严峻的市场环境面前，国网四川省电力公司充分利用市场化机制，开创增供扩销工作新局面。2017年完成国网口径替代电量46.56亿千瓦时（公司口径 60.23 亿千瓦时），居国网第九名，占公司 2017 年售电量增长电量的 48.01%，分别减排二氧化碳 399.48 万吨、二氧化硫 1.3 万吨、氮氧化物 1.14 万吨；促请各级政府出台电能替代专项政策 51 项，其中省级政策 9 项，市县级政策 42 项，涵盖总体实施意见、改造补贴、强制“油改电”等领域；自备替代方面，在稳定 30 亿千瓦时存量市场的基础上，新增 16.5 万千瓦燃煤自备电厂参与停（减）发替代，年增加替代能力 5.4 亿千瓦时；锅炉“煤改电”方面，在补贴及“峰期弃水+枯期弃风光”交易支撑下，抓住天然气供应紧张的契机，开展及完成改造 480.16 吨，预计增加用电负荷 23.54 万千瓦；机场及港口方面，全省 89 座登机桥已完成桥载电源替代 82 座，双流等 5 座机场实现了桥载电源全覆盖，年替代能力 5300 万千瓦时；火锅“气改电”方面，全省 2 万余家火锅店已推广 8138 家，年替代能力 8 亿千瓦时。

## 电 费 回 收

**【基本情况】**2017 年，国网四川省电力公司在确保足额回收当年电费基础上，共回收广元铝业陈欠电费 1.59 亿元，其中通过雅砻江定向扶持政策回收陈欠电费 7000 万元，广元铝业自筹资金交纳陈欠电费 8900 万元，完成了 2017 年陈欠电费回收目标。

**【工作举措】**主要工作举措：一是积极向省政府领导和省级相关政府部门沟通汇报，最大限度争取政策上的支持，促使广元市政府与雅砻江公司续签 1 年战略合作协议，并将定向扶持资金 7000 万元全部用于缴纳陈欠电费；二是国网四川省电力公司调动一切资源、采取各种方式，与广元市委、市政府多次协商谈判，通过反复斗争寻求合作，促使广元市政府 4 次召开专题会议研究广元铝业电费解缴问题，增强广元铝业最大限度还款能力；三是国网四川省电力公司严格按照国家电网公司相关要求，主要领导亲自挂帅，逐级落实电费回收责任，公司 5 次召开专题会议研究部署广元铝业电费回收相关工作，加大过程管控，严格考核兑现；四是坚持依法催收，签订 2017 年陈欠电费还款协议并监督严格执行，抽调全省熟悉电解铝企业运营的管理人员及法律、财务、营销等专业的业务骨干组成广元铝业经营监管、电费催收、依法维权、以物抵债等八个工作小组，多措并举实时监控广元铝业运营情况及资金流向，分工协作有序推进电费回收工作。

## 电 能 计 量

**【计量集约化建设】**2017 年，省计量中心全面实施计量自动化生产系统产能优化提升，高分通过国家电网公司组织的计量生产自动化系统实用化验收，在国家电网公司系统已通过验收的 12 家网省公司中名列第一。智能表、采集终端、通信模块、低压计量箱、计量封印、电子标签等检测能力得到进一步提升。接受并通过了 CNAS 监督评审、法定计量检定机构监督检查、“质量、环境、职业健康安全”三标一体监督审核，机构资质得到有效维持。大力支撑对非计量专业的数据应用，向供电电压系统推送日数据和月数据，支撑全省供电电压数据监测和台区停电监测管理；向电能质量系统推送用户台账、有效停上电事件等，开展低压用户供电可靠性分析，支撑全省电能质量安全监测管理；支撑高压客户费控建设，落实电费风险防范措施，为公司效益提升提供技术支撑；实现日售电量统计，为市场预测、经营决策、发展规划提供了有力的实时数据支撑。

**【智能电能表推广应用及用电信息采集系统建设】**2017 年累计完成计量器具集中检定 481.64 万只、统一配送 480.26 万只，全年累计完成智能电表换装

413.25 万只。截至 2017 年年底，国网四川省电力公司运行智能电能表 2977.64 万只，接入采集 2979.15 万只，全口径采集接入率 98.91%，全口径自动采集成功率达到 96.43%。完成全省并网电厂采集全覆盖，实现统调电厂月度交易电量自动计算和非统调电厂上网电量日监控分析。积极推动采集功能的深化应用，在线监测应用累计处理问题工单 207.2586 万条，本年累计发现计量装置故障 250 次，发现窃电 712 户次，追补电费及违约使用电费约 836.1 万元，取得了良好的管理效益和经济效益；“掌上电力”远程充值成功深化应用，2017 年累计远程购电 648.3220 万笔，下发成功 628.3383 万笔，失败 19.19837 万笔，远程下发成功率 96.92%；有序高效推进“多表合一”采集建设工作，已累计采集接入 18.1807 万户、涉及 278 个小区，完成国家电网公司下达计划的 175.01%，国网乐山供电公司获得国家电网公司首批“多表合一”信息采集示范区命名。在北京国家会议中心举行的中国智能量测联盟峰会上，国网四川省电力公司作了“多表合一创新美好生活”的大会主题论坛发言，展现了公司贯彻落实党中央、国务院“五个发展”理念和“互联网+”发展战略，服务国家智慧能源发展、服务公用事业发展、服务老百姓生活品质提升的重大技术成果，是创新美好生活的具体实践。

**【计量资产全寿命周期管理】**完成智能电能表定样检测 9 批，批次合格率 100%。供货前全性能试验 8 批，批次合格率 100%。到货后抽样验收性能试验 328 批，合格 323 批，批次合格率 98.47%。在泸州建成年分拣维修能力超过 100 万只的集中分拣维修基地，实现降本增效，统一了工作标准，为电表故障数据分析、供应商履约评价提供数据支撑。全面推行关口电能表状态检验工作，全年累计进行电能表评价 50 万只.次，开展状态检验 3.55 万只·次，减少现场检验工作量 35.23%，减轻一线员工工作压力。

**【科技创新】**计量中心承担的“智能变电站数字化计量系统全链路分析、试验装备研发与应用”荣获 2017 年度国家电网公司科技进步奖三等奖；“配电网电能计量装置整体检测技术及应用”荣获 2017 年度国家电网公司技术发明奖三等奖；另外还荣获四川省政府科技进步奖一等奖 1 项，三等奖 1 项；成都市科技进步奖三等奖 2 项；2017 年度中国仪器仪表学会科学技术二等奖 1 项，三等奖 2 项；中国电力建设科学技术进步奖二等奖 1 项，三等奖 1 项；中电联职工创新奖 1 项；国网四川省电力公司 2017 年度科技进步一等奖 2 项，三等奖 3 项；荣获国网四川省电力公司工人创新奖 1 项，国网四川省电力公司专利奖 1 项；申请发明专利 12 项，申请实用新型专利 8 项；授权软件著作权 2 项；在核心期刊和国际会议（EI 检索）发表科技论文 12 篇；完成 5 项科技项目的验收和自验收，完成了 5 项科技成果的鉴定评审工作，水平均达到国内领先及以上的水平的评价；此外成功命名国家电网公司技术标准实验室 1 个。

# 电力需求侧管理

2017 年，面对复杂的内外部环境和艰巨繁重的工作任务，国网四川省电力公司团结拼搏，迎难而上，电力需求侧管理取得显著成效。根据国家电网公司《关于执行电网企业实施电力需求侧管理目标责任考核适用项目类型的通知》规定范围，结合四川实际情况，国网四川省电力公司主要在企业自身、推动社会节能两个方面实施节约电力电量措施，主要包括：一是电网内部的供配电节能类项目，建筑节能项目、绿色照明类项目等。如合理采用无功补偿技术，降低线损；通过推广改造非晶合金变压器、S11 以上型号变压器的运用，以降低用能单位变压器自身损耗；线路改造和优化网络运行，减少损耗。二是推动社会节电，如推广蓄冷（热）技术，利用峰谷电价差额，在谷荷时将冷（热）能量储蓄起来，在峰荷时进行利用，从而达到降低运行成本，削峰填谷的目的；电力拖动设备改造技术，通过采用高效节能的电动机、稀土永磁电动机，高效风机、泵、压缩机，高效传动系统等设备或采用调速技术电力拖动设备改善启动性能和运行特性来实现节电；绿色照明，通过提高照明电器和系统的效率，以消耗较少的电能获得足够的照明，如采用 LED 光源替换传统光源等。

# 业务扩充

【客户容量】2017 年，国网四川省电力公司完成各类新装增容 189.76 万户，比上年增加 3.71 万户，其中：新装或增容的大工业客户数为 2540 户，比上年增加 561 户。非普、农业、非居民、居民、商业、趸售电力公司等客户的业扩完成数为 189.5 万户，比上年增加 3.65 万户。完成新装增容容量为 2963.9 万千伏安，比上年减少 855.55 万千伏安，同比增幅 -22.40%，其中：大工业客户新装或增容的容量为 606.14 万千伏安，比上年减少 205.04 万千伏安，同比增幅-25.28%；非普、农业、非居民、居民、商业、趸售等客户新装或增容的变压器容量为 2355.69 万千伏安，比上年减少 653.58 万千伏安，同比增加 -21.69%。国网四川省电力公司 2017 年各类新装增容客户业扩完成户数和容量与 2016 年同期比较，分别详见下表。

国网四川省电力公司 2017 年各类客户业扩完成户数同期比较

表 6（单位：户）

| 类别 | 大工业 | 非普 | 农业 | 非居民 | 居民 | 商业 | 趸售 | 合计 |
|---|---|---|---|---|---|---|---|---|
| 2016 年 | 1979 | 24396 | 19731 | 16793 | 1694538 | 102884 | 158 | 1860480 |
| 2017 年 | 2540 | 35313 | 33042 | 29581 | 1694636 | 102361 | 161 | 1897639 |
| 同比增幅 | 28.35% | 44.75% | 67.46% | 76.15% | 0.01% | -0.51% | 1.90% | 2.00% |

国网四川省电力公司 2017 年各类客户业扩完成容量同期比较

表 7（单位：万千伏安）

| 类别 | 大工业 | 非普 | 农业 | 非居民 | 居民 | 商业 | 趸售 | 合计 |
|---|---|---|---|---|---|---|---|---|
| 2016 年 | 811.18 | 432.69 | 37.58 | 173.79 | 1656.34 | 531.99 | 175.88 | 3819.45 |
| 2017 年 | 606.14 | 434.15 | 39.94 | 170.21 | 1262.07 | 395.45 | 53.87 | 2963.90 |
| 同比增幅 | -25.28% | 0.34% | 6.28% | -2.06% | -23.80% | -25.67% | -69.37% | -22.40% |

【工作举措】1. 加强制度建设，形成业扩报装管理制度体系。先后制定《业扩报装全业务全流程管理办法》《关于进一步规范商业客户实施户表与分户业务办理的通知》等规章制度，全面规范业扩报装管理。

2. 减少用电申请资料，简化业务流程，缩短办电时间。一是实行“一证受理”，客户只需提供营业执照或有效身份证明即可申请用电。二是大幅减少客户需提交的过程资料，电力企业已存档的有效资料无需重复提交。三是简化业务流程，加强内部协同，提高办理效率，尽量减少客户参与和配合办电的环节，缩短办电周期。

3. 延伸供配电设施出资界面，减少客户投资。一是对省级及以上工业园区，不论电压等级，将供电设施出资界面延伸至客户红线内。二是其他高压客户按照“就近接入”原则接入电网，分界点（含开断设备及其他附属设备）及之前的供电设施由电力企业出资。三是低压客户，电能表及之前供电设施全部由电力企业出资。

4. 深入推进园区业务“绿色通道”。一是在省级及以上工业园区设立供电服务网点 60 个，对园区内客户提供专属客户经理服务，力争客户不出园区办理用电业务。二是下放管理权限，减少管理层级，缩短办理时限，部分业务环节时限按常规“减半”执行，有效提高办理速度。三是建立园区客户服务台账，强化服务过程跟踪，提升客户感知。

5. 开展“线下流转”专项整治行动。一是全力推进业扩全流程信息公开与实时管控平台建设，业扩报装全流程信息在公司系统全面公开并实现线上实时管控。二是大力开展“线下流转”专项整治行动，对发现“线下流转”的，在国网四川省电力公司系统“供电服务曝光台”进行曝光，并在企业负责人绩效、同业对标考核中严格兑现。

6. 建立业扩报装常态质量管控体系。实行业扩报装周通报制度，通过系统数据、电话回访、现场检查等多种方式，重点将业扩完成情况、业扩办理时限、投诉举报情况以及业扩回访问题纳入管控。

7. 全面推广业扩报装线上办电。结合线上办电工作要求，编制线上受理操作手册与工作要求，并培训到每一个业务人员；加大“掌上电力”APP宣传力度，通过印发宣传册、表箱张贴二维码、集中宣传等方式，快速扩大APP客户群体；积极组织，于2017年9月顺利完成变更业务上线工作。2017年全年，共计通过“掌上电力”APP、95598网站等线上渠道受理用电申请26.61万笔，线上受理率达到90%。

8. 加快推进国有企业供电分离移交。在省级政府出台支持政策的基础上，积极争取各市州政府出台地方国有企业供电分离移交政策；建立双周通报与定期协调机制，主动与省、市国资委及移交企业对接，及时协调解决分离移交过程中问题。制定分离移交里程碑计划，倒排工期，加快实施。2017年累计完成供电分离移交改造412个项目，涉及客户41.07万户，占总户数的66.97%，其中：中央企业30.40万户，完成率65.89%；地方国有企业10.67万户，完成率70.25%。

## 电力交易

**【川电外送】**2017年，四川全口径外送电量1389.34亿千瓦时，同比增长7.95%。其中：二滩送重庆40.67亿千瓦时，同比减少9.87%；国调直调大型电站送出991.63亿千瓦时，同比增长1.45%；国网四川省电力公司外送电量357.04亿千瓦时，同比增长35.03%。

**【省内直购电交易】**2017年，省调直调机组上网电量1605.61亿千瓦时，同比增长10.37%；其中：水电发电量1312.52亿千瓦时，同比增加10.66%；火电242.18亿千瓦时，同比增加1.92%，风电35.21亿千瓦时，同比增长68.07%；光伏15.70亿千瓦时，同比增长53.92%。

**【外购电及留川电量】**2017年，四川外购及留川电量225.25亿千瓦时，同比增长5.69%。其中：购西北25.26亿千瓦时，同比增长39.75%；大型电站留川电量199.99亿千瓦时，同比增长2.53%。

**【工作成效】**1. 交易平台建设初具规模。截至2017年年底，交易平台注册主体数量达到2909家，其中参加市场交易的注册市场主体数量达到1755家，其中发电企业292家、用电企业1355家，居国网各省级交易中心前列，成为全国最大的水电送端市场交易平台。

2. 水电外送规模屡创新高。近三年平均增幅达到28.35%、较2014年年底翻一番。统调外送规模位居国家电网公司系统各省份首位，最大水电送端地位进一步体现。在国网四川省电力公司全口径发电装机增加613万千瓦、来水增加20%

2017年7月14日，四川省人民政府常务副省长王宁调研国网四川省电力公司　（曹志刚　摄）

的情况下，调峰弃水电量同比减少1.47亿千瓦时、实现近四年来首次下降，四川省委、省政府主要领导专门批示予以高度肯定。

3.省内市场红利充分释放。经过不断创新开拓，省内市场规模有效扩大，市场化交易电量自2013年起实现连续4年高速正增长，平均增幅达到63.40%，2017年达到634.52亿千瓦时（其中，直接交易电量519.31亿千瓦时、富余电量交易电量22.12亿千瓦时、留存电量77.41亿千瓦时、丰水期居民生活电能替代电量15.68亿千瓦时）、同比增幅为40.38%。

4.工作成效得到广泛认可。国网四川省电力公司交易工作成效得到各级领导、相关部门、社会各界的广泛认可。接受国务院监事会主席李志群、四川省政府常务副省长王宁、国家电网公司总经理寇伟等领导视察10余次，工作成效得到高度评价。特别是2017年7月，四川省政府常务副省长王宁到公司调研时，认为国网四川省电力公司公司交易工作起步高、管理精、成效好，对“北京+四川”两级运作模式在水电外送中的重要作用给予充分肯定。

# 优 质 服 务

**【基本情况】**2017年，国网四川省电力公司主动适应经济新常态和电力体制改革新形势，坚持以市场为导向，以客户为中心，夯实供电服务基础，强化专业服务协同，加大服务管控力度，防范供电服务风险，大力实施服务创新，着力提升服务品质，切实做好差异化服务，增强市场竞争力。确保不发生造成重大社会影响的供电服务质量事件；供电服务承诺兑现率保持在99.9%以上。

2017年7月12日，国网四川省电力公司召开供电服务领导小组会议 （曹志刚 摄）

**【工作举措】**1.强化服务过程管控。制定了强化95598投诉管控工作要求，从每个细节提出具体措施，规范业务处理过程；进一步梳理完善国网知识库，结合一、二类投诉分类，共梳理客户投诉热点问题110个，重新编制知识点，确保知识内容准确。以投诉举报为导向，加强突出问题的调查处理力度，对于热点和关注重点问题授权省客户中心直接调查并跟踪督办。针对投诉集中的收费项目、收费标准业扩报装、抢修人员服务态度、规范投诉、频繁停电等问题，开展专项整治；组织开展十九大期间全省供电服务督导检查，重点围绕营业场所、投诉处理、安全服务、信息安全和营业业务等五个方面开展工作检查。针对反映较为突出的营业厅服务不规范和抢修服务不规范进行了抽查暗访，相关情况在国网四川省电力公司网页上进行了通报曝光。进一步完善国网四川省电力公司“供电服务曝光台”，在原有检查通报、典型案例、分析报告三个曝光栏目基础上，新增加了突出问题曝光栏目，2017年累计发布16类、39项、1718个专业管理问题，促进了供电服务问题的快速解决。

2.积极开展供电服务问题清单梳理全覆盖工作。国务院国有重点大型企业监事会主席李志群第二次来四川调研时，主要指出国网四川省电力公司在推进营销服务创新上要加大力度，并要求国网成都供电公司试点开展供电服务问题清单梳理工作。国网四川省电力公司积极开展此项工作，以提升客户用电体验为重点，以政风行风群众满意度测评、行业监管、95598服务热线等发现的问题为导向，从客户有用电意愿开始，到如何确保客户用上电、用好电，深入挖掘国网四川省电力公司供电服务全过程中存在的主要问题，完成了成都供电服务问题梳理清单“四上四下”工作，形成了涵盖“办电服务、用电服务、服务创新和电网建设”4个方面，35个业务环节的供电服务问题清单，共计85项。

3.推广完善客户经理制。打造“一专多能”社区客户经理团队，整合客户安全用电、反窃电、电费催收等现场服务，合理配置人员，提高业务能力；以班组和岗位营配合一为基础，整合乡镇、城郊区低压配电运维抢修和营销现场服务等业务，强化营配末端业务融合，推行台区经理制，提升现场综合服务能力，截至2017年年底，全省配置社区、台区经理近万名，设置社区用电“连心岗”6.65万个，快速响应客户需求，促进供电服务效率提升。

4.进一步方便客户交费。国网四川省电力公司为居民客户主要提供了公司自有渠道和代收交费渠道。国网四川省电力公司自有渠道主要交费方式有供电营业柜面交费、自助终端交费、掌上电力、电e宝等。通过金融机构、非金融机构等第三方代收电费，与公司建立代收电费业务合作共有30家，其中金融机构13家，非金融机构17家，2017年代收笔数为7695.23万笔，代收金额196.06亿元，代收笔数同比增加16.25%，交费金额同比增长25.46%。同时，国网四川省电力公司还大力推行自助终端建设，方便客户24小时购电，加强夜间或其他时间段应急售电服务渠道建设，如24小时供电营业厅、工行等部分金融机构的自助缴费机、红旗超市24小时营业点等。

5.深入推进业扩报装服务升级。在省级及以上工业园区设立供电服务网点60个，对园区内客户提供专属客户经理服务，减少管理层级，缩短办理时限，部分业务环节时限按常规“减半”执行，有效提高办理速度，力争客户不出园区办理用电业务，建立园区客户服务台账，强化服务过程跟踪，提升客户感知。实行“一证受理”，客户只需提供营业执照或有效身份证明即可申请用电，大幅减少客户需提交的过程资料，电力企业已存档的有效资料无须重复提交，简化业务流程，加强内部协同，提高办理效率，尽量减少客户参与和配合办电的环节，缩短办电周期。

6.创新服务升级发展。国网四川省电力公司推出故障报修、购电交费、低压业扩受理等功能，实现供电服务线上线下业务有机融合。国网四川省电力公司“掌上电力”APP累计绑定居民客户数达543.2171万户，位列国家电网公司系统前茅。积极开展营业厅免费Wifi建设，在所辖1403个供电营业厅（含直供直管、全资、控股单位）建设免费WI-FI覆盖热点，极大方便了前往营业厅办理业务的客户免费注册、体验“掌上电力”APP、电力微信公众平台、95598智能互动网站和“国网商城”等电子化互动服务。在国网天府供电公司试点建设“互联网+电力服务”体验营业厅，加快业务线上化转移，丰富供电服务功能，推广网上购电远程下发、停送电信息精准发布、故障辅助定位等精益化服务。

7.营销安全服务水平不断提高。一是认真开展高危及重要客户供电安全隐患排查。2017年，按照高危及重要客户的界定及等级划分相关规定，及时对供区内高危及重要客户进行梳理、甄别和定级，2017年，国网四川省电力公司供区内共有高危和重要客户2051户，其中：高危客户673户，重要客户1378户，按负荷等级划分，一级客户767户，二级客户983户，临时性客户301户。2017年，国网四川省电力公司对辖区内2051户高危和重要客户的供电电源等情况开展了专项排查，共发现安全隐患6642条，共出具5658份用电检查结果通知书，提出整改意见6437条，主要涉及供电电源配置、受电设施、应急处置体系等。排查结束后，已及时以正式文件分别向四川省经信委、四川省能监办、四川省安监局报送了《国网四川省电力公司关于2017年供电经营区内高危及重要客户电力安全隐患的报告》，并督促客户对存在的隐患制定切实可行的整改方案，促进整改。二是圆满完成十九大等重大保电任务。为确保十九大保电工作顺利开展，国网四川省电力公司及所属各单位提前谋划、超前部署，积极应对，周密制定十九大保电方案，细化保电措施，全力以赴做好保电及应急服务工作，确保保电万无一失。十九大期间，各单位重点对各党政机关、电视新闻媒体、高铁、机场、地铁、医院、煤矿、化工等重要和高危客户开展供电安全服务工作，告知并督促客户整治内部隐患，加强客户隐患治理整改的专业指导和跟踪服务，切实做到了排查、通知、备案、服务、督导“五个无遗漏”。同时将高危重要客户隐患向当地政府报备，切实做到了“服务、通知、报告、督导”四到位，防止因供用电原因引发的重特大安全事件。圆满完成了十九大保电任务。十九大期间，国网四川省电力公司共有1156个保电点，应急保电队伍591支、参加保电人数4287人、出动车辆1478次、发电车38台、发电机497台、UPS供电设备4台。据统计，2017年，国网四川省电力公司圆满完成2017年中央电视台春节联欢晚会凉山分会场保电、“两会”保电、省十一次党代会、九寨沟地震等重大保电共计205次。

# 安全生产

责任编辑：何　飞

# 安全管理

【概况】2017年，国网四川省电力公司以习近平新时代中国特色社会主义思想和中共十九大精神为指导，始终坚持生命至上、安全第一，全面推进本质安全建设，强化各级安全责任落实，加强安全基础管理，深化隐患排查治理和风险管控双重预防性机制，进一步提升安全质量管控能力，为公司和电网持续健康发展提供坚强的安全保障。一年来，国网四川省电力公司未发生人身死亡事故，未发生一般及以上电网、设备事故，未发生重大火灾事故，未发生五级信息系统事件，未发生负同等责任的特大交通事故，成功处置了各类突发灾害，确保了四川电网安全稳定运行，安全生产保持平稳局面。截至2017年12月31日，国网四川省电力公司安全生产4691天。

【主要举措】1.推进本质安全建设。主动对接中共中央、国务院推进安全生产领域改革发展部署，借鉴监事会问题清单梳理有效方式，在国家电网公司系统首家开展安全生产风险清单梳理，全覆盖、拉网式排查安全突出风险和管理短板，以清单方式统筹推进各级640项重点问题整改、309项补强措施落实。开展本质安全管理理论研究，编制《电网企业本质安全能力建设与实践》，指导国网四川省电力公司各级更加系统、更加整体、更加协调地推进安全治理。

2.落实安全主体责任。抓住责任制“牛鼻子”，大力推动安全责任体系建设，捋顺领导干部、专业部门、监督部门安全责任链条。首抓领导干部带头履职，创新开展领导干部安全述职评议。建立安全专项报告制度，开辟安全重大问题治理绿色通道。制定年度安全生产工作实施意见，细化重点任务清单，统筹协调推进，国网四川省电力公司本部相关17个部门按期完成2017年138项重点工作，“管业务必须管安全”工作要求实效落地。

3.组织安全专项工作。抓好全年安全工作组织、策划、监督、落实，有序督导春（秋）检预试、迎峰度夏（冬）安全。扎实开展为期4个月的安全生产大检查，全员参与、全面覆盖，整改问题1800余项，为中共十九大胜利召开营造安全氛围。全面开展电力建设工程施工安全年活动、基建现场反违章专项行动，有效防范人身事故风险。按照监事会和国家电网公司统一部署，全覆盖开展安全生产问题清单专项梳理。

4.深化隐患排查治理和风险管控。落实“全覆盖、勤排查、快治理”，狠抓各专业领域安全隐患排查治理，组织开展过程考核，累计排查整治安全隐患两万余项。贯彻“全面评估、先降后控”，各级发布电网、施工、检修风险预警2200余项，逐项落实预控措施，分级开展督导检查，所有风险均得到有效管控。全力构建电网风险预警管控联防机制，巩固特高压直流及近区电网安全防线，主要做法蝉联国家电网公司电网风险预警管理典型经验。

5.加强现场安全监督。加强省级安全巡查队伍建设，扩充人员，开展培训，满足现场安全监督管控实际需求。实施精准化“日管控”，统筹计划编制与变更、风险会商与预警、现场实施与监督，实现作业计划、作业人员、作业现场全面受控。抓实抓牢反违章工作，创新作业现场定向安全监督，深化反违章考核评价指数应用，开展反违章安全约谈、红线禁令“说清楚”，保持高压态势。

6.夯实安全基础工作。开展安全生产“贯标准”活动，精选6类专业70项标准制度，纳入强制性学习内容，促进安全生产要求在一线班组执行落地。分级分层狠抓安全培训，举行生产、建设、水电3大类7个专业《安规》省级调考，首次实现专业全覆盖。推进水电厂安全性评价自查评和复评价，开展为期5个月的集体企业安全专项检查，发电和集体企业本质安全水平进一步提升。圆满完成石龙桥煤矿去产能关闭任务，工作成效获国家电网公司安质部高度肯定。

7.加强全面质量监督管理。总结提炼“基于全、融、控的资产全寿命周期管理体系深化应用”成果获得国家电网公司典型经验。高质量完成电网实物资产统一身份编码试点建设，为国家电网公司系统全面推广应用提供有效支撑。组织开展配网设备质量“两排查一整治”专项行动，累计发现问题150余项，约谈、追责不良行为供应商28家。开展“质量月”活动，营造质量管控浓厚氛围。组织18家单位完成电能质量监测系统数据大屏建设，实现可靠性数据即时展示、专业共享、协同管控。

8.圆满完成重要保电和应急抢险任务。全力做好中共十九大供电保障，按照“五个最”要求，自上而下建立严密的组织体系，深入细致落实保电工作方案，协同各专业扎实做好电网运行、设备运维、优质服务、工程建设、信息通信、安全保卫、应急管理等各项工作，全面实现“四个零”目标。全力应对茂县山体垮塌、九寨沟7.0级地震等自然灾害，建立安全生产值班制度，制定抢险应急安全工作指令，确保应急救援各项工作安全有序。

**【存在问题】**1.国家法治环境越来越严。以人民为中心的发展思想把安全生产摆在更加突出的位置。综合监管、行业监管、属地监管执法要求和约束日趋严格，江西丰城“11·24”特大事故，责任追究之广、处罚措施之严前所未有，体现了国家加大依法治安力度，坚决遏制重大事故的坚定决心。

2.人身事故风险高位波动。国网四川省电力公司生产运维、电网建设、农网改造等作业现场点多面广，庞大的业务量与现场管控承载力不适应的矛盾日益突出，一些项目深入高原、山区，施工环境恶劣复杂，小型零星分散作业管控粗放的局面仍未彻底扭转，人身事故风险较大。

3.大面积停电风险始终存在。四川水电外送三大特高压直流输电线路处于同一走廊，输电通道内恶劣天气、地质灾害多发频发，对电网安全构成严重威胁。随着渝鄂背靠背工程建成投产，四川电网结构发生深刻变化，频率稳定、超低频振荡等新问题需引起高度关注。

# 运 检 管 理

**【概况】**国网四川省电力公司以“贯标准、强基础、抓管理、促提升”为主导，扎实做好“管理提升年”活动，着力推进运检智能化建设，提升运检工作质效，全力保障电网安全稳定运行。

**【主要举措】**1.全力保障特高压电网和重要水电送出通道安全运行。三大特高压直流输电线路四川段未发生因运维不当导致的直流线路降功率、单双极闭锁等不安全事件，近区电网未发生对三大特高压直流输电线路造成影响的故障，圆满完成了川电外送任务。

2.全面推进智能运检体系建设。不断提升电网设备“管控力”和专业管理“穿透力”，加快推进无人机、机器人、在线监测、带电检测、配电自动化等新技术实用化；着力“国家电网公司智能运检管控系统示范区”建设，管控系统实现省内应用全覆盖，先后迎接国家电网公司总经理寇伟、副总经理张智刚视察，获得高度肯定；建立群众创新机制和创新应用平台，积极开展群创成果发布、评选和应用，4项成果在“国家电网公司第二届运检职工创新成果评选”中获奖。

3.加强专业精益化管理。国网四川省电力公司积极参与总部试点和专项工作，以强化电网及检修作业风险管控为根本，以变电精益化评价和“五通”试点为抓手，以强化输电线路本质安全为重点，以保障配网供电优质服务为核心，全面提升运检专业精益化管理水平，220千伏及以上线路跳闸率、停运率同比下降38%、52%，配网线路跳闸率、故障报修同比分别下降28.7%、29.2%；全面实现无人机飞巡常态化，作为国家电网

2017 年 1 月 2 日，国网四川省电力公司藏区运维人员开展“电力天路”观冰特巡
（曹颖　摄）

公司第一批试点单位，初步建成了多机种无人机与直升机、人工协同巡检工作模式，制定无人机巡检作业图像及视频采集标准，无人机巡检公里数同比提升38%，巡视速度提高3倍、降低人力资源30%、节省费用约1500万元；特高压带电作业取得历史性突破，成功实施±800千伏锦苏直流输电线路国内最高海拔带电作业，开展超特高压输电线路带电作业总次数同比提升56%；创建500千伏防冰害标杆线路约170千米，高效改造跨成绵乐高铁等重要“三跨”244处；深化线路视频平台应用，完成500千伏塘乡一二线等67套无人区视频和防山火视频接入，完成成绵乐、成渝高铁103套“三跨”视频布点；落实重点区域电缆防火防爆措施，实现110千伏及以上输电电缆全覆盖；编制高压电缆隧道综合整治标准，完成3公里示范隧道整治和锦江、东郊隧道巡检机器人建设；完成沈阳古河220千伏家族性缺陷电缆头隐患排查和更换61个；全面开展成都城市电缆网清理，已完成865千米电缆通道清理；推进10千伏电容电流、加装小电阻及消弧线圈专项治理工作；开展专项金属监督，在500千伏广都变电站、500千伏资阳变电站、达州220千伏余家变电站等发现各类设备严重缺陷135项；大力推广配网不停电作业，开展德阳不停电“示范区”建设，全省从业人员、工器具车辆和作业量明显提升，已开展不停电作业1万余次，同比提升31%。

4.大力开展电网设备隐患排查治理和反措自查整改工作。严格杜绝因电网设备故障停运原因影响客户供电和优质服务工作，累计排查出输变配电严重及以上缺陷120余项、反措未落实问题14万余项，按照轻重缓急原则，对各类问题逐一整改；带电检测工作取得重大突破，应用特高频局放和超声局放检测技术，发现和处理了500千伏广都变电站刀闸金属异物放电、220千伏余家变电站大面积零值或低值悬式绝缘子等重大缺陷；深度挖掘变压器带载能力，落实变压器运行的各项保障措施，全省在迎峰度夏期间共出现304台次主变超载运行，没有发生因变压器带载能力问题的拉闸限电。

2017年2月27日，国网四川省电力公司员工认真除冰保安全（杨红　摄）

5.持续加强运检应急队伍建设。及时处置汶茂线、福回线、草观线等地灾隐患，高效开展“九寨沟地震”抢险救灾工作，迅速恢复灾区供电。

**【存在问题】**随着党的十九大习近平新时代中国特色社会主义思想的确立，全面建设社会主义现代化国家的新部署开启，电力体制改革深入推进，社会经济发展、居民生活用电在供电能力、供电质量、安全性等方面提出更高的要求，对公司电网运检业务实施、配网建设、供电优质服务、应急抢险等方面提出了更高的要求，电网运维保障工作面临严峻考验和更大压力。

1.超特高压运维保障和配（农）网管理“两头薄弱”问题仍然存在。随着四川电网不断发展，超特高压电网不断延伸，越来越多重要（枢纽）变电站、输电线路在高原、偏远及无人区落地，这些地区往往地理环境复杂恶劣、自然灾害频发，山火、冰雪、雷暴、大风、地质灾害等影响电网设备安全运行的风险因素长期存在，需投入的运维资源非常大；电网“强直弱交”矛盾突出，水电重要输电通道长期重载，迎峰度夏（冬）“卡脖子”现象突出，电网本质安全水平不高，运维安全压力非常大。同时，配电网基础薄弱，存在发展不平衡、部分地区配网网架结构不合理、装备水平总体不高、局部低电压、三相不平衡等问题，配电自动化覆盖率低，城市地下管线数量迅速增长而电缆共通道问题不断加大，高峰负荷期间配变重过载现象突出，中心城区停电的风险短时间内难以根除，配网保供电和优质服务压力大。农电运维管理体系未理顺，各市公司管理职责差异较大，导致运维管理弱化；农网运维人员年龄结构偏大，初始学历偏低，技术技能水平提升较困难；农网运检管理难度大，信息化应用水平低，大部分农网日常运维仍停留在纸质资料和个人经验上，农网运检管理的提升还需加大更多的软硬件投入。

2.运检智能化建设点多面广，任重道远。近几年来，四川电网发展迅速，电网设备规模大幅增长，电网设备运维检修管理和业务实施工作量大幅增加，但在线监测、无人机、机器人、带电检测、配电自动化、移动终端等新技术和群众创新成果在电网运检工作的普遍应用还没有跟上，电网设备和运检人员装备的智能化、信息化水平越来越难以适应坚强智能电网发展的需求，提升运检质效的新技术和新科技手段应用需求非常迫切。此外，部分地区（“三州”藏区及偏远山区）电网设备老旧，软件、硬件改造、更新，还需要投入大量的人财物资源。

国网四川省电力公司变电运行人员对110千伏大石桥变电站主变进行红外测温（黄峥　摄）

3.运检群众创新培育缺乏资金支持，创新成果推广应用落地困难。运检职工创新局面刚刚打开，各单位职工创新项目培育除科技项目有少量资金支持外，对于小微创新、周期长的项目没有明确的资金支持，无法可持续地支撑群众创新动力。此外，创新成果推广应用合规性问题突出，相关保障机制的缺失，导致优秀的群创成果推广应用非常困难。

## 应急体系建设和应急救援

【概况】2017年是国网四川省电力公司“管理提升年”，国网四川应急中心以中共十九大精神为指引，把学习宣贯十九大精神和习近平新时代中国特色社会主义思想作为首要政治任务；以适应新时期电力应急事业发展为出发点，抓管理、抓创新，稳步推进应急能力新提升。国网四川应急中心紧紧围绕国网四川省电力公司“一强三优”建设目标，以“夯实应急基础，锤炼应急能力，精

国网四川省电力公司举办第四次应急通信演练　（王彬　摄）

于应急实战”为基本出发点，狠抓安全，拓展应急管理纵深，丰富应急文化内涵，实现应急管理、救援、培训、研究协同发展和能力新提升。

**【工作成效】**1.应急预案体系日益完善，管理更规范。一是配合四川省政府完成了《四川省大面积停电事件应急预案》修编、评审和发布工作，并同步修编了国网四川省电力公司大面积停电事件应急预案，市州供电公司、县级供电公司大面积停电事件应急预案修编完成率均达到100；二是组织各市州供电公司、直属单位和发供电、三级及以上资质的承装修试单位广泛开展各类突发事件应急预案的修编、评审和备案。其中市州供电公司、直属单位、发供电单位完成率为88%，三级及以上资质的承装修试单位完成率为62%。三是按照《国家电网公司直属产业、集体企业应急预案体系框架》（安质三〔2016〕82号）要求，督导国网四川省电力公司所属集体企业逐步修编和完善预案体系。

国网四川省电力公司开展 2017 年川南片区省地协同联合防汛应急演练（王彬 摄）

2.应急演练常态化，实战能力新提升。强化应急演练标准化模块应用，国网四川应急中心结合国网四川省电力公司电网迎峰度夏、防洪度汛、防地质灾害、防大面积停电等重点工作，认真开展“安全生产应急演练专题行”活动，组织和参与了“四川、重庆、湖北大面积停电事件联合应急演练”“四川电网防汛减灾暨迎峰度夏大面积停电联合反事故演练”“2017年省级抗震救灾综合演练”等省级演练，督导各市州供电公司、直属单位开展各类演练共1766场次，参演人数55600人次，检验了国网四川省电力公司应急机制，锻炼了队伍，增强了应急能力，取得了实效。

3.防灾减灾见成效，抢险救援出佳绩。按照四川省政府和国家电网公司关于2017年防灾减灾工作的统一安排和部署，国网四川应急中心协同国网四川省电力公司相关部门、单位召开了防震减灾会，对2017年四川省地震灾害发生趋势及面临的地质灾害风险进行分析，研究落实防范措施，制定了《2017年公司重点区域防震救灾总体方案》和《防震救灾专业子方案》，为国网四川省电力公司落实防震救灾方案和措施，正确、快速、高效地处置地震灾害事件，最大限度地减少人员伤亡、财产损失提供了保障。在“6·24”茂县山体滑坡和“8·8”九寨沟地震抢险救援中，国网四川应急中心会同国网阿坝、成都、德阳等供电公司和单位共计投入459名抢险人员、133台抢险车、18台发电机（车）和21台无人机、卫星便携站、短波通讯设备、照明灯具等特种装备，全力投入抢险救灾和供电保障，得到了四川省委省政府和州委、州政府和广大群众的高度肯定和赞扬，国网四川应急中心装备党支部荣获四川省“8·8”九寨沟地震抗震救灾先进党组织称号。

4.全面推进应急能力建设评估。国网四川应急中心深入贯彻《国家能源局关于深入开展电力企业应急能力建设评估工作的通知》及国家电网公司相关工作要求，制定了《国网四川省电力公司应急能力建设评估工作方案》，以预防与应急准备、监测与预警、应急处置与救援、事后恢复与重建等应急管理各环节为主线，以应急能力评估为手段，建立国网四川省电力公司应急能力建设评估工作体系，客观、科学、系统地评估各单位应急能力。建立工作月报机制，及时掌握各单位评估工作进展，对各市州供电公司进行应急能力建设评估工作复查评。国网四川省电力公司应急能力建设以高分通过国网西南分部评估。

5.安全生产和应急工作监督扎实有效，筑牢安全防线。一是坚持“安全第一，预防为主，综合治理”的工作方针，对国网四川省电力公司运检作业、基建施工、农网工程及风险预警等现场巡查391个，发现违规违章1357条，其中红线禁令1条、严重违章378条，全面完成了安全巡查工作任务，为国网四川省电力公司安全生产提供了坚强保障。二是结合国网四川省电力公司安全大检查等活动，就应急预案管理、装备物资管理、队伍管理及应急演练标准化模块组建及运用等方面对公司各单位进行了应急专题、专项检查，查找问题和不足，形成整改通知书，督促各单位完善应急日常管理工作，提升应急管理能力和水平。三是利用应急指挥中心视频监控系统坚持开展重要生产、基建、检修等场所视频反违章工作，累计巡查变电站2632座次，发现违章179起。

6.应急创新成果凸显，实战应用建新功。一是系统性开展输电通道地质灾害监测、评估、预警与应急处置技术攻关，初步形成输电通道地质灾害监测治理的现代化系统技术体系，并在实际监测中成功投入应用。二是推进转化可见光/红外双光遥感装置、自组网现场通信节点网络系统、应急演练模拟推演系统科技成果运用，即将投入实际应用。三是圆满完成《国网公司输电线路高空救援技术》课题研究，实现超高压、特高压输电线路高处坠落应急救援技术攻关，编制了《输电线路高空应急救援技术手册》，填补了绳索救援技术在电网高空救援实战应用的空白。四是深化无人机技术应用，完成第二代无人机喷火除障装置的研究开发应用，成功测试无人机激光雷达成像和远距离、高海拔巡线系统，首次将无人机激光三维成像建模投入“8·8”九寨沟抗震救灾，取得良好效果。

国网四川应急中心高空绳索救援技术取得国际资格认证（王彬　摄）

7.应急值班和信息报送规范有序。圆满完成十九大、国庆、8·8地震等重大活动、节假日和突发事件的应急值班工作。2017年，指挥中心共接到突发事件报告133件，发布各类预警信息95次，报送国家电网公司、省市政府、国家能源局四川监管办等各类事件报告160余期，确保应急信息收集、汇总、分析、报送的及时性和准确性，为应急处置工作的统筹部署提供了高效的信息支撑。

8.圆满完成年度应急培训计划。承办应急培训班22期，培训1083人，培训量达到4559人·天，培训总体满意率99.98%。其中国家电网公司应急救援培训班14期、应急管理培训班1期；地市供电公司应急救援培训班2期、其他体验式培训班5期。中心4名教练员取得了工业救援国际一级认证证书，5名取得民航飞行总局无人机驾驶操作证，应急专业技能和培训水平不断提升。

**【党的建设】**2017年，国网四川应急中心党委立根铸魂，持续夯实党建基础。深入推进“两学一做”学习教育常态化制度化，紧紧围绕公司改革发展任务，充分发挥政治核心和保障监督作用，以中共十九大精神为指引，大力加强党的建设、法制建设、企业文化建设和队伍建设，促进中心全面协调健康发展，为全面完成中心各项目标任务提供了坚强的政治保证。

一是党建工作再上新台阶。全面学习宣传贯彻中共十九大精神，将十九大精神化作思想武器和履职尽责的内在动力；实行党建标准化管理，将原有3个党支部调整为7个党支部，实现了党建工作一级抓一级、层层抓落实的格局；落实“一岗双责”制度，签订了《党风廉政建设目标责任书》，建立完善了“三重一大”决策实施细则，落实“两个责任”；推行合格党员积分制，建立“党员责任区”“党员示范岗”，发挥党员先锋模范作用；完善协同监督职能，召开年度反腐倡廉建设工作会，明确党委领导班子、班子成员及部门主体责任51项和纪委、纪委书记、纪检监察部门监督责任31项，建立了协同监督机制。

二是积极打造既融合国家电网公司卓越企业文化又具有电力应急特色的企业文化精品，促进电力应急文化的传播落地。国网四川应急中心《无人机三维实景建模技术在应急救援和电网运行中的深化应用》以创新类项目最高分获国网四川省电力公司第三届“青年创新创意大赛”一等奖；积极开展“抗洪保电”“地震应急救援”“十九大”等宣传策划，配合人民日报内参完成了应急体系建设的专稿，协同中央电视台完成云端天路藏中联网工程、十九大专题、《还看今朝》之古路村通电等直播的航拍任务，获得中央电视台的赞扬和肯定；中心微电影《高空应急救援队的故事》获英大传媒2017年度优秀电视作品微电影类二等奖，《逆行者》获中华全国总工会、国资委第四届微影视铜奖。

三是青年工作彰显活力，工会工作亮点纷呈。围绕国网四川应急中心应急体系建设重点工作，开展青年志愿活动，引导青年立足岗位建功立业；坚持以丰富员工文化生活，构建和谐劳动关系为主题，打造劳模创新工作室，开展 “夏送清凉”、“冬送温暖”、困难员工帮扶、维权咨询、万步行等主题活动。

**【管理建设】**2017年是国网四川应急中心依法治企、规范管理取得长足进步的一年。国网四川应急中心以巡察问题整改为契机，深刻剖析、举一反三，全面梳理和排查各项工作中存在的风险点和薄弱环节，制定整改措施，按部门职责、岗位职责，层层分解整改任务，逐级明确责任部门、责任人员和整改时限，强化跟踪督办，细化责任考核，在规定时限内完成具体问题整改和责任追究，持续做好制度完善、流程优化、责任明晰、过程管控、目标考核等工作，形成“干事干净，遵章守纪”良好企业氛围，逐步建立“有章可循，有据可查，有人负责、有人监督”的长效机制。一是全面梳理各类项目、物资、资产，从项目发起、项目可研、项目预算、项目采购、项目实施、项目验收和结算，进行全方位清理，查找存在的问题，研究制定改进措施；二是加强成本和资本金使用管控，积极响应国网四川省电力公司“降本增效”和“三降一去”方针政策，确保国网四川应急中心资金使用合理、合规、合法；三是持续推进人资专业化管理，科学分解指标，细化考核；四是通过中心组学习、普法讲座、安全规程考试、网络考试等形式，大力推进职工知法、懂法、用法。

# 经营管理

责任编辑：何　飞

# 计划管理

**【概况】**2017年，以国网四川省电力公司“效益提升年”和“管理提升年”活动为主线，一是强化管理，修订公司专项计划管理办法，实现了计划的“事前、事中、事后”全过程管理，确保项目计划按期建成并投产，早见效、见实效。二是完善机制，新增季度计划并纳入考核，确保了公司全年综合计划目标顺利完成。三是强化管控，积极推进计划执行，强化了关键时间节点里程碑管控和执行情况监督，大幅提升完成进度。四是创新思路，强化了16类项目储备管理，该工作亮点已在国家电网工作动态第2087期中择要刊发供国家电网公司系统内单位交流借鉴。五是超前谋划，完成三年滚动项目储备工作。国网四川省电力公司的“创新‘一核两翼’模式，构建‘五位一体’项目储备新机制”入选国家电网公司同业对标2017年典型经验。六是主动作为，开展《基于全业务数据中心的电力投资决策模型研究与应用》等多项重大课题研究工作。

# 运营监控中心建设

**【概况】**围绕“管理提升”，国网四川省电力公司运营监控中心立足服务公司领导、服务专业部门、服务基层单位，按照“用数据开展监测、用监测管理数据”的工作思路，不断的夯实自身发展基础，在公司运营管理中发挥“千里眼、顺风耳、铁算盘、预警机”的积极作用。

**【工作举措】**一、提升监测工作质效。一是以依法从严治企为出发点，开展电费回收，电价执行、大额资金使用、非生产性支出等资金收支监测，提醒业务部门规范电费违约金、物资采购合同支付、差旅费、物业管理费和非生产性费用列支管理，实现风险事前预警。二是推进重点工程项目执行，以里程碑计划为脉络，开展电网基建、农网改造、小型基建、大修技改从开工到结决算各流程环节执行进度监测，发现公司项目成本入账及转资比例偏低，结决算工作推进滞后等管理薄弱环节，引起公司领导重视，通过组织召开专题会议，明确整改目标，推动项目后续管理提升。三是以客户感知为重心，开展配网运行、停电计划执行监测，监测发现台区低电压、重复停电、延期送电等客户投诉热点，支撑运检、调控和营销等业务的融合贯通。2017年，两级运监中心以管控核心业务活动为重点，开展监测主题21项，编制监测报告45篇，派发协同工单210份，促进业务部门出台完善提升措施23条，挽回经济损失981万元，紧扣“管理提升”，较好发挥了业务“实际、实用、实效”作用。

二、推进数据资产管理体系建设。一是组织国网四川省电力公司首届大数据劳动竞赛，归集各单位大数据应用200余项，初步锻炼了公司大数据人才队伍，国网德阳供电公司等单位利用大数据竞赛，创新务实加快营销、运检、调控和规划计划等业务数据开发利用，在公司内部初步营造出“用数据管理、用数据决策、用数据创新”的管理氛围。二是创新数据管理体系研究，推进数据共享平台建设，按照“业务体系—数据体系—监测体系”逻辑框架，完成18项运维检修本质业务、8个运维检修相关信息系统和10345个业务数据项的梳理。以运维检修业务活动及数据梳理为突破口，结合CIM3.0的规范指导，开展数据模型和接入路径研究，完成数据共享平台技术规范书的编制。三是选择项目全过程、停电管理、营销稽查深化应用、新上客户“五位一体”全业务流程等4大监测主题，构建数据和监测模型，完成在线监测分析工具开发和部署。2017年中心提炼数据管理的实践经验，“智慧运营为目标的电力企业数据产管理体系建设”入围中国企业联合会优秀管理创新评选。

三、创新工作机制。一是创新异动闭环管控横向协调机制，围绕中心重点监测成果，按周开展部门协调会，督促业务部门完善管理机制，按期反馈通报，从管理源头消除异动问题发生隐患。二是大监督体系建设实现突破，发挥运监中心数据监测、跨业务关联分析等管理优势，为审计和纪检部门提供监督线索231条，监督部门对监测成果需求的频度和数量明显增加，监督合力持续汇集壮大。

四、提升运监队伍综合素质。一是端正党员思想政治作风，编制《运营监控中心“旗帜领航·三年登高”2017年（基础建设年）工作计划》，强化责任落实，加强思想政治建设，着力解决党的建设“四个化”问题，以党建工作为引领，为持续提升运营监控中心业务发展提供坚强保障。二是持续提升数据分析能力。梳理总结运营监控专业最佳实践案例，归集评选典型经验21篇，3篇入选国家电网公司最佳实践案例。以打造“数据管理专家”为目标，组织6期200余人次常态业务能力培训，按周开展员工自学讲堂活动，提升专业管理和数据加工处理的综合能力，储备数据管理方面的专家人才。

# 资产与财务管理

**【概况】**2017年，国网四川省电力公司以“管理提升”为目标，以“健体增效”为主线，坚持集约化管理不动摇，深入推进财务创新发展，攻坚克难、奋发有为，确保了公司在新常态的经济形势下，实现了稳健经营和稳中提质，资产负债结构持续改善，运营质量效率不断提升，有力保障了企业负责人业绩考核排国家电网公司第十 位，同比提升两位，各项重点也取得显著成效。

全面完成了年度经营目标，全年完成省内售电量1770.57亿千瓦时，同比增长5.79%，完成预算目标100.89%，排国家电网公司第6位；实现营业总收入净额973.38亿元，同比增长6.64%，完成预算目标101.7%，排国家电网公司第6位；营业总成本974.5亿元，同比增长6.73%,完成预算目标105.83%，排国家电网公司第6位；利润总额5.36亿元，同比增长8.28%，与预算目标持平，排国家电网公司第十六位，连续三年保持增长，连续八年实现盈利；可控费用92.1亿元，同比下降2.57%,与预算目标持平；资产负债率71.13%，同比下降2.66个百分点,低于预算目标2.16个百分点,排国家电网公司第22位；资产总额1624.89亿元，同比增长6.17%，完成预算目标的97.29%，排国家电网公司第5位；应收账款2.53亿元，同比下降19.3%；存货2.92亿元，同比下降24.35%；带息负债总额721.15亿元，同比下降1.04%；固定资产投资169.05亿元，同比下降34.89%，与预算目标持平；经营活动现金流量净额184.56亿元，同比增长17.5%，排国家电网公司第8位；净资产收益率0.9%，同比提高0.44个百分点,完成预算目标230.77%，排国家电网公司第二十一位；流动资产周转率34.74%，同比提高11.72%，完成预算目标176.43%,排国家电网公司第2位；经济增加值-13亿元，同比增加2.21亿元，优于预算目标7.48亿元；“三公”经费、会议费等重点单项费用均严格控制在预算限额内。全年通过党委会财务议题12项，参加国家电网公司财务工作会议33次，组织召开国网四川省电力公司财务专题研讨会90余次，国网四川省电力公司被评为国家电网公司系统2017年稽核内控与风险管理先进单位，连续四年获得企业年度报告填报工作优秀单位荣誉称号。

**【工作成效】**1.稳步推进电价改革，保障公司持续发展。输配电价改革对电网可持续发展至关重要，公司高度重视、全力以赴开展工作。国网四川省电力公司董事长、党委书记石玉东靠前指挥，多次向省领导和价格司有关领导沟通汇报；分管领导带领财务部多次向省发改委汇报沟通，陪同监审组赴藏区实地监审，参与核价全过程；财务部加班加点开展研究分析、准备汇报材料等工作；各部门和各单位积极配合相关工作。公司上下的艰辛付出取得了良好成效，藏区电网纳入了核价范围，输配电价按合并口径批复，解决了高价区同价问题，化解了大部分改制县公司的电价矛盾，有力助推了公司“三个一”的战略布局，输配电价水平和准许收入达到了预期成效，得到了国家电网公司认可，为支撑公司后续投资、良性发展奠定了基础。同时，争取到价格主管部门取消了留存电量降价执行、高价区污水处理、市政路灯等优惠电价，明确了系统内单位之间的趸售电价改为内部结算价，以及低价区5年同价规划等政策，规范了电价管理，增加了公司收益，切实维护了公司利益。

2.持续加强经营管控，全面落实整改决议。贯彻落实国务院国资委、监事会重大决策部署，围绕公司“三降一去”整改决议目标，重点开展亏损企业治理、去杠杆、“两金”清理、法人单位压减、低效无效资产处置五大专项行动。2017年，亏损企业剩余7户，较年初减少32户，亏损1.67亿元，减亏1.75亿元，全面完成治理任务。资产负债率低于年度整改目标1.36个百分点，超70%的单位同比减少25户，超额完成5户。“两金”存量压降5.01亿元，比年初降低37.89%。压减法人单位48户，处置低效无效投资16项，其中12项纳入整改决议，超额完成9项。峨电能源公司石龙桥煤矿“去产能”工作顺利通过现场验收，得到国家发改委、国务院国资委高度肯定。

3.推动财务创新发展，提高精益管理水平。完成省级内部模拟市场业务活动梳理和交易价格测算，在2018年年初实现试运行。深化成本效益挂钩机制，下达增量效益挂钩成本6.7亿元，同比增长4.36%。严控固定资产投资规模，投资计划同比减少91亿元，下降34.89%，促进投资与盈利能力、资产负债水平相适应。清理处置工程项目6500余项，全面推行工程自动竣工决算，完成决算转资项目513个，暂估转资项目88个，竣工决算完成率、暂估转资完成率均达到100%。制订《“子改分”后汇总增值税管理操作指南》，促请省国税局统一“营改增”涉税标准，防范相关税收风险，减免接收用户资产企业所得税2.92亿元。争取中央财政补助资本金5.23亿元，地方财政补助资金2.53亿元。

4.深化资金集中运作，持续提升运营效率。加强融资统一管理，下达2017年融资计划20.16亿元，保障子公司资金需求。指导“子改分”县公司提前归还贷款1.21亿元，协调处置逾期贷款本息0.31亿元。在完成固定资产投资169.05亿元的情况下，公司带息负债规模较年初减少7.67亿元，节约利息支出0.33亿元。加强银行账户管理，优化账户结构，撤销外部银行账户76个，电费账户管理实现“一市一行一户”。强化银行承兑汇票管理，全年收取贴息汇票41.31亿元，占汇票总额65.76%，较2016年提高53.41个百分点。开发部署资金拨款联动支付功能，实现资金支付全流程管控，组织开展内部账户封闭结算，不断提升结算效率，减少资金沉淀，降低支付风险。

5.强化问题清单梳理，夯实依法治企基础。编制印发国网四川省电力公司《问题清单梳理工作指导手册》，全面开展问题清单梳理全覆盖，强化穿透督导和问题整改，公司本部累计督导80次，各单位现场督导385次，建立重大问题整改决议433项，重点问题专项报告257项，“立查立改”问题1437项，牵头开展监事会迎检工作5次，完成9项督办事项，顺利完成集中重点检查，积极配合监事会检查组对14家单位进行了现场检查，出具209份检查事项确认单，监督检查工作得到监事会高度认可。完成国网四川省电力公司2017年全面风险管理报告和内控评价报告，组织开展电费收入、关联交易专项内控评价，完成国家电网公司总部财务实时监督问题整改，公司依法治企、合规理财能力不断提升。

6.持续完善两个保障，加快转变财务职能。适应新形势新业态要求，修订会计集中核算、资产租赁2项管理细则，制定《“两供一业”职工家属区分离移交操作手册》，组织完成国家电网公司第一批次17项财务通用制度执行检查，强化制度刚性执行，不断规范经济业务。组织开展国家电网公司“五棵树”会计科目树方案验证工作，完成3000余个会计科目梳理、七大业务循环业务分析。建立数据来源统一化、审核流程标准化、审核人员专业化和审核组织立体化的决算编审体系，完成各级次报表主体237家、近6万张报表编审上报工作，有效保障决算数据质量。深化业财信息系统融合，优化合同履约支付融合流程，实现从月度预算到合同支付的全链条信息管控。开发部署电子回单批量打印、回单与凭证自动匹配、回单影像转换等功能，实现业务凭据电子化应用全覆盖，持续提升自动化、智能化水平，有力推动财务向价值管理转型。

# 农电管理

**【概况】**2017年，国网四川省电力公司提前完成新一轮农网改造“两年攻坚战”建设任务，大力实施电力助推脱贫攻坚，加强“全能型”乡镇供电所建设和星级供电所创建，推进农电管理关系全面理顺，为公司深化“两个转变”和服务新农村建设作出了积极贡献。

**【工作成效】**1.农网建设与发展进一步加快。国网四川省电力公司加强施工组织管理，强化项目需求编制，开展农网工程管理培训。坚持农网工程建设双周例会和工作简报制度，定期召开公司领导、相关部门和基层负责人参加的工作例会，及时协调解决工程建设存在的问题，高效推进工程建设。提前完成“两年攻坚战”工程建设任务，累计完成投资99.187亿元、8254个单体工程项目，实现机井通电4979口，改造中心村5975个，通动力电村1190个。有关工作在中央电视台新闻联播播出，彰显了央企的风采。国网成都供电公司、国网德阳供电公司、国网绵阳供电公司和国网南江县供电公司被评为国家电网公司新一轮农网改造升级“两年攻坚战”工作先进集体。

2.工程建设安全管理进一步加强。针对农网工程不同季节施工现场安全管理工作的重点和难点，制定下发多个农网工程安全管理文件，按月开展农网工程安全风险分析，严格落实安全管理责任。持续不间断开展农网工程建设反违章专项督查、互查工作，累计巡查施工现场102个，发现和整改问题119项，农网工程现场施工违章情况得到有效控制。进一步深化农网安全监督管控系统应用，严肃系统应用考核。国网四川省电力公司系统全年农网工程项目累计开工现场作业点2.9万个，施工作业人员33.27万人次，累计派发工单5.9万个，所有项目施工建设进展顺利，未发生各类不安全事件。

3.电力助推扶贫成效显著。电网建设成效显著。两次集中力量对国家电网供区内70个贫困县、8536个贫困村电网状况和改造需求进行梳理，两年共计投资53.44亿元，精准改善供区内贫困村电网状况。截至2017年年底，供区内6799个贫困村已满足未来居民生活水平提升和产业发展的用电需求，户均配变容量较2010年提高近一倍，为供区内169万人脱贫提供电力保障。及时接入光伏扶贫项目，推动贫困地区资源优势向脱贫优势转化。开辟绿色通道，及时为3859个农村产业项目通电投产，满足种植养殖、农副产品加工等产业发展需求，为贫困群众增收创造了有利条件。

定点扶贫成果丰硕。国网四川省电力公司选派112名优秀员工精准帮扶152个贫困村。创新“产业+智力+爱心”三位一体造血式扶贫模式，提炼精准帮扶“五步走”工作法，累计实现高石头村等67个帮扶村脱贫摘帽。“彝兴”和“丽火”绿色品牌扶贫项目被授予国家电网公司脱贫攻坚示范项目。技培中心充分发挥教育优势，受到地方领导高度肯定，国网乐山供电公司金晓峰获四川省脱贫攻坚奖，国网遂宁供电公司刘福全被评为全省优秀第一书记，国网巴中供电公司脱贫攻坚工作得到市委、市政府及五区县党委、政府高度肯定。国网四川省电力公司成功承办全省国有企业定点帮扶成果展示会，先后4次在全省交流扶贫经验，作为唯一企业在全省深度贫困地区脱贫攻坚推进会上交流发言，被表彰为省定点扶贫先进单位。

4.农电体制改革取得重大进展。国网四川省电力公司调整优化凉山彝族自治州盐源县电力公司改制方案，克服人员、职工持股等难点问题，顺利实现盐源控股公司挂牌。制订乐山沐川等7家全资子公司“子改分”工作方案并推进有关工作，7家县公司均提前完成业务切换和子公司注销。遂宁明珠、自贡富顺两家控股县公司地方国有产权上划取得国务院国资委批复，顺利变为全资子公司。截至2017年年底，国网四川省电力公司分公司达到103家，直接控股的县公司减少为10家，全面消除了代管体制。指导甘孜、阿坝、眉山等地制订小水电供区移交方案，有序开展新接收供区农网改造和农电服务工作。

截至2017年年底，国网四川省电力公司共有县公司152家，其中分公司103家，全资公司2家（明珠和富顺），控股公司47家（国网四川省电力公司间接控股县公司37家，包括甘孜、阿坝、雅安市州公司2017年“子改分”公司34家，雅安雨城、石棉、阿坝茂州公司；国网四川省电力公司直接控股县公司10家，包括凉山8家、广安邻水、乐山马边）。

5.乡镇供电所管理进一步提升。一是全面推进“全能型”供电所建设。开展供电所机构和岗位班组调整，探索营配融合作业组织方式，建立网格化管理、台区经理服务模式，组织台区经理轮训，试点新型业务，完成第一批次30家“全能型”供电所的建设工作，服务质量和工作效率明显提高。国网达州供电公司蒲家供电所“电力通管理随身宝”、国网乐山供电公司九峰供电所“农电管控”APP、国网绵阳供电公司花荄供电所“智能派工系统”等，依托“互联网+”和移动通信技术提升质效。国网绵阳供电公司文昌供电所建立“特殊短信群”和微信群，国网成都供电公司蒲阳供电所执行抢修驻点制，国网南充供电公司松林供电所设立基于光伏发电的新能源便民充电站，有效提升服务品质。二是扎实开展星级乡镇供电所创建。组织编制2017—2020年国家电网四川省电力公司乡镇供电所建设规划，实行创建工作月报制和节点控制，定期通报工作动态。对照《国网公司星级供电所创建考评规范和现场指导书》，进行内部考评，及时整改提升。建成国家电网公司五星级供电所9家，国网四川省电力公司四星级供电所47家。三是改善供电所生产营业条件。2017年供电所新增车辆配置191台，共完成61个乡镇供电所基础设施建设，竣工面积3.36万平方米，供电所基础设施条件得到较大改善。

6.科技创新和管理创新持续推进。一是提高项目需求编制水平。研发“农网工程建设改造项目需求编制软件”，有效提高各单位需求编制水平，有关成果在国家电网公司系统全面推广。试点应用“扶贫攻坚暨农网工程信息管理平台”，有效缩短人工审查时间和退回修改次数，需求成果整体质量显著提高。二是缩短物资供应周期。各级农网工程管理部门主动对接物资部门，建立起高效协同的信息共享和闭环处理工作机制。进一步优化农网工程物资采购、供应组织模式及工作流程，采用集中审查、集中签约模式，采购周期从原来的3个月缩短至2个月。建立物资供应协调例会制度，加大专项约谈、驻厂催缴工作力度，物资供应周期缩短1/4，保证了工程项目物资供应平稳有序。三是激发群众创新活力。国网南充供电公司松林供电所“青明全创新工作室”自主研发的便携式手动绞磨、新型绝缘剥线钳等工器具，获四川省工人技术创新和四川省QC创新成果奖项。国网眉山供电公司谢家供电所将“总漏保在线运行监控平台”“一体化挖坑竖杆机”等群众创新成果投入实用化，有效提高劳动效率。国网绵阳供电公司三合供电所“水滴创新工作室”的田间用电临售点，“e”金融电力综合服务计划等多项群众创新成果获得国家电网公司和国网四川省电力公司奖项。四是管理创新成果斐然。国网四川省电力公司积极开展研究工作和管理创新实践，国网眉山供电公司《“一乡一品”模式下的农村配电网建设》获全国国企管理创新论文二等奖，国网雅安供电公司《农网工程国网典设的深化应用》、国网天府供电公司《以供电服务体系创新为导向的全能型乡镇供电所建设》分获国网四川省电力公司管理创新成果一、二等奖。

7.农电党风廉政建设进一步加强。一是加强十九大精神学习。组织各级各单位认真开展十九大精神学习，把学习宣传贯彻中共十九大精神与理念提升、安全生产、工程建设、优质服务等各项任务结合起来，做到学以致用、用以促学、学用一致。二是加强党的建设。在“全能型”供电所建设过程中，明确要求根据党内有关规定设立党组织，配置专（兼）职党支部书记。在农网工程建设和乡镇供电所管理工作中，充分发挥基层党组织的战斗堡垒作用和党员先锋模范作用。三是开展廉政风险排查。制订《农电管理廉政风险排查整改方案》，结合前期巡视巡察发现的典型问题和公司农电管理方面可能存在的廉政风险，从供电所综合管理、农网工程建设、非电扶贫等方面入手，认真开展排查整改工作，共梳理问题397项，年内全部整改完毕。通过排查整改，进一步提升农电管理和优质服务水平。

# 审 计 工 作

**【概况】**2017年，国网四川省电力公司审计工作在公司党委的正确领导下，在各部门、各单位通力协作下，围绕中心工作以及“管理提升年”活动，全面履行审计监督职责，充分发挥审计监督和服务职能。全年完成审计项目1301个，完成签证审计5189项，提出审计建议3930条，增加企业价值1.27亿元，在促进公司规范管理、依法经营、防范风险等方面发挥了积极作用。

**【工作成效】**1.积极配合完成审计署的各项检查工作。配合审计署成都特派办开展的“重大政策措施落实情况跟踪审计”、差别电价执行情况以及降本减负等的延伸审计工作，在审计期间积极协调相关部门和单位，及时提供审计资料，随时了解审计动态，全过程跟踪审计进展情况。通过积极汇报沟通，审计检查结果未反映突出的问题，外部审计风险有效防控。同时，公司积极配合审计署成都特派办的工作，派员参加审计署成都特派办对西藏自治区原区委书记和主席的任期审计，得到审计署成都特派办的充分肯定和认同。

2.高质量完成国家电网公司下达任务。一是全面完成平高集团依法治企综合检查及国网西藏电力有限公司物资及招投标管理专项审计工作。本次审计揭示问题32类107个，提出重大问题专题报告1份、专报5份、管理建议书2份、典型经验2份。国家电网公司审计部对项目质量、取得的成效给予高度肯定，两个项目均获国网家电公司2017年度优秀审计项目。其中揭示的销售费用、科技项目管理、劳务用工管理问题作为重大问题得到国家电网公司党组重视。二是全力做好集体企业管理专项审计及2017年后续审计迎审配合工作。针对国家电网公司组织开展的审计工作，公司制定并落实迎审工作方案，严格迎审流程，有序组织协调现场审计工作。公司相关部门和单位积极配合，通力协作，积极加强与审计组的沟通和衔接，得到审计组的充分理解，为国家电网公司专项审计工作高效开展提供有力支撑。三是持续推进“阳光扶贫”全过程跟踪审计工作。按照国家电网公司统一安排组织开展“阳光扶贫”工程（村村通动力电工程）全过程跟踪审计，对检查中发现的问题督促各单位限时整改。审计的全程参与促进了项目的规范管理，起到了事前预防的作用。

3.深入开展公司范围内项目审计。一是对学会等机构开展巡查前的风险排查。2017年9—12月，国网四川省电力公司组织开展了对本部各部门管理的协会、学会等机构的审计调查，揭示了存在的问题和风险，各机构立查立改，建章立制，规范管理，切实消除存在的重大风险和隐患。二是全面完成常规审计项目。加强项目审计全覆盖。坚持“离任必审”，积极组织“离任即审”，加大对任职三年以上主要领导的任中经济责任审计力度，强化经济责任审计全覆盖。2017年共开展离任审计74项，任中审计7项，审计发现问题1673个，提出审计意见和建议1632条；开展工程竣工决算项目审计1153项，签证审计5189项，审计发现问题1686个，提出审计意见和建议1586条。另外开展审计调查和跟踪审计8项。三是持续深化专项审计和管理审计。国网四川省电力公司全年共开展专项审计59项。关注公司重大经营决策贯彻落实情况，开展“效益提升年”电费管理方案执行情况专项审计；围绕公司“管理提升年”的工作主线，加强关键领域、关键流程、关键环节的审计监督，开展物资关键岗位管理环节审计调查及无电地区电力建设物资清理情况后续审计。聚焦提质增效，开展取消项目后续管理审计调查和工程竣工决算滞后情况审计调查。强化审计质量控制和成果运用，组织开展了中介机构工程竣工决算委托审计项目质量检查和工程竣工决算审计决定执行情况检查工作，及时揭示了专业管理领域的薄弱环节和重要风险，并提出针对性建议，促进了公司“管理提升年”活动的开展。

4.深化审计成果运用。一是认真开展审计检查问题整改及“回头看”工作，全面梳理问题整改情况，加强问题整改督导。2017年8月开始对2011—2016年接受内外部审计检查发现的11276项问题进行全面梳理，按月督导，对单销号，截至2017年年底，已整改11155项，整改率98.93%。二是建立典型案例通报制度，做到查处与整改并重，提示风险与警示问责、分析原因与健全制度有机结合。三是对问题突出、不按期按要求进行审计整改和屡查屡犯的单位，对主要负责人进行约谈。通过建立整改的长效机制，消除了长期存在的一些问题和隐患。

5.完善审计工作机制，提升审计监督效能。认真落实国家电网公司审计体制改革工作部署，全面强化审计监督功能、完善“上审下”机制建设。2017年12月，公司审计中心组建完成，实现审计机制变革，理顺工作流程，优化审计部和审计中心、上下两级审计队伍一体化运作体制机制，形成“对上强支撑、对下强监管”的工作格局。

## 物资及招投标管理

**【概况】**2017年，国网四川省电力公司物资工作坚持“稳中求进”工作总基调，以公司“管理提升年”活动和国家电网公司“物资供应基础管理年”专项行动为载体，补短板、强基础、提效率，各项工作扎实推进。全年完成集中采购117.15亿元，其中公司采购节约资金3.62亿元，电子化单轨制采购率88.9%，远程异地招标应用率53.5%。加强电网主设备监造巡检，主设备出厂试验一次合格率达98%。深入推进“两基一化”建设，54座改造仓库和4座新建仓库投入使用并实现标准化。强化供应计划刚性执行，完成物资供应78.5亿元，物资配送按期到货率99.5%，有力保障电网工程物资供应。

**【主要工作】**1.深化管理，不断提高采购质效。严格执行《国家电网公司集中招标采购规范化工作指导手册》，提高招标采购各环节标准化和规范化水平。明确授权采购范围和目录，严格授权采购程序和流程，授权采购实施更加规范。大力推行电商化采购，累计采购金额3.95亿元，有效提升零星物资采购响应速度。不断优化采购策略，做好潜在供应商市场调研，提高招标文件审查质量，合理设置资格条件和划分标包，一次招标采购成功率持续提升。推进招标采购电子化单轨制，实施协议库存采购远程异地评标和资格预审，将设计、施工、监理类供应商纳入资质业绩核实范围，不断提高评标效率和采购公正性。

2.落实责任，持续强化质量管控。落实主设备监造重点管控措施，开展供应商生产现场巡检，加强对监造公司的考核，全面提升主设备监造工作质量。优化物资抽检策略，拓展抽检范围和深度，在实现“三个100%”全覆盖抽检的基础上，强化对农配网重点物资的专项抽检，完成抽检任务2863条，发现较大及以上质量问题126项。全面开展供应商年度绩效评价，共评价设备类供应商1086家，材料类供应商499家。开展供应商年度资质能力复核工作，完成对四川及云南省内共114家供应商、285个物资条目的文件核实和20家供应商的现场核实。严格供应商不良行为处理，督促供应商不断提高产品质量和履约服务水平。

3.整合资源，有力保障物资供应。强化物资采购供应节点管控，完善产能运能预警机制，适时启用“绿色通道”，确保藏中联网工程、川渝第三通道、农网升级改造、“8·8”九寨沟地震应急抢险和抢建工程等重点工程和紧急项目物资及时供应。推进仓库积压物资和拆旧物资清理处置，完成利库3.56亿元，实体库库存金额同比下降21%。专题研究解决废旧物资处置难问题，废旧物资竞价金额0.65亿元，同比增长195%。实施“物资供应基础管理年”专项行动，加快仓库标准化建设和移动互联技术应用，物资供应基础不断夯实。

4.强化监督，有效防范管理风险。认真落实国家电网公司物力集约化管理风险防控十项重点措施，牵头完成电商化与协议库存采购风险防控课题研究，开展公司系统物资兼职督察员业务培训，规范招标采购投诉异议处理流程，全方位加强物资风险防控能力建设。通过开展审计检查问题整改“回头看”活动，结合监事会问题梳理、重点问题现场检查，“物资供应基础管理年”专项行动检查，国网巡视迎检准备自查互查活动，进一步筑牢防范物资管理风险的基础，提升物力集约化管理水平。

5.勤练内功，不断夯实业务基础。深化物资标准化建设，进一步归并压缩采购物资型号，强化技术规范固化ID编制及应用，提升物资采购效率效益。实施物资调配信息系统二期建设和物资精益化提升ERP系统适应性调整项目，强化信息系统支撑。推进电网资产实物“ID”试点建设，制定采购环节编码及标签管理要求，完成新采购设备源头标签安装，开展相关业务。进一步加强物资队伍建设，全面落实公司从严治党各项要求，加强物资队伍党风廉政建设、思想作风建设、履职能力建设，物资队伍精神风貌、工作作风、工作质效得到明显提升。

# 援藏工作管理

**【概况】**2017年，国家电网公司成都援藏办（国家电网公司东西人才帮扶办）在国家电网公司、国网四川省电力公司的领导和相关公司及部门的支持下，顺利完成了东西人才帮扶、人员培训等各项工作，为加快推进西藏农网改造和藏中联网工程、蒙东电网工程建设，以及新疆、甘肃、青海电力企业管理水平提升做出了积极贡献。

**【人才帮扶工作】**2017年，从国家电网公司系统31家单位（23个省公司、8个直属单位）选派451名管理和专业技术人员，分别赴5家西部省（区）受援单位开展人才帮扶工作，其中：国网西藏电力有限公司371人（含农网建设和变电运维专项帮扶121人，代管县公司对口帮扶135人，管理和技术常规帮扶人87人,藏中联网专项帮扶28人），国网蒙东电力有限公司15人，国网甘肃省电力公司15人，国网青海省电力公司20人，国网新疆电力有限30人。

**【帮扶培训工作】**1.配合国家电网公司人资部分别在拉萨和北京组织召开了援藏人才帮扶、东西人才帮扶动员培训工作会议，对2017-2018年度东西人才帮扶工作进行了动员，对332名帮扶人员进行了高原病预防与应急处理知识和帮扶工作有关规定、注意事项等培训。2.协调配合国家电网公司组织25名培训师，进藏举办调控业务、处级干部等7个培训班，共培训国网西藏电力专业技术骨干312人次。

**【考评选优工作】**1.开展2015-2107年度帮扶工作总结和业绩评价。组织国网蒙东、甘肃、青海、新疆、西藏电力开展国家电网公司2015-2017年度管理提升、蒙东电网建设、西藏代管县公司等380名专项帮扶人员考核鉴定工作。2.开展帮扶评选表彰工作。在国家电网公司系统35家单位组织开展了2015-2017年度东西人才帮扶工作先进单位、先进集体和先进个人的评选、审核、报批工作，授予国网河北省电力有限公司等11家单位"国网电网公司东西人才帮扶工作先进单位"荣誉称号，授予国网北京市大兴供电公司等29家单位"国网电网公司东西人才帮扶工作先进集体" 荣誉称号，授予马珣等100人 "国家电网公司东西人才帮扶工作先进个人" 荣誉称号。国网四川省电力公司和国家电网公司东西帮扶办（成都援藏办）分别荣获国家电网公司东西人才帮扶工作先进单位和先进集体。

**【常态服务工作】**1.强化了工作制度和工作机制建设。对《国家电网公司内部人力资源市场管理办法》《国家电网公司人才帮扶管理规定》等相关制度办法进行修改完善，提出相关建议意见，并加强了《国家电网公司内部人力资源市场管理办法》及其配套的《国家电网公司人才帮扶管理规定》等相关通用制度的学习和宣贯。

2.有效开展帮扶慰问工作。协调安排各派援单位开展年度帮扶人员节日慰问工作，对国家电网公司系统31家派援单位开展春节走访慰问活动落实情况进行了督查，共慰问帮扶人员415人次。

3.拓展东西人才帮扶信息沟通、宣传平台。加强帮扶工作宣传报道，按月编辑下发东西人才帮扶工作简报，共编发《东西人才帮扶工作简报》11期（电子版），编辑总字数48多万字。组织协调受援国网四川省电力公司搭建帮扶工作宣传平台，西藏、青海等公司在门户网站上开设了"人才帮扶"窗口，新疆公司每月编辑《国网新疆电力有限公司东西人才帮扶简报》，增强了帮扶工作信息沟通和工作宣传的时效性、互动性，激发了帮扶人员工作热情。

# 公安消防管理

**【概况】**2017年，国网四川省电力公司未发生被考核的火灾、交通、治安事故。发生盗窃破坏电力设施案（事）件88起，同比下降13%，直接经济损失272.66万元，同比降低27%。220千伏及以上线路因外破引起跳闸4次，同比下降33%，盗窃破坏电力设施的违法犯罪得到有效遏制，查破窃电案件有了新突破。

**【电力设施保护】**1.圆满完成三大特高压直流输电线路满送期间的电力设施保护任务。一是促请省"三电"办发文部署三大特高压直流输电线路满负荷运行期间电力设施安全保护工作，将输变电设备纳入当地社会治安综合治理和治安综合防控体系联防联治。二是指导国网四川检修公司对215处三大特高压直流输电线路外破隐患，283处近区电网输电线路外破隐患开展治理，会同各级"三电"办挂牌整治了一批疑难问题，省"三电"办挂牌督治了5处重点外破隐患。三是协调宜宾、泸州、凉山公安机关，对三大特高压直流输电线路下的100处交叉、穿越重点点位，以当地公安机关名义设置警示标牌。四是协调省、市、区三级"三电"办，处置了成都第三绕城高速施工危及500千伏谭龙二线的安全隐患。联合四川省经信委赴邛崃大同乡蒲都高速新建工程危及500千伏雅蜀一、二线安全运行的施工现场，开展电力行政执法。

2.全力确保十九大期间的电力设施安全。一是制定十九大电力设施保护及重要目标保卫工作方案，召开了专门的会议部署，组织开展了安全隐患专项排查，完成了263处安全隐患整改。二是协调省反恐办正式将承担三大特高压直流输电线路网架、支撑作用的18个一类目标，166个二类目标纳入地方反恐防暴体系，实现了公司与地方政府相关部门联防、联动、联治。三是十九大前夕，会同四川省公安厅治安总队对系统安防进行专项检查，10月16日举办"迎接党的十九大，电力保安在行动"决战决胜阶段启动仪式，推动地方公安机关和保安服务单位共同维护电网生产、建设、工作秩序。四是与省、市公安机关建立应急联动响应机制。特级保障时段严密值班备勤，开展联合巡逻检查，在重点时段实行"见警力、见警灯、见警车"。

3.强化外力破坏安全隐患的防范处置。一是指导各单位对照国网四川省电力公司电力设施安全隐患排查治理范例，于3—6月集中开展了外力破坏隐患的排查整治活动，共排查外破重点隐患260个，完成整治237个，一般隐患2920个，完成整治2496个。二是深化重点隐患"工单制"运用，对大型开发区、大型建设工程项目制订防外破专项方案，填报"工单"定期上报，实现动态跟踪监控。全年运用"工单"整治了重点施工隐患160个，其中按照安全协议采取停电措施12处。三是配合开展电力行政执法。全年查办电力行政案件52起，行政处罚21人，办理电力设施保护区施工许可审批323件。四是联系政府相关部门制订政企协作培训方案，开展大型机械及操作人员信息建档培训。全年收集重点人员1820名，大型施工机械信息1347条，开设培训班107个，培训重点人员5115名。五是严格责任追究，2017年对2起重大外破事件执行了“说清楚”，对12名责任人员予以处罚。

**【消防交通安全】**1.认真开展电器火灾、高层建筑消防安全、危化品安全综合治理活动。一是制订了专项活动方案，层层成立了活动组织机构，摸清了系统单位84栋高层建筑、危化品安全的底数。组织开展了消防安全排查、督查167次，对排查出的414处各类消防隐患进行了专项整治，落实了高层建筑、危化品的消防安全管理措施，进一步完善了危化品管理制度，确保公司系统无重大危险源。抽派精干力量参与地方电气火灾及高层建筑消防安全隐患集中排查治理工作45次。二是会同外部消防专家对公司系统所有场所、设备存在的电气火灾、高层建筑消防隐患开展现场督查，实现内部整改闭环。全年检查了32家系统单位，下达安全隐患督办单5份，纳入“两单一表”进行过程管控，约谈了消防工作不到位的基层单位和维保单位7个。

2.加强安全隐患排查治理，强化消防交通安全管控。一是指导基层单位按照国网四川省电力公司发布的消防、交通安全隐患排查治理范例，于3—6月集中开展了消防、交通安全隐患的排查治理。共发现消防重大隐患102个，整改47个，发现一般隐患511个，整改427个；发现交通重大隐患7起，整改7起，一般隐患433起，完成整改412起。二是积极开展消防建筑安全审查、验收，全年共参加9座220千伏以上变电站的审查、验收工作，并对变电站消防小室方案进行了优化。加强对厂商的备案管理，公布了2017年54家审查合格的消防施工、维护保养及技术服务备案厂家名单。三是制定了《国网四川省电力公司机动车辆行车安全管理职责》，规范了管理。坚持对驾驶公车的人员实行考核颁发“准驾证”的制度，全年颁发“准驾证”19294个。落实车辆管理平台安装、在线监测监控和车载监控终端的管理及运行维护等工作，强化对车辆超速、越界等的监控，定期通报违规驾驶行为。

**【治安保卫工作】**1.加强重点要害部位的安全防范。一是充分发挥电力警务室职能作用，加强与运行单位、安监部门的对接，完善联合巡防机制，规范接处警管理，做好重点要害巡查和协调处理施工外破工作。全年22个供电公司警务室、52个县级警务室出动警务人员2259人次，巡查重点隐患、生产要害2974次，处理各类涉电治安事件127起，制止违规施工作业293起。二是不断规范人防工作。对系统74家专业保安服务公司、44家提供保安服务的物业公司进行了清理，提交省公安厅治安总队核查，分局予以备案。三是完善安防设施建设。对照国家反恐防范标准，确定对公司系统160处重要点位加强安防资金投入，完善安防措施，通过省能监办验收。审批变电站电子围栏建设项目33个，经验收合格、颁证投运电子围栏建设项目30座。四是做好重大活动安全保卫工作。全年出动安保人员1120余人次，圆满完成了公司“两会”、企业文化节、全省技术技能大赛等20余次重大活动的安全保卫任务。

2.严打涉电违法犯罪，妥善处置群体性事件。一是配合公安机关全年破获涉电案件10起，打击处理23人。特别是协调四川省公安厅刑侦总队督办重大案件，打掉1个流窜成都、眉山、德阳、资阳、遂宁作案的电缆盗窃团伙，涉案金额逾50万元，目前已抓获12名犯罪嫌疑人。二是积极参与窃电案件协调办理工作，打击新型窃电装置犯罪，打掉成都窃电团伙，该物业公司法人已被成都市龙泉区公安分局刑拘。三是出动安保人员439人配合处置到公司本部上访79次，上访人数258人，保障了公司正常生产、办公秩序。

# 线损及节能减排

**【指标完成情况】**国网四川省电力公司高度重视节能减排降碳工作，在四川省政府、国家电网公司的领导下，认真贯彻各项决策部署，把节能减排作为转变公司发展方式、转变电网发展方式、实现低碳发展，建设生态文明的重要抓手，取得了重要进展。2017年，国网四川省电力公司线损率完成8.66%，同比降低0.49个百分点，减少电量损失10.45亿千瓦时，节约标煤12.84万吨，减排二氧化碳32.02万吨；“节约电力”指标累计完成13.72万千瓦，“节约电量”指标累计完成5.09亿千瓦时，“节约电力、电量指标”年度目标完成率分别为139.29%和101.38%。同时，国网四川省电力公司因节能减排工作成效突出，为全省超额完成2016年度降碳目标做出积极贡献，而被四川省节能减排及应对气候变化工作领导小组办公室点名表扬。

**【工作开展情况】** 1.强化规划引领。国网四川省电力公司及所属44家基层单位全部编制并发布“十三五”节能减排工作方案，紧紧围绕电能损耗管理这一中心点，强化信息融合，深化过程管控，优化专业协同，细化责任分工，量化考核评估，突出减排增效，进一步推进“资源节约型，环境友好型”坚强电网建设，促进电网绿色发展。

2017年9月14日，国网四川省电力公司召开线损管理视频会（曹志刚　摄）

2.开展温室气体排放监测。按照《国网四川省电力公司关于加强六氟化硫气体回收及统计管理的规定》，常态开展公司温室气体排放监测，全面掌握温室气体排放情况。

3.强化线损管控。紧密围绕降损增效一个中心，坚持统一领导、分级管理、分工负责、协同合作的原则，制定并发布《2017年线损管理重点工作》（川电发展〔2017〕39号），细化降损增效措施，量化目标，明确责任单位、部门和时间节点。同时，强化降损计划执行情况跟踪，按月编制并发布22家基层供电公司线损指标完成情况通报，按季开展线损率指标季度考核，并以月度、季度线损分析例会为平台，建立专业常态指标管控、分析机制，实现全过程、专业化降损提质。

4.优化电网规划，强化电网建设。结合国家电网西南电网规划和配电网建设，切实发挥规划的引领作用，积极优化电网结构，降低供电半径，有效增强了供电可靠性和经济性。

5.加强电网经济运行管理。主网方面，继续加大电网运行经济性分析和管理。督促各地市公司根据《优化电网运行方式、提质增效降损方案》（川电调控〔2016〕53号），在确保发生N-1故障不构成六级及以上电网运行风险的前提条件下，通过优化电网运行方式来降低电网运行损耗。配网方面，通过电网改造、运行方式调整等技术手段，着力优化配电网运行方式。2017年全年降损8000万千瓦时。

6.加强节能发电调度。严格按照节能发电调度要求，积极优化能源结构，持续深入推进节能发电调度，优先安排水电、风电、太阳能等清洁能源发电，有力推动了能源消费结构的优化升级。

7.充分发挥大电网优势。2017年，国网四川省电力公司根据国内、省内电力供需情况，在各级政府、国家电网公司的大力支持下，充分发挥四川电网“大电网、大枢纽、大通道”的优势，加强水火互济和省间互补，推进清洁能源的利用，实现了跨省、跨区更大范围的资源优化配置，提升了整个社会的节能减排综合效能。2017年，全省外送电量1389.87亿千瓦时，同比增长7.99%。通过跨区、跨省的电力资源优化配置，减少全社会二氧化碳排放4258.42万吨。

8.强化组织领导和宣传。国网四川省电力公司及所属各单位均成立了节能减排工作机构，形成了上下一体、分工明确的节能减排组织体系。国网四川省电力公司依靠《四川日报》、新闻通气会等途径，采取编辑制作节能减排公益广告片及电视短片等方式，特别是充分运用广播、电视、报纸等媒体及网络等信息平台，引导舆论，宣传造势，扩大影响，在公司系统内营造了浓厚的节能减排氛围。同时，国网四川省电力公司组织开展了2017年全国节能宣传周、低碳日、世界环境日等活动，在《四川日报》、英大网以及各地日报、晚报、都市报及地方网站共发表各类文章80余篇，共举办现场宣传活动100余场，发放宣传资料近两万余册，解答群众节能减排类咨询20000余人次，筹集善款4049元，并全部捐至中华环境保护基金会，取得了良好的社会效果。

# 企业基础管理

**【“管理提升年”活动】**自国网四川省电力公司正式启动“管理提升年”活动以来，及时印发活动方案，43家基层单位结合自身实际，充分发挥业务一线优势，全部按时完成落地方案的编制，构建了“横向覆盖全面，纵向支撑有力”的逐级联动工作格局。大力宣贯活动方案，深入雅安、宜宾、南充等10多个基层单位开展现场调研。按月编制9期活动简报，开展经验交流，共享典型经验。精心组织开展知识答题活动，国网四川省电力公司系统5万多人参与。从组织保障、过程管理、活动成效等三个维度研究制定活动评价办法。以监事会开展问题清单梳理为契机，进一步强化活动的问题导向，把问题清单梳理、巡察审计、专业检查等工作中发现的问题短板，一并纳入提升范围，坚持边查边改、立行立改。充分发挥专业部门在活动中的主体作用，表彰53项管理提升卓越项目，促进活动务求实效。

**【卓越绩效管理】**国网四川省电力公司积极宣贯国家电网公司“163”卓越管理体系，表彰公司内部200项卓越管理案例，6项成果获得国家电网公司优秀卓越管理案例；开展卓越绩效与十大专业管理融合应用工作，融合成效初步显现。依托“管理提升年”活动推进管理短板改进提升，对107项短板逐项梳理，督导短板改进提升。积极试点卓越绩效与精益管理融合应用工作，深入开展省、市、县三级卓越绩效自评和综合分析，探索性开展专业机构卓越绩效管理与评价。加强人才队伍培养，开展卓越绩效体系自评师和精益带级人才培训，495人获得国网四川省电力公司精益带级人才资格认证。扎实开展精益化项目，完成200项精益项目，甄选评审120项优秀成果予以表彰。

**【对标管理】**国网四川省电力公司年度对标综合得分867.7分，得分率为86.77%，同比增长5.99个百分点；典型经验创佳绩，公司7篇典型经验入选国家电网公司对标典型经验。根据国家电网公司2017年对标管理方案，增强对标工作逐级支撑力度，修订对公司本部、地市供电公司和直属单位对标考核评价细则。持续优化地市供电公司对标指标体系。制定22家地市供电公司和6家专业机构年度对标指标目标值，加大管理指标在体系中的权重，减少客观因素对各基层单位排名的影响。强化大型供电企业和专业机构对标管理工作。国网成都供电公司对标成绩稳步提升；2016年度6家省级专业机构对标排名同比5升1降，1家单位获得区域标杆单位获得区域标杆单位，创专业机构对标工作最好成绩。组织两期对标管理人员专项培训，圆满完成企业大学对标管理培训课件的开发。

**【管理创新】**以“163”卓越管理体系为指引，围绕国网四川省电力公司改革和发展中的难点、热点、疑点问题，组织实施国家级、电力行业级和国家电网公司级管理创新项目10项，国网四川省电力公司管理创新项目120 项。分层推进管理创新项目实施，对国家电网公司及以上级别的重大项目开展集中启动，加强项目方案、月报、中期检查、项目验收和成果申报等关键环节的管控，所有项目都按时完成。国网四川省电力公司1项成果荣获2017年第二十四届国家级管理创新成果评审二等奖，6项成果获得国家电网公司管理创新成果表彰，180项成果参加国网四川省电力公司内部评审，其中120项成果获得表彰。大力营造管理创新氛围，培育管理创新文化。在国网四川省电力公司系统部分单位试点，开拓性建设“创新工场”，引进企业创客，不断丰富管理创新实践与文化内涵；强化查重查新制度，搭建创新创效展示平台；开展中期辅导，举办更广层面的管理创新专项培训；加强与省企联互动，发挥省创新示范基地作用，开展横向学习交流，交流学习管理创新最新方向、理论方法和优秀经验。

**【质量管理】**完成810个QC课题注册，覆盖所有类型班组。国网四川省电力公司获国家电网公司优秀QC成果9项，一、二、三等奖分别为1、2、6项；获得电力行业特等奖1个，二等奖8个；获得国家级优秀QC成果2个，国家级质量信得过班组1个；国网绵阳供电公司获政府质量奖。送培30人参加中质协举办的QC小组活动诊断师初级培训、23人参加诊断师中级培训；国网四川省电力公司内开展QC小组人员的集中培训280人次，并组织单位间的经验交流。

**【标准化建设】**建立制度标准执行台账，开展识别确认、宣贯培训、执行落地、监督检查。2017年，接收制度86个，识别适用于国网四川省电力公司的制度85个，接收标准326个，识别适用于国网四川省电力公司的标准276个。举办标准化知识培训班，旨在让标准化从业人员了解当前标准化形势，掌握标准化工作相关要求。牵头开展资产管理体系内部审核工作，分组检查全覆盖各单位，并结合制度标准执行要求，对各单位的监督检查进行抽查。

**【战略管理】**完成了《国家电网公司战略报告——四川分报告》修编工作，将“三个一”作为战略总布局纳入公司战略体系。开展战略动态分析工作，上报研究室9期《国网四川省电力公司战略动态分析》。规范管理咨询项目计划申报、招标采购、合同签订、项目开题、中期检查及验收等关键环节，按时完成管理咨询和研究课题任务。获国家电网公司软科学二等奖1项目，中企联电力企业优秀管理论文一等奖3篇。加强了成果推广应用，组织了优秀课题研究成果评审，充分发挥信息系统成果共享功能。

# 综合服务管理

**【概况】**2017 年，国网四川省电力公司综合服务中心（以下简称“中心”）全年完成利润总额-3,478.76 万元，比国网四川省电力公司下达利润指标减亏 1.55 万元；流动资产余额 37.88 万元，同比压降 37.97 万元，压降率 50.06%；可控成本累计支出 569.83 万元，控制在国网四川省电力公司下达的考核指标内。安全生产事故、影响和损害企业形象的重大服务事件、稳定和廉政重大事件实现“0”目标。全面完成国网四川省电力公司下达的业绩考核指标，排名 B 段，列直属单位第 7 名。中心先后获得国网四川省电力公司“大数据分析应用劳动竞赛二等奖”、“管理提升年”活动卓越项目二等奖、调研课题三等奖、精益项目优秀奖、“企业文化建设示范点”“百人百讲”活动优秀宣讲课题等荣誉。

**【财务管理】**1.财务管理质效不断夯实。定期向集中核算单位反馈财务预算和考核指标执行进度，开展管理风险诊断，提出管理建议，集中核算工作任务完成率 100%。全面整理修编《业务报销指南》，梳理四大类共 163 项经济事项办理要件，进一步规范直属单位、子公司及直管工程会计办理要求。编制《集中核算财务审核要点》，分析各类经济业务潜在风险点，通过业务信息关联、票据真伪查询等手段研判业务的真实性，为财务人员精准审核业务提供统一的业务工具。积极开展基于会计云环境下的可视化财务预算执行管控精益项目，借助 ERP、财务管控等多种财务信息系统汇总有效数据，制定集月度现金收支预算、可控成本预算、年度综合计划、年度利润预算等为一体的综合预算执行看板，实现成本管控精细化，财务预算全过程管控能力明显提升。“工程自动竣工决算”进入实战化应用，支付融合、电子支付、原始凭证电子化和发票验真系统全面应用，物资集中采购现金预算实现零偏差，集中核算单位预算偏差综合下降 7.8 个百分点，财务竣工决算工作质效明显增强。

2.财务监督职责有效落实。充分利用在线稽核手段，多维度开展业务风险监控，及时化解业务风险。深入开展实时监控、定期稽核、日常稽核和专项稽核，加固核算单位经营安全防线。建立各管理层级、各期间稽核问题台账，定期跟踪落实整改情况，对典型、共性问题，定期发布书面风险提示。全年向集中核算单位发布在线稽核疑点 1284 条，进行疑点确认，跟踪整改事项。通过严控银行货币资金余额、清理库存物资、严格预付账款管理等措施，国网四川省电力公司直管工程及物资专户流动资产余额较年初减少 22,283 万元，压降 34%，为国网四川省电力公司降低流动资产余额，提升同业对标指标提供了有效的保障和支撑。强化财务审核管理，全年集中核算退返不合格业务单据 537 份，涉及金额 18,241 万元，依法治企全面落实，集中核算财务监督发挥重要作用。

3.财务服务水平持续提升。充分利用中心门户网站“会计集中核算业务指南”平台，不定期更新相关法律法规、公司管理制度以及对业务有重大影响的规定。会同国网四川省电力公司财务资产部修订完善《国网四川省电力公司会计集中核算管理细则》，进一步厘清了业财工作界面和协作流程。安排财务人员到核算单位开展财务专题讲座、进行财务服务满意度调查、听取服务对象的意见、宣贯公司财务制度，从前端了解核算单位业务需求和意见建议，改进业务办理程序，真正做到贴心服务“走上前”。定期召开集中核算工作会议，研讨业务办理中存在的问题，收集多方意见，积极改进工作，提升财务服务质效。主动配合内外部客户开展各类往来询证、核查工作，耐心细致讲解公司业务办理流程和要求，对内对外财务服务满意度达到 100%。

4.历史遗留问题处置成效显著。全面清理了 14

个取消、停建、缓建项目的财务情况，及时反馈给国网四川省电力公司和建管单位。督促核算单位清理核实30个进度异常的项目，年内处理完成9个项目，准确反映核算主体资产健康状况。积极会同核算单位开展应收、预付账款长期挂账清理处置专项工作，收回预付征地费2,500万元；处理以前年度超结算工程款288万元；处理审计审减未执行款项18万元；强制扣回物资超期预付款1,395万元；督促核算单位收回、核销挂账资金460万元，历史遗留问题处置取得新的突破。

5.问题清单全覆盖梳理工作扎实开展。成立了问题清单全覆盖梳理工作领导小组，结合中心实际制定了工作实施方案，明确职责分工、重点内容和工作流程。按照方案认真细致分析查找问题，按时上报问题清单梳理工作旬报、月报，完成问题清单“四上”报告、“三降一去”专项工作决议、督促落实问题整改决议，共报送三个方面4个问题，拟定了整改措施和计划，已整改3个问题，高效完成问题清单全覆盖梳理的阶段性工作。

**【离退休管理】**1.老同志两项待遇全面落实。政治待遇上，严格执行党和国家有关离退休政策，坚持落实老干部政治学习、组织生活、参观考察活动等制度。组织本部老领导列席公司职代会暨工作会、参观考察大邑“最美供电所”、德阳供电公司电网建设、参加国家电网公司疗（休）养等活动。经济待遇上，严格按政策落实老干部经济待遇，保障老同志既得利益不受影响。及时妥善处理去世退休人员善后事宜，看望慰问生病住院老同志，协调落实孤寡老人入住医养结合的养老机构，主动解决孤寡老人就医委托及遗嘱公证等问题。

2.离退休党建工作持续深化。严格落实党中央关于进一步加强党建工作的相关要求，组织开展离退休党支部调整改选，成立了启明公寓第三党支部和五洲花园第二、第三党支部，完成了新成立党支部委员的选举工作，进一步规范了离退休党支部管理和建设。建立了离退休党员信息管理库，对离退休党员基础信息进行定期维护、动态调整，全面确保基础信息准确完善。

3.正能量活动精彩纷呈。围绕“畅谈十八大以来发展变化，展望十九大胜利召开”主线，扎实开展“畅展”系列活动。邀请公司本部老八路为成都片区团员青年上团课，讲述硝烟往事，激励青年奋进。为纪念建党96周年，喜迎十九大胜利召开，组织开展了“颂党恩、展风采”文艺演出、“春游武侯祠、讲述历史人文”等文化主题活动。举行了“抒五年奋进、展幸福生活”主题摄影展及拍摄支部全家福活动。组织了本部老同志参加“卓越之路-国家电网公司职工美术书法摄影主题作品巡回展览”观展等正能量活动，充分展现了本部老同志的精神风貌和时代精神。

4.活动安全组织保障有力。努力完善本部离退休人员活动方案和应急预案，做细做实“80岁及以上老同志参加活动安全责任书”签订等工作，保证外出活动顺利开展。定期对7个电力社区活动室开展安全检查，对老年活动室进行维修，对老旧设施进行更换，改善活动室环境，消除安全隐患。

**【审计中心组建】**按照国网四川省电力公司组建省级审计中心工作要求，中心从2017年11月起，全力配合国网四川省电力公司审计部、人力资源部着手组建审计中心。目前审计中心已到位副主任2人、三级职员1人、科级干部4人，完成4个处室共计24个岗位招聘工作，配齐配强了审计力量。办公场所调整等相关配套工作高效有序完成，为审计中心迅速进入实质运行、全面开展各项工作提供了有力保障。

**【年金社保管理】**1.年金投资业绩稳中向好。面对外部环境的不利因素，根据年度目标按季开展投资业绩分析，找差距，强责任，促进投资机构勤勉履责。全面清理各项投资资产，督促投资人积极处置风险高收益低的产品，不断提升投资产品的质量。严格按业绩导向分配新增资金，通过对多家机构提供的投资产品对比选择，促进新分配资金投向风险低、收益高的产品。截至2017年末，年金资产规模达53.91亿元，年度综合收益率4.12%，其中：分公司实现投资收益率4.38%；子公司实现收益率3.58%，达到年度绩效目标。

2.补充医保管理创新模式取得实效。积极探索“互联网+”服务模式，在公司系统4家单位正式启动理赔直付试点工作，有效降低依法治企风险，提高补充医保服务质效。及时收集试点单位和职工意见，督导相关机构采取措施深入推进，为广大职工和退休老同志提供更加专业、方便、快捷的服务模式。积极参与国家电网公司补充医保“四统一”的省级统筹试点方案评审工作，梳理分析资金风险，研究制定风险应对措施。结合国家电网公司“四统一”省级统筹政策方向，深入公司各单位开展补充医保全统筹调研工作，探索补充医保与基本医保紧密衔接的途径和办法，深入研究门诊政策统一、服务质效提升、科学决策管理的机制和模式，为实现补充医保全统筹奠定坚实基础。

**【人力资源管理】**人力资源支撑服务不断加强，协助拟定国网四川省电力公司“五位一体”协同机制管理实施细则，组织开展标准作业程序建设成果规范性检查，高效有序完成 174 条流程等顶层设计成果的更新完善。协助审核上报典型案例，完成 80 余篇优秀案例的修订完善并上报国家电网公司。持续深化内部人力资源市场建设运营，协助开展国家电网公司内部市场 10 项通用制度宣贯落实，参与内部市场年度工作计划和配置计划的拟定和实施，完成配置单数 2180 条，实现人员流动 3241 人次。有序组织年度培训计划项目的实施，开展履职等各类专业培训。平稳开展业务移交和对接磨合，切实加强人才交流中心规范管理。

**【党建工作】**1. 党的十九大会议精神宣贯到位。积极组织全体干部员工集中收看十九大会议开幕式以及国资委、国家电网公司和国网四川省电力公司十九大精神宣讲报告。召开中心组专题学习讨论会，结合工作实际和自身学习体会，班子成员进一步深刻领会党的十九大的主题和主要成果、习近平新时代中国特色社会主义思想的重大意义和深刻内涵。组织党支部学习会，开展支部专题党课，全面解读十九大报告，确保会议精神宣贯全方位、全层级、全覆盖。

2. 党建基础工作不断夯实。“两学一做”学习教育常态化制度化扎实推进，积极开展“三会一课”、支部建设、民主生活会、主题党日等工作，切实增强领导干部“四个意识”。组织开展党员应知应会考试，以考促学，营造出“比、学、赶、超”的良好学习氛围。按期完成中心党委、纪委换届工作，建立党建工作领导小组及党建工作责任清单，切实落实党建责任。制定了中心党的建设“旗帜领航 • 三年登高”计划，细化了党建目标、任务和措施。开展党支部书记抓党建工作专项述职评议，促进党支部书记管党治党责任的落实。严把党员发展“入口关”，全年发展党员 2 名、转正党员 1 名。

3. 廉政建设持续加强。积极组织修订“两个责任”清单，分解落实党风廉政建设责任，制定领导干部履责要点，明确责任红线。针对国网四川省电力公司第三巡察组提出的问题线索，立查立办，制定整改方案，完成立行立改报告 4 份、问题线索整改报告 1 份和综合整改报告 1 份，完善制度措施 3 项。组织党风廉政集体约谈，梳理分析风险点。开展“三公”经费、作风建设检查，强化劳动纪律、会议纪律监督。开展省级电网企业物资集中采购财务管理实施效能监察、财务服务质效提升协同监督工作，进一步控制项目成本、降低资金风险。

4. 文化建设迸放活力。弘扬国家电网公司基本价值理念，将“诚信、责任、创新、奉献”的核心价值观贯穿工作始终。中心《员工素质教育助推卓越文化落地》项目纳入公司 2017 年企业文化建设重点项目。组织人员参加“百人百讲”活动，完成国家电网报上稿 5 篇，国网四川省电力公司网站上稿 40 篇，企业文化传播工作不断推进。发挥舞蹈、羽毛球等 7 个文体协会作用，切实关爱员工身心健康。组织员工参加国网四川省电力公司“卓越之路”企业文化节活动，充分展示员工风采。开展“一学一做”专题教育活动，引导青年员工发挥作用、建功立业。

# 人资管理

责任编辑：何　飞

# 人才与人力资源管理

**【工作概况】**2017年，国网四川省电力公司人力资源工作紧密围绕“改革发展”和“提质增效”两大主题，以全面落实52项重点任务为抓手，加强基层调研和专业督导，注重业务协同和规范管理，战略支撑力和集约调控力不断提升。人力资源各项工作有序推进，机制建设、“三定”管理、用工规范管理、薪酬管理、福利保障管理、绩效管理、人才援藏、人才培养等工作取得新成效，人力资源管理水平大幅提升，用工总量和机构编制不断精简，员工队伍结构进一步优化，为公司深化改革提供了坚实的组织保障和人才支撑。截至2017年年末，国网四川省电力公司全口径用工10.34万人，同比减少2.46%，其中主业用工8.52万人，减少1.68%；全口径劳动生产率44.62万元/人·年，同比增长4.91%；人才当量密度1.0094，同比增长2.01%。

**【工作举措】**1.坚持以客户为中心，加快完善组织架构。组建四川电力交易中心有限公司，试点建成绵阳高新园区供电中心，牵头供电服务指挥平台建设，指导4家试点单位整合专业资源，压缩31个班组、255人为6个班组、153人。优化乡镇供电所布局，完成1206个“全能型”乡镇供电所机构和人员调整。完善园区供电机构设置和人员配置，优化业务流程，支撑园区增量配电投资业务发展。健全党建、审计机构设置和人员配置，核增党建编制188人。成立省综合服务中心审计中心，建立“上审下”工作机制。国网天府供电公司网格化营配合一新模式得到国家电网公司充分肯定。探索研究科技投入与劳动定员联动机制，开展定员测算、核定和应用。出台岗位管理实施细则，强化岗位精益管理。

2.全面落实公司改革部署，积极优化用工配置。组织相关单位进一步压减劳务派遣用工规模，稳妥转换为业务委托用工，紧把用工入口关。完成35家压减集体企业职工安置，妥善实施国家电网公司唯一一家“去产能”单位——峨电公司煤矿人员安置，775人顺利解除劳动合同。全口径用工总量减少2610人，同比减少2.46%。推进科级以下关键岗位人员到期交流；加强临时借用、不在岗、退休返聘、一线工作年限等管理，规范用工919人，考核降岗177人、待岗41人。

3.突出效率效益激励，科学调整薪酬福利体系。强化工资总额与企业效益联动，从增量调整为主转向存量调整与做优增量并重。优化工资总额调控模式，按照业绩贡献导向、效率与公平兼顾、强化“双控”的原则，进一步优化各类用工工资总额分配模型。明晰工资项目名录，建立功能清晰、导向明确的工资项目体系。建设风险防控体系，完成基于协同与信息共享的人力资源“网监飞检”监控机制建设，制定1个管理办法、梳理100个风险项目、编制21份风险防控操作手册、拟定44条风险监控指标。优化福利费用计划申报和执行流程，深化福利全过程管控系统应用，规范费用支出。开展“两审一核查”和社保管理提升工作，继续落实人社部降低社会保险费率政策，合法压降企业成本。

4.内部人力资源市场效能逐步发挥。按照“全员培训，分级实施”的原则，加强内部人力资源市场通用制度的贯彻落实。充分应用内部市场6种配置方式，完善配套制度和保障措施，加大劳务协作和人才帮扶力度，充分挖掘县级供电公司人力资源存量潜力，鼓励员工向艰苦边远、内部欠发达地区以及一线核心岗位、供电所缺员岗位流动，高质高效完成国网下达盘活存量计划1384人（其中盘活到供电所核心岗位330人），推进解决公司用工结构性矛盾。将考核降岗、待岗、解除劳动合同等人员情况纳入流动管理，稳妥完成177人考核降岗和41人待岗工作，实现人员流动“能进能出”。

5.紧盯业绩提升目标，有序完善绩效考核体系。持续发挥业绩考核效能，围绕企业主价值链分析关键指标，追溯上游指标价值贡献和考核责任，重点监控弱项指标和关键节点；明确重点工作突出贡献奖励事项，形成年初明确发力方向、年末兑现贡献奖励的业绩考核模式。不断深化全员绩效管理，修订完善全员绩效管理制度，编制分类配套宣贯资料，利用网络大学、微信公众平台、集中培训等渠道广泛宣贯落实，打造和谐、高效的绩效文化；3万余员工上线国网信息系统，实现流程化考核，确保经营目标和重点任务层层分解压实。

6.坚持人才强企战略，大力提升员工队伍素质。加强人才队伍建设，组织选拔省公司级优秀技能人才184人、“电力雏鹰”50人。评定和认定确认中级及以上职称3915人，44人通过教授级高级工程师答辩；2621人取得技师任职资格，考评推荐高级技师310

人。加快藏区人才培养，完成“521”人才援藏、藏区“四基”和藏区电网运维等培训350人次，持续开展“送考进藏”活动。强化竞赛调考管理，成功举办四川省首届“四川工匠杯”职业技能大赛，公司获优秀团体奖8个、优秀个人奖21人，其中2人获得四川省“五一劳动奖章”“四川工匠”等荣誉称号。

7.规范公司职员职级管理。指导各单位合理配备职员，进一步拓展基层优秀员工的成长空间。制定了《国网四川省电力公司职员职级管理办法》，拓展实施范围和职员层级，划分六类专业序列，固化各类各级职员称谓，细化职员聘任条件，规定职员流动、履职和和培训管理，提高职员薪酬待遇执行的操作性。测算、核定下达各单位职员职数，明确了职员职数的下达及配置方式、职员报批报备及定期统计制度。激励基层优秀管理、技术、技能人员立足岗位成才，畅通职业发展通道。

## 干部与人才援藏（四川藏区）

根据国网四川省电力公司结对帮扶安排和藏区公司需求，完成235名援藏人员选送到岗和38名藏区人员送出培养。完成2017年国家电网公司92名藏区“三定”（定向招生、定向培养、定点安置）培养计划招生，当年218名“三定”毕业生中，211人通过国家电网公司统一招聘考试并走上藏区工作岗位。加快藏区人才队伍建设。完成人才援藏培训235人次、藏区“四基”培训171人次，藏区电网运维专项集中培训1680人·天。持续开展职鉴“送考进藏”活动，共计413人参加鉴定考试。选派东西帮扶人员4名、干部援助1人，在国网西藏电力有限公司、国网林芝供电公司和国网左贡县供电公司开展对口帮扶，公司被评为“国家电网公司东西人才帮扶工作先进单位”。

## 人员培训与学校管理

**【工作概况】**2017年，国网四川省电力公司全员培训率达96.02%，培训经费投入1.27亿元，累计举办各类培训班4824期，培训考核28.52万人·次，人才当量密度达到1.0094。

**【工作举措】**1.统筹推进资源建设。全年投入培训设备设施购置及更新维护费用1888万元，完成实训基地建设。投入培训项目及教材、课件开发费用754万元，完成变电运维沉浸式体验课程等各类课件、案例321门，其中43门入围国家电网公司网络大学“三优评选”名单。加强网络大学和移动学习平台推广，进一步拓展培训的时间和空间，满足员工多元学习需要。

2.有序开展全员培训。全年投入职工教育培训经费12717万元，举办培训班4824期，培训考核28.52万人·次。结合网络大学和

2017年8月22日，2017年新进高校毕业生集中入职培训班开班　（曹志刚　摄）

移动学习平台，全面开展各类培训。推动生产技能人员履职培训“9+3”考核模式，有效缓解工学矛盾；开展中干履职培训，为专业工作提供支撑；承办埃及EETC500千伏输电线路业主工程师培训班，开创公司承办国际培训先河。

3.强化竞赛调考组织。成功举办四川省首届“四川工匠杯”职业技能大赛暨四川省第一届电力行业职业技能大赛，获优秀团体奖8个、优秀个人奖21人。举办工作获省人社厅、省总工会高度肯定。参加中电联“首届电力行业青年培训师教学技能竞赛”，获团体三等奖。

4.规范教育经费及培训项目实施。一是严格执行教育培训经费管理相关制度规定，规范教育经费的储备库建设、计划制定、项目实施等各环节管理。严抓落实，确保教育培训专项计划有效实施。二是针对工作中发现的培训项目和经费管理过程中存在的问题，加强对基层单位项目管理的帮助指导，提升教育培训管理者的专项计划编制和执行水平。

# 科技创新

责任编辑：何　飞

# 科技管理与创新

**【工作概况】**2017 年，国网四川省电力公司认真贯彻国家电网公司各项战略部署，紧紧围绕公司年度工作目标，开拓创新、奋力拼搏，各方面工作成绩显著。

1. 布局重点领域，科技引领作用切实增强。聚焦基础性、前瞻性领域集中攻关，多个领域科技创新应用呈现欣欣向荣的良好态势。开展智能电网调度控制系统图模维护优化和共享平台关键技术研究，实现一体化保护整定计算和在线安全稳定分析等功能，助推电网实时监控、调度分析和计划编制等业务协同运作。整合设备状态评价、故障诊断功能以及覆冰等风险评估，以信息流为基础创建现场作业远程管控模式，初步建成四川电网智能运检分析管控系统，切实提高设备状态管控力、运检管理穿透力和运检管理质效。围绕滑坡、沉降等系列地质灾害预警难题，研发输电通道滑坡预警评估系统和应急勘测指挥装备系统，有效提升输电通道地质灾害预防水平。

2. 加强成果培育，科学技术创新再添佳绩。进一步完善管理制度、健全协同机制、规范工作流程，在电网建设发展、运行控制等方面培育了一批重要的科技成果。组织申报国家重点专项、国家自然科学基金等项目 2 项，“分布式光伏与梯级小水电互补联合发电技术研究及应用示范”顺利通过国家电网公司答辩并获得好评，“基于高频注入信号时空分布特性的特高压直流接地极线路保护及故障”成为首个由国网四川省电力公司员工担任项目负责人的国家自然科学基金项目。立项牵头国家电网公司总部科技项目 9 项，其中 1 项中期督导获评为“优”、2 项验收评价为“优”，立项总数、好评数量均创下国网四川省电力公司历史最好成绩。全年累计获得省部级（含行业奖）奖励 24 项。

3. 深化标准创制，技术标准创新实现突破。全面完成技术标准创新基地 2017 年建设任务，顺利通过国家电网公司验收。围绕“10 个 100%”工作目标，持续深化技术标准实施评价，组织开展标准化良好行为企业试点。“电力系统厂站低压供电技术”能源行业标委会已完成审批和公示，正待国家能源局批复成立。申报“数字化计量设备检测技术标准验证实验室”获得国家电网公司正式命名，成为国家电网公司系统第一批技术标准验证实验室。获准成立 CIGRE C4.45 工作组，3 项 IEEE 国际标准成功立项，创国网四川省电力公司国际标准立项历史最好成绩，在国家电网公司系统各网省公司中处于领先地位。

**【科研成果】**2017 年，国网四川省电力公司获得省部级（含行业奖）奖励 24 项。其中 2016 年度四川省科技进步二等奖 1 项，三等奖 6 项；2017 年中国电力科技进步奖一等奖 1 项，二等奖 2 项，三等奖 1 项；2017 年国家电网公司科技进步奖特等奖 1 项、二等奖 3 项、三等奖 6 项；技术标准贡献奖二等奖 1 项、三等奖 1 项；技术发明奖三等奖 1 项。专利申请方面，全年申请专利 435 件，其中发明专利 189 件；获得专利授权 230 件，其中发明专利 105 件。

**【新技术应用】**2017 年，国网四川省电力公司主要采用了如下新技术：1. 在 220 千伏大圣一二线，220 千伏巴中—城西，220 千伏尖山—华阳东等 8 项线路工程中应用钢芯高导电率铝绞线技术。2. 500 千伏马尔康输变电工程应用输电线路工程货运索道运输技术；在向义—新华 110 千伏线路工程中应用轮式旋挖钻机基础施工技术。第三，500 千伏雅安、巴塘、乡城、新都桥、广都、路平、纳日、玛瑙、白泉等变电站中应用油色谱在线监测技术。第四，在乐山 220 千伏沫竹一线、宜宾 220 千伏龙荆二线、西昌月普二线上应用了光传感分布式覆冰监测技术。第五，在乐山、德阳、广元、南充应用“多表合一”信息采集技术。第六，省调智能调度控制系统 D5000 功能升级改造应用了电网实时动态监控技术、适应新能源接入和特高压建设的自动电压控制技术。

# 国网四川电力科学研究院

**【单位概况】**国网四川省电力公司电力科学研究院（以下简称“国网四川电科院”）成立于1952年，前身是西南电业管理局中心试验室，曾为全国六大电力试研院(所)之一。“三集五大”体系建设后，国网四川电科院成为国网四川省电力公司技术支撑机构，主要支撑国网四川省电力公司“大运行”“大检修”，服务“大规划”“大建设”“大营销”及特高压智能电网建设等，负责四川电网的技术监督、技术研发、技术服务和技术信息等，为四川特高压智能电网建设与发展提供坚强技术保障。

国网四川电科院已通过质量、环境、职业健康安全管理体系认证、实验室认可、资质认定，拥有中电建协电力工程调试单位特级资格证书、AAA级信用企业证书、能监办一级承装（修、试）电力设施许可证和司法鉴定许可证，为国家电网公司智能变电站调试资格现场调试A级资格认定合格单位、智能变电站调试资格系统动模试验资格认定合格单位，为电力技术服务提供了资质能力保障。获得“全国实施卓越绩效模式先进企业”“中国工程建设诚信典型企业”“全国电力建设优秀调试企业”“四川省知识产权优势培育企业”“国家电网公司科技工作先进集体”“国家电网公司溪洛渡左岸—浙江金华±800千伏特高压直流输变电工程先进单位”、“国家电网公司文明单位”“省级文明单位”“四川省民族团结进步模范集体”和“国网四川省电力公司红旗党委”等荣誉称号。

2017年11月13日，IEEE P2426 & P2771启动会暨首次工作组会议在蓉召开（吴薇曦　摄）

建有“电力互感器运行性能”1个国家电网公司实验室，“输变电设备极端环境运行与检测技术”1个国家电网公司联合实验室，“智能电网”“人工智能”“电力系统广域测量与控制”3个四川省重点实验室，“四川电网防雷试验基地”“中国电科院信息安全实验室四川分中心”2个国家电网公司重点实验室分实验室，“电网控制保护新技术”“电力环境监测治理评价”“过电压与接地技术”3个国网四川省电力公司重点实验室和34个院实验室，覆盖电力各专业领域。创建以“甄威”等领衔专家命名的1个国家电网公司劳模创新工作室示范点、2个国网四川省电力公司劳模创新工作室、3个国网四川省电力公司大师工作室和3个国网四川电科院专家工作室；建成“电网设备地震及其次生灾害评估预警及防护技术”1个国家电网公司科技攻关团队，“大电网分析与控制技术”“输电线路防灾减灾关键技术”2个国网四川省电力公司科技攻关团队。

主要承担并圆满完成川藏联网工程、青藏直流联网工程±400千伏拉萨换流站、锦屏—苏南±800千伏直流输电工程裕隆换流站和溪洛渡—浙西±800千伏直流输电工程宜宾换流站调试和技术监督任务，跨省完成±800千伏晋北—南京特高压工程线路参数测试、雁门关换流站MRTB测试和±800千伏扎鲁特换流站换流变专项调试，顺利完成国家电网公司首座110千伏北川智能变电站、四川省内首座220千伏绵阳东智能变电站、四川省内首座 500 千伏路平智能变电站调试任务；参与“复奉直流”“新甘石”“电力天路”等重点建设工程。现已全面掌握±800 千伏换流站调试技术，具备 1000 千伏特高压交流站的全站调试能力。

**【人力资源】**1. 领导班子。2017 年 4 月 30 日，正处级调研员何朴退休。2017 年 7 月 3 日，任命曹树屏为中共国网四川电科院委员会委员、中共国网四川电科院纪律检查委员会书记、国网四川电科院工会代理主席；免去罗涛中共国网四川电科院委员会副书记、委员，中共国网四川电科院纪律检查委员会书记，国网四川电科院工会主席职务，由国网四川省电力公司另行安排工作。截至 2017 年年底，国网四川电科院领导班子成员为：苏少春、杨子辛、张星海、曹树屏、陈缨、常晓青、朱清代。

2. 机构设置。国网四川电科院设有六部三中心，分别为：办公室（党委办公室）、党委组织部（人力资源部）、党建工作部（工会、团委）、监察部（纪委办公室）、发展安监部、科技部（技术服务中心）、电网技术中心（信息通信技术中心）、设备状态评价中心（物资质量检测中心）和综合服务中心。此外，还建有国网四川省电力公司院士工作站、博士后工作站及研究生工作站，以及国家电网公司首家、国内授权范围最广的国网四川电科院电力司法鉴定中心。

3. 人员现状。截至 2017 年年底，国网四川电科院共有员工总数 297 人。其中：博士研究生 41 人，硕士研究生 137 人；中、高级技术职称 222 人；国家电网公司专业领军人才 1 人，国家电网公司优秀专家人才 4 人，省公司优秀人才 30 人、双千人才 21 人，电力雏鹰 7 人；精益黑带 4 人，精益绿带人才 6 人，QC 诊断师 3 人；电力工程调总 9 人；人才当量密度 1.2498。

**【科研设备】**2017 年，国网四川电科院新增科研设备有：带电检测局部放电分析终端、扫描电镜、手持式光谱仪、运检便携式六氟化硫分解产物气相色谱仪、运检绝缘油氧化安定性测试仪、电化学工作站、拉力机、手持式合金分析仪、网络分析仪、运检六氟化硫试验尾气回收装置、紫外老化试验箱、运检移动作业终端。

**【科研成果】**2017 年，国网四川电科院获评省部级科技进步奖 13 项，荣获国家电网公司科技工作先进集体称号。“电网设备地震及其次生灾害评估预警防护技术科技攻关团队”获国家电网公司批准命名，实现国网四川省电力公司国家电网公司科技攻关团队零的突破。“基于高频注入信号时空分布特性的特高压直流接地极线路保护及故障处理策略研究”获得 2017 年度国家自然科学基金立项资助，实现国网四川省电力公司个人牵头国家青年基金项目零的突破。“分布式光伏与梯级小水电互补联合发电技术研究及应用示范”国家重点专项进入系统申报阶段。获批设立 CIGRE C4.45（变电站/换流站中快速及特快速暂态过电压的监测技术及特点）工作组并召开国际、国内首次会议。主导的 3 项 IEEE 标准（直流接地极线路招弧角参数配置导则、电力系统快波头及特快波头过电压的现场测量技术导则、输电通道地质稳定性评价导则）获批立项，2 项 IEEE 标准召开启动会暨首次工作组会议。成功牵头申报国家电网公司总部 2018 年科技项目 8 项，创历史最好成绩。

**【技术监督与服务】**1. 技术监督工作。国网四川电科院全面推进“技术监督再提升”专项活动，牵头编制《国网四川省电力公司全过程技术监督指南》

2017 年 12 月 15 日，国网四川电科院顺利通过国家电网公司电网物资质量检测能力评价现场评审　　（孙佳丽　摄）

《全过程技术监督典型案例汇编》等 5 本培训材料，变压器故障案例入库总数及质量排名国家电网公司第三；完成川北、川中和川南 3 个片区技术监督宣贯培训和全过程技术监督试点工程的多专业联合监督。牵头完成国网四川省电力公司系统 23 类设备供应商评价；认定沈阳古河电缆接头放电、山东圣阳蓄电池负极汇流排断裂等家族性缺陷 7 项，认定数量创历史新高。支撑国网四川省电力公司完成国家电网公司全过程技术监督精益化管理实施细则深化应用情况督查，获专家组好评并排名靠前。顺利通过金属监督能力评价国家电网公司现场评审，通过项目数位列西南西北地区第二；构建国网四川省电力公司金属技术监督网络，协助国网四川省电力公司成功举办首届金属技术监督检测技能竞赛，建成21个大气腐蚀环境分级试验站，技术指导巴中大佛寺变电站防腐样板工程建设，完成11个新建站金属技术监督工作。开展新能源电站电能质量专项检测分析，完成炉霍光伏电站谐波脱网事故分析以及成都地铁、电动汽车充电站入网电能质量评估，实现全过程闭环管理。牵头解读继电保护精益化评价细则，圆满完成220千伏新雅一线就地化保护接入电网（国网试点）运行技术监督工作。

2.特高压工作。圆满完成“三特一超”换流站年度检修、迎峰度夏和迎峰度冬专项带电检测等技术监督、技术服务工作，跟踪处理设备异常和故障20余次，连续三次获评特高压换流站检修工作先进集体。跨省完成±800千伏晋北—南京特高压工程线路参数测试、雁门关换流站MRTB测试和±800千伏扎鲁特换流站换流变专项调试，技术水平获得国内同行高度认可。完成雅中直流过渡期电源组织、加装调相机影响分析；及时发现复龙、宜宾换流站母线单相短路电流超标并提出解决措施，受到国调表扬。创新开展换流阀现场检测，积极推进换流阀性能检测实验室和直流控保仿真实验室建设，不断提升特高压核心技术支撑能力。

2017年10月18日，国网四川电科院员工在扎鲁特换流站调试现场开展工作　　（简梦迪　摄）

3.大运行工作。圆满完成川渝500千伏第三通道系统调试。常态化开展大运行技术支撑，编制计算分析报告80余份，有力支撑大电网安全稳定运行。全面排查藏中联网调试风险，提出的工程谐波抑制措施全部得以工程应用。开展四川电网2～3年安全稳定分析，提出的12条风险结论及改造措施全被国网四川省电力公司采纳。首次开展西南电网2～3年安全稳定分析并代表国网西南分部向国调中心汇报。完成甘孜巴塘电网孤网可行性运行等8份电磁暂态分析报告和四川电网11个子网黑启动校核，助力省调规程制定。编制国网四川省电力公司专题线损计算报告，获评国家电网公司第四名；完成供电企业综合降损效能量化评估，入选国家电网公司优秀统计成果；新能源谐波专项测试及事故分析报告获国家电网公司表扬；电能质量监测终端检测平台实验室顺利通过国家电网公司验收。全面对接省调D5000支撑业务，完成设备资产移交和项目管理工作，初步具备独立支撑能力。配网重合闸时间时长论证分析受到国网四川省电力公司肯定，将在国网四川省电力公司系统推广应用。在国网四川省电力公司技术比武、智能站调试和调度自动化竞赛中取得二、三等奖佳绩。

4.大检修工作。国网四川电科院积极推进并圆满完成四川电网运检智能分析管控系统二期建设。持续开展电网覆冰、山火等自然灾害监测预警，累计发布预警信息165条次，指导输电线路紧急融冰30次，顺利完成泸州、乐山、巴中的三套移动直流融冰装置维护调试，确保四川电网安全度冬。圆满组织实施国网四川省电力公司系统2017年变电设备带电检测竞赛，累计发现严重及以上缺陷100余项；完成15座重要500千伏变电站现场测试工作，现场复核20余次；完成国网四川省电力公司系统近200人·次带电检测技术培训，全面提升国网四川省电力公司系统带电检测水平。开展输变电设备状态评价现场复核和配电网电缆隐患排查整治，分析电网设备故障及缺陷78项，提出整改或运行建议137项，助力电网安全运行。推进新技术应用，承担“配网电缆水树老化修复”试点工作和少油设备压力在线监测技术试点应用。对中央第五环保督查组重点关注的多个500千伏站开展环保现场监测、调查和见证，荣获国家电网公司环保先进集体。获评国家电网公司第二届运检业务职工创新实践活动优秀成果奖 2 项，设备状态评价中心被国家电网公司评为 2017 年度运检工作先进集体。

5. 物资检测工作。国网四川电科院圆满完成国网四川省电力公司下达的 845 项物资抽检任务，发现质量问题 187 项（其中重大质量问题 38 个），退换货 30 余批，有力确保电网设备入网安全。对口帮扶西藏电网属地供应商抽检，高质量完成 24 个工程 40 余项抽检任务。持续加强实验室标准化建设，发布 3 个国网四川省电力公司抽检技术标准，不断提升材料元素精确定量分析和绝缘子温度循环试验能力。协助国网四川省电力公司完成达州、乐山等供电公司的重大物资质量分析。

6. 信息通信工作。国网四川电科院扎实开展信息安全常态督查和专项督察，完成国家电网公司下发的 71 个首发漏洞的验证和督促整改工作，挖掘并获国家电网公司认可首发漏洞 57 个，发布信息安全预警 100 项，编制的《国网四川省电力公司常见漏洞发现与处置手册》成为国家电网公司参考资料，4 项特色督察和 2 篇典型经验获评国家电网公司优秀，无人机信息安全项目荣获国网四川省电力公司青创赛一等奖。严把信息系统接入关，完成国网四川省电力公司系统 32 个信息系统安全测评，18 个信息系统安全方案评审和 15 套信息系统上线试运行安全审查。支撑省调开展二次安全防护工作，对 13 家省调直调电厂开展安全防护专项检查，提出 140 余条整改意见。完成《国家电网公司电力安全工作规程（电力监控部分）》送审稿。派员参加“2017 年全国两会”、“一带一路高峰会”和十九大等信息安全保障，工作业绩获国家电网公司好评。选拔并培养国网四川省电力公司信息安全红蓝队，成功举办国网四川省电力公司首届信息安全攻防比赛，王胜在国家电网公司信息安全攻防比赛中取得个人第五的优异成绩。

7. 技术情报工作。国网四川电科院深化外部环境季度分析，首次在国网四川省电力公司范围发布，扩大成果应用范围。创新开展《国网四川电力战略环境动态》（月度）编制工作，外部环境监测工作取得突破。完成《四川省电力体制改革综合试点方案解读研究》等 5 份专题报告，《新一轮电力改革政策及外部环境分析和应对建议》获评 2017 年度四川省企业管理优秀论（著）文二等奖。修订公司系统技术标准体系表，编制技术标准深化实施工作方案并组织推进，全力支撑省公司技术标准创新基地建设并顺利通过国网验收。

**【企业管理】**2017 年，国网四川电科院统筹推进并圆满完成管理提升、问题清单梳理和瘦身健体提质增效等专项工作。启动内模市场测算，完成 19 大类、284 条业务梳理和价格汇总。集体企业顺利完成吸收合并，“三供一业”分离工作已签订供水移交框架协议和物业管理移交协议，全面完成国网四川省电力公司下达的年度任务。档案管理进一步规范，数字化率达到 100%。强化综合计划精益管控，创建综合计划、项目管理和物力集约化关键要素融合的里程碑推演、预警及管控机制，各项指标完成较 2016 年大幅提升，受到国网四川省电力公司通报表扬。企业管理实现突破，圆满完成年度对标目标，取得中电建协电力工程电网类特级调试资质和三标管理体系新版证书，连续三年荣获全国电力建设优秀调试企业，蝉联中电建协“全国电力建设诚信典型企业”；获评全国优秀质量管理小组 1 个、四川省优秀质量管理小组 2 个；四川省企业管理现代化创新成果一、二等奖各 1 项，四川省企业管理优秀论文奖 3 项；获得国网四川省电力公司管理创新成果一等奖 2 项、二等奖 1 项，课题研究成果二、三等奖各 1 项，精益优秀案例 3 项，QC 成果一等奖 1 项；《省级电科院卓越绩效评价体系构建及应用实践》入选国网优秀

2017 年 7 月 13 日，国网四川电科院蝉联全国电力建设优秀调试企业
（简梦迪　摄）

卓越管理案例。

国网四川电科院精心编制搬迁方案，细化搬迁准备，提前开展办公楼环境检测，有序推进 32 个实验室和办公区搬迁，全院于 2017 年 9 月 25 日顺利入驻科研综合楼办公。电科院办公环境得到了根本性改善，进入新的发展时期。

**【党的建设和精神文明建设】**国网四川电科院认真开展十九大精神宣贯学习，大力推进“两学一做”学习教育常态化制度化。编制院“旗帜领航·三年登高”计划并推进实施，按时完成党建机构调整，落实党建工作主体责任。创新开展基层党支部书记抓党建述职评议，圆满完成新一轮“三分类三升级”活动。修订党风廉政建设主体责任和监督责任清单，完善院风险辨识防控手册；创新指派党支部纪检委员参与廉政谈话，中干廉政约谈率 100%；开展“非招标采购过程管理”和“集体企业项目管理”协同监督，进一步提升关键领域管理水平。作为首家单位，顺利通过国网四川省电力公司党建工作测评。圆满完成“三维矩阵管理支撑卓越创新之路”国网企业文化重点项目，成功举办首次职工技术创新大赛和管理创新大赛，国网四川电科院获得“国网公司文明单位”“省公司职工技术创新先进单位”等荣誉称号，新增国网四川省电力公司职工创新工作室 1 个，培育国网四川省电力公司优秀共产党员、杰出青年岗位能手等先进个人共 5 名。高度重视并全力推进信访、保密、离退休管理等工作，全院保持和谐稳定。

同时，国网四川电科院积极争取国网四川省电力公司支持，创新制定院技术专家人才管理实施办法，构建省级电科院技术专家人才激励机制，入选国家电网公司工作动态。修订院 2017 年度绩效管理实施方案，持续完善技术人员绩效考核体系。成功推荐 7 人参加四川省学术和技术带头人选拔，新增国网四川省电力公司优秀专家人才 11 人、电力雏鹰 3 名，院人才当量增至 1.2498。制定后备干部“六个一”培养方案，拟定员工挂岗锻炼计划，试行青年员工多岗位锻炼，全面提升后备干部整体素质。修订完善职员职级实施细则，拓宽人才发展通道。严格执行领导干部重大事项请示报告和请销假制度，完善工作流程和纪实材料，进一步规范干部日常监督和管理。

**【主要问题】**1. 亟需探索制定科技成果转化机制，推动科技成果转化应用，增强科技创新对电网发展的内驱力。2. 亟须根据“三集五大”后国网四川电科院职责、业务的变化，进一步优化调整国网四川电科院组织机构。

## 国网四川省电力公司电源技术中心（四川省电力工业调整试验所）

**【单位概况】**国网四川省电力公司电源技术中心（四川省电力工业调整试验所）创建于 20 世纪 50 年代，是长期从事各类发电机组项目、送变电工程项目及输配电网工程项目调试工作的电力科技企业；现主要从事各类火力发电和水力发电机组的调试及性能试验、各类型送变电站基建调试、各类火电厂及水电站电力技术监督和技术服务以及诸如生物质能发电、风力发电、太阳能发电和核能发电等新能源发电项目的调试等业务。

四川省电力工业调整试验所（以下简称“调试所”）作为三标体系认证企业（质量管理体系、环境管理体系和职业健康安全管理体系），现具有特级发电类工程调试资质和特级送变电类工程调试资质；电力承试一级许可资质；化学设备清洗资质；锅炉压力容器检测资质；四川电力工业发电用煤检测资质；是四川电力技术监督中心和技术服务高端平台。从 2007 年年底至 2017 年，调试所的主营业务已覆盖全川电力系统发电厂侧生产技术、基建技术部分和电网基建调试部分。调试所具有调试 1000 兆瓦发电机组和调试±800 千伏直流送变电工程、1000 千伏交流送变电工程的资格，凝聚了一大批作风过硬、技术能力在国内极具知名度的发电专业、电网专业优秀工程技术人员，在发电侧和电网侧都肩负关键业务。

长期以来，调试所始终坚持“求实创新，优质服务，顾客满意”的宗旨，竭诚为电力行业和全社会服务。调试所坚持注意在全面提高服务水平的前提下，根据服务对象的不同需求以及服务内容、服务场所等差异，一丝不苟提供个性化服务，实行精细化施工管理，在行业内树立起良好的企业形象。

2017 年度，在国网四川省电力公司的正确领导下，调试所全体职工以安全生产、优质服务为抓手，坚定不移地把着力打造企业核心竞争力、积极构建企业多元化经营体系，切实拓宽企业生存发展空间作为企业管理的首要任务，坚持以市场为导向，以发展保稳定，不断完善企业规章制度，规范企业管理，在生产经营、党风廉政建设等方面取得全面进步，圆满完成各项生产、经营指标，企业目标管理再上新台阶。

近几年来，为了适应市场经济的需要，调试所不断改进经营机制和完善生产经营机构，加强各项管理工作。调试所现设有 5 部 9 室 1 中心（即办公室、党群工作部、人力资源部、财务部、市场经营部、安全生产技术部、锅炉室、汽机室、水机室、电气室、热控室、金属室、化学环保室、技术监督服务中心、新能源技术室），下辖国网四川省电力公司大坝安全监察中心、四川省电力工业锅炉压力容器检验中心、电力工业四川发电用煤质量监督检验中心，并直管经营业务与主业相辅相成的四川通能电力科技有限公司。

调试所机关本部设在成都市梨花街 50 号办公区，部分专业部室和专业化公司设在成都市青华路 24 号办公区。

国网四川省电力公司党委第二巡察组巡察电源技术中心工作动员会在蓉召开 （刘晓荣　摄）

**【人力资源】**2017 年，调试所新进大学毕业生 8 人（7 人为硕士研究生，1 人为博士研究生），现有正式职工 183 人（高级职称 78 人、中级职称 57 人、初级职称 19 人），退休人员 67 人，所级领导 7 人，外聘员工近 300 人，拥有一大批在国内同行业中知名度较高的各类专业技术人员，技术力量雄厚。

**【科研设备】**为了进一步拓展企业主营业务和加强科研能力，调试所使用企业自有资金新添置各专业试验设备，陆续拓展了各专业科室新试验项目。这些仪器设备的投入使用，极大提高了调试所电网基建调试以及开展发电企业机组锅炉、汽机、发电机、热工性能考核试验及机组热力试验等业务的能力，同时还增强了调试所开展高压电气试验、机组并网前检测试验等业务的能力。

**【科技成果】**2017 年，调试所管理及生产创新成果显著，生产管理获国家行业级奖项 2 项，省公司级奖项 1 项；申请国内实用新型专利 1 项，发表研究 4 项，并被 SCI 收录。圆满完成国家电网公司直流部下达的调相机分系统调试作业指导书、整套启动调试大纲、隐患排查手册、运行维护手册及工程分系统调试标准、整套启动调试标准、运行维护标准及设备检修标准等专业手册、技术标准的编制工作，获国家电网公司直流部、中国电科院领导及行业专家的高度肯定与积极评价，企业科技创新体系不断完善。

**【安全生产】**2017 年度，调试所安全生产工作继续保持“零事故”的优异成绩。按照“全覆盖、零容忍、严执法、重实效”和“三个不发生”的原则，深入开展“抓基础、控风险、防事故”安全生产检查活动，重点抓细抓实国内外工程项目全过程安全管控，严格执行安全技术规程和标准，有的放矢修改完善安全管理制度，进一步落实各级安全责任，有效控制了安全风险，全年未发生电网、设备、火灾事故；未发生人身死亡、恶性操作、重特大交通事故；未发生有重大影响的不安全生产事故；未发生不稳定突发事件和泄密事件；无因违法违纪而受到追究事件发生，圆满完成了国网四川省电力公司下达的安全责任考核目标。进一步增强全体员工的安全意识，强化各级安全责任，夯实安全工作基础，全面排查整治事故隐患，有效控制安全风险、防范各类安全事故的发生，确保调试所安全生产长治久安。

**【技术监督与服务】**2017 年，调试所在搞好国内技术服务、技术监督的同时，积极拓展“一带一路”沿线国家电力市场，树立中国电力调试技术标杆。“一带一路”沿线的许多发展中国家电力需求旺盛、能源设施投资需求大，却面临本土设备企业技术有限、进口依赖度高，这为中国电力行业带来了广阔的“走出去”前景。一方面，调试所积极与印度阿达尼集团、美国福斯特惠勒集团等国外大型集团公司建立战略合作关系；另一方面，调试所还与东方电气、中信集团、哈尔滨工程集团公司、四川机械进出口公司、四川电力勘察设计咨询公司等国内大型总包商深度合作，充分发挥调试所在调试及性能考核试验上的核心技术优势、技术水平，为总包方提供了大量的专业技术支持，得到总包方的充分信任与高度评价，签署了大量海外工程项目。

湘潭调相机并网成功（蒋志军　摄）

调试所正在实施的境外工程项目 4 个，足迹遍布欧洲、南美洲、东南亚等世界各地。其中就包括哥伦比亚 GECELCA3 号燃煤电站项目调试及性能试验，波黑斯坦纳瑞（STANARI）1×300 兆瓦 CFB 燃煤电站（1×300 兆瓦 THERMAL POWER PLANT STANARI）机组调试、性能试验及验收，越南沿海 2×622 兆瓦火力发电厂调试及承运项目、越南升龙 2×300 兆瓦电厂调试项目等项目。在这些项目实施的过程中，调试所始终坚持“求实创新，优质服务，顾客满意”的宗旨，竭诚做好各项服务工作，与合作伙伴建立了更深层次的战略服务关系。

**【企业管理】**2017 年，面对复杂的经济形势和恶劣的市场环境，调试所广大干部职工凝心聚力、拼搏奋进，各项工作取得新进展。新能源并网、大坝安全鉴定、调相机整套启动等多项新业务齐头并进，呈现出稳中有进、进中有好的良好态势。调试所始终坚持“管理提升年”这一工作主线，上下同心、拼搏进取，管理水平持续提升。调试所积极向国网四川省电力公司汇报、沟通，清理回收历史账款和历史遗留问题，扎实开展问题梳理等重点工作，助推企业内控管理水平，为调试所实现新跨越、新发展积蓄力量。调试所积极探索海外市场跨国投标新模式，脱离“借船出海”的被动格局，直面海外业主投，标越南太平 2×600 兆瓦调试项目，市场开拓再添佳绩。扎实开展工程创优工作，由调试所调试的四川白马 1×600 兆瓦循环流化床机组、大唐三门峡 3 期扩建工程 2×1000 兆瓦发电机组等项目分别荣获国家科技进步一等奖、国家优质工程奖。

全面推进“三全五依”法治企业建设，风险防控能力进一步提升。强化专业管理和短板分析，通过召开专项分析会等多种形式提升工作业绩。及时修制订《会议管理实施细则》《车辆管理实施细则》《仓储业务管理工作实施细则》等管理规定，持续优化内控管理模式。细化物资采购作业流程和防控要点，强化采购全过程管控。加强房产和车辆管理检查，制定非生产办公用房台账、车辆费用预控台账等管控措施。组织内部“三公”费用自查及“四风”问题整治“回头看”，管理规范性不断提升，为生产经营提供保障。2017 年，调试所再次被评为“全国优秀调试企业”。

**【改革创新】**深入研究调试所发展瓶颈有关问题，采取密集沟通、专题汇报、多渠道协调等方式，全力争取理解支持。全面开展大坝安全监察中心鉴定业务，组建专家组赴去学水电站、舟坝水电站、竹格多水电站、上通坝水电厂等项目开展蓄水及输水系统安全鉴定及竣工安全鉴定等各项工作，得到四川省发改委、项目业主及行业专家的高度认可与积极评价。配合四川省发改委、能源局完成四川省主力火电发电机组节能降耗规划方案及各专项方案制定，组建专项工作组，开展全川主力火电发电机组节能降耗指标专项检测工作，2017 年已累计检测完成包括广安、金堂在内的 7 台主力发电机组，圆满完成四川省发改委、能源局完年初下达的年度计划指标，得到属地政府及省级主管单位的高度评价。配合中国电科院开展国家电网公司调相机系统项目调试及运维工作，圆满完成国家电网公司直流部下达的编制分系统调试作业指导书、整套启动调试大纲、整套启动调试标准、运行维护标准及设备检修标准等多项科研任务，树立了调试所在国家电网公司调相机领域的技术标杆。调试所积极拓展新能源电厂业务范畴，配合省调控中心做好川内新能源机组并网管控、运维管理等研究、调研论证工作支撑电网稳定运行，助推全省“一张网”“一盘棋”建设。

**【三个建设】**调试所深入开展“两学一做”学习教育，组织优秀共产党员和先进青年评选、红色主题观影等一系列纪念建党 96 周年系列活动。举办《中国共产党廉洁自律准则》《中国共产党纪律处分条例》专题学习，积极组织参加党规党纪知识竞赛，扎实推进“清风川电”主题活动。强化干部监督，完善管理制度体系。规范职员职级序列，持续拓展员工成长空间。组织职工参加省公司羽毛球联赛等活动，促进职工文化共建共享。 2 个集体和 6 名员工分别荣获国网四川省电力公司“先进集体”“职工模范之家”“先进工作者”“优秀共青团干部”等荣誉称号。

**【主要问题】**1. 市场形势不容乐观，人力资源储备问题突显。受国内火电机组投产计划锐减、新能源上网计划未达预期、省外市场地方区域性保护政策制约市场准入等政策及市场波动影响，调试所想在原有市场的基础之上提升业务份额非常艰难，虽然短期内市场业务短缺的被动局面不会出现，但从长远来看，固有市场萎缩不可避免，立足企业核心技术优势，坚持以市场发展方式为导向，依托电网体系支撑寻找新的业务增长点才是调试所未来谋划发展的重要方向。广大干部职工应积极转变思想，变被动为主动，积极寻找电网侧支撑性业务，在巩固原有市场的基础之上，努力开拓新兴市场领域。2017 年，调试、技术监督与服务、承运等业务齐头并进，项目点多面广，工程技术人员调配面临巨大压力，人力资源储备问题突显，急需解决好职工队伍年龄梯队建设等人力资源结构性缺口问题。

2. 投身“三个一”格局建设，积极转变企业发展方式。“三个一”格局构建，是全省电力行业发展面临的紧迫任务，也是 2018 年国网四川省电力公司工作会上重点提出的下阶段主要任务，调试所应抓住历史机遇，并以此为契机，积极转变企业发展方式，依托自身技术优势，为“三个一”格局构建贡献力量。一方面，重点跟踪国家电网公司调相机建设、新能源并网检测、国网四川省电力公司调度涉网电厂检测等重点工作开展情况，务求在“十三五”规划期间全面介入相关工作，为调试所电网侧业务建立新的增长点，夯实机网协调业务职能，有效提升调试所与电网业务紧密度。另一方面，加强与四川省发改委、能源局、环保厅等政府行政部门的联系，切实做好川内大坝安全监察、川内主力火电机组节能降耗检测等工作，并以此为契机，拓宽调试所行政管理职能与市场业务份额。

3. 抓住改革机遇，紧跟电力体制改革时代步伐。四川省电力体制改革试点工作于 2017 年开始正式实施，国家发改委、国资委明确必须由社会混合体形式联合组建、实施，其交易实施配套文件已全部完成并报国家发改委通过备案。虽然调试所主营业务与售电并无交集，但调试所身处电力系统内部，其中利害关系非常明确。调试所应理性看待这一转变，充分利用自身的技术优势，抓住改革发展的历史机遇，参与到电力体制改革建设工作中去，为调试所尽早明确企业定位，实现转变企业发展方式而努力奋斗。

4. 提升内控管理水平，为企业发展提供保障。当前，调试所在生产经营、改革发展等方面任务繁重，企业发展处于攻坚期，迫切需要建立健全内控管理机制，加快提升法律风险防范能力。通过 2017 年调试所迎接的国网四川省电力公司审计、巡察以及办公室、后勤、经法等专业部门检查工作，暴露出在内控管理机制方面存在薄弱点和风险，管理水平也存在一定差距。国网四川省电力公司将 2018 年定为“素质提升年”，调试所各部室、公司要切实提高内控管理能力，为企业发展提供上升保障，有效规避经营活动中的潜在风险。深化依法治企，提升内控管理水平是调试所“十三五”规划期间的重要任务，广大干部员工一定要认清形势，迎难而上，出色完成本职工作，为调试所实现新的更大发展贡献力量。

# 党的建设与精神文明建设

责任编辑：何　飞

# 党建工作

**【组织建设】**国网四川省电力公司共有党组织2600个，其中，党委285个，党总支部114个，党支部2201个；共有党员37716名。

1. 党建工作责任抓牢抓实。建立党建工作领导小组，加强党建工作领导。制定党委委员分工管理办法，落实各级党委委员职责分工、片区分工和重点工作分工。调整公司党委委员定点联系基层党组织，强化对基层党建工作的督促指导。印发公司全面从严治党意见，明确9个方面27项重点任务，制订65项重点工作责任清单。出台公司党建工作绩效考核办法、党支部工作考核办法，全面强化各级党建工作考核。连续第二年开展党委书记抓党建专项述职评议，各级129名书记分别接受省、市公司组织的现场述职评议。

2. 基层组织建设持续加强。出台公司党的建设“旗帜领航•三年登高”计划和基础建设年工作计划，大力实施固本、铸魂、强基、壮骨、清风“五大工程”。全面完成党组织和党员基本信息采集工作，建立健全党员电子身份信息。规范基层党组织设置和管理，撤并基层党委2个，协调地方党委整建制转出基层党委1个，按照“应换必换”按期完成511个基层党组织换届选举。开展公司党建制度废、改、立工作，新出台制度9项，全面规范党内谈心谈话、党员干部联系服务群众等工作。深入推进标准化党支部建设，建立支部工作经常性督查指导机制，持续开展基层党组织“三分类三升级”，促进78个三类党组织整改晋级。集中开展党建工作健康体检，各级党组织共排查整改问题271项。深入推进“两学一做”学习教育常态化制度化，实施合格党员积分制，严肃党内政治生活，着力提升“三会一课”质效，规范农电、劳务用工党员组织关系并纳入公司统一管理。创新编写党内首本党课教材《先锋讲堂》，由红旗出版社出版。举办党支部书记、党务人员培训班，提升党务工作队伍业务水平。

3. 先锋模范作用切实发挥。举办“砥砺奋进、党旗飘扬”纪念建党96周年系列活动，广泛建立“党员示范岗”“党员责任区”，开展“三亮三比无”竞赛，在藏中联网工程建设中成立项目党支部、党员突击队，在迎峰度夏、“6•24”茂县山体垮塌和“8•8”九寨沟地震抢险等急难险重任务中充分发挥党组织和党员作用。国网四川省电力公司先后有16个基层党组织、52名党员受到国家电网公司党组、四川省委表彰。深化共产党员服务队建设，开展“我为绿色出主意”、党员服务队进农村、进老区等活动，为群众上门服务2.2万余次，经验做法在国家电网公司党建工作会、全省国有企业党建工作现场会上交流。

2017年3月13日，国网四川省电力公司召开基层单位党委书记抓党建现场述职评议会议（曹志刚　摄）

4. “两学一做”学习教育常态化制度化。扎实推进“两学一做”学习教育常态化制度化，推动全面从严治党突出“关键少数”并向基层延伸。组织广大干部员工深入学习贯彻中共十九大会议精神和习近平新时代中国特色社会主义思想。以全面规范自学、党课教育领学、微宣微讲导学、知识竞赛验学、带着问题深学助推学习教育常态开展，编写出版了《先锋讲堂——基层党组织书记讲党课》。制定党委工作考评办法、党委书记报告工作制度和专项述职评议制度、坚持“三会一课”、民主评议党员制度，健全完善理论学习中心组学习制度，严格和规范双重组织生活制度，确保基层党组织的领导作用、战斗堡垒作用以及党员先锋模范作用充分发挥。优化“两学一做”学习教育常态化制度化的实践载体，大力开展先进基层党组织创建、“三亮三比”主题活动、党员服务队提升工程，激发基层组织活力，搭建起党联系群众的“连心桥”。

**【党风廉政建设】**2017 年，国网四川省电力公司党委在国家电网公司党组的坚强领导下，深入学习贯彻中共十九大精神，始终坚持党要管党，全面从严治党，党风廉政建设和反腐败工作卓有成效，被国家电网公司评定为优秀等级。

1. 严抓严管，“两个责任”有效落实。1）“两个责任”有效落实。督促各级党政主要负责人带头履责，层层传导压力。组织召开 2017 年党风廉政建设和反腐败工作会，推动传达贯彻上级精神，安排部署全年重点任务。制订年度主体责任、监督责任工作要点 28 项，将 102 项具体任务分解到班子成员和职能部门，促进反腐倡廉工作要求融入企业改革发展全过程。组织签订党风廉政责任书 83 份，逐级明确责任目标。创新履责记实制度，分别印发领导班子及班子成员、纪委书记、职能部门《党风廉政建设履职记实手册》，实现履责内容有遵循，履责过程有痕迹，履责效果可评价。实行常规约谈与问题约谈相结合，配合公司领导约谈分管部门、基层单位干部 157 人，提醒问题，督促履职尽责。落实报告工作规定，分三期组织基层纪委书记当面述职，“点穴”廉政风险，提出改进建议，督促履职尽责。定期向上级报告党风廉政建设和反腐败工作情况，主动向公司领导提示专业领域廉洁风险 22 次。严格责任考核，2016 年 31 家基层单位、23 名领导干部因责任制落实不到位受到扣分或处罚。2）廉洁教育有声有色。深入推进“两学一做”学习教育常态化制度化，深入学习党章党规、习近平新时代中国特色社会主义思想，加强党员干部理论武装。持续打造“清风川电”品牌，举办“清风川电”月讲堂 11 期，开发廉洁教育课件 9 项。开展《关于新形势下党内政治生活的若干准则》《党内监督条例》《巡视工作条例》等党纪党规学习，促进党员干部严守政治纪律和政治规矩。与时俱进升级“一基地五片区”廉洁教育基地功能，加强与地方政府廉洁教育资源共建共享，经常性开展警示教育。在处级干部轮训、科级干部履职培训、青年干部培训等 72 期培训班开设理想信念、党性修养和家风家训教育课程，树清风，扬正气。推出手机移动端学习测验平台，促进学廉、守廉、爱廉氛围形成。注重正面倡导，评选表彰 10 名“勤廉兼优好干部”，发挥先进典型示范作用。坚持反面典型警示教育，通报典型案例 17 件，以案明纪，强化不敢、知止氛围。

2017 年 11 月 9 日，国网四川省电力公司召开学习贯彻党的十九大精神暨党建工作会议　（曹志刚　摄）

2. 强化监督，促进权力规范运行。1）巡察率先实现全覆盖。坚持政治巡察定位，聚焦全面从严治党，着力解决“两个责任”虚化弱化、落实不力等问题。巡察前，组织专业骨干，召开动员会，集中专题培训，分析形势、明确任务，打破思维定势和路径依赖，创新方式方法，拓展发现问题风险渠道。巡察中，开展现场督导，了解进展，督促推动，确保巡察工作高质高效进行。坚持边巡察、边总结，持续提炼修订《巡察工作手册》，统一规范 35 类文本表单，细化检查要点及方法 180 余项，确保组织有方、措施有力。全年分三轮巡察 17 家基层党委，圆满实现巡察“三年全覆盖”。巡察发现问题434项，下达立行立改通知书126份，受理、发现问题线索77件，给予党政纪处分22人，诫勉谈话28人，提醒谈话173人，组织处理107人，经济处罚218人，震慑作用明显。公司巡察工作经验做法在《国网工作动态》刊发，并在国家电网公司巡视巡察调研会上作交流发言。深入贯彻落实中央和国家电网公司巡视巡察工作部署，对照国家电网公司通报的三期典型问题，按照属地和专业负责的原则，认真开展自查自纠。

重点领域风险防控到位。强化决策监督，规范“三重一大”决策，通过巡察重点关注、典型问题通报、信访严格核查、问题整改聚焦，加大对制度建设和决策过程的监督检查，促进依法决策、科学决策、民主决策，对违反“三重一大”决策的10名科级干部进行责任追究。强化协同监督，深度剖析职工疗休养、工程项目结余物资管理等领域的潜在风险。充分发挥职能部门业务监督作用，督促职能部门及时排查问题、积极建章立制、推进整改提升，切实发挥协同效应，防范重大廉政风险。深化专项监督，开展工程项目结余物资专项整治，全面摸清结余物资管理现状，完善结余物资退库、利库、鉴定与报废等管理流程，严肃查处私自变卖节余物资等问题，切实保障国有资产权益。严格采购监督，全年安排86人次参与招标、非招标监督58批次。按照快查快办、严格审查的要求，办理招标采购投诉举报21件，严肃处理5家违规供应商，提出相关工作建议4条。牵头组织《国家电网公司廉洁风险防控工作手册》编写，将115项重点廉洁风险、379条防控措施融入业务，探索新形势下廉洁风险防控特点。

挺纪在前，保持惩处高压态势。1）问题线索处置规范。坚持无禁区、全覆盖、零容忍，强化纪律审查工作。按照谈话函询、初步核实、暂存待查、予以了结等四类处置方式，坚持实事求是、依纪依规处置线索。统筹整合查办力量，开展直查直办、交叉查办、协同查办、快查快办，不断提升纪律审查质效。全年办理问题线索99件，其中直接受理57件，国家电网公司纪检组、四川省纪委、四川省国资委纪委等交办42件；初步核实96件，谈话函询3件，了结84件，立案处理22件，无暂存件，做到有信必查、查必有果。

2）实践“四种形态”效果明显。应用审计、巡察、专项监督成果，多渠道排查党风廉政问题线索。严格执行纪律审查工作规定，从线索处置、谈话函询，到初步核实、立案审查、案件审理，用党章党纪衡量，用纪言纪语描述，突出纪律审查的政治性。坚持红脸出汗、咬耳扯袖常态化开展，对发现的苗头性、倾向性问题，及时给予提醒谈话、警示谈话、批评教育，防患于未然。根据执纪审查情况，全年给予提醒谈话、廉政约谈50人次，诫勉谈话26人次，组织处理47人次，党政纪处分38人次。对不认真履行责任，导致发生重大违纪违规问题的单位及部门，倒查追究“两个责任”，30名处级干部被问责。

3）治本作用充分发挥。坚持“四不放过”原则，严格实行“一案双查”。责成发生严重违纪违法案件单位召开专题民主生活会，到会指导班子成员总结教训、深刻反思、落实整改，切实做到以案补漏、以案促管。针对查信办案发现的管理问题和廉政风险，向职能部门和基层单位下达《整改意见暨廉政风险防控任务书》24份，督促规范管理、化解风险，提高全面从严治党、依法治企水平。公司纪律审查工作得到上级肯定，在2018年国家电网公司纪检监察年中座谈会议上，公司作了纪律审查经验介绍。

4. 驰而不息，不断深化作风建设。1）纪律作风明显好转。认真贯彻落实中央八项规定精神，周密部署公务用车自查、公款购买消费高档白酒排查整治等工作；全面贯彻国家电网公司30条实施细则和公司作风建设“十项禁令”等制度，不断规范企业因公出国（境）、负责人履职待遇、会议管理，严防“四风”问题反弹。常态化开展作风督查，紧盯中秋、国庆等重要时间节点，重申纪律要求，持之以恒反“四风”。评选表彰本部卓越团队和“十佳员工”，促进干部员工转变工作作风，提升服务意识和工作效率。公司系统未发生被上级查处和媒体曝光的违反“八项规定”精神的问题。

2）行风建设全省领先。加强行风监督，定期召开公司年度行风监督员座谈会，组织行风监督员、专项检查组开展明察暗访，通报典型问题，传导工作压力。严肃查纠损害群众利益不正之风，24名员工因违规受到组织处理或经济处罚，正风肃纪效果良好。坚持公司领导带队值守《阳光政务》政风行风热线，及时答复客户反映诉求28条。积极走访地方党委政府、“两代表一委员”，增进社会沟通理解。公司参加全省政风行风群众满意度测评，连续四年保持排名靠前。

5. 从严要求，强化纪检队伍建设。落实纪委书记提名考察以上级纪委会同党委组织部为主的要求，印发执行《公司所属各单位纪委书记纪委副书记提名考察办法（ 试行)》，对11名纪委书记进行了选拔调整。严把纪检人员入口关，公司所属二级单位纪委书记全部配齐。根据国家电网公司巡视巡察一体化部署，研究巡察机构设置及人员配备，着力推动巡察工作制度化、规范化。拓展学习练兵渠道，开设“清风川电”月讲堂，邀请系统内外专家讲解招标采购监督、预防职务犯罪等内容。开展专题培训，举办纪检监察业务知识培训竞赛、巡察业务培训班和纪律审查培训班，268人次接受培训。坚持“送出去、学回来”，全年派员5人次协助国家电网公司开展纪律审查，边查边学；选派35名纪检监察干部到中纪委纪检监察学院、高培中心等参加培训，提升专业素质。加大课题研究力度，围绕党内监督有效落地、规范纪律审查处理决定执行、与地方执纪执法机关统筹联动等难点疑点，开展13个课题调研，组织讨论研究4次，形成初步成果。

**【思想政治工作】**国网四川省电力公司着力加强员工思想教育。通过“集中学、专家讲、典型谈、艺术展”等多种形式，深入学习宣传贯彻中共十九大精神。落实中央、国家电网公司党组有关理论学习中心组学习制度，加强领导干部政治理论教育。开展“百人百讲”形势任务巡回宣讲活动，针对县公司“子改分”“集体企业压减”等改革改制开展专题思想教育工作，员工队伍保持总体稳定。举办“8·8”九寨沟地震抗震救灾先进事迹报告会，大力弘扬川电铁军精神。

**【精神文明建设】**着力提升精神文明建设水平。国网四川省电力公司新创建成22家国家电网公司文明单位、6家全国文明单位、30家四川省（最佳）文明单位。国网四川省电力公司员工刘源被评选为第六届全国道德模范，员工鲁鹏被评选为全国“100名最美志愿者”，14名员工登上“四川好人”榜，5名员工和1个集体被评为第五届四川省道德模范。

**【团青工作】**扎实推进“一学一做”学习教育实践活动。组织全团开展“怎样做一名合格团员”主题团课40余次，征集“我的青春我的梦——学习总书记讲话 做合格共青团员”主题文章60余篇。开展“新时代 新青年 新作为”宣贯中共十九大精神系列活动，利用“川电青年”新媒体，发布十九大主题信息18期。在共青团成立95周年之际，邀请公司近100名青年代表与公司领导面对面座谈，了解青年所需、解答青年疑惑，并对30个优秀青年集体和107名先进个人进行表彰。进一步加强青年思想引导，凝聚青年共识。

服务公司发展大局，助力青年成才。国网四川省电力公司系统共10个优秀青年集体顺利完成“青年安全生产示范岗”创建工作，有效激发了青年员工在安全生产中的生力军和突击队作用。按照“一月一主题”，开展“青年训练营”竞技活动共10期，1500多名青工参与。选拔15个青年创新项目参加国家电网公司第三届“青年创新创意大赛”，取得2银1铜的好成绩，一个项目获得小工器具革新奖。开展“活力青春——微信H5创新作品秀”活动，吸引公司600多名青工参与，创作了300余份感人励志、创新思维的优秀作品。

开展“青春光明行”15周年系列活动。深化青年志愿服务，彰显央企责任，在“雷锋月”“六一”和“敬老月”期间，共组织开展志愿服务活动近200余次，服务各类群众近30000人次。精心布点新建2所“川电留守学生之家”，总数达到210所。积极投身“阳光扶贫”，深入凉山州喜德县进行实地走访调研，在微商创建、品牌规划等方面建言献策，组织开展“阉鸡养殖竞赛”，为贫困村民增收37080元。组织青年志愿者走进阿吼村、各则村，开展“四好家庭”“做文明村民，养文明习惯”“光亮宝宝”等活动，推动贫困村移风易俗，促进文明素质提升。

夯实团建组织基础。大力推进“从严治团”，以“一学一做”学习教育实践活动为统揽，规范团内组织生活，督促并指导基层团组织按期换届，举办团青干部能力提升培训班两期，公司系统200名团青骨干参与培训，切实提高了团干队伍综合素质。深化政企交流沟通。与省国资委群工处、共青团凉山州委、成都铁路局团委等交流座谈共青团工作，就青年成长成才、创新创效等方面工作进行了深入探讨，为进一步资源共享、思想探索、深化合作奠定了坚实的基础。

**【企业文化建设】**国网四川省电力公司着力深化企业文化建设。以“卓越之路”为主题，举办国网四川省电力公司2017年度企业文化节，组织开展“文学创作、文化展示、典型选树、体育竞技”等系列活动。国网四川省电力公司表彰2015—2016年度企业文化建设工作先进单位（集体）30个、先进个人25名，命名企业文化示范点40个、示范文化长廊10个，编印《卓越之路——国网四川省电力公司企业文化建设示范点案例集》。国网四川省电力公司成功创建成全国电力行业企业文化建设示范单位。

# 品牌建设

**【概况】**1. 特殊贡献奖申报情况。2017 年前三季度，国网四川省电力公司在国家电网公司外联品牌贡献度评价考核中获得 A 级贡献 1 个、B 级贡献 2 个、C 级贡献 4 个（其中，藏中联网工程央视大型直播宣传活动获评 A 级贡献；四川九寨沟地震电力抢修传播、“实施新一轮农网改造升级”新闻发布和主题传播获评 B 级；春节安全保供电和优质服务系列宣传、配合“海外投资被爆亏损”舆情处置、音乐剧《谢谢你 我愿意》登上央视舞台、编写出版国家电网公司社会责任系列工具书获评 C 级贡献）。四季度将意向性申报 A 级贡献 1 个、B 级贡献 1 个、C 级贡献 1 个（分别为水电消纳主题传播申报 A 级；微电影《牛粪》等艺术传播成果获奖丰硕申报 B 级；应急体系建设成果上《人民日报内参》申报 C 级）。

2. 品牌传播占据好正面舆论阵地。在国家级媒体上稿 1800 余篇（条），省级媒体 5000 余篇（条）、行业媒体 3200 篇（条）、公司媒体 3500 篇（条）。《人民日报》13 篇《人民日报社内参》1 篇，新华社通稿 46 篇（新华社内参 2 篇），中央电视台 128 条（新闻联播 13 条）；《中国电力报》240 篇（条），国家电网公司网站 320 篇（条），《国家电网报》630 篇（条）、其中头版头条 12 条。在电网头条发稿 1353 余条，“国网故事汇”月度十佳作品 9 篇，“国网四川电力”官方微博发文 1000 余条，开通“国网四川电力”今日头条号。组织召开新闻通气会 15 场、开展主题传播活动 26 项。全年在《国家电网报》发稿量位居国家电网公司系统前三名。

3. 品牌维护管控好负面舆论阵地。2017 年度先后编发《舆情周报》45 期，特殊时段报送《舆情日报》31 期，向基层单位发出《舆情信息通报单》合计 110 余条，共监测舆情 19000 余条，其中负面信息 9000 余条，绝大多数为蓝色（轻微）信息，其中黄色（一般）以上负面信息 134 条次，橙色（较大）负面信息 15 条次、红色（重大）负面信息 11 条次，泸州煤矿停电催费、甘孜电力引发特大山火等较大以上舆情风险均及时有效化解，舆情总体平稳、实现国网公司考核“零目标”。

2017 年 3 月 17 日，国网四川省电力公司召开 2017 年品牌建设工作会议
（胡铃 摄）

**【工作概况】**1. 围绕中心、展现成就，开展十九大和党建专题宣传。把十九大专题宣传作为党委网络意识形态工作及全年品牌传播的首要任务，牢牢把握党建创新、电网建设、“三个一”、精准扶贫等四条主线，集中开展“红色基因、绿色川电”主题传播。一是谋划在前，“三个一”发声同频共振。利用全国两会、盐源公司取消代管、省党代会、四川宜宾电力有限公司挂牌、抗震救灾抢险等契机持续开展“三个一”电力发展新格局报道活动，发布新闻通稿，制作新媒体作品，并协调求是网、人民网、中国网、四川日报、国家电网报等刊发公司主要领导署名文章，打造新华社内参报道，推动“三个一”理念形成共

识。二是立足高端，新闻发布先声夺人。围绕“一张网”建设、农网升级改造、电力体制改革、张思德志愿服务联盟成立、党员服务队进农村、践行绿色发展理念节能减排等组织召开 6 场新闻发布会，向社会通报公司发展成就；《国企管理》《民生周刊》《中国电业》《国家电网》等重要版面刊发公司工作业绩，为意识形态阵地不断输送正能量，形成广泛传播。三是内外合力，专栏策划营造氛围。将内部氛围营造，视作意识形态工作的有力支撑，内网开设“喜迎十九大”和“宣贯十九大”专栏，刊发专题文章 60 余篇，在国网媒体及行业媒体加大宣传力度（国家电网报头版头条 2 条），反映各单位宣贯的典型经验，持续跟踪报道全国道德模范刘源先进事迹，为掀起学习宣贯热潮营造良好氛围。

2017 年，多部微电影作品获奖。其中《牛粪》荣获“中国梦·劳动美”银奖、“金海滨”奖、“金桂花”奖等

2. 精心策划、紧跟热点，开展系列重大主题传播。更加注重新闻策划和资源整合，通过创新工作方式方法，切实提高了意识形态工作的传播力、引导力、影响力。一是主动展示重点工作。对外开展全国两会、共产党员服务队进农村、500 千伏川渝第三通道、农网改造升级、精准扶贫、全国道德模范刘源等主题传播活动。对内系统做好“管理提升”“安全生产”“两学一做”学习教育常态化策划，展示公司各基层单位在活动开展中的典型做法。藏中联网工程央视直播持续 4 天收获 160 分钟播出时长，农网改造完工在央视《还看今朝》直播展示，有效展示公司服务地方经济社会发展所做出的贡献。二是及时开展新闻应急传播。针对茂县山体垮塌、九寨沟地震，快速反应、精准策划、密集发声：立即启动新闻应急机制，地震发生当晚组织记者奔赴灾区，协调《人民日报》、新华社、央视持续报道，公司媒体矩阵对抗震救灾开展了全方位报道，“抗震救灾”专栏集中刊发《舒印彪指示：灾情就是命令!》等 93 篇报道。电网头条微博根据四川公司提供材料，及时更新达 10 次，及时向社会传递了公司抢险进展情况。三是用心讲好国网故事。成功策划实施央视春节高原带电作业、川电外送 6000 亿千瓦时，《人民日报》、新华社火锅电能替代报道，高温保电、井井通电报道等，打造更有温度的新闻，更接地气的传播，增进情感认同和价值认同。

3. 多措并举、管控得力，品牌维护能力持续提升。不断完善舆情管控工作制度、创新网络通信工作方法、历练舆情队伍专业技能。一是舆情分级处置制度更加完善。轻微级别舆情交由事发单位自行处置维护，一般以上舆情发生后，外联部形成舆情通报单，全程督办舆情应对工作，指导基层单位主动出击，回应社会关切和对公司不利的传言，有效遏止“智能电表加速”谣言的扩散。二是提升了舆情风险排查和舆论引导能力。多次配合总部开展舆情处置工作，按照总部要求，结合公司中心工作，针对电改、新能源消纳、安全生产、优质服务、电动汽车等话题开展了专项监测和舆情引导，重大节日、重大事件、重要工程推进期间，开展专项监测，实行 7×24 小时监测，得到总部外联部高度肯定，未发生重大舆情扩散事件。三是提升了舆情工作经验总结归纳能力。“基于比赛模式的全员新闻应急能力提升”精益化项目取得阶段性成果，公司年度品牌维护典型案例集编写完成，舆情总体保持平稳。

4. 聚焦扶贫、创新实践，筑牢社会责任管理基础。以社会责任为引领，在工作中突出创新，在精准扶贫、社会责任根植、公益管理等工作上持续发力，提升公司社会责任管理水平。一是“精准扶贫”成果突出社会认同度高。公司“精准扶贫”案例于春节和全国两会期间在中央媒体和重大活动中充分展示，马边彝乡、凉山阿吼村案例分别写入《人民日报》内参和《民生周刊》“全国两会”特刊；扶贫成果得到国家扶贫办新闻中心充分肯定，并在四川省国资委扶贫成果展上广受好评，“大小凉山”扶贫成果更是被四川省委、省政府确定为向中央汇报四川脱贫攻坚成果展示窗口。公司再度荣获 2017 年中国电力行业企业透明度“最佳透明度管理奖”。二是全面推进社会责任根植管理转化典型经验。“一乡一品”农网管理先进经验首度在四川、重庆、西藏三地推广实施，成为电网企业切实饯行社会责任、服务民生与加强管理有效结合的示范点。“资阳红细胞”“马边精准帮扶”“三本台账”等颇具四川特色的成果被《人民日报》《民生周刊》等媒体广泛报道，其中“德阳三本台账”案例入选《清华管理评论》管理案例，成为 MBA 管理实践样板。三是公益管理有声有色公益理念成为社会共识。配合国家电网公司编写出版《公益管理手册》，将公益管理成果和理念向社会传播。以“德阳鲁鹏”“资阳红细胞”为代表的“志愿者服务联盟”不断扩展公益活动的广度和深度，将电力服务延伸至关爱留守儿童、扶贫济困、网店申请、医疗救助等活动,并在政府部门的主导下，实现了管理水平的持续提升，成为了地方政府和人民群众认可的一张名片。

5. 提升管理、传播正能，公司媒体矩阵运行良好。一是进一步加强公司自办媒体管理。坚持媒体“周联席会”工作机制，就工作进行总结部署，滚动完善各项主题策划方案，明确传播重点和宣传意识形态工作重点。加强基层业绩信息通报，坚持对标管理，对各基层单位发稿情况进行通报，促进了各单位宣传工作的主动性。二是“双微”平台运作平稳实现提升。“国网川电”微信公众号开播以来已发送 100 期，部分优秀作品收获数万甚至 10 万+，成为了以用电客户作为主要目标读者，以互动为主，传递正能量的沟通交流的新平台。“国网四川电力”官方微博账号，摒弃“信息搬运”陈旧模式，持“周周有策划、月月有原创”，以网络化视角重新编辑管理微博，收获大量忠实粉丝。在“8·8”九寨沟地震等重大突发事件期间，“双微”平台最高单条阅读量达到 51 万人次，原发信息被中央电视台、人民网等媒体或新媒体采用、转载，间接传播量上亿。

# 工会工作

【概况】1. 引领建功立业，职工创新创效热情高涨。贯彻《新时期产业工人队伍建设改革方案》，努力打造高素质的职工队伍。深化职工技术创新和劳动竞赛，推广应用创新成果展示交流平台，筑牢企业创新发展基础。联合省总工会、省人社厅举办四川省首届“职工技能大赛变电检修和继电保护”专业竞赛活动，国网四川省电力公司包揽集体和个人前三名。开展第三届公司职工创新成果展示、发布活动，评选“十大优秀创新成果”和十大“川电工匠”，以及优秀成果 60 个、“能工巧匠”50 名。参加国家电网公司第六届供电“服务之星”劳动竞赛暨营销专业“班组微讲堂”决赛，获国家电网公司“优秀服务之星” 1 名，国家电网公司“服务之星”2 名，班组微讲堂“优秀主讲人”1 名。组织国网四川省电力公司 4 万名职工参加《全国职工公共安全卫生应急避险知识竞赛》和“安康杯”竞赛宣传活动。弘扬劳模精神、工匠精神，组织召开公司庆“五一”劳模座谈会，广泛开展劳模宣传月活动。推动各级争创劳模（职工）创新工作室，新建成创新工作室 35 个，完成建设 100 个创新工作室目标。开展“我为企业献一策”合理化建议活动，征集合理化建议 6622 条。评选公司标杆班组 21 个，命名五星班组 147 个，表彰公司先进班组、优秀班组长 100 个，引领和带动公司系统班组建设整体推进。国网四川省电力公司 8 个班组被国家电网公司评选为一流班组（工人先锋号），8 名班组长评为国家电网公司优秀班组长，同时有 82 个班组获国网先进班组。国网四川省电力公司 8 个集体和 4 名个人获得中华全国总工会、四川省总工会表彰，其中荣获全国“五一”劳动奖状 1 个、全国“五一”劳动奖章 1 个；四川省“五一”劳动奖章 3 个、“五一”奖状 3 个、工人先锋号 4 个。1 人荣获“四川省五一巾帼奖章”、1 个集体荣获“四川省五一巾帼标兵岗”。

2. 深化民主管理，职工内在活力有效激发。圆满完成职工代表巡视检查、提案答复处理工作，办理六届一次职代会提案 5 件，建议 11 件，意见 83 件，提案建议办理率 100%。对 10 家单位进行巡视检查，推动职代会决议和公司“两会”精神的贯彻执行。切实增强职工民主管理意识，在公司改革改制、集体企业瘦身健体等各项改革中，切实发挥工会组织作用，监督履行好民主程序，确保了各项改革平稳有序推进。组织召开国网四川省电力公司六届二次职代会，通过《国网四川省电力公司公司制改制方案（草案）》，推动公司改革发展。组织完成电力工会和公司工会全委会委员调整，工会常委、经审委委员及负责人补选民主程序。组织开展国网甘孜、阿坝、雅安等供电公司等单位的 34 家县级供电公司子改分履行民主程序工作。指导批复 15 家基层单位工会换届改选、工会负责人选举工作。完成启明星铝业工会组织关系划转。举办新版工会法人资格证书办理布置工作培训，积极与省总工会沟通协调，顺利完成新版工会法人资格证书更换。全面加强工会会员管理，严格按照全总工会会员管理及服务要求，立足电力工会实际，对工会会员信息进行实名制采集。开展厂务公开民主管理工作先进推荐申报工作，国网四川省电力公司 18 个单位获得全国、四川省厂务公开民主管理先进单位。一年来，国网四川省电力公司各级单位实行厂务公开事项 4163 项，开展职工代表巡视检查 183 次，提出整改意见建议 981 项，整改落实 981 项。

3. 关爱关心职工，职工权益得到切实维护。充分发挥职代会联席会职能，召开第六届职代会联席会议 4 次，审议通过《国网四川省电力公司职员职级管理办法》《国网四川省电力公司绩效管理实施细则》等议案。2017 年，国网四川省电力公司各级职代会共审议企业重大事项 615 件，召开职代会联席会 286 次，审议通过行政提交议案 603 项，有力推动了企业改革发展，维护了职工合法权益。坚持开展工会“4·15”维权咨询服务日活动，组织基层工会围绕《劳动合同法》《中华人民共和国职业病防治法》，采取召开座谈会、现场宣传咨询、举办专题讲座进行政策宣讲，共设立咨询点 296 个，发放宣传资料 50000 多份，现场咨询 4852 人次，咨询问题 3700 个，帮助员工解决问题 507 个，解答员工意见、建议 4325 条。深入开展“走基层、进班组、访一线”活动，做好“夏送清凉、冬送温暖”等关爱职工慰问活动，累计投入送清凉资金 813.59 万元，走访慰问车间（班组）2652 个，职工 61627 人次。深化以人为本理念，健全完善联系职工、服务职工的长效机制，配合行政共同出资 163 万元，对 260 名困难职工进行帮扶，让职工切实感受到组织的关心关爱。

2017 年 4 月 15 日，国网四川省电力公司广泛开展“4·15”职工维权咨询服务日活动

4. 培育特色文化，职工文化成果硕果累累。统筹组织企业文化节系列活动，围绕“卓越之路”企业文化节，开展“感动川电”员工评选，发掘员工身边故事，选树具有时代精神的优秀员工和典型事例。组织职工原创歌曲征集评选工作，评出十首“川电金曲”，用歌声展现公司改革发展成绩。组织公司文艺骨干到送变电、检修公司等一线班组开展形式多样、内容丰富的“送文化下基层、进班组”活动，满足一线职工日益增长的精神文化需求。圆满完成国家电网公司职工美术书法摄影主题作品巡回展览，同期展出公司职工艺术家美术书法摄影优秀作品。配合省作家协会完成“星星点灯”全国诗歌征文大赛。成功举办“科锐得”杯职工足球赛、职工羽毛球赛、健身操舞比赛，丰富职工业余文化生活。完成国家电网公司健步走活动平台“S365”手机 APP 推广，促进职工养成健康向上的生活态度。传承优秀家风，组织女职工广泛参与“书香国网·和美家庭”系列主题活动，3 个家庭获“和美家庭”、4 篇征文获优秀征文一、二等奖。

持续推进职工文化阵地建设，建成 6 个地市体育文化中心。以文体办会、兴趣小组为支撑，常态化开展文学、书法、美术、摄影、音乐、舞蹈等文体活动，引导职工培养积极向上的兴趣爱好。积极传播大众篆刻理念，作为国家电网公司 9 家试点单位之一，创建“国网印吧”。发挥职工书屋示范点引领作用，引导激发广大职工读书成才，增强职工书屋吸引力、影响力和辐射力，国网乐山供电公司培训分中心被命名为“全国职工教育培训示范点”，建成全总、省总“职工书屋”9 家，国网成都供电公司、国网四川技培中心“职工书屋”获评“国家电网公司职工书屋示范点”。整理提炼川电家园微信公众号、职工读书活动征文优秀作品，汇编出版《书海撷英—职工读书活动优秀作品选集》《家园故事—川电家园微信平台作品选编》，激发职工文学创作潜能，提高创作热情。职工原创微电影作品《牛粪》《你是我的眼》获得第五届亚洲微电影节金海棠奖大国工匠单元优秀微电影奖（二等奖）、第五届中国国际微电影大赛“金桂花”奖（公益类最高奖）。职工原创歌舞节目《检修路上》登上中央电视台群英汇栏目，情景剧《抢险路上》入围国家电网公司职代会文艺展示，充分彰显电力职工爱岗敬业的良好风尚。

5. 夯实基础管理，自身建设水平有效提升。加强工会财务规范化建设，制定工会经费管理、财务报销、物资（服务）采购、审计、印章合同等九项工会财务制度。认真贯彻落实省总工会财务大检查要求，对 21 家基层单位工会开展经费审计检查，对发现的问题，督促及时抓好整改落实。进一步加强疗休养管理和风险防范，对 20 个单位疗休养工作进行了抽查，结合排查问题制定下发公司《关于进一步加强和规范疗休养工作的通知》，并在公司协同监督联席会议上，就加强疗休养工作做专题汇报。加强工会党风廉政建设，针对巡视检查、信访案件反映出的问题，专题组织 2 次廉政约谈，对 14 家单位分管领导进行了廉政谈话、廉洁提醒。

# 后勤保障

责任编辑：何　飞

# 后勤管理

【概况】2017 年，国网四川省电力公司后勤系统在公司党委的坚强领导下，在国家电网公司后勤工作部的指导下，团结奋进、攻坚克难，圆满完成各项任务，改革发展、管理提升、工程建设、服务保障、队伍建设等重点工作均取得显著成绩，后勤工作价值、作用全面彰显，为公司持续健康发展提供了有力保障。

【工作成效】1. 后勤安全保持良好局面。坚决贯彻公司安全生产工作部署，深入推进后勤本质安全建设。强化安全管控体系建设，编制电网小型基建项目安全风险防控指导意见，组织电力服务公司、客户服务中心完成 ISO 22000 国际食品安全管理体系标准认证，引领公司健康食堂安全管控体系升级达标。提升设施设备安全管控水平，强化公司生产调度大楼配电系统标准化管理体系宣贯执行，开展常态化培训，加强巡查考核；开展后勤关键设施设备运行监控，对照安全使用标准，更换、增添电梯、锅炉、农残检测等设施设备。开展后勤安全隐患排查治理，在各单位开展自查整改的基础上，重点针对工程项目、办公场所、设施设备、食品卫生、交通消防等方面的安全管理，公司多次组织督导检查。全年未发生后勤领域被考核安全责任事故，后勤系统保持安全稳定。

2. 改革工作完成年度目标。积极参与公司重大改革。在公司电力体制改革、“三集五大”优化提升、集体企业“瘦身健体”“子改分”等多项重大改革工作中，积极完成涉及后勤系统的相关改革任务，全面做好服务保障。稳妥推进后勤领域改革。认真开展政策研究，制定下发实施方案，召开工作推进会议，集中举办专项培训。“两供一业”分离移交有力推进，分离移交协议签订率 100%（其中正式协议签订率 50.7%），超额完成国家电网公司下达的 85%年度目标。稳步开展医疗机构改革，研究编制公司医疗机构改革方案并上报国家电网公司。全面完成公务用车制度改革，压减公务用车 88 台，压减率 14.2%；压减公务用车运行成本 15.2%，超额完成数量和成本双降 10%的年度任务。

3. 精益管理初见成效。扎实开展“管理提升年”和“精益化管理年”活动，制定下发专项工作方案，全面加强关键环节管控。强化房地资源集约统筹。完成公司非生产性房地资源集中审查，清理房产 3671 宗、土地 2994 宗，建立省、市、县三级房地资源台账。配合地方城市建设，优化方案，完成 8.57 万平米房产、11.58 万平方米土地的拆迁补偿，涉及金额 2.61 亿元，确保了电网资产保值增值，解决了部分房地资源分散、利用效率不高、无权证等历史遗留问题。完成体制改革中房地资产跨单位调配，实现资源优化配置。大力推进房产确权。拓展工作思路，广元公司等单位将确权工作写入与地市政府签订的战略合作协议，房产确权工作进度明显加快，公司非生产性房产确权率达到 97%。深化后勤信息系统应用。完成国家电网公司后勤信息平台中电网小型基建、房产和土地三个数据库动态关联，实现数据互联共享，提升数据一致性和准确性。成都、乐山、广安、宜宾等单位参与研发的公司非生产性房地资源、公务用车、健康食堂等 3 个模块通过公司后勤部审核。

4. 管理创新取得新成果。完成国家电网公司《小型基建项目初步设计内容深度规定》和《非生产性技改大修项目可行性研究报告和初步设计模板》编撰；开展公司《乡镇供电所标准化配置典型设计》《电网小型基建项目精准投资》等课题研究与实践，乡镇供电所标准化建设工作通过国家电网公司检查验收，补充编制的乡镇供电所生产营业用房典型设计得到检查组充分肯定。总结提炼藏区高原电网保障经验，“高原电网建设、运维和应急抢险医疗保障”三项技术标准作为国家电网公司标准正式发布；“高原电网建设后勤保障技术标准”在公司发布。国网南充供电公司、四川电力送变电建设有限公司等单位的多项管理创新成果获得表彰。

5. 后勤管理更加规范。开展自查自纠。按照公司统一部署，各单位高度重视，对照检查要点和标准，认真开展自查自纠。公司组织 10 个检查组，按照“全覆盖、全业务、全周期”要求，对公司后勤业务进行检查督导，排查风险、问题 288 个，完成整改 223 个，整改完成率 77.4%，整改措施落实率 100%。强化制度建设。在自查整改基础上，修订公务用车、周转住房、房地资源管理等 6 项制度；优化生产辅助技改大修、房地资源处置、健康食堂创建、物业服务招标、信息平台管理等后勤业务操作流程，建立完善规范管理长效机制。开展问题清单梳理与整改穿透督导。积极落实监事会要求，全面梳理后勤领域问题，建立问题清单、编制专项报告，后勤系统形成整改决议 86 份。

6. 工程项目管控有力。推进项目精准投入。紧密围绕公司发展要求，强化需求侧分析和项目评价标准，精准安排投资，优化项目建设时序，核减各单位上报的 2018 年储备项目 46 个，核减率 47.9%；下达电网小型基建项目 107 个（续建 82 个、新建 25 个）。强化项目过程管控。采取系统平台监控和现场督导检查相结合的方式，加强项目计划执行情况督查，杜绝工程“三超”（超计划、超规模、超概算）现象。加快推进项目建设。2017 年完成电网小型基建项目建设 76 个、竣工建筑面积 14.76 万平米、投资 4.78 亿元；完成生产辅助技改大修项目 101 个、投资 0.98 亿元，综合计划完成率 100%。

7. 服务质量有效提升。持续推进“三个健康”工程。全面启动“三州”地区员工周转（倒班）房、绵阳公司营销用房等重点项目，公司科研综合楼正式投入使用；试点开展生产办公场所雾霾防治，升级改造空调系统，改善室内空气质量。深化公司健康食堂创建，公司健康食堂达到 408 个；加大生产一线健康食堂建设力度，在新建供电所均配置标准化食堂、菜园子；推进“明厨亮灶”工作，开展“去国网总部、到兄弟省公司、进藏区”厨艺交流活动。加强健康管理，增加体检项目，实施健康干预和心理健康辅导。积极响应国家精准扶贫战略。依托大后勤管理优势，以健康食堂创建为基础，在马边等地建设绿色食材基地扶贫项目，构建产、供、销扶贫体系，实现大后勤建设与精准扶贫工作相互促进、协调发展、多方共赢。形成的典型经验在国家电网公司展示交流。

8. 综合保障能力不断提高。应急保障快速高效。在“6·24”茂县山体滑坡、“8·8”九寨沟地震等重大自然灾害应急保障工作中，后勤应急指挥体系迅速响应，按照“两热四有四安全”保障标准，设立前线后勤补给站，调动灾区周边国网广元供电公司、国网绵阳供电公司等单位后勤保障队伍奔赴灾区，全力做好交通、食品、医疗卫生、住宿、物资配送等后勤保障工作，确保公司应急抢险队伍、救灾现场和各级应急指挥系统高效运转。藏中联网建设工程保障有力。科学制定保障方案，建设三级医疗后勤保障体系，巡诊、接诊治疗 37.5 万人次，成功救治高原肺水肿 42 例，高原脑水肿 4 例，有效保障了参建人员的生命安全和身体健康，实现高原病“零死亡、零伤残、鼠疫等重大疫源性疾病零传播”的“三零”目标。

9. 党的建设和队伍建设持续加强。认真学习贯彻中共十九大精神，深刻领会习近平新时代中国特色社会主义思想精神实质，突出全面从严治党主线，严格履行“一岗双责”，把廉洁从业要求融入后勤日常管理。贯彻中央八项规定精神，加强内部巡查，发现问题及时整改，坚决整治“四风”问题。多措并举加强后勤队伍建设。加强小型基建管理等后勤关键岗位人员配置，新增管理人员 28 人（其中本科及以上 15 人，占比 54%）。开展多种形式专业培训、岗位练兵，后勤管理人员把握政策、解决实际问题的能力有效提升。举办公司后勤专业首次普考，培训选优、组建队伍，参加国家电网公司调考，取得较好成绩，激发了后勤系统的学习热情，员工素质普遍提升，公司后勤人才库初步建立。广泛开展建设“美丽后勤”、讲好“后勤故事”活动，选树先进典型，引导激励后勤员工立足岗位、建功立业，涌现出一批受到表彰的先进典型。其中，1 人被国家电网公司表彰为优秀党员，1 人被评为国网四川省电力公司劳模。

# 国网四川物资公司

**【企业概况】**国网四川物资公司是国网四川省电力公司下属分公司，主要为国网四川省电力公司系统电力生产建设提供物资供应及配送服务。国网四川物资公司现有在职正式员工 175 人，离退休员工 224 人。设立 10 个职能部门：办公室（党委办公室）、党建工作部（监察部）、组织部（人力资源部）、财务部、物资计划部、物资采购部、物资供应部、招标工作部、合同管理部、质量监督部），2 个中心

（仓储配送中心、供应商服务中心），1 个公司（国网四川招标公司），委托管理 1 个集体企业（四川环网物资有限责任公司）。

国网四川物资公司历经了 47 年的发展历程。1971 年，四川省电力工业局供应公司成立，先后改为西南电管局供应公司、四川电力物流集团公司、四川电力物资公司。2013 年 6 月，更名为国网四川省电力公司物资公司。2016 年 3 月，按照国家电网公司“三集五大”体系建设的统一要求，改制为国网四川省电力公司物资分公司。

国网四川物资公司的职能为：主要负责国网四川省电力公司物资一体化采购平台与仓储配送体系的建设；负责省公司所需物资的催交催运、配送仓储、移交验收、现场服务；负责所辖仓库仓储物资管理和库存储备物资的配送；负责库存物资和应急储备物资的日常管理；负责开展物资核算工作，配合省公司物资结算工作；负责在招标人委托的范围内组织招标活动并提供相关服务；负责配合省公司编制物资需求计划及供应商管理；负责实施省公司废旧物资处置。

**【主要业务完成情况】** 2017 年，国网四川物资公司坚持以中共十九大精神为指导，认真执行国家电网公司、省公司各项决策部署。面对经济增长乏力、物资保障压力增大、指标提升难度增加等困难，我们坚决贯彻落实国家电网公司、省公司决策部署，扎实开展“管理提升年”活动，奋力夯实专业管理基础，切实提升安全管理水平，圆满完成各项目标任务，公司主要指标继续稳中向好。全年，完成招标总金额 42.26 亿元，非招标总金额 2.06 亿元，完成废旧物资处置金额 0.65 亿元；完成合同签订 6476 份，金额 80.52 亿元；完成 12 个 500 千伏输变电工程、32 个 220 千伏输变电工程的物资供应保障任务，物资供应金额 23.77 亿元。实现安全生产和党风廉政建设“0”目标，荣获省公司“安全生产先进单位”称号。企业负责人业绩考核位居 B 段。

**【物资管理】** 1. 攻坚克难、精心组织，物资供应保障优质高效。主动服务 500 千伏川渝第三通道、藏中联网等重点工程建设，快速响应应急抢险救灾，全力提升物资供应保障能力。川渝第三通道物资供应用时最短。克服受强雾霾天气影响、特高压工程集中供货造成的产能紧张等问题，通过会议宣贯、驻厂催交、到厂巡查等方式，确保生产计划刚性，首次将生产进度把控深入到物资原材料采购供应过程。历时 3 个月，圆满完成 500 千伏川渝三通道物资保障任务，创造了 500 千伏基建项目铁塔交付用时最短的记录。藏中联网物资运距最长。承担了藏中联网 18 个标段甲供物资供应任务。针对藏区高原运输条件恶劣、安全风险高等特点，将安全放在首位，集中优势力量、创新举措、保障供应。开启全员“大履约”，加强合同集中管控，实施“单基配套”及“兵站式”运输安全管控模式，从源头消除材料运输差错。历时 280 余天，累计安全运送物资 22.3 万吨，发运车辆 7386 车次，运输里程达 750 万千米，相当于地月距离的 19 倍，绕地球赤道 187 圈。应急响应更加高效。以物资调配机制和信息系统为支撑，建立完善高效的应急响应机制，在“6·24”茂县山体垮塌、“8·8”阿坝九寨沟地震抢险中，充分发挥应急指挥作用，钢芯铝绞线等应急物资第一时间配送到位，应急物资保障迅速有力。

翻越折多山运送物资

2. 统筹推进、主动作为，物资支撑服务持续深化。充分发挥省公司支撑机构作用，持续加强物资专业化管理。计划统筹切实加强。积极响应省公司“班车制”采购模式，合理组织物资及非物资计划集中审核。实施全省采购策略数据、ERP 物料主数据的审核把关和动态跟踪，为物资采购决策提供有力支撑。全年，审核物资计划 61 批次，估算金额 107.36 亿元，合格率 99.32%；审核非物资计划 25 批次，估算金额 55.96 亿元，合格率 100%。合同签订精益高效。开展合同签约分配，确保合同签约准确无遗漏。大力推行国网合同范本，提高流转效率。创新建立藏中联网等重点工程合同签订“绿色通道”，实现中标通知书“随到随签”。深化“五天一督办”机制，每月定期汇总分析全省合同签订数据，实现签订及时率、准确率的监控预警。物资采购更加规范。全面实施电子化单轨制评标，通过信息化手段，节约成本、提高效率。扩大远程异地评标，构建异地专家评标常态化机制，降低廉政风险。推行年度保证金制度和保函替代制度，进一步优化工作流程、规范经营管理。稳步推进资格预审，优化采购策略，降低投诉风险，提高评审效率。将供应商资质能力评价结果运用到物资采购中，加强业务间协同配合，促使物资采购更加公正、高效。质量监督成效显著。督促监造单位及时开展监造工作，下达监造计划 149

国网四川物资公司员工对 500 千伏川渝第三通道到货物资进行检查

条，组织巡查驻场监造组 24 次，完成关键点见证 25 次。协助省公司开展专项抽检，全年编制下达批次抽检计划 1856 条、实际到货物资抽检计划 2432 条，杜绝物资“带病入网”。持续加强供应商管理，完成供应商绩效评价 1583 家、供应商资质能力核实 294 家，审核通过一纸证明 133 家。加强对供应商不良行为处理，全年公示不良行为供应商 40 家，有力促进供应商诚信经营、提高质量。物资调配集约有序。充分发挥物资调配中心统筹协调、监控预警职能，全年处理各地市单位物资供应问题 96 项，发布农配网物资供应预警 13 次。积极开展跨区物资调拨，被国网公司评为“调配工作先进单位”。完善调配信息平台，物资供应链条数据实现全收集、全分析，应用范围实现省、市两级全覆盖。仓储管理持续提升。全年完成平衡利库线上调拨 731 笔，金额 2998 万元，完成 1253.7 万元库存积压物资的报废处置工作。严格对照仓储标准化运营规范评价标准，逐一清理物资出入库单据，ERP 系统过账手续等。坚持永续盘点与月度、季度盘点相结合，切实提高账、卡、物“一致率”。

2017 年，国网四川物资公司密切结合业务工作实际，分析管理短板，科学制定实施方案，坚持不懈提升经营管理质效。

深入开展“管理提升年”活动。推行财务内部订单，建立项目储备库，分批次下达项目预算，提高综合计划和项目预算约束力。全面清理预采购库存物资 120 笔，金额 3037 万元及预采购应付暂估 25 笔，金额 240 万元。全面清理往来款项存量挂账，密切关注“两金”压控，公司应收账款余额较去年末下降 8.51%。积极参与国家电网公司和省公司管理创新类课题项目研究，其中《基于调配信息系统的物资供应链管理》获省公司管理创新一等奖。

全面加强对标管理工作。主动适应同业对标体系变化，对新增考核要素加大预警和管控力度。正视对标差距，寻根纠源，补齐短板，规范工作流程，优化管理方式。2017 年同业对标指标取得较大提升。全部 6 项指标中，有 1 项指标提升 3 个段位，1 项指标提升 2 个段位，3 项指标提升 1 个段位，仅有 1 项指标维持原段位。

坚决贯彻国家电网公司、省公司“三全五依”法制企业部署，严格落实依法从严治企要求。

抓好问题清单梳理。完成“四上四下”阶段工作任务，建立重点问题专项报告 2 项，重点问题整改决议 3 项，完成全部整改决议目标任务，立查立改一般问题 6 项。从重点内容和薄弱环节入手，修订完善管理制度 29 项，堵塞管理漏洞，提升管理效能。

深化法治企业建设。深入开展普法教育，切实增强干部员工法治意识。完善制度体系建设，新增及修订规章制度 17 项。全力推进“子改分”工作，顺利完成招标公司股权上划、物资子公司注销。档案规范化管理被评为省公司档案工作“规范级”单位。1 名员工参加国网公司招投标法律法规调考，获国家电网公司二等奖。

强化风险防控。加大科级干部、关键岗位交流力度，10 名科级干部交流调整，14 名关键岗位员工跨部门交流，2 名员工部门内部交流。编制下发《公司岗位廉洁风险防控手册》，明确风险防控重点措施，完善风险防控常态化管理机制。健全“三重一大”决策机制，充分发挥监察、审计、财务和法律等专业作用，促使重大决策民主化、科学化、法制化。

公司始终坚持全面从严治党，持续加强人才队伍和企业文化建设。加强党的建设。深入学习贯彻中共十九大精神，扎实推进“两学一做”学习教育常态化制度化。制定“旗帜领航·三年登高”实施方案和《关于进一步加强党建工作的意见》。成立招标公司党支部和离退休党总支，规范基层党组织设置。修订党委议事规则和党委委员职责（片区）分工，把党的领导融入企业治理各环节。在服务 500 千伏川渝第三通道、藏中联网等重点工程项目中，组建临时党支部，成立党员（青年）突击队、工人先锋号。广泛开展“三亮三比”活动，形成了党员责任区示范岗、党员“1+1”等特色做法，实现党建与中心工作相融共进。重点吸收优秀技术技能人才入党，全年发展党员 1 名。落实管党治党责任，推动完成省公司第三巡察组巡察意见的整改工作。

加强队伍建设。新建、修订公司《中层干部管理办法》等 3 个干部人事管理制度，加强优秀青年干部培养，建立了正副科级后备干部库，实现公司干部队伍梯队建设。开展全员教育培训，培训员工 153 人次，公司人才当量密度达 1.0691，创历史最好水平。14 名员工通过高级职称评审，11 名员工取得中级专业技术资格。1 名中层干部获省公司优秀管理人才称号，1 名中层干部入选省公司青干班。创新人才培养模式，选派青年员工到国家电网公司物资部、国网物资公司、西南分部上挂培养锻炼；选派业务骨干到藏中联网项目部、材料站等一线学习锻炼，提升综合素质。

加强文化建设。开设道德讲堂，深入开展理想信念、社会主义核心价值观宣传教育。在工程一线开展“藏中联网·坚强堡垒”主题活动，开设“藏中一线”专栏，宣传“藏中·每月一星”，提炼员工微事迹，用身边人身边事影响和带动广大员工。《电力塔材高原翻山记》《塔材的高原之旅》等视频短片在央视新闻播放，《一路有你》等 3 部作品入选国网故事汇、电网头条，实现了公司品牌传播广度和高度的大跃升。关心关爱离退休职工，认真落实“两项待遇”。强化信访维稳工作，营造企业和谐稳定氛围。

# 供电企业

责任编辑：李　庆

国网公司四川省电力公司是国家电网公司的全资子公司，主要负责四川境内国家电网的规划建设、运营管理和电力供应，在全省 21 个市、州设有 22 个供电公司，22 个市、州供电公司有县级供电公司 150 个。其中：全资 102 个，控股 46 个，代管 2 个。

# 国网成都供电公司

**【企业概况】**国网成都供电公司成立于 1953 年，是国家电网公司 31 家大型重点供电企业之一，担负着成都市 20 个区（市、县）的供电任务。供电区域 1.43 万平方千米。供电客户数共计 732.4 万户，其中，各类党政军机关、医院、化工、轨道交通等重要客户 562 户、世界 500 强企业 327 家。固定资产 434.3 亿元。公司下辖 11 个部门、7 个业务支撑和实施机构、16 个区县供电公司和 10 个集体企业，全口径劳动用工 14416 人，管理的离退休职工 3710 人。2017 年，公司累计完成售电量 446.2 亿千瓦时，同比增长 3.21%；完成综合线损率 6.05%，低于计划指标 0.25 个百分点。

截至 2017 年 12 月，成都电网共有 35 千伏及以上变电站 421 座，变电总容量 6147 万千伏安（其中 500 千伏 7 座、220 千伏 61 座、110 千伏 221 座，35 千伏 132 座）。35 千伏及以上等级输电线路 8808 千米，10 千伏变压器 85786 台、总容量 4136 万千伏安。10 千伏配电线路 4203 条，总长度 30803 千米。成都电网共有地下电缆 6394 千米。其中，110 千伏及以上电缆 1031 千米，电缆隧道 252 千米、排名全国第 2（仅次于北京）。

随着经济社会发展，成都电网负荷不断攀升。近三年来，负荷年均增长 10.52%。2017 年 7 月 27 日，创下了 1123.0 万千瓦的历史记录，同比增长 29%。

近三年来，国网成都供电公司及所属 38 个集体、395 名干部员工先后获得“中央企业先进基层党组织”“国家电网公司先进集体”及全国“五一劳动奖章”、国家电网特等劳模等荣誉、奖项 849 项。公司共产党员服务队荣获国网公司“金牌共产党员服务队”，队长刘源荣获第六届“全国道德模范”，党员服务队成为国家电网公司优秀品牌传播和为民服务创先争优的一面旗帜。

**【人力资源】**截至 2017 年年底，全口径劳动用工 14416 人，管理的离退休职工 3710 人。

2017 年，省公司与成都市政府、成都公司与 19 个区（市、县）政府签订战略协议。

**【电网建设与发展】**积极促成国网四川省电力公司与成都市政府签订战略合作协议，公司与 19 个区（市）县政府建立战略合作关系，“一张网”格局构建取得历史性突破。主动服务成都市“十字方针”战略，完成“东进”片区淮州新城等 7 个片区电网专项规划编制。为 66 个产业集聚区储备大中型输变电项目 44 项。220 千伏崇州经开区等 9 个 110 千伏及以上电网项目取得核准批复。全年投运输变电工程 33 项。完成电力迁改 213 项、大修技改 422 项、配农网项目 496 项。超前谋划、精心组织，提前四个月投运 500 千伏广都、新都配套送出工程，提升供电能力 170 万千瓦。黄水—核桃村等 5 个搁浅多年的重大电网项目取得实质性进展。落实省公司属地化管理要求，创新思路、攻破难题，促成500千伏蜀丹三回规划红线正式落地。提前完成新一轮农网改造升级“两年攻坚战”，惠及农户204万户，荣获国家电网公司先进集体。110千伏武青路变电工程获评国家电网“创优示范工程”和省公司“输变电标准示范工地”，110千伏芷泉街变电工程获评省公司“质量管理流动红旗”。

【经营管理】扎实开展11个方面、176项管理提升工程，取得显著成效，荣获国网四川省电力公司“管理提升年”活动先进单位。新装增容39万户、741.2万千伏安，同比增长12.5%。促成政府出台煤改电补贴等政策，签订工业锅炉“煤改电”协议210台，完成改造85台，推广电火锅1700家、5万余台，累计达到6700家、18万余台，全年电能替代电量10.6亿千瓦时，减少碳排放28.8万吨。综合线损率完成6.05%，低于计划指标0.25个百分点，少损电量1.19亿千瓦时，增利0.34亿元。全面推广购电制和专变远程费控，月均购电余额达30.18亿元。开展在线监测、窃电等专项行动，挽回电量损失518.85万千瓦时，追补电费418.58万元。全年接收客户优质电网资产24亿元，累计接收约56亿元，居国家电网公司大型供电企业首位，为省公司降低资产负债率作出突出贡献。8528万元、超50%的积压物资得以利库。“两金”存量压降985.02万元。落实税收优惠政策，减免税款1.26亿元。公司关键业绩指标、所有（24个）专业评价、党建工作评价和综合评价均在省公司排名第一。

2017年迎峰度夏期间，成都电网最大负荷达1123万千瓦，再创历史新高，电网运行安全平稳，没有拉闸限电

【安全生产】以“钉钉子精神”狠抓本质安全建设，构建施工作业“三级二作负责人”职责体系，细化运行、生产、基建“三类风险”预警机制。实施“精准”日管控，编制风险防控字典，不断创新安全管理落细落深。深入开展安全生产大检查，排查治理各类隐患1649项。严抓严管作业风险，“立体式”督查现场10531处，查处违章2839项。及时处理大电流开关柜等家族性缺陷12类830余处，规避重大事故42起。高质高效完成检修任务3874项，计划执行准确率89%，非计划停电同比下降5%。22.8万次调控操作正确率100%。实施15座变电站一体化检修，降低风险等级，提升效率1.3倍。启动配电网电缆隐患整治三年计划，编制建设标准和管理规范，“拉网式”清理电缆699千米。迎峰度夏期间电网最大负荷达1123万千瓦，比上年最大负荷增长19.1万千瓦，再创历史新高，电网运行安全平稳，没有拉闸限电，故障报修工单同比下降30%。高质量通过国家电网公司安全大检查，获总工程师张启平等一致好评。全年没有发生任何被考核的不安全事件，圆满实现安全事故“零”目标，荣获四川省电力行业安全生产先进集体、省公司安全生产先进单位。

【农电工作】提前半年完成299个机井通项目、240个中心村电网改造，完成新一轮农网改造升级“两年攻坚战”，惠及农户204万户。公司获评“国家电网公司农网改造升级‘两年攻坚战’先进集体”。

【科技与信息化工作】技术创新、管理创新、精益化成果122项，专利授权42件。荣获省公司管理创新成果8项、工人技术创新奖10项，3个QC团队获“全国质量信得过班组”“全国优秀质量管理小组”称号。在省公司对标评价中荣获综合标杆、业绩标杆、管理标杆及安全、人力、财力、规划、建设、配套保障等6个专业管理标杆。

【市场服务（优质服务）】公司倾力服务政府招商引资重大项目，打破常规、缩短周期、争分夺秒，京东方、中电熊猫220千伏变电站项目提前一年投运。全力以赴保障81个项目提前送电，拉动电量增长16亿千瓦时，推动城市和产业发展提档升级。精准服务108个重点及敏感小区，垫资720万元实施兜底抢修618次，有效化解各类社会稳定风险。为327家世界500强企业及电子信息产业客户提供精准服务，英特尔公司等电压敏感客户连续两年电能质量“零投诉”，向公司送来锦旗、感谢信，盛赞成都供电服务“亚洲最佳”。政企联合出资 1.19 亿元，实施 604 个老旧院落户表改造，故障率同比下降 10.23%，惠及居民 1.5 万户。第一时间驰援茂县山体滑坡、九寨沟地震抢险，助力巴中、简阳扶贫攻坚取得圆满成功。出动 23000 余人次，圆满完成中共十九大、省市党代会、世界旅游大会等 753 项重大保电任务，赢得政府和社会各界高度赞誉。

【党的建设和精神文明建设】持续推进“两学一做”学习教育常态化制度化，扎实推进“旗帜领航·三年登高”基础建设年各项工作。健全党委委员复合式分工制度，开展党建工作健康体检。12 个基层党组织书记接受现场述职评议。开展为期三个月的党员干部作风整顿专项行动。建成“党建示范点”33 个。承办全省国企党建工作现场会，都江堰公司成功创建“全国文明单位”，高新供电营业厅作为“青年文明号”代表在共青团中央会议上作典型经验发言，吸引全国各地 72 批学习团考察交流。公司“电马儿”等供电服务优秀事迹在央视报道 15 次。全年累计在《人民日报》、新华社等中央媒体上稿 10 篇次，国内主流媒体 1400 余篇、系统高端媒体 575 篇。

【存在的主要问题】一是队伍建设方面，面对当前改革发展的新形势和复杂多变的外部环境，各方面的工作要求和标准都在不断提高，而团队的思想观念、思维模式、工作责任心、行为习惯等方面均存在一定的差距；在一些重点、难点工作领域，创新能力和主动性不强；重点工作任务的完成和规章制度的执行都存在层层衰减、打折扣的现象，部分干部员工的履职能力、作风素质和工作执行力仍待进一步提升。二是体制机制方面，近年来公司围绕“两个转变”实施了一系列体制机制的变革，基本实现了“四化”的要求，但还存在一些效率不高、内部协同不畅等问题，还需要进一步优化和完善。三是管理创新方面，部分干部员工习惯于用老思想、老观念、老办法来面对新形势、解决新问题，穿新鞋、走老路，问题得不到解决，还滋生新的矛盾。公司上下效益观点、成本意识、价值创造没有形成压力的层层传递和穿透，没有按劳分配、按贡献取酬的科学的奖惩机制。客观方面，诸多历史沉积的问题在短时间内难以彻底解决；客户体量大、设备规模大、作业现场多、高危敏感客户多、安全风险无处不在、无时不有；配电网网架结构薄弱，产权复杂，运行维护难度大；市政项目配合停电多，用户产权设备故障兜底抢修带来的风险日益增大。公司安全、稳定、服务、廉政、舆情等各方面工作面临前所未有的压力和考验。

【所属县级供电企业】分别是：国网成都市高新供电公司、国网成都市新都供电公司、国网成都市温江供电公司、国网成都市青白江供电公司、国网金堂县供电公司、国网都江堰市供电公司、国网成都市郫都供电公司、国网崇州市供电公司、国网彭州市供电公司、国网邛崃市供电公司、国网大邑县供电公司、国网新津县供电公司、国网蒲江县供电公司、国网成都市官仓供电公司、国网简阳市供电公司、国网成都市简州供电公司、城北客户服务分中心。

2017 年，成都公司出动 23000 人次、7000 车次，圆满完成党的十九大保电等 753 项重大保电任务，赢得政府高度赞誉

【国网成都市高新供电公司】国网成都市高新供电公司于 1996 年 12 月 25 日挂牌成立。作为“三集五大”改革后成都市主城区唯一保留的供电公司，公司地处成都市城南核心经济区，供电区域面积 278.56 平方千米，肩负服务高新区、武侯区、青羊区经济发展重任。截至 2017 年年底，完成售电量 115.36 亿千瓦时，总营业户数 112.45 万户，其中居民用户 107.62 万户，商业用户 2.95 万户，非普用户 5747 户，农业用户 146 户，非居用户 7136 户，大工业用户 565 户。高危重要客户 160 户，世界 500 强 290 家。

2011年8月20日，习近平视察国家电网四川电力成都高新共产党员服务队和营业厅工作，对党员服务队十年善小而为的默默付出做出了高度的评价和肯定。国网成都市高新供电公司在创先争优方面成果丰硕，近年来荣获了“全国文明单位”“全国五一劳动奖状”“国家电网公司文明单位”；党员服务队荣获“全国质量信得过班组”“国家电网公司金牌共产党员服务队”“国家电网公司工人先锋号”诸多荣誉称号；芳草营业厅荣获“全国青年文明号”“全国女职工建功立业标兵岗”；机投供电所荣获“国网五星级乡镇供电所”“2016年度中国最美金牌供电所”等。员工刘源荣获“全国五一劳动奖章”“全国道德模范提名”“中央企业道德模范”“国家电网特等劳模”“国网第一届青年五四奖章”“国网第五届供电服务之星”，员工刘杰荣获“国家电网公司优秀班组长”“四川省电力公司共产党员服务队明星队员”，员工王从亮荣获“四川省电力公司心桥使者”“成都市劳动模范”，员工宋远洪荣获成都市“五一劳动奖章”“成都好工人”等荣誉称号。

2017 年，成都公司 对 56 个重要园区开展“绿色服务”，业务办理时限缩短 50%

国网成都市高新供电公司员工总人数为646人，其中主业全民员工95人，农电员工252人，集体企业299人（其中全民支援集体24人，业务外包123人，自聘员工152人），平均年龄38岁，学历在本科及以上247人，拥有高级职称28人。公司设置6个职能部门， 1个业务支撑实施机构。2017年持续加强员工队伍建设，优化人力资源配置加强薪酬福利管理，完善绩效制度体系，建立了规范的绩效加分体系，进一步体现绩效管理的激励性，完善制定《国网成都市高新供电公司一线班组工作积分制考核管理办法》，进一步深化一线班组工作积分制应用水平，以指导公司所属各单位优化一线班组工分制考核模式，强化绩效考核对员工的激励， 提高一线班组员工的工作质效。配合成都公司人力资源部，制作《大数据分析下的人才资源池建设》PPT，参加国网成都供电公司比赛，获得了三等奖。

国网成都市高新供电公司积极发挥属地公司作用，加强政企合作，全力促成高新、武侯、青羊“三区”政府按成都公司范本签定战略合作协议，为“一张网”格局构建贡献力量。主动服务成都市“中优”战略，制定有针对性措施推进区域电网发展。提出建立《配电网规划辅助决策综合信息支撑平台》建议，编制《电网项目前期工作一览表》，为下一步公司电网项目的开展和推进奠定了基础。

截至2017年年底，国网成都市高新供电公司辖区内有220千伏变电站11座，变电容量4620兆伏安（其中高新区6座，变电容量2640兆伏安；武侯区2座，变电容量660兆伏安；青羊区3座，变电容量1320兆伏安）；110千伏变电站现有43座，变电容量5370兆伏安（其中高新区21座，变电容量2714兆伏安；武侯区10座，变电容量1156兆伏安；青羊区12座，变电容量1500兆伏安）。国网成都市高新供电公司配网运维工作主要针对三环路以外配网线路（除南区和西区），10千伏公用线路合计117条，总长度614.95千米（其中架空线路338.11千米，电缆276.84千米）。

2017年，国网成都市高新供电公司认真贯彻落实国网成都供电公司“管理提升年”的工作思路和各项工作要求，两项管理提升举措获成都公司优秀卓越项目。全年累计完成售电量115.36亿千瓦时，同比增长9.47%；电能替代典型示范项目完成7个，推广电火锅728台，完成电能替代电量约3600万千瓦时；售电均价完成653.75元/千千瓦时；电费回收率100%；综合线损率3.6%。全面推广购电制和专变远程费控，月均购电达1.1亿元。解决电费久拖未决问题42个，追补电量 137万千万时，追补电费79.85万元。宏业高新分公司全年实现产值2.56亿元，实现利润总额1267余万元。

国网成都市高新供电公司坚持安全生产工作常

抓不懈，确保全年安全生产态势稳定。2017年开展三级安全督察网督察施工现场和各部门安全基础管理共208次，发现并整改问题37个。开展安全生产大检查，排查治理各类隐患129项。开展高危、重要、敏感客户安全隐患专项排查，涉及684户，开具用电检查通知书744份，查处260条安全隐患。组织554人安规考试，225名驾驶员交规考试以及成都公司安规、“三种人”抽调考中，合格率均为100%。全年没有发生任何被考核的不安全事件，圆满实现安全事故“零”目标。

国网成都市高新供电公司重点围绕“全能型”乡镇供电所建设工作，不断提升乡镇供电所管理和服务水平。制订《全能型》供电所实施方案，并因地制宜，实施“一所一案”，推进标准化建设及配置，明确各级管理责任，理顺管理关系，推进乡镇供电所营配业务“末端融合”，打造业务协同运行，推行一专多能的“台区经理制”，培养适应“全能型”供电所工作要求的复合型员工队伍。机投所、中和所率先创建“全能型供电所”，机投所形成全能型供电所典型经验。各供电所人员组织机构已到位。全年完成售电量6.2亿千瓦时，售电均价0.6847元/千瓦时，电费回收费率100%；低压综合线损率（不含专变）为6.51%，电压合格率99.99%。机投供电所获得“中国金牌最美供电所”荣誉称号，南区供电所获“成都市工人先锋号“称号，农电员工宋远洪受到中央电视台经济频道专访，两名农电员工分别荣获成都公司2月、3月创先争优月度明星。

国网成都市高新供电公司公司重视科技创新工作，党员服务队牵头设计创制出“智能绿色充电装置”，该装置无人值守、可微信支付，为客户提供安全、便捷、高效地全方位充电服务，在神仙树北路 9 号院等地试运行得到居民一致好评。持续加强信息安全工作，落实国家网络安全法，建立健全信息安全责任系统，加强信息安全风险防控，强化保密管理，保密工作责任书、涉密人员保证书、涉密人员离岗保密承诺书和员工保密承诺书，责任书签订率 100%，把保密责任落实到具体岗位和责任人。继续加大对各专业应用系统的培训，开展隐患排查治理，对薄弱环节和潜在威胁采取有力措施进行整改，杜绝违规外联、弱口令等问题。

2017 年，成都公司严抓严管作业风险，“立体式”督察现场 10531 处，查处违章 2839 项，考核业绩 83.2 分

国网成都市高新供电公司重点推进“社区服务网格化”工作，客户经理进驻 198 个居民小区，快速响应和解决客户问题。建立服务业绩档案体系，签订《2017 年优质服务承诺书》195 份，落地人为属实有责的投诉绩效考核，全年约谈 16 人，处罚 34 人，罚款 2 万余元。开展营业厅 “先锋示范岗”“青年文明号”开放周、示范日等活动。实施 84 个老旧院落户表改造，惠及居民 5855 户。开展兜底抢修 38 次，涉及金额 200 余万元，有效化解各类社会稳定风险。第一时间驰援九寨沟地震抢险，助力巴中、简阳扶贫攻坚。圆满完成十九大、 省党代会等特重大保电工作 211 起，赢得政府和社会各界高度赞誉。2017 年夏天成都电网再创新高，公司多措并举确保了迎峰度夏期间供电服务各项工作，获得街道办、社区、客户送来锦旗和表扬信 22 次。

国网成都市高新供电公司党委深入贯彻中共十九大精神，紧扣“十个深刻领会”“六个聚焦”，在学懂弄通、做实做深上下功夫。组织136名员工在11个分会场集中收听收看大会盛况，聆听习近平重要讲话。组织中心组学习、支部大会、班组会等专题学习十九大精神29次。创新开展“先进典型讲感悟”、“与先进典型对话”等主题党日活动，通过全国道德模范、先进代表讲感悟、谈感想，引领党员提升党性意识，进一步深化教育落实。持续推进

“两学一做”学习教育常态化制度化，认真落实“三会一课”，扎实推进“旗帜领航·三年登高”基础建设年各项工作。进一步规范基层党组织管理，成立农电党总支，合并营销两个支部。探索党支部和党员“双积分制管理”。实施“轮值书记”制度，开展“与典型对话”“我是党日主持人”换位体验等活动，结合干部党员作风整顿、党建工作健康体检，开展交叉检查。党建工作得到监事会主席李志群、全省国有企业党建工作调研组、团中央等领导的高度评价。刘杰参加国家电网公司基层党支部书记座谈会并作代表发言，廖婧舒作为“青年文明号”代表在共青团中央会议上作典型发言。员工撰写稿件累计439篇，其中系统高端媒体上稿49篇，社会主流媒体上稿4篇，党员服务队先进事迹在央视展播、员工宋远洪被誉为“蓝领技术精英”，受到中央电视台专访。

**【国网成都市新都供电公司】**国网成都市新都供电公司成立于1985年8月，坐落于成都市北大门——被誉为“香城宝地”的新都区，属于国网成都供电公司直供直管供电分公司。

截至2017年12月31日，国网成都市新都供电公司全口径统计人员635人，全民及地方全民132人，农电工358人，集体聘用145人。全民及地方全民132人中，硕士研究生23人，大学本科83人，大学专科19人，中专5人，高中及以下文凭2人。高级职称5人，中级职称24人，初级职称42人。高级技师6人，技师32人，高级工34人，中级工26人，初级工1人，人才当量密度达1.0441，全员培训率100%。

新都电网属典型受端网络，担负着新都地区以及周边青白江、郫都和金牛部分地区的供电任务。截至2017年12月31日，全网共有变电站20座（220千伏变电站3座，主变容量120万千伏安；110千伏变电站13座，主变容量145.6万千伏安；35千伏变电站4座，主变容量8万千伏安，变电容量共计273.6万千伏安。2017年，与地方政府建立规划编制常态联动机制，将电网规划建设融入地方发展规划，先后完成新都区“十三五”配电网规划滚动修编、新都区“一张图”编制及站点确定、2018年城市配网项目可研审查及储备等电网规划工作。顺利完成110千伏新军站初步选址等项目前期和申报等工作，为增强电网建设奠定坚实基础。新建10千伏项目4个（新都10千伏工业一、二、六、七路新建工程），新增线路4.75千米，显著提升配网安全运行能力。

2017年，国网成都市新都供电公司累计完成售电量31.71亿千瓦时，同比增加1.34%；完成售电均价647.45元每千千瓦时，年度电费回收财务和营销口径实现“双结零”。完成综合线损率5.32%，较年度计划指标5.72%降低0.4个百分点。城镇电压合格率实现100%，农村电压合格率达99.937%。新装智能电表45041只，公司累计智能电表总数突破50万只，智能电表采集覆盖率99.81%。持续强化营销基础管理。狠抓“量、价、费、损”等关键指标管控，扎实开展零电量清理、电费电价普查等堵漏增效活动，成效明显。建立台区线损多专业联动工作机制，深入开展台区线损百日攻坚战，实现合格台区数量同比增长31.4%。积极开展数据采集和数据完善工作。新装智能电表45041只，智能电表采集覆盖率突破99.81%，在积成主站运行的采集设备突破41769台，实现同比增长3.5%。借助营配贯通数据核查平台开展错误数据整改，基本完成中压建模，营配调贯通用户资源一致率达96%。大力推广清洁能源替代项目，成功完成“锅炉煤改电”项目4个，改造煤锅炉5.08蒸吨，改造电火锅35户，新投运电动汽车充电站2座，服务用户绿色生活，助力公司长效发展。全面推进电费回收及用电检查，实行电费回收工作日预警、周通报、月考核制度，及时有效化解钰邸华府等客户欠费风险。检查客户累计724户次，查处违约窃电3户，发现计量故障17户，挽回电量损失62.80万千瓦时，追补电费36.58万余元。

国网成都市新都供电公司充分发挥安全监督体系职能。贯彻落实国网成都公司“双十条”及安全生产问责规定，严抓严管作业现场。全年共督查现场1073次，发现违章问题137个，处罚典型违章行为73项，开展反违章“安全约谈”4次，确保公司各项工作安全有序推进。切实推动各类安全规定出台和落实。持续刚性实施《新都供电公司安全业绩考核细则》和《外委施工单位安全生产违章积分制管理办法》，强化对项目管理部门及人员的问责考核，保障安全生产稳定局面。全面开展安全生产大检查。坚持“零容忍、零放过”原则，圆满完成2017年春秋安检查及10余项隐患排查专项工作，及时消除缺陷83起。对输电线路通道的76处隐患点位开展防外力破坏特殊巡视120余次，发放隐患整改通知书60份，确保电力传输通道安全可靠。高效进行电网设备计划检修。全年共计完成计划检修工作389项，完成20座变电站防雷接地系统导通测试、397基线路杆塔接地电阻测试，实施4座变电站一体化检修，检修效率提升1.3倍。调控操作7900余次，正确率100%，成功应对日电量突破1374万千瓦时的的严峻考验，保障电网运行安全稳定。截至2017年12月31日，实现连续安全生产4729天。

国网成都市新都供电公司充分利用桌面管控系统对计算机进行有效管理，注册率达到 100%，杀毒软件安装率达到 100%。协同办公系统深入应用，各部门适应了新的办公流程，提升了办公效率；SG186 系统深入应用，供电所全面实现利用 SG186 系统处理业务和收费。光纤全面到站到所，全年信息安全事件实现零目标。

国网成都市新都供电公司加快推动 “全能型”乡镇供电所建设。已实现 8 个“全能型”乡镇供电所初期建设，共覆盖台区 1782 个、供电客户 226807 户，配置 180 名台区经理，实现配置率 100%、供电客户全覆盖，确保线、台、户责任到人的台区经理制有效实施。积极推进老旧院落电力改造。与新都区政府协调合作，共计改造老旧院落改造 50 个，惠及居民 3647 户，改造资金共计 734.9 万元。切实提升用户电力服务体验。实行低电压、超重载台区动态化管理，排查不合格台区 176 台，及时整治 69 台。推广配抢 APP 接单应用，接单率达 90%以上，故障报修到达现场时长下降 8.33%，故障处理时长下降 20.2%，95598 回访客户满意度实现 100%。大力开展安全用电科普活动。利用“安全月”宣传、春灌安全用电宣传等活动，向广大群众普及安全用电知识、电力设施保护知识和应急科普知识。全年共计开展安全宣传活动 40 余次，发放宣传资料共计 13000 余份，有效提升客户安全用电意识。真诚服务做好客户保电工作。结合新都电网受端网络典型特点，安排专人对重要隐患点位进行现场蹲守，切实保障客户用电需求，圆满完成新都区 2017 年宝光寺除夕之夜、2017 年中高考、十九大、“双十一”等 15 项重要保电任务，赢得政府高度赞誉。

国网成都市新都供电公司党委不断夯实党建基础。持续开展“两学一做”常态化教育以及党建健康体检，按照“过程管理、量化考核、鼓励创新”原则持续开展党支部工作考评，不断提升党支部建设水平。贯彻实施党风廉政建设。严格执行国网成都供电公司党风廉政建设“两个责任”履责实录，组织公司党员干部、关键岗位人员公开廉洁承诺。召开供电所廉政提醒集体谈话，举办党风廉政建设暨预防职务犯罪的专题讲座，切实发挥防微杜渐作用。2017 年，公司未发生被上级考核的违规违纪案件及影响企业形象的服务和舆情事件，公司上下管理有序、风清气正，党风廉政建设步伐坚实有力。专项活动提升队伍素质。认真组织开展干部党员作风整顿专项活动，活动期间累计开展中心组专题学习 6 次，党支部“三会一课”专题学习 25 次，党小组、班务会等其他学习 50 余次。党员干部通过“六查六看”深入查找和解决自身存在的突出问题，深刻剖析整改，切实做到转变作风、提升素质。推动构建优秀企业文化。深化创先争优长效机制，持续开展党员“三亮三比”和争创月度明星、标杆班组、季度红旗的“三创”活动，2017 年共评出新都公司月度明星 11 名。着力维护品牌形象，2017 年在《四川工人日报》、《四川经济日报》、省公司网站、成都公司网站等报纸、网站上稿 290 余篇（幅），树立企业良好社会形象。

**【国网金堂县供电公司】**国网金堂县供电公司系国网成都供电公司直属县公司，成立于1985年，担负金堂县13个乡镇的供电任务，供电面积约732平方公里，供电客户26.52万户，供电人口89万人。全公司资产总额8.53亿元，全口径主营业务收入净额31802.72万元，输配电成本17513.66万元。该公司设置部门9个，主业班组15个，供电所7个，员工总数532人。

截至 2017 年年底，国网金堂供电公司共辖变电站 16 座，总容量 157.93 万千伏安，其中 220 千伏变电站 2 座，110 千伏变电站 6 座，35 千伏变电站 8 座。共有 110 千伏线路 13 条/148 千米；35 千伏线路 9 条/85 千米；10 千伏及以下配网线路 77 条/1500 余千米（公用 52 条/1380 千米，专线 25 条/120 千米）；低压线路约 6340 千米；公用配电变压器数量 1292 台，总容量 216830 千伏安（其中农村 1126 台，容量 168555 千伏安）。

国网金堂供电公司全力促成国网成都供电公司与金堂县政府签署《城市能源互联网战略合作协议》。搭建电网建设良性沟通平台，坚持每周二“电网建设协调日”与政府平台公司等建设业主进行电网建设、线路迁改、重点项目保障等业务协调沟通。全面启动“东进”片区规划，促成政府出资编制金堂配网发展规划。先后完成《金堂工业园区 2017—2021 年电网规划》《金堂县配电网规划报告》《金堂工业园区配电网规划（2017～2021 年）》等电网规划工作。高效推动电网项目竣工投产，全年投资 5673.12 万元，投运输变电工程 3 项，新增变电容量 2.25 万千伏安，新建 10 千伏线路 8.6 公里。完成大修技改 12 项、配农网项目 19 项。完成城金 110 千伏输变电工程、110 千伏沱源变电站 35 千伏配套工程、35 千伏清江变电站增容改造等项目可研和申报等工作。顺利完成新一轮农网改造升级“两年攻坚战”，新建、改造 10 千伏线路 57.46 千米，新建、改造低压线路 340.57 千米，新增、增容配变 69 台。

2017 年全年累计完成售电量 10.65 亿千瓦时，同比增长 18.75%；电费回收率 100%；综合线损率

6.15%。荣获国网成都供电公司“先进单位”，顺利实现安全生产事故、影响和损害企业形象的重大服务事件、影响稳定和廉政建设重大事件“0”目标。

国网金堂供电公司深入推进本质安全建设，落实主体责任，摸排出4个方面共23项风险，梳理形成安全生产风险分析报告。深入开展春、秋安专项检查、安全生产大检查、配网设备质量“两排查一整治”等17项专项检查工作，累计排查治理隐患487项。公司督查网累计督察现场542处，查处违章85处，违章率同比下降22.69%。开展全员安全法律风险警示教育活动，累计学习各类案例、安全演讲、事故警示图片356项。创新采用“日管控”安全监督微信平台接收各类现场作业关键环节图片2100余张。完成121处涉电鱼塘隐患整治。开展各类安全用电宣传700余次，发放宣传资料300万余份。实现公司重点区域反恐防暴装备统一配备。先后落实电网风险预警管控措施13次。迎峰度夏期间，未发生拉闸限电，电网最大负荷达25.03万千瓦，创历史新高。公司荣获国网四川省电力公司2017年度安全“先进集体”。

国网金堂供电公司紧紧围绕“星级供电所”“全能型供电所”建设工作，着力解决管理工作中的难问题和薄弱环节，带动供电所在安全管理、生产运维、营销优质服务、基础管理水平不断提升。累计完成304名员工的“全能型”供电所岗位技能培训，7个供电所全能型供电所完成转型打造，杨柳供电所成功创建四星级供电所。多措并举广泛开展农安全用电宣传，全年开展各类型安全宣传教育1400余次，有效杜绝社会触电事件发生。加强农网线路设备巡视检查及台区运行管理，确保线路、设备安全运行，累计排查处理隐患缺陷821项。全力做好低电压信息收集并整改落实，全年整治农网低电压台区122个，涉及户数2982户，投资1396万元。安全推进农网工程建设，顺利完成2016中心村二、三批及2017中心村工程项目的实施与结算。

国网金堂供电公司加强信息网络相关规章制度宣贯力度，组织全员学习《网络安全法》和《安全事故调查规程》。深入开展信息通信系统和网络全面自查，针对终端设备注册信息不全、弱口令问题等严重问题要求立马整改，累计完善终端设备注册信息76台、修改弱口令账号56个。完成综合数据网机房UPS蓄电池和主机更换工作。

国网金堂供电公司设立周三“工业园区服务日”，坚持每周三由公司领导带队、各部门负责人参与，深入工业园区就用电服务、电价政策等问题展开交流，对走访发现的问题建档立案并实行销号管理。设置专职供电服务联络员，协助综合能源公司走访工业园区客户6家、开展服务座谈7次。积极推进“三全”用电建设，更换单相老旧故障电表1.64万只、三相多功能非智能电表274只。完成“掌上川电”APP用户注册11.12万户。倾力服务万达、港中旅等66个政府招商引资重大项目。完成公司辖区4家国企“三供一业”分离移交框架协议签订并下达供电方案。完成31个老旧院落户表改造。整治低电压台区122个，2900余户农村客户用电质量得到显著改善。出动92人次助力简阳扶贫攻坚战取得圆满成功。高质量完成成都“大智造”开工仪式、铁人三项赛、高中考等20项重要保电任务。迎峰度夏期间邀请金堂县人大代表一行“走进电力”，各项工作得到充分肯定。

国网金堂供电公司认真学习贯彻落实中共十九大精神，紧扣“十个深刻领会”“六个聚焦”，坚持在学懂弄通做实上下功夫。第一时间组织全体干部员工收听收看大会盛况，聆听习近平重要讲话。努力营造十九大学习氛围，开辟宣传专栏2个，订阅发放学习书籍322本，通过“金电党建”微党课推送十九大学习链接28条。积极开展十九大专题学习讨论，组织专题中心组学习讨论3次、“三会一课”专题学习13次，党员撰写学习心得11篇。组织开展“学习十九大”微信答题等系列主题活动，荣获国网成都供电公司十九大知识竞赛团体三等奖。持续推进“两学一做”学习教育常态化制度化，扎实推进“旗帜领航·三年登高”基础建设年各项工作。顺利完成公司“两委”换届选举。丰富党建宣传阵地及党支部活动内容，持续开展党员服务队提升工程。打造“星火燎原”创新工作室，职工创新成果户表接线检测仪获全国能源化学地质系统职工技术创新成果一等奖、省公司“十大优秀创新成果”，并取得国家实用新型专利。创新能手王波荣获成都市五一劳动奖章、省公司“川电工匠”。

**【国网成都市温江供电公司】**温江电网现有220千伏公用变电站2座，总容量84万千伏安；110千伏公用变电站8座，总容量78.6万千伏安；35千伏变电站2座，总容量4万千伏安。运行维护10千伏及以上输、配电线路(含专线)203条，全长1308.26千米。其中：110千伏线路18条，长度158千米，35千伏线路3条，长度42千米（电缆0.25千米）；10千伏线路182条，共1108.26千米（电缆172.5千米）。

国网成都市温江供电公司下设7个职能部门、2个业务支撑实施机构和2家集体企业，设置14个主业班组和5个供电所。现有在职员工517人（全民

98 人，地方全民 107 人，大集体 1 人，农电 226 人，集体企业自聘 85 人）。退休员工 126 人。

国网成都市温江供电公司完善“两代表一委员”定期汇报机制，极力争取地方“四大班子”对电网和公司发展的高度重视和大力支持。将电网规划与城市发展规划、产业规划、空间布局融合，修编形成“1+5+26”（1 座 500 千伏变电站、5 座 220 千伏变电站、26 座 110 千伏变电站）的电网格局。500 千伏成都西输变电工程、500 千伏蜀州—丹景三线工程、110 千伏新城变电站等电网项目前期工作进展顺利。500 千伏九江站 220 千伏配套工程温江段、温江北 220 千伏变电站 110 千伏配套工程成功投运。城农网项目有序实施，2018 年项目科学储备，统筹推进各级电网协调发展。

国网成都市温江供电公司认真落实 2017“管理提升年”活动要求，扎实开展 11 个方面、176 项任务管理提升，取得显著工作成效，荣获国网成都供电公司“管理提升年”活动先进单位称号，电网规划卓越管理入选国网成都供电公司优秀卓越项目。物资、规划、运行管理 3 项成果入选国网成都供电公司同业对标典型经验，对标综合排名较 2016 年上升 2 位。严格落实业扩新政，大力推广电能替代，全力以赴增供扩销，完成售电量 19.52 亿千瓦时，同比增长 3.70%。促成政府出台硬性文件，全面推行购电制和专变远程费控，大工业、一般工商业客户费控推广执行率达 56.46%。加强电费回收风险动态评估，严格执行欠费客户“一户一策”，电费回收按月实现“颗粒归仓”。深化同期线损系统建设，开展台区线损“百日攻坚”专项提升，累计线损率 6.13%，线损合格台区 984 个，合格率 63.44%。充分发挥营销稽查平台作用，大力开展在线监测、反窃电及违约用电等专项行动，挽回电量损失 41.22 万千瓦时，追补电费 52.52 万元。集体企业实现年营业收入 11688.90 万元，利润总额 620.33 万元。

国网成都市温江供电公司坚持“安全是天、一失万无”理念，层层分解压实安全目标责任，深入推进本质安全建设。督查各类现场 400 个，查纠违章 92 起，违章率同比下降 14.02%。排查发现安全隐患缺陷 769 项，整改完成 526 项。高质高效完成一体化检修、年检预试、设备新投等大型工作 105 项，安全倒闸操作 18595 次。试点探索通道治理温江模式，成功消除 35 千伏及以上输电线路通道隐患 189 处。对 9 处施工外破隐患点位建立专档。农网 10 千伏线路故障率同比下降 17%。完成 21 个低电压台区治理和 8 个标准化台区创建工作。实施带电作业 270 次，增供电量 180595.7 千瓦时，节约停电 5937 时户。截至 2017 年 12 月 31 日，温江电网连续安全运行 5085 天。

国网成都市温江供电公司共有天府、寿安、万春、永宁、金马 5 个供电所，2017 年利用五星级供电所创建的契机，加大对供电所安全、生产等基础管理资料进行检查，不断提高农电管理水平。加强供电所标准化管理，进一步强化了生产作业安全管理，进一步完善供电所各项管理制度和基础资料档案。金马供电所在 2017 年度成功创建国家电网公司“标准化示范供电所”、先进班组、“五星级乡镇供电所”、省公司“标杆供电所”。

国网成都市温江供电公司 2017 年完成了调度大楼通讯机房的改造，同时对公司调度大楼会议室会议系统进行了全面的升级改造。深化公司网络与信息安全防控，强化全员保密意识和网络安全教育，加强“互联网+”等新业务涉网安全管理，强化企业核心数据和客户信息安全保障，杜绝失泄密事件发生。

2017 年，成都公司重视员工创新创效，14 名员工在各类竞赛比武中获奖。104 名员工评为高级职称、省公司优秀人才，数量位居省公司第一

国网成都市温江供电公司认真落实“供电服务再提升”工程计划，探索实施网格化供电服务模式。建立经济发展热点区域客户经理跟踪服务机制，倾力服务地铁 4 号线、17 号线、老旧院落改造等政府重大项目和民生工程。大力推行供电服务进园区和社区电力示范联建。为 16 户高危重要客户提供安全用电专项排查服务，查出各类安全用电问题 43 项，督促整改 40 项。全面推广“掌上电力”APP 等“互联网+”营销服务应用，线上办电、交费业务不断增长。智能电表全口径采集成功率 97.24%。积极推进金马、万春“全能型”供电所建设。深入开展优质服务分析整改和服务业绩档案考核，频繁停电、电压质量、服务态度等供电服务突出问题得到有效整治，回访客户满意率 100%。

国网成都市温江供电公司深入推进“两学一做”学习教育常态化制度化，扎实开展党员干部作风专项整顿和党建工作健康体检，从严从实加强党的思想引领、组织建设和作风建设，党建工作示范引领呈现良好成效。共产党员服务队扎实开展为民服务活动，赢得广泛好评。认真落实党风廉政建设“两个责任”清单，持续深化协同监督机制运行，努力营造气正风清良好氛围。加快金马供电所农电文化长廊建设，努力推动企业文化有效落地。中央及省市主流媒体上稿 3 篇，《电网头条》上稿 13 篇。开展多形式、分层次、全覆盖的员工教育培训，积极参加岗位练兵、技能比武、技术革新、发明创造等活动，队伍建设展现良好风貌。

**【国网成都市青白江供电公司】**国网成都市青白江供电公司于 2015 年 7 月 1 日升格为国网四川省电力公司七家大型县级供电企业之一。供区面积 378.94 平方公里，供电人数 41.5 万人，供区辖青白江区 2 个街道办（红阳、大弯）和 9 个建制乡镇（大同、祥福、弥牟、龙王、城厢、姚渡、福洪、清泉、人和）。1975 年建成了成都市第一座 220 千伏青白江站，1998 年建成了四川省第一座 500 千伏龙王变电站，为以工业为核心的青白江区提供了能源保障。区内变电站 28 座，变电容量 468.115 万千伏安（其中客户变电站 14 座，变电容量 99.385 万千伏安），35 千伏及以上输电线路 413.38 千米，10 千伏线路 922.77 千米。

国网成都市青白江供电公司辖区内城市客户 8.68 万户，农村客户 11.17 万户。2017 年，公司完成售电量 22.41 亿千瓦时，同比下降 4.41%（除攀成钢外，完成售电量 21.12 亿千瓦时，同比增长 5.48%）；新形势下，随着成都市“东进、北改”战略在青白江的实施，公司将为成都“国际自由贸易试验区”、成都国际铁路港、“一港三城六个特色镇”等区域发展大计提供充足可靠能源保障，力争“十三五”规划末年售电量突破 30 亿千瓦时；城市综合电压合格率 100%，农村综合电压合格率 99.997%；城网供电可靠率 99.923%，农网供电可靠率 99.868%；2017 年 8 月 11 日，国网成都市青白江供电公司安全生产顺利突破 7000 天大关，实现安全生产事故、影响和损害企业形象的重大服务事件、企业稳定和廉政建设重大事件“0”目标。

2017 年，国网成都市青白江供电公司蝉联国家电网公司文明单位，再次荣获国网四川省电力公司“先进集体”“安全生产先进集体”两项重大荣誉；荣获成都公司先进集体、先进基层党组织，国网成都供电公司县级单位年度同业对标综合排名第一，更实现全专业全标杆的大满贯，取得年度绩效评比第一，月度绩效评比 7 个月第一的佳绩，7 篇典型范例入选成都公司同业对标典型经验，三元村井井通工程获评国家电网公司“配电网百佳工程”，团结村改造等两项工程获评省公司“农网五十佳工程”。

国网成都市青白江供电公司在县级供电公司中首推基于成长导向的员工帮助计划（EAP）体系建设，为全体员工进行中长期职业规划指导，不漏不放，全员受益，培育“双高”人才 2 人、“双师型”人才 16 人；电力行业技术能手 1 人；国家电网公司优秀专家人才 1 人；省公司优秀管理及技术技能人才 11 名、双千人才 2 人、电力雏鹰 2 人、精益黑带人才 1 人、绿带人才 2 人；国网成都供电公司金牌师傅 4 人、成电工匠 2 人，人才当量密度为 1.15；持续深化基层班组建设，建成省公司标杆班组 1 个，先进班组 1 个，五星班组 5 个，国家电网公司五星供电所 1 个，省公司四星级班组 1 个；开创性进行“首席员工”评比，评选出 4 名首席员工，以定期授课、一对一指导等方式，发挥队伍建设传帮带作用。团区委授旗在国网成都市青白江供电公司建立“青白江区青年创新创效平台”，与攀成钢、川化、玉龙、巨石等 20 余家区内大型企业青年建立定期交流机制，提出并实施“大客户网络化服务平台”“区域负荷预测新算法”“低电压解决方案”等 9 项创新创效工作，创办《智擎》杂志，已出版 12 期，在政府和区内各企业间广泛传阅，大大提升公司号召力和影响力。

国网成都市青白江供电公司主动服务国家中心城市“东进、北改”战略，推动 35 千伏龙王输变电工程竣工，配合完成 500 千伏新都—龙王线路工程放线施工，推进 110 千伏前进站第二电源工程复工、110 千伏城厢输变电工程持续建设，10 千伏楼济路、前福路新建工程稳步推进，有效缓解工业南区、福洪镇用电紧张问题。高质圆满完成全省单体区域面积最大、涉及居民最多、改造难度最大的川化老旧小区改造，惠及 8030 户、5 万余人，在四川省国企剥离现场会上作为“样板工程”展示。提前 3 年完成与青白江区政府签订的《2015—2020 年战略合作意向书》5 年目标任务，并于 2017 年 12 月 28 日，首家促成成都公司与青白江区政府完成新一轮战略合作协议签订，区域“一盘棋”“一张网”建设取得纵深突破。

国网成都市青白江供电公司深入开展“管理提升年”活动，经营管理成效显著，荣获成都公司“管理提升年”活动优秀单位，4 个项目获评优秀卓越项目，获奖项目数量在成都公司范围内位列第一。新装增容 125 户，新增容量 11.50 万千伏安，同比增长 27.55%，全年贡献售电量约 1.5 亿千瓦时。完成全口径售电量 22.41 亿千瓦时，逆势增长 5.48%，预计“十三五”规划末售电量突破 30 亿千瓦时。上下齐心、攻坚克难，公变台区线损合格率达 91.46%，较年初大幅提升 53 个百分点；10 千伏及以下综合线损率 3.99%，同比下降 0.51 个百分点；综合线损率 2.32%，低于成都公司下达指标值 0.18 个百分点，少损电量 403 万千瓦时，增利 238 万元。严排细查、两级联动，发现电费电价差错 122 起，查处计量装置故障及违约窃电 68 起，挽回电量损失 121.11 万千瓦时，追补电费及违约使用电费 146.21 万元。不等不靠，挖潜增效，与国发制胶、“建工建业”等 12 家企业签订煤改电战略协议，完成煤改电 4 家，推广电火锅 46 家，协助成都国际铁路港龙门吊以电代油全面改造，年替代电量共计 1.02 亿千瓦时，增加售电收入 3562.2 万元。统筹监管、逐笔追收，全面梳理产业单位应收账款，完成欠款回收 2354.86 万元，应收账款余额较年初下降 1607.29 万元，同比下降 54.50%。保持成都公司年度综合业绩考核第一名。

国网成都市青白江供电公司自主开展“三图一表”精准日管控，建立全方位立体监督网，自 2017 年 8 月实施以来，各作业现场蹲守人员共计发布现场作业“三图”759 张，发现违章和不规范现场 24 处。深化联合督察队职能，实现各种作业现场督查全覆盖，累计督察现场 689 处，发现并纠正各类违章行为 52 项，发出安全通报 6 期，开展反违章约谈 4 次，违章率同比下降 26.3%。开展全覆盖式闭环隐患排查，完成 4 座 110 千伏变电站、141 面开关柜设备排查，更换接触不良、发热、变形小车开关梅花触头 126 只，消除严重隐患 65 处。高质量完成 220 千伏变电站精益化评比工作，取得国家电网公司第四名佳绩。全面更新《配网人工智能化巡视手册》，故障巡视时间同比下降 32%，故障抢修效率提升 17%。2017 年 8 月 11 日，公司顺利突破安全生产 7000 天大关。全年没有发生任何被考核的不安全事件，圆满实现安全生产“零”目标。荣获国网四川省电力公司“安全生产先进集体”。

国网成都市青白江供电公司围绕精准扶贫工作，提前完成新一轮农网升级改造“两年攻坚战”，总投资 2812.11 万元，新建（改造）10 千伏线路 66.12 公里、新增配变 100 台、新建（改造）0.4 千伏线路 178.52 公里，人和、城厢、姚渡等 5 个乡镇电能质量大幅提升，得到国网督导组“抓得好抓得实”的高度评价。为清泉、城厢片区储备配网项目 6 项，资金合计 3000.98 万元，获得“十三五”新一轮农网改造升级项目立项资金 3876.67 万元。促成成都公司与青白江区政府签订中心村电网改造升级和井井通电工程合作协议。人和乡三元村井井通电工程获评国家电网公司配电网百佳工程，团结村改造等两项工程获评省公司农网五十佳工程，24 项工程获国网成都供电公司优质工程命名。

国网成都市青白江供电公司始终坚持发挥大型县供示范引领作用，主动承担开拓性、创新性、试验性任务建设。整合资源，创新创效，“新型户外隔离开关”获省电力公司 2017 年度工人技术创新奖和知识产权奖一等奖，“声光警示装置”“带电专用 T 接线夹”获省电力公司 2017 年度工人技术创新奖和知识产权奖三等奖，申请国家发明专利 2 项、实用新型专利 9 项，2 项 QC 成果荣获国网成都供电公司优秀 QC 成果奖，4 项管理创新成果斩获成都公司奖项。

国网成都市青白江供电公司全面深化大客户增值服务，通过定期指导工业客户设备维护检修等，为 17 家大工业客户节约 8100 万元电费，促使天马轴承电量增长达 25%、浙江巨石电量增长达 10%以上。精心设计、量体裁衣，打造智能互动营业厅，以“三区一角”为支撑，将营业厅和互联网技术巧妙融合，以交互式服务拉近客户距离，提升客户体验。大力推广“掌上电力”APP，累计注册用户 8.65 万户，注册比例 43.47%。“网上购电远程下发”功能测试完成 19.03 万户，开通率 80.25%；完成购电交易 4.33 万笔，购电金额 564.36 万元，同比分别增长 8.3 倍、7.2 倍，线上服务呈现爆发增长态势。力排众难，率先推出停送电信息精准推送服务，实时发布停电范围、停电原因、恢复时间等信息，全年累计发送短信 15.6 万条，停电类投诉同比下降 37%，属实投诉年度同比下降 17.65%。精心准备，科学管控，全年出动保电人员 1750 人次，车辆 550 台次，圆满完成中共十九大等 11 项重大保电任务，赢得政府高度赞誉。

国网成都市青白江供电公司扎实推进“两学一做”学习教育常态化制度化，全面落实“旗帜领航·三年登高”基础建设年各项要求。组织开展党建工作健康体检，创新建立党建工作季度交叉检查、党支部积分制，提升党建专业化管理水平。全面从严推进廉政建设，扩大范围开展廉政约谈，实现班组、所负责人全覆盖，创新施行廉洁教育“三个一”，搭建员工学思践悟平台，创刊《青电廉建》，邀请区检察院专家开展“预防职务犯罪”专题讲座，营造风清气正良好氛围。强化队伍建设，持续打造标杆，变电检修班被评为国网公司 2017 年度先进班组、省公司职工民主管理示范班组，营业班成功创建市级“青年文明号”。力推品牌建设，创新推出“青白江电力”微信公众号，依托青年员工创新创意创效平台出版《智擎》杂志 7 期，在省公司、国网成都供电公司内部媒体发布稿件 475 篇，在多家省级主流媒体发布稿件 65 篇。

**【国网都江堰市供电公司】**国网都江堰市供电公司担负都江堰市全境以及彭州市、崇州市部分乡镇的供电，供电面积约 1700 平方公里，供电人口 80 万人。全口径在册员工 1781 人，退休人员 423 人。全网 220 千伏变电站 2 座、110 千伏变电站 7 座、35 千伏变电站 11 座，主变总容量 154.34 万千伏安。公司辖灌口等 18 个供电所，其中都江堰市 12 个供电所，彭州市 6 个供电所。辖千家湾等 5 个径流式电站，总装机容量为 1.49 万千瓦，年设计发电量 9000 万千瓦时。

国网都江堰市供电公司设置 7 个职能部门，3 个业务支撑机构。截至 2016 年 12 月，全口径在册人数 1781 人（全民 746 人，农电 465 人，集体企业 1 人，自聘 19 人，退养 127 人，全民退休 367 人，农电退休 56 人），全民员工平均年龄 46.3 岁，劳务派遣员工平均年龄 31.5 岁，农电员工平均年龄 45.6 岁。

国网都江堰市供电公司主动对接政府有关部门，完成了都江堰市新区 110 千伏输变电工程项目可研批复及项目核准。完成城市配网、大修技改、农网升级和 32 个中心村项目，显著增强了配电网供电能力。全力推进都江堰市滨江新区、成都市三绕都江堰段等重要项目电力配套建设和迁改工作。努力促成政府出台了《都江堰市政府投资项目电力线路迁改工程实施细则》。

国网都江堰市供电公司 2017 年共完成售电量 24.61 亿千瓦时，发电量 8774 万千瓦时，累计综合线损率 5.35%，实现安全生产 4935 天，营销财务电费“双结零”，未发生安全生产事故，未发生影响和损害企业形象的重大服务事件，稳定和廉政实现“零”目标。国网都江堰市供电公司荣获“全国文明单位”，党员服务队获“全国质量信得过班组”、国家电网公司“先进班组”，蒲阳供电所获国网公司“五星级乡镇供电所”，变电检修二班获四川省“质量信得过班组”。

开展输电线路隐患治理，消除 110 千伏及以上输电线路 A 类隐患 8 处，砍伐线路通道超高树竹 7900 余棵，清理输配电线路跨越河流、鱼塘、房屋 253 处。狠抓作业现场安全督查，全年督查现场 485 次，处理违章 27 个。加强与流域内各电站的应急联动，完成各电站抗洪防汛任务。促成政府出台《都江堰市关于进一步加强电力设施保护的管理办法》。督促社会建设单位严格执行施工作业开工电力许可流程，从源头防控了固定施工现场涉电外力破坏事件。

完成农网升级改造、中心村改造、老旧院落改造、低电压治理等工程项目，农网供电能力显著提升。深入开展农业生产、农业排灌等客户安全用电检查，推进漏电保护器排查等专项工作。蒲阳供电所创建成功国家电网公司“五星级乡镇供电所”，全力推进“全能型乡镇供电所”建设。积极参加国网成都供电公司简阳精准脱贫电力扶贫攻坚工作，安装表计 56 只，人工转运立杆 40 基，架设导线 3.509 公里，为 56 户贫困群众点亮光明。

引进超声波快速巡检仪，显著提高工作效率。拓展客户缴费手段，科学实施城乡缴费布点，加快实现手机、网络充值缴费，积极开展“掌上电力”APP 推广工作。加强营销基础管理，用电信息采集、营配贯通进度成效卓著；关口和客户计量档案准确率、在库资产档案准确率、计量工作开展准确率实现 100%，名列成都公司前茅。万安等电站完成技改检修任务 11 项，提升了机组运行效率。积极开展计量装置在线监测，持续加强反窃电工作，规范供用电秩序。完善电能量信息采集系统，实现远程抄表、自动核算。

国网都江堰市供电公司深入开展“优质服务再提升工程”，狠挖优质服务深层次问题，建立健全“用心、用情、用智慧”主动服务客户机制。建立农村台区客户微信群和城区小区业主、物业微信群，及时响应客户服务需求。开展“微爱进万家”主题活动，组织党员服务队深入社区、学校，为用户提供服务 5362 次，解答用户咨询 480 次。驰援“6·24”

茂县山体垮塌抢险救灾，得到社会各界充分肯定。以高度的社会责任心完成成都双遗马拉松赛、格林世界游乐园首届灯会等重要保电任务144次。

国网都江堰市供电公司贯彻学习中共十九大精神和习近平系列重要讲话，扎实推进“两学一做”学习教育常态化、制度化，认真落实国家电网公司“旗帜领航·三年登高”基础建设年工作部署。深入开展“守纪律、讲规矩、正作风”专项活动。强化基层组织建设，完成7个党支部换届选举，组建了退休第三党支部。认真落实“三会一课”，建立健全了党支部、党小组学习教育督查指导机制。加强廉洁从业教育，建立检企纪企合作共建机制。在《国家电网报》等平面和网络媒体上稿423篇，在各类新闻媒体共计发表新闻稿件545篇。

**【国网成都市郫都供电公司】**国网成都市郫都供电公司始建于1982年，历经代管、控股、全资变革和“子改分”后，现为国网四川省电力公司下属分公司。公司本部设7个职能部门、2个业务支撑实施机构、15个班组，另代管三新郫都分公司和宏业郫都分公司2家集体企业，其中三新郫都分公司下辖9个供电所。

国网成都市郫都供电公司担负着郫都行政区域437.5平方千米、户籍人口60.09万、常住人口84.78万的居民生活及工农业生产供电任务，用电客户52.89万户。管辖220千伏变电站1座，110千伏变电站7座，35千伏变电站5座，变电总容量131.29万千伏安，35千伏及以上输电线路20条，总长146.931千米，10千伏线路（含客户资产的公用线路）169条，共计1646.92千米，公用配变2505台，总容量123.69万千伏安。

国网成都市郫都供电公司全口径员工594人(其中全民225人，农电283人，集体86人)。全面完成人力资源用工清理、人事档案数字化、绩效平台转换等工作。

认真落实人才强企战略，加强公司高素质员工队伍建设，畅通员工发展通道，1人获国网成都供电公司优秀人才称号。继续加大高级工及以上高技能人才职业技能鉴定培训的送培力度，扎实推进职业技能鉴定与技术职称评定工作，自主开展一级履职能力考试。副高级、中级、初级技术职称分别通过5人、6人和11人，10人通过技师鉴定，18人取得学历提升、22人在读，人才当量密度提高0.181。认真开展各类人员的特种作业、登高作业持证培训工作，所有人员达到持证要求。

按照郫都撤县设区和成都市委、市政府对郫都产业集群布局的用电新需求，全面开展“十三五”电网规划修编，完成郫都区电力专项规划（2017—2025），储备入库110千伏输变电项目8项，估算投资35547万元。密切关注重点区域发展及农村精准扶贫，菁蓉镇等园区电网专项规划10千伏配网项目27个，农村配网储备2018—2020年项目2050万元。大力推动重点工程建设，220千伏沙西变电站新建和110千伏郫筒站扩建前期手续如期完成，220千伏太金一、二线改造工程的规划许可、通道建设、赔偿补助等事宜稳妥推进，国家电网公司重点项目500千伏蜀丹线路径红线正式取得，110千伏花秋站提前2个月竣工投运。2017年城区配网自动化、川菜工业园配网和中心村农网项目有序推进，新建和改造10千伏线路88.05公里、低压线路70.8公里，新增及增容配变65台，消除低电压台区23个。

国网成都市郫都供电公司严控停电计划，积极开展电能替代和带电作业，完成售电量22.22亿千瓦时，同比增长5.23%；综合线损6.46%，较年度指标降低0.06个百分点；全面完成电费回收双结零；完成智能电表轮换6766只；率先完成大工业、一般工商业及居民大范围调价50.13万户。加快推进电能替代，完成25家火锅店“气改电”、3家煤锅炉企业“煤改电”项目，建成充电桩68个，实现电能替代95万千瓦时。持续深化用电信息采集、线损实用化、远程购电及“掌上川电”APP应用工作，认真开展在线监测、反违约用电及窃电等专项行动，追补电费56.39万元。克服各种困难，提前完成“子改分”资产清查、税务注销、分公司账户开立等工作。完成ERP一级部署并轨、五位一体及福利系统上线，实现营销、财务业务融通，财务集约化、信息化水平进入省公司前列。资产账、卡、物一致性清理对应率完成100%。城镇供电可靠率99.968%、电压合格率100%，农村供电可靠率99.673%、电压合格率99.987%；实现安全生产、优质服务、企业稳定和党风廉政重大事件“0”目标，全面完成上级下达的各项目标任务。公司荣获国网成都供电公司2017年“管理提升年”活动先进单位。

坚持“月计划、周安排、日管控”，刚性落实管理人员到岗到位和现场安全督察要求，全面开展停电平衡分析、现场风险分析、违章查纠分析，推进安全工作全过程管控。督察现场478个、班组80次，发现各类问题103项，违章率同比降低5.77%。开展基建反违章、在建工程安全排查、春秋安检查等专项活动，事故隐患排查治理实现100%。深化缺陷隐患排查整治，处理缺陷隐患1500余处，其中，消除输电线路A类隐患5处、B类隐患6处，有效解决线路通道顽疾。强化风险防控，联合区政府开展电力应急演练，召集地铁、轻轨等市政施工单位进行安全约谈，发放《安全隐患告知书》25 份，发布电网风险预警 4 次。迎峰度夏、度冬工作高效完成，在郫都电网负荷连创新高达 526.36 兆瓦情况下（同比 2016 年最高负荷增长 11.4%），未出现一例拉闸限电现象。强化故障抢修，雷暴极端天气后通宵鏖战，实现应急响应快速准确。截至 2017 年 12 月 31 日，圆满完成十九大特级保电，国务院督查组视察菁蓉镇、四川首届村长论坛等保电任务 87 次，实现电网连续安全运行 5170 天。

国网成都市郫都供电公司深入推进全能型供电所建设，全面加强农电安全生产、农网工程建设和农网升级改造及中心村改造。通过扎实开展春秋安检查、隐患排查治理和施工现场管控，确保了配网安全稳定运行。完成总投资 2544 万元，架设高压线路 86.5 千米，改造低压线路 69 千米，新投配变 55 台，解决了 18 个低压台区电压质量偏低问题。修编完成农村配网 2018—2020 年项目储备工作，计划资金 6978 万元，储备项目 88 个。同时，积极助推扶贫攻坚，及时掌握并解决客户需求，有效提升了“三农”服务水平。以五星级供电所创建为载体，建立低压运检一体化在线监控体系并在友爱供电所率先投入运行，进一步提高了农电管理水平。其中，1 个供电所被国家电网公司评为四星级供电所。

坚持开展 QC、“五小”等群众性创新活动，深化信息化建设，实现了生产、营销、财务业务融通，进一步提升了财务集约化、信息化水平。加强信息通信设备巡视、维护检修，确保了公司现代化办公系统运行畅通。全公司电力通信光缆 26 条，总长 198.5 千米，光纤通信设备 26 套，微机设备 420 台，网络节点 450 余个。视频监控系统覆盖公司 11 座变电站、11 个电力服务所和收费点。配网抢修移动平台和营销计量周转系统投入使用，配网抢修和电能计量业务更高效便捷。

严格落实业扩新政，新装增容 219 户，容量 30.61 万千伏安。业扩报装实现线上线下同步流转，限时办结。积极开展迎峰度夏安全用电、迎新春掌上电力注册绑定送红包等主题活动，受到群众一致好评。推行产业集中区客户经理制，领导班子带队走访重要客户及纳税大户。实施路网与配电网的“全覆盖”，积极促成政府与电力部门签订《园区战略合作协议》，构建电力保障联席机制，推进电力通道产权移交，关注和预防售电公司进行网络建设，进一步防范市场流失风险。重视客户需求，受理 95598 工单 36024 笔。接收改造中央企业“三供一业”供电设施 6 个小区 345 户，完成 7 个老旧小区改造项目 7 个共 403 户。“互联网+服务”走进社区、走进现场，实现供电服务品质再提升。持续加强行风建设，坚持开展窗口服务、故障报修明察暗访，维护了企业良好形象。

国网成都市郫都供电公司编制实施“两个责任清单”和年度党风廉政建设工作要点，开展主题教育、党支部积分制考核和党员政治生日活动，促进党建工作质效提升。大力推动“检企”共建，与郫都区检察院签署检企共建合作协议，邀请检察长亲自授课，推进“不敢为、不愿为、不能为”反腐体系建立。加强队伍建设，大力弘扬创先争优和工匠精神，在国网成都供电公司后勤管理知识竞赛中获团体一等奖，规章制度竞赛和财务知识竞赛均获三等奖，变电运维 QC 小组获评四川省优秀质量管理小组，友爱供电所荣获国家电网公司四星级乡镇供电所，输电运检班获省公司五星级班组，变电检修班多功能试验小车获国网成都供电公司创新创意成果三等奖，24 人次荣获国网成都供电公司及以上个人荣誉。建立郫都微信公众号，在各类媒体综合上稿 365 篇，公司保持了省级文明单位称号荣誉。

**【国网崇州市供电公司】**国网崇州市供电公司担负着崇州市 25 个乡镇的供电任务，供电区域 1090 平方千米，供电客户 30.78 万户。全网共有变电站 18 座，总容量 187.1 万千伏安，其中：220 千伏变电站 2 座、110 千伏变电站 9 座、35 千伏变电站 7 座。110 千伏输电线路 16 条，长度 193 千米；35 千伏输电线路 14 条，长度 126.7 千米；配网线路 151 条，长度 2043 千米。当前，崇州电网最高负荷 53.8 万千瓦，同比增长 24%，最高单日电量突破 1000 万千瓦时。

国网崇州供电公司现设 7 个职能部门，2 个业务支撑机构，辖 15 个供电所，全口径人数 800 人。其中：国有全民员工 10 人，地方全民员工 364 人，“三新”员工 334 人，外聘员工 92 人。全民员工平均年龄 44.3 岁，“三新”员工平均年龄 46.7 岁，外聘员工平均年龄 37.9 岁。另有退休人员 134 人。

2017 年，国网崇州供电公司促成国网成都供电公司和崇州市人民政府签订城市能源互联网战略合作协议。启动《崇州市 2017—2035 年电力专项规划》编制。投入资金 4500 余万元，完成 35 千伏兴隆变电站双电源改造和 9 项大修技改、39 项配电网改造项目。完成 220 千伏经开区输变电工程前期工作，取得核准批复，纳入 2018 年开工计划。开展 110 千伏羊马、大划输变电工程和 110 千伏崇州变电站扩容项目的前期工作。落实属地化管理要求，500 千伏蜀景三线规划红线正式落地；成蒲铁路大邑牵引站 110 千伏线路建设项目，崇州境内 43 基铁塔组立和

12.5 公里线路放线工作全部完成。

2017 年新装增容 1.4 万余户，容量 24.1 万千伏安，完成售电量 23.63 亿千瓦时，净增 1.93 亿千瓦时，同比增长 8.8%。完成综合线损率 7.31%。全面推广专变客户购电制，客户数达 1461 户，负控执行率 87.96%，全年 16.29 亿元电费按月“颗粒归仓”。签订“煤改电”战略合作协议 65 份，完成煤锅炉改造 3 台，推广电火锅 28 家，替代电量 600 万千瓦时。接收 110 千伏高庆变电站和 10 千伏三车路优质用户资产 7000 余万元。强化对标管理，同业对标综合评价较去年提升 1 名、排名第五，获综合和业绩两项专业标杆。完成卓越绩效管理体系试点工作。签订“两供一业”物业分离移交正式协议 7 份，签订率 100%。依规处理长期挂账资金 1100 余万元，企业风险得到有效管控。荣获国网成都供电公司“先进基层党组织”“安全生产先进单位”“管理提升年先进单位”等荣誉。

国网崇州供电公司内外兼修加强本质安全建设，安全理念根植人心。严抓严管现场作业风险，三级安全督查网督察现场共1432次，查处违章425个。配备防电弧服5套，加装等电位带电显示器145个，增加技防措施。及时处理开关柜梅花触头等隐患155处，有效规避重大事故。完成检修计划90项、抢修工作147项和136台设备的年检预试工作。一体化检修变电站5座，同步实施输配电线路检修34条次，检修效率进一步提升。会同崇州市经信局、安监局开展输电线路通道清理，消除220千伏输电A类隐患21处、树竹隐患102处。创新使用喷淋降温系统，有降低重过载变压器温度，助力电网顺利度夏。崇州电网连续安全生产3441天。

国网崇州供电公司加强农电基础管理，完成15个供电所组织机构的搭建及内勤班、外勤班岗位配置，羊马供电所成功创建“四星级供电所”。开展技能培训和比武共118次，农电员工技术技能水平显著提升。制定供电所基础台账规范，组织现场督查两轮，台账资料进一步完善。投资3100余万元，开展新一轮农网改造升级工程，改造中心村37个，助力乡村振兴。

国网崇州供电公司全力推动同期线损系统建设，输电线路、10千伏线路和台区合格率分别达78.79%、62.3%、66.17%。建设用电信息采集系统，换装智能电表7100余只，全口径采集接入率99.94%，日均采集成功率98.91%。组建带电作业班，配网带电作业实现零的突破。变电检修班QC小组获四川省优秀质量管理小组。主变喷淋降温系统获“管理提升年”优秀卓越项目奖。1名员工获成都市百万职工技能大赛“成都市技术能手”称号。

针对捷普和全友增容等重点项目，实施“双客户经理”服务机制，主动对接 ，提前服务，切实简化程序、压缩流程，平均接电时间缩短25%。实施线路迁改20处、共计38千米，及时保障了成蒲铁路、第三绕城等重大市政项目建设，获地方党委政府肯定。客户经理入驻工业园区，上门提供业务办理、用电方案优化等差异化服务，提升企业用电体验。完成7800余次95598故障报修工作，回访满意度100%。主动承担社会责任，完成48个老旧院落电力改造工作，6700余户居民受益。圆满完成崇州市两会、十九大等重大保电任务40余项。

国网崇州供电公司扎实推进“两学一做”学习教育常态化制度化，将学习教育融入日常、抓在经常。修订党委议事规则和本部工作规则，把党的领导融入企业治理各环节。开展党建体检，171名党员信息核对完毕，5个农电党支部完成换届改选。落实党风廉政建设“两个责任”，层层签订责任书及承诺书793份，针对电费资金安全等关键领域开展专题分析2次。开展专题党课、红线巡讲、法规考试等活动8次， 1100余人次接受廉洁教育。与检察院签订“检企合作共建”协议，多渠道防范违纪违法风险。打造企业文化长廊，印制《企业文化宣传手册》口袋书，卓越文化深入人心，企业认同感持续上升。国网四川映秀湾电厂等10余家兄弟单位共300余人次到文井江供电所参观交流。“蒲公英”青年志愿服务队携手国航“金凤”乘务组开展“关爱留守儿童”活动，先进事迹登上《国家电网报》。全年累计发表新闻稿302篇，公司品牌建设工作不断加强。

**【国网彭州市供电公司】**该公司于 2016 年 7 月 4 日完成分公司工商注册登记，成立国网四川省电力公司彭州市供电分公司。2017 年 10 月完成公司制改制。现设置 7 个职能部室、2 个业务实施机构、14 个生产班组、1 个辅助生产班组、6 个供电所。公司现有员工 238 人。

国网彭州市供电公司主要供电区域为天彭镇、九尺镇、濛阳镇、丽春镇、致和镇、军乐镇、敖平镇、升平镇 8 个乡镇，供电面积约 450 平方千米，供电户 262389 户，其中大工业 296 户。辖区内重要客户 9 户，其中一级重要客户 5 户（含高危客户 3 户），二级重要客户 4 户。

国网彭州市供电公司负责运维的变电站共有 17 座，主变总容量 205.8 万千伏安。其中 220 千伏变电站 3 座，主变容量 114 万千伏安；110 千伏变电站 9 座，35 千伏变电站 5 座。现变电站综合自动化率、光纤通讯覆盖率、无人值班比例、断路器无油化率均为 100%。

国网彭州市供电公司共运行维护37条输电线路，总长度为449.276公里，其中110千伏共22条，长度为306.594千米，35千伏线路15条，共142.682千米。公司供区内有10千伏配电线路128条/总长度1153千米。10千伏配变总台数3188台/容量125.86万千伏安，其中公变1871台/容量56.95万千伏安。并网的小水电站31座，装机7.706万千瓦。

2017年，国网彭州市供电公司荣获全国“安康杯”竞赛优胜单位、获“四川省五一劳动奖状”等多项荣誉。濛阳供电所获中国“最美供电所”，营业班获“四川省巾帼文明岗”，调控运行班获成都市“工人先锋号”。

2017年，国网彭州市供电公司多维度提升人才当量，1名员工取得高级职称，11名人员取得中级职称。3名人员通过高级技师考试，14名人员通过技师考试，11名人员完成初级职称申报。

国网彭州市供电公司与彭州市政府签订战略合作协议。编制的“十三五”电网规划已纳入彭州市“十三五”总体规划，实现了彭州电网建设与彭州市建设规划的“一盘棋”。完成110千伏天彭、220千伏回龙等4座变电站的年检预试工作，在变电运行检修专业全面推行五通管理规范的落实和推广工作。完成网内7座110千伏变电站主变调度权限移交。安全执行操作票1229张，操作项数20088项，执行工作票113张，执行事故抢修单20张。

国网彭州市供电公司大力提升配网运行质效，完成110千伏光明变电站第二电源建设。彭丹一、二路线路新建、10千伏联一、二路大部新建。光发一二路改造、光湖一二路改造。启动投运10千伏丹师路、丹伟路。完成彭州82个老旧弃管小区改造，并在老城区新增配网公变9台。积极响应政府市政建设、先后完成了南北保障方案、顺利科技、110千伏江连线迁改、小南街电力迁改、田鸭肠项目用地35千伏线路迁改、成彭高速配套迁改等一系列的建设配套迁改工程。

国网彭州市供电公司扎实开展“管理提升年”活动，荣获成都公司先进单位。切实贯彻国家绿色发展战略，建设电动汽车充换电桩17个。高效推进“煤改电”电能替代专项工作。签订协议锅炉改造21台，43.67蒸吨。已完成改造锅炉15台，19蒸吨，完成电能替代量5941万千瓦时，为彭州市的“蓝天保卫战”做出了积极贡献。

国网彭州市供电公司加强三种人、作业人员和管理人员的反违章培训力度，提升各类人员技术水平和安全意识，严防违反“十不准”和红线禁令违章行为的发生。开展安全生产问题清单梳理和多个安全专项行动。陆续开展了“继电保护”“基建现场”“跨越施工”等专项安全隐患排查。全年接受上级安全督查62次，生产作业现场规范有序。

高效完成中共十九大保电任务。按照最高规格的保电要求，制定了十九大总体保电方案和8份子方案。公司全口径参与保电1800人次，车辆450台次，值守点位91个，特别针对17座变电站、460公里输电线路，300公里配网线路、11个重要用户采取行之有效的人防和技防措施进行重点保电。以高度的责任心和政治敏感性确保了电网运行状况良好，圆满完成了十九大保电任务。全年还完成了“中国四川蔬菜博览会”“成都时装周”石化基地、高（中）考等31项保电任务。实现连续安全运行8869天，全年没有发生任何被考核的不安全事件，圆满完成安全事故“零”目标。国网彭州市供电公司荣获国网成都供电公司安全生产先进单位。

国网彭州市供电公司积极推进全能型供电所和国家电网公司五星级供电所建设，已完成九尺全能型供电所的班组、岗位设置和人员配置等优化调整工作。

深入开展“供电服务再提升”工程，积极开展网格化服务模式，推行客户经理制，建立供电服务微信群，提升“连心岗”服务水平。每周对营业厅、供电所窗口实施24小时在线监控，建立了测评—改进—再测评—再改进的优质服务评价常态运行机制。健全供电服务品质评价与监督体系，形成了闭环的服务质量统计、监督、考评体系。全面推广移动配抢修、PMS实用化应用，严格按规定的程序、时限，完成工单流转和处理。强化计划停电管理，严控频繁停电、重复停电，进一步加强公司检修工作计划停电时间的及时性、准确性。同时全面推行低压营配融合的“台区经理制”、营业厅综合柜员制和台区经理移动业务终端日常业务应用。

国网彭州市供电公司扎实开展“旗帜领航·三年登高”基础建设年，“守纪律、讲规矩、正作风”作风整顿，迎接中共十九大胜利召开等系列活动。党委委员、支部书记开展支部党课讲授，实现党员思想教育全覆盖。强化“一单位一阵地”建设，完成各支部换届选举。加强基层党支部的建设，公司所属党支部、6个供电所、1个党服队全部成立党小组。积极开展“三亮三比”活动，设立“党员示范岗”，切实发挥战斗堡垒作用，实现“一支部一亮点”。全年分别在成都公司、省公司网站、中国电力新闻网、《四川工人日报》完成上稿330篇，其中国家电网头条新闻23条。

切实开展党风廉政建设及反腐败工作，在供电所开展党风廉政建设员工私揽工程排查专项督查行动。邀请行风监督员常态化开展明察暗访活动，创新开展部门负责人、供电所长半年述职述廉报告，在每个班组设立党风廉政监督员。

积极参加国网成都供电公司代表提案、QC成果及合理化建议活动。常态化开展班组建设综合检查，深化一线班组工作积分制应用，季度红旗竞赛，促进班组基础管理全面提升，初步建成创新工作室，2个班组荣获五星级班组。邀请省总工会专家在班组开展“企业工会劳动保护政策法规”知识讲座。参加成都公司企业文化节暨“五个一”实践活动成果展示。公司交通、保卫、消防、信访、保密等工作也都圆满完成目标任务。

**【国网邛崃市供电公司】**国网邛崃市供电公司于1995年划归原成都电业局管理，2006年实行股份制改革,2013年完成地方国有资产无偿划转，由省公司全资控股，2017年完成子改分工作，成为国网四川省电力公司下属分公司。公司担负邛崃市24个镇乡的供电任务，供电面积1377平方千米，人口67万。

国网邛崃市供电公司运行管理变电站14座，主变容量963.2兆伏安，其中220千伏变电站1座，300兆伏安；110千伏变电站5座，572兆伏安；35千伏变电站8座，91.2兆伏安；过境220千伏输电线路7条，61.66千米；运行管理110千伏输电线路11条，158.82千米；35千伏输电线路15条，174.15千米；10千伏线路103条，2018.06千米；低压配电线路4195千米；在邛崃电网并网运行的水电站61座，装机容量6.6万千瓦。

近年来，国网邛崃市供电公司荣获“四川省最佳文明单位”、“成都市工人先锋号”和国网成都供电公司“安全先进单位 ”、“五个一实践活动”先进集体——安全生产一把尺、2016年度企业党群创新实践课题优秀成果奖、2017年度先进基层党组织、2017年后勤管理知识竞赛三等奖等荣誉。

国网邛崃市供电公司设9个部门，2个集体企业。领导班子由6人组成；在册员工761人，其中全民在册员工422人、农电员工331人、四川宏业电力集团有限公司邛崃分公司自聘8人。全民员工平均年龄46.3岁，农电员工平均年龄45.2岁，人才当量密度0.9501。

2017年，国网邛崃市供电公司结合电网现状、技术导则要求和发展规划，完成“十三五”电网规划报告及2017—2020年配电网规划库滚动修编，编制2017年、2018年及2020年规划图册。完成邛崃市政府与国网成都供电公司《关于共同建设城市能源互联网合作战略合作协议》以及《园区电力要素保障战略合作协议》签订工作，将电网规划融入邛崃市总体规划和重点区域控规，促进规划“一张图”，加快建设邛崃坚强智能电网，加快推进高埂220千伏输变电新建工程、西郊110千伏输变电新建工程、邛崃110千伏变电站增容工程、火井35千伏输变电新建工程等重点电网项目前期工作。依据邛崃市工业园区规划情况，及时配套储备配网项目，有效保障天邛产业园、临邛工业园区企业用电需求。

2017年，完成了110千伏平乐变电站35千伏配套工程、110千伏赵塔变电站35千伏配套工程、35千伏大同输变电新建工程的建成投运工作，电网基建投资共计1754万元，新增35千伏线路46.32千米，新增35千伏变电容量1万千伏安，对改善电网结构、新增电源点方面取得明显成效。

2017年全年完成售电量12.36亿千瓦时，同比增长8.81%，高于年计划0.5个百分点。在运行智能电表总数280197个，智能电表采集覆盖率为96.95%，采集成功率为96.7%、剩余金额抄回成功率96.37%。掌上电力低压远程充值测试电表总数为124412只，测试成功电表数为104665只，测试成功率为84.13%，测试进度为45.8%。

2017年受理高压新装163户，申请容量10.14万千伏安，投运106户，容量6.23万千伏安。受理低压新装10159户，投运9889户。全力拓展“电能替代”业务，全年签订煤改电战略合作协议26份，答复煤改电供电方案协议18份。

2017年，国网邛崃市供电公司成立以党政主要领导为组长的安全生产领导小组，明确安全目标和工作重点，签订各级《安全目标责任书》。加强本质安全建设，以“抓现场、除隐患、添措施、重评价”的工作思路为指引，召开安全生产分析例会，开展安全讲座和安全知识竞赛，推广安全工作日记制度。认真组织学习江西“5·7”和山东“5·14”人身伤亡等事故调查处理通报，召开“汲取事故教训，重温安全规程”专题会，组织开展典型事故案例分析和标准化作业经验交流，建立违章曝光台、违章约谈和说清楚制度。强化安全生产“痕迹化”管理，开展现场安全督查220余场次，发现违章及存在问题的作业现场13个，查处并纠正违章行为42项，查处违章责任人38人次。组织开展“电力杆路附挂通信光缆隐患治理”“涉电鱼塘整治”“配网设备质量两排查一整治”“在建工程施工安全专项隐患排查”和“安全生产月•安全生产万里行”等安全专项活动。加强应急培训、反事故演练，完善各类事故应急预案和处置方案；加强与镇乡、村组的联系，及时发现、清理和整治线路通道障碍；对重点场所开展特殊巡视、现场蹲守，做好电力设施防外力破坏工作；制定保电方案 11 份,完成中共十九大、全委会人代会政协会、高中两考、南丝绸之路路演、马拉松比赛等重大保电 55 项。

2017年，国网邛崃市供电公司全面完成2016年、2017年中心村11个中心村改造工程。加强农村配网线路的通道治理工作；完成低电压项目整治101个。

国网邛崃市供电公司积极开展供电优质服务，对敬老院、留守儿童、孤寡老人开展电力帮扶；推动业扩新政，简化业扩办理流程，落实便民服务工作。全年累计办理新装业务2459件、受理客户故障报修4693户、咨询工单39件、服务申请工单891件、意见工单180件，无超时限业务发生；积极开展客户走访和新装故障报修回访，全年累计走访用户900余户，用户新装及报修回访5000余次。

2017年，国网邛崃市供电公司完成所有信息终端设备的维护保养，保证了设备的安全稳定运行；全面加强公司信息安全管理力度，全员签订了《网络安全承诺书》和《保密协议书》，实现全年信息安全“0”目标；配合成都地调完成 D5000自动化系统配网自动化图模的导入工作，以及进行配网自动化系统的筹建工作。

深化三级客户经理制和台区经理制，主动对接地方政府，全过程服务成甘工业园区、政府招商引资重点工程建设。建立供电服务微信群，实时发布停送电信息、安全用电知识等，解决了客户服务最后一公里的问题。全年开展对高危及重要客户安全用电检查 36 户次、高压专变客户共计 1121 户次、低压客户共计 9212 户次，检查情况完成率达到了100%；完成重要保电、巡视组、两考、推进政府网站集约化建设研讨会及各节假日等24项重要保电工作；完成工业负荷及非居民用电的迎峰度夏有序用电的督导、服务工作积极推广“掌上电力”APP 应用，截至 2017 年 12 月 31 日共注册用户 7.3 户。

2017年，国网邛崃市供电公司党委深入贯彻学习中共十九大精神和国家电网公司党建工作会精神，紧紧围绕中心工作，坚持“引领、传承、创新、争先”理念，全面落实从严治党要求，不断强化三个建设，用实际行动构建了公司党建工作新常态。

坚持以“支部建设年”活动为主线，扎实开展问题清单梳理和党建工作体检，结合“全能型”供电所建设，建立党员责任区 163 个，党员示范岗 83 个。党组织活动丰富多彩，围绕纪念建党 96 周年，开展“我的家我来讲”暨“我身边的共产党员”主题演讲比赛,“我与党旗合个影”“对党说句心里话”、重温入党誓词、红色纪念馆参观学习、专题党课培训等系列活动。同时结合实际在全体党员干部中开展了“守纪律 讲规矩 正作风”作风整顿活动，通过扎实有效的工作，党组织活力不断增强，党建基础水平全面夯实。

全面修订党风廉政“两个责任”清单，落实“痕迹化”管理，层层签订党风廉政责任书 60 份，分岗位签订廉洁从业承诺书 500 余份。扎实开展“清风川电”系列活动，组织“送法律进班组”律师讲座 12 期，全员通用制度知识竞赛 169 人次，党风廉政建设不断增强。

企业文化氛围浓厚，因地制宜打造企业文化长廊 2 个。创作拍摄微电微《狗尾草》，荣获成都市总工会 2017 年首届职工微电影大赛故事类“一等奖”和四川省总工会纪录片类铜奖。承办“技能成就梦想”2017 年成都百万职工技能大赛（邛崃赛区）配电营业工技能大赛。

创先争优成效显著，荣获国网成都供电公司 2017 年度先进基层党组织，顺利通过成都市厂务公开民主管理 A 级达标单位验收。固驿供电所荣获成都市总工会“工人先锋号”。员工王积善荣获“四川省优秀共青团员”，黄在辉荣获“成都市技术能手”，张滢滢入围“感动成电”先进人物，姚婧娟荣获邛崃市“我身边的最美劳动者”称号，较好地展示了公司员工的风采。

**【国网大邑县供电公司】**大邑电网是以国家电网覆盖全地区供电的统一电网，是一个集供、配电为一体的电力企业。公司担负着大邑县 20 个乡（镇），152 个行政村、26 万余户居民的供电任务。公司前身为大邑县电力公司，1993 年 8 月 18 日交成都电业局代管，2001 年 1 月实行改制，2008 年 1 月省公司控股，2010 年更名为“四川大邑供电有限责任公司”，2012 年 12 月更名为“国网大邑县供电有限责任公司”。2016 年 7 月 6 日更名为“国网大邑县供电分公司”。

国网大邑县供电公司现有变电站 17 座，主变压器 34 台，总容量 119.93 万千伏安；其中 220 千伏变电站 1 座，总容量 36 万千伏安；110 千伏变电站 7 座，总容量 67.95 万千伏安；拥有 110 千伏线路 18 条，长度 248.524 公里；35 千伏线路 21 条，长度 183.821 千米。

2017 年度安全生产事故、影响和损害企业形象的重大服务事件、稳定和廉政重大事件实现了“0”目标。

国网大邑县供电公司下辖 8 部 1 室 1 中心，以及三新大邑分公司和集体企业成都宏业电力有限公司大邑分公司，现有 1050 人员工，其中在岗全民员工 241 人（系统全民 4 人）、外聘员工 35 人、农电员工 264 人、退养员工 154 人、退休员工 356 人。各类人员性别及平均年龄：在岗全民，男 171 人，女 70 人，平均年龄 43.7 岁。其中：管理人员，男 31 人，女 27 人，平均年龄 44.29 岁。外聘：男 15 人，女 20 人，平均年龄 32.91 岁。退养：男 99 人，女 55 人，平均年龄 48.7 岁。

“十三五”电网规划项目前期工作持续推进，配合完成了苏场220千伏变电站3号主变扩建可研设计编制工作及内审，待提交省公司评审；晋原110千伏输变电工程已取得变电站站址红线，悦来110千伏、高山35千伏输变电工程变电站规划选址经大邑县规委会审定通过，3个输变电工程均在开展可研设计编制，逐步办理项目土地权属、项目核准等前期工作。沙渠110千伏输变电工程（解林变电站）于7月31日顺利带电投运，有力缓解了沙渠工业区用电需求；完成了110千伏栗子坪变电站2号主变改造工程。清理城区地下电缆，协调政府投资2000万元，对大邑“大、小北街改造”涉及的城区配网线路进行了改造。完成了10千伏树宏一、二路、树斯一、二路、树建一、二路共6条新建配网线路施工工作，完成了10千伏官邑路新建工程。

2016-2017 年，共完成 3 批 32 个中心村项目建设改造工作，新建改造 10 千伏线路 49.9 千米、低压线路 235.9 千米、配变 61 台，新增配变容量 1.52 万千伏安，解决了 44 个台区的低电压问题。

开展营销基础管理综合治理提升，成立“1+1+13”（1 个管控组、1 个城区治理小组、13 个供电所）台区线损治理工作组，梳理整改 SG186、PMS 系统“变—箱—户”基础档案、采集异常数据 9 万余户，完成台区计量改造更换 780 台和老旧智能表轮换 1.6 万只，查处窃电 149 户，公司台区线损合格率从年初的 10%提升至 61%。

国网大邑县供电公司联合县经信局、发改局共同推进“煤改电”工作，完成 23 户 78 蒸吨在运燃煤锅炉客户战略合作协议签订，受理“煤改电”用电申请 12 户，签订购售电协议 3 户。

新增低压客户 1399 户，新增高压客户 127 户，截至 2017 年年底，国网大邑县供电公司共有用电客户数 27.21 万户，其中专变客户 1286 户，总专变容量 102.64 万千伏安。

2017 年累计完成售电量 18.82 亿千瓦时，比 2016 年同期下降 20.99%，完成年计划 19.10 亿千瓦时的 98.54%；系统综合线损率 8.43%，比 2016 年同期上升 1.61 个百分点；电费回收率 100%。

发挥县公司安全督察职能，督察现场 126 处，发现违章 41 处，警示学习 30 余人次，处罚 35800 元；巡查在建现场 48 个，发现一般违章 7 项整改 7 项；发现隐患 99 项并完成整改；加强迎峰度夏和应急安全工作管理，排查出存在汛期隐患的线路杆塔点 118 个、变电站 4 座、供电所 5 个，均制定了措施防范；举行了大型综合应急演练，检验了公司应急反应和救援能力。截至 2017 年 12 月 30 日，全年未发生各类安全事故，实现电网连续安全运行 8910 天。施工作业现场督察率及蹲守率 100%，现场督察 141 次，发现违章问题 76 个，交叉督察 23 次，发现违章 16 起，供电所安全检查 72 次，严格执行“两票三制”；发现问题台区 345 台，完成整治 285 台，整治率达 82.61%。

巡视农网线路 590 条/次，发现、消除农网隐患 422 处；检查发现农网各类缺陷 579 处，下发隐患告知书 15 份，处理一般隐患 549 处；处理线路设备故障 122 次；开展了配网抢修 APP 培训；完成客户报修 4953 次，故障处理率 100%；检查农网配变台区 1475 台，总路安装 1335 台，投运 1287 台，投运率 96.4%；支路安装 764 台，投运 668 台，投运率 87.43%；完成了 57 个涉电鱼塘安全围栏安装工作，确保农网线路设备安全稳定运行。新建改造 10 千伏线路 43.75 千米，新增改造配变 42 台，容量 11.1 兆伏安，新建改造低压线路 148.7 千米；实施治理低电压治理 44 个台区，改善 1236 户，进一步提高了农网供电可靠性。

供电所受理低压业扩 1272 笔，装表接电 1155 笔，资料归档 1155 笔。供电所受理各类报修业务 4953 笔，处理用户故障报修 4953 户，重新签订 402 户高压供用电合同；配合政府、学校组织开展保电活动 12 次；配合政府环保整治，关停“三无”企业 600 余户；开展农村供电所网格化服务工作，收集供电所 90%用户的信息和通讯方式；制定了台区线损管理及营配贯通考核办法，截至 12 月 31 日，供电所线损合格台区数从年初的 239 台提升到 1035 台，线损合格率从年初的 15.48%提升到 67.08%；营销服务督察大队开展营销业务督察 600 户，营业检查 4680 户，查处各类窃电和违约用电 60 户，追补电量 95625 千万时，追补电费和违约使用电费 226957.32 元，处理营配贯通中三级地址错误的数据 156502 户。

2017 年完成了所有变电站接入 D5000 系统及部分缺陷处理；完成了 110 千伏栗子坪站 2 号主变及 6 千伏 II 段技改相关自动化工作：相关设备间隔调度命名更改、点号的增加和修改，与厂家进行了遥测信号的调试核对；完成了 6 个 110 千伏变电站、1 个 220 千伏变电站的 AVC 系统接入及后期缺陷处理；

完成了大邑县调调度监控责任区核实工作；完成了110千伏解林站新投接入工作，图库建立、自动化联调；完成了配网公线图模导入D5000自动化系统的工作；完成了Windows远程代码执行漏洞关闭工作：清理关闭了所有内网终端的135、139、445、3389端口；完成了内网电脑病毒查杀工作；完成了机房核心信息通信网设备UPS改接工作；完成了机房及电源室的静面地板更换维修工作。

提升供电服务质量和水平，开展“掌上电力”APP应用、“煤改电”等业务培训5次、150余人次；完成220千伏苏场站、110千伏官渡站等变电站全停检修期间的服务保障；开展用电宣传17次、走访大客户49户次、召开客户座谈会3次，推广APP新用户1.5万余户、测试开通远程购电14.1万户。推进全能型供电所建设，完善13个供电所组织机构设置，大力推进台区经理网格化服务在安仁供电所的落地实施，打造“以德安仁”文化长廊。开展电力扶贫攻坚，建立挂点联系制度，走访贫困户518户，解决线路老旧等各类问题172个，发放宣传资料1万余份，电力扶贫成效得到县政府肯定。

国网大邑县供电公司“三会一课”参会率达96%，开展“学习贯彻国家电网公司党建工作会议精神”、“十九大精神大家谈”、“守纪律、讲规矩、正作风”干部党员作风整顿专项学习活动；切实推动党风廉政建设工作与业务工作同布置、同落实、同检查、同考核；持续加强党员服务队建设，持之以恒开展每月定期帮扶、精准扶贫行动；加强从严治团，扎实开展“一学一做”，举办了“领导青年面对面”“职称职鉴交流”和“我为管理提升作贡献”共3期“邑往无前 青年沙龙”活动。持续通过“党的大邑儿女”微信群开展微党课学习，着力打造“一单位一阵地”；开展了“青春光明行”15周年系列纪念活动、“‘乐’伴童声‘梦’伴成长”活动，持续一对一帮扶王泗镇学校10个留守学生；组织开展了2017年成都百万职工技能大赛暨大邑赛区配电营业工技能大赛、变电倒闸操作、公文写作及交通安全驾驶技能竞赛；开展了“迎元旦”职工运动会、“迎新春”游园活动、职工厨艺比赛、庆“五一”职工健步走登山、摄影比赛、职工羽毛球比赛等群众性文体活动；员工自编自导自演的《朗读中年》节目参加国网成都供电公司“我身边的共产党员暨我的家我来讲”演讲比赛二等奖。公司现有班组13个，其中营销类班组5个，生产类班组8个。保持五星级班组6个，保持四星级班组3个，保持三星级班组2个；计量班荣获省公司2017年优秀班组，并被省公司评比推荐为国网公司优秀班组。

**【国网新津县供电公司】**国网新津县供电分公司于2016年7月4日，在国网四川省电力公司全资子公司国网四川新津县供电有限责任公司的基础上，按照国家电网公司和国网四川省电力公司“子改分”改革要求成立，系国网四川省电力公司全资分公司。经营范围：电力生产、销售；电力输送；电力建设项目的论证、勘测设计、施工、设备安装、调试、招标、验收接电管理；电网的统一规划、建设、调度和运行管理；技术推广服务；装卸搬运；仓储业（不含危险化学品）；专业技术服务业；节能服务；销售：电工器材、电子产品、家用电器；物业管理；汽车租赁、蓄电池租赁。公司内设九个职能部门、一个中心（即：办公室（党委办公室）、党委组织部（人力资源部）、财务资产部、发展建设部、安全监察质量部、党建工作部、乡镇供电所管理部、营销部、运维检修部、电力调度控制分中心），基层班组站所共21个。

新津电网辖220千伏变电站2座（邓双、徐家渡），总容量660兆伏安，110千伏变电站5座（新津、花桥、文武、何店、清凉），总容量431.5兆伏安；过境输电线路通道维护的220千伏输电线路7条，总长103千米，110千伏输电线路14条，总长143.3千米；自行维护的110千伏输电线路14条，总长143.3千米，35千伏输电线路1条，总长4.68千米，10千伏公用配电线路48条，总长703千米；10千伏专线14条，总长61.864千米；历史最高负荷27.82万千瓦。

国网新津县供电公司现有在岗员工252人，具有大中专及以上学历250人，其中专业技术人员达到总人数的71.43%，技能人员占总人数的70.24%。2017年度人力资源同业对标指标完成情况：职称、职鉴及优秀人才指数100，学历提升申报率及履职培训送培率75%，劳动组织、劳动用工、信息系统数据维护及薪酬福利计划完成率50%，全员绩效管理规范指数10.00。

国网新津县供电公司加强与县政府及有关部门的沟通协调，积极配合新津地区公共基础设施建设，对2017新津配网规划进行滚动修编，确保顺利纳入地方总规，顺利完成与县政府关于构建成都城市能源互联网战略合作协议的签订。完成2018年“十三五”配网规划修编和2018—2020年的项目储备，顺利通过成都公司评审。积极协调推进成蒲铁路邓双至朝阳湖牵引站供电线路新建工程，完成拆迁赔付协议签订并协调进场，后续工作正有序实施。新津110千伏输变电工程稳步推进，全程未出现阻工现象，已建成待投入运营。积极开展项目前期工作，顺利完成新津500千伏输变电工程、500千伏新津变电站220千伏配套线路工程核准所需文件的获取。

2017年全年共受理新装增容专变用户191户，报装容量20.54万千伏安，受理低压新装增容1564户，变更用电12736户。业扩报装服务时限达标率100%。定期对7户高危重要用户开展供用电安全隐患排查，完成687户专变用户安全用电检查，配合政府部门对辖区内“地条钢”、“三无”企业进行检查并督促整改，开展小区充电设施用电安全隐患专项检查。积极开展反窃电及违约用电工作，全年共查处窃电及违约用电55户，追补电费139929.36元，追补违约使用费419788.08元。针对营销收费、计量、业扩、优质服务等开展稽查工作，对异常情况及时进行现场核实、处理、追补电费。查处两户砂石开采企业私自增容事件，按规定进行了追补和处罚。多次进社区、商业街宣传推广电能替代，推广电火锅30家。积极协同国网成都供电公司、国网四川节能服务公司对蓝星新材料、中储粮等县域内燃煤锅炉企业进行现场调研，已签订煤改电战略合作协议9户，4户完成煤改电锅炉改造并成功投运。

国网新津县供电公司高度重视“两供一业”分离移交工作，制定具体实施方案，积极联系协调自来水公司和2个家属区所在的社区居委会，于4月初率先完成了供水和物业分离改造移交框架合同的签订工作，正积极协调推进正式协议签订收尾事宜。原35千伏顺江变电站土地（房产）被纳入新津县棚户区拆迁改造范围，与政府积极协商，提出拆迁置换方案并与有关部门签订土地置换协议和拆迁安置合同，切实保全了原35千伏顺江变电站的资产价值。公司所有车辆实现集中管理、统一调度，车辆全部定点停放，车钥匙、油卡集中统一管理，全部实现网上派车，每月开展单车核算，认真分析车辆修理费、油耗等费用开支的合理性，车辆管理工作取得较大的进步。

进一步规范集体企业管理。宏业新津分公司进一步转变观念，改变以前背靠供电公司等、靠、要的工作作风，增强工作主动性；提高市场营销手段，提升公司品牌优势，市场占有率得以提高。建立健全公司依法决策、依法经营、依法管理、依法办事的制度体系和工作机制，围绕中心工作，以规范管理为基础管理工作重点，重点排查管理制度漏洞和程序缺陷，分析问题存在的原因，有效防范法律风险。严格按照上级要求，强化生产现场督查制的执行，加大违规施工作业的考核力度，使之常态化、制度化，杜绝安全事故的发生。全年共签订工程合同148项，项目金额7444.12万元。

国网新津县供电公司制定2017年安全工作重点，层层签订安全目标责任书，全面落实安全责任制。扎实开展安全大检查工作，公司领导班子采取分片包干的方式，组成6个督导检查组，对各部门班组安全大检查情况进行督导检查。加强作业现场安全管控，严防死守确保作业现场安全有序，先后完成了城区东、北干道电缆下地、银隆项目外部电源建设等重点工程。认真开展“安全日”活动，组织全体员工深刻吸取江西省“5·7”、青岛“5·14”事故教训，全面梳理排查各施工现场存在的安全隐患，特别强化分包安全管理，深化隐患排查、反违章等专项行动，全力确保公司安全生产局面持续稳定。强化安全基础培训，组织开展有针对性的安规、工作票、事故案例讲解等专题培训10余次，组织全员安规考试一次，推广并普及了《安全日记》。

重点推进科技服务，大力提升电网智能化程度。变电站、专、公变用电信息采集覆盖率均实现100%。建立抄表质量跟踪检查制度，大力开展高损台区治理、三相负荷平衡、线路无功治理等工作。继续实施智能电表推广项目，大力提升电网智能化程度，智能电表采集成功率达92.68%（全口径统计）。

国网新津县供电公司积极主动与政府相关部门沟通协商，开通“绿色通道”，简化办事流程，指定专人跟踪服务，严把工程安全关、质量关，加班加点完成了城区北段、东段电缆下地工程并顺利投入运行，为新津县城市建设和改造做出了积极贡献。公司领导担任项目的客户经理多次带队到成都银隆新能源汽车产业园施工现场了解工程进度并解决实际用电困难，保质保量完成了线路迁改及临时过渡专线架设，为该公司计划试生产提供了充足的电力保障，获得银隆项目方高度赞誉。扎实开展“扶贫日”活动，加快推进农网建设，全面治理低电压台区，解决了五津镇、花源镇、普兴镇的用电质量问题，消除安全隐患21处。积极开展“精准扶贫”结对特困群众，开展困难、弱势群体关爱活动，对6个乡镇13户五保户进行了帮扶，为困难户、贫困户及群众检测家用电器、线路40项，治愈“有病”电器及线路16件，安装漏电保护器4台，发放安全用电宣传单4000份。针对帮扶贫困村开展农业和科普知识宣传2次，受到群众好评。

深化规章制度“大宣贯、强执行”活动，营造学制度、用制度氛围，组织营销、运检、安全生产专业全员共134人参加国网成都供电公司营销、生产规章制度竞赛，成功承办片区赛，被国网成都供电公司评为“规章制度竞赛优秀组织奖”，获得绩效加分奖励。认真落实国网成都供电公司关于问题清单梳理全覆盖工作部署，结合公司实际制定了具体实施方案，集中收集各类问题清单，制定倒排整改计划，研究实施具体方案。共梳理出 9 项 21 个问题，包括：在“贯彻落实党中央、国务院重大决策，以及国资委工作部署方面”查找出问题 10 个；“企业经营管理方面”查找出问题 9 个；“党建工作方面”查找出问题 2 个。截至 2017 年年底已完成问题整改 18 个，线损因素影响利润、农村供电能力与经济发展不匹配等问题正在积极整改中。

国网新津县供电公司认真学习贯彻中共十九大会议精神，常态化开展“两学一做”，引导广大党员员工学思践悟、转变作风。建立支部考核管理办法，规范台账管理，促进党内组织生活制度化、规范化。坚持开展冬送温暖、夏送清凉、金秋助学等送温暖活动。大力开展志愿服务活动，树立供电品牌的良好社会形象。接受国网成都供电公司、省公司党风廉政巡察，公司领导班子切实履行“两个责任”，不回避、不推脱、不遮掩，对巡察组提出的问题和风险举一反三，建立问题、任务、责任台账清单，逐项落实、对账销号、立行立改。召开问题整改专题研究工作会4次，对存在的问题逐项分析，逐项整改落实。按照规章制度对29名相关责任人员实施经济处罚，扣处金额36700元。公司党委、纪委对相关问题责任人员进行了廉政教育，对35人次进行了廉政约谈。

国网新津县供电公司荣获成都市“安康杯”竞赛先进集体，获得国网成都供电公司专业管理进步奖、工会工作先进单位、党风廉政建设责任制考评优秀单位、后勤管理知识竞赛团体三等奖、会计知识竞赛优秀组织奖，调控运行班荣获成都市工人先锋号、新津县青年文明号，办公室荣获国网成都供电公司办公室工作先进单位、规章制度知识竞赛优秀组织奖，公司共产党员服务队荣获国网成都供电公司优秀共产党员服务队，变电运维班荣获运检类安全业绩突出班组，电力调度控制分中心荣获调控信通类安全业绩突出班组，锦隆鑫新津分公司荣获集体企业类安全业绩突出班组。公司团支部荣获新津县五四红旗团支部。此外，公司共有42人分别获得了国网成都供电公司、蜀电集团、新津县的先进荣誉称号。

**【国网蒲江县供电公司】**国网蒲江县供电分公司前身为蒲江县电力公司，1994 年 10 月成立乐山电业局蒲江供电局，由乐山电业局代管。1998 年 2 月划归成都电业局管理。2006 年 4 月改制后成立四川蒲江供电有限责任公司。2013 年 1 月完成股权上划，成为国网四川省电力公司全资子公司。2013 年 8 月，公司更名为国网蒲江县供电有限责任公司。2016 年 8 月，完成“子改分”业务切换，成为国网四川省电力公司分公司，更名为国网蒲江县供电分公司。

蒲江电网共有变电站 8 座，其中 110 千伏变电站 2 座，35 千伏变电站 6 座，总变电容量为 23.13 万千伏安，有并网小水电站 19 座，总装机容量为 13.165 兆瓦。

全口径员工 380 人，其中，地方全民退休员工 70 人，地方全民员工 193 人，中央全民员工 2 人，农电员工 143 人，产业单位员工 42 人。2017 年新进大学生 2 名，退休 10 名。

国网蒲江县供电公司在职领导班子成员 5 名，分别为总经理、党委副书记 1 名，党委书记、副总经理 1 名，副总经理 2 名，纪委书记兼工会主席 1 名。

职能部门 7 个，分别为办公室（党委办公室）、发展建设部、党委组织部（人力资源部）、财务资产部、安全监察质量部（保卫部）、党建工作部（工会、纪委（纪检）办公室、团委）、电力调度控制分中心。

业务支撑实施机构 2 个，分别为运维检修部（检修（建设）工区）、营销部（客户服务中心）。

班组设置 12 个：分别是变电运维班、变电检修班、输电运检班、配电运检班、配电抢修班、仓储配送及机具维护班、市场班、营业班、抄表班、计量班、用电检查与反窃电班、综合服务班。

国网蒲江县供电公司率先促成国网成都供电公司与蒲江县政府签订战略合作协议，完成了公司与工业园区的合作协议的签订工作。完成了蒲江县配电网规划修编和 2018 年生产技改、大修及农网项目的可研编制。配合县经科信局完成了县域电力专项规划初稿。完成了 2018 年输电项目的核准工作，取得了 35 千伏赵城线改造项目的前期核准。储备 2018 年大修技改、城市配网项目 8 个，计划投资 579 万元；储备 2018 年农升级项目 2 个，计划投资 339 万元。各项电网建设任务顺利开展，完成了 2017 年生产大修、技改项目 2 个，总投资 58.28 万元；完成了 2016 年农网改造升级工程、2016 年中心村二批项目竣工结算及资金拨付和 2016 年中心村三批项目现场施工及送审工作；打赢了 2017 年中心村项目攻坚战，投资 3159 万元的 16 个项目按期推进。低压业扩配套项目累计受理 965 项，共投资 200 万元。完成了老旧小区改造项目 6 个，惠及用户 234 户。

扎实开展“管理提升年”活动，促进各项经营指标不断提升。大力开拓电力市场，努力增供扩销，完成了高低压新装增容业务 7108 笔，同比增长 12.07%，新增容量 9.95 万千伏安，同比增长 21.06%。

完成售电量 4.05 亿千瓦时，同比增长 7.36%，创公司历史最好水平。大力开展电火锅、电烤茶等电能替代工作，全年替代电量 22.79 万千瓦时，完成率 110.25%。综合线损率 6.98%，低于计划指标 0.05 个百分点。台区线损合格率最高达 85.82%，位居市公司首位。全面推行购电制和专变远程费控，执行费控客户 465 户，其中大工业客户占比 100%，一般工商业用户占比 78.38%。2.9 亿元电费按月“颗粒归仓”。积极争取政府支持，形成联动机制，加大对窃电、违约用电的查处力度，全年共开展检查 490 次，共查处窃电 186 起、违约用电 4 起，挽回电量损失 22.17 万千瓦时，追补电费 32.76 万元。

改革创新不断深化，时刻关注当前改革动态，主动保持与县委、政府及相关部门的沟通联系，积极应对电改形势下的市场风险。完成公司制改制工作。成立配网办，进一步加强配网规划、建设、运检管理。率先完成了公司 2 个职工家属区“两供一业”分离移交改造项目的可研及协议签订工作。“全能型”供电所创建工作有序推进。

深入推进本质安全建设，开展安全生产“贯标准”活动，加强安全生产痕迹化管理。严控风险隐患，深入开展“春安”“秋安”及安全大检查，完成了寿安、霖雨等变电站共计 59 面开关柜隐患专项排查、84 基输电线路接地网整治等工作，共梳理出各类缺陷及隐患 304 项，均落实责任人限期整改，做到闭环管理；促成县政府召开全县电网迎峰度夏暨涉电安全隐患排查整治工作会议，并由县安监局出文对涉电隐患整治进行督办，彻底消除困扰公司多年的成雅高速蒲江段退运线路安全隐患和 426 处光缆附挂隐患。严管作业现场，全年共计出动安全督察人数 330 人次，查处各类违章和不规范行为 54 起，处罚违章 16 起，处罚金额 20800 元。高质高效完成检修计划 227 项次，检修计划执行率 89.7%，非计划停电同比下降 72.7%。4301 项次调控操作正确率 100%。加强员工安全教育，深刻汲取江西“5·7”、山东“5·14”人身伤亡事故教训，组织安规考试、参加调考 390 人次， 开展交通、消防安全培训，切实增强人员安全意识。全年未发生被考核的不安全事件，圆满实现安全生产“零”目标。截至 2017 年 12 月 31 日，蒲江电网安全运行 8486 天。公司荣获国网四川省电力公司安全生产先进集体。

落实 PMS2.0 生产管理系统应用，提升基础管理水平；结合 24 节气工作表，有针对性的开展配网线路设备巡视检查及测温工作，发现隐患及时整改，保障配网线路设备安全可靠运行。针对跳闸较为频繁的 11 条 10 千伏线路，采用超声波检测技术进行巡视检查，检查杆塔 2822 基；全年共计清理各类隐患缺陷 856 处，整治消除 838 处，消除率 97.9%。处理 10 千伏配网故障 81 条/次，供电所客户故障报修次数 7812 次。农网供电可靠率 100%；电压合格率：99.998%。积极协调组织，强化管理，农网工程有序推进；完成了寿安镇光明村 8 社“五十佳”工程申报工作，以优质工程评选为契机，充分发挥农网优质工程示范作用，推进农网工程高效实施，不断提升农网工程建设质量和管理水平。丰富农村个性化服务措施，根据地域和季节性差异，制定差异化服务手段，积极利用短信、广播、微信等新型服务方式开展安全用电宣传、用电知识普及、停送电信息发布工作，实现服务全方位、全覆盖无死角。加强营销服务工作，紧紧围绕提质增效的核心任务，重点开展用电安全检查，利用用电采集系统开展营销普查和台区线损合格率提升工作，全面提升企业效益。

QC 创新实现突破，三新蒲江分公司 QC 小组成果荣获国网成都供电公司优秀奖。开展设备台账完整性、图数一致性治理工作，现输变电设备台账完整性、高压图数一致率均达 100%；配电设备台账完整性 99.84%，中压图数一致率 99.46%。完成配网 43 条公用线路大馈线单线图治理工作；配合调度 D5000 系统导入需求，开展配网单线图数据再治理，完成 8 座变电站、11 条输电线路、43 条配电线路图形质检工作。完成移动配抢工作的实施，现共配置 29 台移动配抢作业终端，覆盖 5 个供电所、配抢班、计量班及用检班。开展输电线路信息收集，完成 35 千伏金寿线、寿塘线、金霖线、茅霖线、金城线线路参数测试。完成了全公司各信息系统、计算机及相关设备的日常维护工作；保障了公司信息网络安全稳定运行；完成了电视电话会议联调、值守工作。实现全年信息安全“0”目标。

狠抓优质服务管控，深化客户经理制度，客户经理加入重点及敏感小区业主和村委会微信群 84 个，及时传递和宣传供用电信息，有效拉近与客户沟通的距离。狠抓高危重要客户服务不放松，开展定期走访和用电安全检查，掌握用电信息，提供差异化服务。拓展“互联网+”渠道，实现“掌上电力”注册率 47.56%。积极落实直购电和富余电量消纳政策，为四川新丰有限公司等企业节约用电支出 104.93 万元。坚持开展明察暗访，整改服务不规范问题，提高优质服务水平。圆满完成春节、采茶节、樱桃节、“两考”、国庆节、十九大等重大保电任务 26 项。特别是 2017 年迎峰度夏期间，全县 11 个乡镇在半个多月内相继遭受雷暴雨袭击，造成 3 座 35

千伏变电站、1条110千伏线路、2条35千伏线路、52条次10千伏线路故障停电，累计造成2050台·次配电变压器、14.58万户·次用户停电，面对高温和灾害，国网蒲江县供电公司迅速开展故障排查、抢修以及宣传解释工作，实现优质服务零投诉。12月15日至17日全县停气44个小时，国网蒲江县供电公司制定了“三提前”措施，确保了停气期间全县的安全与稳定，得到了县委、县政府、县企事业单位和用电客户的共同认可，县政府致信成都公司表示感谢；此次重大保电任务还作为优秀服务案例在国网蒲江县供电公司周例会上进行推广。通过真诚服务，2017年属实有责投诉26笔，投诉万户比例为1.98%，优质服务承诺兑现率在市公司名列前茅。

国网蒲江县供电公司多形式深入学习宣贯中共十九大精神，以十九大精神武装头脑、指导实践、推动工作。深化全面从严治党，持续推进“两学一做”学习教育常态化、制度化。扎实推进“旗帜领航·三年登高”基础建设年各项工作，切实加强支部建设，实行支部挂点责任制，率先实行党员积分制管理。健全完善党建工作机构设置，充实党建工作力量。阵地建设经验获县委认可，成都市市直机关工委、蒲江县委组织部及地方部门、企业党组织4批次120余人先后到党团活动室、朝阳供电所党员活动室参观交流。加强反腐倡廉预防工作，与蒲江县检察院签订了检企共建合作意见书，并开展了预防职务犯罪警示教育专题讲座。加强行业作风建设，公司领导带队上门走访重要客户、行风监督员和“两代表一委员”，召开行风监督员座谈会，主动征求行风意见、建议。积极鼓励员工参加上级组织的培训、学历提升，2017年共34人完成学历提升。组织开展了新闻宣传培训和党务知识竞赛、农电综合技能竞赛等活动，进一步提升员工技能水平。完成星级班组创建工作，新增五星级班组1个，18个班组实现星级全覆盖。QC创新实现突破，三新蒲江分公司QC小组成果荣获国网蒲江县供电公司优秀奖。精心打造樱桃节保电、台区线损提升等主题宣传，2017年在《国家电网报》上稿1篇，实现了零突破；在国家电网公司电网头条上稿3篇，国网蒲江县供电公司本部新闻上稿6篇，创历史新高。组织开展了慰问工作和迎春趣味运动会等活动。各兴趣小组活动丰富多彩，在各类赛事中成绩优异。落实退休人员两项待遇，支持退休人员活动，退休职工队伍稳定。

**【国网成都市官仓供电公司】**国网成都市官仓供电分公司设立于2016年7月，系国网四川省电力公司分公司，注册资本1256.5万元。供电区域涉及彭州市10个乡镇和什邡市2个乡镇，87个行政村，667个社区，面积约505平方千伏，人口12.56万人，4.3846万客户。有110千伏变电站1座、110千伏线路1条，与什邡110千伏民主变电站并网；35千伏变电站6座、35千伏线路11条131.944公里；10千伏线路36条421千米；低压线路总长683.901千米；配电台区666台。公司共有小水电站11座，21台发电机组，装机总容量4495千瓦。正常运行的有3座，年发电量在600千瓦时左右。

公司现有主业员工226人、离退休人员134人（其中离休2人）。领导班子成员4名，四级职员1名，设党委副书记兼总经理1名、纪委书记兼工会主席1名、副总经理2名。公司设有：电力调控分中心、安全监察质量部（保卫）、发展建设部、党委组织部（人力资源部）、财务资产部、党建工作部、办公室（党委办公室）7个部门；有运维检修部、营销部、水电运检中心等3个业务支撑机构。宏业官仓分公司，现有人员18人(全部为从主业借用人员)；三新官仓分公司，现有员工76人（其中主业支援三新9人、农电员工67人)。

2017年共实施大修技改项目5个，投入资金305.38万元，营销项目2个，投入资金253.5万元，农网改造（中心村改造）项目工程11项，投资金额1731.76万元；以各类专项隐患排查为契机，加强线路特巡和应急抢修能力的提升，全年共开展日常巡视132次，特巡44次，处理外破隐患1次，应急抢修3次；积极协调，排查处理输电线路安全隐患77处、清理砍伐树木6766棵、排查治理涉电鱼塘46处、增补各类安全警示标志10余处、处理缺陷25处，输电线路通道治理收到成效；采取防雷反事故技术措施，加装避雷器7组，提高了线路的耐雷水平；完成官仓110千伏第二电源完善工程项目属地规划协议和发改局立项批复，电网单电源问题正式列入议事日程。

2017年发电量为510万千瓦时，售电量1.334778亿千瓦时，同口径增长1.28%，售电收入9288.16万元，同口径减少31.34万元（改制后同网同价，电价降低0.0113元／千瓦时），综合线损率7.3%。深入开展“管理提升年”活动，夯实基础，明确以“打基础、补短板、强创新”为活动主题，扎实推进11个方面、176项提升任务。加强成本管控、绩效管理、对标管理；治理高危重要客户用电安全隐患；拓展交费渠道，“掌上电力”APP注册用户达1.3万；开展“供电服务再提升”工程，启动“全能型”供电所试点建设；治理低压台区11个；有序开展ERP和FMS上线工作；完成对110千伏官仓变电站的精益化复核评价工作，通过对898项问题的逐一整改，促进了精益化管理水平的提升；加强财务预算管理，有序推进年度预算执行进度,年度成本预算执行率为100%；完成公司2个职工家属区、157户“两供一业”分离移交改造项目的协议签订；开展内外部审计巡察、综合检查、问题整改“回头看”；严格按照人力资源管理规定，选人用人坚持党委决策，组织考察等程序，员工薪酬实现了线上集中发放，上级公司下达的工资总额按照进度于2017年12月31日前规范支付完毕，未发生薪酬管理外的职务津贴、职务消费等现象。通过全方位、全过程的诊断分析，解决管理中存在的突出问题和薄弱环节，“十加强、十提升”活动目标基本达到。

按照国网公司着力提升本质安全的要求，牢记“安全是天，一是万无”理念，强基固本，不断强化安全教育培训和安全管控能力的提升，保持了安全生产健康稳定发展。一是明确安全生产目标，落实主体责任，严格贯彻执行安全生产制度，深入推行安全日记等痕迹化管理，督促各级人员扎实履责；二是夯实安全管理基础，持续开展部门、班组安全生产活动；三是扎实开展安全专项检查，深入排查治理各类缺陷和隐患，提升电网安全风险管控能力；四是加强违章处罚力度，全年安全督察477次，查处各类违章183项，安全约谈4次，违章处罚39人次，处罚金额1.26万元；五是扎实细致开展迎峰度夏安全工作，加强对所有输电设备线路、开关、变压器等设施的巡视检查，确保电网安全稳定；六是完善事故应急预案，加强防灾救灾事故演练，开展迎峰度夏等演练共5次，圆满完成重大节日、活动保电11次，积极应对“7·12”“8·15”极端天气灾害的抢险救灾，受到当地政府和群众的广泛赞誉。

按照国家电网成都供电公司安排，积极开展各项大检查以及配网综合整治等专项活动，确保安全隐患得到有效整治。加大对专变、高危客户隐患排查力度，及时向用户下发整改通知书。同时，对线路与线路、道路、房屋等跨越情况进行排查，对涉电鱼塘进行治理，安装防护网，安全隐患得到有效改善。全力推进“全能型”乡镇供电所建设。完成供电所办公场地的综合整治以及职能调整，业务协同运行、人员一专多能、服务一次到位的“全能型”乡镇供电所建设初步形成。扎实推进农网工程管理，顺利完成2017年度工程建设目标。

国网成都市官仓供电公司将“你用电，我用心”的服务理念贯穿于整个营销工作，定期对大客户、高危客户进行走访，为其提供政策咨询和优质服务形成惯例，受到供区企业及群众广泛好评。深入开展“供电服务再提升”工程，不断提升服务品牌。积极开展网格化服务模式，推行客户经理制，定期对大客户、高危客户进行走访，建立健全回访制度；实行供电质量服务风险动态预警管控，严格监控业扩报装、计划停电、检修维护实现率等服务规范水平；签订服务承诺书、服务进社区、配抢APP应用、建立供电服务微信群，提升“连心岗”服务水平；聘请行风监督员9名，为公司的行风和优质服务工作出谋划策，及时宣传供电服务举措，每月开展窗口明察暗访，确保基础管理提升和优质供电服务工作两不误。切实贯彻国家绿色发展理念，积极推进煤改电工作。配合政府完成对“小散乱污”客户的清理；积极推广“煤改电”清洁能源替代工作，已与两家客户签订了“煤改电”协议，涉及新增变压器装接容量945千伏安（1×630＋1×315）。

国网成都市官仓供电公司认真贯彻落实中共中央、国家电网公司和省市公司全面从严治党的新部署、新要求。制定年度党委中心组学习计划，及时将党建年度工作计划和2017年党风廉政建设重点工作及责任细化分解；推进“两学一做”学习教育常态化制度化，开设“两学一做”专栏和官仓党员微信群，打造党建学习新模式；开展“爱岗敬业责任担当，全面提升管理质效”专题活动，党员学习覆盖率达100%；持续开展“三联系”活动，加强与基层员工交流学习机会，开展“三亮三比”“党员责任区”“党员示范岗”“流动红旗评比”等主题活动，为党员发挥先锋模范作用搭建实践平台。积极开展“十九大”精神系列学习活动，组织党员、干部集中收听收看“十九大”开幕盛况及新一届中央政治局常委同中外记者见面活动实况，共计166人次；坚持“三会一课”制度，推动党委中心组学习规范化，不断增强公司全体党员“四个意识”；组织党委中心组理论学习和作风整顿专题学习17次，领导干部撰写学习心得体会10余篇；党委中心组学习及“守纪律 讲规矩 正作风”中心组集中学习20次；持续抓好涣散党支部整顿，促进基层党支部晋位升级。坚持以党建带团建，注重加强团员青年思想、组织和队伍建设，积极开展“一学一做”主题团课、十九大精神交流会、青年志愿者服务等活动，有效激发青年团员工作热情，增强团组织的凝聚力。

**【国网简阳市供电公司】**国网简阳市供电公司辖区供电面积为482.67平方千米，供电人口29.32万人，用户共计10.394万户，2017年售电量为5.59亿千瓦时，增长9.61%；售电均价656.11元/千千瓦时；完成售电收入3.67亿元。综合电费回收率100 %；综合线损率 4.11%；城市、农村供电可靠率分别为99.9868%、99.798%。

2017年，国网成都市官仓供电公司紧紧围绕国网成都供电公司2017年发展经营目标，动员全体干部员工统一思想，提高认识，以坚定的理想信念、有为的精神状态、务实的工作作风圆满完成了公司年初制定的“56100+A”目标。连续安全生产6073天。继续保持“省级最佳文明单位”，获得国网成都供电公司“专业管理进步奖”、连续两年获简阳市“安全生产先进单位”和“消费者满意示范单位”称号。全年没有发生被上级考核的安全、廉政及稳定事件。

国网成都市官仓供电公司现有职能部门4个：综合管理部、发展建设部、财务资产部、安监察质量部（保卫部）；2个业务实施机构：县客户服务中心、（检修（建设）工区）运维检修部；现有班组13个，其中包括4个生产班组，3个营销班组，6个供电所。

国网成都市官仓供电公司劳动用工总量总人数为335人：全民职工95人（其中全民支援集体14人），劳务人员24人（主业岗位22人，简州分公司2人），农电工162人，社会通用工种人员14人，四川宏业电力集团有限公司简阳分公司集体职工6人，四川宏业电力集团有限公司简阳分公司直签人员32人，控股公司交流干部2人。

简阳电网是典型的受端网络，网内无大型发电厂。简阳市供电公司管辖变电站共11座，开关站1座。其中：220千伏变电站3座、110千伏变电站5座、35千伏变电站3座。主变总容量1261.5兆伏安。主要潮流方式：220千伏棉丰变电站由500千伏资阳变电站通过220千伏资棉一二线主供，220千伏龙棉东线作为备用电源；220千伏海鸣站由500千伏资阳变电站通过220千伏资海二线主供，220千伏桃海线作为备用电源；220千伏普安变电站由220千伏文安一、二线供电。棉丰、海鸣变电站均有两个电源点。输电线路共计20条，总长232.84千米。其中：110千伏线路15条，194.233千米。35千伏线路5条，38.607公里；有配电线路36条，共计607.646千米。配电变压器1418台，配电容量595025.8千伏安。其中：公变915台，容量205535千伏安；专变503台，容量为389490.8千伏安。配电柱上开关188台。有效保障了成资工业园区、简阳城南工业园区、贾家工业园区等重点片区和重要客户的供电需求，全面提升了辖区“六乡三镇”农村电网水平，农村居民低压电问题得到有效解决。

国网成都市官仓供电公司落实业扩新政要求，采取“就近接入” “先接入后改造”方式，实现就近接入低压配套项目954笔。刚性执行“电费回收分级负责制”和“一户一策”制度，新装增容专变客户费控装置覆盖率100%，确保电费回收100%。加大窃电、违约用电的查处力度，挽回电量损失15627千瓦时，追补电费 10226.41元，追补违约使用电费30679.24元，确保电费颗粒归仓。全面推广“掌上电力”APP，注册2.58 万用户。积极开展电能替代工作，已签署“煤改电”战略合作协议4户，替代负荷约1700千瓦。完成20户“电火锅”电能替代工作，超额完成成都公司“电火锅”指标任务。积极开拓电力销售新渠道，高效完成小区电动汽车充电桩建设工作。强化执行按计划检修，减少停电时间，减小电量损失，计划检修执行141项，计划检修完成率为91.29%，综合检修完成率为95.22%。紧扣“管理提升年”活动要求，以台区线损合格率、同期线损两方面为突破口，对任务进行分解承包。9月台区线损合格率位列国网成都供电公司前3甲，4个供电所进入前10。同期线损排名第二，10千伏分线合格率提升至44.12%。以降本为抓手，利用“两供一业”分离移交为契机，预计投入资金180余万元，对供水、物业进行改造，两个项目可研报告已获通过。强力推行“线上派车”“交钥匙交油卡”制度，杜绝公车私用。严控“三公”经费支出，三项费用同比下降45.5%。

安全生产态势稳中向好。落实安全主体责任，坚持“安全是天、一失万无”理念，开展“一把手上安全课”活动，班组长以上人员受教育率100%。强化安全工作执行力，严格执行“月计划、周安排、日管控”， 深入开展“施工现场反违章”专项活动，巡查现场257个，处理相关责任人47人次。认真开展“安全大检查”及“春秋安全大检查”工作，查出问题88项，整改完成81项。严格执行变电运维“两票”管理制度，执行1778份操作票，实现变电运维安全操作16129次无事故，两票合格率100%。两票合格率100%。认真做好设备运维管理工作，完成棉丰站设备预检、端子箱更换、整改不合格接地装置等工作，保证电网安全运行。集中整治线路“三跨”，清理通道968处，砍伐树竹8879棵，整治涉电鱼塘隐患559处，绝缘化改造135处，悬挂警示标牌479张，安装防触电遮拦2510米。开展防汛隐患 “五个一”排查工作，共排查隐患5条。积极达成与政府联手开展电力设施保护工作，促成政府部门参与制止电力设施破坏行为2起。出动200人次、120车次，圆满完成春节、两会、中高考、中共十九大等27次重特大保电任务。

扎实推进农网工程管理，顺利完成2017年农网工程建设任务包括三个批次项目，投资424.14万元建设目标；完成2018—2020年农网项储备工作，项目共计 94 个，计划投资 4630.92 万元；细化措施，提高农电安全过程管控。每月定期对供电所运维日常管理工作进行督查，查出问题 120 余条；加大施工现场巡查力度，细化作业管控措施，农网施工工作 182 项，巡查共计发现各类违章 199 条；积极开展下户线及跨鱼塘专项整治工作，完成 1300 余户下户线的整改和 184 处跨鱼塘绝缘化整治工作；全能供电所试点顺利，完成 6 个乡镇供电所机构和岗位调整，台区经理覆盖台区 926 个，客户覆盖率 100%，累计设立服务宣传点 19 个，走访客户 306 次，为客户提供安全服务 778 次，为客户提供移动服务 403 笔；强化供电所软硬件基础建设，为 2018 年星级供电所创建打基础。按照国网成都供电公司要求，对供电所资料管理进行了规范，对安全、生产工器具进行了配置和完善。扶贫攻坚用电保障工程任务圆满完成。武庙乡团堡村扶贫工程“村村通”动力电升级改造与快乐村低电压维护整治，投资 183.8 万元，为辖区内贫困村提供了充足的电力，获得武庙政府赠送锦旗一面；按时完成辖区内 15 个乡镇 137 个行政村 412 户贫困户的脱贫攻坚用电保障工程任务，所有贫困户安居房按时通电，获得了居民的好评和政府的肯定；按时完成了成都公司扶贫攻坚指挥部下达援建简州公司扶贫工程任务，安装户表 60 户，立杆 66 基，架设低压线路 7.456 千米。

供电服务提升工程扎实推进。强化“优质服务生命线地位”，启动自主立项供电服务效能监察，定期召开优质服务分析会和协同监督联席会，重点整治人为责任问题。围绕服务群众“最后一公里”问题，从管理和技术上创新，开通支付宝微信交费功能，成功上线“车联网”营业厅，交费网点拓展至 110 个，10 分钟交费圈基本形成。强化“你用电我用心”的服务理念，进一步强化“十项承诺”要求，业扩服务时限达标率 100%。常态开展高危及重要客户名单和隐患报政府备案活动，备案率 100%。开展全能供电所试点建设，促进网格化服务水平，926 个台区实现台区经理覆盖率 100%，建立客户微信群及 QQ 群 6 个。加强优质服务督查，积极开展春播供电服务专项行动，排查配电台区 232 个，排查出各类缺陷、隐患 352 处。加大对行风建设和优质服务考核力度，对优质服务投诉，人为责任的 13 人次分别处以撤职、待岗和扣除绩效薪金的处罚，“万户投诉率”居高得到有效遏制。聘请 8 名新一届不同行业的行风监督员，组织召开行风监督员座谈会。充分发挥连心桥党服务队“连心桥”作用，深入开展精准扶贫工作，派出 70 人次参与脱贫攻坚大会战，架起企业与社会的桥梁，社会各界对国家电网品牌的认同感极大增强。

加强党风廉政建设，“两个责任”有效落实。积极开展“依法治企自查自纠”工作，查出问题 28 个，整改 18 个，依法治企意识根植人心。规范领导干部依法依规决策，深入开展“三重一大”决策自查自纠专项行动，查出问题 4 个，整改 4 个，修订完善《“三重一大”决策实施细则》《党委议事规则》《公司本部工作规则》《选人用人工作规范》等文件，召开 24 次总经理办公会，决策事项 58 个，召开 18 次党委会，决策事项 37 个，“三重一大”事项上会率、议题审批率 100%。廉政风险防控更加有力，积极配合国网成都供电公司“党风廉政建设巡察”工作，认领监察建议 27 个，查办移交线索 3 条，整改回复问题 27 个。规范执行干部周转房、公务用车、办公用房、选人用人、绩效考核管理等制度，修订《车辆及驾驶员实施规范》《经济业务报账规范》《选人用人实施规范》《绩效考核管理规范》等文件。持续开展国资委问题清单梳理上报工作，共梳理上报问题清单 15 个。培育职工法律思维，首次邀请资深律师开展法律专题讲座。积极开展“4·15 维权咨询服务日”、“规章制度知识竞赛”、法律白皮书宣贯和“检企共建”活动，邀请市法制宣讲团开展典型案列讲座，提高员工知法懂法和预防职务犯罪的意识。首次上派人员到成都公司法律事务中心跟班学习，提高公司法律事务水平。创新开展“党风廉政教育日”、“5·10”走进庭审现场活动，拓展教育方式和受教对象，获评 4 月成都公司党建工作亮点。

**【国网简阳市简州供电公司】**国网简阳市简州供电公司辖区供电面积为 482.67 平方公里，供电人口 29.32 万人，用户共计 10.394 万户，2017 年售电量为 5.59 亿千瓦时，增长 9.61%；售电均价 656.11 元/千千瓦时；完成售电收入 3.67 亿元。综合电费回收率 100 %；综合线损率 4.11%；城市、农村供电可靠率分别为 99.9868%、99.798%。

2017 年，国网简阳市简州供电公司紧紧围绕国网成都供电公司 2017 年发展经营目标，动员全体干部员工统一思想，提高认识，以坚定的理想信念、有为的精神状态、务实的工作作风圆满完成了年初制定的“56100+A”目标。连续安全生产 6073 天。继续保持“省级最佳文明单位”，获得国网成都供电公司专业管理进步奖、连续两年获简阳市“安全生产先进单位”和“消费者满意示范单位”称号。全年没有发生被上级考核的安全、廉政及稳定事件。

国网简阳市简州供电公司现有职能部门四个：综合管理部、发展建设部、财务资产部、安监察质量部（保卫部）；2 个业务实施机构：县客户服务中心、(检修(建设)工区)运维检修部；现有班组13个，其中包括4个生产班组，3个营销班组，6个供电所。

国网简阳市简州供电公司劳动用工总量总人数为335人：全民职工95人(其中全民支援集体14人)，劳务人员24人(主业岗位22人，简州分公司2人)，农电工162人，社会通用工种人员14人，四川宏业电力集团有限公司简阳分公司集体职工6人，四川宏业电力集团有限公司简阳分公司直签人员32人，控股公司交流干部2人。

简阳电网是典型的受端网络，网内无大型发电厂。国网简阳市简州供电公司管辖变电站共11座，开关站1座。其中：220千伏变电站3座、110千伏变电站5座、35千伏变电站3座。主变总容量1261.5兆伏安。主要潮流方式：220千伏棉丰站由500千伏资阳站通过220千伏资棉一二线主供，220千伏龙棉东线作为备用电源；220千伏海鸣站由500千伏资阳站通过220千伏资海二线主供，220千伏桃海线作为备用电源；220千伏普安站由220千伏文安一、二线供电。棉丰、海鸣站均有两个电源点。输电线路共计20条，总长232.84公里。其中：110千伏线路15条，194.233公里。35千伏线路5条，38.607公里；有配电线路36条，共计607.646公里。配电变压器1418台，配电容量595025.8千伏安。其中：公变915台，容量205535千伏安；专变503台，容量为389490.8千伏安。配电柱上开关188台。有效保障了成资工业园区、简阳城南工业园区、贾家工业园区等重点片区和重要客户的供电需求，全面提升了简阳市公司辖区"六乡三镇"农村电网水平，农村居民低压电问题得到有效解决。

国网简阳市简州供电公司落实业扩新政要求，采取"就近接入"、"先接入后改造"方式，实现就近接入低压配套项目954笔。刚性执行"电费回收分级负责制"和"一户一策"制度，新装增容专变客户费控装置覆盖率100%，确保电费回收100%。加大窃电、违约用电的查处力度，挽回电量损失15627千瓦时，追补电费 10226.41元，追补违约使用电费30679.24元，确保电费"颗粒归仓"。全面推广"掌上电力"APP，注册2.58 万用户。积极开展电能替代工作，已签署"煤改电"战略合作协议4户，替代负荷约1700千瓦。完成20户"电火锅"电能替代工作，超额完成国网成都供电公司"电火锅"指标任务。积极开拓电力销售新渠道，高效完成小区电动汽车充电桩建设工作。强化执行按计划检修，减少停电时间，减小电量损失，计划检修执行141项，计划检修完成率为91.29%，综合检修完成率为95.22%。紧扣"管理提升年"活动要求，以台区线损合格率、同期线损两方面为突破口，对任务进行分解承包。9月台区线损合格率位列成都公司前3甲，4个供电所进入国网成都供电公司前10。同期线损排名成都公司第二，10千伏分线合格率提升至44.12%。以降本为抓手，利用"两供一业"分离移交为契机，预计投入资金180余万元，对供水、物业进行改造，目前两个项目可研报告已获通过。强力推行"线上派车"、"交钥匙交油卡"制度，杜绝公车私用。严控"三公"经费支出，三项费用同比下降45.5%。

安全生产态势稳中向好。落实安全主体责任，坚持"安全是天、一失万无"理念，开展"一把手上安全课"活动，班组长以上人员受教育率 100%。强化安全工作执行力，严格执行"月计划、周安排、日管控"， 深入开展"施工现场反违章"专项活动，巡查现场257个，处理相关责任人47人次。认真开展安全大检查及春秋安全大检查工作，查出问题88项，整改完成81项。严格执行变电运维"两票"管理制度，执行1778份操作票，实现变电运维安全操作16129次无事故，两票合格率100%。两票合格率100%。认真做好设备运维管理工作，完成棉丰站设备预检、端子箱更换、整改不合格接地装置等工作，保证电网安全运行。集中整治线路"三跨"，清理通道968处，砍伐树竹8879棵，整治涉电鱼塘隐患559处，绝缘化改造135处，悬挂警示标牌479张，安装防触电遮拦 2510米。开展防汛隐患 "五个一"排查工作，共排查隐患 5 条。积极达成与政府联手开展电力设施保护工作，促成政府部门参与制止电力设施破坏行为2起。出动200人次、120车次，圆满完成"春节"、"两会"、中高考、党的十九大等27次重特大保电任务。

扎实推进农网工程管理，顺利完成2017年农网工程建设任务包括三个批次项目，投资424.14万元建设目标；完成2018年-2020年农网项储备工作，项目共计94个，计划投资4630.92万元；细化措施，提高农电安全过程管控。每月定期对供电所运维日常管理工作进行督查，查出问题 120 余条；加大施工现场巡查力度，细化作业管控措施，农网施工工作182项，巡查共计发现各类违章199条；积极开展下户线及跨鱼塘专项整治工作，完成1300余户下户线的整改和 184 处跨鱼塘绝缘化整治工作；全能供电所试点顺利，完成 6 个乡镇供电所机构和岗位调整，台区经理覆盖台区926个，客户覆盖率100%，累计设立服务宣传点19个，走访客户306次，为客户提供安全服务 778 次，为客户提供移动服务 403笔；强化供电所软硬件基础建设，为2018年星级供电所创建打基础。按照成都公司要求，对供电所资料管理进行了规范，对安全、生产工器具进行了配置和完善。扶贫攻坚用电保障工程任务圆满完成。武庙乡团堡村扶贫工程“村村通”动力电升级改造与快乐村低电压维护整治，投资 183.8 万元，为辖区内贫困村提供了充足的电力，获得武庙政府赠送锦旗一面；按时完成辖区内 15 个乡镇 137 个行政村 412 户贫困户的脱贫攻坚用电保障工程任务，所有贫困户安居房按时通电，获得了居民的好评和政府的肯定；按时完成了国网成都供电公司扶贫攻坚指挥部下达援建扶贫工程任务，安装户表 60 户，立杆 66 基，架设低压线路 7.456 公里。

供电服务提升工程扎实推进。强化“优质服务生命线地位”，启动自主立项供电服务效能监察，定期召开优质服务分析会和协同监督联席会，重点整治人为责任问题。围绕服务群众“最后一公里”问题，从管理和技术上创新，开通支付宝微信交费功能，成功上线“车联网”营业厅，交费网点拓展至 110 个，10 分钟交费圈基本形成。强化“你用电我用心”的服务理念，进一步强化“十项承诺”要求，业扩服务时限达标率 100%。常态开展高危及重要客户名单和隐患报政府备案活动，备案率 100%。开展全能供电所试点建设，促进网格化服务水平，926 个台区实现台区经理覆盖率 100%，建立客户微信群及 QQ 群 6 个。加强优质服务督查，积极开展春播供电服务专项行动，排查配电台区 232 个，排查出各类缺陷、隐患 352 处。加大对行风建设和优质服务考核力度，对优质服务投诉，人为责任的 13 人次分别处以撤职、待岗和扣除绩效薪金的处罚，“万户投诉率”居高得到有效遏制。聘请 8 名新一届不同行业的行风监督员，组织召开行风监督员座谈会。充分发挥“连心桥党服队”“连心桥”作用，深入开展“精准扶贫”工作，派出 70 人次参与“脱贫攻坚”大会战，架起企业与社会的“桥梁”，社会各界对国网品牌的认同感极大增强。

加强党风廉政建设，“两个责任”有效落实。积极开展“依法治企自查自纠”工作，查出问题 28 个，整改 18 个，依法治企意识根植人心。规范领导干部依法依规决策，深入开展“三重一大”决策自查自纠专项行动，查出问题 4 个，整改 4 个，修订完善《“三重一大”决策实施细则》《党委议事规则》《公司本部工作规则》《选人用人工作规范》等文件，召开 24 次总经理办公会，决策事项 58 个，召开 18 次党委会，决策事项 37 个，“三重一大”事项上会率、议题审批率 100%。廉政风险防控更加有力，积极配合国网成都供电公司“党风廉政建设巡察”工作，认领监察建议 27 个，查办移交线索 3 条，整改回复问题 27 个。规范执行干部周转房、公务用车、办公用房、选人用人、绩效考核管理等制度，修订《车辆及驾驶员实施规范》《经济业务报账规范》、《选人用人实施规范》《绩效考核管理规范》等文件。持续开展国资委问题清单梳理上报工作，共梳理上报问题清单 15 个。培育职工法律思维，首次邀请资深律师开展法律专题讲座。积极开展“4·15”维权咨询服务日“规章制度知识竞赛”、法律白皮书宣贯和“检企共建”活动，邀请市法制宣讲团开展典型案列讲座，提高员工知法懂法和预防职务犯罪的意识。首次上派人员到成都公司法律事务中心跟班学习，提高公司法律事务水平。创新开展“党风廉政教育日”、“510”走进庭审现场活动，拓展教育方式和受教对象，获评 4 月国网成都供电公司党建工作亮点。

**【国网成都供电公司城北客户服务分中心】**国网成都供电公司城北客户服务分中心（以下简称城北分中心）成立于 2014 年 1 月 16 日（成立之初由原来的金牛供电局、青羊供电局和锦江供电局合并而成，2015 年 5 月，将原青羊供电局供区划转至高新供电公司）。

供电区域包括金牛区、锦江区、成华区全部，包括 44 个街道办事处（其中金牛区 15 个、锦江区 15 个、成华区 14 个）、291 个社区（其中金牛区 100 个、锦江区 91 个、成华区 100 个）。供电面积约 279 平方公里，共有各类用电客户 115 万余户，其中：城区低压客户 110 万余户，10 千伏及以上客户 4960 户；农村用电客户 95666 户。供区内有 10 千伏线路 623 条，变电站 47 座。

城北分中心定员 395 人，实际共有 220 人（缺员 175 人），其中班子成员 6 人，全民 102 人，主业劳务员工 118 人。本科及以上学历占 62.73，高中及以下学历占 2.27%，员工文化素质比较高。助理工程师及以上职称员工占 77.27%，无职称员工占 22.73%，中级工及以上技能等级员工占 74.09%，无技能等级员工占 25.45%。职工平均年龄是 37.17 岁，全民员工平均年龄是 40.46 岁，劳务员工平均年龄是 34.32 岁。城北分中心共有农电员工 270 人，员工平均年龄 42.55 岁，本科及以上学历占 16.67%，高中及以下学历占 22.22%，助理工程师及以上职称员工占 24.07%，无职称员工占 67.41%，高级工及以上技能等级员工占 20%，无技能等级员工占 14.44%。

2017 年，在城区范围内率先完成与金牛、锦江、成华区政府签订城市能源互联网战略合作协议。电网前期工作成效显著，供区范围内“十三五”规划的 220 千伏及以下电网大型基建项目 36 个中已有 16

个取得核准文件，完成“十三五”规划期间电网项目前期核准工作任务的44%。全力助推电网项目开工建设，220千伏东郊变电站扩建工程已投运，220千伏北府河等3个项目已顺利开工，9个续建工程有序推进；建立工作联系机制，政府负责修建的220千伏北府河等5个配套通道建设项目实现突破，全面完成了全年电网工程建设协调任务。

中心锦江、成华、金牛3个行政区域完成售电量77.074亿千瓦时，同比增加3.26%，完成售电均价665.5元/千千瓦时；电费回收实现“双结零”；安全生产事故、影响和损害企业形象的优质服务事件、影响稳定和党风廉政建设事件均实现了“零”目标。

严格落实安全责任，层层签订安全责任书，保障各项安全要求落实到位。及时编制和修订中心防汛、消防等共计11个应急预案。强化全员安全意识，领导班子成员每月深入部门、班组、供电所参加安全学习及讨论，收集各类问题、意见。加强安全培训教育，组织落实全员安规考试，2017年共计开展工作票培训293人/次，“三种人”月度调考12次，实现了所有“三种人”考试的全覆盖。创新开展了安全监督关口前移的安全督察方式，安监人员及时参与介入大型作业施工的前期查勘和危险点分析，提前分析，及时防控。2017年共计督察各类作业现场584处，查处各类不规范和违章行为61处，各类违章率同比下降9.1%，安全督察质效明显提升。圆满完成中心2017年事故应急及防汛事故无脚本演练，得到上级充分肯定。中心全年没有发生任何被考核的不安全事件，实现了安全生产“零”目标。

城北分中心加大供电所督察力度，成立农电营销服务及安全生产督查队，结合薄弱环节及重点工作，开展每月每所不少于一次的督察活动。2017年共开展营销现场检查846户，发现问题465处并全部整改完成，纠正人员不规范服务行为21起，开具《督察工作单》84份，并对督察结果纳入月度绩效考核。开展智能电表客户虚大欠费专项清理、零度户清理抽查、台区线损提升“百日攻坚”活动，多管齐下促供电所营销指标提升。提升基础管理，全力创建“全能型”供电所，落实一专多能、营配协同的总体要求，扎实开展“五星”“四星”供电所创建工作，以“创星”“创标”活动推进供电所各项工作不断提升。

城北分中心高度重视科技创新工作。以“劳模创新工作室”为载体，在各项创新项目孵化研发中搭平台、出成果。中心2项创新成果分别荣获省公司青创赛和成都公司QC小组三等奖。充分利用好劳模及技术能手创新示范引领作用，激励广大职工立足岗位开展更多的小发明、小创造、小革新、小设计和小建议。

城北分中心大力推广电能替代，完成电能替代典型示范项目九龙广场“气改电”，推广电火锅达到700家。规范管理，加强业扩报装时限规范，业务超时得到有效控制。扎实提升采集覆盖率和成功率，智能电表采集覆盖率95.42%，成功率91.47%；运行配变采集覆盖率89.36%，成功率85.28%；运行专变采集覆盖率99.91%，成功率90.36%。多管齐下提升线损管理，通过线损提升“百日攻坚”等活动，切实推进线损合格台区从年初的363台提升到1001台，合格率提升22个百分点，农村供电所线损合格率达到78.58%。守土有责，积极推动与各工业园区的战略合作，与辖区所有工业园签订战略合作协议，率先在金牛高科技产业园设立驻点，提供高效、精准、便捷的服务。

城北分中心积极配合政府“四改六治理”工程，克服各种困难进行老旧院落改造。作为国网成都供电公司范围内改造户数最多、投资最大的单位，在确保安全生产和优质服务落实到位的前提下，仅用40余天的时间就完成了100个小区、14754户老旧院落居民用电设施的改造工作，提前超额完成目标任务。推进服务模式创新，大力推行网格化客户经理制，派驻客户经理驻点服务120个大型居民小区，涉及居民25万余户，将供电服务延伸至每一位客户。切实履责，全年开展高危及重要客户服务440次，处理各类用户事故8032笔，开展专变客户协同抢修服务208次，收到锦旗5面。圆满完成中共十九大、省市党代会、“两会”等重要保电工作，赢得政府和社会各界高度赞誉。

城北分中心上下紧扣“十个深刻领会”“六个聚焦”，通过多种形式，迅速掀起学习宣贯中共十九大精神热潮。全面部署，开展多种形式、分层次、全覆盖的学习培训，坚持在学懂弄通、宣传宣讲、做实做深上下功夫。领导班子率先垂范，深入基层宣讲十九大精神8次；各基层党组织狠抓落实，举办专题党课11次；专题研讨学习6次；知识竞赛3场；党员撰写学习心得体会、典型谈30余篇；党员服务队开展“贯彻十九大精神”学习道德模范”主题党日活动，深入社区孤寡老人家中开展用电安全排查工作，驰援巴中红色革命老区和简阳开展精准扶贫工作，深入推动十九大精神进基层、进班组、进现场。

（王东源）

# 国网乐山供电公司

**【企业概况】**国网乐山供电公司始建于 1969 年，是国网四川省电力公司分支机构，主要担负市中区、峨眉、沙湾、夹江、五通桥、井研、沐川 7 个直供县和 5 个趸售公司的供电任务，以及龚嘴、铜街子、圣达等水电站汇集送出任务，供区面积 8110.5 平方千米，约占全市总面积的 63%，供电服务人口约 258.82 万人。

2017 年，国网乐山供电公司完成售电量 117.94 亿千瓦时，同比增长 10.59%，增长幅度位居国网四川省电力公司前列；完成综合线损率 5.43%；电费回收率 100%。截至 2017 年年底，固定资产原值 85.41 亿元。拥有 220 千伏变电站 15 座，容量 4530 兆伏安；110 千伏变电站 38 座，容量 2833 兆伏安，35 千伏变电站 49 座（含控股公司 3 座），容量 393.1 兆伏安（含控股公司 13.65 兆伏安）。220 千伏线路 67 条，2220.151 千米；110 千伏线路 92 条，1159.184 千米；35 千伏线路 100 条，945.63 千米。荣获“全国敬老文明号”“全国电力工程新闻宣传先进单位”等荣誉称号。马边扶贫获评“四川省十佳志愿服务项目”“四川省脱贫攻坚创新奖”。

2017 年 2 月 28 日，国网乐山供电公司员工在 220 千伏龚桥二线上开展技改工程，施工人员正在铁塔上进行附件安装及地线更换工作　　　（宋国伟　摄）

**【人力资源】**国网乐山供电公司全口径用工总量共计 4384 人。其中：全资单位职工 1755 人，控股单位职工 242 人，农电用工 1144 人，劳务派遣用工 84 人，集体企业用工 1159 人。全口径劳动生产率为 444868 元/人·年。人才当量密度指标 1.0412。共有科级干部 151 人。其中，正科级 65 人，副科级 86 人，男性 122 人，女性 29 人，平均年龄 44.54 岁。2017 年，调整中层干部 58 人次，其中提拔任用 6 人（副提正），平级交流 52 人次（含退二线 2 人）。通过民主推荐、组织研究、第三方评估等方式，多角度评价、多专业选拔后备干部，后备干部选拔更加公开公正公平。以后备干部为主体成立课题组到先进地区学习经验，形成调研报告 4 篇，其中 2 篇运用于公司实践。实施“3×200”人才工程，全年完成精益化培训 2319 人·天·次，队伍素质有力提升。副高级职称 195 人，中级职称 319 人，初级职称 546 人，无职称人员 695 人。高级技师 71 人，技师 347 人，初级、中级、高级工合 575 人，无技术技能等级 762 人。

**【电网建设与发展】**国网乐山供电公司推动构建“三个一”电力格局，促成省公司与市政府签订战略合作协议。主动配合开展园区、新区电网专项规划，编制《乐山地区 2017 年电网发展诊断报告》。完成 220 千伏嘉州至翰林山线路工程等 8 个项目可研，取得成贵铁路 220 千伏犍为牵引站核准。安全高效推进成昆铁路夹江牵引站等 4 个项目。建成投运 220 千伏金仓变电站等 7 个工程，新增 35 千伏及以上变电容量 35.52 万千伏安、输电线路 163.25 千米。助力“大乐山”都市圈建设，全年办理迁改线路 53 条。胜利收官新一轮农网改造升级“两年攻坚战”，新建与改造 10 千伏及以下线路 3285 千米、配变 1235 台，327 个村、10 个彝家新寨以及 198 口机井通上动力电，惠及 8.69 万农村人口，有力助推脱贫攻坚。水口 110 千伏变电站被评为国家电网公司优质工程。

【经营管理】国网乐山供电公司扎实开展“管理提升年”活动，落实提升举措 127 项，获得省公司财力管理专业标杆，2 项成果入选对标典型经验，线损管理获省公司管理提升卓越案例一等奖。深化里程碑系统管控运用，全年督导闭环任务 643 条，国网乐山供电公司上下执行力和工作效率显著增强。接收存量用户资产 3.4 亿元，位居全省前列。全力压降“两金”，减少库存 3090 万元，核销及回收旧欠电费 1065 万元。争取减免税费、财政补助、保险理赔 826 万元。减少线损电量 2494 万千瓦时。建成 14 个乡镇供电所健康食堂，后勤“五统一”范围不断扩展。

【安全生产】国网乐山供电公司以“贯标准、强基础、抓管理、促提升”为主线，加强本质安全体系建设。深入开展“电力建设工程施工安全年”活动，立查立改问题263项，确保了基建施工零事故。完善风险预警管理，发布3类风险预警132次，顺利完成各类作业3558次。各级开展安全巡查3000余次，发现问题1296项，查纠违章2375起。推进资产全寿命周期管理，实物ID标签安装及业务应用获国家电网公司好评。执行史上最严停电管理，重复停电和非计划停电分别同比下降80%和59%。升级网络安全“防火墙”，有效防范勒索病毒入侵。清理退运全线微波设备，通讯进入全面光纤时代。做好应急抢险“快反”准备，圆满完成中共十九大、夜游三江直播等76次保电任务。现场作业远程会商系统获国网四川省电力公司群创项目第一名。

2017 年 3 月 1 日，开展不停电抢修 10 千伏王通线（熊文娟　摄）

【农电工作】农网改造升级工程以及机井通电、中心村、村村通动力电工程项目共投资4.15亿元，321个项目。全面完成供区内剩余的30个贫困村农网改造项目，电力助推“两边一川”6999人实现脱贫。制定2017年藏区帮扶计划，及时调整帮扶措施，借鉴经验完善了相关管理制度；选派5名优秀员工进藏短期帮扶，从计量采集，配电网运行等方面给予技术帮扶和指导；选派2名优秀内训师进藏培训，以“手把手”帮教模式，培养出受援单位一批业务骨干，受援公司逐步适应G186、PMS等信息化管理系统应用，不断提高工作质效。井研县集益供电所和沙湾区嘉农供电所获国网四川省电力公司“四星级”供电所命名。

【科技与信息化工作】2017 年，课题研究成果获国网四川省电力公司二等奖 1 项，三等奖 1 项。管理创新成果获四川省企协一等奖 1 项、二等奖 1 项，获得省公司一等奖 2 项、二等奖 1 项、三等奖 1 项。完成 6 个实用新型专利和 3 个发明专利授理。获得国网四川省电力公司科技进步奖三等奖 1 项，国网四川省电力公司工人技术创新二等奖 2 项、三等奖 3 项。申报 QC 课题 14 项，获得省公司一等奖 1 个，二等奖 1 个，三等奖 6 个。完成马边、沐川片区变电站无线专网设备调试，所有变电站用电采集已全部接入。实现应急车载通信系统综合集成建设。拆除本部、五通、沙湾等地电力通信微波设施，标志着微波通信真正退出历史舞台，乐山地区电力通信网进入全面光纤时代。

【市场服务】建设完成城市“十分钟购电圈”，加大与银行、邮政、支付宝、连锁商家、第三方运营平台恒基伟业、环球易付的合作，2017 年新增农村便民点 400 个，全面实现“村村设点”目标。认真开展“服务进社区”，全市设置社区经理 847 个、建设电力和谐村 50 个，分片负责供电服务工作，促进服务质量持续提升。打造“互联网+电力营销”服务模式。深化“掌上电力” APP、“95598”网站等互联网渠道应用，建设全天候网上营业厅；创新线上受理与线下服务协同服务模式，2017 年 50%以上居民、小容量非居民用户实现业务自助办理的目标。完成 10.4 万户水电气表“多表合一”采集建设，成为全国首批、全省首家通过国家电网公司“多表合一”信息采集示范区验收的单位。多措并举完成电能替代 6.2 亿千瓦时，落实直购电、富余电量政策，为客户节约用电成本 5.98 亿元。

【党的建设和精神文明建设】开展“我眼中的五年”

"不忘初心、砥砺前行"主题党支部组织生活会，举办学习宣传贯彻中共十九大精神知识竞赛，组织员工通过书法、篆刻、剪纸和诗词歌赋创作等艺术形式，抒发感怀。通过制作宣传展板、开辟网上专栏、聘请省委党校专家授课等方式，引导领导干部带头、广大党员共同参与学深悟透中共十九大精神。成立党建工作领导小组。制定党委委员分工管理办法和党委委员职责分工、片区分工方案，推进党建责任入单位职责、部门职责、岗位职责。制定并实施党的建设"旗帜领航·三年登高"计划，实施合格党员积分制，基层党组织建设和党员管理水平显著提升。组织印发《健全完善党建工作机构设置操作方案》，规范党建工作机构设置，增加党建人员编制8个。组织完成3个二级党委、1个党总支部换届选举工作。制定《基层党组织书记抓党建工作述职评议考核实施方案》，组织21个二级党委、党（总）支部书记完成党建专项述职评议。将党建工作要求纳入绩效考核，对二级党组织党建工作开展情况进行全面检查。上线"智慧党建"平台，党建工作智慧化迈出新的一步。以国网四川省电力公司建设"先锋川电"为契机，进一步夯实党建基层基础，党建综合绩效考评取得国网四川省电力公司第五名。升级企业文化基地展示功能，完善党建工作展示区。建设完善"足迹""阵地"等特色品牌示范点。携手国网自贡供电公司举办企业文化交流活动，实现与兄弟单位的文化互通共建。乐山公司荣获2015—2016年度国网四川省电力公司企业文化建设先进单位称号、变电检修室荣获省公司企业文化建设先进集体称号。国网乐山公司顺利通过全国文明单位复查。国网乐山市沙湾供电公司通过国家电网公司文明单位复查验收，国网峨眉山市公司获得"第六届国家电网公司文明单位"称号。持续开展马边扶贫工作，新选派1人担任高卓营乡党委副书记、1人担任五马村驻村第一书记，4个对口帮扶村全部脱贫。国网乐山供电公司马边扶贫志愿服务项目获评四川省"十佳志愿服务项目"，1人获评四川省"百名优秀志愿者"。

2017年12月5日，国网四川电力乐山共产党员服务队走进乐山市新村社区，开展"给社区老党员上党课"活动（袁海波　摄）

**【存在的主要问题】**一是电网发展仍不平衡。乐山大小网交织现象仍然存在，除国家电网公司和乐山电力外，在金口河、峨边等地区还存在3家地方供电企业，长期未纳入全省电力发展统一规划。辖区仍存在电网四级风险。迎峰度夏期间，2座220千伏变电站、3座110千伏变电站、7条110千伏线路持续重载运行。配网转供能力普遍较弱，存在巨大优质服务风险。二是基础管理仍需进一步加强。按照精益管理的要求，国网乐山供电公司在人力、物力、规划、检修、安全、建设和营销管理等方面仍然存在薄弱环节，管理方式和发展要求还不相适应，体制机制亟待改进和提升。三是依法治企任重道远。从近几年多次内外部审计、巡察等情况来看，乐山公司仍然存在"风险点""发热点"和"出血点"。个别干部对"一岗双责"认识模糊，对党风廉政建设重视不够。干部员工在保守国家和企业秘密、保护客户信息等方面仍需提高认识。四是集体企业发展压力较大。目前集体企业主营业务仍以电力建安为主，业务单一、人员包袱重等问题没有得到根本扭转。随着外部经济增速放缓，电网投资稳中有降，集体企业经营压力增大。个别干部员工思想保守、观念落后，对集体企业定位认识不到位、对集体企业发展战略认知还有偏差。

**【国网峨眉山市供电公司】**国网峨眉山市供电公司成立于1969年，2015年升格为国网四川省电力公司副处级单位。现有各类在职员工540名。发展至今已拥有固定资产6.88亿元，拥有变电站13座，其中220千伏站3座，110千伏站5座，35千伏站5座，10千伏开关站2座，总变电容量1383.56兆伏安。拥有35千伏线路16条，130千米；10千伏线路56条，1065千米；10千伏配变1352

台，容量 239.87 兆伏安。担负全市 18 个镇乡、32 万人的生活生产供电任务，供电面积达 881.3 平方千米。2017 年峨眉山风景区接待中外游人达 1000 多万，旅博会及重大活动非常频繁，省级以上重大保电任务十分繁重，其余各类保电 50 余次。2017 年完成售电量 26.96 亿千瓦时，同比增长 21.43%，电费收入 13.84 亿元。220 千伏九里变电站 28 条进出线电力线路通道清理砍伐面积约 432 亩，清砍各类树竹 110 万余株，九里地区电力通道隐患得到彻底清理整治。顺利完成峨眉首个电能替代项目（峨眉山市金威利运动用品公司 5000 千伏安以电代煤）。开展“青春光明行”活动，帮扶社区贫困居民，开展“情暖沙溪小学—爱心捐赠”活动，共募集资金 6139 元，衣物百余件、鞋子 20 余双。班子成员认真开展“精准扶贫”工作，对龙门乡、沙溪乡等 14 户贫困户进行定点帮扶，共 87 人次参加，扶贫资金 17400 元。截至 2017 年 12 月 31 日，连续安全生产 4906 天。先后荣获 2017 年度第六届国家电网文明单位，国网四川省电力公司 2017 年度先进集体、国网乐山供电公司 2017 年度安全生产先进单位；调控运行班荣获国网四川省电力公司先进班组；“降低 10 千伏电缆分接箱相对湿度”获国网乐山供电公司 2017 年优秀 QC 成果二等奖，同时获得国网四川省电力公司优秀 QC 成果三等奖；管理创新项目“基于互联网+的供电企业物资风险管控”获省公司管理创新项目一等奖。

**【国网乐山市五通桥供电公司】**国网乐山市五通桥供电公司成立于1971年9月，担负五通桥区12个乡镇的直供任务，直供区面积474平方千米，供电人口32万。下设7个科室、9个班组、4个供电所（桥滩、冠英、磨辉、西坝）。共有在职员工291人（其中国有员工89人，农电用工175人，劳务用工27人），退休员工168人，大学本科及以上学历82人，中级及以上职称15人，高级工及以上技能等级人才90人。辖区内共有35千伏变电站7座，变电总容量91兆伏安。35千伏输电线路15条，113千米；10千伏电力线路45条，921千米；低压线路7820千米。2017年，完成电网投资2601.09万元。固定资产净值为2.84亿元。完成售电量38.78亿千瓦时，同比增长21.51%；电费回收率达100%。综合线损率3.38%，同比降低0.65个百分点。截至2017年年底，实现连续安全生产4906天。2017年，国网乐山市五通桥供电公司全面加强安全管控，通过严守、严控、严抓、严惩，确保安全基石不动摇，圆满完成平桥山火、东气多晶硅气体泄漏等应急抢险救灾工作。加强电网规划建设，围绕一总部三基地、一城两新区战略布局，主动服务冠英新区和桥沟工业园区建设规划，冠英110千伏大兴变站、桥沟110千伏东风变电站完成规划选址，启动实施35千伏新云变电站、10千伏平桥双回送出工程。服务省市重点项目建设，开辟业务办理绿色通道，顺利建成投运永祥多晶硅“5+2”项目10千伏配电工程，完成“5+2”项目用地、冠英机场试验段、冠英新区“六纵一横”道路、县乡道拓宽等电力杆管线迁改工作。按时完成农网攻坚“930”目标，实现40个小城镇（中心村）电网项目全面改造升级。梳理“问题清单”12项，立查立改8项，4项问题实现整改闭环。接收7个小区供配电资产1116.2万元，10条输电线路迁改资产782.65万元，完成315千伏安及以上高压专变用户购售电框架协议签订68份，完成率100%。实现电能替代电量85万千瓦时。以智能电表全覆盖、用电信息全采集、客户用电全费控“三全”管理为目标，试点推进营销转型升级。积极打造全能型供电所，业务运转更加规范高效。紧紧围绕“旗帜领航·三年登高”党建工作任务和要求，着力打造“一流党建”，建成“心桥企业文化中心”，建成市级最佳文明单位和四川省文明单位。被区委授予“社会主义核心价值观示范点”称号。国网乐山市五通桥供电公司团总支和智桥青年创新工作室分别荣获国网乐山供电公司“五四红旗团支部”和“青年文明号”称号。

2017 年 11 月 22 日，供电员工在乐山市五通桥东川机械有限公司开展冬季用电安全检查　（刘若明　摄）

**【国网乐山市沙湾供电公司】**国网乐山市沙湾供电公司（原沙湾供电局）成立于 1991 年。供区范围覆盖沙湾区13个镇（乡），供区面积约618平方千米，供电用户7.5万户。设有6部2中心及6个农村供电所。现有在职员工295人，退休职工79人。2017年累计完成售电量14.044亿千瓦时，综合线损率3.57%，电费回收率100%。截至2017年年底，连续安全生产4915天，没有发生造成重大社会影响的供电服务质量事件。2017年，开展施工安全巡查192次，作业计划135次，累积整治缺陷隐患147项。开展线路通道清理整治，共计砍伐树木25万余株，竹子8991余笼。移栽果树、名贵树木1428株。安监部、新华供电所被评为国网四川省电力公司先进班组；输电检修班、葫芦供电所被评为国网乐山供电公司先进班组。电网建设投入计划资金805.62万元，项目26个。完成6个小区资产移交，龚嘴电厂“三供一业”改造顺利推进。完成4个批次33个农网工程项目实施，累计完成计划投资1316.18万元，新建/改造10千伏线路54.591千米，低压线路41.801千米，新增配变52台/8.535兆伏安。对三级绩效实行“背对背”员工互评绩效打分，提升绩效杠杆作用。严厉打击窃电行为，累计查处窃电5起，追回电费资金19672.29元。全年完成672只电池欠压智能表的更换。积极推进网上购电测试工作，倡导电费交纳新模式，方便用户足不出户就可以通过“掌上电力”APP进行电费的充值和交纳。推进网上购电测试工作，城区完成测试总数22106户，完成率97.4%。开展计量装置在线监测，采取相应技术措施完善计量采集装置，消除计量不匹配、不准确现象。

**【国网夹江县供电公司】**国网夹江县供电公司成立于1998年，是国网四川省电力公司下属分公司，主要承担夹江县部分城区和11个乡镇供电任务，供区面积约241平方千米，供区人口约12万人。设有部门7个，员工167人。现有固定资产3.77亿元。拥有220千伏变电站1座，容量30万千伏安；110千伏变电站3座，容量18.3万千伏安；35千伏变电站4座，容量2.69万千伏安；10千伏开闭所1座；10千伏公用变压器711台，容量10.6万千伏安。拥有220千伏线路7条，174.37千米，110千伏线路9条，84.67千米，35千伏线路8条，86.377千米，10千伏线路35条，323千米。截至2017年12月底，实现连续安全生产2964天。2017年完成电网投资663万元，扩建35千伏变电站1座；新建10千伏线路3.7千米；售电量107527.256万千瓦时，同比增长8.29%；综合线损率3.68%，城市供电可靠率为99.8973%，农村供电可靠率为99.784%。政企协同创建“三位一体”信息发布平台，以广播电视台、QQ和微信群、瓷都新闻网和“夹江发布”微信公众号三大窗口为载体，搭建公司与客户间的连心桥；建立大客户经理服务制度，在经济开发区设立服务站，为企业提供电费电价咨询、优惠政策宣传等服务。积极开展“百企帮百村”扶贫工作，完成青州乡建国村5个特贫户的室内用电线路、设备的改造，同时为青州乡295户贫困户免费发放了30吨化肥。落实直购电和富余电量政策，为19户直购电客户节约用电成本280万元，2017年办理富余电量用户优惠户数达20户。接收客户资产1.81亿元。深入推进绩效改革，深化同业均差运用，完成三级绩效管理细则修订。汇编管理流程学习手册，有力推动各部门协同高效沟通、运转。同时深化改革创新工作，其中便携式应急指挥方舱申报专利。

**【国网井研县供电公司】**国网井研县供电公司成立于1991年，担负着井研全县及乐山市中区、五通、荣县、犍为等县市部分区域42万人的供电任务。现有220千伏变电站1座，变电容量180兆伏安，110千伏变电站3座，变电容量243兆伏安，35千伏变电站7座，变电容量75.2兆伏安。220千伏线路62.6千米，110千伏线路55.416千米，35千伏线路128.126千米，10千伏线路1166.82千米。现有员工265人，其中全民员工70人，劳务派遣用工17人，农电用工248人。2017年，销售电量4.061亿千瓦时，同比增长5.5%。全年共完成大修、技改项目8个，基建项目3个，以及三批次农网工程的现场施工工作。全力开展“电能替代”工作，加快购电制项目安装，加大窃电违约用电检查力度，切实为企业提质增效。合理布局城市配网，实施完成城南配套送出线路新建工程，缓解城网的负荷压力，实现了井研城网“手拉手”供电。

**【国网沐川县供电公司】**国网沐川县供电公司系原国网四川沐川县供电有限责任公司，2016年转制成国网四川省电力公司全资子公司，2017年完成“子改分”工作。该公司是集发电、配电、供电为一体的综合性电力企业，主要承担沐川城区和19个乡镇195个行政村和犍为、宜宾等部分村组的供电任务，供区面积约1500平方千米，供电人口约26万人。截至2017年12月底，有在册职工336人。2017年，完成售电量26321.72万千瓦时，同比增长6.81%；综合线损率5.99%，同比下降2.25个百分点；供电可靠率99.9345%，同比提高0.03%；综合电压合格率99.66%，同比提高0.019个百分点。网内并网电站40座，总装机容量为7.349万千瓦；变电站11座、10千伏开关站4座，变电总容量28.255万千伏安（含静云15万千伏安）；110千伏线路4条，74.63千米；35千伏线路12

条，148.6千米；10千伏配电线路58条，1314.978千米； 10千伏配电台区2085台，总容量36.5106万千伏安；低压线路4681千米。2017年，按照国网四川省电力公司关于电力体制改革要求，3月正式启动“子转分”工作，5月底工商注册了国网四川省电力公司沐川县供电分公司，新公司正式运营。7月，实现城乡居民电价同网同价。12月初对一般工商业电价进行了调整，电价改革政策全面落地。开展售电业务改革，签约大宗用户用电协议3户。积极开展脱贫攻坚工作，会同乡镇人民政府逐一入户实测用电电压，建档低电压情况；配合政府完成聚居点电网配套建设36个，涉及贫困户388户，完成易地搬迁户2718户生活用电配套建设。沐川县43个省定贫困村用电全部达标，工作得到县委、县政府肯定。深化内部改革，进一步完善配套薪酬改革及评价工作。新公司成立以来整体运行状况较为平稳，全年完成电网投资1.5342亿元，更换110千伏沐川变电站主变1台，新建110千伏线路28.8千米；新建成沐川县首座智能变电站—建和35千伏输变电工程；新建10千伏线路145.6千米、配电台区231台、低压线路架设657.66千米、完成户表工程11004户。

**【国网马边县供电公司】**国网马边县供电公司前身为马边县电厂，成立于1971年9月，2009年3月转制成为四川省电力公司控股公司，注册资本金1026.58万元，股东共2个，其中国网四川省电力公司持股93.31%；马边雨华投资有限责任公司持股6.69%。主要承担马边县20个乡（镇）、常住人口22万人的供电任务，供区面积2308平方千米。业务集发、输、变、配电于一体，已形成以220千伏为骨干、110千伏为枢纽、35千伏以下各电压等级协调发展的坚强电网，有35千伏变电站6座，110千伏变电站4座，220千伏变电站1座，有并网发电站38座总容量29.35万千瓦，其中自有水电站4座，总装机0.68万千瓦。运维管理供电线路37条，1001.295千米，其中电缆线路26.3千米，架空线路974.995千米，配电1253台，容量214370千伏安，柱上开关98台，电缆分支箱93台，环网柜6台，杆塔数量5582基。代维护国网沐川县供电公司110千伏线路18千米。2017年，国网马边县供电公司完成全口径售电量10.05亿千瓦时，售电收入2.49亿元，综合线损4.1%。完成电网投资2843.63万元，完成35千伏大两线改造和10千伏城网联络线路关口建设改造项目。开展购电制改造，启动远程购电，降低电费回收风险，电费回收率100%。完成中心村改造项目计划投资905.63万元，新建及改造10千伏线路31.38千米，改造配变4台，容量1.6兆伏安，改造低压线路18.5千米。开展问题清单梳理全覆盖工作，解决财务历史遗留问题1个。截至2017年12月31日，国网马边县供电公司资产总额5137.51万元，资产负债率182.33%，实现连续安全运行3193天。国网马边县供电公司坚持以电为纲强化服务，逐步理顺马边电力市场秩序，同步跟进彝家新寨建设和精准扶贫移民新居建设，为民族地区经济社会发展提供充足的电能保障，连续多年荣获马边彝族自治县要素保障先进单位和先进工业企业称号。

## 国网德阳供电公司

**【德阳概况】**德阳市位处川西平原经济区，距省会成都58千米，是中央确定的成德绵全面创新改革试验区的重要组成，“十三五”发展前景十分广阔。德阳历史悠久，是巴蜀文化发祥地之一，境内拥有“沉睡数千年、一醒惊天下”的三星堆古蜀文明遗址。现辖旌阳、广汉、什邡、绵竹、中江和罗江6个县（市）区，面积5911平方千米，人口394万，各县市之间基本实现了半小时经济圈。德阳被喻为中国重装之都，是中国重大技术装备制造业基地，拥有第二重型机械厂、东方汽轮机厂、东方电机厂等国有大型机械工业企业，发电设备产量全球第一，石油钻机出口全国第一，是中国唯一的联合国清洁技术与再生能源装备制造业国际示范城市。全市工业增加值排名全省第二，工业电量占国网德阳供电公司售电量的70%。2017年全市实现地区生产总值1960.6亿元，同比增长9.0%，地区生产总值、人均GDP保持全省第三位。德阳县域经济发展较好，城乡一体化水平较高，区域综合竞争力、城镇人均可支配收入、高新技术产业工业增加值均居四川省第二位。

**【企业概况】**国网德阳供电公司成立于1984年6月，属国网四川省电力公司直属特大一型供电企业。

2017年，企业固定资产53.5亿元，城市用电营业户数56.3万户，农村电营业户数107.7万户。本部设有11个职能部室和7个业务机构，下设广汉、什邡、绵竹、罗江4个直管供电分公司及中江、绵东、孝泉、蓥华、绞江5个“子改分”供电公司。

德阳电网是一个典型的受端网络，95%以上的电力由外部送入，境内的500千伏德宝直流德阳换流站是四川电网“丰枯调节、水火互济”的重要枢纽。“十二五”规划期间，国网四川省电力公司对德阳电网投入45亿元，相当于再建一个德阳电网。现德阳电网共有变电站138座，其中±500千伏换流站1座，500千伏变电站2座，220千伏变电站14座、110千伏变电站75座、35千伏变电站46座。德阳公司拥有35千伏—220千伏输电线路249条，总长2596千米。截至2017年年底，德阳电网容载比110千伏电网达到3.64，220千伏电网达到2.91。

2017年9月27日，国网四川省电力公司董事长、党委书记石玉东调研国网德阳供电公司

2017年完成建管电网投资6.68亿元；完成并表口径售电量100.5亿千瓦时；累计售电均价622.01元/千千瓦时；累计应收综合电费62.51亿元，电费回收率100%；综合线损率4.69%，同比下降1.08个百分点；流动资产周转率1450.63次；全口径劳动生产率47.02万元/人•年；集体企业完成产值8.88亿元；同业对标综合排序全川第一，管理对标获得全川第一，业绩考核位居全川第二，圆满完成了“3710”年度工作目标，获评省公司2017年度先进单位。

国网德阳供电公司荣获“全国五一劳动奖状”“全国文明单位”“全国精神文明建设工作先进单位”“全国安全文化建设示范企业”“全国模范职工之家”、国务院国资委“中央企业抗震救灾先进集体”“全国‘安康杯’竞赛优胜企业”“国家电网公司纠风和行风建设先进单位”“国家电网公司抗震救灾先进集体”“国家电网公司先进集体”“全国厂务公开民主管理先进单位”“国家电网公司工会工作先进单位”“省级最佳文明单位”。

**【人力资源】**截至2017年12月31日，国网德阳供电公司用工总量4612人，其中直供全民1156人、全资控股公司全民695人、农电1750人、集体企业自聘914人、劳务派遣97人（主业82人，集体15人）。国网德阳供电公司（含控股）全年完成全员劳动生产率470172元/人•年，人才当量密度达到1.0478。

2017年，具有专业技术资格的职工占全体职工人数的比例达78.39%，同比提高2个百分点，具有高级职称的人员从2016年的137人大幅增加到229人。公司各类人才共112人，其中全国电力行业技术能手3人，省级青年岗位能手1人，国家电网公司级技术能手3人。管理期内四级四类优秀人才103人：国网公司级专家人才含后备6人，省公司级专家人才63人，地市公司级专家人才36人。省公司“双千人才”含导师制培养40人、省公司“电力雏鹰”计划19人。

积极援藏，全面支持藏区电力事业发展。累计选派16名援藏人员帮扶阿坝、红原等藏区，以定期支援或短期支援方式实施专业专项人才援藏，开展营销、规划、工程等专业的定向帮扶。

2017年，国网德阳供电公司荣获国家老龄委颁发的“全国敬老文明号”、部门员工樊萍获“敬老爱老模范人物”的光荣称号。在省公司离退休工作绩效考核专业评价中一、二、三、四季度均排名第一，开展了以“展示美好生活”为主题的金婚庆典活动，为25对老同志举行了金婚庆典。

**【电网建设与发展】**德阳电网是四川电网的重要组成部分，与成都、绵阳、南充、阿坝四个电网相连，担负着德阳市旌阳区、广汉市、什邡市、绵竹市、中江县、罗江区及成都部分地区的供电，到2017年，德阳电网形成了500千伏电网通过谭家湾、什邡500千伏变电站出12回500千伏线路分别与成都、绵阳、南充、阿坝四个电网相连，并通过±500千伏德宝直流与西北电网相连。220千伏电网以谭家湾、什邡500千伏变电站为核心，形成了220千伏多环网，南与成都大同、云绣变电站相连，北与绵阳桑枣、永兴、丰谷、高桥变电站相连，西与成都回龙变电站相连。

2017 年，国网德阳供电公司完成了《“十三五”配电网规划》滚动修编、《德阳市“十三五”园区电网专项规划》及《2016 年德阳电网发展诊断分析报告》的编制工作，其中“十三五”配电网滚动规划由 1 个规划总报告、3 个配电网专项规划报告和 7 个配电网规划专题研究报告构成。以上工作的完成为着力解决配电网薄弱问题和增量配电市场占有问题，加快构建安全可靠、坚固耐用的现代化智能配电网打下坚实基础。

2017 年 3 月 28 日，国网德阳供电公司实施机井通电保春耕春灌

2017 年，国网德阳供电公司形象进度累计完成 53144.91 万元，完成年度计划的 109.19%。其中固定资产投资累计完成 48004.14 万元,完成计划值的 110.27%。公司当年支出入账完成 33710.9 万元，完成年度计划的 69.55%。其中固定资产投资入账 28951.17 万元，完成年计划值的 66.51%。

截至 2017 年 12 月 31 日，国网德阳供电公司完成 35 千伏及以上电网基建项目建设规模为：线路长度 236.95 公里，其中 110 千伏线路 225.7 千米。完成大中型电网基建项目共 3 个，分别为兰渝铁路广元牵引站 220 千伏供电工程、西成客运专线剑门关牵引站 220 千伏供电工程、德阳秋月 220 千伏变电站配套 110 千伏线路工程，其中西成客运专线剑门关牵引站 220 千伏供电工程为提前投产，完成小城镇中心村项目 1 个，为德阳柏隆至略坪 35 千伏线路工程。

2017 年，国网德阳供电公司建设的大中型电网基建项目中，兰渝铁路广元牵引站 220 千伏供电工程、西成客运专线剑门关牵引站 220 千伏供电工程、德阳旌阳垃圾发电厂 110 千伏送出工程 3 个项目被列为重点工程项目，其中兰渝铁路广元牵引站 220 千伏供电工程、西成客运专线剑门关牵引站 220 千伏供电工程已完工投产，德阳旌阳垃圾发电厂 110 千伏送出工程计划 2018 年 6 月投产。

2017 年，国网德阳供电公司 35 千伏及以上电网基建项目未进行达标投产，德阳袁家变至永兴变 35 千伏线路工程、德阳中江永安 35 千伏变电站工程、德阳中江永兴 35 千伏变电站工程、德阳袁家—永安 35 千伏线路工程被命名为 2017 年国网四川省电力公司输变电优质工程。

**【经营管理】**国网德阳供电公司在国网四川省电力公司系统 2017 对标指标综合评价得分 957.6125 分，得分率 95.76%，对标综合评价全省第一，管理对标得分 676.025 分，得分率 96.58%，管理对标获得全省第一。荣获了 2017 年度“综合标杆”“业绩标杆”“管理标杆”称号，同时获得了安全管理、人力管理、物力管理、规划管理、建设管理、检修管理、运行管理、营销管理、配套保障专业标杆称号。

2017 年，该公司财务工作紧密围绕发展战略和年度目标任务，紧密围绕“四条主线”，提升财务管理质效、提升规范化水平、提升业财协同效率、提升风险管控能力；把握“五个着力”，着力财务规范化管控体系完善、着力业财协同机制完善、着力风险内控评价流程建设、着力集体企业财务管理提升、着力财会队伍建设；实现财务“五高标准”，高标准财务管理、高效率资源统筹、高质量内部控制、高水平价值支撑、高素质财会队伍；以夯实基础为落脚点，以创新集约发展为突破点，持续深化财务价值管理，为企业发展提供坚强的财务支撑和资金保障。2017 年，财务工作不断扩展管理职能、创新管理手段、提升信息化应用水平，取得实效：积极开展问题清单梳理，有效防范经营管理风险。优质高效完成了“一上”至“四上”各阶段清单报送任务，共梳理上报 10 个方面 58 项问题，落实整改决议，工作成效得到省公司充分肯定；大力开展“瘦身健体，提质增效”活动。细化制定八十五条具体措施，为企业进一步提升发展质量和效益效率水平，完成各项年度工作任务提供保障；强化弱项指标管控，有效改善管理薄弱环节。推进资金精益管控，强化基层单位指标管控。多方位、多举措推公司财务管理水平提升；推进预算精益管控，全面细化管控颗粒度。强化预算多维度管理，提升预算管控责任力，细化预算管控事项，积极推进预算进度管控，成本开支进度显著提升；狠抓财务规范化管理，强化精益核算保障。建立“当月发票挂账、当月申报预算、下月完成支付”的标准化结算流程，提升财务报销效率；规范工程资产管理，夯实资产价值基础。强化工程闭环管理，有效保障资产价值准确性，全面清理资本化建贷利息，积极开展并完成3200万元账面建贷利息清理，大力保证利息分摊准确性，强化财产保险管理，组织开展保险知识培训；贯彻落实电价政策，推进营财深度融合。深入推进营财一体化管理，有效保障电费收入与银行到账记录一致性；强化稽核内控管理，筑牢风险防控屏障。强化风险排查，加强日常监督、稽核检查，落实责任，强化月度稽核计划管理，有效防控经营管理风险；狠抓大额资金规范性管控，制定长效整改措施，确保规范要求一贯到底；强化业务招待费管控，坚决杜绝铺张浪费。2017 年全年公司开支业务招待费 0.72 万元，同比降低 0.48 万元，降幅 40.01%，各项开支均符合合理性、必要性原则；坚持考学结合提素质，推进财会队伍建设。开展财务业务能力劳动竞赛，提升新进财务人员适岗能力。促进新进财务人员加快适应财务岗位。精益化项目“基于‘二维五力’的内控评价体系精益管理”荣获2017年度省公司精益化管理项目三等奖；“地市级电力企业税务风险评估与防范”荣获省公司2017年度企业管理创新成果二等奖；“业财融合背景下资产全寿命周期管理深化应用研究”荣获省公司2017年度优秀课题研究成果三等奖。

2017 年，坚持以依法治企为指针，以防范法律风险为核心，紧密围绕年度工作目标及普法依法治企各项任务，全面推进“三全五依”法治企业建设，切实保障了企业生产经营活动合法合规、安全有效，经济法律工作省公司排名第一。开展法治企业建设成果展示活动，深度总结法治企业建设特色亮点工作，形成有针对性、可操作性和实践性的成果，获省公司法治企业建设实践成果发布一等奖，并被推荐参加国家电网公司最佳实践案例评选；编制《电网建设涉法问题实务问答》和《通用制度建设60问》两本法律手册，引导员工自觉学法，切实增强员工法律风险防范意识；开展合同管理月检查、季通报工作，将合同管理纳入公司关键业绩指标内容进行考核，加强合同过程管控；建立合规审查机制，重大经营决策法律审核率 100%，重大事项全部出具书面法律论证意见书；加强外聘律师管理，开展律师工作述职，建立起内外结合的法律工作机制，全方位提供法律支撑；与旌阳区人民法院建立共建合作机制，开展法官讲法、旁听案件庭审，在司法机关的指导下，依法开展电力设施保护、查处窃电，营造了良好外部法治环境。全年共审核各类经济合同1147 份，参与 1213 个项目的非招标采购法律保障工作，协调处理纠纷案件 43 件，开展专项法律课题研究 2 项，提出法律意见书 3 份，发出法律风险提示书 6 份。

2017 年，国网德阳供电公司物资工作紧紧围绕总体目标，积极探索市、县物力融合工作，多种方式强化物力保障，打造高效的现代供应链管理体系、深化专业协同、强化风险防控，全方位提升物力集约化管理水平。深入开展物资供应基础管理年活动，推进仓库标准化建设，对旌阳仓库及各县仓储点统一购置货架等设备，完善了各仓库的视频监控系统，并联网到省公司物资调控系统，各仓储点的标准化管理水平得到了显著提升；强化废旧物资处置管控，3 月制定了《废旧物资管理实施意见》（德电物资〔2017〕1 号）文件，明确了各部门职责分工，理顺了废旧物资处置流程，加强了管理考核，强化了废旧物资处置的管理工作；物资供应保障及时有序，全力保障重点工程物资供应，对重点工程物资供应进行专项协调和预警督办，保障了西成客专剑门关牵引站 220 千伏供电工程、大塘 110 千伏变电站增容改造、35 千伏南略线改建工程等重点工程物资供应。精心组织农配网物资供应，坚持物资供应周报制，统一编制和逐条落实供应计划，密切关注原材料涨价对市场的影响，保障了井井通电、中心村等“9.30”完工农配网项目物资供应到位；6 月成功举办了首届物资仓储专业技能竞赛，通过技能竞赛，提升了物资仓储人员能力素质，坚持立足岗位、以赛促学，培育高水平的物资仓储技能专业人才；强化物资质量管理，确保了德阳电网物资质量安全，参与编制了物资抽检结果分类分级导则通过加强到货物资抽检工作，严肃处理不合格产品的供应商，确保了德阳电网物资的质量安全；加强非招标采购管理工作，根据授权采购管理要求，加强对采购文件审查审批，从采购前期准备阶段细化了工作流程，提升了采购工作效率；严格退库管理，积极开展平衡利库，全年完成物资利库 677.9 万元。

按照年度审计计划，2017 年扎实有序开展各种专项审计，以点代面，抓住审计关注点，并持续强化“五部联合监督”体系工作的常态化运作，先后开展“非范本合同规范”“规范集体企业工程借支备用金的管理”“提高工程项目竣工审计工作质效”等监督专题，提出工作规范要求。2017 年共开展经责审计工作 5 项，专项审计 3 项，省公司交叉审计 2 项，项目审计 6 批次，省公司外派审计 2 项，国家电网公司迎审项目 1 项，审计调查 2 项，签证审计 1697 项，提出审计建议和意见 105 条，出具要情专报 4 份，审计意见采纳率 100%，审计决定完成率 100%。2017 年审计部借助审计平台的建设，强化兼职审计队伍的管理，全面修定原兼职审计人员管理办法，完成兼职审计员的选聘工作。加大各种信息化审计系统和业务系统的应用，将信息化审计与传统手段相结合，通过审计信息系统发现疑点，提出审计意见与建设，其中有 2 个被省公司采纳上报国家电网公司。编写的经验交流材料被国家电网公司采纳，并在国家电网公司审计网站上发布。同时，审计部积极开展课题研究，完成“基于审计平台建设 提升内审队伍管理质效”精益化课题资料编写，完成“基于协同机制建设的‘五部联合’监督管理研究”研究课题的编写，上报省公司《工程全过程审计监督与控制管理研究》论文，积极参与省公司“提升工程竣工决算监督”精益化课题研究工作等，主动总结管理经验，理论研究成果显著。积极总结审计成果，编写的优秀审计案例，两项获得省公司案例评选一等奖，一项获得二等奖，一项获得三等奖，案例总结成果显著。

2017 年 3 月 28 日，国网德阳供电公司供电服务指挥平台成立大会

2017 年，国网德阳供电公司集体企业始终坚持党领导集体企业的重大政治原则，持续完善系统化机制建设，集体企业压减工作稳妥推进，“人、财、物”集约化水平不断升级，管理效能逐步提升。在区域电网建设趋于饱和的情况下，公司集体企业主动走访相关单位，持续狠抓政府项目追踪，力促主业项目建管模式全覆盖，继续成为主网运行坚强支撑。坚持“发展域外做精”，依托“四个一级”资质及先进经验，完成省公司多项重点项目。全面规范施工建管水平，提升工程质量，“明源电建”品牌在全川打响。35 千伏袁家—永安线路工程等 4 个项目被评为省公司优质工程，“西成客专”供电工程在施工方案编制、标准化建设等多个方面获得省公司高度评价。多名员工获省公司先进个人；依法治企促进应收账款回收课题研究获省公司高度评价；电力体制改革典型经验在全省集体企业范围内得到广泛传播。

国网德阳供电公司 2017 年制度标准同业对标位列 A 段。共开展 19 个精益化提升项目。其中，由基本建设部承担的精益项目“重大施工方案精益管理”、电力调控中心“公用配变停电精益管理”、后勤工作部“小型基建竣工项目后期进度精益管理”入选精益管理卓越案例；“城市配电网投资收益精益管理”等 5 个项目入选精益管理优秀案例。国网德阳供电公司 32 名员工通过笔试和面试两轮考核，其中 22 人获得省公司“精益绿带”人才资格认证，10 人获得省公司“精益黑带”人才资格认证。

**【安全生产】**2017 年，面对安全生产困难局面，国网德阳供电公司按照“提能力、强管控、除隐患、固基础”的安全工作思路，以“反违章、除隐患，安全作风整顿年”活动为主线，以防控人身事故为重点，深化安全生产内控机制运转，扎实开展“杜绝无管控作业”专项行动，常态化开展管控能力提升培训和“三不伤害”安全教育，狠抓过程管控，深入推进隐患排查治理，加大反违章工作力度，确保了人身安全和电网安全稳定运行，安全生产局面总体保持平稳。一是以安全作风整顿为主线，强化各级人员安全履职。启动公司“反违章、除隐患，安全作风整顿年”活动，转变领导干部安全作风，规范一线员工安全行为。修编安全生产内控机制，规定基层单位行政正职每月主持召开月度安全分析会，每周参加周安全风险预控会，发挥一把手在本单位安全管理中的决定性作用。建立中层干部安全生产保证金奖励考核办法，修订《领导干部及管理人员安全业绩考核细则》，健全领导人员安全生产激励和约束机制。分层级梳理制定管理人员安全履职尽责清单，开展“一把手”谈安全活动，每周早会随机抽问基层单位主要负责人本周生产工作管控情况，促使领导干部安全职责落实到位。二是以“杜绝无管控作业”为核心，强化全过程安全管控。开展“杜绝无管控作业”安全专项行动，明确非计划性工作安全管控纪律，编制《杜绝无管控作业工作指南》。组织基层单位月度安全生产交叉检查，坚持每月对基层单位开展安全风险评估，检查及评估结果纳入基层单位安全排序。每月以数据量化形式开展基层单位、班组承载力分析，防止超能力施工。建设“互联网+”安全管控平台，刚性规定实时上传关键流程、关键工序作业图片，全覆盖掌控施工现场作业情况。实行违章查处目标刚性管理，制定管理人员违章查处目标，切实强化违章查处主动性与严肃性。三是以强化本质安全为根本，不断夯实安全工作基础。结合“管理提升年”贯标准活动，举办安全管控能力提升培训；开展年初事前、违章事后安全警示教育；规范员工“三不伤害”能力培训，促使《安规》得到全面贯彻。每月第二周组织公司领导及各级管理人员集中学习典型事故案例，做到警钟长鸣。扎实开展“电力建设工程安全年”、主题“安全日”学习及全国安全生产大检查活动。全面深化安全生产问题清单梳理，每月纳入各级安委会固定议程。建立健全隐患过程奖励和考核机制。选取生产后备干部挂职安全巡查大队，提升安全巡查效能。对全部基层单位开展安全管理评价，出具评价报告，限期整改。积极开展电力设施防外破工作。完成应急能力建设评估，开展“无脚本”应急演练，全力支援茂县山体垮塌救灾和九寨沟抗震救灾，获得省委书记王东明及省公司领导高度肯定。截至2017年12月31日，国网德阳供公司连续安全生产4661天，2017年荣获国网四川省电力公司安全生产先进单位，同业对标安全排序第一名，圆满实现年度安全工作目标。

探索新技术应用，提升管控“穿透力”。一是建设互联网+安全管控平台。刚性规定实时上传关节流程、关键工序作业照片，全覆盖掌控施工现场作业情况。二是建立输电线路“六防”风险数据库。以数据评估风险等级，通过图像动态显示输电线路“六防”风险，实现风险管理图形化、精益化，提高了输电线路风险预警能力。三是推进开关柜不停电检修。研发了触头对中、接触行程、触头压力测试、温升试验等试验仪器，创造性开展了开关柜关键状态参量的测试，准确评价了开关柜的健康状态，推动开关柜从“周期性状态检修”向“不停电状态检修”转变。四是深化供电服务指挥平台建设。依托“扩展运检业务模式”的优势，进一步深化完善供电服务指挥平台对配电网运行监测与分析效能。通过主动预警工单，及时发现配网异常状态，及时指挥班组运维整改。通过“配网线路停运分析”“配变重过载分析”“配变三相不平衡分析”“配变停运分析”等10多项配网运营监控主题，深入分析配网运维状况，使得运检专业各级人员对配电网的运行状况“一清二楚”，提高了配网管控的穿透性。五是建设工厂化施工车间。严格落实国家电网公司配网标准化建设“四个一”的工作要求，以降低现场作业风险和提高工程建设效率为目标，完成2个10千伏变压器台区工厂化车间建设，实现施工平台“一条龙”，安装配送“一条线”，现场投运“一个样”。六是完成配网不停电作业示范区建设。按照国网公司创建国际一流电网的理念，开展示范区运营，实现示范区范围内无计划停电，带电作业缺陷处理率100%，业扩带电搭火率100%，实现示范区内客户零投诉的目标。

落实工匠精神，打造川电工匠。运检专业在技术上攻坚克难，在技能上努力超越，在竞赛中强势引领，深入落实工匠精神，精心打造川电工匠，建立健全青年人才和高端人才培养体系，不断扩大公司优秀人才队伍，为实现电网设备安全高效运行、精益管控运检保驾护航。在首届“四川工匠杯”职业技能大赛暨四川省第一届电力行业职业技能大赛中荣获团体及个人第一名，1人被授予“四川省五一劳动奖章”称号。在电力行业相关工种首次参赛的“成德绵攀西高技能人才交流赛”中获得“变电运行值班员”项目一等奖。在省公司 “国网变电五项通用制度”调考中勇夺团体第一名。在省公司变电检修技能竞赛中获得团体二等奖、个人第二名。在省公司首届“金属技术监督检测技能竞赛”中荣获团体二等奖。在省公司第二届运检业务职工创新实践活动中 “开关防跳及三相不一致测试仪”项目以全场最高分荣获变电类“优秀成果展示奖”“优秀组织奖”。 在2017年全国电力行业QC成果发布评审会中，“便携式遥控紧急分合闸装置的研制”喜获特等奖，并被中国水利电力质量管理协会推荐为年度电力行业“国优”成果，同时荣获全国电力行业QC发布最佳发布奖。

**【农电工作】**2017年，国网德阳供电公司农电工作紧紧围绕总体目标，统筹协调农网改造升级、农网运维费使用，提高农村电网供电能力，保证供电质量，满足农村用电客户负荷新增需求，助力脱贫攻坚，服务农村经济发展。投入资金 29769.4 万元，完成 155 个中心村配网改造升级、改造涉及农村居民 42 万户。积极推进星级乡镇供电所创建工作，切实加强供电所基础管理和企业文化建设；大力开展“全能型”乡镇供电所建设，进一步提升农村供电所规范化、标准化管理；创新建成“全智能供电所管理平台”，持续提升供电所优质服务水平。国网德阳供电公司获国网四川省电力公司 2016—2017 年度农电工作先进单位称号，获国家电网公司新一轮农网改造升级“两年攻坚战”工作先进集体称号。

全面完成了农网升级改造工程，星级供电所创建取得新成效，全能型供电所建设成效显著，“全智能供电所”建设迈出了坚实的一步，电力助推“精准扶贫”活动开展扎实有效，在供区内扎实开展了脱贫攻坚“回头看”“回头帮”工作，组织各县公司对供区内 2016 年脱贫人口生活用电情况进行了调查核实，10 个县级供电公司已全面完成该项工作，共完成 20973 户脱贫人口生活用电情况入户调查工作，通过核查且所有脱贫人口生活用电达标，日常生活电器使用情况正常，未发现一人一户因供电原因影响脱贫现象发生。2017 年全面完成了全资县公司“子改分”工作

**【科技与信息化工作】**2017 年，国网德阳供电公司承担科技项目 2 项，当年费用 78 万元，其中省管项目 1 项，群创项目 1 项。强化科技创新计划管控和过程督导，组织开展了任务书编制、招标采购、合同签订、阶段性成果检查和经费拨付等工作；开展季度科技监督检查执行情况通报；2 项科技项目通过省公司验收；1 项群创项目通过自验收。

2017 年，9 项专利取得授权证书（其中发明专利 3 项），11 项专利取得授理通知书（其中发明专利 3 项）；2 项成果获省公司 2017 年科技进步奖（一等奖 1 名、三等奖 1 名）；7 项成果获省公司 2017 年工人技术创新奖（一等奖 2 名、二等奖 2 名、三等奖 3 名）；省级及以上刊物发表论文 180 篇（2 篇北大中文核心期刊、1 篇 EI 源刊），4 篇论文获省公司优秀论文奖、1 篇论文获德阳市第十六届优秀科技论文三等奖；出版论著 2 本。

2017 年，国网德阳供电公司不断加快企业信息化发展步伐。开展公司“十三五”信息通信规划滚动修编，调整年度计划投资，完成 2016—2017 年执行情况评估和成效分析；完成公司 SDH 光传输网优化、电力无线专网可研报告编制工作，并纳入省公司项目储备；积极支撑相关专业开展供电服务指挥平台、增值税电子发票等系统建设，开展系统基础平台搭建、应用部署实施、接口集成、数据分析、网络配套保障等相关工作。

**【市场服务】**国网德阳供电公司 2017 年完成并表口径售电量 100.50 亿千瓦时，同比增加 2.70 亿千瓦时，增幅 2.76%；累计售电均价 622.01 元/千・千瓦时；累计综合应收电费 62.51 亿元，电费回收 100%，电费连续 12 年双结零。安全、服务零事故；营销同业对标连续 6 年全省综合第一。

国网德阳供电公司售电量成功再破百亿大关，创历史新高。2017 年电力市场严峻，受产业结构调整和环保督察影响，工业企业生产滑坡严重，为打好电力市场攻坚战，德阳供电公司高度关注电力市场情况，认真分析市场形势，全力以赴增供扩销。一是制定 58 条增供促销措施，成立 7 个工作组，发策、基建、生产、营销全面动员增供扩销。二是跟踪新投企业以及用电大户生产用电情况，实施大客户负荷异常波动周报制，及时掌握电量变动信息。三是积极落实市场化交易政策，主动服务符合政策的企业，宣传解释政策，帮客户测算，鼓励客户多生产、多用电。2017 年国网德阳供电公司累计完成并表售电量 100.50 亿千瓦时，其中执行直购电政策 36.21 亿千瓦时，优惠电费 1.45 亿元，执行富余电量政策 2.12 亿千瓦时，优惠电费 6383.23 万元。

动态修编电费风险库，电费回收“一把手”工程持续深化，密切关注企业生产情况，严格执行“一户一策”，电费按月“颗粒归仓”。购电制推进有力，电费风险防范技术措施有效落实，新装增容、暂停恢复客户用电前全费控安装率 100%。2017 年应收综合电费收入 62.51 亿元，同比增加 1.47%，当年电费回收率 100%。其中：不含代收基金及附加的销售收入 57.82 亿元，同比增加 1.86%。

2017 年，国网德阳供电公司运行电能表达到 173.6 万只，计量排名全省第二，计量同业对标指标连续四年全省排名 A 段。全省计量竞赛调考中荣获团体第二的优异成绩。客户服务中心实验室再次顺利通过国家认可委的复评审工作，继续确认为国家认可实验室。大力推进营销“三全”建设，开展“漏斗式”排查，确保采集费控无死角。实现智能电表覆盖率 99.67%，采集接入率 99.84%，采集成功率 99.41%；生产经营性专变户数执行率 100%、金额执行率 122.28%，高压专变费控执行率稳居全省第一；低压客户费控率 100%；台区线损合格率 80.43%；高压业扩新装增容线上受理率 97%。国网罗江县供电公司“三全”试点工作以第一名成绩顺利通过省公司验收，“三全”建设成果领跑全省。

加强电力需求侧管理。按照电网负荷缺额，编写《德阳电网2017年度有序用电预案》。积极向客户宣传供用电形势，温馨提示相关停电信息，做好大客户生产指导和服务工作，使其合理调整生产计划避峰、错峰生产。积极开展有序用电工作。清理公司所有专变用户负荷，制定科学合理的有序用电预案。迎峰度夏、度冬期间没有发生拉限居民及其他重要客户用电的事件。

2017年国网德阳供电公司进一步优化业扩报装流程、压缩业扩报装时限，提高业扩报装效率。以“业扩三本台账”为主线，搭建与客户用电需求、营销业务办理、 电网规划及配套建设三座“连心桥”。开展全业务全流程管控，提出高压供电方案答复不过周、低压办结不过周举措；优化业扩配套流程，通过采用改串行为并行（实行项目供电方案制定、可研编制、工程预算和工程设计同步开展）、采用典型设计和打包可研、采取物资备货和供应商寄存、采用施工单位季度提前打包招标等措施，推进业扩配套建设速度。深化用户受电工程监管平台的应用；主动接洽供区内47家国有企业下属单位，积极推进“三供一业”供电分离改造移交工作。严格控制辅助决策报表质量，2017年辅助决策业扩表无扣分项；完成新装、增容用户52511户，总计容量109.8万千伏安，其中：高压用户678户，容量51.3万千伏安；低压用户51833户，容量58.5万千伏安。

2017年，国网德阳供电公司提出了“1+1+1”管理模式（即优服办牵头、专业协同负责及基层单位主体责任），落实客户满意提升工程。积极应对售电侧放开，主动服务优质大客户，对大客户进行“一对一”上门服务，增强园区服务功能强化市场竞争服务能力。规范做好普遍服务，做实做细“网格化”服务体系，作为省公司首批4家试点单位之一建立市县供电服务指挥平台，切实提升服务响应速度。夯实服务基础管理，大力推广“互联网＋”，“掌上电力”APP注册数突破40万，累计开通远程购电白名单130万户，网上购电数超过30万户。强化协同服务，实行投诉、举报处理专业负责，着力提高供电服务效率。加强服务队伍建设，2017年，营销员工陈富燕获得国家电网四川省电力公司“十佳服务之星”称号，并作为省公司唯一选手获得国网公司“优秀服务之星”称号。强化过程管控，建立市公司供电服务“曝光台”，实行典型案例及时曝光，重复投诉挂牌整改。2017年供曝光10期，曝光问题33项，整改33项。以“事前预防、事中把控、事后控制”为原则，有效预警、化解和控制各类供电服务风险，保证企业持续、稳定、健康发展，服务水平得到不断提升。在省公司内部行风满意度测评和德阳市公共行业满意度测评中连续两年排名第一，优质服务同业对标在省公司的排位从2015年第五、第七分别提升到了2017年的第一、第三位。

稽查监控深入开展。一是以智能化稽核手段为基础，加强对各类营销异常数据的分析整改力度，特别是涉及量价费损异常数据，工单派发率、工单回复率、问题整改率达到100%。二是围绕经济效益与重点工作开展专项稽查，全年共开展高压业扩定价策略检查、购电制检查、采集系统稽查等三项专项稽查，对发现的问题进行了落实整改。三是加强同业对标过程管控，查找季度弱项指标落后原因，制定指标提升措施，确保同业对标工作“可控、能控、在控”，实现2017年营销对标综合第一，其中业绩第一、管理第二，营销同业对标综合全省连续六年第一。

**【党的建设和精神文明建设】**国网德阳供电公司深入学习中共十九大精神，坚持在学懂弄通做实上下功夫，组织全员收听收看十九大直播，开展集中学习236次，党委委员基层宣讲8次，推动十九大精神进部门、进基层、进班组。举办专题党课、网络答题、知识竞赛等实践活动213次，征集学习文章65篇，实现学习宣贯全覆盖。召开党建工作会，以十九大精神科学谋划和推动工作。践行乡村振兴战略，启动党员服务队进农村行动，结对帮扶中江石垭子村，获中央电视台一套新闻专题报道。抓党建促发展成效显著，扎实推进“两学一做”学习教育常态化制度化，开展中心组学习14次，讲授党课529场。深化“三亮三比”活动，建立党员责任区459个、先锋示范岗174个。坚持融入中心服务大局，开展“党员身边无违章，违章责任查党员”“迎接十九大，再跨一百亿”活动，各级党组织和党员表率作用充分发挥，守牢安全底线，再创电量佳绩。建立兰渝铁路、西成客专等工程前线党支部和党员突击队，确保电网异地建管任务顺利完成。组织党员服务队驰援巴中扶贫攻坚、茂县和九寨沟抢险救灾，获省委主要领导肯定。基层基础全面夯实，调整优化11个党组织设置，推进支部标准化建设、示范点创建，开展支部结对共建活动47次，构建均衡发展新格局。建立“固定党日+主题党日”模式，开展纪念建党96周年系列活动，严肃规范党内政治生活，战斗堡垒作用充分发挥，5个基层党组织获省公司及以上表彰。拓展合格党员积分制运用，建立月评分、季评星、年评议体系，举办“我身边的共产党员”演讲比赛，先锋模范作用有力彰显，7名党员获省公司及以上表彰。完善党建机构设置，核增党建人员编制 11 个，举办党群业务技能竞赛，基础保障全面夯实。党建责任压紧压实，健全党建领导小组，实现党委委员职责、片区“双分工”，坚持开展抓党建专项述职，推动管党治党责任落实。制定实施“三年登高”计划，创新构建“一流党建”指标体系，建立月布置、季点评、年考核管控模式，党建管理全面规范。围绕管党治党、党风廉政、选人用人，认真排查整改问题 136 个，切实补齐党建短板。出台党建绩效考核评价细则，实现基层党组织考评全覆盖。抓党建、强党建成效明显，党建绩效综合考评全川第二，得到省公司主要领导高度认可。

队伍建设持续优化，制定完善《中层干部管理办法》等 9 项制度，实现中干、专责、班组长、新员工梯队建设全覆盖。在干部公示中增加个人履历、工作实绩等内容，新任干部群众满意度均在 90%以上，1 名干部获评省公司“遵章守纪好员工”。注重实践培养，选派 3 名骨干到地方政府挂职锻炼，选拔 11 名员工上挂下派。大力培养优秀人才，打造“电力雏鹰”“国网人才”特色培养体系，“四级四类”人才达到 85 人，高端人才和“三无”人员指数全川第一。邓浩获四川省职业技能大赛第一名，陈富燕获国网公司“优秀服务之星”，朱林获评“川电工匠”。

党风廉政建设扎实推进，创新建立督察大队，开展 3 轮内部督察，省公司系统内率先完成对县级供电公司巡察全覆盖。完成省公司巡察问题整改，完善规章制度 11 个，建立长效机制 19 项，扎牢制度笼子。深化开展“两个责任”履责评估，发布预警 92 次，严密防控风险。以“清风川电”、“每月一案”为载体，深化廉洁教育，筑牢思想防线。开展自查自纠，排查整改问题 16 个，处理责任人 22 人。走访“两代表一委员”565 人次，聘请乡镇行风监督员 131 名，实现乡镇一级全覆盖。连续两年获德阳市党风廉政建设社会评价、省公司行风测评双第一。全面深化依法治企，创新开展法企共建，法治建设成果丰硕，获评国家电网公司经济法律工作先进集体。

企业文化建设成效显著。开展送文化下基层进班组活动，创作企业文化绵竹年画，建成 5 个企业文化建设示范点，获评省公司企业文化建设先进单位。深化核心价值观实践，持续打造鲁鹏志愿者联盟，开展服务 180 余次。巩固文明创建成果，连续三届保持全国文明单位称号，获评德阳市文明行业。按月评选明星员工、红旗团队，举办“典型引领”事迹报告会，鲁鹏获评全国最美志愿者、四川省道德模范，荣登中国好人榜，刘明友获登四川好人榜。品牌建设提质增效，全年在央视传播 5 次，在国网报、电网头条等媒体上稿突出，重大负面舆情实现“零”目标。“三本台账”获全国管理创新成果二等奖，在国家电网报型头版专题报道，进入 MBA 教学案例。

2017 年，国网德阳供电公司制定全年党风廉政建设工作要点和任务分工表，分层分级修订党风廉政建设“两个责任”清单，层层签订目标责任书。协助公司党政主要负责人对 47 名基层单位和部门负责人进行廉政约谈。督促各级班子成员、职能部门负责人按规定使用党风廉政建设责任制履职记实手册。严格责任考评，将党风廉政建设纳入党建工作绩效考评，全年未发生本部员工、副科级及以上干部违纪违法的案件。统筹实施协同监督重点议题 4 个，梳理问题风险 125 个，制定改进措施 150 项。完善《集体企业管控体系建设意见》《关于电网物资处置专项行动工作方案》《提升工程项目竣工决算审计管理工作方案》3 项制度措施。组织行风及优质服务明察暗访 4 次，走访“两代表一委员”526 名，发现并整改问题 27 项。参与非招标采购监督 49 次，省公司供应商考察现场监督 1 次。探索同级监督，向领导班子成员发出书面廉政风险提醒 3 份。严格廉政审核，开展任前廉政谈话 11 人。组织实施工程项目结余，物资、扶贫领域、公务用车管理等 3 个专项监督和公款购买消费高档白酒集中排查整治，发现并整改问题 8 项。创新实践党风廉政督察，全年开展 3 轮共 21 个单位的督察工作，实现督察全覆盖。督察发现问题 183 项、督促完善制度措施 37 项、处理处分相关责任人 63 人次。按季度开展职能部门、二级单位落实党风廉政建设落实“两个责任”风险评价，全年累计发出蓝色预警 86 次、黄色预警 2 次、橙色预警 4 次，发出纪委意见书 4 份，督促相关单位采取防控措施 3 次。组织各基层单位开展“每月一案”学习，组织科级干部、重点岗位人员和纪检监察员参加“清风川电讲堂”学习 12 期 1796 人次，组织 37 名近年来新提拔科级干部到金堂监狱接受警示教育，31 名关键岗位人员旁听法院庭审。开展纪检监察业务培训 3 期 213 人次，组织专兼职纪检监察人员业务知识普考。选派 9 人次参加省公司党风廉政巡察，主动承担省公司交叉信访办案任务，抽调基层业务骨干参与市公司信访初核。要求班组纪检监察员每月发现一个风险并采取相应防控措施，每年至少对本班组重点岗位人员进行 1 次提醒谈话。全年班组纪检监察员共发现廉政风险 2079 项，开展谈话 858 人次。2017 年，公司纪委共受理信访举报

5 件，同比下降 62%。自办职能部门移送问题线索 1 件。共处分处理 16 人次，其中党纪处分 1 人次、政纪处分 2 人次，诫勉谈话 2 人次、组织处理 6 人次，经济处罚 2 人次，提醒谈话 3 人次。第一种形态运用占比 81%。未发生瞒案不报、压案不查或责任追究不到位的问题。2017 年，公司在德阳市党风廉政建设社会评价中排名第一，在省公司党风廉政建设绩效考评中名列第一，荣获省公司纪检监察工作先进单位。

坚持企业民主管理。2017 年 1 月，顺利完成职工代表大会换届选举工作，组织召开九届一次职代会，审议通过总经理工作报告等多个报告的决议（意见），民主测评中层及以上领导干部；职代会闭会期间，召开职代会联席会议 8 次，审议通过 12 项议案；办理职工代表提案、建议（意见）22 条，提案办理率 100%。组织开展职工代表巡视督察活动，对 6 个基层单位的年度目标完成情况、安全责任落实情况及劳动保护工作情况进行督察，收集并回复职工建议意见 66 条。组织召开总经理联络员座谈会，提出企业发展中存在的问题和改进措施共 32 条。开展平等协商、签订新一轮（2018-2019 年）集体合同工作。

群众性创新活动蓬勃开展。积极落实班组建设“十三五”规划，按照《国网四川省电力公司加强班组建设和职工技术创新活动实施意见的通知》要求，积极落实领导干部和机关部门联系班组工作机制，积极收集班组减负意见建议。新创建五星级班组 3 个，新申报五星级班组 3 个，省公司标杆班组 2 个，国家电网公司先进班组 4 个，电力调度控制中心地区调度班被评为国家电网公司一流班组、国家电网公司先进班组。开展“我为企业献一策”合理化建议活动，共征集各基层单位推荐的合理化建议 39 条。“微视频”知识竞赛、计量专业技能竞赛等 10 项劳动竞赛，积极参与省公司组织的各项技能竞赛，荣获首届″四川工匠杯″技能大赛变电检修专业个人第一名、团体一等奖，变电站值班员专业个人一等奖、省公司“大数据”竞赛 2 个一等奖、1 个二等奖。打造以生产班组和营销班组为主体单元的劳模（职工）创新工作室示范点，改善蔡华劳模创新工作室的硬件条件，塑造德阳精品品牌创新工作室。开展全面质量管理活动，组织开展全公司范围内的 QC 基础知识培训，积极组织 11 名员工参加省质协 QC 诊断师培训， 2 名员工被评为国家级中级 QC 诊断师。完成创新成果 22 项，评选出优秀 QC 成果 12 项。检修分公司二次系统检修班 QC 成果“便携式遥控紧急分合闸装置的研制”获得全国优秀质量管理小组、全国电力行业优秀 QC 成果特等奖、国家电网公司优秀 QC 成果一等奖，公司被评为“全国电力行业质量管理小组活动优秀企业”。公司员工荣获国家电网公司优秀服务之星、川电工匠等荣誉称号，1 名员工获得省公司劳动模范荣誉称号，3 名员工获得省公司先进工作者荣誉称号，涌现出省公司优秀专家人才 18 名。

切实维权促企业和谐发展。坚持开展“4.15”职工维权咨询服务日活动，积极开展法制宣传教育，发放宣传资料 1760 份，收到基层员工反映问题 151 个，现场答复 127 条，提出意见、建议 64 条，解答员工意见、建议 59 条。开展节日走访慰问和施工现场送温暖、送清凉活动，各级工会共慰问职工 5164 人次、走访慰问班组 282 个、慰问费用达 68.37 万元。坚持做好困难职工帮扶工作，全年发放困难补助 39.05 万元，帮扶困难员工 52 人。持续开展“3.18”全员健身日活动，举办职工球类、游泳、扑克牌等 5 项体育比赛，不断丰富员工业余生活，原创音乐快板《春暖花开》参加省公司职代会期间职工文化成果展示获好评，3 首职工原创金曲参加省公司“川电金曲”评选，在省公司职工健身操比赛中荣获三等奖，选送《春暖花开》《鲁鹏鲁事》两部微电影参加全国职工微电影活动。

**【国网广汉市供电公司】**国网广汉市供电公司是国网德阳供电公司的直属公司，其前身是成立于 1962 年的成都供电公司广汉供电所，1984 年隶属国网德阳供电公司，供电服务范围包括广汉市 18 个乡镇及中江县古店乡，供电面积 584.8 平方千米，供电人口 60.7 万人，用电客户 27.3 万余户。公司本部设 5 个职能部门：综合管理部（党委办公室、党委组织部）、发展建设部、财务资产部、安全监察质量部（保卫部）、电力调度控制分中心；2 个职能管理和实施主体双重职责部门：运维检修部（检修（建设）工区）、营销部（客户服务中心）；下设 6 个一线班组，管理 10 个乡镇供电所，现有主业员工 87 人（含劳务）。

广汉辖区内 220 千伏变电站 2 座，110 千伏变电站 11 座，35 千伏变电站 1 座，主变总装容量 1603 兆伏安。辖区内共有 10 千伏线路 143 条，总长度 1449.35 千伏。辖区内公用配电变压器 2217 台，总容量 490.37 兆伏安，其中城网公用配 电变压器 216 台，总容量 79.08 兆伏安，农网公用配电变压器 1997 台，总容量 417.276 兆伏安。2017 年，城网综合供电可靠率 99.9241%，农网用户供电可靠率 99.7355%，城市综合电压合格率 99.999%，农网综合电压合格率 99.933%。

2017 年，国网广汉市供电公司累计完成售电量 20.81 亿千瓦时，同比下降 6.95%；实现销售收入

13.73亿元，售电均价613.24元/千千瓦时，电费回收率100%，连续17年实现电费结零；综合线损率4.63%，同比下降0.04个百分点；线路综合跳闸率同比下降61.2%；纳税总额4563.14万元，同比下降7.11%，人才当量密度达到1.0554。

国网广汉市供电公司先后荣获国家电网公司一流县级供电企业、国家电网公司农电安全标杆单位、国家电网公司“户户通电”工程建设先进单位、国家电网公司新农村电气化建设先进集体以及四川省“五一”劳动奖状、四川省级文明单位、四川省工人先锋号、四川省敬老文明号、四川省级卫生先进单位、国网四川省电力公司先进集体等荣誉称号。2017年，荣获四川国际航空展览会筹办工作贡献奖。

**【国网什邡市供电公司】**国网什邡市供电公司成立于1985年2月，是国网德阳供电公司直属二级供电机构。担负着什邡市城区及马井、马祖、双盛、禾丰、元石、皂角、回澜、彭州三界8个乡镇、102个行政村的供电任务。

国网广汉市供电公司设有七部（综合管理部、财务资产部、安全监察质量部、发展建设部、运维检修部、营销部、乡镇供电所管理部）、一中心（电力调度控制分中心）、六个班组（配电运检班、市场班、营业班、抄表班、计量班、调控运行班）。两个属地化管理的集体企业三新分公司（六个电力服务所）和电建分公司（四个施工队）。现上岗人员76人（其中全民65人，劳务11人），上岗人员本科及以上学历53人、大专16、中专及以下7；高级职称2人、中级职称18人、初级职称44人；技师37人。

2017年，完成售电量10.5亿千瓦时；电费回收率100%；综合线损率为线损率3.65%；辖区内共有35千伏及以上变电站11座，其中：500千伏变电站1座，220千伏变电站2座，110千伏变电站7座，35千伏变电站1座，变电总容量为3235.1兆伏安。截至2017年12月31日，实现连续安全生产4648天。

国网什邡市供电公司认真落实安全生产责任，修订完善安全生产内控机制，切实加强临时性作业安全管控。建立安全管控APP系统，全方位、全过程掌握现场施工状况、实时监督现场生产；制定安全保证金制度，设立安全生产监督举报箱，全员参与反违章行动。修订完善安全生产内控机制，切实加强临时性作业安全管控。落实“月计划、周安排、日管控”措施，坚持每月制定计划的同时做好承载能力分析，平衡月停电计划及施工安排。落实周安排，公司周五预控会全面梳理部门下周施工任务，预控分析施工危险点和安全措施，评估高危风险作业，形成到岗到位任务书。严格执行日管控，建立微信管控群，全方位、全过程掌握现场施工状况、实时监督现场生产，防范人身风险。

为进一步提升优质服务，切实解决客户用电问题。2017年，国网什邡市供电公司持续深化城市“三本台账”工作，全面开展居民客户“五个一”服务，全年走访工业大客户和居民客户共68697余次，开展帮扶50余次。先后为什邡市党代会政协会、人代会，2017年高考、中考、自考等活动进行保电，彰显社会责任。实施大客户及工业园区专属客户经理制。完成“三供一业”等小区移交工作，共计移交96个小区，已完成双方正式协议签订25个。

国网什邡市供电公司突出重点，注重实效，不断提高依法管理、依法决策和依法治理的能力。严格执行“三重一大”集体决策制度，领导干部认真履行“一岗双责”，未发生管理范围内廉政、法律风险问题。扎实开展问题清单梳理，防范风险规范管理。全面开展提质健体活动，国网什邡市供电公司从大力开拓市场、强化精准投资、深化精益管控等方面提升企业发展质效。强化财务弱项指标管控，以县级同业对标为抓手，有效改善薄弱环节。按照国家电网公司“星级”供电所和“全能型”供电所创建工作要求，全面打造基础管理扎实、配网安全可靠、专业管理精益、指标业绩领先、供电服务优质的乡镇供电所，进一步提升供电所管理水平。创建四星级供电所1个，三星级供电所4个，一星级供电所1个。积极推进科技创新工作，助推职工成才，深化企业文化。2017年，科技创新工作有条不紊，扎实开展。QC成果再创历史佳绩：“缩短智能电表故障抢修全业务流程时间”荣获省公司QC成果一等奖、德阳公司QC成果三等奖，该成果在国网德阳供电公司已得到广泛运用。

国网什邡市供电公司先后荣获国家电网公司“县级一流供电企业”、国家电网公司文明单位、省公司先进党支部、省公司县级供电企业十佳文明单位、省公司模范职工小家、四川省文明单位、四川省“工人先锋号”、省公司安全先进集体、德阳市最佳文明单位、什邡市“十佳服务窗”口等。在什邡市行风评议中名列前茅。

**【国网绵竹市供电公司】**国网绵竹市供电公司是国网德阳供电公司管辖的二级供电企业。现有主业员工87人，设综合管理部（党委办公室、党委组织部）、财务资产部、发展建设部、安全监察质量部（保卫部）、运维检修部（检修（建设）工区）、营销部（客户服务中心）、电力调度控制分中心共六个部门一个中心。供电范围包括绵竹市城区及17个乡镇。企业固定资产5.24亿元。2017年全口径累计完成售电量

14.80 亿千瓦时，同比增涨 4.35%；累计售电均价为 537.1 元/千千瓦时，同比增加 20.01/千千瓦时，涨幅 3.87%；实现电费回收率 100%。城网供电可靠率 99.9363%，农网供电可靠率 99.7397%。城网电压合格率 100%，农网电压合格率 99.99%；综合线损率为 3.92%。截至 2017 年 12 月 31 日累计连续安全生产 6145 天。

绵竹电网以 2 座 220 千伏变电站为电源和电压支撑，通过 7 座 110 千伏变电站及 4 座 35 千伏变电站，向绵竹市城区及 17 个乡镇，共计 5.5 万户城市用电客户和 15.4 万户农村用电客户供电。公司供区内共有 220 千伏输电线路 11 条，110 千伏线路 34 条，35 千伏线路 4 条，10 千伏线路 78 条。10 千伏配电变压器 2492 台，其中 10 千伏城网配电变压器 248 台，10 千伏农网配电变压器 2244 台。辖区内 10 千伏线路总长 1292 千米，其中城网 191 千米，农网 1101 公里。10 千伏城网线路绝缘化率 100%，21 条线路全部实现手拉手供电，手拉手供电比例达 100%；农网 57 条线路中 43 条线路实现手拉手供电，手拉手供电比例为 75.4%。

2018 年，国网绵竹市供电公司深入学习贯彻中共十九大精神。持续推进安全作风整顿活动，强化安全责任考核激励机制，强化安全生产过程管控，完善安全内控机制，加大“四不两直”督查，扎实开展隐患排查治理，推进安全生产问题清单梳理，开展安全专项检查，确保公司安全稳定局面。持续加强电网规划建设，完成公司“十三五”期间新一轮农网改造升级规划、工业园区电网规划、绵竹市 2017—2020 年配网规划等一系列规划工作。协调国网德阳供电公司与绵竹市人民政府签订战略合作框架协议，安排班子成员挂职经开区。有序推进问题清单梳理全覆盖工作，完成问题清单“四上”工作及重点问题整改决议。开展大客户直购电、富余电量优惠电价政策宣传，大力推广电能替代。深入推进营销“三全”工作，多渠道推广“掌上电力”APP，实施用电信息采集建设及计量改造项目、老旧及故障智能电能表轮换项目。切实落实党风廉政建设“一岗双责”责任制，扎实推进“两学一做”学习教育常态化制度化，稳妥推进公司职工家属区“两供一业”分离移交工作。制定“四讲四有”党员考核评价办法，组织开展“百人百讲”形势任务宣讲、党员大讨论和红色教育活动，持续推进企业文化长廊建设工作。大力开展扶贫工作，对口帮扶 96 户贫困户，补贴低保户、五保户电费共计 278.5 万元，。积极关心在职及退休职工生活和身心健康，切实提升员工归属感和幸福感。

2017 年，国网绵竹市供电公司持续深化“两个转变”，加强“三个建设”，团结务实，拼搏创新，圆满完成全年工作任务，荣获国家电网公司 2016 年配电网标准化建设改造达标单位、“电网先锋党支部”、2014—2016 年度文明单位，省公司企业文化示范点等荣誉。

**【国网罗江县供电公司】**国网罗江县供电公司于 1993 年 7 月组建，担负着罗江县城及 10 个乡镇，以及绵阳安县永河镇的供电任务，供电面积 480 平方千米、供电人口 26 万余人。现有 7 个职能部室，4 个生产班组，7 个供电所。属地管理集体企业三新罗江分公司与明源罗江分公司，3 个公司共有员工 239 人（其中：主业 55 人，三新罗江分公司 161 人，明源罗江分公司 23 人）。

国网罗江县供电公司现有各类用电客户 100899 户，其中大宗用电客户 92 户，供区所属四川省金路树脂有限公司为德阳公司第一大客户。2017 完成售电量 9.35 亿千瓦时；售电均价 492.31 元/千千瓦时；综合线损率为 2.75%；并实现连续 21 年电费回收率、解交率 100%。截至 2017 年 12 月 31 日，实现安全生产 8923 天。

国网罗江县供电公司电网基本情况：供区内共有变电站 12 座，其中 500 千伏 2 座、220 千伏 1 座、110 千伏 4 座、35 千伏 5 座，220 千伏及以下变电总容量 69 万千伏安。现有 35 千伏及以上输电线路 163.5 千米。罗江配网共有 10 千伏线路 57 条 790 千米，低压线路 2669 千米。配电变压器 1485 台，总容量 23.73 万千伏安。

国网罗江县供电公司成立以来，在历届班子的带领下，各项工作取得了长足进步，得到了上级认可，先后获得了国资委“中央企业学习型红旗班组”；共青团中央“青年文明号”；四川省“文明单位”；四川省“农网建设与改造先进集体”；国家电网公司“安全生产先进集体”、文明单位；四川省电力公司首届县级供电企业“十佳”文明单位、省公司先进集体、省公司 2017 年营销转型试点工作标杆单位；德阳市“工人先锋号”；德阳市“抗震救灾先进集体”等荣誉。

**【国网中江县供电公司】**国网中江县供电分公司前身是德阳电业局中江供电公司，2005 年四川省电力公司 80%控股，2014 年开展股权上划工作成为省公司全资子公司，2016 年开展“子改分”工作成为省公司县级分公司。公司设 7 个职能部门：综合管理部、发展建设部、财务资产部、安全监察质量部（保卫部）、电力调度控制分中心、运维检修部（检修（建设）工区）、营销部（客户服务中心）；11 个班组及

22 个供电所，现有主业员工 175 人，属地化管理三新中江分公司员工 460 名。

2017 年完成售电量 8.49 亿千瓦时，同比增长 14.53%，达到历史新高；售电均价完成 649.24 元/千千瓦时；累计应收电费 5.52 亿元，电费回收率 100%；综合线损率 8.43%，同比降低 0.8%，比年度指标低 0.77%，实现历史性突破；截至 2017 年 12 月 31 日，已连续安全生产 4168 天。辖区内有 35 千伏及以上变电站 17 座，其中 220 千伏变电站 1 座，110 千伏变电站 6 座，35 千伏变电站 10 座。35 千伏及以上输电线路 412.869 千米，其中 110 千伏线路 247.438 千米，35 千伏线路 165.431 千米，10 千伏线路 3384.96 千米。

2017 年，国网中江县供电公司参加德阳公司“不忘初心 牢记使命”中共十九大精神知识竞赛，获团体第一名；扎实开展“反违章、除隐患，安全作风整顿年”活动，参加国网德阳供电公司第八届班组安全论坛，获一等奖；突出重奖重罚，建立管理及作业人员安全生产保证金制度，成立安全巡查大队，制定 10 千伏及以下电力设施外力破坏处置实施细则；配合完成国网德阳供电公司与中江县人民政府“十三五”战略合作协议签订工作；完成 2017 年德阳云绣至丰谷西线π入南华 220 千伏线路工程施工设计的审查，现已开工建设；农网改造升级及新增工程通过省发改委验收，并获肯定；狠抓乡镇供电所小型基建项目标准化建设，通过了国家电网公司的验收并获得高度肯定；修订优质服务管理“五严五制”措施和季度服务之星评选工作实施细则，设立优质服务反省室，严格执行重奖重罚，形成优质服务高压态势；成立营销“三全”工作领导小组，扎实开展营销“三全”工作；制定 “管理提升年”活动实施细则，成立以公司党政主要负责人为组长的领导小组，推进“问题清单”梳理，清理并上报问题 10 个；全面推进法治供电企业建设，促进“两个责任”共同发力，获评德阳市“法律七进”示范点单位；将党建工作纳入关键业绩指标，编制《深化支部党建工作实施意见》和支部工作清单，新设立两个支部，切实规范基层党组织生活；成立 5 个共产党员服务分队，配合省公司在集凤石埡子村举办新闻媒体通气会及共产党员服务分队授旗仪式，持续提升国家电网品牌的美誉度；与石埡子村支部结对，定期开展活动，交流党建思想，实现点对点精准帮扶。

2017 年 4 月 18 日，国网德阳供电公司举办党群业务知识竞赛

**【国网德阳市蓥华供电分公司】**国网德阳市蓥华供电分公司是 2017 年 4 月正式成立的，前身为民营控股的什邡明珠电力有限责任公司，2009 年 1 月改制为国网四川省电力公司控股的国有控股公司，并由德阳供电公司管理，领导班子设有 7 人，供电区域面积 622 平方公里，约为全市行政区域的 72%，主要分布在山区和沿山区，共有用电客户 79105 户，其中专变用户 394 户，装接容量 327.8 兆伏安，供电量约占全市用电量的 50%。下辖 15 个变电站，其中 110 千伏变电站 3 个，35 千伏变电站 12 个（变电总容量 518 兆伏安），现有 110 千伏线路 7 条共 73 千米，35 千伏线路 23 条共 147 千米，10 千伏线路 54 条共 701 千米。

国网德阳市蓥华供电分公司下设 6 个职能部门、3 个支撑机构、7 个供电所。总人数 398 人，其中主业在岗 206 人、离岗退养 13 人、集体企业在岗人员 24 人，农电工 155 人（由什邡市章洛分公司聘用）。主业人员平均年龄 42.1 岁；取得高级职称 7 人、高级技师 5 人，技师 79 人、中级职称 37 人、初级职称 153 人，有中专及以上学历人员 222 人，大学本科及以上学历 128 人，公司现有退休人员 157 人。

2017 年，面对复杂的外部形势和艰巨的改革发展任务，国网德阳市蓥华供电分公司上下坚决贯彻德阳供电公司和什邡市委、市政府各项决策部署，团结奋进、扎实工作，全面完成了全年各项目标任务。全年完成售电量 78686 万千瓦时，同比增长 3.49%。售电均价电价完成 487.47 元/千千瓦时（不含税）。线损率 2.67%，同比下降 1.36 个百分点。电费回收率解交率均达到 100%。营业收入 3.84 亿元，同比增长 2.14 个百分点。实现利润 981.43 万元

**【国网德阳市孝泉供电公司】**国网德阳市泉供电公司原为乡镇企业，2001 年德阳明源集团控股，2009 年国网四川省电力公司控股（注册资本 500 万元，由两大股东组成：省公司持股 83.49%，国网德阳市绵竹孝德水电公司持股 16.51%）。2012 年 3 月绵竹孝德水电公司将持有股份转让给四川省电力公司，国网德阳市孝泉供电公司成为省公司的全资子公司。2016 年，完成“子改分”，按照市公司分公司模式运行，现有长期员工 67 人，三新员工 28 人，退休职工 15 人。机构设置为：综合管理部、安全监察质量部、财务资产部、运维检修部（下设配电运检班）、电力调度控制分中心、营销部、孝泉供电所、孝德供电所。国网德阳市孝泉供电公司现辖供电营业区域 110 平方千米，担负着德阳市旌阳区孝泉镇、绵竹市孝德镇供电任务，用电户数 3.2 万户，供电人口约 10 万人。、主供电源点是 110 千伏孝泉变电站。备用电源点是绵竹供电有限公司的 110 千伏麻柳站 35 千伏柳东线。国网德阳市孝泉供电公司现有 35 千伏变电站共 3 座，总容量为 38600 千伏安。公司现有35千伏线路25.34千米,10千伏配电线路244千米，0.38/0.22 千伏配电线路 610 千米，配变总容量 95260 千伏安/508 台。供区内有小水力发电站 13 座在公司并网，总装机 2758 千瓦。

2017 年售电量完成 9399.51 万千瓦时，完成年计划 0.91 亿千瓦时的 103.29%，同比增加 3.29%；可控成本完成 431.77 万元，完成省公司下达数 431.77万元的100%;售电均价(含税含基金):646.25 元/千千瓦时，同比下降 1.30%；供电综合线损率 4.90%，比计划数 6.20%下降 1.3 个百分点，同比下降 1.19 个百分点；电费回收率 100%，电费解交率 100%。

该公司2017年获评国网四川省电力公司示范道德讲堂、精益管理优秀课题，国网德阳供电公司安全生产先进单位、公文管理先进集体、企业文化工作先进集体、教育培训管理先进集体、法治企业建设成果发布一等奖、党群业务技能竞赛二等奖等荣誉。职工自创自唱歌曲《大孝至爱光明行》获评省公司“川电金曲”，公司原创微视频《平安树》获市公司微视频大赛三等奖。职工刘星获评省公司优秀技能人才，职工李永刚获评《电力安全工作规程》调考电网建设（变电、线路专业）优秀个人，职工张阳获评德阳市文明标兵。

**【国网德阳市纹江供电公司】**国网四川省电力公司德阳市纹江供电分公司，其前身为罗江县水电厂，始建于 1958 年，1999 年改制为罗江县星光电力公司，2003 年 1 月与德阳明源电力（集团）有限公司资产重组，成立德阳罗江明源电力有限责任公司。2009 年 1 月，正式被国网四川省电力公司控股，更名为“四川罗江供电有限责任公司”。2013 年 9 月按照省公司要求更名为“国网四川罗江县供电有限责任公司”。2017 年 4 月 17 日根据四川省电力公司川电人资〔2017〕26 号文，成立国网四川省电力公司德阳市纹江供电分公司。

按照省公司、市公司指导管理要求，采取切实有效措施，稳步推进企业改革改制。成立“子改分”工作机构，制定《总体工作方案》《职工安置方案》，在做好现状摸底、宣传动员、征求意见、资产调查、税收统计等工作的同时加强与政府职能部门的沟通协调。2017 年 7 月，国网德阳市纹江供电公司按期完成工商注册、营业执照、税务、社保登记的变更、法律尽职调查、税务清算、工商注销等 13 个关键节点的任务。

国网德阳市纹洪供电公司供区面积 57 平方千米，辖 3 个乡镇、9 个行政村，供电人口 4 万余人。主要经营范围为供电营业区域内的电力购售。所属电网的管理和电力设计、建设；承装、承修、承试电力设施。(以上经营范围国家限制或禁止经营的除外，需经有关部门批准的，必须取得相关批准后，按照批准的事项开展生产经营活动。)现公司与国网罗江县供电公司共同在罗江区域进行电力购售相关服务，罗江区现为一区两公司供电模式，公司供电区域占比 12.72%。

公司现设综合管理部、运维检修部、营销部 3 个职能部门和配电运检班、营业班两个业务支撑机构。公司定员 56 人，现实际上岗总人数为 47 人，平均年龄 41.7 岁，均为长期职工，无农电及其他用工。其中：领导班子成员设有 5 人（罗江县供电分公司领导班子成员兼任 5 人）。公司在岗人员（不含兼任领导）取得高级职称 1 人、中级职称 6 人、初级职称 37 人，技师 13 人、高级工 16 人。立足罗江县域两家供电单位、一套领导班子的实际情况，2010 年公司营销部用电检查、业扩业务与国网罗江县供电公司合署。2013 年按城市配网抢修“五个一”要求，公司配电运检班与罗江供电分公司合署成立共产党员服务队。2016 年综合管理部安监专责一人无法覆盖公司所有安全工作，综合管理部安监专责与罗江供电分公司安全监察质量部合署，有效实现人力资源互补、解决人员缺乏短板问题。

公司拥有 10 千伏开关站 1 座，10 千伏配电线路 78.306 千米 0.4/0.22 千伏线路 66.151 千米。10 千伏配电变压器 205 台/94000 千伏安。实现供电可靠率 99.94%，电压合格率 99.988%。现有营业户数 1.62

万余户，2017年完成售电量8128.95万千瓦时，线损率为4.75%，售电均价533.01元/千千瓦时，实现电费回收率100%。截至2017年12月31日，累计安全生产5416天。

2017年，经过全体员工的共同努力，顺利完成各项工作任务。先后荣获省公司及以上竞赛、调考先进单位、安全生产先进集体等荣誉称号，21人被评为国网德阳供电公司及县公司级2017年度各类先进个人。

**【国网德阳市绵东供电公司】**国网德阳市绵东供电公司位于绵竹市东北镇联合村，由四川绵竹电力股份有限公司改制而成，企业类型为全民所有制分支机构（非法人）。原四川绵竹电力股份有限公司于1994年6月发起设立，2008年12月由国网四川省电力公司代管。经国务院国资委批复，2013年7月1日起，公司100%产权无偿划转至省公司，注册资本1514.87万元，系省公司全资子公司。公司于2014年8月14日正式改制更名为国网四川绵竹市供电有限责任公司。2016年7月7日公司变更为国网德阳市绵东供电公司。现主营业务为：电力生产销售、电力销售。公司主要供电区域为绵竹市清平乡、天池乡全部区域和拱星镇、汉旺镇、兴隆镇以及东北镇部分行政区域，营业供电面积约360平方千米。截至2017年年底，网内现有2×2500千瓦水力发电站1座；110千伏变电站4座总变电容量191.5兆伏安（含客户站2座），公用变电容量121.5兆伏安、客户变电站容量70兆伏安；35千伏变电站8座（含客户站2座），总变电站容量74.8兆伏安，公用变电站容量58.2兆伏安、客户变电站容量16.6兆伏安；10千伏公用配变71台，总容量16.71兆伏安；110千伏线路50.316千米，35千伏线路56.82千米，10千伏线路总长度99.7公里。

国网德阳市绵东供电公司现有职工175人，其中具有本科及以上学历职工102人，专科学历51人，中等职业教育4人，高中学历4人，初中及以下14人。大专及以上学历的比例为87.43%。具有专业技术资格的人员122人，占职工总人数的69.71%。其中：中级职称29人，初级职称93人。按技能等级分组：具有技能等级的员工123人，占职工总人数的70.29%。其中高级技师1人，技师47人，高级工51人，中级工24人。

国网德阳市绵东供电公司下设综合管理部、财务资产部、安全监察质量部、发展建设部、调度控制分中心、营销部、运维检修部、水电运检中心8个部门和综合服务班、调控运行班、水电站运行班、变电运检班、配电运检班、营业班、计量班、清平供电所8个班组。

2017年，国网德阳市绵东供电公司立足本质安全，实现安全生产5114天，安全生产局面稳定；完成销售电量4.13亿千瓦时，比2016年同期增长了21.26%；累计实现营业总收入15974.87万元。综合网损1.88%；农网综合电压合格率99.9718%；供电可靠率99.8830%；两票合格率、标准化作业执行率、检修计划及抢修工作完成合格率、缺陷处理率均达到100%。该公司荣获“四川省电力公司安全生产先进集体”及“国网德阳供电公司先进集体”殊荣。

**【德阳明源电力（集团）有限公司】**德阳明源电力（集团）有限公司（下称：明源集团）成立于2000年8月，注册资本人民币7000万元。下辖德润电建分公司、德为电力分公司、广汉电建分公司、绵竹电建分公司等12家分公司，为国网四川省电力公司主办并授权国网德阳供电公司代为履行监管职责的集体企业。

明源集团现有员工1228人，其中大专及以上学历832人，中级以上职称等级165人。2017年，明源集团组织开展各类培训2.7万课时，3386人次参加培训。人才当量密度0.81，较2016年同期提高2.5%。

2017年，明源集团贯彻落实“管理提升”各项要求，主动查找风险漏洞，强化企业管理。属地化调研协调推进，联合主管部门规范集体企业管控体系建设，管理脉络与权责划分更加明晰。集团“瘦身健体”及培训机构清退全面完成，集体企业数量进一步压减，核心业务更加凸显。

“三会一层”法人治理工作全面完成，岗位机构设置进一步完善，企业经营依法合规。接受国家电网公司集体企业专项审计，共发现整改问题48项，经营管理和制度建设升级提档。

人力资源管理成效突出。完成企业人员结构承载能力系统评估，出台工资总额、选人用人、业绩考核等管理办法，人工成本总额得到有效控制，薪酬、干部管理体系更趋科学、规范。财务关键领域规范广泛深入，集约化程度不断增强。多措并举加大应收账款回收管理力度，余额较基期压降40.12%，完成省公司应收账款指标考核及年度应收账款专项工作“双目标”。项目管理精益化水平再上台阶。分包综合评价有力落实，资金审批执行严密，施工过程标准化有序推广。主业成本类项目专项整治扎实开展，成本匹配实效性、逻辑性显著增强。大客户经理制正式落地，建管、施工沟通渠道逐步畅通。集团统筹大型及重点项目投标，标书编制及审核标准全面统一，投标质量进一步提升。物资管理亮点纷呈。严格物资统管及非招标采购，全年统管各类项目采购计划 397 份，发生采购金额 1.8 亿元。物资统管率及电子平台采购率保持 90%以上。与阿坝公司物资仓储管理合作持续深化，物资管理“走出去”创省内集体企业先河。

2017 年，明源集团紧跟发展趋势，深入政策研究，积极努力推进市场开拓。全年共签订合同 805 项，金额 9.59 亿元。全年承接大修技改项目 54 项、营销业务外委项目 43 项，参与抢修抢险 257 次，承担中心村、井井通工程 56 项，城、农网升级改造 66 项，完成用户施工项目 214 个，设备调试项目 66 个，节能减排项目 3 个。

完成异地施工项目 24 个。白云变电站、贡嘎变电站等工程胜利收官，阿坝中查沟、成都城厢 110 千伏输变电等外接重点项目有序推进。西城客专剑门关牵引站供电工程，在艰难条件下顺利投运，圆满完成省公司“9·30”建设目标，工程在施工方案编制、标准化建设等多个方面获得国家电网公司肯定；广元 220 千伏昭广、朝广工程，历时 3 年正式竣工，为兰渝铁路胜利通车提供坚强保障。什邡电建分公司获取重庆巫溪光伏电站项目，按期完工并网发电。35 千伏袁家—永安线路工程等 4 个项目被评为省公司优质工程。

明源集团紧跟“电改”政策动向，精准补位，抢占先机。在省公司集体企业范围内首批完成售电入市注册。2017 年底，完成购电签约用户 45 户，签约电量 8.61 亿千瓦时。宣告集团成功进军地区电力交易市场。

**【德阳市三新供电服务有限公司】**德阳市三新供电服务有限公司于 2012 年 8 月 20 日正式挂牌成立。公司下辖 7 个分公司，截至 2017 年 12 月 31 日共有员工 1750 人，实现连续安全生产 1919 天。2016 年，面对复杂的改革形势和艰巨的发展任务，公司立足服务农村广阔天地，凝心聚力、迎难而上，各方面工作取得明显进步，全面完成了农村供电所业务委托工作，全年没有发生人身伤害事故、设备事故、重大火灾事故、负同等及以上责任重大交通事故、负同等及以上责任的农村触电伤亡事故;售电均价、线损率、电费回收率、电压合格率、供电可靠率全部完成上级规定指标。

2017 年，该公司深入学习宣贯中共十九大精神，多形式开展学习十九大活动，各支部共开展集中学习 33 次，公司党委委员、班子成员、纪委委员深入基层宣讲 8 次，扎实推动十九大精神进基层、进班组。2017 年公司强化安全责任制，严控临时性工作，严禁无管控作业。弥补安全管理短板，夯实安全基础。认真组织开展“反违章、除隐患、安全作风整顿年”活动，多举措不断提升安全生产管控能力。强化运维质效管理，提高运维管理水平。加强经营管理，营销指标全面提升。努力提升优质服务水平，积极开展“我为服务查短板，‘三用’服务促提升”供电服务主题活动。配电工程建设有序推进。努力提升人力资源管理水平，依据省公司指导意见，完善了公司岗位和薪酬管理制度，统一实施岗位绩效工资制度。5 月对原直供直管 1100 名员工执行新的薪酬制度，11 月对原控股公司 659 名农电员工执行新的薪酬制度。积极推进星级供电所和“全能型”供电所建设工作，制定《星级供电所绩效奖励办法》和《“全能型”供电所建设实施方案》。强化依法治企工作，促进公司规范管理。加强党建工作，和支部全面签订党风廉政建设责任书；对支部记录等党建基础台账进行全面清理并培训。关注职工权益，构建和谐企业。开展职工创新和 QC 活动公司电气试验班 QC 小组“电气试验防误入自动断电保护装置的研制”获得国网四川省电力公司 2017 年 QC 成果一等奖和最佳发布奖。

（刘　桢）

## 国网雅安供电公司<br>国网雅安电力（集团）公司

**【企业概况】**国网雅安电力（集团）公司前身为 1942 年成立的西康康裕公司雅安水力发电厂，2008 年年底开始由国网四川省电力公司控股管理，系特一型企业。公司集发、供电于一体，承担着雅安市六县两区的供电任务，供电面积 1.53 万平方千米，供电人口 157 万人。公司本部设 11 个职能部门、7 个业务支撑机构，下辖 8 家县级供电公司（其中：雨城、荥经、名山、天全、汉源、芦山、宝兴 7 家县级公司为分公司，四川富源电力股份有限公司（石棉县供电公司）为控股子公司），拥有雅电发电公司、雨都饭店 2 家专业企业和 1 家集体企业科元公司。

国网雅安供电公司成立于 2005 年 12 月 23 日，是隶属于国网四川省电力公司的分公司，主要负责国网四川省电力公司在雅资产的建设、运行、维护和管理，对雅电集团进行电量趸售和结算。2009 年 3 月起，国网雅安供电公司干部员工以整体对口援建的方式，到雅电集团任职、工作，参与雅电集团的经营管理。国网雅安供电公司所属电网设备的运行、维护工作委托雅电集团实施。公司下设 8 个职能部门、2 个业务支撑和实施机构，无直管二级单位。

2017 年 3 月 7 日，国网四川省电力公司与雅安市人民政府签订战略合作协议　　（汤小强　摄）

截至 2017 年年底，雅安电网拥有 500 千伏变电站 2 座，总变电容量 375 万千伏安，500 千伏线路 18 条共计 2265 千米。（雅电集团）管辖 35 千伏及以上变电站（含开关站）102 座，总主变容量 657.75 万千伏安，其中：220 千伏变电站 9 座，容量 282 万千伏安；110 千伏变电站 42 座，容量 334.7 万千伏安；35 千伏变电站 51 座，容量 41.05 万千伏安。管辖35千伏及以上输电线路 296 条，总长度 3341.61 千米，其中：220 千伏线路 27 条共计 610.59 千米，110 千伏线路 87 条共计 1314.23 千米，35 千伏线路 182 条共计 1416.70 千米。管辖 10 千伏配电变压器 1.16 万台，总容量 206.59 万千伏安；10 千伏配电线路 371 条，总长度 5918.94 公里。雅安电网位于“九石雅”水电送出通道，小水电分布广泛，是一个典型的有源网络。网内并网水电站 645 座、总装机容量 188.07 万千瓦，其中雅电集团自有电站 31 座、总装机容量 13.995 万千瓦。

2017 年，雅电集团完成固定资产投资 4.5 亿元，其中电网投资 3.7 亿元；售电量 88.65 亿千瓦时，同比增长 2.65%，其中网内售电量 73.21 亿千瓦时；自发电量 6.08 亿千瓦时；综合线损率 6.69%，同比下降 0.08 个百分点；营业收入 28.42 亿元，同比增长 14.37%；资产负债率 72.42%，同比下降 2.21 个百分点；利润总额 2543.47 万元；上缴税金 3.45 亿元；流动资产周转率 4.44 次。

**【人力资源】**雅电集团修订完善业绩考核、表彰奖励制度，绩效系统建设实现全覆盖。调整交流科级干部 100 人次，配齐配强基层单位纪委书记，首次开展财务总监述职和科级干部安全述职。1461 人的学历、专业技术资格和职业技能等级取得晋升，人才当量密度业绩指标位列全省第一。新增省公司级优秀人才 4 人，“电力雏鹰”培养实现零突破。自主举办和承接省公司培训 313 期，新增省公司内训师 126 人。选派 2 名农网设计骨干对口支援国网凉山供电公司，派出专业技术人员参与国家电网公司援藏帮扶和《后勤应急保障手册》编制。截至 2017 年年底，雅电集团用工总量 3796 人，其中全口径在册长期职工 3374 人，劳务人员 422 人，员工平均年龄为 43.7 岁。公司全口径劳动生产率 41.95 万元/人·年；人才当量密度 0.9545，同比提升 0.0453。

**【电网建设与发展】**促成省公司与市政府签署战略合作协议，电网发展环境不断优化。滚动编制雅安电网“十三五”规划，调增投资 2.3 亿元。完成 500 千伏雅安送出加强工程属地前期协调任务，川藏铁路雅安牵引站 110 千伏供电工程等 3 个项目开工建设，110 千伏永兴输变电工程等 11 个项目竣工投运。完成发输配变技改项目 73 个、大修项目 64 个，设备健康水平不断增强。全年新增变电容量 34.26 万千伏安、配变容量 15.45 万千伏安，新建改造输电线路 203.62 千米、配电线路 236.49 千米。1 个电网项目获得省公司“安全流动红旗”称号。

**【经营管理】**雅电集团将“管理提升”与“瘦身健体提质增效”等专项工作相结合，完成提升任务 1347 项，企业效益和管理水平同步提升。圆满实现亏损企业治理和非主业低效无效资产处置目标，发电公司扭亏为盈。供配电资产接收净值超过 1.7 亿元，接收规模居全省第四位。电能替代电量同比增长 1.7 倍，锅炉“煤改电”规模居全省第二位。收回“账销案存电费”84 万元，荣获省公司突出贡献奖。经济调度创造效益 2200 万元，争取无功设施改造资金 110 万元。狠抓“量价费损”在线监测，营销稽查监测成效位列全省第一。

公司重组以来首次实现银行零贷款，财务费用同比减少 87.85%。实施全面预算管理，可控成本同比减少 17.64%，增量效益挂钩成本增加 3520 万元。推进“两金”压控，长期应付款转营业外收入 1516.23 万元，应收账款和库存物资同比压降 50.96%和 25.24%。集体企业实现营业收入 3.41 亿元，应收款较年初减少 48.5%。调控中心同业对标被省公司列为标杆，公司对标标杆实现“零”突破。

**【安全生产】**强化本质安全建设，完成安全生产风险清单梳理。开展安全生产大检查等专项活动，排查并整治安全隐患 1325 项。滚动分析电网运行风险，发布风险预警 78 项。加强生产标准化体系建设，集中检修 22 座变电站，谐波源头治理开创省内成功案例。改造线路“三跨”46 处，27 条 220 千伏线路实现属地化运维。开展“四清理、四整治”等专项行动，输、配电跳闸率同比下降 34.1%和 7.14%。落实施工作业精准化日管控，市县两级查处违章 2038 项。试点开展安全责任制落实情况巡察，首次实施运检业务工程外协施工队伍准入考核。成功处置灵关“7·25”泥石流等灾害险情，紧急驰援 “8·8”九寨沟地震抢险，配合 500 千伏九石线抢修得到省公司表扬。花滩电站防汛工作得到国家防总等上级单位肯定。联合市公安局成立“电力公安警务室”，排查并整治外破隐患 52 处。加强老旧小区及高层建筑用电安全检查，确保网络信息、交通消防安全。荣获省公司“安全生产先进单位”称号。

2017 年 5 月 9 日，国网雅安电力（集团）公司开展首次带电作业

（汤小强 摄）

**【农电工作】**提前打赢农网改造升级“两年攻坚战”，完成计划投资 2.73 亿元，完工农网工程项目 135 个（其中贫困村项目 63 个），供区内贫困村生活用电全部达标，汉源古路村农网脱贫项目在中央电视台“喜迎十九大”直播节目专题报道。深化应用项目需求编制辅助软件，提高项目储备和设计效率。加快推进供电所办公楼小型建设进度，不断完善供电所生产营业硬件设施。开展供电所专业管理指导考评，全面提升供电所服务水平。推动星级供电所及全能型供电所创建工作，完成 1 个全能型供电所试点建设，新增 1 个四星级供电所、10 个三星级供电所。

**【科技与信息化工作】**加快推进营销“三全”建设，智能电表覆盖率、采集成功率和台区线损合格率较年初提升 21.57、22.34 和 53.29 个百分点，国网芦山县供电公司转型试点经验在全省推广。创新建设“源网荷体系平台”，完成 2 座电站试点，签订 16 个用户服务项目。利用无人机巡线 26 条，引进超声波巡检配电架空线路，配网带电检修作业 41 次，智能机器人在 6 座变电站投入使用。2 项管理创新成果、3 个精益化项目和 2 个研究课题项目获得省公司奖项，其中 2 个项目分获管理创新一等奖和精益化项目卓越案例，国网雅安市雨城供电公司“劳模创新工作室”被省总工会命名。6 项 QC 成果获省公司表彰，信通公司 QC 成果荣获一等奖。在省公司首届大数据分析应用竞赛中荣获二等奖。

**【优质服务】**雅电集团与省、市、县三级工业园区管委会建立战略合作关系，在全省率先成立经开区供电服务机构。全面推行供电服务网格化管理，新增“连心岗”3264 个，解决用电故障 1.9 万次。新增手机 APP 绑定用户 6.4 万户，高、低压业扩报装线上办电占比达到 92.99%和 84.56%。开展供电质量综合治理，重过载、低电压台区同比减少 92.3%和 69.1%。配抢 APP 实现班组全覆盖，重复停电、停电计划延期和非计划停电同比降低 91.03%、57.67%和 67%。完成十九大等各类重大保电任务 46 项，完工市本级重点项目电力保障工程 33 个。走访“两代表一委员”420 余人，主动与行风监督员和大客户座谈，行风满意度不断提升。

**【党的建设和精神文明建设】**雅电集团司认真学习宣传贯彻中共十九大精神，市、县两级集体学习研讨 32 场、集中宣讲和专题党课 56 次。深入推进“两学一做”学习教育常态化制度化，扎实开展“旗帜领航•三年登高”基础建设。圆满完成公司党委换届选举，优化完善两级党建机构设置。成立党建工作领导机构，出台党建绩效考核等系列制度。开展“党的声音到基层”等主题活动，与2家单位建立党建结对关系。深化纪企联动，建立“检企共建”机制。探索纪委书记提醒同级班子成员机制，严格省公司巡察发现问题整改和责任追究。成功创建“全国文明单位”，国网雅安市名山供电公司员工张新荣获“四川省道德模范”称号，退休职工罗维孝被评为“感动川电特别人物”。扎实推进“电力助推扶贫攻坚”行动，精准实施名山“秦场村”对口帮扶。慰问一线班组560多个，帮扶困难职工130余人，荣获省公司“厂务公开民主管理示范单位”称号。成功打造2个省公司企业文化示范点。9条新闻登上中央媒体，7件传播作品获省公司及以上表彰，荣获省公司“品牌建设特殊贡献单位”称号。

**【存在的主要问题】**一是构建“三个一”格局任务繁重。雅安电网发展不平衡、电价体系复杂、小水电自供区尚存、利益诉求平衡困难等矛盾和问题依然突出，给深入推进“三个一”建设提出了更大的挑战和更高的要求。二是安全服务提升不足。公司本质安全水平不高，配网基础仍然薄弱，安全过程管控力度不够，不安全苗头时有发生，员工安全技能和安全意识亟需进一步提升。供区内局部低电压、频繁停电、业扩超时限等问题突出，供电服务纠纷、投诉时有发生，员工服务意识、技能和效率亟待全面提升。三是各项改革错综交织。电力体制改革、国资国企改革和公司内部改革同步向纵深推进，外部由于有关方面对改革认识不一致，地方政府、用电企业降价预期和呼声日趋强烈；内部面对复杂艰巨的改革任务，部分干部员工在思想认识、协同配合、推进落实等方面没有完全适应，给改革发展带来一定影响。四是提质增效压力较大。公司历史遗留问题处置难度大、发展不平衡不充分的现状依然存在，在依法治企、规范管理等方面仍存在薄弱环节，亏损企业、低效无效资产、陈欠电费等影响发展质效的问题依然突出。五是电网发展任务紧迫。公司电网建设和小型基建任务依然较重，完成里程碑计划艰巨。部分项目前期工作手续办理时间长，核准相对滞后。局部地区外部建设环境较差，变更站址、改变线路通道、无用地指标、征地拆迁赔偿要求高等因素严重影响施工工期。六是素质提升面临考验。有的干部大局意识、规矩意识不强，新官不理旧账，干事创业劲头不足，协同配合不够，对制度和要求执行不严；有的党员自我要求标准不高，先锋模范作用发挥不明显；本部机关服务意识不强、示范引领作用未充分发挥；职工队伍总量超员和结构性缺员并存矛盾突出，高素质、高技能人才匮乏。

**【国网雅安市雨城供电公司】**成立于2010年1月，是国网雅安电力（集团）公司下属分公司，公司下设6个职能部门，2个业务支撑机构，19个专业班组。用工总量379人，平均年龄42.76岁，人才当量密度0.96。供电区域覆盖城区及19个乡镇共18.47万户用户（其中大宗工业用户146户），供区面积1060平方千米，供电人口36.6万人。

截至2017年年底，国网雅安市雨城供电公司运维管理220千伏变电站2座、110千伏变电站6座、35千伏变电站3座，总变电容量1132.8万千伏安。运维管理220千伏线路113.5千米、110千伏线路236.42千米、35千伏线路97.8772千米、10千伏线路1090.85千米，供电台区（含专变、公变）2111个。

2017年，国网雅安市雨城供电公司完成售电量6.58亿千瓦时，同比增长7.27%；综合线损率6.32%，同比下降1.15个百分点；营业收入1.0883亿元，同比增长9.40%；电费回收率100%。

2017年，国网雅安市雨城供电公司全面完成人资“三项改革”，建立岗位“三个清单”，组织构架、岗位体系、薪酬机制与省公司全面接轨。86人的学历、专业技术资格和职业技能等级取得晋升，新增国家电网公司优秀后备1人。人力资源信息系统建设取得新突破，成功实现了福利项目系统与财务ERP系统资金支付融合。推进农网升级改造工程19个项目，总投资4108.29万元，建成10千伏线路43.91千米，变电总容量13.2兆伏安，低压线路302.46公千米，改善了农网薄弱现状。结合电网装备技术水平和运行情况，完成大修技改项目78个，总投资1400.47万元。加大打击窃电违法犯罪行为力度，共查处窃电户124户，追回电量25.097万千瓦时，追回金额55万元。开展“零电量”专项治理，追回电量4.37万千瓦时，追回电费32.28万元。变电系统引入巡检机器人，大大提高设备运维工作质量。首次成功开展配网带电作业，全年共计完成带电作业43起，切实缓解电力优质服务压力。扎实开展“两学一做”学习教育活动，认真学习贯彻十九大精神。建立贫困村驻村帮扶定点联系责任制，精准实施孔坪漆树村、八步李家村定点扶贫，着力解决贫困村特别是贫困户生产生活用电问题。“劳模创新工作室”被省总工会命名。

**【四川富源电力股份有限公司】**前身是1982年建成投运的石棉县电厂，2006年12月与国网四川省电力公司进行股权重组，成为省公司在雅安市第一家控股的县级供电公司。2012年3月，与国网雅安电力（集团）公司进行资产重组，成为国网雅安电力（集团）公司的控股公司，目前总资产3.35亿元，资产负债率63.61%。公司下设9个部门、21个班组，用工总量309人，平均年龄44岁，人才当量密度0.935。供电区域覆盖全县16个乡镇96个村共4.56万户用户（其中大宗工业用户487户），供区面积2678平方千米，供电人口12.44万人。

截至2017年年底，富源公司运维管理220千伏变电站3座，110千伏变电站11座，35千伏变电站8座，总变电容量164.24万千伏安。运维管理35千伏及以上线路58回737公里；10千伏及以下线路1170公里，供电台区596个。全网调度管理168座并网小水电站，总装机容量52.604万千瓦。

2017年，富源公司完成固定资产投资6950万元；投产10千伏及以上线路20千米；完成售电量23.06亿千瓦时，同比增长2.53%；综合线损率2.68%，同比下降0.07个百分点；营业收入6.1亿元，同比增长2.82%；上缴税金4200万元；电费回收率100%。

2017年，富源公司人资“三项改革”顺利推进，基本实现了部门班组设置与上级管理层级和业务工作的有效对接。姜家沟至下坪110千伏线路新建工程、110千伏栗利联支线改接进竹马工程竣工投运。完成大修技改项目30个，专项成本项目12个，小城镇和中心村农网改造升级工程6个。全面推广营销业务智能化转型，推行供电服务“网格化”管理，新增“连心岗”547个，高低、压业扩报装线上办电占比达到91.05%和83.71%，台区线损合格率提升到74%。城区餐饮业电能替代完成率100%，预计增加年用电量约800万千瓦时。35千伏和10千伏线路的故障跳闸次数同比分别减少了39.32%和20%。积极配合省检修公司完成500千伏九石线抢险恢复，得到省市公司充分肯定。认真学习贯彻中共十九大精神，开展标准化党组织建设，完善党支部和党小组的建设。巩固省级文明单位创建成果，争取项目解决了联系村村民用电难的问题。马建华被选举为省人大代表；李璐在省公司采集业务竞赛中获得个人实操技能第一的优异成绩，输电线路班被省公司评为先进班组。

**【国网荥经县供电公司】**成立于1984年，前身为荥经县电力公司，2010年并入国网雅安电力（集团）公司，2017年“子改分”后成为国网雅安电力（集团）公司下属分公司，总资产2.54亿元，下设8个部门、30个班组，用工总量625人，平均年龄44.1岁，人才当量密度0.9296。供电区域覆盖全县21个乡镇中的17个乡镇93个村共6.47万户用户（其中大宗工业用户151户），供区面积1544.61平方千米，供电人口约14万人。

截至2017年年底，国网荥经县供电公司运维管理220千伏变电站1座，110千伏变电站5座，35千伏变电站11座，总变电容量83.82万千伏安。运维管理110千伏线路165.44千米，35千伏线路348.44千米，10千伏线路634.81千米，供电台区673个。全网调度管理155座并网小水电站，总装机容量26.9万千瓦，其中自有资产水电站7座，总装机容量4.31万千瓦。

2017年，国网荥经县供电公司完成售电量13.02亿千瓦时；投产10千伏及以上线路41.68公里、变电容量8万千伏安；完成自发电量1.76亿千瓦时；综合线损率4.92%；营业收入3.7588亿元；上缴税金4483.75万元%；电费回收率100%。

2017年，国网荥经县供电公司将1650万千瓦时电量由上网转化为网内消化。完成新添产业园区用户资产接收入账工作，新增电网资产439.62万元。完成非智能电表换装1.3万余只，实现公司用户智能电表全覆盖、采集全覆盖、费控全覆盖。建立施工队个人违章档案，开展反违章督察200余次。龙苍沟110千伏输变电工程、龙苍沟输变电工程35千伏配套工程、幸福至荥经变电站110千伏线路工程顺利接入电网运行。完成110千伏幸福、新庙变电站综合自动化改造。完成2016年第三批（中心村）农网升级改造工程施工，新建龙苍沟供电所。完成新建调度大楼通信机房搬迁工作，完善通讯网络覆盖。积极走访用电客户，积极推进台区网格化服务建设工作。认真学习贯彻中共十九大精神，推进“两学一做”学习教育常态化制度化。签订党风廉政建设责任书，落实“一岗双责”和党员示范岗。认真开展党建工作健康体检，党建问题全部整改完成。

**【国网天全县供电公司】**成立于1996年，前身为天全县电力有限责任公司，2010年并入国网雅安电力（集团）公司，2017年“子改分”后成为国网雅安电力（集团）公司下属分公司，总资产1.6亿元。公司下设9个部门、20个班组，用工总量288人，平均年龄43岁，人才当量密度0.9061。供电区域覆盖全县15个乡镇136个村共5.8万户用户（其中大宗工业用户36户），供区面积2400平方千米，供电人口近16万人。

截至2017年年底，国网天全县供电公司运维管理220千伏变电站1座，110千伏变电站3座，35千伏变电站3座（含开关站1座），总变电容量647.3万千伏安。运维管理110千伏线路79.312千米，35千伏线路110.45千米，10千伏线路586千米，供电台区755个。全网调度管理并网小水电站66座，总装机容量121.365兆瓦。

2017年，国网天全县供电公司完成固定资产投资2300万元，其中电网投资2065.81万元；投产10千伏及以上线路31千米；完成售电量9.94亿千瓦时；综合线损率5.54%；营业收入1.97亿元；上缴税金2562.01万元；电费回收率100%。

2017年，国网天全县供电公司加强教育培训管理，人才当量密度提高7.1%。投资212万元完成新场供电所业务用房建设，投资2900万对21个边远台区实施高低压农网线路改造升级和变压器扩容更换。完成35千伏仁义站大修技改，完善城网线路手拉手，10千伏供电线路具备城区合环转供条件，降低了城区用户大面积停电的概率。完善公司“三重一大”决策、非招标采购、集体企业监督管理等规章制度，不断规范决策和管理程序。认真开展工程项目管理、物资招标、业扩报装等重点领域的协同监督和审计问题整改，管理不断规范并持续提升。积极开展“春安”“秋安”“基建现场反违章”等各种专项行动，提升电网本质安全。建立完善网格化服务体系，落实客户经理制，定期走访让客户第一时间了解电力生产情况。规范营业窗口建设，极大提高了“掌上电力”APP在县城区的应用率，让用户享受到更便捷交缴费服务。持续实施电力助力脱贫攻坚行动，全县32个贫困村生活用电已全部达标。按期完成天全公司“子改分”任务，顺利实施人资“三项改革”。深入学习贯彻党的十九大精神，组织员工开展集体学习讨论。常态化开展“两学一做”学习教育，严格“三会一课”和党委中心组学习制度，打造1个标准化党员活动室。强化党风廉政建设，严格巡察发现问题整改。

2017年9月，国网雅安电力（集团）公司汉源县古路村农网改造助推扶贫攻坚工程登上中央电视台直播和新闻联播　　（汤小强　摄）

**【国网汉源县供电公司】**成立于1964年，前身为汉源水电厂，2003年并入国网雅安电力（集团）公司，2017年“子改分”后成为国网雅安电力（集团）公司下属分公司，公司总资产1.98亿元。下设8个部门、28个班组，用工总量572人，平均年龄44.2岁，人才当量密度0.9466。供电区域覆盖全县30个乡镇261个村共10.957万户用户（其中大宗工业用户168户），供区面积2388平方千米，供电人口32万人。

截至2017年年底，国网汉源县供电公司运维管理220千伏变电站1座，110千伏变电站4座，35千伏变电站7座，站代变3座，总变电容量67.32万千伏安。运维管理110千伏线路136.92千米，35千伏线路379.07千米，10千伏线路1809.37千米，供电台区1494个。全网调度管理并网小水电站59座，总装机容量8.45万千瓦，其中自有水电站8座，总装机容量2.15万千瓦。

2017年，国网汉源县供电公司完成固定资产投资7214.8万元，其中电网投资4907.56万元；投产10千伏及以上线路94.78千米；完成售电量7.72亿千瓦时，同比增长6%；完成自发电量0.64亿千瓦时；综合线损率15.62；营业收入1.95亿元；上缴税金2660.53万元；电费回收率100%。

2017年，汉源公司经过近2个月的施工完成古路村农网改造，解决了古路村用电难问题。通过精心策划，古路村农网改造在中央电视台新闻联播和十九大特别节目《还看今朝》以及省、市级媒体广泛报道，有力彰显了国家电网品牌形象。持续加大对用户电能替代相关政策宣传，主动靠前服务，完成2户电能替代建设，增加用电负荷1080千瓦，完成公交电动汽车充电桩安装，增加用电负荷800千瓦。大力开展学历教育、技能鉴定、职称申报等工作，人才当量密度提升0.0415，超额完成全年目标值。

**【国网雅安市名山供电公司】**成立于1958年，前身为名山电厂，2001年成为国网雅安电力（集团）公司控股公司；2011年成为国网雅安电力（集团）公司全资子公司，2017年“子改分”后成为国网雅安电力（集团）公司下属分公司。公司下设6个部门、2个支撑机构、18个班组，用工总量268人，平均年龄44.72岁，人才当量密度0.9062。供电区域覆盖全区20个乡镇192个村共11.4万户用户（其中大宗工业用户102户），供区面积614平方千米，供电人口28万人。

截至2017年年底，国网雅安市名山供电公司运维管理110千伏变电站5座，35千伏变电站6座，总变电容量886万千伏安。运维管理110千伏线路68.076千米，35千伏线路105.81千米，10千伏线路960.67千米，供电台区1628个。全网调度管理并网小水电站20座，总装机容量1.775万千瓦。

2017年，国网雅安市名山供电公司完成固定资产投资8884万元；投产10千伏及以上线路114.97千米、变电容量35.65万千伏安；完成售电量10.87亿千瓦时，同比增长16.87%；综合线损率5.23%，同比下降0.29个百分点；营业收入3.8474亿元，同比增加11.59%；上缴税金680万元；电费回收率100%。

12月28日，国网雅安电力（集团）公司党委召开第一次代表大会，选举产生了公司第一届委员会、纪律检查委员会　（汤小强　摄）

2017年，国网雅安市名山供电公司制定年度工作计划、签订责任书，调整安全生产委员会，健全安全生产保证体系和监督体系，落实各级各类人员的安全责任。开展“春安、秋安检查”、安全警示学习等专项活动，开展安全督察315次，督察班组及作业现场396个。配合名山区、经开区完成大中型企业用电检查，配合雅安电力公安警务室处理4起外破事件。营销“三全”建设工作取得成效，智能电能表全覆盖，采集成功率、台区线损率较年初提升8.36个、45.6个百分点。促成雅电集团与雅安市经开区和成雅工业园区分别签订战略合作协议。全面推行供电服务网格化管理，建设“连心岗”1335个。实行配网带电检修作业6次，减少停电时间2160分钟。高、低压客户新装（增容）线上受理率90.89%。开展党规党纪等反腐倡廉教育活动12次，开展税企、检企共建工作。认真落实“三重一大”决策程序，按规定研究和集体决策重要领域的重点问题61个。完成培训共计267人次，顺利完成人、资“三项改革”工作。全面推进“精准扶贫”，深入中峰乡秦场村走访慰问315人次，开展“扶贫日”安全用电进秦场活动，为贫困户进行表计、线路改造，投资3359万元按期完成16个涉及贫困村的改造项目。

**【国网宝兴县供电公司】**成立于1998年，其前身为宝兴县电力公司，2004年并入国网雅安电力（集团）公司，2017年“子改分”后成为国网雅安电力（集团）公司下属分公司，总资产2.09亿元。下设10个职能部门、19个班组，用工总量257人，平均年龄44.5岁，人才当量密度0.9323。供电区域覆盖全县9个乡镇55个村共3.1819万户用户（其中大宗工业用户65户），供区面积3114平方千米，供电人口5.83万人。

截至2017年底，国网宝兴县供电公司运维管理220千伏变电站1座，110千伏变电站6座，35千伏变电站5座，总变电容量68.91万千伏安。运维管理220千伏线路20.04公里，110千伏线路155.6千米，35千伏线路118公里，10千伏线路539.04千米，供电台区926个。全网调度管理并网小水电站34座，总装机容量11.7645万千瓦，其中自有资产水电站3座，总装机容量1.79万千瓦。

2017年，国网宝兴县供电公司完成固定资产投资3100万元，其中电网投资262万元，小基投资2015万元；完成售电量3.76亿千瓦时；完成自发电量9868.7万千瓦时；综合线损率8.08%，同比下降0.12个百分点；营业收入1.46亿元；上缴税金2525万元，同比增加20.81%；电费回收率100%。

2017年，国网宝兴县供电公司圆满完成人、资“三项改革”，实现与上级管理层级和业务工作的有效对接。结合宝兴经济发展情况和配网薄弱环节，完成宝兴“十三五”配网和农网改造工程的滚动修编。完成2016年中心村第二批农网改造升级工程和第一批农网改造升级工程，完成硗碛供电所营业用房小型基建工程。采取经济调度，合理安排电网运行方式，最大限度地调度县内小水电上网负荷，减少下网电量。会同公安、发改部门开展维护供用电秩序集中打击整治窃电违法犯罪保护电力设施安全专项行动，共查处违约用电用户 75 户，追补电费和违约金共计 22.27 万元。加大作业现场安全督查和违章曝光力度，累计督查 202 个施工作业现场和班组。完成 3 座变电站行波测距装置、5 座变电站直流系统绝缘监测装置交流窜直流故障监测安装。主动上门服务，开通绿色通道，累计完成高压新装 18 户，容量 1.55 万千伏安；低压新装 2377 户，容量 1.11 万千伏安。在社区、小区、农村共计公示连心岗 99 个，实行客户经理制，营造良好的内外部环境。进一步完善服务机制，开通“掌上电力”APP 缴费，在偏远山区设立第三方代收点 83 个。

**【国网芦山县供电公司】**前身为成立于1967年的芦山县国营电厂，2001年并入国网雅安电力（集团）公司，2017年“子改分”后成为国网雅安电力（集团）公司下属分公司，总资产7136万元。下设7个部门、3个业务实施机构、13个班组，用工总量196人，平均年龄43.9岁，人才当量密度0.9015。供电区域覆盖全县9个乡镇47个村共5.3万户用户（其中大宗工业用户194户），供区面积1166平方千米，供电人口13万人。

截至2017年年底，国网芦山县供电公司运维管理110千伏变电站3座，35千伏变电站6座，总变电容量28.89万千伏安。运维管理110千伏线路151.88千米，35千伏线路158.2千米，10千伏线路464.34千米，供电台区741个。全网调度管理并网小水电站38座，总装机容量64.52万千瓦，其中自有资产水电站4座，总装机容量0.721万千瓦。

2017 年，国网芦山县供电公司完成售电量 5.7977 亿千瓦时，同比增长 5.64%；完成自发电量 0.2289 亿千瓦时，同比增长 72.96%；综合线损率 5.22%，同比降低 1.52 个百分点；营业收入 2.537 亿元，同比增加 3.59%；上缴税金 944.01 万元；电费回收率 100%。

2017 年，国网芦山县供电公司建立健全工作责任体系，通过 3 轮员工组聘、1 轮补员竞聘，顺利完成公司“三项改革”工作。35 千伏大岩腔输变电工程顺利投运，结束了芦山双石片区 10 千伏单线路供电时代。顺利完成苗溪、大川镇杨开村自供区接收工作，全面实现国网公司供区芦山县域全覆盖。营销转型各项指标大幅提升，经营质效明显改善，总结提炼的“芦山经验”在全省交流推广。10 千伏及以下线损由 10.23%降至 8.34%，台区线损合格率达 92.58%，减少损失电量 894.69 万千瓦时。资产管理效率显著提升，超额完成存货压降任务，工程竣工决算率 100%。深入推进“维护供用电秩序集中打击整治窃电违法犯罪保护电力设施安全专项行动”，查获窃电用户 185 户，追缴电费及违约使用金共计 50 余万元。完成 11 个贫困村电网改造任务，全县户均容量提升至 3.1 千伏安，电压合格率提升至 99.98%。全面推行“电力连心岗”“服务网格化”“台区经理责任制”，大力推广“掌上电力”APP，逐步形成全方位服务平台。开创性与县纪委、县检察院签订《纪企统筹联动协议》《检企共建协议》，搭建廉政风险防范新平台。成功打造基层单位企业文化长廊，推进国网文化进一线、进班组、进头脑。“无信号采集成功率提升”QC 成果荣获“省公司优秀 QC 成果三等奖”，调控运行班顺利通过“五星级班组”验收，实现 QC 项目成果和“五星班组”两个“零”的突破。

（李元源）

## 国网眉山供电公司

**【企业概况】**国网眉山供电公司于 2001 年 12 月 26 日随眉山建市而成立，是国网四川省电力公司下属特大型一类供电企业，经营区域覆盖全市一区五县及成都部分地区，供电范围 7390 余平方千米，服务人口 360 余万人。该公司成立以来，把自身的发展与眉山地方经济高速发展相结合，围绕建设电网坚强、资产优良、服务优质、业绩优秀的“一强三优”现代公司的战略目标，不断提升企业综合实力，在为地方经济社会持续快速发展提供可靠能源电力保障的同时，自身也得到了快速发展。该公司先后荣获全国五一劳动奖状、全国电力行业优秀企业、全国职工职业道德建设标兵单位、国家电网公司先进集体、省公司“四好班子”“红旗党委”等荣誉称号，并涌现出全国五一巾帼标兵岗、四川省劳模、五一劳动奖章、国家电网公司劳模等一大批模范人物和先进典型。

2017 年，面对复杂严峻的经营形势和艰巨繁重的发展任务，国网眉山供电公司上下认真贯彻国家电网公司、省公司和眉山市委、市政府决策部署，以管理提升为主线，围绕“8430”年度目标，夯基础、强管理、提质效，主动作为创一流，各项工作成效显著。完成电网投资 4.68 亿元；实现售电量 91.83 亿千瓦时，同比增长 24.13%，增速居全省第一；综合线损率完成 4.32%，同比降低 1.99 个百分点；全口径销售电价完成 505.44 元每千千瓦时，同比降低 8.79%；当年电费回收率 100%；营业收入 36.60 亿元，同比增长 12.61%；内部利润 1.29 亿元。同业对标位列省公司第五，关键业绩考核位列 A 段。公司获评省公司“先进单位”等称号。

2017 年 1 月 17 日，四川启明星铝业有限责任公司正式移交仪式

（黄峥　摄）

**【人力资源】**国网眉山供电公司有长期职工1742人。其中，博士生3人，硕士研究生203人，大学本科1301人，大专学历的有164人，中专学历的有38人；具有高级职称的有162人，具有中级职称的有334人，具有初级职称的有754人。

**【电网建设与发展】**国网眉山供电公司坚持规划引领，紧跟城市发展和规划调整，完成城区“一片一位”、园区“一园一策”、场镇“一乡一品”电网专项规划编制。取得 220 千伏清水等 7 个项目可研批复，110 千伏仁寿高滩等 2 个项目获得核准，220 千伏枣树增容、110 千伏信利线路项目纳入国网规划库并启动前期工作。加快推进重点项目建设，完成 110 千伏洪川扩建，新建投产仁寿沙子湾变电站等 35 千伏及以上项目 4 个，新增变电容量 12 万千伏安，新增线路 9.9 千米。提前完成新一轮农网改造升级“两年攻坚战”任务，268 个中心村电网、780 眼机井通电工程竣工投产，10 千伏尚义镇黄庙村改造项目入选“国网百佳”配电工程，实现历史突破，农村综合电压合格率提升至 99.9%，户均配变容量达到 1.87 千伏安。加快智能电表及其配套设施推广，覆盖率超过 99.92%。主动服务市政“交通大会战”，高效完成岷黑快速通道等 18 项市政重点工程线路迁改。

**【安全生产】**国网眉山供电公司以本质安全建设为主线，构建“三晒一督”闭环督办模式，精心组织安全大检查和电力建设施工安全年活动，深入开展基建反违章、电气火灾综合治理和农村用电隐患排查整治专项行动，治理隐患2500余项。突出抓好配网运行异常暨高跳整治，创新开展城市配网“三降五提升”专项行动，构建“四位一体”配网停电管理体系，配网线路跳闸次数同比下降34.57%，临时停电率和重复停电率同比下降19%和14.7%，供电可靠率提升到99.95%。大力推进精益化运维，建成视频辅助和远方操作平台。积极推进科技兴安，实物ID试点顺利通过国家电网公司验收，按期建成15座变电站无线专网和全市首套信息安全攻防演练平台，得到各级高度认可。精准管控七级及以上电网风险93项，电网经受住了高温高湿强降雨、168.57万千瓦大负荷的严峻考验，圆满完成中共十九大和“瓦屋山杯”足球赛等保电任务，荣获省公司安全先进单位、安全生产特殊贡献单位等荣誉。

**【经营管理】**国网眉山供电公司积极应对严峻经营形势，全方位增供扩销、降本增效。大力推广电能替代，新增替代项目52个，建成快充站4座、充电桩7个，完成替代电量1.75亿千瓦时，促成眉山市在全省率先出台相关政策支持，青衣江化工、双信管桩等项目受到内外关注和好评。开展业扩规范管理和报装提速行动，完成接电容量120.64万千伏安、消纳结存116.72万千伏安。深化采集“建管用”，大力推进同期线损治理，推行市、县两级线损监控，完成4313个高损台区综合治理，台区线损合格率大幅提升30个百分点。深化营销稽查和量价费损在线监测，开展“窃电和违约用电”专项行动，追补电费239.43万元。依法依规实施电费核呆315.6万元。多措并举强化成本管控，完成库存物资清仓利库2974

万元，废旧物资处置成交金额153万元。推进营销“三全”创新转型，丹棱试点按期完成，高压费控率达到64.74%、低压费控率98.51%，采集成功率和下发成功率分别达到99%和98%，供售电量、台区线损实现在线日监控。试点开展“全能型”供电所建设，建立“台区经理制”和营业厅“综合柜员制”，53个供电所实现布局优化和人员调整，1847名台区经理达标上岗。创建五星供电所1个、四星供电所3个。深化“互联网+营销服务”，“掌上电力”等线上服APP务客户达14.44万户。实施投诉治理专项行动，运检类投诉大幅下降52.68%，“优质服务评价指数”指标由2016年第14位提升到第2位，客户满意度明显增强。

2017年7月20日，供电员工高温抢修保电　（黄峥　摄）

【改革创新】国网眉山供电公司积极应对电力体制改革，与13个工业园区签订战略合作协议，供电市场更加稳固。围绕“三去一降一补”和“保增长”目标，扎实落实瘦身健体23条措施。高效推进“两供一业”分离移交，分离移交正式协议签订率100%。规范集体企业治理架构，完成“三会一层”搭建及平台公司本部、东坡分公司和乐山城电眉山分公司组织机构调整。出台创新管理奖励办法。构建市、县两级创新体系，雄鹰创新攻关小组实现市、县两级全覆盖。全年新增发明专利3项，实用新型专利8项，新增授权专利5项。“自适应电缆弯曲机”荣获国家电网公司第二届运检业务职工创新实践活动三等奖；挖坑竖杆一体机被评为省公司十大优秀职工技术创新成果，徐跃刚被授予“川电工匠”称号，国网眉山供电公司获评“职工技术创新十大先进单位”。

【党的建设和精神文明建设】国网眉山供电公司学习贯彻落实中共十九大精神，持之以恒推进“两学一做”学习教育常态化制度化，实施思想建设“五个一”教育机制，协同省公司党建部编写党课教材《先锋讲堂》并出版发行。成立党建工作领导小组，出台党建工作绩效考核等制度，实行党委委员职责、片区“双分工”，构建“三位一体”党建考核体系。明确党风廉政建设“两个责任”清单43项，开展10轮次明察暗访，整改问题113项，有效堵塞管理漏洞。深化与政府、企事业单位等57个党支部结对共建工作，营造良好外部发展环境。建成省级“法律七进”示范点。强化全员素质提升，开展培训84期，全员培训率达到98.13%，新增高级职称36人，289名员工实现后续学历提升，国网眉山供电公司荣获省公司内训师竞赛团体一等奖。着力打造“三优”部室，扎实开展卓越文化进部室、部室大讲堂、“送管理 下基层”等活动。举办“赛比争”系列劳动竞赛20余项。羽毛球比赛荣获省公司冠军，健身操舞比赛获省公司二等奖，国网眉山供电公司获评省公司“企业文化建设先进单位”称号。创建国家电网公司先进班组3个、省公司五星班组10个，装表接电班被评为省公司标杆班组。微电影《你是我的眼》获亚洲微电影节金海棠奖。“一乡一品”入选2017年国家电网公司社会责任根植项目。新增省五一劳动奖章获得者1名、省公司劳动模范1人，“青年文明号”集体2个。国网青神、洪雅等县供电公司通过省级文明单位验收，国网眉山市彭山供电公司获评国家电网公司文明单位，国网眉山供电公司继续保持全国和国家电网公司文明单位称号。

【国网仁寿县供电公司】主要担负着仁寿县境内60个乡镇、588个行政村、167万人口的工农业生产和人民生活的供电任务，负责依法经营、管理、规划供区电网。该公司现有固定资产总额20亿元；拥有35千伏及以上变电站25座，容量157.06万千伏安（其中220千伏变电站2座，110千伏变电站9座，35千伏变电站14座）；35千伏及以上输电线路52条，总长599.2公里（不包括220千伏线路和用户线路）；10千伏配变5674台（其中公变4436台，专变1238台），农村低压线路21835.455千米；用电客户52.3万户，其中仁寿城区客户4.7万余户，农村客户48.96万余户。2017年，该 公司全年实现售电量14.71亿千瓦时，同比增长4.4%，完成售电收入8.42亿元，同比增长4.96%；

实现全年电费回收率100%；完成综合线损8.25%，同比降低1.11个百分点。安全生产稳步推进，截至2017年12月31日，仁寿电网实现连续安全运行周期5844天。公司荣获眉山公司“先进单位”等称号。

**【国网眉山市彭山供电公司】**国网眉山市彭山供电公司是国网四川省电力公司下属分公司，担负着彭山区凤鸣镇、彭溪镇等13个乡镇的供用电管理任务，供电面积463平方千米。供区内用电客户15万余户，乡、村、农户通电率100%。管辖变电站及开闭所16座，其中220千伏变电站2座；110千伏变电站6座；35千伏变电站4座，10千伏开闭所4座，变电总容量1081.2兆伏安。供区内电源结构合理，较好地满足了彭山区工农业经济发展和城乡人民的用电需求。该公司2017年完成电网投资7170万元；实现售电量6.6亿千瓦时，同比增长4.77%；综合线损率完成5.3%，同比减少0.6个百分点；销售电价完成647.2元每千千瓦时，同比降低0.01%；当年电费回收率100%；营业收入3.75亿元。全年实现连续安全生产5844天。

2017年9月30日，国网眉山供电公司举办家风家训故事会劳动竞赛（黄峥　摄）

**【国网洪雅县供电公司】**国网洪雅县供电公司是一个集发、供、输、配、用电于一体的企业，担负12个乡（镇）供电任务，供电范围960.22平方千米，占全县面积的48.09%，服务人口30.59万人。现有水电站4座，发电装机总容量27200千瓦（其中：王关电站2×6300千瓦，柳新电站4×1250千瓦，石河电站2×2800千瓦，高凤山电站2×2000千瓦）。35千伏及以上变电站6座，变电容量60.5万千伏安；35千伏及以上线路9条，总长121.3千米。该公司2017年售电量4.81亿千瓦时，同比增长3.68%；完成发电量1.36亿千瓦时，同比减少6.21%；线损率8.18%，同比减少1.69个百分点；当年电费回收率100%；完成各类建设投资1.23亿元；截至2017年12月31日，实现连续安全生产4271天。

**【国网丹棱县供电公司】**国网丹棱县供电公司于2016年7月5日成立，是国网四川省电力公司下属分公司，经营区域覆盖全县五镇两乡，供电范围448.9余平方千米，服务人口16.36余万人。截至2017年12月31日，该公司拥有10千伏变电站3座（丹棱站、何场站、木林站），主变5台容量21.3万千伏安；35千伏变电站2座（杨场站、中隆站），主变3台容量2.43万千伏安；110千伏输电线路16.309千米；35千伏输电线路77.932千米；10千伏及以下配电线路5247.17千米，专变382台，公变961台。丹棱电网形成了以3座110千伏变电站为支撑，以35千伏及以上输电线路为骨干网的双电源供电格局。用户数为6.5万户，其中居民用户5.77万户，大工业用户83户，2017年公司售电量为4.75亿千瓦时，综合线损率为4.13%。实现连续安全生产天数5843天。

**【国网青神县供电公司】**国网青神县供电公司担负着青神县境内10个乡（镇）、153个村、979个经济社及周边地区乐山市区、眉山、井研、夹江、仁寿等县部分村社的供电任务。现有110千伏变电站2座（兰店站、青竹站），总容量143兆伏安；35千伏变电站2座（罗坝站、穆家埂站），总容量16兆伏安。公用配电变压器912台，总容量16.644万千伏安；辖区内有110千伏线路4条，线路长度70.69千米；35千伏线路4条，线路长度30.99千米；10千伏配电线路25条，线路长度802.3千米。2017年，国网青神县供电公司累计完成供电量38070万千瓦时，同期完成供电量32844万千瓦时，同比增加5163万千瓦时，增幅15.58%；完成售电量36302万千瓦时，同期完成售电量31184万千瓦时，同比增加5118万千瓦时，增幅16.41%，增速位列全市第一位；完成线损率4.64%，同比下降0.69%；实现电费回收率和解交率100%；未发生生产性人身、电网、设备、火灾、交通事故，截至2017年12月31日，实现连续安全生产5843天。（李　征）

# 国网攀枝花供电公司

【企业概况】国网攀枝花供电公司成立于1965年，与攀枝花市同生共长，是国网四川省电力公司下属的特一型供电企业，担负着攀枝花市5个区（县）及周边部分地区近万平方千米的供电任务，供电客户41万户。

2017年2月7日，国网四川省电力公司与攀枝花市政府签订战略合作框架协议　（方昱　摄）

网内共有变电站114座，其中500千伏变电站3座、220千伏变电站15座、110千伏及以下变电站96座。公司下设职能部门11个，县级供电企业4个（仁和供电公司、西区供电公司、米易县供电公司、盐边县供电公司），业务支撑和实施机构6个，集体企业平台公司1个，农村供电所21个。公司全口径用工总人数2751人（其中全民职工1788人，集体职工242人，集体企业聘用职工546人，劳务派遣用工175人）。

2017年，国网攀枝花供电公司完成售电量95.54亿千瓦时（同比增长9.64%）；全年应收电费结零；主营业务收入39.89亿元（同比增长14.54%）；目标利润同比增加4.69亿元；综合线损率2.44%；全员劳动生产率66.34万元/人•年（同比增长11.95%）；对标排名省公司第四位（其中业绩第二，管理第五），安全、营销、财力、物力、规划、检修6个专业获省公司专业管理标杆。

【人力资源】国网攀枝花供电公司用工总人数2751人（其中全民员工1788人，集体身份员工242人，集体企业聘用员工546人，劳务派遣用工175人）。国网攀枝花供电公司认真贯彻落实国家电网公司、省公司干部管理相关要求，统筹谋划干部梯队建设，确保干部队伍进退平稳有序、年龄梯次合理、专业覆盖全面。健全培养锻炼、适时使用、定期调整、有进有出的后备干部选拔与管理机制。研究完善业绩评价和综合激励机制，建立薪酬激励、发展激励、荣誉激励等全方位领导人员激励机制。建立容错机制，激励领导人员开拓进取、攻坚克难，营造“鼓励创新、宽容失败”氛围。加强各级干部在生产、经营等专业岗位与党务岗位间的轮岗交流，全面提升领导人员综合素质和能力。公司着重在人才引进、人才培养上下功夫，完善人才后续跟踪机制，着力打造一流人才成长软环境，优秀人才数量和质量全面提升。累计培养国家级专家人才2人，国家电网公司级优秀专家5人，省公司级优秀人才162人，26名双千人才，7名省公司大师工作室成员，多名员工在省公司调度自动化、运维检修、后勤业务、法律法规等专业竞赛调考中获得奖项，竞赛调考成绩指标取得历史性突破。大力推进以标杆班组创建为引领的同心圆班组建设，7个班组受到国家电网公司、省公司表彰，其中国网公司一流班组1个，省公司标杆班组2个，6名职工荣获省公司级及以上优秀班组长称号。

【电网建设与发展】国网攀枝花供电公司促成省公司与市政府签订智能电网建设框架协议，促进政企合作水平迈向新的台阶。完善攀枝花电网“十三五”规划，完成攀枝花6个工业园区专项电网规划。2018年全年完成电网投资4.68亿元，新增变电容量59.26万千伏安、输电线路81.7千米。成昆铁路扩能牵引站等5项输变电工程按计划开工，220千伏回龙沟输变电项目提前4个月投运，并实现质量管理流动红旗零的突破。

【经营管理】国网攀枝花供电公司落实“管理提升年”提升措施124条，获评省公司“管理提升年”活动先进单位。推进问题清单梳理，整改“攀钢等企业所欠汇票贴息回收”等56项问题，形成整改决议8项，促进公司规范管理。推进集体企业法人治理结构完善，完成平台公司改制。压减集体企业劳务派遣用工109人，应收账款较年初下降14%。试点营销业务转型，完成全域组织构架调整和人员到位。累计接收客户资产净值达2.07亿元。完成1.47万户“三供一业”供电设施改造移交，“两供一业”分离移交协议签约率达100%。聚焦两个全资县公司“子改分”后业务短板，解决用工、绩效管理等方面34个问题，有效推进市、县同质化管理。推动钒钛园区恢复两部制电价，全年增收电费2.09亿元。积极拓展电锅炉、电烤烟等电能替代领域，完成替代电量20.92亿千瓦时，增效2.78亿元，利润水平跃居全川第二。台区线损合格率由年初的49.93%提升至87.12%，因线损降低节约购电费0.27亿元。追补电费和违约金279.66万元。聚焦中心工作开展专项审计，提出并整改问题85项，促进增收节支2636万元。实施物资供应商寄售与成套配送，物资到货进度提升60%。

【安全生产】发布安全生产“双十条禁令”，开展精准“日管控”，全年管控各类作业36446项•次。推进班组反违章，查纠违章297次。统筹开展常规、专项巡视，排查整治隐患7234条。成立带电作业室，带电作业次数同比增长115.2%。率先在全川开展线路机器人检修，创新使用无人机开展安全质量巡查。开展差异化防雷评估和整改，线路跳闸率同比下降38%。两次配合省公司三大特高压直流输电线路保电工作，为三大特高压直流输电线路在迎峰度夏期间满功率稳定运行提供有力支持。成功组织各类应急演练87次，完成援助国网凉山供电公司、南方电网的跨区域多次救灾抢险工作及各项重大保电任务。

2017年6月30日，国网攀枝花供电公司重点项目回龙沟变电站提前投运
（罗丹丹　摄）

【农电工作】完成农网投资2.43亿元，新增35千伏变电站1座，新建35千伏线路39.3千米，新建和改造10千伏线路308.54千米、低压线路1281.12千米，新增10千伏配变269台，全面完成新一轮农网“两年攻坚战”工程建设任务。大力推进电力扶贫，通过农网改造升级、中心村、村村通动力电项目等累计完成贫困村电网改造投资1.47亿元，全市70个贫困村中，已实现62个贫困村电网脱贫，剩余8个贫困村项目已全部纳入2018年计划实施；2017年，解决异地扶贫搬迁746户生活用电问题，通过政府验收合格。开展星级乡镇供电所建设，全年建成四星级供电所1家，全面推进“全能型”乡镇供电所工作，建立网络化供电服务模式，构建人员一专多能、服务一次到位的“全能型”乡镇供电所。建成三新职工之家，建立健全问题处置机制，农电三新一体化运作流畅。积极与市政府、市公司相关部门沟通协调，为81名员工补缴了养老保险，解决遗留问题，为395名员工购买人身意外伤害险，组织安排了职工疗养及职工进行体检。

【科技与信息化工作】对10个核心站点扩容，使核心环网传输带宽由2.5G提升为10G，满足国网攀枝花供电公司调度数据网、调度自动化、继电保护等重要业务的带宽需求。修订《变电站信息通信设备验收标准》，编制《信息通信设备软件验收标准》《移动终端使用管理办法》《通信设备运行管理办法》，提升信息通信设备规范化、标准化管理水平。实施精益转型项目16个，其中获省公司表彰卓越案例一个、优秀案例3个。人力管理、财力管理、营销管理各1篇典型经验入围省公司经验库。完成“依托网格化管理的‘五联五带’党员示范管理”等管理创新项目，全年获省公司管理创新一等奖1项，二等奖1项，三等奖3项；成功申报发明专利4项，实用新型专利8项。获得省公司科技部工人技术创新二等奖2项，三等奖3项。

【市场服务（优质服务）】打造“网格化”客户经理

服务模式，实现精准化为民服务。建立省、市重点项目“点对点”沟通协调机制，针对性制定“一企一策”用电指导方案，直购电、富余电量消纳政策高效落地。推进“三全”体系建设，在全川率先实现智能电表全覆盖，全口径采集成功率 99.49%。业扩报装办理时限提升 37.49%。推进互联网+营销服务，在全川率先实现支付宝购电，“掌上电力”绑定用户比例居全省前列。“20 分钟抢修圈”运转高效，主城区 5 个 24 小时应急抢修点全年共开展电力抢修 6100 次。累计投入 3050 万元改造全市老旧、弃管小区配电设施，受益用户 2.09 万户。利用集体企业平台公司增加售电业务，有力引领区域售电市场发展方向。协助客户充分参与电力交易，让改革红利释放到终端客户，推动企业扩大产能。

2017 年 12 月 12 日，国网攀枝花供电公司“E+5”全电模式，在中国第三届康养论坛上备受瞩目（刘小东　摄）

【党的建设和精神文明建设】贯彻落实中共十九大精神，扎实推进“两学一做”学习教育常态化、制度化。以“旗帜领航·三年登高”为指引，开展全覆盖的党建绩效综合考评，党建基础进一步加强。围绕“文治、德治、法治”三大理念，打造四大教育基地，提升党性、党史、爱国、科普教育实效，重点打造三线阳光党建品牌工程。开展以培“根”、塑“魂”、筑“形”为三大实施背景的企业文化生态圈建设，实施企业文化“六项精进”落地工程，实现从“三线精神”到“卓越文化”转变。推行厂务公开 PDCA 模式，规范民主公开制度。完善职工活动中心建设，形成华山、炳三区两大区域活动中心及“八大场馆”。继续保持“全国文明单位”“全国五一劳动奖状”等殊荣，荣获省公司“企业文化建设先进单位”，1 个基层单位获“四川省文明单位”称号，1 个党支部被评为国家电网公司“电网先锋党支部”，1 名职工入选“四川好人”，1 名职工入选“感动川电”人物，1 名职工获省公司“文明新风奖”。

【存在的主要问题】攀枝花市城镇化率一直位居全川第二，随着攀枝花市委、市政府提出“四个加快建设”和“四区驱动”的战略目标，对电网可靠性、稳定性和供电服务水平提出了更高的要求。攀枝花现有电网主要围绕工业园区和攀钢集团等大型工业用电布局，而在三线建设历史发展中形成的城市配网、以及为政府重点阳光康养项目供电的部分农网，建设标准较低，难以满足攀枝花打造国家级阳光康养胜地对智能供电服务的迫切需求。

【国网攀枝花市仁和供电公司】国网攀枝花市仁和供电公司成立于 2003 年，担负着仁和区 1727 平方千米，约 22.3 万人口的供电任务。截至 2017 年年底，国网攀枝花市仁和供电公司累计完成售电量 29.98 亿千瓦时，综合线损率 1.85%，电费回收率 100%，连续安全生产 5045 天。全年用电户 11.27 万户，全年完成新装低压客户 6713 户，容量 57827 千瓦，新装、增容高压客户户数 75 户，容量 37815 千伏安。

【国网攀枝花市西区供电公司】国网攀枝花市西区供电公司成立于 2008 年，担负着攀枝花市西区及周边部分地区 1376 平方千米，总人口约 29 万的供电任务。截至 2017 年年底，国网攀枝花市西区供电公司累计完成售电量 5.7166 亿千瓦时；综合线损率 4.19%；电费回收率 100%，连续安全生产 3588 天。全年用电户 6.0809 万，装接容量 88.10 万千伏安。 其中 35 千伏供电客户 18 户，10 千伏供电客户 426 户，6 千伏供电客户 40 户，低压供电客户 5901 户，户表客户 54424 户。营业户较 2016 年底增加 2340 户，增长 4.09%。

【国网米易县供电公司】原米易县电力公司成立于 1982 年，1997 年改制为米易县电力有限责任公司，2006 年经攀枝花电业局与米易县人民政府多次磋商，四川省电监会核准进行了电力体制改革，于同年 8 月 30 日成立了四川米易供电有限责任公司，2013 年底，经国资委批复，成为国网四川省电力公司全资子公司，更名为国网米易县供电公司，担负着米易县所辖区域的供电任务，是集发、输、配、供为一体的国家电力企业。2016 年完成“子改分”。截至 2017 年底，国网米易县供电公司安全运行 2862 天，全县供电面积 2150 平方公里，供电人口 21.7 万人（其中农村人口 15.2 万人），营业户数 5.45 万户。目前，员工总数 450 人，其中主业员工 262 人，农电工 188 人。2017 年实现售电量 16.27 亿千瓦时。

**【国网盐边县供电公司】**改制前身为盐边县电力公司，成立于 1983 年 1 月。2008 年 12 月 5 日，盐边县政府委托国网四川省电力公司对盐边县电力公司进行代管。2011 年 12 月 28 日，盐边县电力公司重组改制为四川盐边供电有限责任公司。改制后的新公司由国网四川省电力公司控股 51%，盐边县政府持股 49%。2013 年 1 月 1 日，盐边县人民政府将 49% 股份无偿划转给国网四川省电力公司，产权划转后，国网盐边县供电公司成为国网四川省电力公司全资子公司。2016 年 9 月，按照省公司全资县公司“子改分”工作部署，国网盐边县供电公司改制为省公司的分公司。现有固定资产 5.85 亿元；110 千伏变电站 5 座，主变容量 41.5 万千伏安；35 千伏变电站 9 座，主变容量 13.36 万千伏安；110 千伏线路 8 条 185 千米；35 千伏线路 25 条 257 千米，2017 年实现售电量 5.54 亿千瓦时。（鲁丽玲）

# 国网阿坝供电公司
# 国网阿坝州电力有限责任公司

**【企业概况】**国网阿坝供电公司（以下简称分公司）是国网四川省电力公司直属的特一型供电企业。国网四川阿坝州电力有限责任公司（以下简称州公司）是国网四川省电力公司控股的市州级供电企业，与分公司按两块牌子、一套人员运作，州公司下辖全资县级子公司 11 个，全资县级子公司 1 家，供电面积 7.1 万平方千米，承担全州 70 余万人生产生活供电任务。公司拥有 220 千伏变电站 12 座（包括 1 座开关站），变电容量 288 万千伏安；110 千伏变电站 23 座，变电容量 84.93 万千伏安；35 千伏变电站 78 座，变电容量 44.36 万千伏安。220 千伏线路 31 条，线路长度 858.64 千米；110 千伏线路 29 条，线路长度 1032.14 千米；35 千伏线路 108 条，线路长度 2137.11 千米。

2017 年完成并表口径售电量 86.51 亿千瓦时，同比增长 0.04%，营业总收入 25.83 亿元，州县公司首次实现全部盈利。线损率 4.49%，同比下降 0.06 个百分点，县公司综合线损率再降 2.73 个百分点（扣除无损电量）。截至 2017 年 12 月 31 日，实现连续安全生产 4476 天。

2017 年 11 月 1 日，州委书记刘作明、州长杨克宁、国网四川省电力公司董事长石玉东宣布阿坝州电网项目建设集中开工　（黄世涛　摄）

**【人力资源】**截至 2017 年年底，分公司全民在册员工 92 人。州公司系统共有各类用工 1772 人。其中：本部全民在册人员 285 人，分公司支援到州公司工作的 92 人，兄弟单位援藏人员 55 人，劳务派遣人员 39 人。12 家县级子公司全民在册员工 1272 人，劳务派遣人员 29 人。2017 年，该公司进一步完善干部管理制度体系，共修订 8 项干部管理制度。坚持德才兼备原则，完成2017年新一轮后备干部考察推荐。充分信任援藏干部，鼓励他们积极作为，“传帮带”作用充分发挥。加强全员培训和人才培养，采取“送出去、请进来”的方式提升员工技术技能水平，全年取得技师资格人数达90人，比上年增长73.08%。42人取得中级及以上职称、同比增长91%。连续三年保持每年两名员工入选省公司“电力雏鹰”计划，在省公司各类竞赛调考中成绩排名持续上升，1名员工获四川省第一届电力行业职业技能大赛“个人优秀奖”。

**【电网建设与发展】**国网阿坝供电公司抓住州委、州政府重视电力发展的有利时机，不断优化外部发展环境，协调推进电网建设。有序推进220千伏红原、成兰铁路6个牵引站供电工程等16个输变电工程项目前期。着力马尔康市四级电网风险化解研究。集中开工500千伏马尔康等4项输变电工程，有序推进110千伏中查沟等11个输变电工程。投运州内“十三五”控制期间第一座220千伏变电站—九寨沟黑河塘变电站，实现国网家电在九寨沟县落地，并荣获国家电网公司“优质工程奖”。完成九寨沟灾后电网重建规划，13个项目列入国家灾后重建总体规划报告。高效完成九寨沟灾区电网并网工程，为灾区群众温暖过冬提供有力保障。

2017年8月9日，国网阿坝供电公司抢险救援队徒步赶赴震中区（彭秋杰　摄）

**【经营管理】**国网阿坝供电公司积极争取电价政策，实现特殊直购电和飞地园区留存电量增量政策。促成州政府建立工业企业用电帮扶机制，拨付5000万元财政专款用于困难企业电费缴纳周转金。业扩报装增容17.03万千伏安，同比上升6.43%。稳步推进购电制，费控项目完成率100%。集中核算会计业务18250笔，累计归集资金5.36亿元。积极争取保险赔付809万元。处置长期挂账未支付款项913万元，利库物资1057万元。统一偿还各县公司改制前遗留银行贷款6706万元，切实减轻县公司财务负担。狠抓线损管理，台区线损合格率提升52.07%，县公司线损率（扣除无损电量）在2016年降低3.52个百分点的基础上再降2.73个百分点。州公司及11家县公司全部实现盈利。

**【安全生产】**国网阿坝供电公司扎实推进本质安全建设，治理安全隐患690项，预警管控各类电网运行和施工作业风险41项。查处各类违章217起。投入电网大修技改资金1.11亿元，着力老旧输配电设施升级改造，110千伏电网跳闸次数下降13%。检修计划执行率提高14%，临时停电减少143条次。积极推进主站延伸及变电站集中监控，110千伏变电站集中监控率达78%，解决17个35千伏变电站“盲调”问题。奋力抗击严重自然灾害，有效应对州内“6·13”洪灾、“6·24”茂县山体垮塌等自然灾害，及时恢复3.4万户受灾客户供电；科学应对“8·8”九寨沟地震，震后55小时供区内受损停运设备、线路和停电用户全部恢复供电。积极驰援地方电力公司，以国网阿坝供电公司为主的国家电网抢险救援队受到省委王东明书记的亲切接见。完成中共十九大、州两会、音乐节等重要会议和活动的保电任务。国网阿坝供电公司荣获四川省“8·8”九寨沟地震抗震救灾先进集体，省公司“6·24”“8·8”抢险救灾先进单位。

**【农电工作】**国网阿坝供电公司完成2015—2017年农网改造升级、中心村、井井通电工程494个项目。《企业家日报》和《中国电力报》先后对“井井通电”项目助力藏区百姓发展农业脱贫致富的事迹进行宣传报道。大力开展“全能型”供电所建设，协调人资部完成供电所机构和岗位调整方案批复，组织开展供电所长培训，组织开展星级供电所创建，全面提升供电所综合管理水平。其中，汶川威州供电所被评为“四星级”乡镇供电所。

**【科技与信息化工作】**国网阿坝供电公司2017年获得科技专利授权2项。完成“新一代智能变电站全数字可视化仿真培训系统研究”科技项目验收，实施“一种新型交流窜入直流检测装置研究”群众性创新项目。信息化申请专利3项，“网络设备状态监控预警系统”软件著作权 1 项、“一种新型光纤收发器”和“一种新型通信机柜”专利 2 项，发布《基于云计算的电力网络监控系统研究》论文。持续深化光缆置换合作，顺利完成九寨沟、小金、汶川南部片区通信网调试接入，实现电力通信网在阿坝州的全覆盖，为电网调度监控管理提供有力的通信支撑。

**【市场服务（优质服务）】**国网阿坝供电公司加快推进营销服务基础设施建设。增加交费渠道，基本实现自助交费终端全覆盖。全力提升各营业厅视频监控覆盖率。建设园区供电服务点，为客户近距离提供服务，了解客户感知。大力开展营销三全建设，加快推进“掌上电力”APP 应用，提升客户服务体验。2017 年共发放宣传资料 2 万余份。完成汶川威州智能营业厅建设。以“技术提升管理”为宗旨，实现营业厅分区智能管控。持续提升优质服务管理管控水平，依托公司平台，持续发布《供电服务曝光台》。开展明察暗访工作，针对检查的问题通过《供电服务曝光台》进行通报，促使优质服务工作持续向前推进。

2017 年 8 月 3 日，国网茂州供电有限责任公司成立（袁斌斌　摄）

**【党的建设和精神文明建设】**国网阿坝供电公司扎实推进“两学一做”学习教育常态化制度化，制定公司党的建设“旗帜领航•三年登高”计划。坚持党要管党，从严治党方针，认真执行党风廉政建设责任制，落实“两个责任”清单。基层党组织书记定期向党委报告工作 2 次，8 个基层党组织书记接受现场述职评议。集中培训党务人员、发展对象 100 余人次。创建省公司企业文化示范点 2 个。公司团委荣获省公司“红旗团委”，检修分公司团支部荣获国家电网公司“红旗团支部”。新建“川电留守学生之家”2 所，实施“圆梦工程”“金秋助学”活动。以公司档案服务抗震救灾抢险工作为蓝本的《档案应急服务与宣传再创“国网纪录”》荣获全国企业档案资源开发利用一等奖。公司 4 个集体、5 名个人获得四川省和国家电网公司表彰。精心策划救灾抢险、藏区电网发展、扶贫攻坚等主题传播，发稿 3018 条。积极彰显责任央企形象，扎实推进精神文明建设，保持公司和谐稳定。

**【改革改制】**国网阿坝供 公司 2017 年全力推进各项改革。全州电力“一张网”取得突破，完成九龙电网公司改制，挂牌成立国网茂州供电公司；实质性管理四姑娘山片区供电业务，集镇电力公司改制接近尾声；改造接收 5 个孤立小水电供区。主动向上级汇报阿坝州输配电价改革存在的困难和问题，争取到输配电价改革“过渡期”。在省公司系统内率先全部完成所属 11 家县供电企业“子改分”工作。推进县公司“三集五大”体系建设，整体方案获省公司批复。

**【存在的主要问题】**一是安全生产形势严峻。阿坝电网网架薄弱、设备老旧、故障率高，存在大面积停电风险。供电可靠性低、频繁停电、停电时间长、客户投诉量较多等问题突出。安全和服务基础薄弱，从事安全和服务的人员构成复杂，素质能力参差不齐，有章不循、意识淡漠、执行力层层衰减等问题较为突出。二是改革改制任务艰巨。九寨沟县、茂县改制涉及重大利益调整和国有民营两种资产属性融合，情况复杂，整合难度大。小水电供区接收后，在电网改造、运行维护、运营管理等方面面临新的课题。三是经营管理压力剧增。受经济增长放缓、环保约束趋严、州内旅游业因灾断崖式下跌等因素影响，售电增长乏力。各县公司本质财务状态仍较差，尚未形成稳定的盈利模式和合理的盈利水平，抗风险和可持续发展能力弱。四是员工管理能力和业务水平提升缓慢。2017 年，公司关键业绩中工程竣工决算率、项目计划执行率等排名均靠后，管理提升、业绩提升任务艰巨。干部员工队伍在业务技能、管理经验、素质能力支撑等方面短板日益凸显。部门间存在推诿扯皮、内耗严重等问题，作风顽疾亟待破除。基层单位等靠要思想比较普遍，依靠自身努力解决问题的意识和主动性还有欠缺，主动配合州公司在本供区开展相关工作的积极性还不够高。

**【国网小金县供电公司】**国网小金县供电公司成立

于2011年8月，于2017年7月，正式更名为“国网四川阿坝州电力有限责任公司小金县供电分公司”。在册员工156人（其中女职工56人），退休职工56人。担负着全县14个乡，3个镇，126个行政村，8万余人的生产生活供电任务。拥有110千伏变电站2座，变电容量14万千伏安，110千伏线路6条，线路长度80.49公里；35千伏变电站8座，变电容量4.485万千伏安；35千伏线路15条，线路长度176.82千米；配变721台，变电容量7.058万千伏安；10千伏线路33条，线路长度871.451千米。管理水电站2座，总装机5300千瓦。

**【国网汶川县供电公司】**国网汶川县供电公司成立于2011年7月，于2017年7月，正式更名为“国网四川阿坝州电力有限责任公司汶川县供电分公司”。在册员工143人。担负着全县7个乡（镇）、74个村，2.46万余户万余户，8.61万余人的生产生活供电任务。拥有35千伏变电站6座，主变10台，主变容量7.77万千伏安，10千伏开关站1座。110千伏线路2条，线路长度14.13千米；35千伏线路15条，线路长度143.439千米；10千伏线路36条，线路长度333.782千米。

**【国网马尔康市供电公司】**国网马尔康县供电公司成立于2011年7月，于2017年7月，正式更名为“国网四川阿坝州电力有限责任公司马尔康市供电分公司”。在册员工167人。担负着全市11个乡(镇)、82个村，1.8万余户，4.87万余人的生产生活供电任务。拥有发电站两座（松岗电站、热足电站），总装机2.39万千瓦。110千伏变电站5座，主变6台，变电容量为17万千伏安；110千伏线路5条，线路长度125千米；35千伏变电站6座，主变7台，变电容量32.35万千伏安；35千伏线路9条，线路长度221.9千米；10千伏线路28条，线路长度401公里；完成自发电量1.6亿千瓦时，完成售电量3.07亿千瓦时。2017年，公司完成“子改分”工作，正式进入分公司管理模式；公司工会完成换届；大力推进电力精准扶贫项目，深入学习贯彻十九大精神；公司各项经营指标取得了新突破。

**【国网理县供电公司】**国网理县供电公司成立于2011年7月，于2017年7月，正式更名为“国网四川阿坝州电力有限责任公司理县供电分公司”。在册员工123人。担负着全县13个乡（镇）、81个行政村，11530余户，5万余人的生产生活供电任务。网内有板子沟、三道桥、维关、打色尔一级、打色尔二级、卡子电站、漆树坪、农家乐、甲司口9座上网小水电站，总装机4.39万千瓦。代为运维110千伏变电站2座，主变3台，变电容量8.15万伏安。拥有35千伏变电站7座，主变6台，变电容量5.53万千伏安，35千伏线路15条，线路长度185.203千米；10千伏线路22条，线路长度463.666千米。

**【国网松潘县供电公司】**国网松潘县供电公司成立于2011年7月，于2017年7月，正式更名为“国网四川阿坝州电力有限责任公司松潘县供电分公司”。在册员工136人。承担着全县20个乡（镇）、142个村，2万余户，8.5万余人的生产生活供电任务。另有小河乡、施家堡乡委托国网平武县供电公司供电，白羊乡由小水电金苍坪电站自发自供，毛尔盖地区暂时委托国网黑水县供电公司供电。拥有云屯、鸳鸯桥、虹桥关、金苍坪4座发电站，总装机6700千瓦；拥有35千伏变电站10座，主变压器14台，变电容量7.595万千伏安，拥有35千伏及以上输电线路14条，线路长度235千伏，10千伏线路37条，线路长度719千米。2017年累计完成售电量13453.1万千瓦时。电费回收：截至2017年12月31日，该公司当年应收电费累计为9212.31万元，电费回收率100%。近年来，该公司在思想建设和法制建设取得重大成效，2016年11月成功创建州级文明单位，2017年7月获松潘县“2011—2015年法制宣传教育先进集体”荣誉称号，公司团支部被省公司评为“五四红旗团支部”。

**【国网金川县供电公司】**国网金川县供电公司成立于2011年7月，于2017年7月，正式更名为“国网四川阿坝州电力有限责任公司金川县供电分公司”。在册员工110人。担负着全县22个乡（镇）、109个村，1.8万余户，7.4万余人的生产生活供电任务。拥有万林、独松二级、阿科里、卡撒4座发电站，装机容量4600千瓦；110千伏变电站1座，变电容量4万千伏安；35千伏变电站3座，变电容量2.205万千伏安；拥有35千伏线路5条，线路长度136.9千米；10千伏线路29条，线路长度1012.8千米；配电变压器台区747个，变电容量5.265万千伏安。2017年完成自发电量2316万千瓦时，完成售电量1.27万千瓦时，营业收入4122万元。

**【国网若尔盖县供电公司】**国网若尔盖县供电有限责任公司成立于2015年7月，于2017年7月，正式更名为“国网四川阿坝州电力有限责任公司若尔盖县供电分公司”公司在册员工95人，供电区域面积10437平方公里，承担着全县2个镇、15个乡、2个牧场，7.8万余人的生产生活供电任务。拥有发电站两座（巴西电站、热尔电站），总装机3760千瓦；110千伏变电站3座，主变4台，变电容量11.1万千伏安，110千伏线路3条，线路长度247.5千米；35千伏变电站4座，主变4台，变电容量1.145万千伏安，35 千伏线路 8 条，线路长度 282.299 千米；10 千伏线路 21 条，线路长度 749 千米。

**【国网阿坝县供电公司】**国网阿坝县供电公司成立于 2011 年 7 月，于 2017 年 7 月，正式更名为“国网四川阿坝州电力有限责任公司阿坝县供电分公司”。在册员工 88 人。担负着阿坝县行政区域内 2 个镇、17 个乡、2 个牧场，87 个行政村，2.62 万户，约 7.15 万人的生产生活供电任务。拥有 110 千伏变电站 2 座，变压器 3 台、总容量 94.5 万千伏安；35 千伏变电站 6 座，变压器 6 台、总容量 1.775 万千伏安。拥有 110 千伏线路 2 条、总长 76.8 千米；35 千伏线路 7 条、总长 277.94 千米；10 千伏线路 20 条、总长 722.54 公里；10 千伏变电台区 563 台、变电容量 8.7635 万千伏安；0.4 千伏线路总长 714.72 千米。供电面积 8450 平方公里，市场占有率 95%；2017 年完成售电量 5992.7872 万千瓦时。

**【国网黑水县供电公司】**国网黑水县供电公司成立于 2011 年 7 月，于 2017 年 7 月，正式更名为“国网四川阿坝州电力有限责任公司黑水县供电分公司”。在册员工 97 人。担负着全县 17 个乡（镇）、123 个村、2 个社区，22000 余户，6 万余人的生产生活供电任务，供电面积黑水 4356 平方公里、松潘毛儿盖片区 1903 平方公里。拥有发电站五座（德石窝发电站、仁头沟发电站、谷汝发电站、红岩发电站、麻窝发电站），总装机 5405 千瓦；110 千伏变电站 2 座，主变 2 台，主变总容量 60 兆伏安，110 千伏线路 2 条，长 16.8 千米；35 千伏变电站 6 座，主变 9 台，主变总容量 15.05 兆伏安，35 千伏线路 8 条，长 131 千米；10 千伏线路 23 条，长 398 千米。

**【国网红原县供电公司】**国网红原县供电公司成立于 2011 年 7 月，于 2017 年 7 月，正式更名为“国网四川阿坝州电力有限责任公司红原县供电分公司”。在册员工 64 人。担负着全县 11 个乡（镇）、36 个村，1.44 万余户，4.6 万余人的生产生活供电任务。有发电站 1 座（刷经寺电站），装机容量 200 千瓦；110 千伏变电站 3 座，主变 4 台，变电容量 7.33 万千伏安；35 千伏变电站 6 座，主变 6 台，变电容量 1.86 万千伏安，35 千伏线路 186.29 千米；10 千伏线 620.29 千米。2017 年完成自发电量 36.09 万千瓦时，完成售电量 4258.6 万千瓦时。

**【国网壤塘县供电公司】**国网壤塘县供电公司成立于 2011 年 7 月，于 2017 年 7 月，正式更名为“国网四川阿坝州电力有限责任公司壤塘县供电分公司”。在册职工 38 人。承担着全县 9 个乡（镇），47 个村，10000 余户，4 万余人的生产生活供电任务。拥有发电站一座，总装机 1140 千瓦；110 千伏变电站 2 座，主变 2 台，变电容量 6.30 万千伏安，110 千伏线路 2 条，线路长度 148 千米；35 千伏变电站 4 座，主变 4 台，变电容量 1.105 万千伏安，35 千伏线路 5 条，线路长度 111 千米；10 千伏主线路 18 条，0.4 千伏及以下低压线路约 410 千米，配电台区 347 个，总容量 3.3275 万千伏安。2017 年售电量累计为 3631.36 万千瓦时。

**【国网茂州供电公司】**国网茂州供电公司成立于 2017 年 6 月 22 日，在册员工 59 人。担负着茂县、松潘县、九寨沟县三县及辖区内重要用户的供电。现拥有 110 千伏变电站 3 座，4 台主变，总容量为 9.75 万千伏安，分别为静州变电站 2 万千伏安、川主寺变电站 5.25 万千伏安、九寨沟变电站 2.5 万千伏安。110 千伏输电线路 178 千米。2017 年 6—12 月完成购电量 1.1 亿千瓦时，售电量 1.1 亿千瓦时。

（李冬梅）

# 国网绵阳供电公司

**【企业概况】**国网绵阳供电公司成立于 1975 年，是国网四川省电力公司直属的特大一型企业，是绵阳市境内最主要的电网规划、建设、运营和电力供应企业。

公司本部职能部门 11 个，业务支撑和实施机构 7 个，下辖江油、游仙、梓潼、安州、北川、盐亭 6 个县级供电公司，主办集体企业——绵阳启明星集团有限公司。截至 2017 年年底，国网绵阳供电公司用工总量 4614 人，资产总额 57.62 亿元。供电区域包括绵阳市涪城区、游仙区、安州区、江油市、梓潼县、北川县、盐亭县，与三台县、平武县有趸售关系，拥有电力客户 174 万余户。2017 年完成售电量 82.28 亿千瓦时，同比增长 6.66%。

绵阳配电网规模位居四川第二，是四川电网在川西北地区的重要组成部分，通过 500 千伏变电站和多回 500 千伏线路构成的主网架接入四川主网，已形成较完善的220千伏环网。截至2017年年底，公司拥有35千伏及以上变电站120座，变电容量866.12万千伏安，输电线路278条，线路长度4260.7千米；全网最高负荷182.5万千瓦、最大日电量3458万千瓦时。

近年来，国网绵阳供电公司立足于服务党和政府工作大局、服务发电企业、服务电力客户、服务社会发展，各项工作成绩显著，为绵阳经济社会发展和人民幸福生活做出了积极贡献。先后获得全国五一劳动奖状、全国文明单位，第四届全国精神文明建设工作先进单位，全国模范职工之家，国务院国资委及国网公司抗震救灾先进集体，国家电网公司先进集体、国网公司文明单位，四川省安全文化建设示范企业、四川省模范劳动关系和谐企业、四川省工人先锋号，绵阳市2015年度文明行业、2016年度工业服务保障先进单位，国网四川省电力公司先进单位、先进基层党组织、红旗党委、四好班子、安全先进单位、双十佳文明单位等多项荣誉。

【人力资源】截至2017年年底，国网绵阳供电公司用工总量为4614人，其中长期职工2015人，劳务派遣用工36人，业务委托制农电工1497人，集体职工290人，集体企业聘用职工776人。用工总量比2016年年末减少371人。

长期职工平均年龄43.1岁，研究生及以上学历150人，大学本科学历1071人，大学专科学历544人，中专及以下学历250人；高级职称255人，中级职称374人，初级职称799人；高级技师133人，技师797人，高级工199人，中级工及以下138人。

【电网建设与发展】国网绵阳供电公司加速“三个一”电力发展新格局理念落地实践，代表省公司与平武县政府签订合作意向协议，开启“一张网”建设新征程。加强政策研判，有序推进三台梓州产城新区增量配电业务、长虹公司220千伏群文站回购。持续优化发展环境，加强与各县（市、区）合作，围绕电网升级、电力通道、设施保护等领域凝聚政企合力。主动对接绵阳产业布局，开展中心城区“网格化”规划和农村电网全覆盖的“精细”规划，完成重点园区“一园一册”规划编制。建成投产西成客专绵阳220千伏供电工程等10个项目。公司获国家电网公司配电网标准化创建活动达标单位，配电网工程入选“百佳工程”。新增智能电表22.89万只，覆盖率99.73%。奋战40天安装20台京东方项目施工配变，50天完成中物院902项目电力线路迁改，刷新绵电“建设速度”和“迁改速度”。

2017年8月10日，在110千伏九寨沟变电站，国网绵阳供电公司共产党员突击队更换安装新主变，保证灾区及时恢复供电　（田海　摄）

【经营管理】国网绵阳供电公司着力构建“一纵五横”体系，创新建设地县调全业务融合、供电服务指挥平台、“全能型”乡镇供电所，成立高新区供电服务中心，持续优化营销“一部一中心”、项目管理中心，积极为改革攻坚贡献“绵电方案”。稳妥推进集体企业“瘦身健体”，清算注销11户、精简用工160人，应收账款较年初压降40%。制定“瘦身健体、提质增效”114项措施，稳步提高发展质量和效率。扎实开展“管理提升年”活动，落实提升措施952条，6项成果入选省公司优秀案例，居全川第一，国网绵阳供电公司获评“管理提升年”活动先进单位。问题清单梳理全覆盖排查整改9类、95项问题，制订整改决议10项，工作推进情况受到监事会、国家电网公司充分肯定。数据治理“双百行动”阶段成效显著，累计监测核查治理17个专业、2738万余条数据。精准治理台区线损，台区线损合格率提升36.91个百分点。构建电网资产运营效率科学评价体系，营配调财一体化课题获国网公司管理创新二等奖。推进全面预算管理，车辆使用费、办公费用、差旅费同比减少11%、10%、17%。全力清理“两金”，收回欠款441.88万元，压降库存 2100.69 万元。完成仓库标准化建设。强化审计结果运用，增收节支 619.32 万元。加强全面质量管理实践，成功打造“全国质量强市示范城市”示范点，获绵阳市第二届政府质量奖。探索合规管理试点，应邀家电在国网公司“法治大讲堂”作经验交流。实施反窃电违约用电“清网”行动，挽回经济损失、追补违约电费 453.61 万元。

**【安全生产】**国网绵阳供电公司坚持“五安三制”理念，以本质安全建设为着力点，落实安全风险清单制管理，实行全员安全等级认证，切实强化安全履责。挂牌督办“十大安全隐患”，扎实开展“双月亮剑”“安全生产大检查”“电力建设工程施工安全年”等专项行动，排查治理隐患 1342 项，查处违章 382 例，发布各类风险预警 128 次。开展线路综合治理，35 千伏及以上输电线路跳闸、10 千伏配网线路跳闸、外力破坏同比下降 38.5%、18.3%、42%。

2017 年 9 月 7 日上午，第五届全国科博会在中国科技城绵阳开幕，国网绵阳供电公司员工在会场测温，确保电力供应万无一失　（田海　摄）

低电压、重过载公变同比减少 40.01%、26.03%。优化电网运行方式，强化停电计划刚性执行和配网调控管理，重复停电次数同比减少 28.9%。组织 125 名勇士，深夜驰援“8·8”九寨沟县地震灾区，被央视新闻联播、《人民日报》等媒体深入报道。27 小时全部恢复绵阳“7·16”大风雷暴雨受损的 10.64 万客户供电，圆满完成中共十九大、科博会等重大保电，“电力特种兵”广受赞誉。荣获国家电网公司、省能监办安全生产工作先进集体。

**【农电工作】**国网绵阳供电公司开展县域电网深度规划，农网规划覆盖供区所有乡镇。完成新一轮农网改造升级攻坚，累计改造小城镇（中心村）电网 371 个、机井通电 298 眼，公司获国家电网公司“两年攻坚战”工作先进集体。实施“电力助推脱贫攻坚”十大行动，312 个贫困村电网全部实现改造升级，惠及贫困人口 12.82 万人。因地制宜完成“全能型”乡镇供电所建设，机构精简率 42.3%。加强标准化供电所建设，实施班组“四定”管理，三合供电所获评班组建设最高荣誉“国家电网公司一流班组”“国家电网公司五星级乡镇供电所”，魏城、松垭、擂鼓供电所获评国家电网公司四星级乡镇供电所。全面完成县公司“子改分”，迈入公司治理现代化新时代。持续开展藏区结对帮扶工作，圆满完成各阶段帮扶目标任务，藏区县公司管理水平和经营指标明显提升。

**【科技与信息化工作】**国网绵阳供电公司加大科技创新力度，推进带电检测、机器人智能巡检、不停电作业等新技术应用，无人机巡视覆盖 110 千伏及以上线路，电网智能运检体系初具雏形。深化“互联网+”应用，建成“移动互联·智慧电力”指挥平台，“掌上电力”“电 e 宝”等移动端服务加速渗透，业务线上受理率超过 97%、累计缴费 6725.02 万元。鼓励引导群创氛围，职工文化、技术创新成果丰硕，获省公司技术管理创新奖 17 项；积极搭建创新平台，参加省电力公司 QC 成果发布，荣获一等奖 1 项、二等奖 5 项，专利申请 29 件，创新活力进一步释放。深化大数据分析应用，公司荣获省公司大数据竞赛一等奖、二等奖各 1 项。实施《三年精益战略发展规划》，提升精益化、标准化管理，全年共实施精益项目 13 个，精益项目总获奖数量在省电力系统内排名第一。

**【市场服务（优质服务）】**国网绵阳供电公司坚持主动汇报政府、主动对接园区、主动服务客户，与市级及以上园区全部签订战略合作协议，同步设立供电办或服务站，快速响应园区企业用电需求。网格化配置“电管家”978 名，细分客户群体，提供“定制式”服务，“电管家”品牌影响力、行业引领力持续扩大。推进客户配电资产移交，新增入账 2.35 亿元。大力支持实体经济发展，市场化电量 18.41 亿千瓦时，存量市场有效巩固。全力为京东方、汉能等重大项目提供用电服务解决方案。拓展节能服务和合同能源管理等新型业务，建成车联网区域充换电网络，实现替代电量 1.28 亿千瓦时，同比增长 315.74%。“多表合一”集采集抄 1.76 万户。推进北川公司“三全”试点，核心指标居 22 个试点县公司前列，示范带动营销自动化、信息化、智能化、集约化水平提升。

**【党的建设和精神文明建设】**国网绵阳供电公司迅速掀起学习宣贯中共十九大精神热潮，创新“3334”宣贯模式，开展“八进”活动，把中共十九大提出的目标任务转化为公司实实在在的发展思路、工作举措。推进“两学一做”学习教育常态化制度化，强化思想政治引领，“四个意识”更加牢固。实施“旗帜领航·三年登高”计划，完善党建制度体系，推进党支部标准化建设。创新推行“3+X”党员活动日制度，开展“砥砺奋进·党旗飘扬”纪念建党 96 周年系列活动。全川率先建立“绵电政工数据管理系统”，开发“绵电政工之窗”APP，党建管理向指尖延伸。严格执行约谈报告制度，推行履责痕迹化管理，

2017 年 11 月 17 日，全国精神文明建设表彰大会在北京隆重召开，国网绵阳供电公司荣获第五届全国文明单位（田海　摄）

层层压实“两个责任”。开展专业管理健康体检，系统排查风险，推进问题标本兼治。树立正确的用人导向，持续优化干部队伍结构。大力实施素质提升工程，举办干部及骨干人员履职培训，954 人次实现学历、职称和技能等级提升。全面深化“精彩绵阳”主题传播，宣传报道 70 余次见诸国家级媒体，“云端上的灯塔”登上中央电视台，获全国电力行业“最佳责任沟通创新奖”。五里阳光职工文体中心建成投运，各类文体活动蓬勃开展。职工敢于争先、唯旗是夺意识不断增强，青年创新创效能力显著提升。

**【存在的主要问题】**一是经营形势趋于严峻。宏观经济步入高质量发展阶段，增长动力转换，产能过剩的行业形势没有得到根本性改变。内外改革利益交织，新业态对公司运营模式、体制机制造成深刻冲击。来自各方的监督力度持续加大，公司以往高速发展下掩盖的风险逐渐聚集凸显，极大制约质量效益提升。二是发展不平衡不充分。城乡配电网一体化发展滞后，“两头薄弱”的问题没有彻底扭转，电网现状与“智能坚强”目标不匹配。资产折旧、运维成本刚性增长，人工成本总额较大，经营现状与实现提质增效不匹配。三是自身发展存在不适应。配电网管理基础较为薄弱，供电服务质量有待提升，服务质量、模式、技能与群众美好生活的用电需求不匹配。管理融合度、流程穿透力、协同和责任意识有待提升，部分干部职工缺乏市场意识、客户意识、危机意识，工作质量、标准与改革发展形势不匹配。

**【国网江油市供电公司】**国网江油市供电公司成立于 1962 年 10 月，是国网绵阳供电公司下属的二级机构，是江油境内最主要的电网规划、建设、运营和电力供应企业。

国网江油市供电公司设本部职能部门 6 个，业务支撑和实施机构 2 个，下设 8 个生产、营销班组，8 个全能型乡镇供电所，代管 1 个集体制企业——绵阳启明星集团有限公司江油分公司。截至 2017 年年底，公司用工总量 639 人，资产总额 9.25 亿元。国网江油市供电公司担负江油市 40 个乡镇和平武、北川等部分地区的供电任务，供电面积约 3100 平方千米，拥有电力客户 38.46 万余户。2017 年，国网江油市供电公司完成售电量 20.74 亿千瓦时，同比增长 6%；关键业绩指标评分排名县公司第二。

江油配电网规模位居绵阳第二，是绵阳电网的重要组成部分，通过 220 千伏变电站和多回 220 千伏线路构成的主网架接入绵阳主网。截至 2017 年底，公司辖区内有 35 千伏及以上变电站 28 座，变电容量 199.48 万千伏安；35 千伏线路 17 条，总长度 222.26 千米；10 千伏线路 120 条，总长度 2996.88 千米；全网最高负荷 40.28 万千瓦（2017 年 12 月）、最大日电量 654.74 万千瓦时（2017 年 12 月）。2017

年，国网江油市供电公司荣获国网四川省电力公司安全生产先进集体、工会信息工作先进集体，所属班组分别荣获国家电网公司五星级乡镇供电所1个，省公司安全先进班组 1 个，江油市工业经济发展优质服务先进单位、工业经济发展服务保障先进单位、脱贫攻坚工作先进单位等多项荣誉。

截至 2017 年年底，公司用工总量为 639 人，其中长期职工 128 人，业务委托制农电员工 413 人，集体职工 55 人，集体企业聘用职工 43 人。

长期职工平均年龄 44.5 岁，研究生及以上学历 6 人，大学本科学历 78 人，大学专科学历 35 人，中专及以下学历 6 人；高级职称 8 人，中级职称 14 人，初级及以下职称 103 人；高级技师 10 人，技师 47 人，高级工 35 人，中级工及以下 36 人。

按照坚强智能电网建设要求，主动对接《江油市工业空间布局和产业发展规划》，进行“网格化”和电网全覆盖建设。积极协调绵阳江油500千伏输变电工程项目及220千伏配套项目、500千伏路平至富乐途径江油市四个镇、西成客运专线绵阳青林口牵引站220千伏供电工程等9个重点项目。精心组织力量，全面落实“三全”工作，全年新装智能电表2.58万只，累计安装38.43万只，覆盖率达99.95%，高压费控执行率突破80%，全口径采集成功率达到99.11%。强化输电线路“六防”综合整治及“三跨”隐患专项治理，着力解决树线矛盾等通道清理问题，切实降低输配电线路故障跳闸率。开展配网负荷监测和大数据分析，加强配电线路综合治理和配变运维管控，加快跨鱼塘线路的技术改造，抓好台区漏保管理，进一步提升配网运检工作质效，实现配网管理“五降”的目标。

按照“三全五依”要求，持续开展全面建设法治企业工作，严格贯彻落实“中央八项规定”精神，狠抓“四风”治理。完善党风廉政建设约谈机制，强化履职痕迹管理，落实“两个责任”。扎实开展“管理提升年”和“通用制度进班组”活动，加强重点领域风险防控。有序推进共产党员服务队等9个班组开展“四定”管理。坚持用制度管人、用流程管事，深化全面预算管理，严格专项成本审查，从严从紧控制一般性和非生产性开支。全年差旅费同比下降20.95%，公务用车使用费同比下降8.57%，办公费同比下降26.94%。对“专业健康体检”进行认真梳理，结合各类专业检查发现的问题，建立“一案一档、定职定责、逐一销号”的闭环整改机制。通过“用电信息采集系统”监控异常电量，开展反窃电、违约用电专项整治，全年共计查处案件270件，追回窃电及违约电费221.23万元。积极开展职工群创活动，“国网联盟”网游创意项目荣获省公司第三届“青年创新创意大赛”一等奖，并入围国家电网公司青创赛武汉片区赛；“减少农网作业导线架设时间”荣获省公司2017年质量管理（QC）小组成果二等奖。

坚持“五安三制”理念，以本质安全建设为着力点，以保障员工生命安全为首要任务，落实安全风险清单制管理，切实强化安全履责，加强小型分散和抢修作业管控。坚持安全生产“月计划、周安排、日管控”要求，分解目标责任，落实风险防范措施，确保各施工场所安全管控全覆盖、无死角。全年共计排查整治一般缺陷和一般隐患 389 项，管理人员现场督察 1032 人次，发现并处理违章 121 例，习惯性违章得到有效遏制。不断强化安全培训，全年 400 余人次参加安规培训及考试，575 人次参加警示教育，员工安全意识明显提升。狠抓电网综合治理，统筹安排电网运行方式和检修计划，严控“非计划停电”和“临时停电”。认真开展技术大比武，举办集体企业、三新公司“安全管理提升”知识竞赛活动，提升安全管理水平。完成配网抢修 3710 次，抢修完成率 100%。紧急驰援“8·8”九寨沟抗震抢险，快速应对“9·30”青川地震等自然灾害，第一时间恢复电网供电。圆满完成中共十九大、全国象棋公开赛等重大保电任务 28 项。

按照“业务协同运行、人员一专多能、服务一次到位”的要求，将原来16个乡镇供电所整合为8个“全能型”乡镇供电所。进一步挖掘内部现有人力资源潜力，率先实行供电所营业厅人员轮值，有效解决边远供电所营业厅服务人员不足的困难。完成新一轮农网改造升级攻坚，累计改造小城镇（中心村）电网61个、机井通电186眼，新装改造配变324台、容量3.48万千伏安，新建改造10千伏线路97.5公里，新建改造低压线路665.72公里。实施“电力助推脱贫攻坚”十大行动，59个贫困村电网全部实现改造升级，惠及贫困户2633户。

坚持全心服务客户，健全供电服务保障机制，在42个城市社区、40个乡镇建立片区电管家服务，全面升级“电管家”服务模式，网格化配置“电管家”226名，为客户提供“定制式”“管家式”供电服务，3名电管家获得国网绵阳供电公司银牌电管家称号，52名电管家获得铜牌电管家称号，4个供电所获得优秀电管家团体称号，架起企业服务客户的“连心桥”。定期走访“两代表一委员”，主动向江油市委、市政府汇报工作，积极对接大客户用电需求。落实国网绵阳供电公司与江油市政府签订的《电力助推四川江油工业园区发展战略合作协议》，园区供电服务水平不断提升。大力拓展“互联网+营销服务”模式，“掌上电力”“电 e 宝”“支付宝”等移动端服务加速渗透，全年累计线上交费金额1055 3万元，受理业扩申请3951笔，窗口业务办理时间大幅度缩短，客户用电体验持续提升。

把学习宣贯中共十九大精神和习近平新时代中国特色社会主义思想作为首要政治任务，牢固树立“四个意识”。组织公司党委中心组专题学习十九大精神，540 余人参加十九大精神网络考试，实现学习宣贯全覆盖。举办季度“道德讲堂”“法治·道德·职业大讲堂”，传递社会公德、职业道德、家庭美德和个人品德等正能量；助力江油市创全国文明城市建设，深化“电力小绵羊”志愿服务活动。深入推进精神文明建设和企业文化建设。公司党委荣获国网绵阳供电公司党建知识竞赛一等奖、公司团支部获得国网绵阳供电公司“五四红旗团支部”称号。职工文化亮点纷呈，在国网绵阳供电公司多项赛事中取得较好成绩。切实履行社会责任，班子成员和部门负责人，多次走进敬元乡小石村对接扶贫工作。不定期开展行风监督员明察暗访，提升公司服务形象。2017 年，公司参加江油市纠风办“行风群众满意度测评”，在 22 个服务行业中排名第五位。

**【国网绵阳市游仙供电公司】**国网绵阳市游仙供电公司成立于 1994 年 12 月，是省公司县级一流供电企业、首批“县级供电公司企业文化建设示范点”，四川省省级最佳文明单位。

国网绵阳市游仙供电公司担负着游仙区、绵阳经开区、仙海水利风景区以及三台县 6 个村、梓潼县 3 个村的供电任务，供电面积 1163 平方千米，供电营业户数 28.26 万户，用电人口约 52 万余人，辖区内拥有中国工程物理研究院（九院）、624 航空城、川北监狱以及富乐山国际酒店等高危及重要客户 20 户。

近年来，国网绵阳市游仙供电公司立足于服务党和政府工作大局、服务发电企业、服务电力客户、服务社会发展，安全生产、经营管理、优质服务、党建和精神文明建设等各项工作成绩显著。先后荣获中华全国总工会职工书屋示范点建设单位，四川省省级最佳文明单位，四川省电力省公司先进集体、县级一流供电企业、先进基层党组织、“4·20”芦山地震抗震救灾先进基层党组织、创建和谐劳动关系先进单位、首批县级供电公司企业文化建设示范点、绵阳市文明窗口，绵阳市“2017 年度防汛工作先进集体”、省公司“企业文化先进集体”、市公司“电力设施保护业绩优秀单位”等多项荣誉。

截至 2017 年年底，国网绵阳市游仙供电公司用工总量为 429 人，其中长期职工 79 人，业务委托制农电员工 278 人，集体职工 48 人，集体企业聘用职工 24 人。

长期职工平均年龄 39.9 岁，研究生及以上学历 10 人，大学本科学历 48 人，大学专科学历 14 人，中专及以下学历 7 人；高级职称 16 人，中级职称 15 人，初级职称 27 人；高级技师 5 人，技师 21 人，中级工及以下 8 人。

滚动修编“十三五”配电网规划，被地方政府纳入城乡规划编制。开展 2018 年 10 千伏配网项目、配电自动化技改项目、业扩配套等项目储备，完成可研上报。完成 2016—2017 年城市配网及中心村、井井通等配网项目 103 个，2017 年大修项目 8 项、技改项目 2 项全部竣工。改造 10 千伏配电线路 151.06 公里，改造低压配电线路 375.1 千米，增加配变容量 42.79 兆伏安。

2017 年，国网绵阳市游仙供电公司深入开展“管理提升年”活动，制定 10 大核心措施，并按专业全部进行细化落实。扎实开展问题清单梳理全覆盖工作，排查出 4 个方面 6 项问题，完成整改 3 项，“四上”阶段任务顺利完成。营销“三全”建设全面推进，开展在线智能稽核，挽回电费损失 28 万余元；安装智能电表 9020 只，覆盖率达 100%；全口径自动采集成功率达 99.07%，较年初提升 1.98 个百分点。实施指标精准治理，台区线损合格率达 85.76%，较年初提升 23.76 个百分点。开展反窃电违约用电专项行动，查处窃电及违约用电 74 起，追补电费 5.37 万元、违约金 20.65 万元。成功索赔保险案件 73 起，挽回损失 152.09 万元。有序推进改革改制，全省第一家率先完成公司制改制，顺利完成“地县调业务融合”。完成所有可接收小区的配电资产移交协议签订及设备验收工作，其中 54 个小区已完成资产赋值，入账金额 2580.49 万元。

扎实开展“双月亮剑”“安全生产大检查”“安全生产问题清单梳理”等专项行动，组织各类巡查（督察）2984 次，排查整治隐患 174 条，查处违章 82 例，处罚违章人员 140 人次，处罚金额 52560 元，问题发现率 7.1%。严控“非计划停电”和“临时停电”，清理线路通道 1100 余千米，10 千伏配网线路跳闸同比下降 22.58%。开展“带电作业”263 次，减少停电时间 10.52 个时/户。整治并消除低电压、重过载及三相不平衡台区 592 个，低电压、重过载公变分别同比减少 15.58%、12.27%。开展安全用电宣传 2000 余次，外力破坏同比下降 10%。完成跨鱼塘、河流电力线路绝缘化改造 100 处。紧急应对“7·13”暴风雨灾害，迅速完成 10 余条 10 千伏跳闸线路的恢复供电。完成中共十九大、科博会等重大保电任务 132 次。

建成 7 个“全能型”供电所。农网改造升级成果得到省、市公司充分肯定，先后多次作为典型代表，迎接国家电网公司、省能源局等上级的检查，并获得好评。“绵阳游仙 10 千伏观太乡卢家坪村改造工程”和“绵阳游仙 10 千伏忠柏线改造工程”被省公司评为 2017 年度“农网五十佳”工程。两项技术创新成果获省公司 2017 年度工人技术创新二等奖，两项职工创新成果荣获省公司“职工创新优秀成果”，两名员工被评为省公司“能工巧匠”。

全面深化服务品牌打造，分片区配置“电管家”143 名，建立“电管家”微信群 133 个，新型服务模式得到省公司调研组的高度肯定，并被《绵阳日报》作为文明城市亮点进行专题报道。落实省、市两级“两代表一委员”走访，完成新一轮行风监督员聘任，行风建设持续深化。注重“靶向式”精准服务，促成绵阳经开区、游仙经开区、仙海水利风景区 3 个供电服务机构的设立。助力 10 户企业参与直购电、富余电量消纳交易，完成直购电量交易 44505 万千瓦时，富裕电量消纳 151 万千瓦时，为 10 家企业节约用能成本 1799.28 万元，存量市场得到有效巩固。积极开展精准扶贫，全面落实“两保户”电费优惠政策，退费到户 10.32 万户次，优惠电费 76.49 万元。

组织开展“喜迎十九大·领航新卓越”“宣贯十九大”等系列活动，确保十九大精神得到及时贯彻。有序推进供电所支部建设，圆满完成 7 个供电所支部委员会选举和 137 名农电党员组织关系转接工作，农电党员组织关系接转率 100%。

主动践行企业和社会责任，组织开展“送清凉·送关爱”慰问职工家属、定点扶贫等工会、群团活动 30 余次，帮扶慰问困难职工及群众 800 余人次，帮扶金额 20.08 万元。建成省公司“示范道德讲堂”和“示范文化长廊”，文化建设成果得到各级领导高度肯定。公司团总支获市公司“五四红旗团支部”荣誉。

**【国网绵阳市安州供电公司】**国网绵阳市安州供电公司始建于 1985 年，是安州区境内最主要的电网规划、建设、运营和电力供应企业。公司现设 6 个职能部门，2 个业务支撑机构，8 个班组，6 个供电所，托管集体企业——绵阳启明星集团有限公司安州分公司。

国网绵阳市安州供电公司供电区域包括安县 18 个乡镇及相邻的北川、江油部分地区。供电面积 1150 平方千米，拥有电力客户 16.92 万户。截至 2017 年 12 月底，国网绵阳市安州供电公司辖区内 35 千伏变电站 6 座，变电容量 63.2 兆伏安；35 千伏输电线路 18 条，线路长度 205.402 千米；10 千伏公用配网线路 70 条，长度 1320.14 千米；公用配变 2290 台，合计容量 333.70 兆伏安。全网最高负荷 14.88 万千瓦（2017 年 12 月 12 日），最大日电量 295 万千瓦时。

近年来，国网绵阳市安州供电公司先后荣获中华全国总工会“工人先锋号”，被省委、省政府授予省级最佳文明单位、省级安全文化建设示范企业；被国家电网公司命名为“一流县供电企业”“文明单位”，被省公司评为文明单位，连续两年获省公司安全生产先进集体称号，获绵阳市安全生产工作先进单位，获安州区工业十强企业、安州区民主评议行风合格单位、2016—2017 年度安州区工业要素保障先进单位等殊荣。

截至 2017 年年底，国网绵阳市安州供电公司用工总量为 464 人，其中长期职工 185 人，业务委托制农电员工 215 人，集体职工 26 人，集体企业聘用职工 35 人。长期职工平均年龄 43.42 岁，研究生及以上学历 8 人，大学本科学历 116 人，大学专科学历 36 人，中专学历 25 人；高级职称 17 人，中级职称 46 人，初级及以下职称 68 人；高级技师 4 人，技师 40 人，高级工 61 人，中级工 7 人。

紧扣安州区“十三五”规划和产业布局，完成公司“十三五电网规划”滚动修编工作。认真履行属地协调职责，配合完成路平至富乐 500 千伏新建线路工程房屋拆迁协调任务，220 千伏成兰铁路高川、绵竹牵引站新建线路工程顺利取得安州区内规划红线。协调华晨 110 千伏变电站顺利投运，安州主城区、工业园区供电可靠性进一步加强。高标准开展电网基础设施建设，水田坝 35 千伏第二电源输变电工程被评为省公司优质工程，总投资 1340 万元的黄土 110 千伏变电站 35 千伏配套工程正式建成投运。顺利通过国家电网公司 100 个配电网标准化建设改造示范县验收，标准化台区建设及工厂化预制施工获国家电网公司、省公司肯定。全年累计实施电网工程项目 52 个，投资 6881.44 万元，安州电网结构进一步优化，智能化水平显著提高。

国网绵阳市安州供电公司以“管理提升年”活动为契机，深入开展问题清单梳理全覆盖工作，入围国家电网公司问题清单梳理先进县级供电企业名单。召开班组建设推进会，举行班组“四定”管理成果展示活动，班组建设基础进一步夯实。加强工程竣工决算，完成 37 个项目决算及转资增固工作。完成高川坡电站闲置资产处置工作，上报晓坝、城关电站处置申请。增强全员全业务保险理赔意识，全年共获保险赔款 218 万元，同比增长 119%，有效缓解成本压力。完成公司企业类型变更工作，由全民所有制企业改制为有限责任公司分公司。积极配合2014—2016年专项成本审计，开展审计检查问题整改“回头看”，消除管理短板。大力推进安州“一张网”建设，供区实现同网同价同服务，“一县一公司”改制工作取得实质性进展。大力开展技术创新，根治了变电站开关柜潮湿、凝露等问题，并在省公司简报上作为典型经验登载推广，变电运检班QC小组荣获“2017年四川省优秀质量管理小组”称号。积极参与新技术应用推广，“一种全方位防坠落警示装置”申请专利，“基于RFID的配网智能巡检技术”试点成功。

扎实开展“安全大检查”“双月亮剑”等专项行动，排查整改隐患86项。国网绵阳市安州供电公司深入实施运维精益化管理，10千伏配网线路跳闸率下降12.5%，城、农网电压合格率达100%、99.98%，供电可靠率达99.94%、99.85%。积极应对夏季特大暴雨、持续高温等恶劣极端天气影响，电网成功应对日电量6次创新高的严峻考验，在最短时间内安全高效处置高川乡“电力孤岛”险情。全力维护供用电秩序，依法查处窃电、违约用电、外力破坏113起，追补电费和违约使用电费23万元。圆满完成“春社踩桥”“科博会”等保供电任务42次，中共十九大期间实现电网“零跳闸”、稳定“零报告”、服务“零投诉”目标。

着力打造全能型供电所，将原8个供电所整合为6个，资源配置更加合理，国网绵阳市安州供电公司代表市公司迎接省公司全能型供电所检查，获省公司高度评价。深入推进“电力助推扶贫攻坚十大行动”，累计完成24个贫困村电网改造升级，解决1285户贫困户生产、生活用电难题。投资224.24万元，全面完成“机井通电”工程并接受国家能源局、国家电网公司现场验收，得到检查组一致好评。实施“党支部+贫困户”扶贫新模式，定点联系花荄镇狮子村6户贫困户基本脱贫。落实“低保、五保户”免费用电基数政策，累计减免电费69.77万元。开展“电管家”暖心扶贫活动，为60余户政府重点扶贫对象免费更换下杆线、室内线路、开关插座等。落实老旧（弃管）小区电网配套改造资金511.65万元，解决文星、安康、民生家园等8个小区群众用电难题。

坚持大客户走访制度，领导班子成员带队分赴区内各大型客户和重点项目，广泛征求意见建议和用电需求，全年走访客户187户，解决客户问题67个。真诚服务地方企业，指导帮助企业用好、用足直购电和富余电量消纳政策，为银河集团、中联水泥等企业节省电费资金896万元，有力支持了实体经济发展。积极推广清洁能源，协助金鸿饲料、银河化工实施技术改造，实现电能替代2492万千瓦时。全力打造卓越“电管家”服务品牌，为东辰国际小学、安县纸业和乐乐世界等招商引资项目开辟绿色通道，为1447个居民片区（小区）、11个重要（高危）客户和3个园区分级配置“电管家”179名，多渠道、快速响应客户需求。积极开展水电气“三表合一”，实现数据采集6106户，超额完成全年目标任务，成为国网绵阳供电公司范围内第一个在“三表合一”工作上取得突破的基层单位。大力推进安州“一张网”建设，供区实现“同网同价”，为“一县一公司”改制工作奠定坚实基础。

实施“六大行动·聚力前行”系列活动，多措并举，认真学习贯彻中共十九大精神。深入推进“两学一做”学习教育常态化制度化，狠抓全面从严治党，在国网绵阳供电公司党建知识竞赛中获团体第二名、个人前两名的优异成绩。认真落实党委委员定点联系班组、供电所制度，班子成员定期下基层、上“党课”，引导员工爱岗敬业。坚持纪企、检企联动警示教育机制，开展“红线制度巡讲”、“廉洁讲堂”活动，干部员工廉洁从业意识不断增强。以初心铸匠心，大力弘扬工匠精神，积极组织开展职工技能比武、技术创新、微讲堂等活动。主动走访“两代表一委员”72人次，督促办理意见10条，外聘行风监督员开展明察暗访，行风群众满意度持续提升。

**【国网梓潼县供电公司】**国网梓潼县供电公司成立于1967年，本部设置职能部门4个，业务支撑和实施机构2个，下设5个主业班组和5个供电所，代管绵阳启明星集团有限公司梓潼分公司和绵阳市三新供电服务有限公司梓潼分公司，现有各类职工329人。公司担负着梓潼县32个乡镇、1个经济开发区以及游仙区、江油市、盐亭县等部分地区供电任务，供电总面积1442.32平方千米，供区人口38.58万。

辖区内有110千伏变电站4座，35千伏变电站6座，10千伏开关站1座。35千伏电压等级容载比为2.8，城市地区户均容量为2.5千伏安，农村地区户均容量为1.75千伏安。公变2201台（城网187台，农网2014台），总容量240.98兆伏安。35千伏线路10条，总长200.285公里。10千伏线路44条，总长1589.036千米。低压线路4913.44千米。

近年来，国网梓潼县供电公司立足于服务党和政府工作大局、服务发电企业、服务电力客户、服务社会发展，各项工作成绩突出，为梓潼经济社会发展和人民幸福生活作出了积极贡献。公司工作得到县委县政府的高度肯定，被省公司评为“安全先进集体”，公司党委被省公司党委评为“先进基层党组织”，被绵阳公司评为“先进单位”。

截至2017年年底，公司用工总量为329人。其中长期职工77人，业务委托制农电员工197人，集体职工21人，集体企业聘用职工34人。职工平均年龄40.2岁，研究生及以上学历8人，大学本科学历40人，大学专科学历25人，中专及以下学历4人；高级职称4人，中级职称8人，初级及以下职称31人；高级技师5人，技师33人，高级工2人，中级工及以下14人。省公司“雏鹰计划”3人。

持续优化发展环境，主动对接县委、县政府，围绕电网升级、电力通道、设施保护等领域加强政企合作。主动对接梓潼县产业布局，开展城区“网格化”规划和农村电网全覆盖的精细规划。观义35千伏输变电工程成功投运，文昌供电所小型基建项目按计划推进，政府重大招商引资项目四川文化艺术学院配套项目按期竣工。实施“电力助推脱贫攻坚”十大行动，29个贫困村全部实现改造升级，惠及贫困人口1.78万。为政府精准扶贫项目开辟绿色通道，与37户贫困户签订帮扶协议，为17个生猪扶贫代养场实施业扩配套用电项目，投入资金144.21万元。

2017年4月，经四川省总工会推荐，国网绵阳供电公司荣获由中华全国总工会授予的“全国五一劳动奖状”奖牌

认真开展“管理提升年”活动，梳理管理短板与弱项指标，按照里程碑计划落实整改。完成全业务数据治理“双百行动”，启动卓越绩效工作，完成卓越绩效自评报告。营销“三全”建设全面推进，率先实现智能电表全覆盖，全口径采集成功率和费控执行率在市公司保持前列。推进全面预算管理，车辆使用费、差旅费同比减少22.74%、19.62%。落实“三全五依”要求，扎实推进2017年法治企业建设工作，梳理“全能型”供电所通用制度核心条款，开展“通用制度进班组”“法律七进”活动。制定“安全无违章、服务零投诉”“三种人及兼驾”考核奖励办法，充分调动员工主观能动性。高度重视台区线损系统建设，充分利用系统监控异常并及时整治，同期线损综合指标暂列市公司第一。警企联合开展反窃电工作，共查处窃电、违约用电71起，追补电量14.57万千瓦时，追补电费及违约金29.79万元。

坚持“五安三制”理念，以本质安全建设为着力点，落实安全风险清单制管理，实行全员安全等级认证，切实强化安全履责。扎实开展“双月亮剑”“安全生产大检查”“电力建设工程施工安全年”等专项行动，排查治理隐患294项。优化电网运行方式，开展线路综合治理，10千伏配网线路跳闸率下降13.39%。整合公司安监力量，严格“到岗到位”和安全巡视督查，各级管理人员累计现场督察2235次，发现各类问题122个，查处违章35起，处罚12120元，约谈、停工整顿外施队伍3次。全力保障电力可靠供应，圆满完成中共十九大期间保电稳定服务工作、“第三届海峡两岸文昌文化交流活动”“两弹一星”干部学院成立大会等保电任务32次。

结合梓潼电网实际，完善农网规划，积极储备项目。2017年下达农网升级改造29个项目，“电管家”服务成绩斐然，5个供电所均获得优秀“电管家”团队。完成“全能型”供电所建设，将8个供电所合并为5个，组织全体供电所员工分批次参加全能型供电所教育培训。政企联合持续深入开展农村安全用电宣传、检查工作，详摸细排，逐户整治，台区线损成效显著，全年未发生农村触电伤亡事件。

积极推进班组创新活动，组织青年员工参加“点亮数据 放飞梦想”大数据劳动竞赛。积极开展精益化管理工作，1名员工取得精益黑带资格认证。大力推广“四川绵阳供电”服务号和“掌上电力”APP，方便客户掌握用电信息，获得用电服务。网格化配置“电管家”，分片区建立“电管家”工作微信群，精准快速解决客户用电难题。

大力推行“卓越电管家”服务模式，全面推进营销“三全”建设，率先实现智能电表全覆盖，全口径采集成功率和费控执行率在市公司保持前列。“掌上电力”“电 e 宝”等移动端服务加速渗透，交费渠道更加多元，便民服务举措广受好评。网格化配置“电管家”117 名，增强服务针对性和实效性，全方位满足用电客户需求，建立“电管家”微信群 31 个，实现在线全天候服务，使政策宣传、信息通知、客户报修更加高效便捷。精简业扩报装手续，营造规范、干净的业扩报装办理流程；学习研究业扩报装新政策，提升员工服务技能。

开展“十九大精神进班组”“进扶贫点”“热词解释学十九大”等活动，实现十九大精神宣贯全覆盖，把十九大提出的目标任务转化为公司实实在在的发展思路、工作举措。深入推进“两学一做”学习教育常态化制度化，强化思想政治引领，“四个意识”不断强化。实施“旗帜领航·三年登高”计划，完善党建制度体系，推进党支部标准化建设。认真落实“3+X”党员活动日制度，开展“弘扬两弹精神不忘初心跟党走”等活动，围绕中心充分发挥基层党组织战斗堡垒作用和党员先锋模范作用。落实党风廉政建设“一岗双责”，划分“廉洁责任田”，压实“两个责任”，不断加强党风廉政建设。完成行风监督员换届，积极走访“两代表一委员”，开展明察暗访，不断提升行风建设水平。“四定”班组实现全覆盖，班组管理水平有效提升。公司一个党支部获“季度红旗”，一名员工获“月度明星”。信访、舆情管控、离退休、后勤保障等工作扎实开展。

**【国网北川县供电公司】**国网北川县供电公司成立于 2008 年 1 月，位于全国唯一羌族自治县—北川羌族自治县永昌镇，承担北川羌族自治县行政区域全部 23 个乡镇的供用电业务。供电营业区面积 3084 平方千米；供电人口 24 万人，用电客户 8.9 万户，供区内最大负荷 8 万千瓦。

国网北川县供电公司下设 8 个职能部门，2 个业务支撑机构，2 个生产班组，3 个营销班组，6 个供电所。截至 2017 年底，公司有变电站 12 座，其中 110 千伏变电站 2 座（110 千伏北川变电站为全国首座智能变电站），变电容量 180 兆伏安；35 千伏变电站 10 座，变电容量 83.2 兆伏安，35 千伏及以上输电线路共 17 条，279.44 千米。北川新县城全部实行电缆化供电，电缆线路 9 条，全长 43.35 千米。

国网北川县供电公司坚持“人民电业为人民”的宗旨，认真贯彻上级各项决策部署，强化安全管控，提升优质服务水平，加强“三个建设”，保持队伍稳定，创新破解发展难题，各项工作有序推进。2017 年，公司完成售电量 3.945 亿千瓦时，同比增长 4.19%；综合线损率 4.38%，同比降低 0.15 个百分点。

国网北川县供电公司先后获得中华全国总工会工人先锋号、国家电网公司文明单位、国网四川省电力公司先进集体、国网四川省电力公司安全生产先进集体、国网四川省电力公司基层服务型党组织示范点、国网四川省电力公司企业文化示范点、国网四川省电力公司营销创新转型标杆单位、国网绵阳供电公司先进单位、绵阳市最佳文明单位、绵阳市“六五”普法教育先进集体等多项荣誉称号。

截至 2017 年年底，国网北川县供电公司用工总量为 311 人，其中长期职工 235 人，业务委托制农电员工 76 人，集体职工 0 人，集体企业聘用职工 58 人。

长期职工平均年龄 44.0 岁，研究生及以上学历 1 人，大学本科学历 128 人，大学专科学历 115 人，中专及以下学历 68 人；高级职称 4 人，中级职称 70 人，初级及以下职称 152 人；高级技师 4 人，技师 79 人，高级工 25 人，中级工及以下 56 人。

国网北川县供电公司完成北川县“十三五”配电网滚动规划。“十三五”规划期间，北川县拟规划建设 110 千伏输变电工程 1 个，35 千伏新（扩、改）建电网工程 4 个，2016—2018 年 10 千伏及以下城农网工程 101 个。2017 年，建成投运通口 35 千伏输变电扩建工程；完成 5 个半乡镇的 19 个村、3 个场镇的农村电网改造工程。

以“管理提升年”活动为契机，认真夯实公司基础管理和基础建设。国网北川县供电公司严格执行“三重一大”决策制度，全面依法治企，开展合规管理。合规管理经验在国家电网公司法律部调研会、国网法治大讲堂作交流。扎实开展营配调贯通，各项指标排列国网绵阳供电公司前茅；扎实开展营销转型升级和“三全”试点工作，核心指标排列省公司前茅，被评为标杆单位。实行全面预算管理，努力提质增效。狠抓安全生产、优质服务、“三个建设”，全面完成年度经营目标任务。

2017 年，国网北川县供电公司始终坚持“安全第一、预防为主、综合治理”的方针，突出预防为主、源头治理和过程管控，坚守安全“红线”和“底线”。坚持“五安三制”思路，扎实开展“双月亮剑”等安全活动，不断深化“互联网+安全”应用，严格落实安全生产责任，全力推进本质安全建设，全面完成了年度安全工作目标。继续坚持“领导驻点、巡查人员驻片、属地供电所到岗到位”的现场安全管控机制，截至 2017 年，实现连续安全生产 3636 天，连续两年获得省公司“安全先进集体”。

完成全能型供电所整合，打造业务协同、一专多能的供电所员工队伍，扎实推进供电所管理提升。国网北川县供电公司投资4115.59万元，对5个半乡镇的19个村、3个街道、1条10千伏线路进行了改造，提升了配网水平，提高了供电可靠性，让老百姓用上了放心电。开展星级乡镇供电所创建工作，擂鼓供电所创建国网四星级乡镇供电所通过验收、桂溪等5个供电所完成国网3星级供电所创建工作并通过验收。电管家深入乡村，切实解决农村客户用电方面的难题，提升客户的感知度和满意度。

深化“卓越电管家”供电服务新模式，配备“电管家”76名，覆盖公司所有客户。国网北川县供电公司全面落实业扩新政，大力推广“掌上川电”购电远程下发。加强行风监督工作，行风评议名列县内前茅。成功完成中共十九大等重大事项的保电工作。得到了社会各界和广大电力客户的肯定。

深入开展公司班子成员走访县四大班子及职能部门、供电所所长走访辖区乡镇党委政府的“双走访”活动，主动汇报沟通，协调解决存在的问题和困难，各项工作得到“两代表一委员”及县四大班子、职能部门及乡镇党委政府认可，创造了良好的外部环境。

认真学习中共十九大精神，全面落实从严治党新要求，遵循北川公司“1112”党建工作思路，以全面从严治党为主线，以“三个卓越”为引领，努力实现公司党建工作登新高。

坚持“党要管党，从严治党”的方针，不断加强党的建设，推进“两学一做”学习教育常态化制度化，全力打造北电党建“345”品牌。企业文化建设深入推进，被省公司命名为示范点。精神文明创建工作再上台阶，荣获绵阳市最佳文明单位，国家电网公司2014—2016年文明单位”。切实履行社会责任，扎实开展扶贫攻坚。承担5个乡镇7个非贫困村86户贫困户302人的定点帮扶，联系非贫困户612户2149人。派驻三位“第一书记”驻村开展扶贫工作，得到北川县委、县政府的高度肯定，邹鑫伟被人民日报民生周刊评为“2017精准扶贫带头人”。

**【国网盐亭县供电公司】**国网盐亭县供电公司于2007年1月由地方电力企业改制组建为国网四川省电力公司的控股公司，于2017年4月实现分公司模式运行，是盐亭境内唯一的电力供应和运营企业。

国网北川县供电公司公司现设有7部3中心17个班组。现有110千伏变电站2座，主变4台，总容量190兆伏安；110千伏线路4条，线路总长135.42千米，均与主网220千伏佳桥变电站相连。35千伏变电站11座，主变17台，总容量78.2兆伏安；35千伏线路12条，线路总长151.353千米。配电变压器3366台，总容量359.8兆伏安；10千伏公用线路70条，线路总长2367.58千米。农村低压网络1万余千米。2017年，完成售电量2.63亿千瓦时，同比减少2.58%。完成下达目标任务的100.09%；综合线损率 10.72%，比上级下达全年目标任务降低0.18个百分点。

近年来，国网盐亭县供电公司先后荣获国网四川省电力公司系统2014年度创建和谐劳动关系先进集体、2014年度会计基础管理规范达标单位、工会模范职工之家、优秀团体奖、2016年度安全先进班组、2016年优秀QC成果一等奖；国网绵阳供电公司文明单位、先进基层党组织、工会职工技术创新优秀成果、2016—2017年度营销（农电）管理专业先进集体、2017年度反违章先进单位、“电力建设工程施工安全年”安全知识竞赛优秀单位第三名；盐亭县人民政府 2014 年度招商选资工作先进集体、2015年度要素保障工作先进集体、2015年度“文明行业”、2016年度要素保障工作先进集体、纳税先进企业等多项荣誉。

截至2017年年底，国网盐亭县供电公司用工总量为557人，其中长期职工469人，业务委托制农电员工88人。

长期职工平均年龄44.91岁，大学本科学历145人，大学专科学历195人，中专及以下学历129人；高级职称2人，中级职称17人，初级职称267人；高级技师1人，技师79人，高级工194人，中级工及以下40人。

编制2017年版“十三五”配电网滚动规划修编报告和 “十三五”园区电网规划报告，并将其纳入地方“十三五”总体规划。加大电网建设力度，重点推进和完成85个2016年农网工程建设项目，117个2017年小城镇（中心村）电网改造升级工程项目，4个2017年村村通动力电改造升级工程、2个大修、1个技改等项目工程，完成智能电表换装88341只、智能电表覆盖率为99.956%，35千伏五龙变电站新增变电容量12600千伏安、35千伏线路25公里。

扎实开展“管理提升年”活动，梳理出一线班组问题372项、各专业部门问题64项，国网盐亭县供电公司各部室（中心）按照年度和月度里程碑计划扎实完成各项工作。问题清单梳理排查三大类共计8条问题，按照时间节点完成整改决议，做到全业务、全级次覆盖。积极组织共114人次参加班组建设暨“四定”管理专项培训，以变电运维班为试点，全面推行“四定”管理。全面接收县城38个居民小区供电设备资产。资产设备对应率达100%。开展专业健康体检自查攻坚，全面部署问题梳理和综合治理工作，推进公司健康发展。配网管理成效提升明显，配变台区重过载、低电压治理经验入选省公司10月典型经验，营配对应率99.98%，月网检修计划执行率100%。

强化“五安三制”理念，落实安全责任，着力安全风险管控，严格安全责任考核。编制2017年安全工作要点，层层签订安全生产目标责任书。采取多种形式，加大用电宣传力度。加强作业现场安全监督，严格安全责任考核。扎实开展“双月亮剑”“反违章”“安全生产大检查”等安全专项活动，排查治理隐患212处，整改率100%。及时修编和完善各类应急预案，有针对性地开展各类应急演练活动。成立电力警务室，构建电力设施保护政企、警企协作常态机制。加大安全工作资金投入，提升安全保障水平。

大力开展脱贫攻坚，完成全县84个贫困村电网改造升级，全面提升贫困村群众用电质量。选派陈小林同志驻星星村第一书记，建立19户36个贫困人口精准扶贫台账，分户制定并落实帮扶计划，建立公司党员干部一对一帮扶机制，发动全体党员捐钱、捐物，多次深入到贫困户家中，帮助解决脱贫具体问题，实行“动态管理”和“跟踪问效”，确保星星村2016年5户、2017年14户计划脱贫户顺利脱贫，并通过上级验收。积极协助市公司开展云溪镇阳山村帮扶工作，公司脱贫攻坚工作多次受到市、县检查组和县委、县政府领导的充分肯定和表扬。陈小林被绵阳市委、市政府评为2016年度脱贫攻坚优秀第一书记。

组织开展营业厅服务人员业务技能集中培训，强化投诉工单回复的及时性和准确性管理，建立投诉工单所长负责及投诉发生原因分析、通报、考核机制，确保上级下发工单回复及时、属实性认定准确、责任人员处理到位。结合全能型供电所建设，进一步完善片区“电管家”组织机构，公司现有“电管家”213名，以“电管家”进社区、进村社、进家庭为载体，稳步推进“卓越电管家”就近服务工作，确保客户满意度得到有效提升。与盐亭经开区管委会签订了战略合作协议，成立盐亭经开区专属服务站，副总经理颜军兼任经开区管委会主任助理兼电力办主任。

“三个建设”全面加强。制定公司党委全面从严加强党的建设方案、2017年党风廉政建设和反腐败工作要点和任务分工表，以党建统领和推动企业全面发展。落实“两个责任”清单，组织关键岗位人员开展党风廉政专题课。严格责任制考核，与各部室签订党风廉政建设责任书。完成5个供电所支部“一所一支部”建设，确保党的组织和工作全面有效覆盖。积极开展“解难题、补短板、强管理、促发展”主题调研活动，“两学一做”学习教育常态化、制度化推进。（杨　佳）

## 国网天府新区供电公司

**【企业概况】**2014年10月，四川天府新区获批为国家级新区，为进一步对接国家级新区建设，做好优质服务工作，国家电网公司同意设立国网天府新区供电公司。国网天府新区供电公司成立于2014年12月29日，按地市供电企业管理，下辖双流、龙泉驿2家县级供电公司，供电范围主要包括成都市龙泉驿区、双流区及天府新区成都直管区的37个街道和乡镇，供电面积1588平方千米，服务人口196.98万人。

截至2017年年底，天府新区主业电网共有35千伏及以上变电站40座，总容量3537.6兆伏安，其中110千伏变电站30座，容量3387.5兆伏安，35千伏变电站10座，容量150.1兆伏安。35千伏及以上架空输电线路63条，总长516.77千米，其中110千伏架空输电线路45条，总长372.47千米，35千伏架空输电线路18条，总长144.30千米。35千伏电缆线路15条，总长49.3千米。高压电缆通道共计71千米，其中隧道23千米，电缆沟48千米。2017年公司负责建设管理的大中型电网基建工程投运8项、新开工3项，另外投运九江配套220千伏线路工程10条，共计投运线路23条、长度141.92千米，投运主变12台、容量111万千伏安。

2017年，国网天府新区供电公司累计完成售电量82.73亿千瓦时，同口径同比增长8.59%，规模和增长率居全省第七位和第九位。

**【人力资源】**截至2017年年末，国网天府新区供电公司拥有员工 1913 人（全民员工 671 人；集体企业自聘员工 367 人；农电员工 868 人；集体职工 3 人，集体派遣员工 4 人）。研究生及以上学历 236 人，大学本科学历 556 人，大学专科学历 554 人，中专及以下学历 566 人；高级职称 35 人，中级职称 184 人，初级职称 713 人；高级技师 40 人，技师 326 人，高级工 317 人，中级工及以下 504 人。该公司有各级各类优秀人才 58 人，其中全国电力行业技术能手 1 人，四川省青年岗位能手 1 人，国家电网公司优秀专家人才 2 人，国家电网公司优秀专家人才后备 1 人，国网四川省电力公司优秀专家人才 17 人，入选国网四川省电力公司“双千人才”24 人，入选国网四川省电力公司“电力雏鹰”12 人。

**【电网建设与发展】**国网天府新区供电公司完成市级及以上园区规划并形成“一园区一报告”。高效完成 220 千伏兴隆、110 千伏北拓区、幸福、东升扩建等 4 个输变电工程核准，提前完成省公司下达的任务目标。按期开工 110 千伏高桐、秦皇寺配套、红砂配套等 3 项输变电工程。顺利投产 220 千伏秦皇寺、110 千伏华阳二、桐子湾、香山、创新、双流升压、秦皇寺配套、35 千伏洛带配套等 8 项输变电工程。破冰建设九江配套送出线路工程，迎峰度夏前建成投产其中 10 条 220 千伏线路工程，为成都电网新增 170 万千瓦负荷输送能力。开展配电网“一线一案”专项治理行动，迎峰度夏前顺利完成 77 条重载线路的负荷改接，显著提升天府新区电网局部供电能力。完成新一轮农网改造升级“两年攻坚战”工程建设任务，新增或改造机井数量 480 口（新通电 46 口，改造 434 口），改造中心村 70 个。2017 年，31 项中心村、52 项井井通电工程全部完工。积极配合政府，努力推动电网迁改工作，共开展 35 千伏及以上迁改工程 9 项，涉及资金 3308 万元。

2017 年 7 月 11 日，九江—鱼凫 220 千伏新建工程顺利投产

**【经营管理】**国网天府新区供电公司积极响应省公司“管理提升年”活动要求，在“十加强，十提升”基础上，聚焦公司停送电计划管理、故障跳闸、投诉等管理短板，相关指标得到明显提升，3 项成果入选省公司对标典型经验，3 个卓越项目、3 个精益管理项目和 10 个管理案例获省公司表彰。全面开展问题清单梳理全覆盖工作，共梳理问题 86 项，立查立改 49 项，重点问题整改决议年度目标超额完成。启动“瘦身健体提质增效”活动，强化往来款项管理，加大长期挂账款项清理力度，清收处置 70 余笔共 257 万元。积极推进“三降一去”工作，加强线损管控，压降购电成本 1743 万元。回收蛟龙公司欠费及违约金共计 945.78 万元，应收账款压降为零，较 2016 年同期降幅 100%。合理控制库存，历史积压库存由 689.9 万元降至 110.6 万元。积极拓展市场，摸排客户电能替代潜力，完成替代电量 1.285 亿千瓦时。提升审计成果运用成效，2017 年及以前审计问题已全部完成整改，有效防控经营风险。2017 年，公司全口径劳动生产率 63.711 万元/人·年，居全省第三，全口径人工成本投入产出效率指数 23.07%，居全省第一。

**【安全生产】**国网天府新区供电公司以本质安全建设为着力点，深化安全生产风险清单运用，梳理 9 类 27 项问题。深入开展安全生产大检查、电力建设安全年等专项活动，排查整治各类隐患 352 项。提升员工安全素质，完成 1400 余名电力生产人员安规普考，推动 670 余名外来施工人员安全培训取证。注重把好物资入网关，抽检新入网设备 106 项，发现质量问题 13 项，保证入网设备源头安全。开展“精准化”日管控和作业现场定向监督，充分利用微信群等手段，每日定向监督各类作业现场，制止纠正各类违章 203 项。在天府电网 2017 年负荷 3 次突破历史最大值的情况下（最大负荷 186.63 万千瓦，同比增长 14.5%），主变重、过载情况及油温过高问题较 2016 年同期均有较大幅度好转，未出现拉闸限电的情况，迎峰度夏取得实效。

**【科技与信息化】**2017 年，国网天府新区供电公司完成专利申请 6 项，2017 年科技项目开展 2 项，2018 年将开展科技项目 1 项。建设完成成都天府共备系统，创系统内地市公司共备先河。部署完成省地一体 DTS 和主配一体化功能以及 3 座 110 千伏变电站保护远方操作功能，试点开展地调 OMS 系统云备用系统建设。完成18座110千伏变电站通信电源告警信号的接入。完成天府信息管控系统与省公司级联网。完成天府公司数据通信网割接，所属信息网络业务全部割接回天府公司运行维护。开展监控信息“回头看”，站均日告警量由去年20条下降至目前4条，监控效率及可靠性大幅提升。

【市场服务】作为国网四川省电力公司营销转型试验田，2017年，国网天府新区供电公司积极推进供电管理创新，并以营销模式创新带动企业转型。夯实营销基础管理，深入推进“三全”建设，完成全口径智能电表覆盖率99.97%，全口径自动采集成功率98.66%，高压客户费控购电金额执行率79.24%，费控购电户数执行率75.04%。深化网格化管理模式，落实台区客户经理制，在公司全域推行网格化管理。充分发挥网格化优势，强化台区经理服务功能，在供区内5832台公用配电台区配置台区经理533人，实现台区经理“全覆盖”。全面打造营销创新转型试点，正兴供电所受到各级领导高度肯定，并被中电传媒、国家电网公司、南方电网联合授予“中国金牌最美供电所”称号。公司26个供电所基本建成“全能型供电所”。持续深化创新转型七项应用，全面进入业务实用化。圆满完成中共十九大会议、成都国际马拉松赛等178项重大保电任务，为新区发展提供了安全稳定的电力保障。实现“零故障、零差错、零闪动、零投诉”目标，为新区发展提供了安全稳定的电力保障。

打造全能型供电所，员工同步查看抢修工单派发和执行情况

（王钰玲　摄）

【党的建设和精神文明建设】国网天府新区供电公司深入推进“两学一做”学习教育常态化、制度化，形成“五定期一及时”机制，切实拧紧思想“总开关”。扎实推进“旗帜领航·三年登高”基础建设年各项工作，构建大党建格局。制定从严治党“三单一表”，强化党建工作责任制。全面落实党风廉政建设“两个责任”，持续开展“清风天府”月讲堂，抓好巡察问题整改，梳理整改责任清单，形成整改措施238条。严格落实中央“八项规定”精神，坚决防止“四风”问题反弹。持续深化行风监督，走访供区内71名“两代表一委员”，搜集意见建议75条，强化整改落实督导。持续强化队伍建设，修订完善干部管理制度7项，举办组织两期中层干部培训班，提升干部队伍素质。拓展青年员工成才通道，2人入选省公司“电力雏鹰”培养计划。现阶段人才当量密度达到1.1124，地市公司排名第一。高标准、高质量推进文明创建，成功创建为第五届“全国文明单位”。

【存在的主要问题】2017年，国网天府新区供电公司还存在如下问题：一是电网发展现状与天府新区发展不相匹配。天府新区处于高速发展阶段，招商引资力度大，区内新增负荷增长极较多，但电网“两头薄弱”问题仍然突出。一方面，结合新增负荷，预估2018年迎峰度夏最大负荷在220万千瓦左右，桃乡、尖山主变断面将大幅超限运行，天府新区电网500千伏电源支撑严重不足问题将进一步凸显。另一方面，供区配网过去多为区县配网及农网线路，建设标准较低，历史欠账较多，配电网结构仍显薄弱，供电可靠性不高。二是市场化服务水平亟待提升。国网天府新区供电公司适应客户多元需求的营配调密切协同的供电服务指挥体系尚未构建，主动抢修、精准指挥和增值服务等深化应用仍停留在理论阶段，“以市场为导向、以客户为中心”的供电服务配套机制仍不够完善，“互联网+”营销服务线上线下尚未一体化，服务手段缺乏，服务效率不高，要做到“最多跑一次”、实现“足不出户、尽享服务”、提升市场化服务品质价值，在人才、技术、管理和体制机制上都存在短板。三是管理现状与“十三五”发展定位还有很大差距。2017年国网天府新区供电公司同业对标排名全省第六，这与“十三五”规划同业对标全省第一名的目标相比差距很大。同时，基础管理水平和横向协同效率还有较大差距。停电频次仍然较多，抢修效率仍然较低，电网补强进展缓慢，业务办理时限过长，用户满意度还有较大提升空间，供电顺应“互联网+”时代趋势，利用“大云物移”新技术助力企业发展的探索仍在起步阶段。四是队伍素质需进一步提升。部分员工思想观念仍停留在过去，缺乏紧迫感、危机感。公司管理人员经验不足，本部人员资历较浅，服务基层、指导基层的能力较弱，既懂管理又懂专业、能独立解决问题的复合型人才严重缺乏，激励机制不全力度不够，长期稳定的工作环境和较为单一的知识结构，限制了员工的危机意识和创新能力，不少员工对新生事物的接触意愿较低，再学习能力较差。

**【国网成都市双流供电公司】**国网成都市双流供电公司前身为双流供电分局，成立于 1984 年，2016 年 6 月 2 日更名为国网成都市双流供电公司，是国网四川省电力公司下属分公司。2014 年 12 月 29 日，国网双流供电公司由国网成都供电公司划入国网天府新区供电公司，2015 年 6 月升格为大型县级供电企业。双流电网现有 220 千伏变电站 3 座（220 千伏长顺、黄水、毛家湾变电站），变电容量 1380 兆伏安；公用 110 千伏变电站 11 座，变电容量 1182.5 兆伏安；35 千伏变电站 2 座，变电容量 36.3 兆伏安；辖 244 条 10 千伏配电线路，长度 1596 千米，变压器 6280 台。截至 2017 年年底，共有客户 40.72 万户，较去年同期增长 11.21%；完成售电量 34.72 亿千瓦时，同比增长 7.17%；完成售电均价 662.8 元/千千瓦时（含税，不含基金及附加）；累计综合线损率 4.94%，同比降低 0.07%；电费回收率 100%。公司共有 5 个职能部门、6 个班组和 9 个供电所，在册员工 545 人。近年来，公司荣获国家电网公司“2014—2016 年度文明单位”，省公司“2017 年度安全生产先进集体”，公司“2016 年度安全业绩突出单位”“一流县供电企业”“电网先锋党支部”等系统内外多项荣誉称号。

**【国网成都市龙泉驿供电公司】**国网成都市龙泉驿供电公司前身为龙泉驿供电局，成立于 1988 年，2013 年 7 月 1 日更名为国网成都市龙泉驿供电公司，是国网四川省电力公司下属分公司，2014 年 12 月 29 日由国网成都供电公司划入国网天府新区供电公司，2015 年 6 月升格为大型县级供电企业。担负了龙泉驿区 12 个乡镇街办以及成都（国家）经济技术开发区的供电服务工作，供区面积 556 平方千米，管辖 10 千伏公用配网线路 211 条，长度 1511.1254 公里，配电变压器共计 2012 台，柱上开关 478 台，现有供电客户 36.96 万户，供电人口 110 万人，营业网点 10 个。公司本部设置 5 个职能部门，7 个班组，9 个供电所；现有员工 504 人。2017 年完成售电量 34.9945 亿千瓦时，同比增长 7.14%；售电均价 652.49 元/千千瓦时；110 千伏及以下片区线损率 3.60%，同比降低 0.82 个百分点；电费回收率 100%；龙泉电网最大负荷达 76.29 万千瓦，最大日电量达 1506.12 万千瓦时。近年来，国网成都市龙泉驿供电公司先后荣获四川省国资委党委先进基层党组织、国家电网公司三集五大体系建设先进集体、国家电网公司县供电企业同业对标综合管理标杆单位、四川省省级文明单位、国网四川省电力公司一流县供电企业、安全先进集体、“首批企业文化建设示范点”等多项荣誉。

（刘清宇）

# 国网达州供电公司

**【企业概况】**国网达州供电公司始建于1966年8月，是国网四川省电力公司下属特（Ⅰ）型供电企业。生产调控综合楼及本部办公地址位于达州市通川区金龙大道296号。主要负责达州境内国家电网的规划建设、运营管理和电力供应，承担了通川区、达川区、宣汉县、开江县、大竹县、渠县和万源市的供电任务。至2017年年底，国网达州供电公司本部设置13个部门，其中本部职能部门11个，运维检修部与检修分公司合署，营销部（农电工作部）与客户服务中心合署，具有职能管理和实施主体双重职责。下辖达县供电公司1个大型县供电公司，万源、宣汉、大竹、渠县、新桥、蒲城6个直属供电公司。下设6个业务支撑和实施机构。管理1家集体企业。2017年11月20日，国网达州供电公司党委副书记、纪委书记陈祥调离，国网达县供电公司党委书记、副总经理何平调整为国网达州供电公司纪委书记。2017年12月，培训中心撤销。

截至2017年年底，国网达州供电公司运维管辖88座变电站，主变157台，容量677.465万千伏安，均为无人值班站；其中220千伏变电站12座，主变24台，容量369万千伏安；110千伏变电站34座，主变64台，容量258.8万千伏安；35千伏变电站42座，主变69台，容量49.665万千伏安。35千伏以上线路190条输电线路，共计3331.3467千米，

2017年12月25日，国网四川省电力公司与达州市人民政府签订关于推进达州电力体制改革，建设坚强智能电网的“十三五”战略合作协议

（李佳聪　摄）

其中220千伏线路29条，长度916.241千米，110线路87条，长度1510.2704千米，35千伏线路74条，904.8353千米。达州电网已形成了以500千伏达州站和玛瑙站、华蓥山电厂、燃机电厂和东岳电厂为电源点，以220千伏环网为骨干，各级电网协调发展，供电可靠性较高的供电网络。220二伏电网已形成中部、南部双环网，北部单环网结构，110千伏电网基本实现了分层分区供电的基本目标，电网网架明显加强，供电能力、供电质量、供电可靠性、自动化水平和抵御自然灾害的能力大幅提升，为达州经济发展提供更加完善和有效能源保障。

截至2017年12月31日，国网达州供旦公司实现连续安全生产4722天，没有发生责任考核事故。2017年公司党风廉政保持“零”责任目标，国网达州供电公司2017年同业对标综合评价排名第12位，业绩对标第17位，管理对标第12位，全面完成各项考核指标，公司和电网发展态势良好。

**【人力资源】**2017年，国网达州供电公司人才当量密度1.0125，全口径人工成本投入产出效率指数1.69%，人力资源计划执行率100%，全员绩效管理规范指数10.5%，内部人力资源市场配置指数10.5%。加强管理、技术、技能各类后备人才培养，实施各专业各类梯队人才建设，打造公司“人力资源池”。2017年，279人职称、148人技能等级得到提升，新增省公司级优秀专家人才5人，省公司级技术能手1人，新增省公司电力“雏鹰”1人。

2017年，结合集体企业“瘦身健体”，交流调整干部16人。开展省公司“选人用人”及党建综合考评迎检工作，进一步规范了干部管理，得到省公司人董部高度肯定。健全“上挂下派”干部培养机制，选派1人到藏区挂职锻炼，对有潜力的年轻骨干上挂市公司3人、下派县公司6人，交流8人。举办干部和青年骨干培训班，有效提升干部综合素养。24名中层管理干部参加省公司中干履职能力培训。

深化“三集五大”，优化组织结构。率先完成集体企业“瘦身健体”任务：完成四川巴星电力建设投资有限公司、四川海源物业管理有限责任公司企业处置方案及职工安置方案的批复，业务承续顺畅，员工队伍稳定；完成蓝普公司改革改制，明晰经研所、设计分公司业务界面。率先完成“全能型”乡镇供电所人员导入工作，并妥善解决了“子改分”公司在人员配置方面的历史遗留问题，多措并举确保员工队伍稳定。规范三新公司组织机构设置、强化园区供电服务机构设置、开展供电服务指挥平台建设、加强党务机构设置和人员配置，完成实施培训机构整改。按照省公司岗位管理实施细则，规范设置岗位，动态优化“三集五大”岗位体系，满足实际工作需要。完成392人劳动合同签订，合法用工。20名关键岗位人员交流。

充分发挥培训分部的作用，送培企业负责人和管理人员电力安全复训136人，送培率100%。组织一线人员安全持证培训15期，开展近3年新进大学生和班组长、技术骨干电力安全培训，管理、技术、生产一线员工持证上岗率100%。举办一线员工履职

培训 10 班次、400 参训，合格率 98%；管理及技术岗位人员履职培训 3 班次、168 人参训。开展自助履职能力考试 8 班次、250 人参考；岗位准入培训考试 4 班次、152 人参考。完成学历认证和系统录入 38 人次。

在离退休管理方面，完成 845 人的养老金领取资格认证，杜绝社保福利费虚领。兑现退休 837 人养老金调待、离休 2 人调待，离退休队伍稳定。按退休员工实际居住区域设立辖区县离退休管理分中心，在成都设立离退休 2 个片区小组和 2 个党支部、在重庆设立离退休 1 个片区小组和 1 个党支部，2017 年 3 月国网达州供电公司荣获国家老龄委授予的第二届全国“敬老文明号”单位称号。全年新增退休 46 人，减员 21 人。

**【电网建设与发展】**主动对接达州市产业和城乡发展规划，与地方党委、政府建立良好的沟通协作机制，加强与政府规划的衔接，公司发展外部环境日益改善。积极参与电力体制改革，推进“一张网”电网资源整合。签订国网四川省电力公司与达州市政府“十三五”战略合作协议。深入开展电网发展诊断分析、裕度分析，科学编制 2017 年配电网滚动规划。提前布局重点区域电网，形成“一园区一报告”。做好电力扶贫专项工作，积极接脱政府脱贫目标，顺利完成 2017 年脱贫攻坚任务。大力开展规划创新实践，着力“盘活电网存量资源”工作。开展变电站利用效率提升管理专题研究，制定切实可行的提升措施。

2017 年，固定资产投资完成 5.4 亿元，同比下降 42.47%；电网基建完成 4.61 亿元，同比下降 45.42%；农村配网完成 2.57 亿元，同比下降 34.65%。完善协同机制，强化各专业项目储备库管理，不断强化项目计划全过程管控，以项目执行“四链条”为抓手，强化项目里程碑管理，按月定期通报项目执行进度，促进项目按计划投产并发挥效益，持续提升综合计划管理水平。大力开展环保宣传活动，共发放《电网环保 ABC》《输变电环保典型问题沟通手册》等宣传资料 4000 份，发表宣传文章 1 篇，网络宣传 1 次，视频宣传 10 次、主题宣传活动 8 次，其他宣传活动 8 次。公司已开展 110 千伏及以上竣工项目环保验收 4 项，取得环保验收批复 3 项。已开展 110 千伏及以上竣工项目水保验收 4 项，已取得水保验收批复 4 项。开展了废旧物质处置和变电站废油处置调查工作。

2017 年，圆满完成各项电网建设任务。全年投产 35 千伏及以上变电容量 515.2 万千伏安、线路 286.34 千米。宣汉 500 千伏变电站 220 千伏配套工程、大竹 220 千伏输变电工程、宣汉东乡 110 千伏变电站扩建工程、达县雷音铺 110 千伏输变电工程、大竹 220 千伏变电站 110 千伏配套工程、万源长石 35 千伏输变电扩建工程、大竹观音 35 千伏输变电扩建工程、达县桥湾 35 千伏输变电扩建工程、达县葫芦 35 千伏输变电工程、宣汉三墩 35 千伏输变电工程、宣汉土主 35 千伏 1 号主变增容改造工程竣工投产，成贵铁路宜宾兴文牵引站 220 千伏供电工程、大竹清溪 110 千伏变电站扩建工程、宣汉北至盖家坪 110 千伏线路工程、双龙 35 千伏输变电工程、陈家 35 千伏输变电工程稳步推进。加大地方协调力度，继续将 110 千伏及以上电网工程项目建设纳入市政府重点建设项目，将 35 千伏电网工程项目建设纳入县政府重点建设项目。

针对电网建设工程外部环境复杂、阻工现象时有发生、协调难度大等情况，国网达州供电公司积极推进属地协调“四层级协调工作法”和“一口对外”协调机制，属地协调工作成效显著。按省公司要求及时完成宣汉 500 千伏输变电工程变电站征地、房屋拆迁及变电站不动产权登记证办理等各项属地协调工作，在省公司系统内树立了 500 千伏输变电工程首个“与工程同步完成房屋拆迁、并在投产后 3 个月内完成变电站不动产权登记证办理工作”的典范，得到省公司的高度认可。

不断创新安全质量管理，创新“三本台账”管理。三个项目部建设取得实效，达州宣汉方斗 110 千伏变电扩建工程”获得国家电网公司优质工程命名，大竹 220 千伏变电站新建工程被评为省公司“安全管理流动红旗优胜项目”。“宣汉—达州 500 千伏线路工程”同时获得“国家电网公司示范业主项目部、常规线路工程（500—750 千伏）安全质量管理流动红旗”。

**【经营管理】**2017 年，国网达州供电公司完成售电量 66.15 亿千瓦时，同比增长 5.33%。累计线损率 4.19%，优于年度计划 0.06 个百分点。全年实现营业收入净额 30.25 亿元，同比增长 2.54%；实现报表利润总额 17.23 亿元，同比增长 1.22%。2017 年公司流动资产周转率 1299.48 次，较 2016 年同期 67.42 次提升明显，工程竣工决算完成率 100%。会同物资部、项目管理部门对工程剩余物资利库 103.7 万元。全年接收用户资产新增 1.25 亿元，累计达到 1.34 亿元。2017 年收取贴息汇票 666.41 万元。

国网达州供电公司上下认真贯彻落实监事会“找问题、促整改、求实效、促发展”的监管理念，完善工作机制，完成了“一上”“二上”“三上”“四上”阶段工作。加强线损“四分”管理，深入开展分析理论线损计算、分析工作，在省公司综合评价蝉联第一。稳步推进同期线损系统建设，公司同期线损系统建设进度位列省公司前列。2017年，国网达州供电公司逐步实现对主营业务、核心资源、关键流程的在线监测。量价费损监测成效明显，共追补电量206635千瓦时，追补电费309145.41元；视频监测及时发现纠正106条不规范行为。在省公司大数据劳动竞赛中，“以电网监测系统为核心整合多维数据流的配网故障预警模型”荣获二等奖，“基于用户侧数据的客户综合价值评估与挖掘”荣获三等奖。

稳步实施“一同价”，对“子改分”公司销售电价进行全面同价调整，实现同网同价同质同服务目标。完成对各趸售公司2016年趸售电量结构核定工作。强力推进县级供电企业模拟利润中心建设，充分激发县级供电企业自主经营潜力，促进公司经营效益整体提升。超前完成宣汉明泰发电有限公司股权处置非主业低效无效资产整改目标。“两金”严降成效显著，流动资产周转率切实提高。公司提炼的自控成本管理项目《基于业财融合的自控成本项目管理机制建设》被省公司评为三等奖。

深化“1+7”工业园区供电服务，完善园区供电服务机构，配置专属客户经理，畅通园区服务绿色通道，及时解决企业用电难题。有效应对天然气三联供挑战，确保项目全电上网、市场化交易。定期开展售电市场调研，稳定工业负荷。全年查处窃电、违约客户94户，追补电费18.2万元、违约金45.3万元。电能替代完成约1.3亿千瓦时，完成计划值的163%；完成电能替代典型项目6个类别，完成计划值的300%；完成典型项目电量920万千瓦时，完成计划值的115%。

落实审计监督全覆盖。严格按照“三个严肃”工作要求，大力开展任期审计、工程项目审计、财务专项检查、农网维护费等重点领域和关键环节的审计监督，全年共完成审计项目51项，提出审计建议和意见369条，签证审计1054项，审计覆盖率达到100%。运用信息化手段提升审计效率，提炼出典型问题8项，2017年4季度获省公司第一名。建立问题整改台账，实行整改销号制。加大考核问责力度。实施问题整改考核，全年诫勉谈话2人次，通报批评1人次，对基层单位绩效考核13次。典型案例《建立运营监测与审计协同机制提升监督管理水平》具备可推广价值，入选国家电网公司工作动态。

落实援藏工作方针，提升藏区管理水平。根据“人才援藏、项目援藏、技术援藏、管理援藏”帮扶工作方针，2017年选派6名专业技术骨干长期进驻阿坝壤塘、甘孜色达，先后6批次21人次进藏开展帮扶工作，接纳受援单位送培人员2名。国网达州供电公司结合受援单位安全实际情况，制定以建立制度、培训人才为主的造血式帮扶计划，受援单位管理水平得到进一步提升，各项经营指标明显提高。

围绕省公司“管理提升年”活动部署，持续加强基础管理，不断提升管理的科学化、现代化水平。国网达州供电公司“管理提升年”活动3个卓越项目分获省公司二、三等奖。注重精益管理提升，公司4个精益项目获省公司表彰。高效开展卓越绩效评价，公司7个卓越绩效案例分获省公司三等奖、优秀奖。严格落实“两级集中采购”工作要求，实行采购文件审查制度。2017年6月成立了西星公司达州招标代理处，具体实施非招标采购业务。

**【安全生产】**2017年，输变电系统（220千伏及以上电压等级）平均故障停运时间为0.15小时/次；城市供电可靠率RS3为99.9467%；资产全寿命周期管理工作评价指数为110.52分；退役变电器退役平均寿命为24.35年/台，退役断路器平均寿命为18.09年/台。

以安委会、月度安全生产例会等为平台，持续健全安全生产重点工作督办机制。开展安全述职43人次，与各级干部职工签订安全责任书，健全责任分担、逐级负责的安全责任制。严查本质安全落实情况，共发现问题56项，已全部整改。提出年度安全管控重点50项、主配网补强措施和运行措施28项，发布年度风险预警8项。加强施工作业、电网运行等风险研判。开展关键环节管控，通过春安检查、两排查一整治、安全大检查等专项督查，构建了多专业协同的安全风险闭环管控。

细化分解领导干部、管理人员安全职责，全年到岗到位2371人.次。将安全大检查与“管理提升”活动、“强化本质安全”行动有机结合，全面开展。组织开展《安规》考试，3126人参考。狠抓关键岗位人员安全履责和员工“四不伤害”能力提升。扎实开展“管理提升年”安全生产贯标活动，组织开展安全规程和“两票”填写规范调考，带动广大职工学规程用规程。全年查处违章841项，全部整改并书面回复。参与“四川重庆湖北大面积停电事件跨区域联合演练”，圆满完成“小规模，大影响”模块的演练。科学、有序组织抢险，成功处置了万源市“2·21”低温冰雪天气灾害及万源“9·5”洪灾。

强化技术监督全过程管控。常态化开展技术监督预（告）警工作，发布技术监督预（告）警单23份，上报疑似家族性缺陷3份，确保了技术监督各项标准的有效落地；严格按技术监督精益化、五通、反措等规程标准验收，确保设备“零”缺陷投入运行；在 220 千伏团坝、余家变电站试点开展金属监督工作，培养金属监督人才，完善现场抽检能力。

落实架空线路“六措施”，规范“六防”治理，共整治 43 条线路；开展线路标准化建设，110 千伏以及以上线路标准化线建设完成率 100%。变电站精益化做到“逢停电必精益”，应用无人机结合超声波技术开展快速精细化巡检，发现各类缺陷 226 处，为制定精准检修策略提供了详实准确的数据。强化 PMS2.0 系统配网运维管控模块应用，绘制配网单线图 361 张，配网系统详图 8 张，完成省公司移动配抢试点和电网运检智能分析管控系统试点工作，成功建设工厂化预制车间，实现台区高低压引线、接地装置等工厂预制零突破。

**【农电工作】**全面推进“全能型”供电所建设。开展 68 个供电所机构和岗位班组调整，探索营配融合作业组织方式，建立 665 名台区经理、覆盖 7601 个农村台区的供电服务网格，台区经理轮训率 100%。完成 2 家“全能型”供电所的试点建设工作，服务质量和工作效率明显提高。蒲家供电所“电力通管理随身宝”、达县公司“互联网+智能型总漏报在线监测系统”依托“互联网+”和移动通信技术提升质效。

扎实开展星级乡镇供电所创建。编制 2017—2020 年公司乡镇供电所建设规划，清理供电所设施设备配置，按月监测关键指标，加强现场业务指导和内部评价，定期通报工作动态。组织 190 人次集中培训、交叉检查和现场交流学习。建成国家电网公司四星级供电所 3 家，三星级供电所 9 家，三星级及以上供电所创建率 54.4%。2017 年农网改造工程三个批次累计完成投资 30098.80 万元，投资完成率 100%，现场已完工项目 290 个，完工率 100%。

**【科技与信息化工作】**国网达州供电公司信息、通信网络为所有生产、办公有关的信息、通信业务提供通道支撑。2017 年，国网达州供电公司信息通信系统安全、稳定、可靠运行。截至 2017 年年底，公司共有信息通信站点 184 个，在运光缆 238 条，共 3073.72 千米，所辖变电站及营业厅（所）光纤覆盖率 100%，220 千伏变电站双光纤覆盖率 100%，110 千伏变电站双光纤覆盖率 91%。达州公司数据通信网实现变电站全覆盖。信息系统内、外网采用全光纤、1G 带宽组成综合数据网，在运桌面终端及网络设备近 3000 套。结合实际制定的《信息网络安全反违章管理实施意见》，提高了信息网络安全管理力度与执行效率，优化了公司信息技术监督体系。

科技与信息化工作成果丰硕。国网达州供电公司 1 个 QC 项目获省公司一等奖，1 个 QC 项目获省公司三等奖；2017 年信息安全攻防比赛获省公司团体二等奖；“以电网运营监测系统为核心整合多维数据流的配网故障预警模型”获省公司大数据劳动竞赛二等奖；“达电企信”APP 设计与应用获得省公司第三届“青创赛”决赛创新类三等奖；科技研究成果“自动抽水综合保护电路及其装置”获得国家专利；“农网工程施工项目精益化管理深化应用系统 V1.0”获得国家软件著作权。代表省公司参与国网信息化项目规范管理集中检查及国家电网总部信息化后评估综合绩效数据审查工作，得到国家电网表扬；形成的《地市信通公司专业能力提升典型经验》参加国家电网公司经验交流；信息系统深化应用情况两次入选国家电网总部深化应用动态。

**【市场服务】**配合政府编制 2017 年有序用电预案，及时跟踪了解电力供应及需求情况，保证电力有序供应。快速响应客户用电需求，简化业扩报装流程 50%，实现线上办电，做好电网发展与客户供电工程之间的有效衔接，力促新增客户早投产，快用电。严格执行计划检修和停电审批制度，全面推行输配电不停电作业，推行与客户联合检修、零点检修，加强停电管理，减少停电损失。提高抢险复电速度，减少故障平均持续停电时间。2017 年，国网达州供电公司全口径运行智能电表 119 万只，已基本实现全覆盖；采集接入 118.52 万只，接入率 99.60%，已基本实现全采集；全口径采集成功率高于 98%。

全力做好直购电及富余电政策的全流程服务，优惠电费 1.62 亿元，有效缓解企业生产经营面临的成本压力，最大限度鼓励企业多用电，最终达到降本增效的效果。全方位、多举措、强化刚性执行开展电费回收工作，确保电费“颗粒归仓”。全年电费全部结零，电费及自备电厂收费月均水平指标值 100%，全省同业对标排名第一。

开展优质服务技能培训、组织岗位劳动技能竞赛，全员服务意识不断加强，员工夏成林被国网四川省电力公司授予第六届供电“十佳服务之星”荣誉称号。开展“3·15”和“智能用电进机关”主题宣传活动，推广“掌上电力”APP 运用，完成全年客户网上购电数量。关注客户诉求，值守达州市“阳光政务”热线，解决群众用电难题。加强“95598”业务管理，编制《营销农电工作通报》《供电服务信息周报》，强化服务指标分析，客户投诉举报信息按时办结回复率 100%。制定《供电服务反违章管理工作实施意见》，明确典型违章行为 120 条，并建立相应考核激励机制。全年完成红线禁令 82 条、严重违章107条、严重违章177条，处罚违章金额合计54250元，公司不规范服务行为有效降低。

**【党的建设和精神文明建设】**推动“两学一做”学习教育常态化、制度化，重点落实四个专题学习讨论，“四个意识”不断增强。制定“旗帜领航·三年登高”和建设“先锋川电”实施方案，成立公司党建工作领导小组，推行党委委员职责、片区、重点工作“三分工”。健全完善党建工作机构，全面落实“一所一支部”。出台党建工作绩效考核评价办法，开展党建工作绩效综合考评，党建基础建设年成效显著。深化“三分类三升级”，开展党组织关系“四核四看”，实施合格党员积分制，持续整顿软弱涣散党组织。坚持问题导向，扎实开展监事会问题清单梳理，党建工作健康体检，突出自查自纠，不断巩固党建管理基础。对28名基层党组织书记抓党建述职评议，压实管党治党责任。建立基层党组织换届选举台账，督促指导换届选举工作。深化党员责任区、党员示范岗，全体党员“三亮三比”，开展共产党员服务队“我为绿色出主意”主题活动，为民服务事迹受到社会广泛关注。2名党员分获国家电网公司优秀党务工作者和先进共产党员称号。

推进企业文化落地，打造公司企业文化教育园地，国网达县供电公司、国网宣汉县供电公司营业班建成省公司企业文化建设示范点，国网万源市供电公司获省公司企业文化建设先进集体。举办“树家风、带党风、促行风”等主题道德讲堂，开展“杜鹃红·电雷锋”等主题活动，推广“四红四送”志愿服务模式，大力塑造“红杜鹃”志愿服务品牌，引导干部员工积极践行社会主义核心价值观。顺利通过全国文明单位复查验收，国网达州市渠城供电公司、国网大竹县供电公司分别荣获和保持国家电网公司文明单位，达县公司获省级文明单位，退休职工殷学阳被评为“四川好人”。

开展中共十九大精神“两学三进”学习教育、“旗帜领航·党徽闪光”主题宣传和“宣讲十九大、永葆先进性”党日活动，各级党委中心组专题学习120余次，党员干部思想认识和政治理论水平不断提高，2项党建课题分获省公司管理创新二、三等奖，3篇领导干部调研文章分获省公司一、二等奖。开展“书记晒党课、组织评党课、党员议党课”活动，各级党员干部带头宣讲300余次，推动十九大精神进基层、进现场。十九大达州代表李月志作专题讲座、党员服务队进移民新村等学习实践被多家高端媒体报道。开展十九大精神网络答题和知识竞赛，党员干部积极撰写学习心得，持续掀起学习贯彻中共十九大精神热潮。

坚持职代会和职代会评议领导干部制度，组织召开公司九届五次职代会暨2017年工作会，审议通过重大事项8项，民主评议公司处级干部8人，征集并办理职工代表建议8件、意见15件。完成提案、建议（意见）意见、建议回复工作，办理回复率100%。召开九届五次职代联席会4次，审议议案4项。加强对集体企业改制民主程序的指导，确保职工合法权益，推动企业改制稳步推进。广泛开展“我为企业发展献一策”合理化建议征集活动，向省公司推荐优秀建议3条。组织开展职工代表巡视检查，督促落实整改问题28个。召开总经理联络员座谈会，切实发挥上情下达、下情上传的桥梁作用。广泛开展“送清凉”慰问和现场监督检查活动，切实维护职工的生命安全和身体健康。常态化开展送温暖送慰问活动，慰问援藏人员20人次，特困职工85人次、病伤职工138人次、离退休职工101人次，一线班组130余个，劳动模范18人次。开展“4·15”工会维权咨询服务日系列活动，引导职工合理表达诉求。

开展“国网嘉年华”联谊活动，全面完成基层团组织换届选举，开展劳模与青工面对面、“我是班组解说员”等活动，引导青年岗位建功，青年团员在省公司青创赛、“青春训练营”比赛中荣获佳绩。

坚持开展“六种廉课”“廉规巡讲”活动，不断提高关键人员纪律意识、规则意识。邀请川中监狱警官开展专项警示教育，引导干部员工守住底线、不碰红线。加强与市检察院沟通协作，反腐倡廉及预防职务犯罪工作典型经验和做法在《达州检察》杂志上登载交流。开展季度廉政风险分析及纪委书记“一对一”约谈述职，坚持“抓早、抓小”。指导西星公司达州分理处建章立制，改进评审专家抽取办法，规范非招标采购活动。组织监察、审计、法律、人资、党建等部门，构建公司“智法保障”体系。监督检查落实中央“八项规定”精神和“四风”问题的情况，严肃查处各类违纪行为。试点召开“用心服务，问责提升”现场会，回顾剖析典型案例，以问责倒逼提升服务水平。领导带队走访“两代表一委员”“行风监督员”及客户代表，倾听意见和建议。主动向政府及行业主管部门、“两代表一委员”汇报公司重点工作，全年寄送汇报材料300余份。开展纪检监察业务培训，提升队伍综合素质。监察部自主完成的《招标监督工作实务》课件制作，在全省公司范围进行了宣讲。承接的“物资采购监督深化研究”1+1精益项目，荣获省公司“2017年精益管理卓越案例”。

围绕迎接和宣贯中共十九大、落实企业发展新要求，开展建设现代智慧企业、加强企业党建、精准扶贫、管理提升年、“红杜鹃”志愿服务、铸模工程、抗灾保电等主题传播，在行业内外媒体发布新闻稿件1100余篇。抗冰雪保电的新闻被中央电视台报道。艺术传播收获丰硕，微电影《所长、老人和狗》相继荣获第五届亚洲微电影艺术节“金海棠”好作品奖、2017年度英大传媒优秀电视作品展评微电影类一等奖，纪实片《坚守》荣获“中国梦·劳动美”2017年全国职工微电影大赛最佳人气奖、2017年度英大传媒优秀电视作品展评纪录片类三等奖，原创歌曲《无悔的选择》入选“川电十大金曲”。强化舆情管控，正确处置和有效应对包括集体企业改革改制、民众拒交电费谣言等多起新闻危机事件和负面舆情，最大程度维护了企业形象和声誉，品牌维护工作得到省公司高度肯定。

2017年10月，国网达州供电公司举办学习十九大精神培训班
（何健　摄）

【国网达县供电公司】国网达县供电公司成立于1994年3月28日，2013年7月1日更名为国网四川省电力公司达县供电分公司，简称国网达县供电公司。2015年6月25日，经国家电网公司批复升格管理，成为国网达州供电公司下辖大型县级供电企业。公司设6部1中心，18个班（站）所，承担着达川区30个乡镇302个村、达川区部分城区和化工园区的供电任务。2017年公司全口径职工371人。有高级职称9人、中级职称11人，高级技师4人，技师78人，专科及以上文化程度226人。

2017年，国网达县供电公司安全生产7491天。累计完成售电量11.18亿千瓦时，较同期增长1.35亿千瓦时，完成指标的107.71%。电费回收率和解缴率100%。累计线损率3.9%，优于国网达州供电公司下达指标5.4%。城市电压合格率100%，可靠率99.969%，农村电压合格率99.989%，可靠率99.787%。

智能应用保安全生产。创新“互联网+”管理。强推“达电企信”APP，实施精准日管控，基层班组通过“达电企信”，每天上报现场工作完成情况、设备运维情况和次日工作计划，实行到岗到位人员GPS定位和上报现场关键节点照片管理，确保施工现场可控、能控、在控。运用线路故障在线监控。安装线路故障指示器252套，农网10千伏线路全监控，新装分界断路器86台，线路故障信息实时接收，提高故障抢修效率。强化总漏保在线监控系统。安装台区总漏保监控器1296台，实现了总漏保安装率98%、投运率95%，可靠保证总漏保运行状况，有效防止村民触电事件发生。

智识服务促经营提升。台区线损治理成效显著。以高压态势，统筹营配贯通、设备消缺、零电量清理、用电稽查等，同时制定考核激励机制，奖励工作突出集体和个人30万元，台区线损合格率92.21%，比年初增加38.01个百分点，位列达州公司第一。紧跟市场，营销转型试点。成立经开区供电服务中心，省级园区供电服务迈出新步伐，积极协助玖源化工等大客户恢复生产；深入研究电改政策，释放电改红利，为企业提质增效跟踪政府重点项目落地，新增容量合计12630千伏安。积极推行购电制，高压“全费控”，安装高压费控及配套设备260套。全年按国网达州供电公司模拟利润中心建设要求，加强成本专项管理，重点加强物资非招标管理，全年节约139.75万元。

智效运营促建设管理专业化。筹建项目管理分中心。解决县级公司建设管理难题，抽调项目管理精干，将农网、基建、运检、营销等项目纳入分中心统一实施，规范和加强电网建设管理，提升公司建设专业化、标准化水平。

智力支撑从严治党带队伍。创新中心组扩大学习制度。“两学一做”学习教育常态化、制度化，将党委中心组学习扩大到班组长一级开展，中心组学习12次；合理利网络大学平台，学习国家电网公司优秀课件；传播中央新常态，播放《将改革进行到底》《巡视利剑》等专题片。强化员工规则意识。扎实开展员工培训“周讲堂”12期，领导带头讲党课，支部书记“晒党课”，部门领学通用制度，提升党员干部遵章守纪规则意识，统一党员干部思想。

2017年获得省公司“2017年质量管理（QC）小组成果三等奖”，国网达州供电公司“2017年度先进单位”“2017年度先进基层党组织”“2017年度安全生产特殊贡献单位”等荣誉称号。

**【国网大竹县供电公司】**国网大竹县供电公司始建于1966年9月，主要担负大竹及达县部分地区的供电任务，供区约85平方千米，公司客户23157户。公司下设六部一中心，5个班组、3个供电所，三新、巴星（惠特）分公司各1个。全民在岗职工64人；集体在岗职工18人；农电工37人；外聘人员5人，共计202人。

国网大竹县供电公司负责大竹、渠县14座变电站35千伏及以下电气设备日常检修维护工作。35千伏及以上线路共计37条769.103千米，10千伏农配网线路15条227.654千米，公用台区193台39060千伏安，低压线路478.9千米。2017年，完成售电量8.6152亿千瓦时，比2016年增长1.25%；完成计划线损率1.52%；供电可靠率达到100%，综合电压合格率达到100%；智能电表覆盖率100%，“四自”台区比率100%，低压客户采集成功率99.65%，专变客户采集成功率100%，低压台区线损合格率91.49%。城农网工程目标完成率达到100%。截至2017年12月31日，优质服务、党风廉政、队伍稳定保持“零”责任目标。

通过建立了“精准日管控”微信群，每日发布明日工作计划，当日群内反馈现场工作状态，进一步加强现场管控。加强施工现场查勘和方案编制，强化安全技术交底等安全环节执行，狠抓现场管理人员到岗履职。强化隐患排查治理，深入开展安全生产大检查、专人牵头跟踪整改；邀请国网达州供电公司相关部门专家进班组开展“两票”培训；强化施工现场安全巡查，违章行为得到有效遏制，确保了全年平稳的安全态势。

电网建设稳步推进，扩建35千伏观音变电站，结束了观音站单台主变运行的历史；6月26日，35千伏周观线正式竣工投产；涉及输变电工程的30户房屋已全部拆除完毕；8月，取得了220千伏团坝站的土地证，使该站成为了国网达州供电公司第一个在投运前取得不动产权证的变电站。

完成了110千伏周家站10千伏开关柜改造工程及110千伏清溪、临巴站35千伏开关大修技改项目；完成220千伏全胜等4个变电站35千伏及以下设备的精益化工作；加大了关口计量等配电网自动化项目的实施，加强对PMS、OMS等生产系统的应用。加强线路维护，开展无人机操作培训，并运用于线路巡视。迎峰度夏期间，对重载、重要线路，组织开展夜间巡视和红外测温。严格落实地调电网风险预警要求，认真开展预警线路特殊巡视。完成220千伏余渠二线等4条新建线路的生产准备工作。

大力推广“掌上川电” APP、“电 e 宝”等电子渠道业务。在十九大保电、负荷转供等电网运行方式改变时，上门为客户检查用电设备，排查用电隐患。新装高压客户实现全费控。召开2017年度行风监督员暨客户代表座谈会，提升服务质量。稳步完成农网升级改造工程。2017年综合计划第一批农网10千伏及以下项目（中心村）明细项目3个，已完成青杠、双河口村改造项目。

加强从严治党、完善监督机制。学习领会习近平系列重要讲话；继续推进“两学一做”学习教育常态化、制度化，做好四个专题的学习讨论；持续深化“三亮三比”主题活动；经复查合格，继续保留国家电网公司文明单位称号；结合《党建工作健康体检问题清单》整改要求，对党建工作责任制落实情况进行倒排工期，将党建体检工作落到实处；加强项目过程管控，在2017年国网达州供电公司配网技改项目外部审计中，大竹公司9个项目率先全部具备审计条件并提交审计。

近年来，国网大竹县供电公司获得了四川省文明单位称号、国家电网公司一流县供电企业”，客户服务中心、变电检修班获得国家电网公司“工人先锋号”，东柳供电所荣获国家电网公司标准化示范供电所，成功创建省公司企业文化示范点建设单位称号。

**【国网宣汉县供电公司】**国网宣汉县供电公司始建于1982年，承担着宣汉城区和北部、开江县部分地区的供电任务，现有电力客户12.5万户。设5个管理部门，2个业务支撑机构，5个生产经营班组，管理7个农村供电所。现有员工223人。

国网宣汉供电公司运行维护35千伏以上变电站15座，其中110千伏变电站7座，220千伏变电站2座，总容量133.01万千伏安。35千伏以上线路32条，579.238千米。2017年，完成售电量7.8931亿千瓦时，售电收入4.6058亿元，电费回收及解交率100%。线损率5.16%。截至2017年12月31日，实现连续安全生产7521天。员工李进峰保持全国劳模荣誉称号，并获评国网四川省电力公司2017年度“川电工匠”。

2017 年，国网宣汉供电公司继续保持国家电网公司文明单位标兵，四川省文明单位，省公司县级供电企业十佳文明单位、省公司一流县供电企业等多项荣誉。荣获了国家电网公司县级供电企业管理提升标杆单位，涌现出以全国劳动模范、国家电网公司劳动模范、“最美国网人”李进峰为代表的先进个人。

扎实开展隐患排查和安全大检查专项活动。强化线路及设备运维，实施 35 千伏胡隘线大修等 3 项生产任务。配合输电供区及时处置 110 千伏柳梁线新建 28 号铁塔边坡治理及 35 千伏梁宣东、西线 2 号塔附近大面积山体滑坡的影响。宣汉电网最大负荷突破 6 万千瓦（同比增加 20.9%），确保电力可靠供应。圆满完成电网迎峰度夏及“两节一会”等一系列重大保电任务。

决战攻坚确保 500 千伏玛瑙变电站按期开工及投运；完成 220 千伏开江、110 千伏普光工业园区、35 千伏大成变电站的前期工作。完成 2016 年、2017 年农网工程。深化“互联网+”，智能运用能力提升。城区配网线路图与 PMS2.0 成功并轨，并关联应用于调度 OPEM3000 系统。

抓市场和转型主线，提升服务质效和市场竞争能力。全面推进“三全”建设。智能电表覆盖率 99.98%，智能电表接入采集系统率 99.50%，各项采集成功率在 98%以上。“掌上电力”APP 注册用户占比总客户数的 47%。开展特色营销晨会制度，组织“用心服务，问责提升”现场会。28 户小区客户配电设备资产签订协议并移交。成功与四川达州普光经济开发区管理委员会签订《战略合作框架协议》。严格执行业扩新政，新装增容 6285 户，容量 5.2 万千伏安。95598 短信平台发布停电及安全供用电信息 4 万余条。

完成问题清单梳理全覆盖“四上”工作。职工家属区 86 户住户“供水及物业”分离移交稳步推进。响应“营改增”政策，有效降低企业税负。全面推行购电制，20 户专变客户安装费控装置，13 万余户低压客户全部实现“先购电”功能。完善省公司党风廉政专项巡查整改。

抓实推进“两学一做”学习教育常态化、制度化。宣电党建“163”成果在系统内外广泛展示传播，并在各级媒体刊发传播。全县党建机关现场工作会在公司召开。深入实施党建工作健康体检，完成“两委”及离退休支部换届选举。组织团队活动，建立青年员工培养机制，在供电所设立驻所第一书记，培养 2 名青年员工走上管理岗位。深入实施庆云乡锣坪村精准扶贫。大力实施电力扶贫，解决 4 个贫困村、7 个易地扶贫搬迁集中安置点供电。

**【国网万源市供电公司】**国网万源市供电公司始建于 1970 年，2013 年 7 月 1 日由万源供电局更名为国网万源市供电公司，供电营业区面积 1800 平方千米，担负着万源市 28 个乡镇、154 个行政村、26 万人口的城乡居民生活及工农业、军工、电铁等供电任务。设有 6 个部室、1 个分中心，5 个生产班组、1 个服务队、7 个供电业务部。在岗职工 220 名。2017 年在万源市政风行风群众满意度测评公共服务行业中综合排第 2 名；110 千伏万源变电站 10 千伏五东线（一线）新建工程获省公司 2017 年度“农网五十佳”工程；被省公司授予 2017 年度先进集体。

2017 年，累计销售电量 4.80 亿千瓦时，完成全年指标的 109.83%；电费回收率、解缴率 100%，应收电费余额继续结零；综合线损率 5.07%。公司维护 35 千伏变电站 6 座，主变 9 台，总容量 59.2 兆伏安。35 千伏及以上送电线路 30 条/557.864 千米。10 千伏线路 45 条/1048.214 千米，变压器台数 1162 台，总容量 266 兆伏安，低压线路 2595 千米。截至 2017 年 12 月 31 日，已连续实现安全生产 10052 天。

严格执行安全生产“月计划、周安排、日管控”，大力开展现场反违章活动。处理涉电案件 5 起，完成跨越鱼塘隐患综合整治 28 处。组织开展水上冲锋舟、皮划艇、无人机侦察等综合应急演练。完成中共十九大等重大保电工作，成功应对“2·21”冰雪灾害和 9—10 月连续降雨洪灾。

大力增供扩销、挖潜增效，实现效益稳步增长。严格执行预算全覆盖下达管理，分解业绩考核指标。切实推动“两金”精益化管理，提高“两金”周转效率和效益。主动对接万源市重点建设项目，满足用电需求。严格落实业扩新政，推动电能替代支持政策，拓展“电火锅”等替代领域。上门服务大客户，优化供电方案，解决用电难题，化解电费风险和服务风险。狠抓窗口服务意识，全力推进标准化建设。

严格执行党风廉政建设主体责任和监督责任，强化党风廉政建设“主业”“主责”意识。深入贯彻学习中共十九大、全国国有企业党的建设工作会议等精神。坚持“两学一做”常态化、制度化。持续完善文化阵地建设，企业文化建设获省公司表彰。常态开展“送清凉、送温暖、送关爱”活动、“红杜鹃”志愿服务活动、“川电留守学生之家”关爱活动，走访慰问万源市社会救助福利中心。

认真落实《电力扶贫攻坚方案》，全力解决供区内贫困村中不满足脱贫条件的用电质量和用电环境问题。全力解决异地搬迁户的生产生活用电；协助完成12户困难户房屋补漏和修缮工作。通过不懈的共同努力，对口帮扶的万源市沙滩镇鸳鸯池村2017年已整村脱贫。

**【国网渠县供电公司】**国网渠县供电公司成立于2013年12月25日，截至2017年12月31日，全民在岗职工35人；集体（劳务）在岗职工6人；农电员工50人；外聘人员9人，共计100人。

网国网渠县供电公司在渠县境内已建成运行变电站8座，其中：220千伏变电站2座、110千伏变电站4座、35千伏变电站2座，主变容量96.95万千伏安。220千伏线路4条156.209千米，110千伏线路20条383.721千米，35千伏线路23条214.105千米，10千伏线路19条305.9589千米。主要承担着3座电铁牵引站、大型水泥、工业园区等工业用电以及渠县东区新城、临巴、天星、卷硐片区的居民及非居民供电任务。

公司所辖3个供电所。供电涉及15个乡镇、57个村，521个社，供电客户36137户，其中10千伏及以上专变客户151户，低压居民及非居民客户35986户。专变客户运行受电设备容量32.8万千伏安，低压客户装接容量23.72万千瓦。2017年，完成售电量6.84亿千瓦时，累计线损率为2.55%。

加强安全教育与宣传，集中开展安全培训11次，参培238人.次，安全考试6次，合格率100%。开展“安全生产月”“安全生产万里行”“党员服务进乡村”等活动。加大安全检查与反违章力度，开展专项检查14次，发现问题132项，整改132项；隐患排查治理重大隐患9项；开展演练4次；查处现场违章187人/次。强化设备运检管理，开展变电站预试，线路春、秋季登杆检修，顺利完成年度安全生产目标。

完成2017年大修、技改及城市配网项目10项，“十三五”10千伏及以下滚动修编已储备项目。完成2018年度城网项目可研编制，2017年农网第一批工程进度100%。配合政府完成文峰山公园、黄花大道、渠县火车站线路迁改工作。

全面落实从严治党要求，加强“两个责任”落实，注重监督实效与落地。按进度完成问题清单梳理全覆盖工作。加大落实中央八项规定、省公司“十项禁令”的监督检查力度。深入开展“两学一做”学习教育及十九大精神宣贯学习。深化廉洁从业教育，强化廉政风险分析与排查，召开廉政风险分析会2次。深化企业文化建设，加强舆情管控及保密工作，加强团组织建设，深化工会工作管理。

**【国网达州市新桥供电公司】**国网达州市新桥供电公司始建于1994年3月，2016年8月实施“子改分”后成为国网四川省电力公司的分公司，企业更名为国网达州市新桥供电公司，担负着达川区南城南北干道以东城区、达川区商贸物流园区、达州经济开发区50余家大宗工业客户以及达川区麻柳、亭子、堡子、石梯、石桥等33个乡镇343个行政村60余万人口的供电服务。公司现有供电面积1085千米，有客户20.07万余户，实现乡、村、户通电率达到100%，2017年7月供区内实现与直属直管公司同网同价。

2017年9月，国网达州供电公司启动“EAP-员工关爱计划”项目
（何建　摄）

2017年，国网达州市新桥供电公司实现售电量4.14亿千瓦时，线损率6.24%，电费回收率100%。截至2017年12月31日，实现连续安全生产2707天。

国网达州市新桥供电公司所辖110千伏变电站3座，主变5台，变电容量20万千伏安；35千伏变电站10座，主变18台，变电容量13.33万千伏安。辖区内110千伏线路4条，总长131.15千米；35千伏线路9条，总长141.25千米；10千伏线路76条，总长1322.93千米；380伏低压配网线路7177千米，配电变压器1817台，总容量57.28万千伏安。

公司直管小水电站5座，装机容量6630千瓦；联营水电站2座，装机容量650千瓦，年均发电量约2800万千瓦时。

国网达州市新桥供电公司狠抓安全生产管控能力建设，确保安全生产稳定局面。全面落实“模拟利润中心”管理和“内部模拟市场”建设要求，努力降本增效。深化成本预算精益化管理，建立成本项目储备库。圆满完成2016年第一批农网改造升级工程、2016年第二、三批小城镇（中心村）电网改造升级、井井通电工程（新桥片区）。城市用户供电可靠率99.95%，城市综合电压合格率99.996%，农网综合电压合格率99.6%。认真履行企业社会责任，变被动服务为主动延伸服务，使客户感受到服务就在身边。

强化电网建设属地协调管理，2017年顺利完成宣达线500千伏输电工程达川区境内117间房屋拆除工作，为宣汉500千伏变电站按期投产奠定基础。顺利开展110千伏雷音铺输变电工程建设并按期投运。完成改扩建35千伏变电站2座，新建35千伏变电站1座，新增变电电容量26.3兆伏安，新增35千伏输电线路2条，新增35千伏线路15.24千米。认真落实电力助推脱贫攻坚工作，全年落实贫困村项目17个，规划贫困村项目18个；开展易地扶贫搬迁安置用电工程91个，脱贫村饮水工程电力建设32个，全力服务达川区脱贫扶贫工作。

始终坚持党要管党从严治党要求，深入推进党的全面建设，意识形态工作得到了达川区委宣传部的肯定，列为了达川区意识形态工作“六个一”示范单位。认真履行企业社会责任，扎实开展精准扶贫工作，以高度的政治责任感和敏锐性抓落实，扶贫工作取得新成绩，并荣获2016年度十佳帮扶企业称号。加强与地方党委、政府的工作对接，积极服务地方经济社会发展建设，获得充分认可。

**【国网达州市蒲城供电公司】**国网达州市蒲城供电公司位于宣汉县东乡镇王家坝滨河路80号。其前身是1981年5月由宣汉县政府成立的宣汉县小水电联营公司，2012年，成为省公司的全资子公司；2016年9月，通过吸收合并，成为省公司的分公司，更名为国网四川省达州市蒲城供电公司，主要担负全县46个乡镇、408个村，共计101万人口的供电任务，供电客户33.27万余户，供电面积3630平方千米，覆盖全县83%的面积。

国网达州市蒲城供电公司现有8个职能部门，3个业务支撑机构，16个供电所，7座小水电站。供区内有220千伏变电站1座36万千伏安；110千伏变电站2座12万千伏安;35千伏变电站12座11.92万千伏安；110千伏线路3条共96.3千米；35千伏线路19条共268.654千米；10千伏配电线路87条3593.9千米；10千伏以下配电线路18932千米；配电变压器3076台36.78万千伏安。

国网达州市蒲城供电公司2017年实现销售电量7.8363亿千瓦时，实现电力销售收入4.6862亿元；综合线损率5.40%；电费回收率100%；2017年7月1日起，国网达州市蒲城供电公司全面实现了“同网同价”；“全能型”供电所建设管理实现转型升级，全面优化供电营业厅服务功能、落实台区经理制和综合柜员制。截至2017年12月31日，实现安全运行3413天。

2017年国网达州市蒲城供电公司狠抓本质安全和风险管控。以强基固本、素质提升为抓手扎实开展安全工作，领导挂包、部门分片、基层分组，全面加强各类作业现场管控力度。投入安措资金90余万元完善劳动保护。全年发布各类安全风险预警44次，创设宣汉县电力警务室，查处外力破坏3起、窃电及违约用电11起，追回经济损失8.7万余元。

国网达州市蒲城供电公司持续推动“两学一做”学习教育常态化、制度化，完成“四个专题”讨论。坚持“主题党日”活动，多形式学习贯彻十九大精神及习近平新时代中国特色社会主义思想，党建工作向“五个化”发展。加强“卓越文化”建设，完成了东乡镇供电所创建省公司班组文化示范点创建工作。组织青年团员进社区、农村、学校、福利院，持续开展“红杜鹃”志愿服务活动，提升共青团工作水平。

2017年，国网达州市蒲城供电公司获得国家电网公司2014—2016年度“文明单位”。援建的第一所“川电留守学生之家”在宣汉县石铁乡中心校顺利落成，并已交付使用。落实对口精准扶贫政策，对口帮扶的宣汉县樊哙镇高台村成为首批“脱贫摘帽村”。冯宗良获达州市“十名优秀驻村帮扶干部”称号。

（林静玉　等）

# 国网凉山供电公司

**【公司概况】**国网凉山供电公司始建于 1974 年，是国网四川省电力公司直属的特一型供电企业。下设 13 个职能部门、7 个业务支撑和实施机构，管理 12 个县级供电企业（4 个分公司、8 个控股公司）。承担凉山彝族自治州 11 个县及西昌市周边农村地区（含 2 个工业园区），冕宁县泸宁乡、里庄乡片区供电任务，供区面积 4.28 万平方千米，占全州面积的 70.91%；供电人口 400 余万人，占全州人口的 77%。固定资产原值达 85.15 亿元，共有 220 千伏变电站 15 座，变电容量 4290 兆伏安，线路长度 1685 千米；110 千伏变电站 33 座，变电容量 2115 兆伏安，线路长度 1849 千米；35 千伏变电站 109 座，变电容量 905 兆伏安，线路长度 1880 千米；10 千伏配变容量 1108 兆伏安，线路长度 12782 千米。完成售电量 68.72 亿千瓦时，同比增长 6.63%，电费实现 100%回收。线损率完成 6.54%，同比降低 1.34 个百分点。安全、稳定、廉洁保持“零”目标。

2017 年 12 月 28 日，国网凉山供电公司驻喜德县阿吼村第一书记王小兵荣获第五届中国民生发展论坛暨第十一届国际公益慈善论坛“精准扶贫带头人”称号

（蒋志明　摄）

**【人力资源】**截至 2017 年年底，国网凉山供电公司有直供直管全民职工 642 人，具有研究生学历 54 人，占 8.4%；具有本科学历 443 人，占 69%；具有专科学历 82 人，占 12.77%；中等职业教育 24 人，占 3.74%；高中学历 8 人，占 1.25%；初中及以下 5 人，占 0.78%。直供直管单位具有高级职称 103 人，中级职称 169 人，初级职称 193 人；具有高级技师 39 人，技师 118 人，高级工 47 人，中级工 98 人，初级工 3 人。生产技能岗位双师型人才 9 人。有国网四川省电力公司专家人才 12 人。人才当量密度 0.9499，同比提高 0.79%，其中直供直管单位人才当量密度完成 1.0799，同比提高 1.63%。

**【电网建设与发展】**国网凉山供电公司结合地方发展需求，滚动修编凉山州电力规划。落实属地化建管责任，雅中—江西±800千伏特高压输电工程和盐源、会东、水洛500千伏输电工程有序推进。完成成昆扩能7座牵引站220千伏供电工程可研评审，取得11个县输变电工程免于办理施工许可证政策手续。规范业扩配套项目立项和资金安排使用，建立“随到随批”快速响应机制。完成基建投资8.67亿元，投产35千伏—220千伏工程项目9个，新增35千伏线路35.55千米、变电容量1万千伏安，新增110千伏线路38.5千米、变电容量5万千伏安，新增220千伏线路102.5千米、变电容量54万千伏安。推进配电网“一村一档”建设，实现电网基础资料数据“一个口”。加强工程质量管控，有6项工程被省公司命名为优质工程，其中1项获国家电网公司优质工程、1项获省公司质量管理流动红旗竞赛优胜项目。

**【经营管理】**国网凉山供电公司突出精准投资，科学市场研判和供电分析，综合计划和预算执行质量效率持续提高。推进“一企一策”亏损企业治理，顺利实现5家控股县公司扭亏。强化线损管控和同期线损系统建设，线损电量同比减少0.7亿千瓦时。加强运营监控，挽回经济损失62.3万元。强化审计监督，核减不合理成本873.28万元。贯彻落实监事会“找问题、促整改、求实效、促发展”的监管理念，推动问题梳理任务落实，完成问题整改71项，问题清单梳理全覆盖工作取得阶段性成效。完成5家县公司“三集五大”体系建设。推进地县业务集约融合，完成规划专业集约，完成地县调控集约方案编制和德昌县调集约。

**【农电工作】**国网凉山供电公司完成总投资7.48亿元、544个村新一轮农网改造升级“两年攻坚战”建设，建成10千伏线路1227千米、配变1571台、低压线路5669千米，保障了344个2017年度脱贫村通过脱贫验收。协调地方政府投入0.95亿元，解决涉及7464户31921人易地搬迁通电建设所需资金。积极推进县公司改制，完成盐源县供电公司控股和德昌、喜德县供电公司“子改分”。推进星级供电所创建，安宁公司马道供电所“全能型”供电所创建通过省公司检查验收。

**【安全生产】**国网凉山供电公司落实《安全生产法》，推进“政企联动”电网安全管控机制，政企联动典型经验成功入选国网公司“安全管理-安全风险预警”领先型典型经验。深入开展安全生产大检查，狠抓作业现场安全管控，共计查处违章227项。深刻吸取系统内基建分包人身伤亡事故教训，开展基建现场反违章专项行动，从严从紧抓实基建安全质量，全年考核分包单位83万元。落实迎峰度夏和十九大保电措施，科学安排电网运行方式，强化设备运维保障，管控六级及以上电网风险83项，圆满完成十九大保电，累计完成110次卫星发射保电。推进输电线路智能运检，深化无人机、在线监测装置应用，配网线路跳闸下降38.15%。成立凉山州电力公安警务室。完善应急保障体系，发布大面积停电等27项应急预案，木里、雷波水上应急救援通道全面打通。

**【科技与信息化工作】**国网凉山供电公司深化输电线路在线监测装置应用，制定了智能巡视大数据技术服务建设方案，在线监测大数据服务正式进入应用阶段。新增一批变电站接入网络五防系统，完成10座变电站智能安防系统建设。实现安全III区调控业务多路由链路冗余，保证调控业务可靠运行。加强数据通信网信息安全防护，完成凉山公司数据通信网地市三级VPN建设。完成SDH光传输设备优化，地网通信接入能力和可靠性有效提升。完成油色谱在线（思源）设备Struts高危安全漏洞治理，及时封闭“Wannacry”病毒端口。完成24座变电站网络安全设备的安装和17座变电站网络安全设备接入以及网络安全设备安全策略调整，网络安全设备接入率、在线率、密通率大幅提升。

**【市场服务】**国网凉山供电公司积极宣贯优惠电价政策，完成直购电、留存电量、富余电量和“水电联动”电量38.63亿千瓦时，实现州内政企多方共赢。加强“95598”投诉举报处理，认真组织对相关问题进行核查分析，严肃追责，进一步规范营销服务人员行为。深入推行“互联网+”服务，提升客户用电感知，全面推行业扩新装业务线上受理，落实线上业务办理时限要求，提升用电客户业务办理效率和满意率。大力宣传推广“掌上电力”手机APP应用，方便客户查询用电信息和缴费，完成“掌上电力”APP注册7.12万户、“网上购电远程下发”功能开通37.7万户，线上缴费7.31万笔、金额1096.56万元。推进营销“三全”建设，安装智能电表40.54万只，智能电表覆盖率99.30%，较年初提高14.58%；采集成功率82.04%，较年初提高15.03%；台区线损合格率33.20%，较年初提高26.07%。

**【党的建设和精神文明建设】**国网凉山供电公司认真学习宣贯十九大精神和习近平新时代中国特色社会主义思想，深入推进“两学一做”学习教育常态化、制度化。开展“旗帜领航·三年登高”基础建设年工作，制定党群专业评价标准、基层党支部工作考核办法、党支部工作手册，按季组织党组织书记述职评议，党建主体责任有力落实。落实党风廉政建设“两个责任”，按季扎实开展集体企业、营销专业、物资专业协同监督，运用监督执纪“四种形态”，干部职工纪律规矩意识不断增强。扎实推进精准扶贫，阿吼村2017年通过凉山州脱贫验收，阿吼村驻村第一书记王小兵荣获中国民生发展论坛“2017年精准扶贫带头人”称号，并作经验交流；“丽火”绿色品牌扶贫项目获国网公司脱贫攻坚示范项目。公司扶贫工作获得国家民政部、全国政协、中组部、省委、省军区以及凉山州各级领导的高度肯定。

**【存在的主要问题】**一是运维线路覆盖凉山州16县、市，辖区自然灾害频发，人文环境复杂，工作开展协调难度大。二是人力资源短缺，缺员率高达28.3%，人才当量密度较发达地区还有较大差距；干部队伍存在人员老化、学历低、知识结构不适应问题，与现代企业管理要求还存在差距。三是电网离本质安全差距大，电网N-1通过率低，10千伏单辐射线路占比91.76%，平均供电半径16.17千米。四是自动化水平低，现仍有多座变电站未实现无人值班，配网故障定位、故障查找时间长。五是电网建设滞后，供区尚有300多个村从未进行过农网改造。

**【国网凉山州安宁供电公司】** 国网凉山州安宁供电分公司始建于2003年10月9日。下设马道供电所等5个供电所，承担供电面积3339平方千米，43个乡（镇）、201个行政村的电力供应与维护管理，供电人口28.75万余人，有各类用电客户82896户。拥有在职员工211人，10千伏线路44条，全长1458.05千米。2017年，售电量完成41.65亿千瓦时，同比增长2.08%；线损率10.53%，同比下降1.145百分点；电费回收100%；截至2017年年底，连续安全生产1831天。

**【国网喜德县供电公司】** 国网喜德县供电公司始建于1964年3月。下设光明、红莫、两河口等3个供电所，承担全县2206平方千米、24个乡（镇）、170个行政村的电力供应与维护管理。2017年年底，固定资产原值8753.24万元，用工总数233人。拥有发电站2座，总装机容量0.81万千瓦；35千伏变电站8座、变电总容量66.15兆伏安、线路140.43千米；10千伏台区745个、配电总容量109.98兆伏安、线路884.83千米。2017年，售电量完成2.12亿千瓦时，同比下降6.53%；线损率8.1%，同比下降2.69个百分点；电费回收100%；连续安全生产3152天。

**【国网越西县供电公司】** 国网越西县供电公司始建于1958年。下设中所等6个供电所，承担全县2246.57平方千米、38个乡（镇）、288个行政村的电力供应与维护管理，供电人口35万余人，有各类用电客户68135户。2017年年底，固定资产原值1.31亿元，拥有在职员工266人。拥有110千伏变电站2座、变电容量150兆伏安、线路31.63千米；35千伏变电站6座、变电容量50.75兆伏安、线路164.47千米；10千伏线路847.64千米。2017年，售电量完成4.85亿千瓦时，同比增长0.8%；线损率4.64%，同比下降7个百分点；电费回收100%；连续安全生产3660天。先后荣获国网四川省电力公司安全生产先进单位、凉山州“119”消防安全“先进集体”等荣誉称号。

**【国网德昌县供电公司】** 国网德昌县供电公司始建于1964年，2017年6月改制成为国网四川省电力公司分公司。现有员工316人，供区内有7个供电所，供电范围涉及全县19个乡镇137个行政村，现有供电客户77000余户。2017年年底，固定资产原值1.93亿元，售电量完成3.97亿千瓦时。拥有乐跃二级电站和狮子山电站两个径流式自备发电站，年供电量3亿多千瓦时。拥有110千伏变电站1座、35千伏变电站8座，110千伏输电线路131.87千米、35千伏输电线路133.45千米、10千伏配电线路727.62千米、0.4千伏及以下低压配电线路5625.38千米。先后获得四川省地方电力系统优秀企业、四川省模范职工之家、四川省守合同重信用企业、凉山州文明单位标兵等荣誉称号。

**【国网会理县供电公司】** 国网会理县供电公司始建于2007年4月26日。下设红旗供电所、鹿厂供电所、益门供电所等6个供电所，承担全县4527平方千米，50个乡（镇）、303个行政村的电力供应与维护管理，供电人口48万余人，有各类用电客户12万户。截至2017年底，固定资产原值2.93亿元，拥有在职员工507人。拥有110千伏变电站4座、线路66.01千米、变电容量351.5兆伏安；35千伏变电站11座、线路341.69公里、变电容量178.45兆伏安；10千伏线路2155.63千米。2017年，售电量完成8.80亿千瓦时，同比增长24.47%；线损率9.11%，同比增长（下降）9百分点；电费回收100%；连续安全生产3451天。

2017年11月22日，民政部副部长宫蒲光入户走访贫困户（王小兵　摄）

**【国网雷波县供电公司】** 国网雷波县供电公司始建于1962年。下设职能部门8个，分别为综合管理部、发展建设部、财务资产部、安全监察质量部（保卫部）、人力资源部、电力调度控制分中心、运维检修部、营销部；集体企业 2 个，即西昌电力工程公司雷波分公司、凉山州三新供电服务有限公司雷波分公司；乡（镇）供电所 7 个，分别为锦城供电所、黄琅供电所、永盛供电所、马颈子供电所、上田坝供电所、卡哈洛供电所、西宁供电所。承担全县 2932 平方公里、48 个乡（镇）、281 个行政村的电力供应与维护管理。截止 2017 年年底，固定资产原值 1.41 亿元，拥有在职员工 245 人。拥有 110 千伏变电站 2 座、线路 63.41 千米、变电容量 116 兆伏安；35 千伏变电站 10 座、变电容量 77.9 兆伏安、线路 212.85 千米；10 千伏线路 1165.04 公里。2017 年，售电量完成 9.02 亿千瓦时，同比下降 3.33%；线损率 1.75%，同比下降 37.5%；电费回收 100%；连续安全生产 2078 天。

**【国网宁南县供电公司】**国网宁南县供电公司始建于 2012 年 8 月 8 日，下设景星、松新、华弹、竹寿、白鹤滩等 5 个供电所，承担全县 16667 平方公里，25 个乡（镇）、125 个行政村的电力供应与维护管理，供电人口 18.9 万余人，有各类用电客户 63160 户。截至 2017 年年底，固定资产原值 2.12 亿元，拥有在职员工 188 人。拥有 110 千伏变电站 1 座、线路 44.38 千米、变电容量 40 兆伏安；35 千伏变电站 6 座、线路 106.06 千米、变电容量 118.60 兆伏安；10 千伏线路 1058.94 千米。2017 年，售电量完成 4.26 亿千瓦时，同比增长 3.79%；线损率 4.62%，同比下降 0.08 个百分点；电费回收 100%；连续安全生产 1971 天。

**【国网甘洛县供电公司】**国网甘洛县供电公司始建于 2014 年 2 月，下设新市坝、田坝、吉米、普昌、阿兹觉、玉田、海棠 7 个供电所，承担全县 28 个乡（镇）、2155.94 平方千米、227 个行政村的电力供应与维护管理，供电人口 23 万余人，有各类用电客户 62769 户。2017 年年底，固定资产原值 22475.27 万元，拥有员工 205 人。拥有 110 千伏变电站 1 座、线路 83.77 公里、变电容量 90 兆伏安；35 千伏变电站 6 座、线路 86.01 公里、变电容量 39.3 兆伏安；10 千伏线路 1165.04 公里。2017 年，售电量完成 5.59 亿千瓦时，同比下降 2.39%；线损率 11.81%，同比下降 1.82 个百分点；电费回收 100%；连续安全生产 2893 天。

**【国网会东县供电公司】**国网会东县供电公司始建于 2013 年 10 月，下设参鱼供电所等 10 个供电所，承担全县 3227 平方千米、20 个乡（镇）、318 个行政村、7 个社区的电力供应与维护管理，供电人口 43 万余人，有各类用电客户 99097 户。2017 年年底，固定资产原值 2.84 亿元，拥有在职员工 332 人。拥有 110 千伏变电站 2 座、线路 36.82 千米、变电容量 121.5 兆伏安；35 千伏变电站 14 座、变电容量 110.05 兆伏安、线路 275.14 千米；10 千伏线路 1919.53 千米。2017 年，售电量完成 4.15 亿千瓦时，同比减少 2.3%；综合线损率 12.44%，同比增长 2.11 个百分点；电费回收 100%；连续安全生产 1537 天。

**【国网木里县供电公司】**国网木里县供电公司始建于 1958 年，下设乔瓦等 4 个供电所，承担全县 9042 平方公里、23 个乡（镇）、88 个行政村的电力供应与维护管理，供电人口 13.7 万余人，有各类用电客户 33357 户。截至 2017 年底，固定资产原值 4443.48 万元，拥有在职员工 174 人。拥有 110 千伏变电站 1 座、线路 79.02 千米、变电容量 12.5 兆伏安；35 千伏变电站 9 座、变电容量 33.95 兆伏安、线路 232.15 千米；10 千伏线路 1261.92 公里。2017 年，售电量完成 7501.36 万千瓦时，同比下降 20.5%；线损率 13.49%，同比增长 0.16 个百分点；电费回收 100%；连续安全生产 3187 天。

2017 年 5 月 9 日，国网四川盐源县供电有限责任公司成立，标志着国网四川省电力公司供区内最后一家代管县公司消除代管体制（蒋志明　摄）

【国网布拖县供电公司】国网布拖县供电公司于2014年12月改制成立，下设特木里、交际河、拖觉、西溪河、衣某5个供电所，承担全县1685平方千米，30个乡（镇）、190个行政村的电力供应与维护管理，供电人口20万余人，有各类用电客户40031户。2017年年底，固定资产原值1.41亿元，拥有在职员工147人。拥有110千伏变电站1座、线路79.5千米、变电容量40兆伏安； 35千伏变电站4座、变电容量28.45兆伏安、线路205千米；10千伏线路735千米。2017年，售电量完成1.43亿千瓦时，同比增长41.87%；线损率11.4%，同比下降2个百分点；电费回收100%；连续安全生产1165天。

【国网盐源县供电公司】国网盐源县供电公司于2017年5月挂牌成立，下设8个供电所，承担全县8398.6平方千米、34个乡（镇）、247个行政村的电力供应与维护管理，供电人口38万余人，有各类用电客户89189户。截至2017年年底，固定资产原值2.13亿元，拥有在职员工329人。拥有110千伏变电站3座、线路178.91千米、变电容量138兆伏安；35千伏变电站7座、变电容量50.9兆伏安、线路400.07千米；10千伏线路2057.92公里。2017年，完成自发电量6581.5万千瓦时，售电量4.2亿千瓦时，供电量4.89亿千瓦时。

（何　磊）

# 国网泸州供电公司

【企业概况】国网泸州供电公司成立于1981年10月，是隶属于国网四川省电力公司的特二型供电企业，担负着泸州市三县三区、合江县四川天华股份有限公司、贵州省赤天化股份有限公司及季节性趸售贵州省赤水市的供电任务，供电面积9821平方千米，供电人口422万人。

国网泸州供电公司共设11个职能部门、7个业务支撑和实施机构，1个直供直管县级供电公司(国网泸县供电公司)，管理4个全资县供电公司(国网泸州市纳溪供电公司、国网叙永县供电公司、国网古蔺县供电公司、国网泸泸州市泸川供电公司）。用工总量4560人，其中：全资直属长期职工862人，全资控股公司长期职工1914人，直管直供部分农电人员430人，全资县供电公司农电人员634人，集体企业用工720人。另有离退休人员1553人。在册长期职工中，研究生学历91人、大学本科1905人、大学专科及以下780人；具有高级职称98人、中级职称284人、初级职称1011人；具有高级技师73人、技师560人、高级工770人。国网泸州供电公司固定资产42.46亿元，35千伏及以上变电站89座，主变147台，总变电容量580.095万千伏安，其中：220千伏变电站8座，主变压器16台，总变电容量264万千伏安；110千伏变电站31座，主变压器57台，总变电容量252.45万千伏安；35千伏变电站50座，主变压器74台，总变电容量

2017年11月28日，在四川第一大港口——泸州港的集装箱码头上，岸上的充电桩正通过一根电缆为靠岸的一艘3000余吨的货船充电。这标志着四川首套港口岸电系统的正式建成投运　　（马宁果　摄）

63.645 万千伏安。35 千伏及以上线路 158 条，共 2607.308 千米，其中 220 千伏输电线路 22 条，220 千伏线路全长 584.594 千米；110 千伏输电线路 67 条，110 千伏线路全长 1087.101 千米；35 千伏输电线路 69 条，35 千伏线路全长 935.613 千米。

2017 年，国网泸州供电公司完成固定资产投资 6.1 亿元，其中电网投资 5.27 亿元，新增 35 千伏及以上线路 155 千米、容量 652 兆伏安；售电量 59.37 亿千瓦时，同比增长 0.96%；电费回收率 100%；并表口径线损率 8.17%，同比下降 0.41 个百分点；全口径劳动生产率 37 万元/人·年，同比提高 7%；影响和损害企业形象、队伍稳定的重大事件实现“零”目标，全面完成省公司下达的各项考核目标。截至 12 月 31 日，电网连续安全生产 4182 天。

2017 年，公司坚决贯彻落实省公司决策部署，以管理提升为主线，坚持量质并举、加快发展，各项工作取得新成效。2017 年公司顺利通过“全国文明单位”复查，被授予“泸州市创建全国文明城市工作创文行业工作先进集体”“泸州市 2017 年劳动竞赛优秀组织单位”称号，调控、安规、审计、建设、营销、运检等专业 7 项竞赛调考排名前列，获得团体三等奖 5 个，个人一至三等奖累计 11 人次。

**【电网建设与发展】**国网泸州供电公司突出规划引领，编制形成电网规划工作手册，完成“十三五”电网滚动规划、新一轮农网改造升级规划，以及泸州高新区、沱江新城新型城镇化配电网规划。编制分压分区网供负荷预测专题研究报告，完成 24 项城农网可研评审，3 项通过可研审查，2 项获得核准。促成政府出台杆管线迁建办法，全省第一家取得基建工程免于办理施工许可证的政策支持。新开工 220 千伏纳震二回等 4 项工程，竣工 220 千伏泰安等 9 项输变电工程，国网首批模块化建设示范项目 110 千伏二郎输变电工程顺利投运，编制的实施指南已在全省推广。全力服务市政重点项目，完成 41 项 57 千米电力迁改、25 条 106 千米城市配网线路新建、改造。完成 5.23 亿元农网投资，涉及 157 个未改造村，惠及 9.6 万户 20.8 万人，脱贫户全部满足“户户有生活用电”标准。制定 286 个未改造村局部改造方案，主动对接省公司，年内实现了贫困村项目全覆盖。220 千伏泰安等 4 项工程被评为国家电网公司优质工程，泸川公司 2 项工程被评为城市配电网优质工程，叙永紫阳村等 3 项农网工程获省公司“农网五十佳”命名。

**【经营管理】**全面开展瘦身健体提质增效活动，大力增供扩销、降本增效，实现效益稳步增长。持续开展业扩提速与结存压降，新装增容 93 万千伏安。川内首家港口岸电系统在泸州港投入运营，实施“电锅炉”等电能替代项目 6 个，替代电量 1.13 亿千瓦时。促成市经信委出台购电制支持文件，严格执行“一户一策”，电费全额回收。开展在线监测、反违约用电及窃电等专项行动，追补电量 185 万千瓦时、电费 142 万元。协议接收用户供配电资产 3.52 亿元，接收进度 58.66%，完成资产入账 1.61 亿元。优化计划、预算管控力度，综合计划执行进度完成率同比提升 22%，可控成本同比降低 9.29%。清理工程项目并竣工决算转资 991 项，转固资产 10.77 亿元。清理长期挂账及往来款项 2.85 亿元，“两金”存量较目标值降低 1740 万元。集体企业实应收账款余额较年初下降 41%。

扎实推进“管理提升年”10 个方面 122 项提升任务。完成问题清单梳理全覆盖“四上”审核与报送，梳理整改决议 3 项、专项报告 2 项、立行立改一般性问题 52 项。开展项目建设、资金收支、电网运行等运营监测，编制专题分析报告 25 份。优化绩效三级闭环管控和“三个前置”考核体系，绩效管理实现全员覆盖。规范推行低端和一般生产辅助性业务外包，切实缓解超缺员矛盾。狠抓同期线损管理，35 千伏及以上分区分压分线及母平指标全部达标，台区线损合格率由 15.16%提升至 46%，营配贯通客户一致率达到 98.55%。小型基建 9 个项目竣工，7 个工程加快推进。创新成果不断涌现，创建 1 个劳模创新工作室，“热工试验室”首家通过省公司验收，5 个精益化项目获得省公司卓越案例和优秀案例，13 个项目获省公司管理创新、工人技术创新、QC 小组成果表彰。

**【安全生产】**国网泸州供电公司深入推进本质安全建设，严抓安全主体责任落实，制定年度安全生产工作实施意见和重点任务清单，梳理 8 项安全风险，制定落实 132 项补强措施。修订到岗到位管理实施细则，严格专业现场管控职责，各级人员到岗到位 1.66 万人次。严管作业现场，全面排查劳务分包安全管理情况，规范电网及城乡配网工程施工劳务分包及小型、分散作业安全管理，两级安全督查网督查现场 574 处。严控风险隐患，开展安全隐患大排查大整治、基建现场反违章等专项行动，整治安全隐患 1637 项，梳理用电安全隐患 478 条，管控 211 项七级及以上电网风险、64 项三级及以上施工作业风险。严格员工安全教育，开展安全“贯标准”活动，组织安规考试、案例剖析 3911 人次。严肃问责考核，提醒约谈 17 个基层单位 71 名领导班子及科室负责人、29 支分包队伍，保持安全生产高压态势。

**【设备运检】**每日召开“日管控”电视电话会，实现计划作业和重要风险“精准管控”。全年完成1.65亿元184个大修技改等工程建设，改造14个变电站，更换103千米锈蚀架空地线，检测982基杆塔接地电阻，全网跳闸率下降45%。采用新技术提升运维质量，无人机巡检999基杆塔、300千米通道，发现处理缺陷1570处；推进带电检测，试点架空线路超声波巡检，应用紫外放电成像技术，大幅提高故障诊断能力和处置效率。开展隐患排查降低电网风险，完成7座智能变电站防拒动隐患排查，全面整改“三跨”和电缆通道隐患121处，消除缺陷235项。落实电网补强措施，强化电网运行风险管控，迎峰度夏140项整改措施有效落地，超重载主变、输电线路和10千伏配电线路同比下降38%、37%和26%。圆满完成三大直流满功率属地运维工作。快速抢修56起供电外力破坏事件，制定20项应急预案，开展防灾减灾、高层建筑电器火灾联合应急等5次演练，有力保障泸州夏季负荷再创新高。出动发电车43次、人员578人次，出色完成中共十九大、泸州市两会、酒博会等127项保电任务。

2017年5月23日，国网泸州供电公司开展反恐演习（古春　摄）

**【优化体制机制】**密切跟踪增量配电改革试点，积极参与售电市场放开，与国家高新区、省级长开区及9个市级园区签订战略合作协议，北辰公司新增售电业务并在交易中心注册。顺利完成泸川公司“子改分”，县级供电企业“子改分”全面收官。启动三新公司农电岗位绩效工资套改，实施绩效精益化管理。完成培训分中心机构撤销及人员、业务、资产划转。制定高新、长开两大园区供电服务机构组建方案，筹备供电服务指挥平台建设。优化乡镇供电所布局，试点建设泸县喻寺等7个全能型供电所，实现营配业务末端融合。44个项目、1841户“两供一业”全部签订框架移交协议。与7家国企签订“三供一业”供电设施移交协议，涉及用电客户2.17万户，已完成改造1.56万户。积极推进纳溪分公司代管安富北辰配电公司。稳妥实施集体企业“瘦身健体”，规范集体企业经营平台法人治理结构，完成北辰制造和金南方2家集体企业压减任务。

**【依法治企】**持续开展依法治企检查及历年审计检查，发现问题“回头看”，完成问题整改413个，整改率达99.7%；集体企业专项审计问题整改246项，整改率99.6%。专项治理工程领域风险，排查清理1292项工程、3.49亿元成本支出，有效防范工程管理廉政风险。加强车辆使用管理，车辆运行费用和数量实现双降10%目标，管理、生产用车上线率达100%、95%。组织实施审计项目28项，提出审计意见和建议199条。开展农网工程结余物资和审计决定执行情况专项清理，完成结余物资利库、退库和应退款项清退工作。编制工程项目过程审计作业指导手册，“农网工程过程审计项目”获得国家电网公司优秀审计项目，两个案例获省公司优秀审计案例表彰。开展3项协同监督，梳理问题24项，提出整改意见20条。

**【市场服务（优质服务）】**严格落实业扩新政，提升报装速度，高压接电时间平均缩短5天。完成华为大数据、智能产业标准厂房等项目业扩配套工程，金能移动科技、老窖酿酒基地等项目建设用电按期接入。供电客户经理入驻园区零距离服务，主动上门68次，开展培训28期。积极落实直购电和富余电量消纳政策，41户企业执行直购电和富余电优惠电量17.22亿千瓦时，节约用电支出6817万元。推进营销转型升级，全市在运智能电表150万只，覆盖率98.6%，全口径综合采集成功率95.5%。“掌上电力”注册用户20万户，远程购电25.64万笔、3400万元。深化为民服务，供区于7月实现了全域同网同价，减少居民电费支出1.07亿元。整治504个低电压台区，完成242个易地扶贫搬迁集中安置点8028户电力接入，定点帮扶古蔺仙寺村、叙永奇峰村、纳溪天台村，仙寺村、天台村已通过省上脱贫验收。7支党员服务队服务社区57个、特困户1409人次，受理报修和求助电话2800余件，切实为群众办实事。深化行风建设，走访省、市级“两代表一委员”652名，收集意见建议89条。坚持明察暗访，整改服务不规范问题290项。

**【党的建设和精神文明建设】**多种形式深入学习宣贯中共十九大精神，推动十九大精神进基层、进班组、进站所。公司班子成员率先垂范，深入党支部面对面宣讲7次，基层中层管理人员宣讲80余次，各级中心组专题学习20余次，开展十九大精神网络答题、知识竞赛，2000余人次参与学习培训，实现学习宣贯全覆盖。通过学习宣贯十九大精神，广大干部职工思想认识更加统一，干事创业的信心和决心更加坚定，有力地推动各项工作深入实施。制定“旗帜领航•三年登高”方案，开展党建工作健康体检，党的建设取得新实效。深入推进“两学一做”学习教育常态化、制度化，党员干部“四个意识”不断强化。成立党建工作领导小组，推行党委委员职责、片区“双分工”。健全完善党建工作机构设置，充实党建工作力量。强化党风廉政建设履责痕迹化管理，确保“两个责任”落实。修订完善干部管理7项制度，严肃干部选拔配备流程。组织、参加各类培训263个、1.46万人次，256人提升职业技能等级和职业技术资格，32人次荣获网省公司竞赛、调考表彰。10个班组分别被评为网省公司先进班组和五星级班组。精心打造古叙地区农网升级改造、迎峰度夏等9项主题宣传，建设主流媒体关系，在中央、省、市主流媒体上稿达200余条次，两则舆情处置入选省公司典型案例，《光明使者王静波》获全国职工微影视大赛铜奖。关心关爱离退休人员，积极落实“两项待遇”。公司系统59个集体、63名员工受到上级表彰。

**【所属县级供电企业】**国网泸州供电公司下设 1 个直供直管县级供电公司（国网泸县供电公司），管理 4 个全资县级供电公司（国网泸州市纳溪供电公司、国网叙永县供电公司、国网古蔺县供电公司、国网泸州市泸川供电公司）。

**【国网泸县供电公司】**始建于 1996 年 8 月，担负着泸县喻寺、玄滩、石桥、云龙、海潮、方洞、毗卢七个乡镇供电任务，供电范围 515 平方千米，供电人口 37.01 万人；用电客户 90702 户，其中：10 千伏用户 168 户。下设 5 个部门、3 个班组，5 个农村供电所和北辰泸县分公司。截至 2017 年 12 月底，共有职工 191 人。管辖 110 千伏变电站 2 座，35 千伏变电站 4 座，主变容量：15.465 万千伏安，10 千伏配电线路 25 条，长度 695.37 千米；配电变压器 887 台，配变总容量 4.18 万千伏安。2017 年，完成售电量 1.67 亿千瓦时，同比增长 10.6%，完成下达指标的 105.70%；电费回收率 100%。综合线损率 11.31%，同比下降 1.54%。安全生产形势稳定，未发生影响企业形象的党风廉政建设、稳定、优质服务和舆情事件。2017 年按照年初确定的目标任务，“抓管理、强基础、重执行”，深入开展安全管理提升，有力推进本质安全实践，切实增强事故风险预防和抵御能力，安全生产态势总体平稳。截至 2017 年 12 月 31 日，实现连续安全生产 5439 天。以 2017 年安全工作意见为主线，层层签订安全目标责任书，强化电网运行、生产作业、工程施工风险预警全过程闭环管控，系统梳理、全面管控春(秋)检、迎峰度夏(冬)、重要保电等各阶段安全工作，安全管控各类风险 120 项。持续推进“两排查一整治”“电力建设工程施工安全年”等安全专项行动，排查隐患 211 项，有力防范不安全事件。深刻吸取事故教训，采取果断措施，扎实开展现场反违章，严格“到岗到位”安全履责，805 个各类作业现场做到精准日管控，排查整治突出问题 42 项。2017 年泸县电网投入改造资金 2900 余万元，重点治理 10 千伏和配网卡脖子问题。通过 35 千伏洞纸线降压、10 千伏玄财线及 10 千伏峰大线联络线建设，解决了玄滩、云龙、海潮片区 10 千伏线路长期重载及过载问题，提高了电网供电能力及供电质量。结合大修技改，更换老旧配电箱 160 余台，新建及改造绝缘化线路 31.83 千米，对 2017 年迎峰度夏期间 52 个低电压台区进行增容改造和重新布点，解决 57 个村社低电压问题。新建配变台区 37 个，增容改造配变台区 41 个，新增配电容量 13600 千伏安，保障居民可靠用电。以“三全”建设为基础，逐步完成营销转型工作。涉及的智能表覆盖率为 100%；智能表接入率 100%，日均采集成功率为：低压采集成功率 99%，配变采集成功率 99.80%，专变采集成功率 99.80%，“掌上川电“APP 剩余金额成功率 96%，综合采集成功率 99.02%，各项指标均排在试点单位前列。高效完成 D 级危房 500 户的通电任务和基层社会治理雪亮工程近 500 个点位的通电任务，脱贫攻坚、维护公共安全得到县委、县政府高度肯定。全面走访供区内 78 名“两代表一委员”和 35 户大客户，随访客户 130 名，收集意见，及时沟通整改。严格执行台区经理公示制，为客户量身印制“连心便民服务卡”。加大农村电力安全宣传，2017 年未发生农村意外触电伤害事件。持续推进 2017 年度优秀班组、星级供电所创建工作，全面提升班组综合管理水平。组织开展全能型供电所试点建设，构建“网格化”管理模式，推行“片区负责人+台区经理”业务融合新模式。扎实开展群众性创新活动，公司 2 项 QC 成果获得省公司 QC 成果三等奖，海潮所胡伯春职工创新工作室获得省公司命名。开展党风廉政建设巡察整改

"回头看"、工程领域风险排查、集体企业廉政风险防控、工程结余物资清理等专项治理排查工作。组织公司全体员工签订不收送红包礼金承诺书，涉及农网改造的干部员工127人签订个人廉洁承诺书，有效提升公司依法治企水平。以"我学十九大"为主题，精心部署"六个一"活动，深化三个文明建设，公司市级文明单位通过复查验收。通过党委中心组、基层专题学习、开展"廉洁文化进企业"、整治"微腐败"活动、邀请县检察院领导进行廉洁讲座等多种形式开展专项警示教育，受教育干部员工200余人次，发放宣传教育资料3000余份。优化党支部设置，完成供电党支部改选和喻寺供电所党支部组建的工作。配合审计开展审计整改工作，并制定物资、施工费清退计划积极整改。

2017年12月26日，国网四川电力（泸州）供电公司党员服务队慰问泸州江阳区石鱼村贫困户 （古春 摄）

【国网泸州市纳溪供电公司】成立于2001年1月，经2016年7月"子改分"后，成为国网四川省电力公司分公司，是国网泸州供电公司5个县级供电企业之一。担负纳溪城区及12个乡镇，江阳区、合江县部分乡镇以及煤气化、新火炬化工、银鸽纸业等大中型企业的供电任务，供电区域1336平方千米，供电客户数17.11万户。公司设置7个职能部门，2个业务支撑和实施机构，11个供电所，2个营销专业班组，5个运检专业班组，1个集体企业。截至2017年12月31日，公司在册职工613人。拥有35千伏及以上变电站13座，总容量79万千伏安。其中：220千伏变电站1座，110千伏变电5座（安富、河西、大洲驿、大渡、棉花坡），35千伏变电站7座（城宁、江北、丰乐、上马、打古、白节、龙车）；220千伏线路6条/235千米，110千伏线路8条/131千米，35千伏线路9条/136千米，10千伏线路63条/1723千米。属地化运维±800千伏复奉线、锦苏线98.9千米。资产水力发电厂1座，装机容量为3×1250千瓦，年发电量约1600万千瓦时。区域内110千伏用户变电站3座，35千伏用户变电站2座。公司认真开展安全生产问题清单梳理，落实整改措施16条。强化运检专业精益化管理，配网线路跳闸率同比下降54%。结合"两排查一整治"整治各类隐患452项。建立精准"日管控"平台，确保2469个施工、抢修作业现场安全有序，持续开展"三大直流"属地化运维。制定了辖区内高危、重要用户"一户一案"应急保电方案，发布电网风险预警17次，圆满完成迎峰度夏、中共十九大及重大活动保电任务。扎实开展现场反违章、建设施工安全年等活动，排查整治突出问题，查处各类违章291起。合面输变电工程加快推进，城市配网、大修技改项目有序开展，高压业扩配套项目实现零突破，完成弃管小区电力改造23个项目可研。完成中心村第二、三批和"井井通电"第二批35个项目现场施工，江北、丹林、方山镇全面完成农网改造，龙车古楼农改工程被省公司命名为年度"农网五十佳"。经营质效稳步提升。落实业扩新政，提升报装速度，新装增容7578户，5.9万千伏安，接收非公司出资配网资产移交0.35亿元。全年查处违约用电和盗窃电23起，追补电量2.79万千瓦时。有序推进同期线损管理系统建设，13座变电站，81条输配电线路及关联设备营配调对应。台区线损合格数由年初484台提升到1667台，台区线损达标率由21.67%提升到70.60%。在公司低线损客户受产能调控限产的情况下，综合线损从2016年8.53%下降到2017年6.85%。积极推进新能源和电能替代，新增小型光伏发电2处，成功实施泸州第一个煤改电项目。资产总额提高24.1%，北辰纳溪分公司产值提升27.6%。积极服务地方经济。供区于7月实现了全域同网同价，减少居民电费支出949万元，惠及16万户。企业执行直购电和富余电优惠电量9683万千瓦时，节约用电支出208.97万元。签订纳溪两大园区战略合作协议，实施高新产业建设和生产用电配套项目。完成二环路纳溪段、G546纳溪段、长湿新城整体城镇化道路和第二医教园区骨干道路涉及的电力迁改。落实白节大旺、新乐三江、护国德红等新农村电力项目，主动改造护国南柚北茶片区电网，完成农村危房改造建设用电。推进泸天化等国有企业职工家属区"三供一业"供电业务移交，开展纳中新校区、未来城，疏港路、金山坡等安置房电力配套建设。参加污染防治三大战役，配合区域内企业和用户环保整改，落实景区小水电环保政策。管理基础不断夯实。推广卓越绩效管理与评价，上线全员绩效管理系统，引入业绩考核6类指标，促进绩效管理常态化规范化运行，强化关键指标绩效量化考核，对标杆班组和员工进行增量绩效奖励。试点推进全能型供电所建设，整合输配电运检班与共产党员服务队，逐步规范非核心业务外包流程及质量标准。积极向省、市公司和当地政府、社保部门汇报，做好离退休职工的政策宣贯和走访慰问。投入使用生产调度综合用房和大渡口镇供电所，企业形象和办公条件大幅改善。依法治企持续强化。与员工签订《党风廉政及惩防体系建设责任书》48份、《廉洁承诺书》355份，深化廉政建设危险点分析，拟定预控措施82条。开展“红线制度”巡讲、违规收送红包礼金问题专项整治，签订不收送红包礼金承诺书591份。加强审计队伍建设，深入推进工程项目过程审计，整改消号52处。开展“四风”问题整治“回头看”，出台公司《制止大操大办酒席监督管理实施细则》。规范薪酬福利管理，实现工资集中审核和福利项目线上流转。实行公务、生产用车上线管理。荣获市公司法治企业建设知识竞赛第二名。健全完善党建工作机构设置，充实党建工作力量。修订《党委议事规则》，建立《五好党支部考评细则》，调整组建12个党支部，及时更新党建系统，不断提高党建工作在绩效考核中的权重。加强工会组织建设，撤立基层分工会9个。推广游泳、舞蹈、英语等业余团队。通过省级文明单位、市级文明示范窗口复查。融入文明城市创建，开展配电箱环网柜等小广告、城区电缆井盖和低压飞线专项整治，保证市区两级包保社区和职工家属区迎检零失分，荣获纳溪区创文先进单位。助力脱贫攻坚，定点帮扶丰乐镇天台村通过省上脱贫验收，完成贫困户危房改造用电2000余户。新增大专74人，本科33人，通过技师考核13人，高级工4人，获得高级工程师职称1人，中级12人，初级17人。荣获泸州市第十二届职工农电岗位技能大赛第三名，营销专业第四名，业扩报装竞赛第三名。

**【国网叙永县供电公司】**国网叙永县供电公司成立于1995年，2015年10月，完成“三集五大”体系建设。公司本部设置职能部门7个，2016年，按照国家电网公司“两级法人、三级管理”总体架构的要求，原国网四川叙永县供电有限责任公司被国网四川省电力公司吸收合并为下属分公司，新公司名称为国网叙永县供电公司，同年7月8日，完成分公司工商注册， 11月21日完成子公司工商注销。截至2017年9月30日，公司全民在册员工516人，离退休职工190人，农电员工113名。全民在册员工本科学历166人，大专193人，中专及技校74人，高中以下85人。中级职称13人，初级职称213人。高级技师2人，技师90人，高级工174人，中级工131人，初级工4人。公司现负责运维35千伏及以上变电站17座，所有变电站已完成综合自动化改造，实现了无人值班，集中监控，调控一体化。主变26台，总容量74.31万千伏安。其中220千伏变电站1座，110千伏变电站5座，35千伏变电站10座。35千伏及以上线路共29回，其中220千伏线路2回/总长度160千米，110千伏线路12回/总长度192.7千米，35千伏线路15回/总长度182.8千米。10千伏线路75回/总长度3038.5千米，公用配电变压器共2449台，容量16.3675万千伏安。公司还负责途经县域内的±800千伏宾金线（铁塔67基，线路总长33.48公里）属地化巡护保障工作。担负着叙永县全县25个乡镇的供电任务，供电面积2953平方千米，供电户数21.82万户。公司荣获国网泸州供电公司2017年先进集体等系列荣誉。2017年累计完成售电量5.36亿千瓦时，同比增长14.6%，完成全年目标109.29%；电费回收率100%；线损率18.65%（同比下降2.32个百分点）。全年负荷、电量六次创历史新高，叙永电网最大网供负荷13万千瓦，同比增长20.37%；全口径负荷13.33万千瓦，同比增长8.6%；最大网供电量246.2万千瓦时，同比增长21.7%；全口径电量248.8万千瓦时，同比增长13.29%（2017年8月22日）。开展了叙永县248所中、小学校安全用电及全县“三线搭挂”梳理排查，2017年共排查隐患2932项，治理2056项。组织实施叙永县2016年第二批、第三批中心村改造工程、2016年追加贫困村改造工程、2017年村村通动力电等项目，覆盖叙永县50个行政村（其中包括46个贫困村）。截至2017年12月31日，完成30个项目现场施工，其余20个项目计划在2018年3月底前全面完工。全年累计完成新建及改造10千伏线路403千米、配电变压器420台、低压线路1700千米。叙永紫阳村等三项农网工程获省公司“农网五十佳”命名。全力拓展售电市场，积极服务江门永丰竹浆等重点项目，业扩新增容量9.55万千伏安，完成替代电量550万千瓦时。完成公司制改制工作，实施党建工作机构调整，建设“全能型”乡镇供电所。开展营销稽查和“量价费损”专项监测，挽回经济损失9.83万元，电费回收风险有效防范。坚持“项目预算管理”，加大工程项目从业务到财务的全过程管控。落实税收优惠政策，完成“变电站土地使用税”“农维费”等税收优惠备案工作，节约税收支出 534 万元。开展降本增效，压降非生产性支出，全年可控成本支出 3104 万元。“两金”压降 77.58%。协议接收用户资产 1500 万元。完成固定资产投资额 1986 万元。积极推进智能电表换装进度，公司累计完成 21.73 万只智能电表换装，完成覆盖率 96.68%。强化物资管理，占地 6000 平方米的农网工程物资仓库建成投入使用。2017 年共完成全县 106 个安置点的临时施工用电，5225 户搬迁、贫困户危房改造的正式用电报装任务，1328 户预脱贫户用电不达标整治。完成奇峰村 116 户贫困户精准识别和“一户一策”归档工作，实现贫困户户户有帮扶措施。每季度按时足额支付承担的贫困户住院费用自付部分，邀请农业种植专家到田间地头传授技术。根据“一超六有”强力补短板，争取到 6 个公益性岗位为贫困户解决就业问题，新增 7 名贫困人员享受低保兜底，为 2 名贫困残疾人员办理残疾证，并帮助其申请民政救助。帮助村上完成易地搬迁 8 户，危房改造 20 户，免费帮特困户完成新房内线安装。帮助将 3.2 千米公路加宽硬化，帮助、指导村上将峰岩乌骨鸡养殖专业合作社转变为村集体经济。利用 LED 屏播放廉政视频，建立微信群进行提醒等方式营造廉政氛围。全年开展党委中心组集中学习 12 次、中共十九大精神学习宣贯 49 次。进一步规范党建机构设置，加强党建人员配置，完成团总支换届工作。加强班组建设，保持“五星”级班组 2 个，新创“五星”班组 1 个。加强全员培训和人才培养，开展各级各类培训 41 期，参加培训 2138 人次，27 人提升职业技能等级和专业技术资格，217 人提升后续学历。加强文明单位软硬件设施建设，建立完善“四室一堂”，成功打造“全国职工书屋示范点”。通过开展“颂五四精神，扬叙电风帆”、以“诚信•责任”为主题的“道德讲堂”和精心组织党员服务队、青年志愿者开展“青春光明行”“文明手拉手”“我为绿色出主意”“电亮童心”等活动，激发和培养干部员工爱党、爱国、爱企的情怀，积极营造良好的企业文化氛围。扎实开展法治宣传教育，大力营造尊法、守法、用法浓厚的法制文化氛围，2017 年，被泸州市评为“六五普法先进单位”“法律八进示范点”单位。

2017 年 7 月 13 日，国网泸州供电公司开展特色巡线党课（古春　摄）

**【国网古蔺县供电公司】**2001 年 4 月 18 日正式挂牌成立，现为国网四川省电力公司下属县级分公司，担负着古蔺县社会与经济发展及人民群众生产生活供电任务，供电面积 3180 平方千米，供电市场占有率 92.5%，供电人口 83 万余人。公司下设 10 个职能部门（8 个本部职能部门，2 个合署办公职能部门）、1 个水电运检中心、1 个办公室综合服务班、3 个营销服务班组、4 个专业车间班组、11 个供电所和 6 个发电厂。公司所辖 35 千伏及以上变电站 15 座，总容量 586.9 兆伏安，其中，220 千伏变电站 1 座，主变 2 台，变电容量 270 兆伏安；110 千伏变电站 4 座，主变 5 台，变电容量 210 兆伏安；35 千伏变电站 10 座，主变 14 台，变电容量 106.9 兆伏安。35 千伏及以上线路 24 条，总长 540.6 千米。10 千伏出线 60 条，线路共计 2601 千米。配变 2413 台，总容量 239.02 兆伏安。公司现已形成以 220 千伏冯冲湾变电站为中心的 110 千伏环网供电格局，最高负荷达 13.4 万千瓦，日供电量达 205.2 万千瓦时，年供电量约 4.8 亿千瓦时。截至 2017 年 12 月 31 日，公司连续安全生产 6849 天。国网古蔺县供电公司深入开展党的群众路线教育实践活动，坚持改革创新，努力提质增效，齐心协力、奋力拼搏，各项工作取得新成绩。2017 年，员工王静波荣获敬业奉献“四川好人”称号，离退休职工车盛寅荣登助人为乐“中国好人榜”。国网古蔺县供电公司拍摄的《光明使者“王静波”》在全国微电影大赛中获得铜奖。面对发展的新形势、新任务，国网古蔺县供电公司上下顺势而为、应势而动，深入分析面临的新挑战，认真思考破局前行的硬举措。坚持以深化“两个转变”为主线，努力把电网建成网架坚强、广泛互联、高度智能、开放互动的能源互联网，把公司建成管理卓越、业绩优秀、队伍一流、文化先进的现代企业；坚持以改革创新为驱动，解放思想、转变观念，以改革精神和创新思维破解发展中的各种难题，增强企业发展的持久动力；坚持以经济效益为中心，强化企业意识、市场意识、成本意识，不断提高经营效益和综合实力，推进公司持续健康发展；坚持以队伍建设为根本，用优秀的企业文化增强凝聚力、提升向心力、提高战斗力，充分调动广大员工的积极性和创造力，实现员工和企业共同发展。

**【国网泸州市泸川供电公司】**2012 年 12 月改制为泸县供电有限责任公司；2016 年 12 月改制为国网四川省电力公司全资子公司；2017 年 4 月 7 日改制为国网四川省电力公司的分公司，原国网四川泸县供电有限责任公司人员及生产经营业务由国网泸州市泸川供电分公司负责承接。设置 8 个职能部门，3 个业务支撑机构，直接管辖运检分公司、检修分公司、客户中心、电费中心、计量中心、物流中心、物业中心、培训中心、退管中心。下设 11 个供电所，1 个集体企业（北辰和益分公司）。公司主要担负着泸县县城、泸县 15 个镇和龙马潭区 5 个乡镇工农业生产及人民生活用电，供电面积 1156 平方千米，供电总人口 85.6 万，供电户数 277196 户。公司共有 220 千伏变电站 1 座，主变 2 台，主变总容量 36 万千伏安；110 千伏变电站 3 座，主变 6 台，主变总容量 30 万千伏安 ；35 千伏变电站 12 座，35 千伏开关站 1 座，10 千伏开关站 1 座，35 千伏主变总容量 19.63 万千伏安。110 千伏线路 5 条，总长 77.372 千米；35 千伏线路 23 条，总长 217.5494 千米；10 千伏线路 93 条（其中：公用线路 81 条，用户专线 12 条），总长 1866.83 千米。10 千伏公用配变 2772 台，容量 30.4011 万千伏安。低压线路总长 12218.52 千米。截至 2017 年 12 月，全口径用工 933 人，全民职工 604 人（女职工 192 人）。大专及以上学历 503 人（其中硕士研究生 1 人，本科 381 人，大专 121 人），中专技校高中学历 60 人，初中及以下 41 人。三新公司农电工 251 人；退休(职)人员 306 人。2017 年，面对错综复杂的内外部环境和艰巨繁重的改革发展任务，国网泸州市泸州供电公司狠抓安全生产，加快电网建设，强化应急保电，深化供电服务，优化办公环境，提升后勤服务质量，维护公司稳定，公司发展保持良好态势。坚持“以人为本，生命至上”，坚持安全发展理念，坚持“安全第一，预防为主，综合治理”方针，围绕“七不发生”安全目标，以防范人身事故为首要目的，全面落实安全生产责任制和主体责任，深入开展安全管理提升等活动。不断强化现场安全全过程监管。联合泸县电力警务室开展安全巡查 75 次，散发各类宣传资料 10 万余份，与玉蟾街道、得胜镇、太伏镇派出所建立了警企共建关系。修编总体应急预案及专项预案，开展消防应急演练、无脚本应急演练等 20 余次。参加“泸州市 2017 年防灾救灾综合应急演练”等 2 次。受理“95598”来电、客户来电、投诉举报等共计 10401 次。五是全年高危重要客户供用电安全稳定。全面推进依法治企，完成全能型供电所建设和农电工薪酬改革预算工作。2017 年有 78 人取得大学专科学历，62 人取得本科学历，3 人取得高级专业技术职称，10 人取得技师资格。加强财产保险工作，完善保险种类，与各部门(单位)签订保险责任书 32 份。与移动、工行、农行、农村信用合作联社、恒基伟业公司、邮政等合作开通营业网点代收电费点 229 处。加强线路通道整治、接地电阻测试整改、加装线路避雷器等措施，2017 年全网跳闸 151 条(台)次，同比 2016 年 270 条(台)次，下降 44.07%。通过新增配变布点、调整三相负荷等方式治理低电压台区 81 个，解决 9000 余用户低电压问题。优先将老化陈旧变电设备改造，将配电网卡脖子、重过载、低电压改造等列入 2018 年项目储备，概算投资 7100 余万元，已经纳入省公司项目储备库。完成泸县“十三五”电网建设滚动规划修编工作；完成 92 个未改造村的前期储备工作；完成 10 千伏及以下改造工程 22 个项目(计划投资 4509.44 万元)前期储备工作并获得省公司的可研批复；完成泸县 78 个弃管小区供配电设施改造前期储备工作并已获得省公司投资批复。完成泸县城北 110 千伏变电站 35 千伏配套工程建设和投运，已投运 35 千伏线路 3 条转移负荷 3 万余千瓦；完成县城电网新建 5 条 10 千伏线路建设和投运，转移负荷 2 万余千瓦；完成 2016 年一、二、三批，2017 年中心村 35 个单项工程农网改造升级工程建设任务，供区内的 33 个贫困村电网改造全部完成，改善了 10 千伏电网结构，解决低电压台区 298 台；35 千伏天洋变电站输变电工程于 2017 年 11 月开工建设，计划 2018 年 6 月竣工投运。完成嘉明供电所生产营销用房、牛滩供电所生产营销用房小基项目建设，开展得胜、立石、福集供电所小基项目前期工作。完成智能电能表换装 228774 只，线损率下降 1.68 个百分点，完成 20 户专变费控建设，完成 650 户专变客户费控建档工作，电费回收率 100%。

主动对接政府及相关部门，完成3100户D级危房电力配套建设，惠及1万余人。定点帮扶太伏镇王湾村贫困户79户，贫困人口182人，51户、122人通过脱贫验收。完成19个贫困村的电网改造，直接受益1.1166万户、5.2万人。主动作为，78个老旧弃管小区纳入省公司改造计划，惠及13804户、41555人。集体企业初步实现了“止血”的目标，为下一步扭亏打下了坚实的基础。服务时效不断提升，供区内客户工程业务流失得到有效控制，经营形势日趋好转，多经产值现金流短缺的局面得到缓解。全面加强党的建设，严格落实“旗帜领航·三年登高”要求，完善党建组织机构、配齐专责人员、开展标准化党支部建设。通过“创文点滴·每日一记”等多种方式宣传党的十九大精神、新党章共188期。全面履行党风廉政主体责任和监督责任。打造省公司道德讲堂示范点，连续7年到特殊学校开展主题活动，持续开展“龙城电力讲坛”。加强新闻宣传报道，国网泸州供电公司采用199篇，位列基层单位上稿量第一。坚持开展红旗分工会、职工健康食堂评选。开展“活力青春——微信H5创新作品秀”以及摄影等5个业余团队活动，丰富员工文化生活。

（赵亮宇）

## 国网宜宾供电公司

**【企业概况】**国网宜宾供电公司前身为宜宾供电局，成立于1978年，是国网四川省电力公司下属的特二型供电企业，承担着宜宾市两区八县中的两区一县（翠屏区、南溪区、江安县）的供电任务，直供面积4680平方千米，总营业户数78.5万余户。趸售长宁县电力公司及四川能投控股的屏山县、兴文县、高县、筠连县、宜宾县、珙县电力公司。国网宜宾供电公司下设11个职能部室，6个业务支撑和实施机构，5家县级供电企业。各类用工总量2867人（中央全民885人、地方全民343人，农电用工806人，其他用工767人，主业劳务派遣用工66人）。公司固定资产原值53.69亿元，35千伏及以上变电站64座，总容量553万千伏安；35千伏及以上输电线路158回，线路长度2501千米。

2017年，国网宜宾供电公司着力“两型”（精益型、学习型）转变，深化改革创新，超额优质完成经营指标，重点工作实现创新突破。完成固定资产投资5.93亿元，其中电网投资5.82亿元、同比增长37.9%。售电量56.09亿千瓦时，同比增长10.39%。圆满完成电费回收考核指标。实现综合电费收入30.89亿元，同比增长6%；目标利润完成-0.40亿元，同比减亏1.6亿元；流动资产余额280.41万元，同比压降42.4%；线损率5.52%，同比升高0.16个百分点。全口径劳动生产率44.7万元/人·年；年度企业负责人业绩考核和同业对标综合排名位于省公司系统第六位、第十位，分别前进五位和四位，安全、运行、人力管理对标获省公司专业标杆。国网宜宾供电公司荣获省公司2017年度“先进单位”。

**【安全生产】**严抓严管，安全生产态势平稳。深化本质安全建设，制定安全核心业务标准化体系，专项梳理安全生产风险和问题清单43项，整改34项。坚持安全分析会、安全述职和安全约谈制度，压紧压实安全责任。连续四年保障了三大直流安全稳定运行。严格执行“五个最”标准，实现十九大保电“四个零”“五个杜绝”目标。深入开展电力建设安全年等11个专项行动，排查整治隐患1092项。落实施工作业精准“日管控”，推广“K码六步法”督查，查处各类违章1796起。检修试验变电站36座，整治“三跨”“六防”隐患128处。推进输电线路通道可视化建设，安装图像/视频在线监测装置99套。启动配电自动化改造，储备项目12个。实施配网标准化建设，1项配网工程入选国家电网公司“百佳工程”名录，3项农网工程获评省公司“农网五十佳工程”。滚动修正系统保护和安全稳定控制策略251次，成功管控六级及以上电网运行风险126项。修订、评审和发布应急预案体系28个，开展应急演练23次，成功承办川南片区省地协同联合防汛应急演练。荣获省公司“安全先进单位”。

**【电网建设与发展】**抢抓机遇，规划建设提速升级。协调省公司、市政府签订“十三五”战略合作协议，公司与通服公司、铁塔公司、4个工业园区签订合作协议。成功争取成贵铁路“4+2”工程实施主体，4座牵引站供电工程获得核准，220千伏珙县、兴文输变电工程前期排除万难、务实推进。优化10千伏业扩配套项目前期工作流程，率先打通35千伏及以上业扩配套项目立项通道。高效实施天原集团三元正极 110 千伏变电站、海丰和泰 110 千伏变电站等接入系统方案评审，提前拟定海丰和锐 220 千伏变电站接入系统方案。投运 220 千伏叙台线、东风、裴石 110 千伏变电站扩建工程，开工 220 千伏兴文变电站工程、宜宾东牵引站供电工程和底蓬 110 千伏输变电工程。220 千伏云台、110 千伏天顺变电站荣获省公司“输变电优质工程”。提前打赢新一轮农网改造升级“两年攻坚战”，改造区域内户均配变容量达到 2.078 千伏安、提高 80.4%。快速推进 220 千伏白沙站整体搬迁、宜宾机场、五粮液产业园区、大学城等 11 项区域性迁改项目，完成迁改线路 21.9 公里、杆塔 51 基。完成 29 个老旧（弃管）小区改造项目，惠及城市居民 3 万余人。新增智能电表 11.88 万只，全口径覆盖率 99.82%，自动采集成功率 98.43%。

2017 年 4 月 13 日，国网四川省电力公司与宜宾市人民政府签署战略合作协议

（陈鸿　摄）

**【管理提升】**精益求精，管理提升步伐加快。全面完成问题清单梳理全覆盖年度工作，形成覆盖各层级问题清单 138 项、整改 87 项，制定专项报告 5 项、整改决议 13 项。扎实开展“管理提升年”活动，完成 50 项重点任务，4 项经验在省公司系统交流。深化应用“七制”方法，引导专业核心价值识别，促进“学精益”向“用精益”转型。问题池解决问题 109 个，周计划应用实现班组、供电所全覆盖。表彰“小精益·微创新”成果 123 项，推广 24 项。举办员工大讲堂 3100 余次，评选优秀课件 180 个、优秀成果 13 项。加强高损台区、负损台区、三相不平衡治理，台区线损合格率同比提升 57 个百分点至 75%。配合完成公司原总经理任期经济责任审计，首次开展日常审计巡检。完成 6 个基层单位经济责任审计，发现问题 238 个，纠正违规资金 893.9 万元。精益管理成果获省公司卓越案例 3 项、优秀案例 6 项，管理创新、课题研究成果获省公司一等奖 3 项、二等奖 1 项、三等奖 2 项，大数据竞赛获省公司二、三等奖各 1 项。荣获省公司“管理提升年”活动先进单位。

**【经营管理】**提质增效，经营管理切实增强。制定流程评估管理办法，开展流程评估 44 次，11 项关键业务流程得到优化改善。强化全口径人工成本管控，实施岗位薪点动态积分升薪调整，岗位绩效工资制度实现全覆盖。深入开展人力资源问题排查，整改问题 26 项。拓展电能替代深度和广度，完成替代电量 9.31 亿千瓦时，同比增长 12.5%。新增接电容量 94 万千伏安，增长 87%。推进业扩提速和结存清理，结存容量占比下降 69.6%。促成全省首例燃煤自备机组（海丰和锐）减发替代，增加主网售电量 1.11 亿千瓦时。建成全市首座集中式电动汽车充电站。成功争取水源迁建电源项目，与珙县就芙蓉集团“三供一业”供电设施改造移交达成协议。发挥运营监控作用，突出“效益和合规”“协同和效率”实施重点领域监测，发现消除问题风险 31 项，追补电量 179.2 万千瓦时、电费 130.5 万元。

**【改革创新】**聚力攻坚，改革创新实现突破。落实省公司、能投集团、市政府三方签订的框架协议，密集拜访市、县两级政府、部门 90 余次，与能投公司对接 11 次，全力推动“一张网”落地。省政府、省公司、市政府层面成立工作推进组织机构，省公司领导多次莅临调研指导，市政府主要领导、分管领导先后 7 次组织专题研究。建立与能投公司沟通互访机制，就交跨施工配合、供区边界划分、增量市场秩序等达成共识。如期完成“四川宜宾电力有限公司”章程签署和工商注册，隆重举行揭牌仪式，“一张网”迈出关键步伐。编制宜宾电力组建可研报告和项目建议书，制定公司方出资范围、出资顺序，提出机构设置和人员配置方案。完成长宁同网同价测算、配电网规划编制，储备 2018 年农网项目

17 个、总投资 6418 万元。与屏山县就电量电价优惠政策初步达成一致意见，与市国资方就出资协议、代管协议基本达成共识。加快服务快速响应体系建设，建立业扩方案快速会审等 7 项机制。梳理核心业务价值流，划分内部核算单元，内部价值核算体系实现试运行。完成培训机构规范整改。完成 3 个"全能型"乡镇供电所建设试点，压减供电所 2 个、增设服务站 3 个，李庄供电所获国家电网公司"五星级乡镇供电所"。

**【"三个"建设】**创先争优，"三个建设"示范引领。认真学习宣贯中共十九大精神和习近平新时代中国特色社会主义思想，两级班子深入基层面对面宣讲 90 余次，推动十九大精神进基层、进班组、进站所。推进"两学一做"学习教育常态化制度化，"四个意识"不断增强。落实"旗帜领航·三年登高"计划，实施"固本、铸魂、强基、壮骨、清风"五大工程。首次开展党建工作绩效综合考评，构建"三位一体"考核体系。健全党建机构，核增党建编制 7 人，调整成立 13 个本部党支部、40 个农电党支部，8 个基层党委全部配备专职纪委书记。荣获省公司"先进基层党组织"，变电检修党支部成功创建国家电网公司"电网先锋党支部"。严格落实党风廉政建设"两个责任"，廉政约谈 110 人·次。交流调整干部 58 人·次、提拔 17 人，干部转任职员 2 人。举办中干读书班、精益管理、改革改制、前沿意识等专题培训，首次实施后备干部职业能力结构测评。216 人通过中高级职称评定、各级职称认定，创历年新高。新增精益绿带人才 91 名、黑带人才 3 名，精益人才队伍初具规模。顺利通过全国文明单位复查验收，成为全市首家"亮牌子树形象展风采"示范单位，国网宜宾市江南供电公司获国家电网公司文明单位。首个新媒体平台"宜电宜人"上线运行，3 条新闻在央视播出。"卓越之路——宜电风采"企业文化节丰富多彩，原创歌曲《使命》登上中央电视台舞台。深化"螺丝钉"品牌打造，成立 59 支服务队。成功创建"全国安全文化建设示范企业"。江安县供电公司获"四川省五一劳动奖状"。国网宜宾供电公司团委获国家电网公司"五四红旗团委"。自动化运维班获省公司"标杆班组"，2 人获省公司"川电工匠"。落实离退休"两项待遇"，严格保密、信访和维稳责任，企业保持和谐稳定。

2017 年 11 月 16 日，国网宜宾供电公司歌曲《使命》登上中央电视台"合唱春晚"（张博　摄）

**【存在的主要问题】**售电侧市场持续放开等改革陆续推进，市场主体越来越多，客户诉求越来越多，优质点负荷、供区边界客户争夺日趋明显，对公司市场应对策略带来严峻考验。增量配电业务试点全面启动，逐步向符合条件市场主体放开，鼓励以混合所有制方式发展配电业务，对公司市场拓展产生巨大影响。各方利益博弈、分歧矛盾较为突出，"一张网"推进阻力重重。城市控规修编与电网发展需求依然存在冲突，电网规划与市政规划的对接机制还不健全，站址通道选择、审批手续办理困难重重。受传统服务习惯和管理体系影响，员工思想观念、内部管理行为没有很好突出市场导向，核心价值创造能力有待提高。以客户为中心的资源调配、专业协同、响应能力和流程机制还不够健全，又快、又好响应客户需求的管理体系亟待完善。营销智能化手段较为缺乏、"互联网+"营销服务推广力度不够，营销转型的速度与快速响应客户需求还不相适应。员工队伍的思想素质、履职能力、执行效果还存在短板，危机意识、竞争意识、创新意识和担当精神还不能完全适应专业专注、持续改善的要求，想干事的积极性没有充分调动，能干事的主动性没有全面激发，干成事的成效性没有完美显现。

**【国网宜宾市江南供电公司】**国网宜宾市江南供电公司成立于 2001 年 8 月，位于宜宾市南岸西区外江路，担负着宜宾市六县一区（翠屏区、长宁县、兴文县、江安县、珙县、高县、宜宾县）部分地区约4157.69平方千米的供电任务。现有员工304人，其中党员85人，建4个党支部，13个党小组；设5个部室，7个班组，7个供电所和1个农电检修中心。现有各类供用电客户15.85万余户，有开闭所5座，配电室1座，户外环网柜165台，电缆分支箱156台；城网配电变压器685台，农网变压器1039台；10千伏线路总长1061千米。2017年未发生中断安全生产记录的考核事故，连续安全生产5766天；完成售电量7.51亿千瓦时，10千伏及以下综合线损率6.72%，电费回收实现“双结零”；远能江南分公司产值、利润均超额完成下达指标；全年未发生影响和损害企业形象的优质服务事件，实现党风廉政建设“零”目标。荣获国家电网公司“一流县供电企业”“电网先锋党支部”“文明单位”“供电服务标杆”等荣誉称号。

**【国网宜宾市江北供电公司】**国网宜宾市江北供电公司位于宜宾市岷江北岸翠屏区安阜街道广厦西路1号，紧邻五粮液酒业集团，担负着宜宾市江北片区厂矿企业、翠屏区10个乡镇、办事处、宜宾县1个乡镇以及承担着宜宾市翠屏区临港工业区（国家级开发区）、五粮液工业园区、翠屏新区、象鼻工业区等主要重点区域的供电服务工作，下设有5个部室、两个集体分公司，9个生产经营班组、10个农村供电所和1个农电检修中心。有职工总人数为378人，辖区拥有220/380配电线路线5014千米，配电总容量26.9万千伏安，用电客户19.2万户。2017年公司全年售电量累计8.56亿万千瓦时，电费回收完成100%，电压合格率99.998%，综合线损率累4.61%，供电可靠率99.9422%。截至12月31日，实现连续安全生产5280天。

**【国网宜宾市南溪供电公司】**国网宜宾市南溪供电公司前身为南溪供电站，成立于1962年，随着电力企业发展变革于1993年成立南溪供电局，2013年7月更名为国网宜宾市南溪供电公司。位于宜宾市南溪区长江大道西段，担负着南溪区、江安县、长宁县及翠屏区部分区域的供电任务，其中直供南溪区16个乡镇（167个行政村）和翠屏区高店镇、沙坪顺南片区，供电面积约692平方千米。现有客户136572户。设5部室7班组、1个农电检修中心和8个农村供电所，现有员工288人。现有10千伏公用配电线路929.27千米（其中城市配网70.38千米，农村配网858.89千米），10千伏公用配电变压器1628台（其中城网配变354台，农网配变1274台），公用配变总容量203.2万千伏安。2017年完成售电量4.2377亿千瓦时，同比增长6.52%。2017年，实现连续安全生产天数3357天。荣获国网四川省电力公司“示范文化长廊”国网四川省电力公司先进集体，宜宾市委、市政府2016—2018年度市级文明单位等荣誉称号。

**【国网江安县供电公司】**国网江安县供电公司于2008年1月由原地方国有电力公司改制为省公司控股公司，2013年1月改制为省公司全资子公司，2016年7月改制为省公司的分公司。担负着江安县18个乡镇和长宁县竹海镇部分村组的315个行政村的供电任务，供电客户16.9万户。下设7个职能部室，2个业务支撑机构，16个生产班组，6个区域性乡镇供电所。现有员工334人。现有110千伏变电站1座、35千伏变电站8座，110千伏输电线路28千米/1条，35千伏输电线路124千米/7条，10千伏配电线路1022千米/42条，10千伏配变2041台。2017年，完成售电量3.44亿千瓦时，综合线损率9.99%，电费全额回收，实现连续安全生产天数3615天。2017年荣获四川省五一劳动奖状和国网四川省电力公司2017年安全生产先进集体等荣誉。

**【国网宜宾市南屏供电公司】**国网宜宾市南屏供电公司前身为南溪县水电局下属企业“南溪县电力公司”，南溪区政府于2008年12月与国网四川省电力公司签订代管协议，从2010年10月起实施人、财、物全面代管，并于2012年1月改制上划为省公司的全资子公司，启用名称“国网四川宜宾市南溪供电有限责任公司”。2016年实施“子改分”，全面调整为分公司运作模式，启用名称“国网四川省电力公司宜宾市南屏供电分公司”。供区主要涉及南溪区、翠屏区共18个乡镇179个行政村，供电客户6.9万余户，供电面积约500平方千米。设置5个职能部门，1个业务支撑机构，6个生产班组，5个乡镇供电所。现有员工183人。现有35千伏变电站6座，主变容量3.95万千伏安，35千伏输电线路50.87千米/5条，10千伏配电线路676.5千米/16条，10千伏配变1304台，配电容量9.46万千伏安。2017年，完成购电量7544.55万千瓦时，比上年同期增长4.83%；完成售电量8068.42万千瓦时，比上年同期增长6.94%；综合线损率为10.08%，比上年同期下降0.04%，实现连续安全生产1658天。

# 国网南充供电公司

**【企业概况】**国网南充供电公司成立于1979年7月1日，最初承担着南充及广安、巴中地区供电任务，经1996年南充—巴中、1998年南充—广安两次分家后，现担负着南充市9个区（市、县）的供电任务，供区面积1.25万平方千米。设有13个职能部门，6个业务支撑和实施机构，1个四川电网备调中心，1家集体企业平台公司，辖8个县级分公司（南部、阆中、仪陇、蓬安、营山、西充、高坪、嘉陵）。现有固定资产原值为99.71亿元，拥有35千伏及以上变电站130座（其中220千伏变电站8座，220千伏开关站1座，110千伏变电站33座，35千伏变电站88座），变电总容量648.24万千伏安；拥有35千伏及以上输电线路254条，总长度3613.47千米。

2017年8月21日，国网四川省电力公司与南充市政府签订战略合作协议

2017年，国网南充供电公司以"管理提升年"活动统揽全局，全年完成售电量58.66亿千瓦时，同比增长6.75%，增速列全省第十位；综合线损率8.62%，同比下降0.11个百分点，售电均价636.06元/千千瓦时，同比降低28.38元/千千瓦时；电费回收100%。完成综合计划投资7.67亿元。日最大负荷180.3万千瓦，同比增长9.74%；日最大电量3320.1万千瓦时，同比增长5.04%。对标列全省第7名、前进六位，进步幅度居全省首位，企业负责人业绩考核列全省第七名、前进一位，双双创历史最佳成绩。2017年获评国网四川省电力公司"管理提升年"先进单位、安全生产先进单位、安全生产特殊贡献单位、集体企业改革改制突出贡献单位、职工技术创新先进单位、基建管理先进单位，荣获品牌建设特殊贡献奖；公司党委获评省公司先进基层党组织；公司工会获评省公司工会工作先进单位。1家基层单位获评省公司先进集体，5个基层党组织获评省公司先进基层党组织，1个基层党支部获评国家电网公司电网先锋党支部，3个基层工会获评省公司工会先进分工会；涌现出国家电网公司安全生产先进个人1名、国家电网公司优秀共产党员1名、国家电网公司农网改造升级"两年攻坚战"先进个人1名，省公司先进工作者4名，1名员工获评中国民生发展论坛"2017精准扶贫带头人"称号，35名员工获得省公司各类专业荣誉表彰。

**【人力资源】**截至2017年年末，国网南充供电公司全口径用工总量为5996人，同比减少2.19%，其中长期职工3951，减少2.11%；人才当量密度0.9505，同比增长0.77%。深化干部管理制度建设，出台《员工岗位动态管理办法》《基层单位部门负责人及班组长管理办法》等7项制度，健全正向激励员工岗位动态调整机制，规范基层单位部门（班组）负责人选聘流程。严把选人用人入口关，全年完成4批次89名科级干部调整。强化干部队伍素质提升，有针对地性安排60余个培训项目，开辟"每周一课"讲坛和部门"一学一讲"平台，举办4期中层干部脱产读书班，全员培训率达97.12%。深化人才队伍储备，建立骨干优秀员工跟踪培养机制，35名基层单位优秀骨干到本部挂职锻炼，20名员工入选公司优秀人才，3名员工入选省公司2017年“电力雏鹰”。强化竞赛调考奖惩激励，全年获省公司及以上团体奖7次，个人奖10次，代表省公司参加国家电网公司竞赛调考4人，竞赛调考同业对标指标由C段大幅跃升至A段，名次由第十五名提升至第六名，创历史最佳成绩。

**【电网建设与发展】**主动加强沟通汇报，促成南充市政府与省公司签订“十三五”电网发展战略合作协议。完成“十三五”配电网滚动规划修编及项目选址选线工作，35千伏及以上项目全部纳入南充市土地利用总体规划调整方案。完成市级及以上工业园区与11个重要片区配电网规划编制，规划范围涵盖全市所有增量配电区域。加大项目前期工作力度，取得5个基建项目核准，完成254个城市配网与农网项目储备。加快推进大中型电网项目建设，续建35千伏及以上输变电工程16项、新开工4项、竣工投产13项。承担国家电网公司施工图“分布设计”试点，三星110千伏变电站创建国家电网公司智能变电站模块化示范工程取得成效。建成投运30个城市配网项目，城区配网互联结构逐步完善。组建委托项目与电力迁改“代建办”，高质高效完成各类建管项目24个。

**【经营管理】**认真开展问题清单梳理全覆盖工作，16项问题整改完毕7项。实施综合计划“六大环节”精准管控，计划执行率保持100%，入账率达77.25%、同比提升43个百分点。加快推进客户资产接收，全年共接收客户资产11.19亿元，入账8.8亿元。强化物资平衡利库与废旧处置，完成利库金额1920万元，处置废旧物资原值4472.94万元。扎实开展“管理提升年”活动，活动综合评价在全省22家地市公司中排名第五，企业负责人业绩考核13项关键指标、7个专业评价进入全省前五；同业对标3个专业获评省公司管理标杆，4个科目入选对标典型经验，联合省公司打造的安全风险预警成果成功入选国家电网公司对标典型经验。创新实施县公司对标评价，形成涵盖10个版块、88个指标的对标体系与评价机制。推行集体企业人财物集约化管理模式，平台公司修订出台各类规章制度56项，基本建成集体企业集团化运作模式。

2017年5月，农网大会战

**【安全生产】**深化本质安全建设，制定落实《强化本质安全工作实施方案》。创新开展安全履职效能监督，实现责任制落实由条文条款转化为任务清册。认真开展安全大检查，整改各类问题隐患755项。推行安全生产清单制管理，梳理9方面25项问题，完成整改15项。深化风险预警管控，发布管控六级及以上电网风险40项、三级及以上作业风险255项，细化落实补强措施12条。认真开展电力建设安全年专项活动，创新建立分包商综合测评体系，典型经验获得国家电网公司、省公司认可。率先推行反违章过程管控，实现反违章指标分析量化、过程考核闭环、结果综合运用。修订公司应急预案体系，开展防汛抢险救灾、大面积停电等应急演练，进一步提高公司应急处置能力。圆满完成十九大等重大保供电任务，成功应对电网负荷3次创新高，以及恶劣天气对电网运行的严峻考验。扎实推进资产全寿命“领先型”体系建设与实物资产ID编码建设试点，工作成效得到国网公司、省公司肯定与好评。

**【农电工作】**出台农网改造升级项目储备管理实施细则，实施四批次农网“大会战”，完成1195个项目、15.31亿元农网投资，规模总量居全省第一。大力推进星级供电所建设，松林供电所成功创建为川东北地区首家国家电网公司五星级供电所；3家供电所获国家电网公司四星级供电所命名。积极探索“全能型”供电所建设，出台落实“全能型”供电所建设人力资源操作方案、机构及岗位设置意见，优化供电所机构设置。落实台区管理人员责任制，实现台区责任人配置率100%，构建全域、全覆盖网格化供电服务体系。强力推进易地扶贫搬迁电力设施建设，惠及建档立卡贫困人员37432人。深化定点扶贫工作，市、县公司先后派驻8位驻村书记、6个驻村工作组，对建立结对帮扶的11个贫困村进行精准帮扶，圆满完成年度扶贫任务。做好藏区帮扶工作，选派3名业务技术骨干深入藏区结对帮扶，按照“联合作业”帮扶思路，联合九龙公司完成多项工作，帮助九龙公司首次实现经营盈利。

**【科技与信息化工作】**强化科技管理创新，创新创效成效显著。2017 年，国网南充供电公司获省公司科技进步奖 1 项、工人技术奖 4 项；授权发明专利 3 项、实用新型专利 6 项；47 篇论文被收录，2 篇 EI 检索论文获省公司优秀论文；8 项 QC 成果获得省公司优秀 QC 成果奖，3 项职工技术创新成果获省公司职工技术创新优秀成果奖，3 项精益项目获评省公司优秀精益项目成果奖，1 项课题、2 项管理创新项目荣获省公司管理创新成果奖。加大科技信息化、移动互联技术投入，推进无人机飞巡、开关柜无源测温、X 射线可视化无损检测、输电线路防外破视频监控等新技术运用，完成 150 千米通道，350 余基杆塔精细化飞巡；文峰、火花变电站试点安装开关柜无源在线测温系统；8 条线路安装防外破视频监控。完成变电运检专业机构整合，新型一体化工作模式进入班组磨合阶段。整合城区配网故障抢修资源，建成运行“五个一”综合配抢体系。持续推广配网不停电作业，累计完成不停电作业 649 次。

**【市场服务】**主动服务全市 222 个重大项目，积极保障吉利汽车、三环电子等一批重点项目快速建成投运，国网南充供电公司成为首家获市委、市政府《督查通报》公开表扬的中省驻市企业。强化与重要产业园区的战略合作，狠抓重点区域电力服务品质提升，与全市 3 个省级工业园区、8 个市级园区签订战略合作协议。深化“降线损、降投诉、清欠费”专项行动，同期线损建设全省排名前进 13 位，追补电费及违约金 419.23 万元。营销“三全”建设成效突出，智能电表采集成功率、高压费控购电执行率、高压客户抄核收“四自”比例全部跃升全省前五名。积极响应绿色发展理念，大力实施电能替代，完成煤改电、油改电、电动汽车等替代项目 7 个，新增用电容量 1.16 万千伏安，完成替代电量 1.27 亿千瓦时，同比增长 218.23%。全力服务直购电企业，集体企业顺利完成售电业务审批公示注册。积极应对“7·28”雷雨大风灾害，快速主动推送 30 多万条温馨告知服务短信，得到客户普遍赞誉和好评。

**【党的建设和精神文明建设】**深入学习中共十九大精神，实现学习宣贯全覆盖。完善党建工作领导机制，构建党委、支部、党员三级考评体系，促进党委主体责任有效落实。完成“旗帜领航·三年登高”基础建设年任务。开展党建工作健康体检，梳理并整改问题 18 项。强化合格党员积分制管理，创新开展党员政治生日“七个一”活动。落实党风廉政建设“两个责任”清单，扎实开展“我爱廉”活动和“农网工程廉政护航”行动。探索建立“全地域、全范围、全业务”农村供电服务监督机制，构建起“千人千村”行风监督体系。全面推广班组建设“三张清单”，建成国网公司先进班组 3 个，省公司标杆班组 1 个、先进班组 5 个。举办企业文化成果展示活动，建成省公司企业文化示范点 2 个。公司顺利通过全国文明单位复查，1 家基层家电单位建成国网公司文明单位。发起成立南充张思德服务联盟，受到人民网等主流媒体高度关注，张思德电力为民服务队荣获“四川省十佳志愿服务组织”。

2017 年 10 月，为人民服务——张思德服务联盟成立

**【存在的主要问题】**一是深层问题尚需化解。客观审视公司发展现状，设计深度不够、线损率长期居高、偷窃电现象普遍等一系列问题依然存在。部分

干部员工在治理问题时，对“发病”的机理认识不清、“治病”的药理把握不准，不能从根源上解决问题。同时，防控问题的长效机制尚未建立，排查机制缺位、化解机制乏力、防范机制缺失等问题始终制约着公司发展。二是深化改革任重道远。内部模拟市场建设、地县业务集约融合、集体企业瘦身健体等更深层次的改革任务将纷至沓来，深化改革的任务较多。同时，还将分门别类、因地制宜、自主超前地实施一系列改革举措。其中，有些改革没有前人画好的“蓝图框架”，没有备齐现成的“操作手册”，是难啃的硬骨头，是不好对付的拦路虎，深化改革的难度将更加明显。三是角色转换有待深化。市委新一轮工作部署对电力要素保障和供电服务水平提出更高要求。同时，当前广大人民群众对频繁停电的“零容忍”、对智能服务的“新需求”成为常态，且能源局、能监办等机关对电力行业的监管力度持续提升等，消费端需求上档升级明显。亟需转变角色，实现传统的电力“供应商”向现代能源“服务商”的转变。

**【国网南部县供电公司】**国网南部县供电公司始建于 1947 年， 2016 年 7 月，被国网四川省电力公司吸收合并，更名为国网南部县供电公司。设 7 个职能部室，2 个业务实施机构，1 个集体企业；担负着南部县 71 个乡镇、2 个街道办事处、2 个工业集中区、1115 个村，45 万用户的供电任务，供区面积 2229 平方千米；2017 年，全年完成网供电量 8.94 亿千瓦时，同比增长 4.41%；售电量 8.18 亿千万时，同比增长 4.46%；综合线损率 8.56%，同比下降 0.04 个百分点。公司荣获市公司“安全生产先进单位”“先进基层党委”，南充市“劳动竞赛示范单位”和“脱贫攻坚先进单位”等荣誉称号。

**【国网阆中市供电公司】**国网阆中市供电公司前身系 1948 年成立官私合营的阆中县光明灯泡厂，2016 年 7 月，被国网四川省电力公司吸收合并，更名为国网阆中市供电公司。主业设 7 个职能部室，3 个业务支撑机构，下辖 16 个生产（服务）班组，12 个供电所，6 座小水电站。供区面积 1716.5 平方千米（占阆中市面积的 91.4%），供电辖区 33.96 万户数。

2017 年，国网阆中市供电公司实现网供电量 6.25 亿千瓦时(售电量 5.82 亿千瓦时)，同比增长 3.67%；综合线损率 6.79%，下降 0.38 个百分点；电费回收率 100%；圆满完成党建、纪检、安全生产及信访维稳目标任务。公司继续保持国家电网公司文明单位，荣获省公司安全生产先进集体、南充市社会力量扶贫先进集体、等各级各类奖项 13 项，先后有 22 名员工获得省市各级公司先进个人奖项。

**【国网仪陇县供电公司】**国网仪陇县供电分公司始建于 1951 年。2016 年 7 月，电力体制改革后成为四川省电力公司公司。下设 9 部室，10 个直属班组，17 个农村供电所。监督管理南充恒通电力仪陇分公司、南充三新供电仪陇分公司 2 家集体企业。供电范围包括仪陇县 58 个乡镇及邻县市 11 个乡镇，共计 69 个乡镇、971 个行政村，供电面积 2103.48 平方千米，用电客户 37.7137 万户。

2017 年，国网仪陇县供电公司圆满完成各项工作目标任务。完成售电量 5.23 亿千瓦时，同比增长 6.45%；综合线损率 8.90%，低于年初下达指标 0.27 个百分点；电费回收率 100%。荣获南充市劳动竞赛先进单位，通过四川省司法厅“法律进企业”示范单位验收和国家电网公司仓库标准化建设达标验收。在扶贫攻坚工作中，确保所有易地搬迁户用上电用好电，有力助推仪陇县省级脱贫攻坚验收过关。

**【国网蓬安县供电公司】**国网蓬安县供电公司成立于 2004 年，系四川马回电力股份有限公司和南充恒通电力有限责任公司共同投资组建的有限责任公司。2016 年 7 月，电力体制改革后成为四川省电力公司分公司。设有 7 个职能部室，2 个业务支撑机构，1 个集体企业（四川南充恒通电力有限公司蓬安分公司），1 个分公司（南充三新供电服务有限公司蓬安分公司），10 个供电所、10 个专业班组；供区涵盖蓬安县境内及顺庆区渔溪乡全部用户，供电客户 24 万户。

2017 年，国网蓬安县供电公司全年共完成售电量 3.665 亿千瓦时，同比上升国网蓬安县供电 8.7%；完成综合线损率 6.53%，同比下降 0.43%，低于年度指标 0.48 个百分点，排名全市第一；电费回收率 100%。获评“国家电网公司文明单位（2014—2016 年度）”、省公司“2014—2016 年度双十佳文明单位”、省公司“营销转型试点工作标杆单位”、省公司“2016 年度先进分工会”、市总工会“南充市劳动竞赛示范单位”、团市委“五四红旗团委”等荣誉称号。

**【国网营山县供电公司】**国网营山县供电公司原系一家发供一体的电力企业；其前身为营山县电厂，成立于 1952 年 10 月，2012 年 8 月，成为国网四川省电力公司全资子公司，2016 年 9 月，被国网四川省电力公司吸收合并，更名为国网营山县供电公司。共有 7 个职能部门、3 个业务支撑和实施机构；23 个班组、12 个供电所；全口径用工 689 人，退休职工 204 人。供电面积 1635 平方千米，供电户数达 33 万户。

2017 年，国网营山县供电完成发电量 3834.28 万千瓦时，同比上升 110.38%；完成供电量 42206.47

万千瓦时，同比增加 12.9%；完成售电量 38822.92 万千瓦时，同比增加 10.73%；累计综合线损率 8.41%，同比下降 0.54 个百分点。2017 年，先后荣获省级最佳卫生先进单位、南充市双拥先进集体、营山县“六五”普法先进集体等荣誉称号。

**【国网西充县供电公司】**国网西充县供电公司始建于 1958 年，2016 年 7 月，电力体制改革后成为国网四川省电力公司分公司。下设 9 个部门，2 个集体企业。用工总数 392 人，其中长期员工 227 人，平均年龄 41 岁，农电员工 165 人，平均年龄 48 岁。供区面积 1108 平方千米，辖 44 个乡镇，供电人口 68 万人，用户数 24.3 万户。

2017 年，国网西充县供电公司完成销售电量 3.42 亿千瓦时，同比增长 7.64%，综合线损率 7.80%；电费回收率 100%；日最大负荷 10.61 万千瓦，同比增长 4.75%，日最大电量 193 万千瓦时，同比增长 3.76%。全面完成市公司下达的重点工作任务和主要业绩指标，实现安全生产、优质服务、党风廉政建设和队伍稳定“零事故”目标。2017 年公司继续保持市公司“安全生产先进单位”等荣誉称号。

**【国网南充市高坪供电公司】**国网南充市高坪供电公司前身为南充县电厂，属地方国有企业，于 1987 年 5 月成立。2016 年 7 月，被国网吸收合并，更名为国网四川省电力公司南充市高坪供电分公司。公司本部设置 8 个职能部室和 2 个业务支撑机构，2 个集体企业；现有职工 497 人，其中全民员工 366 人，农村专职电工 131 人。供区面积 1093 平方千米，担负着南充市高坪区、嘉陵区、顺庆区、经开区 40 个乡镇、498 个村、19 余万用户供电任务，供电营业区与 8 个县级供电企业毗邻。

2017 年，国网南充市高坪供电公司完成售电量 3.27 亿千瓦时，同比增加 13.2%；综合线损率 7.51%，电费回收 100%；保持安全生产平稳态势，实现安全生产、党风廉政、队伍稳定、舆情防控“零”事故目标。荣获四川省“厂务公开民主管理工作先进单位”、国网四川省电力公司“职工书屋示范点”、南充市“劳动竞赛示范单位”、国网南充供电公司 2017 年度先进基层党组织等荣誉称号。

**【国网南充市嘉陵供电公司】**国网南充市嘉陵供电公司是由原南充县西阳寺水力发电站发展起来的一个小型地方电力企业。2016 年 7 月，被国网四川省电力公司吸收合并，更名为国网南充市嘉陵供电分公司，同年 11 月，原国网四川南充市龙蟠供电有限责任公司注销。供电面积 212 平方千米，供电范围包括嘉陵区 13 个乡镇、133 个行政村，供电用户 3.8 万户，供电人口 13 万人。2017 年 8 月关停水力发电站 1 座，总装机容量 500 千瓦。

2017 年，国网南充市嘉陵供电公司全年完成售电量 3305.59 万千瓦时，同比增长 9.09%，完成综合线损率 8.57%，电费回收率为 100%。全面完成电网建设、经营管理、安全生产、农电、优质服务、信息化、党的建设和精神文明建设等各项工作指标任务，实现安全生产、党风廉政、队伍稳定、舆情防控“零”事故目标。荣获 2017 年国网南充供电公司党群队伍技能竞赛获团体一等奖、落实党风廉政建设责任制考评为“优秀”单位、“劳动竞赛先进单位”等称号。

## 国网广元供电公司

**【企业概况】**国网广元供电公司成立于 1984 年，是国家电网公司下属特大型Ⅱ类供电企业，担负广元市七县区 107 万户电力客户供电任务，供电面积 1.63 万平方千米，供电人口 315 万，负责依法运营、管理、规划、建设广元电网。被授予“全国文明单位”，先后荣获“全国五一劳动奖状”、“全国模范职工之家”、国务院国资委党委“抗震救灾先进基层党组织”、四川省“优秀诚信企业”、国家电网公司“抗震救灾先进集体”“文明单位”“五四红旗团委”等荣誉。设 11 个职能部门，6 个业务支撑和实施机构，辖青川、朝天、旺苍、剑阁、昭化、苍溪 6 个全资县供电公司。截至 2017 年 12 月末：公司全口径职工总数 3391 人，其中：全民 751 人、全民其他 874 人、主业农电 796 人、控股农电 396 人、集体 77 人、集体直签 287 人、社会劳务派遣 210 人。至 2017 年 12 月，全网共有变电站 86 座（500 千伏 1 座、220 千伏 7 座、110 千伏 27 座、35 千伏 51 座），变电容量 612.54 万千伏安；35 千伏及以上输电线路 180 条，线路长度 3648.89 千米；10 千伏及以下配电线路 1.25 万千米，10 千伏配电变压器

13602 台，配电容量 183.29 万千伏安。光纤长度 3447.78 千米。

2017 年，国网广元供电公司完成售电量 52.41 亿千瓦时，综合线损率 7.05%，实现营业收入 21.67 亿元，全员劳动生产率 41.5067 万元/人·年；当年完成固定资产投资 6.6 亿元，固定资产原值 84.31 亿元。

2017 年 2 月 16 日，国网四川省电力公司与广元市人民政府签署战略合作协议，旨在加快广元电网建设进程，助推广元节能减排、绿色生态和经济社会持续发展，谱写政企合作新篇章　　（张超　摄）

**【人力资源】**实行领导干部日常工作痕迹化管理，提升干部履职能力。交流调整干部 92 人次，35 岁及以下干部占比提升 2.32 个百分点，干部队伍结构切实优化。制定后备干部培养锻炼、员工上挂下派、青年员工轮岗等方案，增强员工队伍活力。打造“菜单式”培训模块，261 人技术技能职称得到提升，人才当量密度提升 1.83 个百分点。健全竞赛调考激励机制，荣获省公司审计业务调考优秀单位、公文劳动竞赛团体第五、输变电工程质量工艺技能竞赛和变电五通制度调考优秀组织奖，2 名员工分获调考优秀个人和竞赛个人第三。

**【电网建设与发展】**落实“三个一”战略，滚动修编“十三五”电网发展规划及中心村电网升级、工业园区、旅游景区、新能源接入等专项规划，促成省公司与市政府签订《“十三五”战略合作协议》，储备景区电网项目24个。实施“改串为并”管理模式，超前省公司里程碑计划投运西成客运专线广元中子牵引站220千伏供电工程。明月峡至中子牵引站220千伏输电线路工程被评为2017年国家电网公司度输变电创优示范工程和省公司标准工艺应用示范工程。

**【经营管理】**扎实推进“管理提升年”活动，制定 60 项提升目标，强化 38 项业绩指标、22 项年度重点工作和 105 项同业对标指标管理，企业负责人业绩指标名列全省第十四名，省公司领导评价名列全省第四名。开展窃电专项整治，查处窃电 764 起。加强同期系统建设，通过挂牌督办、集中办公、专业帮扶等方式，全省排名由年初16位提升至第四位。拓展电能替代深度广度，完成电火锅改造 23 家、企业煤改电 1 家，实现替代电量 5100 万千瓦时。积极争取富余电、直购电等政策，结算电量 25.13 亿千瓦时，助力全市工业复苏。协议接收 281 个小区配电设施资产，年内入账 1.02 亿元。打好旧欠电费回收“组合拳”，全年完成旧欠电费回收 1.82 亿元，其中广铝旧欠电费 1.59 亿元，超额回收 400 万元，稳步回收领航科技、荣山煤业、青川灾后重建等旧欠 2304.88 万元。顺利完成问题清单梳理“四上三下”。清理完成 3946 个超期挂账竣工项目，新增固定资产 7.25 亿元。房屋确权 23 处，土地确权 19 宗，总体确权率达 58.59%。加快原利州局营销等项目退库物资处置，降低积压物资库存 830.58 万元，处置废旧 206 万元。创新任中审计，拓展审计对象至 179 个关键岗位，建立内部审计兼职队伍。解决昭化长达 34 年多头管理问题，获地方政府和客户好评。打造全封闭全监控专业化评标场所，非招标采购节支 827 万元。统筹诉讼资源，依法处置案件 26 起。荣获省公司 2017 年法治企业建设最佳实践项目特别奖 2 个、优秀奖 1 个，其中“领导干部法律知识辩论赛”被推送至省司法厅申报入选司法部法治宣传优秀案例库。

**【安全生产】**围绕本质安全建设，严格落实安全生产责任，组织领导干部安全述职 29 人次，整改安全问题 375 项，查处违章 2606 项。投入 90 万元打造一体化风险管控平台，有效管控电网、施工等风险 1529 项。实施员工安全档案“二维码”管理，全面管控 2445 名员工和 847 名外来人员安全生产情况。促成市政府安办出台《关于强化全市养鱼塘周边涉电安全防范工作的通知》，政企联动整治安全隐患。优化运行方式，有序应对电网负荷 10 次屡创新高严峻考验。固化“一停多用”工作流程，非计划检修率同比下降2.18%。加强设备健康体检，整治“反措”问题2442项。推广应用运检业务“电子派二单”，平均业务流程缩短25分钟。开展带电作业312次，减少停电用户62万户，多供电量约218万千瓦时。深化无人机在巡检、施工、安全巡查等领域应用，巡检效率提高3倍，施工放线节约成本560万元。机器人巡检覆盖4个220千伏变电站，每站每年节约成本30万元。完成预案修编及备案，组织全市大面积停电等应急演练20余次，高效驰援九寨沟“8·8”地震灾区，成功处置广元“1·7”雪灾，相关事迹在中央电视台专题播报。阻工近5年的220千伏苍江线建成投运，遗留近2年的110千伏雪上一线50号塔倾斜危急缺陷顺利消除，电网安全稳定运行水平大幅提升。荣获省公司2017年安全生产先进单位。

**【农电工作】**强化农村和贫困地区供电保障，投入3.47亿元改造农村供电网络，建设机井通电670眼，改造行政村505个，配变户均容量由年初1.27千伏安/户提升至1.41千伏安/户。完善“全能型”供电所机构设置和人员配置。创建五星级班组3个，2个班组获国网公司“先进班组”。深化市、县联动“6+1”帮扶机制，大力开展“输血+造血”产业扶贫，建设20千瓦光伏发电扶贫项目，确保精准帮扶工作落实到位。驻新山村扶贫第一书记杨奇国，被第五届中国民生发展论坛评选为“2017精准扶贫带头人”。

**【科技与信息化工作】**设置627万元创新发展资金和30万元创新奖励基金，建立“季度PK，年终总决选”竞争机制，全年申报创新项目66个，申请发明专利4个，实用新型专利7个。获省部级QC成果二等奖2项，省公司级管理创新、调研课题、QC成果一等奖1项、二等奖6项、三等奖5项，4项精益项目入选省公司优秀案例。营销雄鹰QC小组被评为“四川省优秀质量管理小组”，2名员工分别被授予“川电工匠”和“能工巧匠”称号。1个群创项目在全省22家地市公司推广应用。建成劳模创新工作室1个。强化通信运维管理，结合电网一次设备检修，完成设备故障处理16次、网管操作修改业务46次、通信光缆检修13次、处理变电站图像监控缺陷20次、高清视频会议系统调试及使用共416次。

**【优质服务】**深化中心城区30分钟抢修圈建设，完成抢修任务6469次、十九大等重大保电任务93次。推进综合能源服务转型，探索创建业扩配套“绿色通道”和标准化营销窗口示范点。全市智能电表全覆盖率达99.98%，推广“掌上电力”APP 24.77万户。加强全市65个涉电重点项目管控，完成国道108线改道建设、各级棚户区改造等迁改项目116项。启动“用心服务”百日行动，扎实开展“暖冬行动”，为返乡民工及广大居民欢度佳节提供优质电力保障。对13家单位67个班组开展明察暗访，查处整改问题130余个，行风整治高效到位。借助“政风行风热线”直播节目，线上线下解决群众关心关注的热点难点问题13个。建立政企对接“1+1”机制，定期沟通汇报重点工作，得到市领导肯定批示17次，其中市四大班子主要领导批示9次。派员到市政府办、市检察院、团市委等部门挂职锻炼，畅通政企沟通对接渠道。

**【党的建设和精神文明建设】**深入学习宣贯中共十九大精神，坚持把学习贯彻党的十九大精神作为首要政治任务，强化领导班子带头学、基层组织扎实学、党员带动群众学，开展专题培训27次，700余名党员主动参与党课学习与专题研讨，1500余人次参加十九大精神网络答题，进一步提升队伍党性修养。突出全面从严治党，坚持思想建党、制度治党相结合，分解落实27项重点任务，整改问题21项。开展党员“三无三带头一争创”和“砥砺奋进、党旗飘扬”等系列活动，党员干部“四个意识”明显

2017年5月10日，国网广元供电公司总经理、党委副书记赵蕌带领中石油广元公司、移动广元公司、广运集团等193家央属、省属在广企业和市重点企业负责人，在广元市重点企业落实安全生产主体责任工作会议上庄严宣誓，严格执行国家安监总局“五落实、五到位”的规定，全面做好安全生产工作

增强。狠抓“两个责任”落实，利用“周一早会30分”持续强化干部队伍廉洁自律理论基础。运用监督执纪“四种形态”，完成省公司党风廉政巡察53个问题核查整改，责任追究处理17家单位、173人。出台“所务公开”工作实施意见，供电所信访举报同比下降46%。制定共青团工作考评办法，着力打造一支“讲理想、勤学习、勇创新、肯付出”的青年队伍。强化文化引领，开展“守护幸福 安全随行”主题活动；建成省公司企业文化建设示范点1个；荣获省公司企业文化节一等奖、二等奖和优秀组织奖各1项；顺利通过全国文明单位复查验收。品牌建设彰显形象，全年综合上稿3543篇，策划8项主题传播，舆情总量下降54%，处置化解潜在新闻危机事件9起。为职工办好送餐等“十件实事”，落实离退休职工“两项待遇”。荣获省公司2017年度品牌建设特殊贡献奖和第二届全国“敬老文明号”称号。

**【存在的主要问题】**安全生产方面，习惯性违章屡禁不止、分包管理不到位、配电线路频繁停电等问题未根治。经营管理方面，在内部模拟市场建设快速推进的背景下，以效益为中心的考核评价体制逐渐形成，而广元电网容载比过高，电网资源利用效率不优，经营形势与内部模拟市场建设要求还有很大差距。依法治企方面，一些干部员工法治意识、规矩意识淡薄，制度标准执行不到位，在营销电费管理、集体企业资金管理等方面仍有风险。供电服务方面，服务意识仍需进一步加强，投诉总量居高不下，部分人员责任心不强，停送电管理不规范、业扩业务办理不及时等问题突出。人力资源管理方面，一些部门和单位“老好人”思想依然存在，考核缺乏针对性，激励约束作用未得到有效体现；员工动态管理机制不健全。

**【国网广元市昭化供电公司】**国网广元市昭元供电公司成立于1981年4月，为广元县水电局下属“广元县电力公司”，事业单位编制。1989年划归元坝区管理，2003年7月四川省电力公司代管，成立“广元电业局元坝供电公司”。2012年8月成为省公司全资子公司。2016年“子改分”，“成立国网广元市昭化供电分公司”。

公司承担昭化区29个乡镇（212个村）的供用电管理任务，供电面积1400余平方千米，供电人口23.9万，供电客户数79841户。供区现有500千伏变电站1座/1500兆伏安，110千伏变电站2座/120兆伏安，110千伏输电线路3条/96千米，35千伏变电站7座/60.4兆伏安，35千伏输电线路8条/126.195千米，10千伏配电线路35条/1467.11千米，配电台区1878个/152.38兆伏安，低压线路8810.8千米。

2017年主要经营指标：供电量1.64亿千瓦时，售电量1.47亿千瓦时，同比增长164.09%；电费回收9906.53万元，同比增长136.93%，回收率100%；售电均价673.69元/千千瓦时，同比下降10.28%；综合线损率10.31%，同比下降44.3%。

国网广元昭化供电公司内设7个职能部室、2个业务支撑实施机构、13个班组，委托管理广元利泰电力建设有限公司昭化分公司和广元市三新供电服务有限公司昭化区分公司。截至2017年12月31日，全口径用工208人，其中主业用工84人、全民支援集体13人、业务委托用工111人。

启动广电中心等重要客户双电源建设，服务绿色家居产业城等重点项目，完成石井肖家寨等60个聚居点永久性用电建设。实施2016年、2017年农网改造升级66个单项，总投资8563万元，新建和改造线路957.86千米、台区152个/12.95兆伏安。促成区政府与国网广元供电公司签订了《关于共同推进昭化区工业发展集中区电网建设工程合作协议》。全区212个行政村满足“户户有生活用电”，63个贫困村完成改造升级51个。

2017年2月，元坝、昭化供电所供区正式移交，彻底解决了长达34年的多头管电问题，形成“一县一公司”供电管理格局。推进“三供一业”分离移交，与4家国有企业家属区签订协议。加快接收客户供配电设施资产，与拣银岩社区等11个居民小区、昭化库区6个移民迁建集镇和电力复建项目签订无偿移交协议，全年接受用户资产578.62万元。加强成本预算管理，年底流动资产余额实现结零，全年成本执行偏差率小于1%。实行财产保险集中管理，保险理赔54.9万元，节约成本49.48万元。全年物资购销金额达640余万元，完成废旧报批两次，项目物资清仓利库79条（数量达3000余件）。开展问题清单梳理工作，完成问题清单梳理整改“四上”工作，梳理出3个方面7个问题。严控“三公”经费，严格执行车辆“三定”管理和统一调度，规范费用报销流程。规范农维费支出，严格分包队伍资信评价，确保农网项目施工安全、质量合格、按时竣工。深化所务公开民主管理，王家供电所荣获四川省“职工民主管理示范班组”称号。截至2017年年底，实现连续安全生产4329天。

推广“掌上电力”APP 65365户，强化线上业务办理，受理业扩报装2532户，新增容量16849千伏安，同比上升53.14%。积极对接香香嘴等5家企业“煤改电”工作，实施农村人畜饮水类电能替代3处。采集接入率99.98%，抄表成功率98.12%。营配贯通一致率 99.99%，全市排名第一。加大营销稽核力度，清理“0”电价电表 2942 只，整治“量价费损”问题 17 个，查处偷窃电 104 笔，追补电量 49519 千瓦时，追补电费 95299.89 元。加快同期系统建设，台区线损合格率由 22.25%上升到 71.2%。

成立无人机飞行团队，1 人考取无人机驾驶员资格证，开展飞行操作培训 23 次，无人机巡视 35 千伏线路 8 条、农网施工放线 43 千米，工作效率提高约 3 倍，节约青苗补偿、人工费用 10 余万元。组建 4 个 QC 创新团队，“变电站开关柜新型安装运输小车的研制及应用”进入年终总决赛。

强化政企工作对接，定期给区四大班子汇报重点工作，得到区主要领导肯定批示。邀请区政协、区纪委、评议代表视察工作，走访“两代表一委员”和大宗客户 24 次，聘请行风监督员 7 名，明察暗访 2 次，发放问卷调查表 1000 份，查摆出 5 类 12 个问题，制定并落实整改措施 13 项。落实所容所貌“6S”管理，完善便民服务设施 56 件，张贴服务联系卡 8 万余份，解决老弱病残生活照明用电 68 起。规范服务行为，主动接受客户监督，受理投诉工单 52 起，客户回访满意率 100%。启动“用心服务”百日行动，扎实开展“暖冬行动”，为返乡民工及广大居民欢度佳节提供优质电力保障，荣获 2017 年度政协民主评议优秀单位。

**【国网青川县供电公司】**国网青川县供电公司成立于 1993 年 6 月，是国网广元供电公司直属供电公司。先后获得中华全国总工会授予的“模范职工小家”省公司授予的“电网先锋党支部”“先进分工会”和国网广元供电公司“先进基层党组织”“先进集体”和“安全生产业绩优秀单位”等多项荣誉称号。

供区覆盖 27 个乡镇，供电面积 2100 平方千米，供电人口 18.19 万人，客户 64232 户。境内有 110 千伏变电站 4 座，变电容量 320 兆伏安，35 千伏变电站 3 座，变电容量 18.9 兆伏安；管辖 35 千伏线路 5 条，共计 82.322 千米，10 千伏线路 25 条，共计 988.90 千米，10 千伏配变 1270 台，配变容量 153.82 兆伏安。

现有在册全民职工 37 人，集体职工 14 人，供电所专职电工 149 人，共计 200 人。本部设置综合管理部（办公室）、安全监察质量部（保卫部）、营销部（客户服务中心）、运维检修部（检修（建设）工区）4 个部门，下设输配电运检班、营业班等 3 个班组，以及乔庄、木鱼等 6 个供电所和 2 个服务站。

2017 年农网工程 27 个项目，其中中心村项目 21 个，下达投资 1750.95 万元，动力电项目 6 个，下达投资 1251.20 万元；配网大修项目 1 个，投资 33 万元。

累计完成 2.51 亿千瓦时，完成销售收入 13885.78 万元，110 千伏及以下线损率 8.44%，城网电压合格率 99.996%，农网电压合格率 99.85%。

按照“关于加快居民住宅小区供配电设施资产无偿移交统计工作的通知”要求，对居民住宅小区及电力设施进行了清理，已办理住宅小区资产移交 7 个。认真开展问题清单梳理全覆盖工作。以整改问题促发展为目标，梳理 4 个方面的问题，顺利完成了“四上四下”工作任务。

以“三查三强化”安全专项行动为载体，结合春、秋安检查问题整改及电网迎峰度夏、防洪度汛、迎峰度冬工作，开展辖区范围内输变配电设施以及生产场所、办公地点防汛设施检查工作，全年共开展巡视 300 余次，发现各类缺陷 50 余起，开展各类应急演练 12 次，参演人数 200 余人次。加大电力设施宣传，全年开展宣传 20 余次，发放宣传资料 3000 余份。加大输配电线路通道清理，全年清理超高树竹 12000 余株，整理接地网 200 余基，减少跳闸 20 余次。

狠抓供电所作风建设，在各所安装指纹考勤机，严格考勤制度和外出派工单制度，为强化供电所管理奠定良好的基础。狠抓供电所所务公开，健全和完善监督管理制度。结合供电所实际情况，制定关于下达供电所所务公开检查监督管理办法的通知》成立组织机构，全年参加供电所所务公开会议 55 次，组织召开所务座谈 15 次，参与人数 150 人次。收集所务公开意见建议 35 条，整改 17 条，使所务会公开更加公开、透明有效化解供电所党风廉政风险。狠抓班组建设，制定了《供电所班组建设基础资料管理实施法》建立了领导组织机制、工作落实机制、全员参与机制、措施保障机制、监督奖励机制。推行供电所员工跨所交流制度。制定供电所员工跨所交流管理办法，逐渐推行，有效化解安全及党风廉政建设风险，强化员工规则意识、责任意识，激发员工的工作热情。

鼓励广大职工开创思维，勇于创新，2017 年申报市公司创新创效项目 2 项，省公司 QC 课题 1 项，省公司群创项目 1 项，市公司管理创新、精益化和课题研究各 1 项。

群创项目“智能电力电缆牵引装置的研制”获得省公司群创决赛电缆类第一名和“优秀成果奖”称号，被省公司推广到全川 22 家地市公司进行应用；创新创效项目“电缆输送装置的研制”获国网广元供电公司年度总决选三等奖；QC 课题获国网四川省电力公司优秀 QC 成果一等奖和最佳发布奖。1 人通过省公司精益六西格玛黑带认证，累计向国家知识产权局申请发明专利 4 项，实用新型专利 8 项，授权专利 1 项。

积极参与电力体制改革，不断完善公司网络结构，全力服务民生发展。切实保障全国“两会”、中高考、省扶贫工作会、国际搏鱼节、国际半程马拉松等重要节日和重大活动期间电力正常供应，出动人员 228 人次、车辆 67 台次、应急发电机（车）17 台次。全年对 10 千伏线路和设备抢修处理 83 条次，低压线路和设备故障抢修处理 875 条次，出动抢修人员 3276 人次，抢修车辆 1258 台次，其中客户故障抢修 217 条次。提供优质高效供电服务，构建“互联网+”供电服务模式，积极推广“掌上电力”APP、微信、支付宝等远程线上购电新模式；全年完成智能电表安装 2548 只，智能表覆盖率达到 100%。积极落实电价优惠政策。对大宗用户中哲等实行“一对一”供电服务，累计为企业节约电费支出 1400 余万元。积极推进同网同价工作，为青川地方电力公司补贴同网同价电费 152.19 万元，严格执行“两保户”减免电费政策，全年为 6225 户符合政策的两保户减免电费 57.35 万元。

2017 年 8 月 9 日 9 时，国网广元供电公司无人机小分队紧急驰援“8·8”九寨沟地震第一线，为当地救援力量提供空中支持，并出色完成电网抢修工作

成立精准扶贫工作领导小组和工作组，先后 80 余人次到村到户，为帮扶对象红光乡陶龙村捐赠两张乒乓球桌，购置 5 万元户外健身器材，支援一台 50 千伏 A 配电变压器，送科技读本 200 本，聘请旺苍米仓山茶厂专家为该村传授茶树栽培、管护技术和茶叶的炒制技术。

**【国网广元市朝天供电公司】**国网广元市朝天供电公司是国网广元供电公司直属供电公司之一，2000 年 1 月成立。主要担负着广元市朝天区工农业生产及西安宝鸡供电段朝天电铁牵引站、陕西省燕子砭乡、黄坝驿乡 4 个村、利州区大石镇高坡村的电力供应任务，供电除龙洞背水电站直供的朝天镇青云村和宣河乡龙门村外，覆盖整个朝天行政区域，供电客户 6 万余户。设有综合管理部、乡镇供电所管理部、安全监察质量部 3 个管理部室和运维检修部、营销部 2 个业务机构，委托代管广元利泰电力建设有限公司朝天分公司（集体企业）、广元市三新供电服务有限公司朝天分公司，下设有输配电运检班、变电运维班、营业班 3 个班组；有大滩、羊木、沙河、陈家、中子、曾家 6 个供电所。辖区内有水电站 8 座，35 千伏羊木、陈家、井湾、曾家、麻柳变电站 5 座，均为 1×6.3 兆伏安，小计 31.5 兆伏安；运行维护有 35 千伏输电线路 6 条，总长 91.476 千米，10 千伏公用线路共有 24 条，总长 1480.381 千米，客户专线 3 条，低压线路 6933.52 千米；共有公用配变台区 1072 台，容量为 75.27 兆伏安，有专变 484 台，容量为 87.485 兆伏安，总装接容量 162.755 兆伏安。现有全民员工 38 人，集体员工 1 人，直签劳务员工 4 人，农电员工 163 人，劳务人员 23 人。

2017 年，国网广元市朝天供电公司安全生产形势总体平稳，未发生电网、设备事故，未发生误操作、责任交通、消防等安全事故，实现连续安全生产 5389 天；完成全口径售电量 11202.7337 万千瓦时，实收电费 7390.9921 万元，电费回收率为 100%，综合线损率 13.38%；组织西成高铁 220 千伏明斗线、雪斗线在朝天境内涉及 10 千伏线路迁路工程的实施，对每一个线路跨越点制定临措方案，使停电范围缩小在 1 个台区以内，有力配合建成西成高铁；大力改造李家片区、曾家场镇、石笋平、川洞庵、罗圈岩、水磨沟、草甸子等景区网络，保障景区用电；实现电能替代 628.94 千瓦时，完成总指标的 209.65%；查处窃电及违约用电共计 51 笔，追补电量 14.6726 万千瓦时，追补电费 9.781 万元，收取违约使用电费 27.69 万元；按幸福奔康电网规划标准完成 53 个贫困村线路升级改造，对口帮扶青羊村 20 户贫困户，实行“产业+技术”造血贫困户；实施“一停多用”集中检修，减少重复停电 23 条次，有效提高检修效率；完成樱桃文化旅游节、曾家山国际越野赛等重大活动保电任务 12 次。

**【国网苍溪县供电公司】**国网苍溪县供电公司位于广元市苍溪县肖家坝大道 169 号，公司现有全民员工 430 人，专职电工 77 人，下设职能部室 6 个、业务支撑机构 3 个，辖 9 个供电所、3 座小水电站。担负全县 39 个乡镇近 80 万人口的供电任务，供电营业面积 2330 平方千米，供电营业窗口 11 个。

受国网广元供电公司委托，管理广元利泰电力建设有限公司苍溪分公司、广元市三新供电服务有限公司苍溪县分公司。

2017 年，国网苍溪县供电公司售电量 5.78 亿千瓦时，同比增长 7.57%；综合线损：8.97%，同比下降 0.59 个百分点；应收、实收电费 3.87 亿元，回收率 100%。自发电量 1858.31 万千瓦时。公司固定资产原值达到 3.10 亿元；上缴税收 1521.26 万元。利泰苍溪分公司实现产值 5700 万元，利润 192 万元。优质高效地完成了重大节假日暨地方党委、政府重大活动应急值班保电 120 余次，受到地方各级党委、政府和用户的一致好评。公司连续 3 年荣获国网四川省电力公司“农网工程五十佳”荣誉；连续 7 年荣获省级“重合同守信用企业”荣誉；连续 15 年通过省级“文明单位”验收。

截至 2017 年 12 月 31 日，国网苍溪县供电公司从业人员共计 507 人（全民员工 430 人、专职电工 77 人），同比减少 9 人，其中退休 9 人。50 岁以上员工占比 26.17%，40 至 50 岁员工占比 60.28%，39 岁及以下员工占比 13.55%，人员结构偏老龄化现象日趋严重。

专科及以上学历人员占比 76.40%，中专及以下学历人员占比 23.60%。人才当量密度 0.8922，2016 年同期为 0.9026，同比下降 1.15%；技术职称人员占比 35.98%，同比增长 2.65 个百分点；技能人才占比 88.55%，同比增长 3.53 个百分点。

2017 年度发生全口径教育培训费用约 16.97 万元，占应提取教育经费的 100％。共外送参加履职能力培训，技师和高级工理论考试、鉴定，新进大学生入职培训共 215 人次。开展各类劳动竞赛、岗位练兵和技术比武等活动 950 人次，通过教育培训的开展，公司员工业务技术得到了充分的提高，达到了培训的预期效果。

全面完成了 2017 年投资 7793 万元的农网工程项目建设任务（其中：98 个村井井通电、19 个动力电、51 个中心村和新增建设项目）；累计新建 10 千伏线路 218.70 千米，新建变压器 364 台，新增变电容量 32.91 兆伏安，新建低压线路长度 470 公里；全面完成了 10 千伏陵武 925 线、10kV 陵武 926 线等 5 个城市电网绝缘化升级改造工程。

进一步优化了 2018—2019 年电网建设储备项目；编制了 2018 年 10 千伏城市配网项目前期建议计划，配合上级公司业务主管部门开展了 110 千伏江南变电站初步选址及可研收资；已完成 110 千伏江南变电站项目入库工作，正积极配合市公司开展项目前期工作。

扎实开展“管理提升年”活动，不断深化工程、物资、运检等领域标准成本管控，紧压（减）成本，严控“人耗”“物耗”；非生产性费用下降明显，办公费同比下降 41.02%、差旅费同比下降 25.63%，车辆使用费单车费用同比下降 4.29%，实现了降本增效。

加大电力设施保护宣传工作力度，与县经信局、县公安局三方联合，在全县范围内发布严厉打击窃电和盗窃、破坏电力设施违法犯罪行为的宣传通告，有效提升了广大客户电力设施保护和依法用电的法律意识，收到了良好的效果。截至 2017 年 12 月 31 日，国网苍溪县供电公司安全生产 3317 天，实现了 3 个百日安全无考核事故长周期。

关口前移全力推进城市服务进社区，农村包片进村，大客户差异化服务等措施，实现故障抢修、服务投诉关口前移；推行大客户经理制和台区经理制。目前，已在苍溪县经济开发区建立了 1 个供电服务点，在偏远的高坡乡建立了 1 个供电服务站。

制定了《党的建设“旗帜领航·三年登高”计划和 2017 年工作计划》《党委 2017 年党群重点工作月历》，组织召开 2017 年党委工作会议，对从严治党工作和重点任务进行安排布置；坚持召开政工例会，推进阶段工作任务有效落实；注重党员发展质量。发展预备党员 2 人，按期转正党员 1 人；实施基层党组织健康体检，完成 29 名农电党员组织关系接转，落实退休党支部机构设置问题整改；严肃党内政治生活，抓好“三会一课”、民主生活会等制度，按时做好党费的收缴；组织开展“六个一”活动，多种方式庆祝建党96周年；大力开展“三无三带头一争创”“三亮三比”“守护幸福，安全随行”等主题活动，党员先锋模范作用发挥明显。

推进“五统一”企业文化建设，持续提升员工对国家电网企业文化的认知认同，申报省公司企业文化建设示范点，并积极争创省级最佳文明单位；扎实开展“品牌传播”工作，建起“公司+县网信办”、“公司+市公司”的内外联动、上下互动的舆情管理机制，全年妥善处理各类舆情 45 件，舆情数量与2016年同期相比减少50%；积极履行社会责任，建立梨乡电力志愿服务体系，开展志愿服务行动40余次，公司被广元市授予“优秀志愿服务组织”称号；加强精神文明建设，开展“诚信奉献”道德讲堂活动，公司员工罗定发成功入选“苍溪好人”（敬业奉献类），《弘扬雷锋精神心系留守儿童》荣获国网广元供电公司文明新风奖。

**【国网旺苍县供电公司】**国网旺苍县供电公司为国网广元供电公司下属供电企业，成立于 1997 年 12 月28日。下设管理部门6个、业务支撑机构2个、班组 8 个、乡镇供电所 9 个。主要承担广元市旺苍县 12 镇 15 乡 281 个行政村和磨岩社区、苍溪县 1 镇2乡15个行政村2个社区、巴中市南江县2乡3个村的供电任务，供电面积1750平方公里，供电人口 45 万人，供电客户数 13.2 万户。委托浩源公司对高阳、双汇、国华、英萃、盐河、福庆、万家等11个乡镇供电，设国华、英萃、双汇3个供电所，供电面积1300余平方千米，供电人口7.8万人，供电客户数 2.1 万户。受广元利泰电力建设有限公司委托，管理广元利泰电力建设有限公司旺苍分公司、广元浩源水电有限责任公司；受广元市三新供电服务有限公司委托，管理广元市三新供电服务有限公司旺苍分公司、广元市三新供电服务有限公司洪江分公司。

国网旺苍县供电公司辖区内共有变电站 30 座（含开闭所），其中公用变电站18座，用户变电站12座。2017年12月31日，除国网广元供电公司调派的属于全民身份的 4 名县公司领导外，旺苍在职全口径用工总量为 536 人，其中：国网旺苍县供电公司 327 人（其中全民其他 129 人，农电 183 人，劳务派遣15人），浩源公司154人，利泰分公司55人（其中劳务派遣6人，业务外包48人，集体1人）。退休职工：国网旺苍县供电公司80人（其中全民其他61人，农电19人），浩源公司49人，利泰分公司1人。

高效推进 6 个电力设施迁改项目，全力配合红军城、木门寺创AAAA景区线路迁改；全面改造嘉川镇五红村电网设施，并创建“优质工程”。全力推进26个农网改造升级、25个井井通电工程，总投资达4951.64万元。完通过多方努力完成转固项目618个，实现了2008年至2017年省公司投资项目的全部资产转固，转固总金额达5.34亿元。

截至2017年12月31日，实现安全生产长周期达5497天。

全力追收陈欠电费，确保电费“颗粒归仓”。充分运用法律诉讼等手段，成功回收领航科技旧欠电费 424 万元，实现陈欠电费结零，电费回收率100%。积极应对电力体制改革，率先完成在经开区设置供电服务点 1 个；加快推进供区移交接收工作，多方协调先后与广旺能源集体、宏达矿业签订供区无偿移交协议，供区接收有序推进，积极推动“全能型”供电所创建。

**【国网剑阁县供电公司】**国网剑阁县供电公司承担着广元市剑阁县57个乡镇543个行政村及周边南充市阆中市桥楼乡和南部县铁炉、双峰、小罗山三个村及广元市利州区白朝乡部分村组共22万余户的供电任务。年售电量3.43亿千瓦时。共运维剑阁、白龙、开封 110 千伏变电站 3 座/240 兆伏安，110 千伏线路215.534千米；35千伏变电站11座/96.3兆伏安，35 千伏线路 274.494 千米；10 千伏线路2832.5279千米，0.22/0.4千伏线路15016.3公里；配电台区2802台/21.9835万千伏安。公司现有在岗职工 522 人。设立六部一中心，两个业务支撑和实施机构，托管3个二级机构。辖下寺、园区、武连、开封、元山、普安、剑门、柳沟、公兴、江口、白龙、鹤龄、柘坝13个供电所。2017年，变电运维二班、武连供电所荣获国网四川省电力公司先进班组；剑阁县供电公司先后荣获国网广元供电公司“2017年度安全生产业绩优秀单位”“2017年度先进单位”“2017年度先进基层党组织”荣誉称号，剑阁县“服务工业发展先进单位”、广元市“六有示范工会”等荣誉称号。

国网剑阁县供电公司全年用工总量 522 人，其中全民其他 221 人，农电工 301 人，人才当量密度0.9606。进一步推进“三集五大”体系建设，强化末端业务融合，理顺各层级机构管理职责。一是撤销了乡镇供电所管理部并入营销部（客户服务中心），完善了机构设置和人员配置，做到了权责明晰、精简高效；二是编制了园区供电所和全能型供电所的实施方案；三是积极组织职工参加各种业务技能培训，全年完成了各类培训360人/次，支出培训费17.32万元；四是按照民主程序公开选拔了5名乡镇供电所副所长，充实到基层管理一线。

国网剑阁县供电公司完成了农网升级改造、大修技改、井井通、配网改造等电网建设项目，总投资 7941.51 万元。截至 2017 年 12 月 31 日，国网剑阁县供电公司实现安全生产周期 5665 天。全面加强故障抢修管理，加强过程管控、闭环监督；强化停电信息报送的规范性、准确性、及时性；全面推行台区客户经理制，建立供电质量问题反馈、跟踪、解决的联动机制，提升供电服务质量和水平，切实保障各项供电服务承诺落实到位。认真执行业扩新政，坚持“一口对外”和“一证受理”，优化报装流程，提高服务效能，为客户提供“方便、快捷、优质、高效”的服务，全年新增用电客户 4219 户，新增用电容量 10.6 万千伏安。加快推进精准脱贫村组和易地搬迁居民安置点电力建设，切实保障了贫困户的生产生活和产业发展用电。完成了 450 万千瓦时的电能替代工作，超额完成 150 万千瓦时，占年度计划的 150%。查处窃电户 73 户，追补电量 70178 千瓦时，追补电费和补收违约使用电费共计 146453.39 元，有效地堵住了“跑、冒、滴、漏”，减少了电量损耗。

（蒲涛、李世佳）

## 国网内江供电公司

【企业概况】国网内江供电公司成立于1978年，承担着内江市境内大部分地区、重庆市永川、四川泸州和自贡等部分区域的供电任务，供电面积4388.72平方千米，供电人口426.84万，营业户数130.21万户。其中，城市用户41.7万户，农村用户88.51万户。2017年，国网内江供电公司完成售电量50.64亿千瓦时，同比增长17.63%；实现营业总收入24.07亿元，同比增长12.19%；当年电费回收率100%；220千伏及以下累计线损率5.33%，比2016年同期下降1.49个百分点；实现连续安全生产天数4785天。

2017年年底，内江电网有35千伏及以上变电站73座，主变压器126台，总容量484.72万千伏安；共有35千伏及以上输电线路202条，长度2529.26千米；内江市境内有国网四川检修公司管辖的500千伏内江变电站1座，规划的500千伏内江东变电站现已完成选址。

2017 年 8 月 4 日，团中央青年发展部副部长赵宝东（右三）肯定国网内江供电公司团青工作（张光平　摄）

国网内江供电公司连续三届保持“全国文明单位”称号，连续五年被评为省公司“安全先进单位”，荣获“全国五一劳动奖状”“全国精神文明建设工作先进单位”“全国模范职工之家”“全国安康杯竞赛安全文化宣传工作先进单位”、“四川省五一劳动奖状”、省公司“红旗党委、纪检监察先进单位、品牌建设先进单位”等数十项荣誉，涌现出“全国工人先锋号”“全国五四红旗团委”“中央企业文明号”、国家电网公司“电网先锋党支部”、国家电网公司和四川省“五四红旗团委”等先进集体，以及全国电力行业技术能手、四川省第二届劳动模范、“四川省十大最美志愿者”、国家电网公司“优秀共产党员、农网营销服务岗位技术能手、第五届供电服务之星”等先进个人。

2017年8月28日，国网内江供电公司督察110千伏樟木西输变电工程建设工作 （王春香　摄）

【人力资源】截至2017年12月31日，国网内江供电公司人才当量密度值为1.0724，高于省公司下达指标0.0044。规范集体企业及公司系统党建工作机构设置和人员配置。指导集体企业完成下属各分公司组织机构和岗位设置方案的编制和审批工作；充实加强党建工作力量，制定《关于健全完善党建工作机构设置操作方案》，并完成新增党建机构的人员配置工作。全面规范业务外包工作。根据省公司业务外包规范管理指导意见，统一规范公司非核心业务外包管理的工作流程，明确各业务部门的职责分工，将各单位申报的年度业务外包计划与财务预算下达紧密挂钩，实现基层单位申报计划编制、业务部门核定实施范围和工作量、人力资源部核算业务外包人工成本、财务资产部配合下达专项成本、物资供应中心统一组织开展招投标的规范管理流程。完成员工薪级积分动态调整工作。从年度绩效、资质等级、专业成果三个维度，对实行岗位绩效工资制的主业长期职工完成薪级积分动态调整工作。制定公司绩效考核体系设置方案，调整完善公司绩效考核体系。根据省公司企业负责人业绩考核管理办法和绩效管理实施细则，结合公司工资总额管控方案和排名目标，制定公司绩效考核体系设置方案，对考核指标体系、考核周期、考核指标分值等进行修订，加大考核结果与目标排名挂钩力度，强化专业评价力度，简化月度绩效考核指标，加强季度绩效考核力度，适当调整年度绩效考核体系分项权重，合理确定绩效奖励工资的核算方式，充分体现绩效考核的合理性和公平性，激发公司的业绩提升潜力。修订完善干部管理制度。拟定出台《领导干部职务名称表》《关于加强领导班子运行机制建设的意见》《基层领导班子和中层干部综合考核评价办法（试行）》。

【电网建设与发展】大力推进“一张网”发展建设，落实省电力公司与内江市“十三五”战略合作协议议定事项，完成内江电网“十三五”滚动规划修编及内江园区电力专项规划，与各县区人民政府签订战略合作协议。扎实开展项目前期工作，完成东兴高桥110千伏输变电等6个工程的前期和可研等工作。重点工程有序推进，新投35千伏复生、渔箭、宋家变电站以及110千伏朱家沟、220千伏铁佛智能变电站等输变电工程，全年新增变电容量55.65万千伏安，投产35千伏及以上线路238.65千米。主动对接省、市重点项目建设需求，顺利完成西林大桥南北节点改造、川南大草原等项目涉及的电力设施迁改。有序推进小型基建项目建设，竣工投运隆昌石碾供电所。加快农网改造升级，顺利通过省公司农网工程“两年攻坚战”检查验收。

【经营管理】全面开展“管理提升年”活动，严控非生产性支出，保障重点项目投入，加大成本预算向生产检修、营销服务及精益化项目等提质、创新领域倾斜。深入推进营财一体化，开展历年电费发票管理情况专项检查，发现问题94个，发布整改通知书4份，提出整改建议20条。优化电网运行方式，并列运行110千伏线路8条，实现降损电量199.5万千瓦时。加强停电计划管理，执行停电计划2224项，计划执行率同比提高6个百分点。

【安全生产】坚持“安全发展”理念，紧紧围绕年度工作目标，以强化本质安全为抓手，深入开展安全管理提升活动，认真贯彻落实安全生产工作要求，持续保持严抓严管态势，有效防控了各类安全风险，保证了电网安全运行和持续可靠供电，保持了安全生产局面的总体稳定。截至2017年12月31日，国网内江供电公司实现连续安全生产4785天，连续五年荣获省电力公司“安全先进单位”荣誉称号。大力推进电网建设，输变电新建、城网改造、农网改造升级等各类项目快速实施。220千伏铁佛、110千伏朱家沟以及35千伏渔箭、龙市、宋家等输变电工程相继投入运行，全年完成项目投资3.76亿元，新投线路214.64千米，新增变电容量51万千伏安，电网结构得到进一步巩固和完善。切实加强电网运行安全管理，系统分析电网薄弱环节。完成33项主、配网补强措施，消除500千伏内江站四级电网运行风险。加强电网运行安全分析，采取有力措施管控隆昌市电网运行风险。大力提高电力监控系统安全防护能力，筑牢电力监控系统安全防护墙。不断强化设备运行维护。加强技术标准、规程、反事故措施宣传执行力度，坚持以设备缺陷管理为中心，以输、变、配精益化建设为主线，认真巡视、精心操作，全年共执行倒闸操作票6218张，安全操作次数累计56739次，执行一种工作票339份，二种工作票899份，两票合格率100%，处理各类设备缺陷1000余项，设备运行健康水平进一步提高。健全风险管控、隐患排查治理双重预防机制。扎实开展电网风险、输变电工程施工风险和运检作业风险预警管控工作，全面实施风险超前分析和流程化管控。全年公司各级发布并管控电网67项、输变电施工10项、运检作业风险预警28项，排查治理安全隐患490项。风险防控能力不断提升。持续加强作业现场安全管控，严格落实精准“日管控”工作措施，强化作业计划全流程、全专业管理，各级领导干部和管理人员切实到岗履责，全年有效管控计划作业7813项（其中基建作业586项、运检作业2478项、农网作业2193项、其他作业2556项），现场作业安全有序。不断加大反违章工作力度，扩展巡查覆盖面和巡查深度，强化专业协同，充分拓展微信、视频监控在现场巡查中的作用，修订反违章考核评价细则，制定发布反违章评价指数，全年查纠各类违章790起，反违章效能持续提升。强化电力设施保护，加强政企联动，切实抓好外破隐患排查治理。针对绕城高速、城际铁路等大型施工现场，强化开展重点人员宣传教育和重点场所巡视走访工作，针对性安装警示标志、张贴宣传标语102处。大力推进反外破工单制，主动与施工单位签订电力设施保护协议25份，有效减少外破事件发生。持续加强应急管理，完成公司应急预案修编、评审、备案工作，协助政府编制发布全市大面积停电事件应急预案，组织开展应急能力建设评估，开展电网反事故、设备抢修、应急通信等各类演练35场次。严格落实保电工作方案，圆满完成春节、两会、十九大等重要保电工作45项。圆满完成电网迎峰度夏（冬）工作。合理制定电网迎峰度夏、迎峰度冬工作方案并狠抓落实，克服局部的电网薄弱、用电负荷增长不平衡等不利因素，成功应对迎峰度夏期间的高温大负荷和迎峰度冬、春节假期电网运行考验，电网运行水平和供电保障能力进一步提高。

**【农电工作】**“全能型”供电所建设工作有序推进。建立农村网格化供电服务模式，让服务端口前移，台区客户经理全心为每一位客户服务，实现客户服务“一张工单、一支队伍、一次服务”。实现“综合柜员制”，全面融合业务咨询、受理、查询、缴费等职能，业务受理实行“首问负责制”，全面实现营业窗口“一口对外”服务和“一站式”服务。加强农电员工业务培训。2017年开展18项农电培训计划，对20个农电内训师进行了专业培训，完成“全能型”供电所岗位知识培训教材和考试题库的编写，进一步提高了农电员工的业务技能。2017年，隆昌金鹅供电所所长陈明煜获省公司“川电工匠”称号。陈明煜主持发明的“便携式变压器吊装工具”获省公司第三届职工创新十大优秀成果及全国化学能源工会地质系统职工技术创新成果三等奖。星级供电所创建工作取得阶段性成效。共验收通过7个三星级供电所，2个四星级供电所，评出综合、运行维护等示范供电所9个。威远严陵供电所获四川省职工民主管理示范班组和省电力公司“先进班组”。隆昌金鹅供电所获省公司民主管理示范班组及国家电网公司“先进班组”。电力助推脱贫攻坚工作成效显著。按照内江市脱贫攻坚工作的统一部署，帮扶隆昌县石庙子村，维修村公路堡坎5处、铺设预制板便民路、生产用道1.5千米，极大地改善了村民的生产生活条件。实施贫困户D级危房改造1户，改善了贫困户居住条件。结对帮扶的东兴区郭北镇亢家村已全部脱贫。驻村干部获得了“内江市优秀驻村干部”称号。农网工程建设有序推进。认真贯彻落实省公司决策部署，大力推进新一轮农网改造“两年攻坚战”建设任务，累计完成投资4.05亿元。完成项目446个，新建或改造10千伏线路775.83千米，0.4千伏线路1767.88千米；新建或增容10千伏配电变压器701台，容量120.78兆伏安。完成中心村改造166个、完成动力电改造87个村，完成机井建设193眼（其中新建61眼，改造132眼）。

**【科技与信息化工作】**组织开展《网络安全法》宣传。组织开展宣贯培训会、《网络安全法》有奖知识问答、设置信息安全宣传展板、发放《四川省电力公司信息安全手册》等多种形式，全面深入宣传《网络安全法》，解读《网络安全法》的整体框架、六大看点、重要条款等，提出了“加强网络安全管理、争当网络安全卫士”的主题思想，进一步提高了员工网络信息安全意识。提高信息系统使用率和机房、设备等信息资源利用率。按照国家电网公司统一部署，开展了老旧信息系统和设备腾退工作，优化资源配置，降低运维费用，消除潜在网络安全和运行风险，大幅降低了中心机房承载的负担，解决了自建系统管理不到位的问题，推动了信息系统管理规范性水平迈入新台阶。

2017 年，加快农网升级改造　　（罗国强　摄）

**【市场服务（优质服务）】**全力推行增供扩销，售电市场高速增长。采取多种措施增供扩销，做好增量用电项目的业扩服务，全年净增新装容量81万千伏安；开展用电客户大走访25户，帮助企业整改经营发展中的用电问题；落实省公司各项电改应对政策，稳定工业园区售电市场；积极帮助川威集团等重点企业优化发展，通过采取优化供电网络、提供能效诊断服务等一系列措施，帮助川威集团用电量实现约80%的回升增长，协助兄弟单位回收节能服务费获得省电力公司领导肯定；公司积极践行绿色发展理念，大力推进实施电能替代工作。2017年，国网内洪供电公司售电量完成50.64亿千瓦时，同比增长17.63%，增速在全省排名第二，首次突破50亿千瓦时售电大关，实现了历史性的跨越。受政府委托，推动售电侧改革试点工作，制定了实施方案，确保售电侧改革试点工作平稳有序推进。强力推进费控购电，促进电费回收技术手段升级。成立了费控购电管控组，主要负责费控指标的监控、统计和分析及指导工作。对高压用户采取差异化的服务模式，实行“一户一策”，对低压客户采取“一类一策”。截至2017年12月29日，国网内江供电公司费控购电金额1.75亿元，费控购电金额执行率为133.10%，费控购电户数执行率为81.95%，费控购电执行率指标排名全省第二，为电费资金的足额回收奠定了坚实的基础。推进老旧小区改造，解决供电服务“最后一公里”问题。第一批老旧小区供配电设施改造工程共133个项目获得内江市财政项目支出绩效评价第一名。2017年国网内江供电公司继续推进老旧小区供配电设施改造工作，协调政府配套资金及时落实，投资6555万元的第二批120个老旧小区供配电设施改造项目已全面完成，全市18.5万老旧小区百姓用上了“安全电、放心电、满意电”，内江市委、市政府将老旧小区供配电设施改造列入2017年全市20件民生实事。创新开展大数据分析，助力“管理提升年”活动取得实效。创新开展了基于移动互联技术的“大数据”分析，对内江市外出务工返乡人员进行精确识别，主动推送服务短信，引导返乡人员办理停复电等手续，并在春节用电高峰利用数据分析实施需求侧管理，实现了对返乡人员的精准服务，实现了配变台区“零跳闸”、抢修服务“零投诉”、负面舆情“零事件”。迎峰度夏期间，与移动公司合作选取试点区域5个，推送各类服务短信1.3万条，精准服务客户4000余户，为公司推动实施营销创新转型、破解客户管理瓶颈、减少优质服务投诉等方面作出了积极的贡献。

**【党的建设和精神文明建设】**扎实推进“两学一做”学习教育常态化、制度化，大力开展“旗帜领航·三年登高”基础建设年各项工作。开展党建工作健康体检，制定整改措施 41 条。创新党建工作，开展基层党组织促进生产经营工作调研和基层党组织党建交叉检查。严格执行“三重一大”决策制度，修订公司委员会议事规则、本部工作规则，规范议事程序。坚持和完善民主集中制，召开党委会 53 次，决策“三重一大”事项 97 项。严格执行“三会一课”、民主生活会等党内组织生活制度，开展各级领导干部讲党课 117 次，加强经常性教育、管理和监督。落实党风廉政建设“两个责任”，逐级签定党风廉政建设责任书 33 份，分层分类制定党风廉政建设工作要点26条99项任务。强化重点领域廉政风险管控，开展三个专项协同监督，有效防范风险。完成问题清单审核上报，全面推进问题整改。发挥审计内控作用，扎实开展任期经济责任、工程竣工决算、财务收支等专项审计。开展问题整改“回头看”，对两年发现问题整改情况进行全面梳理检查。开展作风建设再提升专项活动，坚决贯彻落实“八项规定”精神，防止“四风”问题反弹回潮。聚焦热点、突出重点、打造亮点，主题策划有效开展，原创歌曲《检修路上》登上中央电视台并获得社会广泛传播。在内江市“千企万人评作风”活动中排名持续提升，在公共服务类名列前茅，社会满意度不断提高。全面通过“全国文明单位”复查验收，继续保持“全国文明单位”称号。

**【所属县级供电企业】**公司所属县级供电企业4个，分别是国网四威远县供电公司、国网资中县供电公司、国网隆昌市供电公司、国网内江市东兴供电分公司。

**【国网威远县供电公司】**国网威远县供电公司成立于1987年元月，原属国网自贡供电公司管辖。2002年1月，划归国网内江供电公司管辖。2017年7月，升格为省公司的大型县级供电企业。主要担负着内江市威远大部分地区和自贡市、眉山市以及内江市中区部份地区(严陵镇等14个镇全部，高石镇等3个镇的大部分，新店镇6个村，内江市中区朝阳镇1个村，自贡大安区1个村、自贡荣县东兴镇全部和墨林乡1个村，眉山仁寿县汪洋镇1个村)的供电任务。供电面积1200平方千米，供电人口74.65万人，营业户数26.1万户。其中，城市用户7.7万户，农村用户18.4万户。

国网威远县供电公司现有35千伏及以上变电站18座，主变压器34台，变电总容量119.87万千伏安；共有35千伏及以上输电线路40条，长度474.8864千米。2017年完成售电量17.7亿千瓦时，同比上升41.44%，电费回收率100%。

国网威远县供电公司先后荣获国网四川省电力公司安全生产先进集体、国家电网公司安全生产先进集体、四川省电力公司先进基层党组织、四川省省级文明单位、国家电网公司文明单位、威远县党风政风行风群众满意度社会评价满意单位、国网四川省电力公司企业文化示范点等多项荣誉。严陵供电所获“四川省职工民主管理示范班组”荣誉称号。

**【国网资中县供电公司】**国网资中县供电公司担负着内洪市资中县城区及21个乡镇的工农业生产和人民生活用电的供电任务，供电面积930平方千米，直供电人口85万，营业户数26万户左右，趸售客户1户（资中龙源电力公司）。辖区内共有13个变电站，变电总容量1052.6兆伏安。管辖输电线路36条，其中220千伏线路11条，110千伏线路12条，35千伏线路13条，共计547.3千米。10千伏配电线路65条，共1457.1千米。2017年售电量累计完成9.51亿千瓦时，电费回收率100%。

**【国网隆昌市供电公司】**国网隆昌县供电公司成立于1978年11月，2017年7月28日，因隆昌由县改市，更名为国网隆昌市供电公司，现有在职全民职工109人。担负着隆昌全市工农业生产及人民群众的生活用电、成渝电气化铁路供电和向成渝两地及泸州输电的任务，管辖35千伏至220千伏变电站15座，其中220千伏站1座，110千伏站5座，35千伏站9座，变电总容量729.1兆伏安；管辖35～220千伏输电线路31条，总长277.941千米；10千伏配电线路85条，全长1835.2818千米；配电变压器2846台，总容量586.513兆伏安。国网隆昌市供电公司完成售电量7.70亿千瓦时，同比增长7.94%，电费回收率100%。

**【国网内江市东兴供电公司】**国网内江市东兴供电公司成立于1991年12月，2013年5月更名为国网内江市东兴供电公司，位于内江市西林新区。供电面积1181平方千米（包括东兴区28个乡镇和资阳安岳县两个村），供电人口达88.6万人，供电户数20.0244万户。供区内有35千伏至220千伏变电站16座，总容量74.43万千伏安。2017年完成售电量7.75亿千瓦时，同比增长7.92%，电费回收率100%。

2017年，国网内江市东兴供电公司获得了国网内江供电公司2017年度先进集体，继续保持“四川省文明单位”称号，保持“内江市党风廉政建设示范单位”，保持“优秀基层党组织”“模范职工之家”等荣誉称号。（刘进、张光平）

# 国网广安供电公司

**【企业概况】**国网广安供电公司（原名广安电业局）成立于1998年4月，2013年7月1日更名为国网广安供电公司，主要供电区域为广安市及重庆市合川区部分地区，供电面积3887平方千米，供电户数80余万户，是国有特二型企业。设置13个职能部门、6个业务支撑实施机构以及4个县级供电企业。公司拥有35千伏及以上变电站52座，变电容量3491.05兆伏安，35千伏及以上输电线路1700.40千米，固定资产原值达到40.87亿元。2017年完成售电量40.18亿千瓦时，同比增长5.82%。多年来，国网广安供电公司先后获得了全国文明单位、全国模范职工之家、全国职工职业道德建设先进单位、四川省五一劳动奖状、四川省最佳文明单位、四川省省级“守信用重合同”企业国资委先进基层党组织、省级“守信用重合同”企业、广安市突出贡献企业、广安市纳税大户、广安市诚信经营示范单位等一系列荣誉。

广安市人民政府市长曾卿向国网四川省电力公司总经理、党委副书记谭永香（左）赠送小平铜像

**【人力资源】**截至2017年12月底，国网广安供电公司全口径用工总量为2052人，其中全资控股单位用工总量为1866人，集体企业用工总量为186人(含派遣员工78人)。在全资控股单位中，主业长期职工共计484人，其中主业岗位402人，支援集体73人，交流控股公司9人；业务外委员工即原主业岗位劳务124人，农电工317人；武胜公司471人，邻水公司470人（其中农电工116人)。全资控股单位员工平均年龄为42.38岁；从专业技术等级看，其中获得高级职称133人，中级职称193人，初级职称及以下1540人；从职业技能等级看，其中高级技师44人，技师511人，高级工及以下1311人；从学历水平看，其中硕士研究生及以上84人，大学本科1046人，大学专科304人，中专及以下432人。

坚持以制度框架体系建设为基础，严格执行干部管理各项要求，扎实有序开展干部管理日常工作，全面加强干部队伍建设，坚持“德才兼备、以德为先”的选人用人标准，以选拔培养人才为第一要务，连续5年开办领导干部读书班，送培干部19期51人次，交流调整科级干部46人，储备后备干部29人；204人通过中级及以上技能鉴定（职称评审），人才密度上升至1.0332，3人入围省公司电力雏鹰培养计划，蒙媛获得“四川工匠”“国网工匠”双料表彰，“蒙媛大师工作室”晋升为国家级工作室。

**【电网建设与发展】**加快“一张网”布局，积极落实市政府与省公司签署的战略合作协议，全面对接各区（市）县、省级以上工业园区，签订合作协议，把电网规划融入园区统一规划，110千伏及以上电网由公司主导建设，园区配电网专项规划由国网广安供电公司制订，实现电力规划“一园区、一报告、一清册、一张图”。110千伏及以上电网基建项目前期工作完成3项；储备大修技改项目86个、城市配网项目28个、业扩项目包20个。打牢主网基础，实施电网建设项目9项，岳池南220千伏输变电工程按期开工建设，新建及改造 35 千伏及以上线路 243.51 千米，新增变电容量 36 万千伏安；完善城区配网建设，完成 8 个城市配网项目、3 个 10 千伏和 5 个低压业扩配套项目，新建 0.4 千伏及以上线路 55.4 千米，2 个城市配网项目获省公司表彰。

**【经营管理】**面对多轮电价下调、成本刚性压减等因素，深挖内部潜力，盘点库房实物 2 万会条，完成利库 724 万元，压降非生产性支出，可控成本同比下降 14.75%；着力“降风险”，邻水有限公司资产负债率从 75.43%降至 63.93%。定位“十加强、十提升”目标，实施管理提升 110 项任务、300 条举措，针对卓越绩效评价和对标管理中的弱项指标，定期监督检查考核，综合计划、运营管理等指标持续改善。加快“全采集”建设，巩固营配贯通基础，“营配调贯通管理成效”指标进入 A 段；严格实施“全费控”，大工业客户费控购电执行率达到 99.1%，为当年电费提前结零奠定基础；深化“全智能”管理，“掌上电力”APP“电 e 宝”完成线上办电业务 14838 单，网络交费突破 8000 万元；完成首个“全能型”供电所建设，国网华蓥市供电公司营销转型试点 10 项指标全部进入全省前五、其中 3 项第一。加快办理“三供一业”供电接收工作，确定项目 11 个、涉及 1872 户，建管并接收项目 4 个、1024 户；完善属地管理，接收客户公用供配电设施价值 9352 万元。

**【安全生产】**深化本质安全建设，安全基础更加牢固，全面开展安全法规制度宣贯和安规培训考试，人员安全意识能力持续提升；组织专项活动 13 个，排查整改隐患 367 项，安全责任得到落实。风险防控全覆盖，出台《领导干部和管理人员安全到岗到位管理指导意见》，建立了市县两级日管控平台、现场安全风险管控系统，预警管控电网运行、施工、运检等风险 114 项。铁腕治理违章行为，巡查 1903 个施工作业现场，查处违章行为 519 个，处理违章人员 439 人，开展违章“说清楚”20 次，倒查追究管理责任。运检智能化进一步提升，武胜公司、邻水有限公司县调接入自动化系统监控信号、结束盲调；常态开展输电线路无人机巡检，延伸带电检测技术应用，推进输、变、配电精益化管理，供电质量稳健改善，城市、农网综合电压合格率分别提升至 100%、99.977%。应急体系保障有力，受权编写《广安市大面积停电应急预案》，配合开展全市综合应急拉练，跨单位协同联动能力进一步提升；完成公司应急能力评估，充实应急基干队伍，开展应急演练 11 次，圆满完成了十九大等重要保电任务 56 场次。综合治理“大安全”，深化质量监督，开展“两排查一整治”，报送质量事件 38 起，建立供应商信息库及定期评价制度；交通、消防、信息、后勤保卫等专业安全稳定。

**【农电工作】**加大农网升级改造力度，投资 2.19 亿元，完成中心村改造项目 134 个，井井通项目 102 个，农村电网布局进一步优化；广安华蓥永兴东安寨村 1 号台区、广安前锋代市新安村 4 号配电台区、广安华蓥永兴东安寨村 4 号台区获省公司“农网五十佳”工程命名。通过修订 2017 年“三维对标”指标、发布月度排序和季度流动红旗、召开年度和季度农电工作会议以及现场指导、督导等形式，持续开展供电所“三维对标、夺旗争星”行动，供电所基础管理水平不断提升。推进全能型供电所建设，代市供电所纳入省公司第一批试点单位并完成省公司检查调研，将禄市、高兴、丰和、鼓匠供电所作为国网广安供电公司第二批试点单位，已达成全能型供电所要求。积极开展国家电网公司星级供电所建设，代市供电所完成国家电网五星级供电所申报，高滩供电所、禄市供电所通过省公司四星级供电所验收。

国网广安供电公司开展突发事件应急演练（韩长春　摄）

**【科技与信息化工作】**加强创新人才培养，培训 QC

小组成员256人，新增精益带级人才54人；支持各类创新活动开展，注册QC小组31个、管理创新和课题研究8项、精益项目12项，同比增长71.4%，创新项目取得省部级奖励4项，QC项目实现国、省、市三级获奖全覆盖，取得国家专利授权4项，1项科技成果获省公司科技进步三等奖。其中，“生产大修技改项目档案管理提升”成果评为省公司精益管理卓越案例，“基于精益理论的城市配网计划停电管理”获管理创新一等奖，“电网建设法律风险动态管理实践”获全省企业管理创新成果一等奖。突出成果应用，省公司在广安召开同期线损交流会，公司“六维一体”模式建设同期线损系统工作经验在会议上交流发言。

**【市场服务（优质服务）】**主动适应市场竞争对服务带来的新要求，不断优化服务方式，增强服务针对性和实效性，以优质服务抢占市场、赢得客户；建立以市场和客户为导向，强化协同、细化管控，满足客户差异化用电需求，服务体系进一步优化。积极开拓市场，建立重大项目“1+1+N”工作体系，快速建设新能源汽车充电站等配套工程，“云轨”示范线供电接入项目提前3个月竣工；业扩新装容量70万千伏安、同比增长27.84%，在枣山园区、前锋区等营业区外取得4个商业综合体供电，新增水源头小水电供区并网趸售，完成首批22户火锅“气改电”试点，促成广能集团李子垭燃煤电厂在丰水期关停、实施“水火置换”，全年完成替代电量0.8亿千瓦时。加强业扩报装、营业厅服务、电能计量等业务管控，实施多部门横向协同，市、县、班（所）三级垂直管理，围绕客户反映强烈的业扩超时、抄表不到位等问题，发布情况通报15期，召开说清楚会6次，考核相关责任人18人次，有效遏制了一、二类投诉持续增长的势头。

**【党的建设和精神文明建设】**深入学习贯彻中共十九大精神，高举习近平新时代中国特色社会主义思想旗帜，在学懂弄通做实上下功夫，开展“旗帜领航·党徽闪光”主题宣传22项活动，公司领导带头讲党课，十九大精神进班组、到现场，1500余人次参加学习。完善党建工作绩效考核等4项制度，发布重点任务清单58项；推进“两学一做”学习教育常态化制度化，完善党组织隶属关系，29个供电所成立党支部，实现党的工作全覆盖。强化党风廉政建设，以“学规则、守规矩、明底线、畏红线、防风险、保平安”为指引，开年第一课讲廉洁，“红线”制度巡讲11场，推送廉洁提醒信息420余条，全方位开展“反腐倡廉主题教育百日行动”；建立“两个责任”清单，逐级签订责任书300余份，常态开展约谈、定期报告、述职述廉工作。在人民日报、四川日报等媒体刊发信息88条次，全媒体传播“三个一”理念、展现责任央企形象；推进“卓越团青”建设，“青年训练营”引领岗位建功；“金秋颂”退休职工文艺展演、篮球联赛等活动丰富多彩，离退休、后勤管理持续向好。

2017年10月26日，国网广安供电公司举行“金秋颂”退休职工欢庆“十九大”文艺展演活动（唐捷　摄）

**【存在的主要问题】**外部方面：一是宏观经济制约售电量增长。当前，国内经济正处在转变发展方式、优化经济结构、转换增长动力的攻关期，广安面临着经济增速换档、结构调整阵痛、新旧动能转换的严峻考验，传统产业电量增速放缓，新上项目处于发育期，售电量增速低于全省平均水平；电力负荷峰谷落差巨大，电量增长“靠天吃饭”的基本特征没有变。二是社会各界的监管越来越严。随着国有企业深化改革全面推进，社会各界对供电企业关注热度居高不下，政府监管要求更多、更严、更细，“三指定”、涉电收费、电费电价执行等领域一直受到能监、发改等部门重点关注。三是客户对供电服务的期望越来越高。随着群众对美好生活的需求不断增长，对供电服务质量的要求也越来越高，不仅要用上电，还要用上便宜电、舒心电；各类客户对停电事件处于零容忍状态，地方政府招商引资项目对电网接入、电力价格、迁改等方面的要求更加迫切。

内部方面：一是电网发展不平衡不充分。近年来，电网建设快马加鞭、落子占位，但仍然存在电网结构不够完善、技术装备亟待更新、智能化水平不高等问题，尤其是与需求侧紧密相连的配电网相对薄弱，互联互供和智能化水平不高，故障跳闸多、停电次数多，农网升级改造与精准扶贫等重点任务还需攻坚。二是企业治理水平还需提高。由于历史沿革和地缘特征，公司发展底子薄、经营负担重，基层基础基本功不够扎实，基建安全质量管理、营销服务、利润贡献等指标低位运行，业绩贡献与先进单位还有一定差距，在系统内亮得出、叫得响的工作还不够多。

**【国网华蓥市供电公司】**国网华蓥市供电公司成立于 1991 年 6 月 14 日，原名四川省电力公司广安华蓥供电局，2013 年 7 月 1 日起更名为国网华蓥市供电公司，广安市供电范围包括华蓥市、岳池县及重庆市合川区部分地区。供电面积 510 平方千米，直供 17 个乡镇、街道办事处，206 个村、1178 个社区、11.05 万余用电户、用电人口 36.5 万人。村社通电率 100%。

国网华蓥市供电公司是国网四川省电力公司直属供电企业，现有员工 209 人，其中主业员工 37 人、劳务员工 10 人、农电员工 140 人、通用工种 12 人，和源分公司 10 人。年售电量 7.5 亿千瓦时，下设综合管理部、发展建设部、安全质量监察部（保卫部）三个职能部门，设运维检修部、营销部（客户服务中心）两个业务支撑机构以及三新华蓥分公司、和源华蓥分公司，3 个班组 6 个供电所。供电区域内有变电站 10 座，其中 220 千伏变电站 1 座、110 千伏变电站 5 座、35 千伏变电站 4 座，主变 20 台，总容量为 802.8 兆伏安。35 千伏及以上输电线路 225 千米,10 千伏配电线路 787.66 千米，公用配电变压器 1530 台，专变 366 台。

**【国网邻水县供电公司】**国网邻水县供电公司位于广安市邻水县，地处川东北地区，属深丘地带。供电范围为邻水县城部分区域和高滩、坛同、子中、华云、甘坝等 5 个乡镇，供电面积 800 平方千米，覆盖 105 个村，345 个社，4.64 万余户（其中专变 75 户），供电人口 20 万人，村通电率 100%，户通电率 100%。

国网邻水县供电公司下设5个部门（综合管理部、发展建设部、安全监察质量部、运维检修部、营销部）、3个班组（配电运检班、营业班、市场拓展与智能用电班），3个供电所（高滩、坛同、鼎屏供电所）。现有职工142人，其中全民职工33人，中专及以上文化程度126人，中级职称和技师43人，各类专业技术人员73人。公司现有10千伏公用线路15条，总长341.03千米；配电变压器659台，总容量138995千伏安（其中公变534台，容量105210千伏安；专变变压器125台，总容量33785千伏安）；0.4千伏及以下线路986.181千米（其中，0.4千伏线路312.52千米，0.22千伏线路673.66千米）。

**【国网邻水县供电有限责任公司】**国网四川邻水县供电有限责任公司前身为邻水县地方电力公司，成立于 1984 年 12 月。2002 年改制为四川邻水启明星电力有限公司，2006 年再次改制为四川邻水供电有限责任公司，由国网四川省电力公司控股经营（其中，国网四川省电力公司持股 90.24%，泸州鑫福矿业集团持股 9.76%）。公司于 2013 年 6 月更名为国网邻水县供电有限责任公司。供电营业面积 1691 平方千米，辖 41 个乡镇 456 个行政村，供电人口 93 万人，用电户数 28.6 万户。村、社通电率 100%。

该公司内设 7 个职能部门，2 个业务支撑机构，下设 21 个班组，现有主业及农电员工总人数 471 人。公司电网以 35 千伏输电网络与 110 千伏邻水变电站、牛背山变电站、丰禾变电站、幺滩变电站、王家变电站并网运行。网内现有变电站 13 座，其中：110 千伏变电站 3 座（丰禾、幺滩、王家），35 千伏变电站 10 座。110 千伏线路 2 条/42.54 千米，35 千伏线路 14 条/136.26 千米，10 千伏主干公用线路 68 条/1921 千米，0.4 千伏线路 3798 条/12260 千米，配变台区 2464 个（公变 1941 台，专变 523 台）。2017 年售电量 5.07 亿千瓦时。

**【国网武胜县供电公司】**国网武胜县供电公司是国网四川省电力公司的分公司，其前身是武胜县电力公司，属武胜县地方国有企业。1995 年 10 月由南充电业局代管，1998 年广安电业局成立后由广安电业局代管。2000 年 12 月，改制更名为四川武胜启明星电力有限公司。2005 年 10 月，四川启明星电力公司与四川省电力公司签订了《股权转让协议》，公司成为省公司的控股公司，更名为四川武胜供电有限责任公司。2012 年 11 月，广安众托投资有限责任公司与四国网川省电力公司签订了《股权转让协议》，成为省公司的全资子公司。2013 年 8 月，按照国网公司统一要求，更名为国网四川武胜县供电有限责任公司。2016 年 7 月，公司由省公司的全资子公司改为分公司，更名为“国网武胜县供电分公司”。供电范围为武胜县行政区域以及岳池县、合川区、蓬溪县等部分行政区域，供电面积 960 平方千米，包括 515 个村，31 个乡镇，5113 个社，24 万余户。村通电率 100%，户通电率 100%。

国网武胜县供电公司下设有办公室（党委办公室）、发展建设部、电力调度控制分中心、财务资产部、组织部（人力资源部）、党建工作部、安全监察质量部等 7 个职能管理部门及运维检修部、营销部两个业务支撑实施机构，下辖 10 个供电所。截至 2017 年 12 月底，公司有在册员工 471 人，退休员工 221 人。220 千伏变电站 1 座，110 千伏变电站 4 座，35 千伏变电站 9 座，总变电容量 55 万千伏安；110 千伏线路 13 条，总长 185.319 千米；35 千伏线路 13 条，总长 144.998 千米；10 千伏线路 79 条，总长 1533 千米。2017 年最高负荷 15.4 万千瓦。全年完成售电量 4.6 亿千瓦时，同比增长 11.08%，售电均价 574.99 元/千千瓦时；综合线损率 7.98%，比目标值上升 0.13 个百分点；完成电网投资 12275.6 万元。

（舒莘珂）

# 国网遂宁供电公司

**【企业概况】**国网遂宁供电公司成立于 2005 年 8 月，是国网四川省电力公司下属的特二型供电企业，承担遂宁市三县两区供电任务。设有职能部门 11 个：（办公室〈党委办公室〉）、发展策划部、财务资产部、安全监察质量部（保卫部）、建设部（项目管理中心）、审计部、党委组织部〈人力资源部〉、党建工作部（工会、团委）、监察部（纪委办公室）、运营监测（控）中心、市电力调度控制中心，6 个业务支撑及实施机构：（运维检修部（检修分公司）、营销部（农电工作部、客户服务中心）、电力经济技术研究所、信息通信分公司、物资供应中心、综合服务中心）；下属 1 个集体企业（遂宁市江源实业有限公司）；管理大英、蓬溪 2 个分公司，1 个省公司的全资子公司（国网四川明珠集团有限责任公司）。全口径职工 3893 人。供电面积 3450 平方千米，占全市面积的 65.09%；供电人口 231.1 万人，占全市人口的 60.34%。

供区电网（包括明星供区 110 千伏及以上电网）现有变电站 70 座，容量 589.09 万千伏安。其中：500 千伏变电站 1 座，220 千伏变电站 5 座，110 千伏变电站 34 座，35 千伏变电站 30 座；输电线路共 121 条，总长 1534 千米；配电线路共 258 条，总长 4616 千米；最大负荷 102.3 万千瓦，最大供电量 1949.2 万千瓦时。

2017年，国网遂宁供电公司完成售电量35.19亿千瓦时，同比下降3%；实现售电收入19.05亿元，同比下降4.32%；电费回收率及资金解交率100%；售电均价(并表口径，不含税）541.33元/千千瓦时；上缴税金8479.5万元；完成固定资产投资5.54亿元；其中，大中型电网投资1.48亿元，农网升级改造投资3.47亿元；新投变电容量19.89万千伏安、35千伏及以上线路62.04公里；综合线损率（并表口径）3.49%，同比下降0.84个百分点；资产总额23.42亿元；企业负责人业绩考核和同业对标均排全省第十五位；公司和电网保持安全稳定发展态势。全年未发生人身重伤及以上事故；未发生重大电网、设备事故；未发生本企业负同等及以上责任的重大交通、火灾事故；未发生有人为责任的一般电网、设备事故；未发生负主要责任且有重大影响的供电不安全事件；未发生损害公司形象的重大事件；年度党风廉政建设责任目标全面完成。

**【人力资源】**现有领导班子成员 6 人，三级职员 1 人；由总经理、党委副书记何永祥，党委书记、副总经理苏旭燕，纪委书记、工会主席曾俊杰，副总经理向建兵，副总经理王世彬，副总经理姚晓峰组成。

截至 2017 年年底，国网遂宁供电公司全口径用工全口径职工 3893 人，其中本部定员 443 人人，在岗 283 人，缺员率 35.7%；县级供电公司用工 3470 人，定员范围内用工 2510 人。公司人力资源工作坚持以科学发展观为指导，树立“服务于公司发展战略、服务于企业生产经营、服务于员工成长”的理念，以建设统一坚强智能电网和“一强三优”现化化公司为契机，大力实施人才强企战略，坚持以企业发展战略和能力建设为核心，以岗位履职能力建设为重点，不断提高生产技能人员技能操作水平，着力培养一支“专业专注、精益精准、高标高效、实干实绩”的人才队伍。

【电网建设与发展】主动对接全市统筹城乡、“三化”联动的发展战略和“六大兴市”实施路径，积极落实地方发展战略和区域发展重心，完善遂宁电网“十三五”发展规划。加强与省公司和市委、市政府的对接汇报，逐步梳理、解决遂宁电网历史遗留问题。

2017年，国网遂宁供电公司主动加强沟通汇报，促成遂宁市政府与省公司签订“十三五”战略合作协议。三县公司与四个工业园区签订战略合作协议。完成遂宁“十三五”配电网滚动规划修编。积极推进220千伏灵泉变电站等重点项目前期工作。取得29个业扩项目可研批复，完成166个城市配网与农网改造升级等项目前期储备。建成投运桃花山输变电工程等3个110千伏项目，老池等7个35千伏项目；技术改造变电站3座。10千伏配网跳闸138次，平均停电时长3.18小时，配网故障跳闸率同比下降31%。完成农网工程（中心村、机井通电、村村通动力电）投资3.33亿元，安装配变1025台，新建和改造10千伏线路583千米，新建和改造低压线路2012千米，户均配变容量达到0.82千伏安，提前完成农网改造升级“两年攻坚战”任务。

2017年6月29日，国网四川省电力公司与遂宁市政府签订电网建设战略合作协议

【经营管理】严格贯彻落实国家电网公司和省公司工作部署要求，全方位、深层次开展问题清单梳理，接受监事会集中重点检查，立行立改问题15项。同期线损系统建设成效显著，连续7期排省公司前三。规范非招标采购，开发供应商随机抽取系统，实现供应商“进、出”全流程管控。深化仓储规范化管理，库存物资总额较年初下降25.78%。强化物资平衡利库与废旧处置，累计利库金额97.3万元，处置废旧物资原值288.04万元。突出效益导向，全年可控成本同比压降4458.05万元，降幅27.88%。压降“两金”存量23万元、压降率100%。开展藏区等多领域劳务协作，有效盘活富余人力资源。修订完善同业对标管理办法，实施月度绩效评价工作。开展综合计划及预算执行、营销等各类专题监测，累计追补费用92万余元。

落实“三全五依”要求，编制“七五”普法规划。组织全员法律知识竞赛，开展“电力法治宣传进社区（小学）‘12·4’国家宪法日”等宣传活动。加强依法维权和案件处置，协调处理案件纠纷25起。

落实“两个责任”清单，分解72项党风廉政建设和反腐败工作任务。优化机制，在“非招标采购”“线损管理”等9个重点领域开展协同监督。实施科级管理人员廉洁积分考核，强化履职记实手册运用，痕迹化把控“一岗双责”。落实“三点三线”纪电廉盟工作方案，联合市纪委组织廉政讲座和知识竞赛。完成110千伏仁里变电站等53个工程竣工决算审计整改。开展2011—2016年内外部审计“回头看”，逐条核实并整改到位。提升审计成果运用成效，整改问题241个，减少损失271.9万元。常态开展作风建设和行风督查，市、县两级明察暗访78次。召开“两代表一委员”座谈会，沟通宣传公司成效亮点，提升行风满意度。

【安全生产】认真落实本质安全工作要求，开展“安全贯标准”、安全生产大检查等活动，促进安全制度标准在落地落实。深刻吸取系统内“5·7”、“5·14”等事故教训，严格到岗到位和“精准日管控”要求，开展现场反违章专项行动，整治隐患672条，查处各类违章1768起。开展基建现场反违章专项行动，保证施工现场安全。劳务分包人员“注册制”管理、“隐患随手拍”举报平台等创新措施效果明显。公司编撰的《图说电力安全生产典型违章300条》等书籍公开出版并全国发行。科学安排电网运行方式，预警管控六级及以上风险26次。完成主网检修及改造作业232项、配网带电作业75次。深化变电运维智能移动作业、无人机巡检等科技应用，提升输变电设备管控能力。宣贯《网络安全法》，强化网络及通信系统安全防护。圆满完成春节、两会、中高考、十九大等重要保电和服务工作。全年未发生任何人身、电网和设备等安全事故。公司连续 8 年被评为省公司安全生产先进单位。

2017 年 10 月 25 日，国网遂宁供电公司通过全国文明单位考评

【农电工作】持续开展农网施工现场安全管控，落实属地供电所到岗到位管理制度和“同进同出”协同管理，狠抓施工队伍素质提升。全力推进全能型供电所建设，组织 4 次现场推进会、6 次专项检查，试点打造蓬溪城郊、明珠沱牌、大英回马 3 个全能型供电所，创建省公司四星级乡镇供电所。扎实开展电力助推扶贫攻坚，稳步推进易地搬迁安置。完成农网工程（中心村、机井通电、村村通动力电）投资 3.33 亿元，安装配变 1025 台，新建和改造 10 千伏线路 583 千米，新建和改造低压线路 2012 千米，户均配变容量达到 0.82 千伏安，提前完成农网改造升级“两年攻坚战”任务。

【科技与信息化工作】通过各种途径，全面系统的宣贯《网络安全法》，建立信息安全法治意识。组织开展信息安全综合防御体系建设工作，确保网络及主机安全可控、能控、在控。积极参加省公司信息安全红蓝队工作，积累信息安全保障经验，参与 1 次国家电网公司、2 次省公司信息安全专项保障工作。做好节假日、重要保电时期的信息通信应急保障工作，确保信息通信系统事故“零发生”。对所有 220 千伏变电站和部分 110 千伏变电站开展信息通信设备及运行环境特巡，及时消除安全隐患。完成 2017 年度遂宁电力通信网运行方式的编制，为全年信息通信运维工作提供有力支撑。

【市场服务】实施“三全”建设，换装智能电表 37 万只，覆盖率 100%，采集成功率达 99.64%，台区线损合格率达 92.02%，核心指标保持省公司第一。试点明珠营销创新转型，推进台区线损精益管理，促进营配末端融合。新增用户 5.23 万户，新增容量 74.33 万千伏安，同比增加 51.76%。“掌上电力”注册 25.34 万户，网上购电远程下发 12.57 万笔。积极走访各级政府，汇报说明历史贡献、电费电价政策，完成供区内 80 余万低压客户电价调整工作，让更多人民群众享受发展红利。促成市政府出台购电制支撑文件，协调市、县政府出台推进电能替代实施意见等 5 项政策。以点带面推动火锅“气改电”，开拓 “煤改电”、电蓄冷、电动交通等领域，完成替代电量 5582 万千瓦时。落实富余电量消纳政策，促使企业增加用电量 3884 万千瓦时。加快推进国有企业家属区供电分离移交，与成都铁路局等 977 户签订协议，改造户表 865 户。完成射洪子昂金都等 252 个小区供配电资产接收。推进“客户用电满意工程”，设立网格专职客户服务经理。强化优质服务投诉处理，发现并整改问题 26 个，对 18 名工作人员追责。打造农村“40 分钟抢修圈”，实现城乡服务同质化。

【党的建设和精神文明建设】组织收听收看十九大，利用内部网站、宣传栏及微信等平台，迅速掀起宣贯会议精神热潮。通过十九大代表现场讲、专家讲堂面上讲、领导干部基层讲、心得体会网上晒、党委委员片区督导等方式，促进首要政治任务落实。公司领导深入基层讲授党课 6 次，推动十九大精神进基层、进班组。各单位开展主题学习活动，举办专题党课 12 场、专题培训 16 次。基层党组织创新形式，开展知识竞赛、专题研讨等。组织全体党员学习贯彻十九大精神特别是习近平新时代中国特色社会主义思想，党员、干部撰写心得 872 篇，确保学懂弄通做实。

成立各级党建工作领导小组，建立党建三级责任机制，实行党委委员职责、片区“双分工”。实施党支部项目领办，“党员积分制”考核获省公司推广并在党建工作会上作经验交流。“支部联建”“村所联建”工作获省、市两级组织部门认可。规范党建机构设置，配强专兼职党务工作人员。修订完善《干部管理办法》及其配套制度10项，实施职员职级序列管理。严格干部选拔任用，加强日常监督管理，通过上挂下派、交流轮岗，强化干部综合能力培养。成功创建全国文明单位，创建方法和成效被省市文明办作为样板推广。落实省公司“卓越之路”企业文化节系列方案，举办职工运动会，开展道德讲堂、形势任务宣讲、“六一”关爱等活动。通过专业管理进班组，带动班组指标和员工素质双提升。3个班组被评为国家电网公司先进班组，1个班组被评为省公司标杆班组。

**【国网四川明珠集团有限责任公司】**国网四川明珠集团有限责任公司组建于1996年12月，2005年2月由四川省电力公司控股，2017年12月改制为国网四川省电力公司全资子公司。公司注册资本10016万元，以水力发电、电网运营为主，兼营水电工程设计、安装、检修以及建筑施工等多种产业。

明珠公司年发电量5亿千瓦时，年供电量14.5亿千瓦时。拥有水力发电机组12台，装机容量81.7兆瓦。供区有35千伏及以上变电站21座，其中220千伏1座，主变总容量300兆伏安；110千伏6座，主变总容量569兆伏安；35千伏14座，主变总容量188.5兆伏安；35千伏及以上输电线路44条，长499.312千米。供区内电力用户39.4万户，供区通电率100%，供电可靠率99.97%。

截至2017年12月31日，明珠公司全民职工2634人，其中在岗职工1860人(包括4名待岗职工)，离岗退养774人。在岗职工平均年龄为43.24岁。男职工1106人，占在岗人数的59.46%；女职工754人，占在岗职工的40.54%。学历结构：硕士研究生2人，本科1001人，专科671人，中技及中专106人，普通高中56人，初中24人。技能等级结构：高级技师61人，技师623人，高级工334人，中级工264人，初级工5人。专业技术职称：副高级职称及以上45人，中称249人，初称809人。公司农电工14人，平均年龄49.36岁。学历结构：本科3人，专科7人，中专2人，普通高中2人。技能等级结构：技师4人，高级工2人，中级工6人。专业技术职称：初级1人。

主动对接融入全县产业发展和城乡规划，深入研究增量配电投资放开、新能源发展等形势，坚持以科学规划引领电网发展，完成了2017年电网发展诊断分析报告、射洪县经济开发区供电规划报告及“十三五”滚动规划报告。开工建设220千伏小于变电站；建成投运110千伏桃花山变电站和35千伏香山变电站。加快推进农城网改造，农网2016年第一批、第三批工程项目完成竣工结算，2017年农网项目现场施工全部完成；城网龙锂、龙盟工程项目竣工投运，8个2014年城网项目完成竣工审计，3个2016年城网项目工程竣工投运。高效推进智能电表换装工作，累计换装表计22万只，智能电表覆盖率达100%。电站增效扩容改造有序推进，全面完成东电、小螺电增容改造；积极争取政府奖励资金4350万元，公司自筹资金4350万元，有序实施螺电增效扩容改造，已基本完成招标工作，工程形象进度完成35%。全年完成电力建设投资3.4亿元，再度刷新年度投资纪录，射洪电网供电可靠性、电能质量大幅提高，电网综合营运能力更加坚强。

深入落实“管理提升年”工作要求，不断强化经营管理，切实提高发展质效。加强综合计划统筹、全面预算管控，推行成本项目化管理，公司可控成本支出较去年同期减少1296.68万元。加强物资集约化管理，调剂使用库存物资80余万元，处置废旧物资回收资金35万元。开展问题清单梳理，严抓整改落实，经营管理更加规范。完善薪酬绩效管理，开展劳动用工清理，组织技能人员交流轮换，进一步激发了员工工作积极性。扎实开展营配数据清理，狠抓营配调贯通质量，获省公司检查组好评。积极应对严峻售电市场，服务重心主动前移，简化手续、优化流程，业扩报装共新增22158户，新增容量为18.85万千伏安；加快推进客户资产移交，完成123个居民住宅小区、1230台农村客户供配电设施移交资产评估，两家“三供一业”企业即将完成资产移交；加强电能替代政策宣传推广，开辟电能替代快速服务通道，积极促进“煤改电”“气改电”“冰蓄冷”；充分利用富余电量消纳政策，全年因消纳富余电增加售电量1542.76万千瓦时，优惠电费226.15万元；深入开展内稽外查，挽回直接经济损失120.91万元。全面推行“购电制、全费控”工作，落实高风险客户“一户一策”方案，电费回收率达100%。

全面推进本质安全建设，制定工作实施方案，开展“管理提升年”贯标准等安全专项活动，确保本质安全建设各项措施全面落地。深入开展隐患排查治理，切实加强作业现场监督管理，落实精准“日管控”和定向安全监督工作要求，及时整改人员、电网、设备设施、施工现场和管理等方面存在的问题，深入排查整治隐患123项，严厉查处各种违章行为500余起，有效杜绝了安全事故发生。积极开展多层次安全培训，持续提升各级人员安全责任意识和安全履职能力。全面开展应急能力建设评估，扎实开展应急演练，圆满完成春节、两会、龙舟赛及中高考、十九大保电任务。深入开展电力设施保护工作，处理违章修建 7 起、外力破坏 10 起。切实强化交通、消防、内保等综合治理监督检查，安全形势继续保持平稳。

一是全面加强低压配网安全管理和基层供电单位综合管理。每周组织人员对 2～3 个基层供电单位的低压配网运行、低压施工作业现场及综合管理情况进行督查，并在每周的营销农电例会上进行通报，提出考核意见，督促其落实整改，全力保障低压配网安全稳定运行，努力提升基层供电单位综合管理水平。二是强化配变运行监控，提高运行可靠性。建立配电台区常态监测与动态调整管理机制，落实三级监控（一级监控为公司营销业务管控中心，二级监控为营销部各专业班组，三级监控为各运管单位监控分中心），依托 SG186 营销系统、用电采集系统及 PMS 系统数据，结合现场核查，重点针对配变台区低电压、三相不平衡、重过载情况开展联合监测分析，共计排查低电压台区 136 台，占比 3.95%；三相负荷不平衡台区 331 台，占比 9.61%；重过载 69 台，占比 2.0%。全年已整治低电压台区 117 台，占比 86.03%；未整治 19 台已全部列入农网工程项目储备；已整治三相不平衡台区 308 台，占比 93.05%；未整治 23 台已全部列入农网工程项目储备；已整治重过载台区 57 台，占比 82.61%；未整治 12 台已全部列入农网工程项目储备。三是开展“三线”清理，消除电力线路安全隐患。针对农村低压电杆存在“三线”同杆架设的实际，积极协调电信、移动、广电等单位，对农村光纤、通讯等弱电线路与电力线路同杆架设、废旧电杆未拆除或未转让的安全隐患进行排查，提出解决方案，落实整改，确保了低压电杆和线路安全。四是开展电力扶贫，助推全县贫困户脱贫摘帽。认真落实县委、县政府的扶贫工作要求，加强沟通协调，完成贫困户入户调查 2048 户，排查和处理各类问题 68 个，完成易地扶贫搬迁高低压线路及设备设施迁改共 31 处：10 千伏及以上线路 1.7 公里、配电变压器 6 台。0.4 千伏线路 3.8 千米，完成贫困户异地搬迁电力接入 773 户。同时，加强脱贫攻坚全覆盖督查情况“回头看、回头帮”活动，落实脱贫人口无生活用电问题整改，问题整改率、通电率达均达 100%。五是以全能型和星级供电所建设为契机，努力提升供电所综合管理水平。深入推进供电所营配业务末端融合，台区经理制和网格化服务，全面达到“全能型”建设要求。通过开展星级供电所建设，供电所各项工作有目标、有标准、有规范、有评价，供电所管理更加规范，整体管理水平得到较大提升。2017 年，沱牌镇供电所被命名为四星级乡镇供电所，太乙、天仙被命名为三星级。截至 2017 年年底，公司已命名四星级乡镇供电所 1 个、三星级 10 个。

2017 年，明珠公司完成发明专利（申请）1 项，实用新型专利（申请）1 项，核心科技期刊发表论文 1 篇。

完善城乡用电报修快速响应系统，强化故障报修过程管控、时限管控和闭环管理；推行“两代表一委员”定点联系制度，建立走访服务台账，有力推进了作风行风建设；以“电力流动服务车”为载体，开展服务满意度调查和进村入户活动；服务入驻工业园区，精简业扩报装流程，开辟办电绿色通道，打造专属客户经理；全力推广新型缴费和办电方式智能服务渠道，开通抢修服务电话语音导航业务分类，实行业务分流，为客户提供完善、便捷、贴心的人性化用电服务。积极落实电价调整政策，采取“白+黑”集中连续办公的方式，顺利完成除大工业外其余类别用电与省公司同价工作，并现场处理远程电价调整失败清单 2117 笔；全年降价让利 4000 余万元，把实惠带给全县人民。深入开展精准扶贫工作，自筹资金 120 余万元，确保 92 处异地搬迁安置点如期通电，首批 32 个光伏扶贫项目正常投运；结对帮扶鲤鱼村 34 户贫困户，帮助其按期脱贫摘帽，明珠公司被评为射洪县“‘五个一’驻村帮扶先进集体”。

紧紧围绕“一流党建”目标，认真落实党建“旗帜领航·三年登高”实施方案，全面加强“三个建设”。成立党建工作领导小组，完善党建工作机制；制定落实 “三级责任清单”，形成三维联创党建工作新格局；开展支部书记抓党建专项述职评议，着力推动党建工作责任制落实到位；优化基层党组织设置，开展党建工作健康体检，推进标准化党支部建设，落实党员积分制和支部项目化管理，党建工作基层基础不断夯实。强化党风廉政建设“两个责任”，落实履责记实制度；准确运用“四种形态”，防控廉政风险；健全四级监督体系，强化协同监督工作；制定中干廉洁积分评价手册，开展“阳光谈话”“廉洁亲情寄语”、警示教育等“清风川电”活动，筑牢了党员干部拒腐防变思想防线。修订完善干部管理制度，建立干部管理制度体系；严格开展干部年度考评，强化考核结果运用；组织开展“阳光谈话”，实现了党、政、纪负责人谈话和分管领导分管范围谈话两个全覆盖；建立后备干部挂职党支部锻炼机制，切实增强后备干部党性修养；积极开展外培内训、技术比武和岗位练兵，抓好关键紧缺人才专项培养，有效提升了职工队伍业务水平。把社会主义核心价值观融入企业文化建设全过程；组队参加射洪万人诗歌朗诵会、龙舟比赛等活动；深化班组建设，公司营业班、螺电发电班荣获国家电网公司“先进班组”称号；开展先进典型选树活动，选树典型 120 人，张开国、陈小燕分获省公司“感动川电”员工提名奖和第五届遂宁市道德模范提名奖，母先维被省公司评为“诚信敬业文明新风典型”。顺利通过“全国文明单位”复查验收，被确定为四川省法律进企业创建工作示范单位，荣获省公司“先进基层党组织”和“企业文化建设工作先进集体”称号，并被县委、市委宣传部推荐为省级社会主义核心价值观工作示范点。

提前五年积极筹划，历时三年努力攻坚，全力推动集团公司全资化改造工作。一面实施母子公司改制重组，一面推进地方国有产权无偿上划，相继完成农网一、二期资产剥离、资产全面清理、中介评估、审计及税务咨询、明珠股份公司个人股份收购、中小法人股东合法有序退出、集团公司全资上划报审获批、吸收合并金电公司、分支机构注销、ERP 成功上线、业务对接及人员安置、清算关闭明珠股份公司等大量深入细致、艰苦卓绝的工作。2017 年 12 月 27 日，明珠股份公司最后一次股东大会表决通过了清算报告，并于当日办理工商注销登记。公司改制成为国网四川省电力公司全资子公司，压减了两个四级法人实体，管理层级压减至三级，这是继 2005 年公司实现由国网四川省电力公司控股之后又一次重大的管理体制变革，在公司的发展历程中具有里程碑意义。

2017年2月，明珠公司被国网四川省电力公司正式确定为全省22家营销转型试点单位之一。紧紧围绕“用电信息全采集、客户用电全费控、营销管理全智能”建设目标，按照基础支撑、服务手段、智能管理、运营机制等4大指标体系，部署营销转型重点建设任务。调整营销业务机构，实行“大营销”运行模式，供电所推行“大班组”管理模式，进一步适应营销转型工作需要。50天突击完成22万只智能电表换装，创造了惊人的“明珠速度”，为实施营销转型奠定坚实基础。建立三级联动管控机制，将采集、费控、线损等重要指标全面纳入线上专人管控；开发智能化运营管控平台，实行看板管理、实时精准管控；成立同期线损稽查大队，实施指标引领、过程管控；各责任单位紧盯指标，分析找准原因，实行问题“T+0”办结制度。公司智能电表覆盖率、采集接入率、自动采集成功率、公专变采集成功率、配变台区线损合格率等指标，在22家试点单位中排名从位次靠后迅速跃升并名列前茅，营销转型取得的优异成绩多次受到省公司领导肯定和好评。

**【国网蓬溪县供电公司】**国网蓬溪县供电公司是国网四川省电力公司的分公司，主要负责蓬溪全县电网规划、输变电设施建设、运行、维护、管理及电力供应等，供电面积 1251 平方千米，覆盖全县 495 个行政村，供电客户 22.49 万户。

国网蓬溪供电公司拥有220千伏变电站1座，变电容量1×15万千伏安；110千伏变电站4座，变电容量31.15万千伏安；35千伏变电站9座，变电容量8.88万千伏安；水力发电装机9台，容量0.872万千伏安；公司年售电量3.2亿千瓦时。自2005年改制以来，公司一直保持连续安全生产的良好安全态势，保持了党风廉政、队伍稳定、优质服务“零”事故目标。

国网蓬家乡供电公司秉承“服务党和国家工作大局，服务电力客户，服务发电企业，服务社会发展”的宗旨，认真践行党的群众路线，切实履行社会责任，不断夯实基础管理，持续推进创新转型，深入开展优质服务，取得了“五个文明”建设的协调发展。国网蓬溪供电公司荣获国家电网公司文明单位、省级最佳文明单位、省级模范职工之家、省级安全文化建设示范企业、省公司双十佳文明单位。所属单位先后荣获“国家级青年文明号”“全国工人先锋号”“国家级巾帼文明岗”“国家电网公司工人先锋号”“国家电网公司先进班组”等荣誉称号。

截至2017年12月底，拥有在册职工412人（含退养11人）、农电工76人、其他17人（集体企业聘用），具有高级职称13人、中级职称51人、初级职称282人；高级技师20人、技师161人，高级工43人、中级工119人、初级工22人。

开展电网发展诊断分析，深度做好电网规划，编制“十三五”配网滚动规划、工业园区电网专项规划、新一轮农网升级规划专项报告；统筹推进电网建设，完成110千伏任隆、35千伏明月站增容扩建改造，完成35千伏红明线、35千伏赤文线52号杆、10千伏城西线低压线路、红江电厂3.15千伏开关柜改造等大修技改项目。统筹实施2016年第三批1652万元农网升级改造和2017年5296.78万元“中心村”改造，完成了投资392.3万元的“中心村”电网改造增补项目；积极履行社会责任，主动服务党委政府工作大局，投入1811万元，对三凤1村、5村共12个村社进行了电力设施改造。积极落实任隆镇矮垭口村土坯房室内照明改造、蓬船灌区白鹤林水库配电线路迁改，圆满解决了全县2600余户新增贫困户用电问题，及时实现19个村站、112户光伏扶贫项目的并网发电，助推全县6000余人顺利脱贫。

积极走访各级政府，汇报说明历史贡献、电费电价政策，顺利完成低压客户电价调整；统筹安排、积极推进，安全高效完成了投资 2910 万元、7.5 万只智能电表换装上线任务，实现了智能电表在蓬溪全覆盖；积极增供扩销，推进业扩新政落地实施，全年新增或增容用户 74 户（不含居民客户），新增容量 25270 千伏安；深入开展电能替代，落实自强皮业 2 蒸吨电能替代项目；与广电、移动等集团用户签订购电制协议，对电费风险较大的 86 户企业启用费控功能、对 91 个专变用户启用负控购电措施，使公司预购电余额为 3600 万元；开展“强基础、降损耗”营业大普查，纠正用电错误 43 户、处理稽查工单 57 条、异常用电 721 户、查处窃电 6 户，追补电费 60.77 万元；持续推进营配贯通工作，台区线损应用率 99.31%、采集成功率 99.64%、低压表箱贯通率 99.88%、专线贯通率和专变贯通率 100%。

以“安全管理提升年”为契机，深入开展“强化本质安全”“安全日”“安全月”“安全管理贯标准”“基建现场反违章”等专项活动，促进安全生产标准及规章制度落地执行；强力推行农网工程属地化管理、供电所与施工队同进同出制度、“作业现场安全管理清单制”“施工单位安全积分制”“红线禁令进现场”及“农网分包队伍二维码”管理；成立安全巡查大队，加强全过程安全监督和违章惩处，及时发现、制止和纠正施工现场违章作业行为；精心组织迎峰度夏和防洪度汛工作，开展地质灾害排查治理，完成两处地质灾害点电力设施迁改；加强交通、消防、内保和信息安全管理，保持了安全发展良好态势，被遂宁公司表彰为“安全业绩突出单位”。

开展春、秋检及专项整治活动，完成35条线路避雷器更换、32条线路清障，查处各类设备缺陷79处、更换针式绝缘子165个、清理各类障碍3000余处、更换不合格户保2000余只；加强线路跨鱼塘、跨高速隐患整治和绝缘化改造，完成隐患整改5处，落实整改计划25处；强化迎峰度夏（冬）管理，做好设备测温测负和应急抢修工作，更换配变92台，新增容量6700千伏安。从优化组织架构、推进业务融合、推广新型业务、培养复合型员工入手，着力创建“基础规范化、专业流程化、现场标准化、团队和谐化”的“全能型”供电所，城郊供电所命名为“四星级乡镇供电所”、9个供电所命名为“三星级供电所”。

强化科技创新和精益管理，全面推进精益转型，着力抓好顶层设计、文化引领、理念导入、方案策划和措施落实，激发员工自创小微创新项目53个、提炼 QC 成果4个、申报实用新型专利2项，“提高农村用电故障抢修响应速度”获国家级管理创新成果二等奖，“基于农村用电报修快速响应系统的全流程大数据研究与应用”获省公司第一届大数据劳动竞赛三等奖。

加强信息安全管理，开展信息安全专项检查，完成公司203台电脑桌面终端管控及勒索病毒防护整治；完善光环网网络结构，完成110千伏任隆变电站机房整改和供电所综合数据网贯通工作，使供电所信息内网可靠性得到了很大提高；完成变电站营销采集终端无线改有线工作，使变电站采集满足运行规定；配合信通公司完成供电所、营业厅标准机房的建设，改善了设备的运行环境；对不满足安全防护的应用系统进行下线处理，提升信息系统安全可靠运行。

主动跟进和服务全县重点工程和招商引资项目，及时提供电力需求服务；开展营销业务、服务技能培训，规范服务行为；拓展购电解交渠道，开通支付通，增配15台24小时自助终端，新增交费网点300余个；开通支付通，推广“掌上电力”APP，“掌上电力”APP 注册用户8.39万户，网上购电远程下发26063笔；开展居民小区配电资产移交，签订移交协议51个；多渠道发布停电信息，按月编报《电力信息月报》，让县委、县政府、广大客户了解供电信息及相关工作。

推进“旗帜领航·三年登高”计划，完善制度体系建设、夯实管理基础、补齐工作短板，实现党建工作上水平。深入开展“两学一做”学习教育“三亮三比”“党员责任区”“党员示范岗”等专题实践教育活动和“双争”活动，党员领导干部对照要求，加强党性党风党纪和道德品行修养；建立领导干部定点联系党支部和班组工作机制，深入基层、一线，开展形势任务宣讲、十九大会议精神学习宣贯，听取职工群众意见，帮助解决实际困难；扎实推进服务型党组织建设，组织党员开展关爱留守学生、安全用电、节能环保宣传、电力医生巡诊、换岗体验等志愿服务活动；加强企业文化建设，强化国网公司“五统一”文化传播，开展企业文化进班组、“学习型团队”创建活动；深入开展员工“四德教育”，组织开展扶危济困、扶弱助残、关爱留守、“学雷锋，践承诺”等活动。加强品牌传播，扎实开展通讯员队伍培训，全年在省公司及以上媒体刊发稿件344篇，4条视频新闻在省公司光芒视频播放，拍摄专题片2部，对外展示国家电网形象。

**【国网大英县供电公司】**国网大英县供电公司是国网四川省电力公司的分公司。公司下设 8 个职能部门，两个业务支撑机构（营销部和运维检修部（县检修工区）、5 个农村供电所。主要负责大英全县电网规划、输变电设施建设、运行、维护、管理及电力供应等，供电面积 703 平方千米，供电客户 16 万户，供电人口 57 万人。2017 年完成售电量 4.24 亿千瓦时。

截至 2017 年年底，国网大英县供电公司员工总量 254 人，其中在岗员工 251 人，内退员工 3 人。职工平均年龄为 42.11 岁，本科及以上 230 人（含硕士研究生 15 人），占公司总人数的 90.55%；高级职称 13 人，占职工总数 5.12%；中级职称 46 人，占职工总人数 18.11%；初级职称 156 人，占职工总人数 61.42%；高级技师 8 人，占职工总人数 3.15%；技师 72 人，占职工总人数 28.35%；高级工 13 人，占职工总人数 5.12%；中级工 14 人；占职工总人数 5.51%。

科学编制大英电网中长期目标网架规划，完成“十三五”配电网规划滚动修编，完成2018年城（农）网、老旧小区、新增贫困村改造项目可研储备。积极协调地方党委政府，及时与工业集中发展区签署战略合作协议，发展环境持续优化，加强宣传引导，积极凝聚政府、园区、客户等各方共识。全年完成城网投资及大修技改340万元。

营销“三全”建设全面推进，开展在线智能稽核，挽回电费损失 13 万元，新增智能电表 7.6 万只，智能电表覆盖率达 100%，全口径自动采集成功率达 99.35%。突出效益导向，全年可控成本同比压降 156 万元，降幅达 5.59%。落实富余电量消纳政策，促使企业增加用电量 375 万千瓦时。加快推进国有企业家属区供电分离移交，完成“三表合一”用户 1729 户，完成 77 个小区供配电资产接收。11 个光伏发电站已经顺利接入大英电网。深化仓储规范化管理，库存物资总额较年初下降 32.01%。强化物资平衡利库与废旧处置，累计利库金额 35 万元，处置废旧物资原值 46 万元。

认真开展安全生产风险清单梳理，整改重点问题7项，不断夯实安全基础。深入开展安全生产大检查、电力建设安全年等专项活动，落实作业精准化日管控，整治隐患325项，进一步夯实了安全生产基础，大英电网主配网故障率同比降低32.5%。加强红线禁令惩处力度，严格落实同进同出管理，充分发挥小红本随身警示作用，现场违章及违反红线禁令大幅下降。深化停电计划刚性执行和配网调控管理，主网停电计划执行率提高0.3个百分点，配网临停率下降80%。圆满完成春节、全国两会、中高考、全国艺术体操冠军赛、全市旅发大会及十九大等重要保电和服务工作。

严格落实省公司“电力助推扶贫攻坚”十大行动，确保了纳入省级脱贫验收的 14 个贫困村、大英县 2017 年计划脱贫摘帽的贫困村电力供应符合脱贫标准。完成 2017 年农网升级改造 21 个项目，投资 2528.24 万元；完成城网投资及大修技改 340 万元。推进星级供电所创建，回马供电所成功创建为“四星级班组”，供电服务质效不断提升。

扎实开展“管理提升年”活动，2 项创新成果入选国网遂宁供电公司典型经验。11 个光伏发电站已经顺利接入大英电网。完成 4 个技术创新项目、2 个 QC 项目、2 个课题研究，2 项实用新型专利项目正式受理。完成所有 110 千伏变电站光纤环网建设，110 千伏站点光纤环网率达到 100%；除 35 千伏天保变电站外，其余 35 千伏变电站均完成环网建设，35 千伏站点光纤环网率达到 83.33%。完成桌面终端管控系统安装工作，办公电脑桌面管控覆盖率达到 90%。

积极走访用电大客户，深度沟通阐述国家电网优势，成功应对个别售电公司竞争。完成 3 个家属区共计 188 户的“两供一业”移交交出项目，超前完成省公司下达任务。完成新装、增容用户 14279 户，新增容量 15 万千伏安，同比增加 59%。新增用户 14294 户，“掌上电力”APP 注册用户 54580 户，网上购电远程下发 19655 笔。协调县政府出台推进电能替代实施意见等 3 项政策，以点带面推动火锅“气改电”，开拓锅炉“煤改电”、电动交通等，完成替代电量12万千瓦时。落实富余电量消纳政策，促使企业增加用电量 375 万千瓦时。加快推进国有企业家属区供电分离移交，完成“三表合一”用户 1729 户，完成 77 个小区供配电资产接收。

深入学习十九大精神，推进“两学一做”学习教育常态化、制度化，“四个意识”不断强化。制定“旗帜领航•三年登高”计划，扎实推进基础建设年各项工作，基层党组织和党建力量不断充实完善。落实党风廉政建设“两个责任”，修订完善《党委议事规则》及相关配套制度。选派优秀员工到机关部门挂岗，丰富实践经历，畅通成长成才渠道。深入推进“‘1+N+1’服务中心”帮扶机制，深化支部项目领办，围绕线损合格率、跳闸率等弱项指标进行立项，把党建工作有效融入生产经营管理中。通过专业管理进班组，带动班组指标和员工素质双提升。国网大英县供电公司被评为国家电网公司第四届文明单位，继续保持了省级最佳文明单位称号。

# 国网资阳供电公司

**【企业概况】**国网资阳供电公司成立于 2001 年 12 月 26 日，是国网四川省电力公司下属特一型供电企业，也是资阳境内唯一的电网运营和电力供应企业。供电面积 5757 平方千米，供电人口 350 余万，现设有职能部门 13 个，其中本部职能部门 11 个，业务支撑和实施机构 7 个。直管县级供电企业 3 家（乐至、安岳、雁江供电分公司），及一个集体企业管理平台。

资阳电网现有 500 千伏变电站 1 座，变电容量 150 万千伏安；220 千伏变电站 4 座，变电容量 117 万千伏安；110 千伏变电站 16 座，变电容量 103.75 万千伏安；35 千伏变电站 26 座，变电容量 29.74 万千伏安；220 千伏线路 17 条，线路长度 350.81 千米；110 千伏线路 32 条，线路长度 386.09 公里；35 千伏线路 40 条，线路长度 482.41 千米。资阳电网已经形成以 500 千伏为支撑、220 千伏为骨干、各级电网协调发展，供电可靠性较高的供电网络。

2017 年，国网资阳供电公司完成固定资产投资 2.89 亿元，其中电网基建投资 2.5 亿元。全年完成售电量 20.83 亿千瓦时，同比增长 5.3%。售电收入 11.51 亿元，同比增加 1.37%。综合线损率 9.15%，同比下降 0.47 个百分点。同业对标综合排名位列省公司第八位，企业负责人业绩考核在地市公司排名第十名，位列 B 段，建设管理评为省公司标杆。继续保持“全国文明单位”光荣称号，荣获省公司 2017 年度安全先进单位、班组建设先进单位，落实党风廉政建设责任制连续被省公司评为“优秀”，荣获第四届资阳市政府质量管理奖、资阳市年度公共服务业消费者满意度测评活动和“万人评风”活动双第一。“红细胞”志愿服务联盟获评四川省十佳志愿服务组织，“红细胞”工程获评“2017 年全国民生示范工程”和国家级管理创新二等奖。

**【人力资源】**截至 2017 年底，用工总量 3000 人，公司党委现有委员 7 名，设有二级党委 6 个、党总支部 2 个、党支部 42 个，党员 963 名。队伍建设全面深化。提拔交流干部 57 人次，调整关键岗位员工 30 人次，有效盘活公司人力资源。实现中干培训全覆盖，有效提升干部队伍执行力和示范引领作用。持续推进大学生班组长挂职、两师带一徒人才培养机制，评选 24 名“红细胞”月度明星，10 名“红细胞”年度之星，2 名大学生员工入选省公司“电力雏鹰”。电气试验班等 7 个班组分别荣获国网先进班组、省公司标杆班组、省公司先进班组称号。复转军人接收安置工作受中央信访联席办领导肯定，公司在全省民政工作会议上就复转军人安置和权益保障情况作先进代表发言。

2017 年 8 月 3 日，国家电网公司资阳供电公司 500 千伏川渝第三通道建设协调工作受国家电网领导高度肯定

**【电网建设与发展】**全力抢占增量配网市场，超前规划临空经济区、工业园区电网项目。持续提升项目可研质量，形成可研编制—评审—质量评价—质量通报—质量提升改进的闭环管理模式。结合资阳电网现状启动《农村配电网规划提升工作方案》编制，开展“基于多数据平台的配电网诊断分析与精

准投资”管理项目，实现配电网的精准投资。积极争取各级政府的支持，切实履行川渝第三通道建设属地协调管理职责，实现川渝第三通道建设“零阻工”、确保项目提前8个月建成，属地协调创造了“四川速度”和“资阳精神”，得到董事长石玉东的高度赞扬，“属地协调典型经验”得到省公司推广。积极配合政府部门高效推进“中国牙谷”项目涉及的电力设施迁改工作，以最快速度取得省公司对迁改技术方案的审查意见，完成全部铁塔组立。全力推进资阳广惠至文峰220千伏线路新建工程，快速落实乐至、安岳政府专项领导小组工作部署，高效完成项目前期工作。建成投运牌坊沟110千伏输变电工程、安岳岳阳110千伏变电站扩建工程，完成资阳首座220千伏孙家坝变电站GIS改造工程，有效提高资阳电网可靠性。高效完成安岳文化220千伏输变电工程选址选线工作，有序推进资阳安岳石板110千伏变电站改造工程。

**【经营管理】**强化了解决问题的能力。扎实开展“管理提升年”活动，制定并落实87项“管理提升”举措，细化梳理工作任务196项。完成问题清单梳理上报工作，实现29个问题整改闭环管理。完成培训机构撤销工作。高效整改在建工程历史遗留问题，清理异常工程项目1924个，处置金额10349.13万元。与资阳市“临空经济区”、经济技术开发区及各区县工业园区签订战略合作协议，妥善化解配网增量试点风险。强化了人、财、物管控能力。科学制定公司统一绩效管理实施方案，有效提高全员工作能动性。深化预算精益管控，成功将非物资类业务预算偏差率控制在5%以内。构建“县级财务实时管控”体系，财务集约化管控能力不断增强。完成10类物资“二维码”标志增添工作，实现实物ID管理物资全流程管控。完成2015年以前积压物资处置工作，有效提高仓库利用率。顺利完成物资中心搬迁，实现物资招标、采购、管理一体化办公。强化了集体企业竞争能力。2017年以来，资源集团增设售电业务，实现营业收入5.93亿元，完成省公司下达指标的118.53%。实现利润652.6万元，完成省公司下达指标的115%。客户市场占有率增加6.65%，工程成本降低10%，累计回收工程欠款1.29亿元，物资利库达50.73%。多举措率先完成集体企业“瘦身健体”改革任务。国庆期间高效完成市政府配电工程，得到市委、市政府高度肯定。

**【安全生产】**本质安全水平持续提升。全面推行安全生产风险清单制管理，完成4项重点问题闭环整改。深入开展安全生产大检查，整改安全隐患和缺陷589条，累计查处违章行为308起，考核违章责任人员222人，安全基础不断夯实。强化“管业务必管安全”意识，优化构建安全专项报告制度，编写安全专项报告36份。扎实完成省公司安全述职评议，各级领导干部安全履责能力进一步提升。统筹电网运行、运检作业、基建施工各领域要求，修订到岗到位等管理规定，专业现场管控能力持续增强。电网风险防控持续提升。深化电网运行预警预控，有效管控各级电网风险62项，其中四级风险9次、五级风险11次、六级风险42次，平稳度过创历史新高的夏季大负荷考验。构建多专业一体化会签、联动会审机制，实现电网风险预警全过程闭环痕迹化管理。开展配电线路综合治理，10千伏配网故障跳闸重合不成功次数同比下降64.08%，超5次跳闸线路同比减少87.3%。第一时间响应“9·30”青川地震，开展“无脚本”大面积停电抢修应急演练，公司应急响应能力不断提升。圆满完成中共十九大等138项保电任务。电力公共安全持续提升。稳步推进漏保和简易台区治理，实现农村台区总路漏保安装率100%。投入资金900余万元整改涉电鱼塘安全隐患1998处，鱼塘涉电人身伤亡事件得到有效控制。与资阳市公安消防支队共同签订战略合作协议，排查治理97条电气火灾隐患。完成全市所有县级电力警务室、供电所警务工作站建设工作。完成全省首个“安全用电村供用电设施技术标准”发布和全市10个安全用电村建设，启动乐至安全用电示范县创建，逐步完善“以村试点、以乡辐射、以县覆盖”的安全用电示范体系。

**【农电工作】**落实省公司精准扶贫、精准投资的管理理念，完成145个贫困村电网项目可研报告编制，争取到2018年贫困村电网改造资金1.91亿元。完成新一轮农网改造升级工程“两年攻坚战”任务，并顺利迎接国家电网公司督导检查，实现工程覆盖范围内农村户均配电容量从0.795千伏安/户提升至1.295千伏安/户。完成改造70个老旧（弃管）小区供电设施，惠及城市居民1.3万户、3.3万余人。

**【科技与信息化工作】**以中低压配网为着力点，不断强化同期线损系统建设，线损率同比降低0.47个百分点。新增智能电表8.5万只，覆盖率达99.95%，全口径自动采集成功率达99.42%。“互联网+营销服务”有效推广，业扩报装线上办理率实现100%。20支青年创新团队成果丰硕，获省公司管理创新、精益项目、课题研究奖项12项，QC成果9项，电力E通项目获得省公司第三届“青年创新创意大赛”二等奖。发挥运营监控预警机制作用，全年监测18.8322万条数据，监测有效异动数量7.1145万条。

**【市场服务】**“三个一”电力发展新格局不断加强。

积极向各级政府主管部门汇报，助力资阳市在全省率先印发《推进电力“三个一”发展工作方案》。全面落实电源侧“一盘棋”发展理念，完成资阳市“十三五”电源发展方案编制。全面梳理辖区内交叉供区情况，通过积极争取省公司和政府政策支持，有序推进“一张网”供区划转工作。顺利完成供区调价工作，目前供区内除直供区、“子改分”县公司供区居民低谷时段优惠执行情况不同外，其他已全面实现“一同价”目标。提质增效力度不断加强。狠抓开源节流和降本增效，有序启动内部模拟市场建设。坚持先接入、后改造，努力解决业扩受限问题，全年累计完成接电 74.24 万千伏安。完成 25 家火锅“气改电”改造，实施 6 台锅炉“煤改电”改造，一年来累计完成电能替代 0.8 亿千瓦时。开展配网不停电作业 441 次，10 千伏城市配网架空业扩项目不停电搭火率达 91%。持续开展“量价费损”及营销专项稽查，电费回收率达 100%。经过多方协调与努力，收到政府同网同价补贴款 857.5 万元。供电服务工作不断加强。制定 2017 年十项供电服务举措，重点开展“红细胞”进百家企业活动，主要领导带队走访中车电气公司、铁路局等单位，客户体验满意度不断提升。完成智慧能源展示厅建设。成功打造 5 个“全能型”乡镇供电所。完成城南工业园“一站式”供电服务机构建设。有序推进“三供一业”用户产权供电资产移交，协议接收 5 个中央企业，2 个省属地方国企，共计 23 个小区供配电资产。

国网资阳供电公司新一轮农网改造升级“两年攻坚”圆满收官

**【党的建设和精神文明建设】**扎实开展十九大精神学习宣贯，公司班子率先垂范，深入基层面对面宣讲 7 次，各级党组织以“三会一课”、班组学习、主题党日和优质服务活动等方式，运用内网专栏、微信、电子刊物等载体，推动十九大精神进基层、下班组。累计组织开展十九大精神专题培训 4 次，集中学习会 11 次，专题党课 27 次，十九大精神微课堂 12 次，撰写学习心得体会 180 余篇，实现了各级党员领导干部全覆盖。深入贯彻落实上级党建工作会议精神，制定党委年度重点工作责任清单、党委中心组学习规则、《党的建设“旗帜领航•三年登高”计划》等制度、意见 41 个，扎实推进“两学一做”学习教育常态化、制度化，不断夯实巩固党建工作基础。胜利召开公司第一次党代会，顺利通过省公司党委 2017 年度党建综合考评。落实 69 项党风廉政建设工作重点和 100 项任务，圆满完成省公司第三巡察组党风廉政迎检工作，高效整改所有反馈事项。国网资阳供电公司在资阳市党风廉政社会评价工作会和全市预防腐败工作推进会上作经验交流发言。常态化推进企业文化与精神文明建设，建成省公司文化示范点 4 个，顺利通过“全国文明单位”复查，国网资阳供电公司获评省公司 2014—2016 年“双十佳文明单位”称号，2 名职工获评“四川省道德模范”“四川好人”称号。国网资阳供电公司团委获得“四川省五四红旗团委”。深化“红细胞”品牌升级传播，实施扶贫攻坚行动等年度十项行动。“红细胞”分别列为国家电网管理创新推广项目、国家电网企业文化重点项目。“红细胞”服务事迹喜登中央电视台，在人民日报《民生周刊》、《中国电业》开展了专项主题宣传，反响热烈。

**【存在的主要问题】**一是管理机制问题。多种用工身份并存（中央全民、地方全民、大集体、集体企业直签、劳务派遣、非全日制），绝大部分人力资源管理矛盾均由身份问题引发。集体企业用工的劳动关系复杂，农电用工利益诉求强烈、历史遗留问题较多。原地方控股代管公司子改分后，子改分公司地方全民员工存在与大网员工同工同酬诉求。二是工资总额问题。全民支援集体企业员工回流工资问题。随着全民支援集体员工回归，国网资阳供电公司主业承担工资负担加重。2016年，国网资阳供电公司中央全民员工收入呈下降状态，中央全民人均降幅5.58%。供电所全民员工工资回归主业后工资问题。按照省公司要求，将分步骤将在供电所上岗的全民员工工资纳入工资总额发放，不再在农维费里列支，将增加主业工资负担，如无工资增量，资阳公司两个县级供电公司全民员工工资水平将下降（乐至公司人均降幅1.31%，安岳公司人均降幅3.85%）。

**【国网资阳市雁江供电公司】**国网资阳市雁江供电公司2016年7月经“子改分”后成为国网四川省电力公司的分公司。从1948年小火电厂发展至今，已历经近70年。2001年11月，原属地方电力企业资阳市雁江区电力集团公司由四川省电力公司代管，2006年12月，由四川省电力公司控股（四川省电力公司控股51%，雁江区人民政府委托出资人参股49%）。2013年1月，改制为国网四川省电力公司的全资子公司，更名为国网资阳市雁江供电公司，2016年由四川省电力公司全资子公司改制为分公司。

国网资阳市雁江供电公司现有7个职能部门、3个业务支撑机构、29个班组（14个乡镇供电所、5个生产类班组、5个营销类班组、3个水电运检班组）。截至2017年6月，公司现在册职工709人。其中，在岗职工669人，内退人员40人。

2017年，全年售电量5.96亿千瓦时，同比增长5.02个百分点，其中大工业用电增量111.7万千瓦时，增幅增量位居全市第一；主营业务收入净额3.28亿元；所属两个水电站持续高效输送清洁能源，全年发电量1.61亿千瓦时；10千伏及以下累计线损率10.21%，同比下降0.15个百分点；台区线损合格率87.35%，增加53.12%。开展“百日攻坚”行动，三百余名农网工程人员奋战一线攻坚克难，胜利完成农网攻坚“9.30”目标，全年共计完成农网142个项目，投资1.3亿元。经过两年农网攻坚战，农村户均配电容量从1.02千伏安/户提升至1.32千伏安/户。开展农网运维“每月十公里”巡查活动，针对配网运行维护安全专项巡查、配电线路综合治理，10千伏配网故障跳闸重合不成功次数同比下降31.4%。扎实开展“管理提升年”活动，制定并落实13项“管理提升”举措，细化梳理工作任务49项。历时10个月，完成问题清单梳理“四上四下”上报工作，实现8个问题整改闭环管理。抽调精干人员，成立物资管控组，推进物资规范化管理进程。保持“省级最佳文明单位”光荣称号，连续三年荣获省公司安全生产先进单位。荣获国家电网公司企业文化建设先进单位，“红细胞”事迹在人民日报《民生周刊》、《中国电业》开设专项主题宣传，反响热烈。李佳铭荣获“四川省优秀志愿者”，蒋小康荣获“四川省道德模范”等称号，在省公司系统引起广泛好评。

**【国网乐至县供电公司】**国网乐至县供电公司是乐至县境内唯一的供电经营企业，始建于1950年。1998年由内江电业局代管，2001年由资阳公司代管，2010年由省公司控股，更名为“四川乐至供电有限责任公司”。2014年更名为“国网四川乐至县供电有限责任公司”，纳入省公司全资管理，2016年9月，完成“子改分”，更名为国网乐至县供电公司，肩负着乐至县工农业生产和生活用电使命。公司设有办公室（党委办公室）、发展建设部、财务资产部、安全监察质量部（保卫部）、党委组织部（人力资源部）、党建工作部（工会、纪委（纪检）办公室、团委）、电力调度控制分中心共7个职能管理部门和运维检修部、营销部2个业务支撑机构，主业班组9个、供电所8个。代管集体企业资源集团乐至分公司和三新公司乐至分公司2家。全口径用工人数451人，平均年龄43.5岁。其中长期职工211人，农电员工240人。

2017年，完成固定资产投资1.44亿元，其中电网投资1.42亿元。完成售电量3.70亿千瓦时，同比增长5.85%，售电收入2.29亿元，同比增长4.33%。35千伏及以下综合线损率6.88%，实现电费回收率100%。资产总额2.07亿元，“两金”余额压降51.7%。

2017年，国网乐至县供电公司进一步深化改革，加快电网建设，不断提升企业经营效益，切实履行社会责任，稳步推进公司发展。继续保持“省级文明单位”光荣称号，荣获四川省“五四红旗团支部”、国网四川省电力公司“县级供电企业文化示范点”荣誉称号，落实党风廉政建设责任制连续被资阳公司评为“优秀”，在乐至县年度“千人评风”活动排名前茅。“红细胞”志愿服务联盟获评“乐至县十佳志愿服务组织”。

一是安全生产平稳可控。截至2017年12月31日，实现安全生产4997天。开展“以人为本强化本质安全、管理提升推进安全发展”为主题的本质安全提升，启动乐至县全省首个“安全用电示范县”创建工作，全面打造安全和谐用电新秩序。积极开展电气火灾综合治理，得到了公安部领导的高度肯定。通过公共安全隐患治理，强化涉电鱼塘隐患专项整治，全年未发生人身伤害责任事件。二是电网建设稳步推进。全年电网投资1.38亿元。完成4个批次新一轮农网改造升级工程“两年攻坚战”工程项目，累计投资9464万元，惠及全县24个乡镇50个行政村，18眼机井，灌溉农田面积1638亩；安全有序开展35千伏许家至大佛T接110千伏宝林站线路工程，在2017年3月底提前投运，顺利迎接国家电网公司农网建设安全督查。三是精益管理水平明显提升。积极开展同期线损治理工作，线路线损合格率94.44%，台区线损合格率86.32%，指标位列省公司第一方阵，结合同期线损治理同步开展用电检查工作，共查处违约及窃电行为35起，全部进行了电费追补和违约追缴。政企联动持续提升依法治企水平，将公司纳入乐至县依法治县总体部署，工作得到市、县两级政府的高度肯定。有序推进“管理提升年”方案落实，开展配电线路综合治理，10千伏配网线路故障跳闸重合不成功次数同比下降74.45%，35千伏线路全年无跳闸，配网综合整治获得资阳公司第一名。持续提升优质服务水平，由公司总经理担任首席大客户经理形成“专班”为入园企业提供业扩服务、个性化节能咨询服务等。全能型供电所创建工作取得较好成效，工作得到国家电网公司、省公司人力资源部领导高度赞扬。四是“三个建设”成绩斐然。建立《党员积分管理制度》，开展“党员身边无违章、无投诉”、道德讲堂活动等系列文化活动，引领公司健康持续发展。“红细胞”志愿服务精彩纷呈。以“红色帅乡”为依托，开展青年志愿服务、结对帮扶困难群众341人次，220名“红细胞”走进百家企业助力地方经济发展，联合乐至县30家企事业单位构建“红细胞”志愿服务联盟平台。457名“红细胞”已累计开展志愿服务活动4791次，受益人群13万余人次。

国网资阳供电公司圆满完成中共十九大保电任务

**【国网安岳县供电公司】**国网安岳县供电公司共有220千伏变电站1座，总容量270兆伏安，220千伏线路4条，总长123.71千米；110千伏变电站5座，总容量321.5兆伏安，110千伏线路8条，总长度130.1千米；35千伏变电站11座，容量151.4兆伏安，35千伏线路15条，总长210.645千米。10千伏公用线路92条、专用线路3条，线路总长4097.20千米，公变4854台，容量582.028兆伏安，专变1477台，城区用户7.52万户，户均容量2.10千伏安，农村用户37.50万户，户均容量1.03千伏安；0.4千伏及以下线路总长22970.8公里。

2017年，国网安岳县供电公司累计完成售电量66496.76万千瓦时，同比增长5.68%；累计完成35千伏及以下综合线损率9.82%，同比下降1.02个百分点。截至2017年12月31日，公司实现连续安全生产4982天，全年完成各类电网投资4.48亿元，是“九五”计划至“十二五”规划总投资额的2倍。

2017年，国网安岳县供电公司强力推进高低压线路通道治理和输配电设施隐患排查，线路跳闸、接地次数相较于2016年同期分别同比下降50.52%、41.71%。出台了农网管控“三七”规定和54条具体防控措施，实现了安全责任事故“零”目标，确保了各批次农网建设任务安全如期完成，农村地区安全供用电水平得到明显提高。在川渝电网第三通道500千伏输变电工程建设中，圆满完成了296户，4.89万平方米房屋拆迁、线路迁改停电等工作。协调完成了该条线路安岳段的塔基征地、青苗赔偿、交叉跨越等工作，确保该条线路提前6个月竣工，创造了“资阳速度”。国网安岳县供电公司组建同期线损管控中心，以营配贯通数据整改、同期线损治理、智能电表“三全”建设（全覆盖、全采集、全费控）、电能替代、采集指标提升为重点，台区线损合格率已提升至87.7%。

国网安岳县供电公司妥善解决系列历史遗留问题，于5月顺利完成了因社会、网络舆情而拖延达3年之久的岗位绩效工资制度改革，彻底解决石羊镇六村三社用户长达33年拒交电费的问题，完成了原普州公司工商登记注销等工作。国网安岳县供电公司荣获省公司2015—2016年企业文化建设先进集体、四川省厂务公开民主管理工作先进单位，资阳市普法先进单位，资阳公司先进集体、先进基层党组织、安全业绩突出单位称号。

# 国网自贡供电公司

**【企业概况】**国网自贡供电公司属国网四川省电力公司特二型企业，前身为川南供电公司自贡供电所。1978 年撤销川南供电公司后，成立自贡供电局。1993 年更名为自贡电业局。1980—1996 年，先后并入川南电业局、川南送变电工程处、自贡电力电容器厂、川南电力调度分局 4 家处级单位。2013 年更名为国网自贡供电公司。2001 年和 2009 年，辖区内威远供电局、500 千伏洪沟变电站先后划转至内江电业局及超高压运检中心。

2017 年 10 月 26 日，国网自贡供电公司带电作业中心揭牌成立，着力打造 25 平方千米"不停电作业示范区" （曾林　摄）

国网自贡供电公司现担负着自贡市四区两县 4000 多平方千米和内江市威远县部分区域的电能供应、电网建设和运行管理任务。本部设 11 个职能部室，辖 7 个直属二级单位（1 个直管县级供电企业，6 个业务支撑和实施机构），有全资分公司国网自贡市荣州供电分公司，全资子公司国网富顺县供电有限责任公司。截至 2017 年年底，国网自贡供电公司固定资产净值 22.9 亿元。有 35 千伏及以上变电站 59 座（含 2 座发电厂升压站），变电容量 4085.7 兆伏安（其中富顺供电有限责任公司发电站 2 座、变电站 16 座，变电容量 301.2 兆伏安）；35 千伏及以上输电线路 123 条，长度 1511.07 千米（其中富顺供电有限责任公司 23 条，长度 218.206 千米）；城市配网 6～20 千伏配电线路共 150 条，长度 1143.11 千米；县域电网 10 千伏配电线路共 225 条，长度 6092.87 千米（含全资子公司）。

**【人力资源】**截至 2017 年年底，国网自贡供电公司全口径用工总量为 3518 人。其中，直供直管单位国有长期职工 1158，农电工 725；国网自贡市荣州供电分公司国有长期职工（其他）87 人，农电工 178 人；国网富顺县供电有限责任公司国有长期职工（其他）560 人，农电工 316 人；集体企业职工 227 人，集体聘用职工 61 人，集体企业劳务派遣人员 206 人。离退休职工 2247 人。其中，直供直管单位 1427 人，国网自贡市荣州供电分公司 50 人，国网富顺县供电有限责任公司 257 人，集体企业 513 人。

**【电网建设与发展】**2017 年，自贡市召开全市电力工作会，落实地方政府电网规划建设责任。滚动修编"十三五"电网规划，推动富顺城乡电网建设。开展双石、农团等 7 个 35 千伏及以上输变电工程前期。促成政府出台电力输变电工程免于办理建筑工程施工许可证的政策性文件。留存项目得到加快推进，投产沙坪输变电工程等 7 个 35 千伏及以上项目，新增变电容量 126.3 兆伏安、输电线路 45.22 千米，彻底解决了板仓工业园单电源、沿滩工业集中区周边线路重载等难题。推进东部新城等输电线路迁改工程，完成迁改线路 104 条。全省两家之一的配电网标准化建设工程首批通过国家电网公司验收。开展电网综合整治，检修变电站 18 座、输电线路 22 条，治理配网主（支）线 408 条、台区 693 个，新（改）建城农网线路 2100 千米，线路故障停运率同比降低 28.18%。百日攻坚，完成富顺县 36 万只智能电表安装，在富顺首次展现了"国网速度"，采集系统建设基本实现全覆盖，自贡电网迈入新时代。

**【经营管理】**2017 年底，国网自贡供电公司完成固定资产投资 5.4 亿元，销售电量 32.31 亿千瓦时，同比增长 4.16%；营业收入 15.56 亿元，线损率 8.72%，电费回收率 100%。集体企业实现产值 7.12 亿元，超额完成省公司下达目标任务。企业负责人业绩考核居省公司第八位，同业对标综合排名第九名，创省公司实施业绩考核以来最好成绩。3 个专业获标杆、38 项指标排第一，其中检修专业连续四年获省公司标杆，交直流电缆隐患整治纳入省公司“领先型”典型经验。在“管理提升年”活动中，提炼最佳实践案例 23 个。建成中心数据监控大厅，通过监测成果运用，消除异动 3605 项。预算资金项目化管理取得初步成效，可控成本下降 15.02%，利润指标排名同比上升 4 位，取得最好成绩。创新制订重点工作考核细则，修订业绩考核管理办法。规范项目后期管理，转增固定资产 2.94 亿元。集体企业应收账款回收 2.11 亿元，余额压降 41.02%。电网经济运行水平持续提升，对外停电次数降低 16.29%。停运轻载主变，减少损耗 120 万千瓦时。开展带电作业 615 次，减少损失电量 130 万千瓦时。千方百计添措施，富顺公司实现扭亏目标。文档管理晋升示范级，历史档案抢救经验在国家电网公司推广。

2017 年 8 月 3 日，气温 37℃，运维人员消除 110 千伏长土变电站 10 千伏 1 号电容器接头发热缺陷

**【安全生产】**国网自贡供电公司始终坚持弘扬“挑刺”安全文化，着力夯实本质安全基础，实现了连续安全生产 13 年的最长历史周期。开展“电力建设安全年”等专项活动 15 项，整改隐患 321 处，源头治理取得实效。创新“三级双月安全述职”新模式，引入法律点评取得良好效果，全年实现 8197 个现场作业点安全可控。创新微信精准“日管控”，经验在省公司系统发文推广。治理涉电可垂钓场所隐患 7181 处，实现农村地区用电“零伤亡”。开展大面积停电等应急演练 61 场次，提升了应急处置能力。实现“两无两降一优化”迎峰度夏目标。完成十九大等重大保电任务 115 项。截至 2017 年 12 月 31 日，实现连续安全生产 4853 天。国网自贡供电公司被评为省公司“安全先进单位”、四川省“三电”设施安全保护“先进单位”。

**【农电工作】**国网自贡供电公司大力开展农网工程建设，狠抓农网工程现场安全管理，按期完成了 2016—2017 年两年攻坚战，全面完成 2017 年农网工程建设投资 1.0241 亿元，新建改造 10 千伏线路 140.05 千米，新增、增容配变 232 台/59.13 兆伏安，新建改造低压线路 645.41 千米。成功实现国网四川富顺县供电有限责任公司资产国有全资化，完成了省公司构建“一张网”的战略布局。深化农电体制改革，三新公司不断完善内控机制建设，“星级”“全能型”供电所建设稳步推进，农电队伍呈现新面貌。

**【科技与信息化工作】**2017 年，国网自贡供电公司管理创新、精益项目、发明创造等均取得新成绩，15 个项目获省公司及以上奖项，“以综合价值创造为导向的供电企业评价体系建设与应用项目”获四川省、全国国企管理创新成果一等奖，取得历史性突破。完成 220 千伏古佛站、110 千伏沙坪站、35 千伏塘边站等变电站的信息通信系统建设。施放 220 千伏王渡站至 110 千伏沿滩站、220 千伏舒平站经舒泥线至双石站 ADSS 光缆 60 余千米，实现北部光纤网络第二通道贯通和南部光纤网络优化调整。全年开展卫星通信月度应急演练 12 场次，强化了应急响应处置能力。两名员工入选省公司信息攻防红蓝队，并参与了国网公司信息安全特殊时期保障。

**【市场服务（优质服务）】**国网自贡供公司始终把客户的需求放在首位，将客户的体验放在心上，创新工作，优化流程，让广大客户拥有更多的获得感。与所有省级及以上园区签订战略合作协议，建立“两重一园”VIP 服务机制。办理市人大意见、政协提案 3 件。荣县、贡井成功完成成佳和五宝供电所供区划转，助力航空产业园发展得到肯定。在板仓工业园及沿滩新城打造25平方千米不停电作业示范区，高标准建成川内首家配网带电作业中心。优化配抢平台，故障处理平均时长缩短近40分钟，停送电投诉率同比降低62.9%。推进全采集、全费控、全智能建设，智能电表覆盖率99.75%，费控购电户数覆盖率95.27%，购电制实施居全川首位。大安分中心服务页岩气开采实现突破，国网自贡供电公司取得自贡市“页岩气开采用电”等多项政策支持，完成电能替代7338万千瓦时。积极走访“两代表一委员”，完成行风监督员换届，在全市公共服务单位的行风评价中实现“四连冠”。

**【依法治企】**国网自贡供电公司始终坚持“三全五依”法治企业建设，持续推进合规管理，企业法治环境不断改善。扎实推进问题清单梳理全覆盖工作，形成4项重点问题整改决议和2项重点问题专题报告。强化审计监督，工程竣工决算审计846个，节支229.61万元。创新“挂图”督办方式，全面规范“三重一大”管理，提升依法决策水平。查处违约用电、窃电行为17起，追补电费5.61万元。积极参与地方立法，推动《自贡市物业管理条例》出台。主动参政议政，首次有2位员工同时当选四川省人大代表，降春雷作为全省工人代表进入了大会主席团。坚持把法制融入企业管理全过程，“全方位推进依法运营的探索与实践”获省公司法治企业建设最佳实践项目一等奖。

2017年6月16日，国网自贡供电公司与自贡晚报社联合组织开展“小记者看大电网”活动，意在透过孩子们的视角和笔尖，向社会展示电力人工作，展现国家电网形象　　（文莉　摄）

**【集体企业改革与发展】**2017年，自贡供电公司始终坚持在发展中解决问题，不断转变观念，攻坚克难，创新突破，推动了企业健康发展。积极应对电力体制改革，优化市场策略，提升市场竞争力。积极主动参与竞争，集团公司成功注册售电业务资质。实施集体企业“瘦身健体”，蜀能物业公司完成吸收合并，电力职校完成清算关闭，完成培训分中心改革。成立6家三新分公司。推进驻市国企职工家属区“三供一业”分离移交，超进度完成职工家属区水、气改造移交任务。构建“三个一”新格局实践落地，荣县地区实现了“一同价”，富顺地区实现了“一张网”，为自贡电力全网协同发展奠定了坚实基础。

**【党的建设和精神文明建设】**国网自贡供电公司始终坚持党的领导、加强党的建设，落实全面从严治党新要求，深入学习宣贯中共十九大精神，在企业发展中立根铸魂。扎实推进“两学一做”学习教育常态化、制度化。制定党的建设“旗帜领航·三年登高”计划实施方案，建立党建工作绩效考核评价体系。召开公司一次党代会。建成公司党员教育基地，举办纪念建党96周年系列活动。制定党风廉政建设“两个责任”清单，有效防控廉政风险。新发展党员11名。修订干部管理制度2项，举办培训班31期。8名职工被评为省公3司优秀专家人才，4人在省公司级以上单位竞赛调考获奖。通过全国文明单位复查验收，建成自贡市首批社会主义核心价值观示范点。帮扶吴家湾村8户困难群众脱贫。建成“全国职工书屋示范点”。国网自贡供电公司被评为“四川省厂务公开和民主管理示范单位”。班组建设取得新成果，大山铺供电所被授予国家电网公司五星级乡镇供电所称号。地区调度班获得国家电网公司“一流班组”和省公司“标杆班组”，均实现“零”的突破。离退休“两项待遇”落实有力，国网自贡供电公司荣获自贡市2017年度“敬老爱心单位”荣誉称号。国网自贡供电公司团委荣获自贡市“一学一做”先进基层团组织。品牌建设能力进一步增强，“灯会保电30年”两登央视报道。信访工作扎实有效，企业保持和谐稳定。

**【存在的主要问题】**整体超员和结构性缺员并存。最高超员率发生在2012年、达48%，现在超员为历史最低水平，截至2017年年底，直属单位国有长期职工仍超员111人、超员率达10%。因历史沿革，自1980年以来累计划入的1112人，多为非生产专业人员，因年龄、学历、技术和技能等限制，难以转岗到一线技术技能岗位，形成历史冗员。1998年至今，国有长期职工累计减员1380人，新进人员235人。高龄用工比重大，国有长期职工平均年龄46岁，50岁及以上占30%，整体超员与结构性缺员问题一直较为突出。

**【所属县级供电企业】**国网自贡供电公司所属县级供电企业有3家，分别是国网荣县供电公司、国网自贡市荣州供电公司和国网富顺县供电有限责任公司。

**【国网荣县供电公司】**国网荣县供电公司担负着自贡市荣县、宜宾市、内江市威远部分地区900平方千米的供电任务，供电人口约58万。供区内有220千伏变电站1座，110千伏变电站4座，35千伏变电座7座，总容量9.13万千伏安；输电线路58条：其中35千伏线路9条、10千伏线路49条，线路总长1127.13千米。售电量：累计完成售电量（含金龙）5.1亿千瓦时，农业生产、居民、商业等用电分别同比上升38.25%、9.07%、29.66%。累计完成售电收入3.05亿元。110千伏及以下综合线损率为7.23%。截至2017年年底，供区内有大工业用户56户，普通工业用户4427户，城镇照明用户169968户（含农村居民用户121514户），城镇商业用户及其他21944户，农业生产用户562户。

**【国网自贡市荣州供电公司】**国网自贡市荣州供电公司担负着自贡市荣县西北路和宜宾市、内江市威远县部分地区共计17个乡镇、157个行政村的供电任务，供电客户94893户，供电人口约32万人。依托2座110千伏变电站和2座35千伏变电站构成主干网络辐射供电，拥有35千伏变电站1座，变电容量1.5万千伏安；拥有35千伏输电线路1条，长度8.87千米；拥有10千伏公有线路23条，长度923.13千米；低压线路3568公里；配电变压器1171台，配变容量137.07兆伏安。截至2017年年底，完成售电量1.11亿千瓦时，同比增长18.25%，增长率达到历史新高。完成售电收入7711.67万元，同比增长7.16%。电费回收率100%。110千伏及以下综合线损率为9.29%，同比降低3.56个百分点，历史上首次降低到10%以内。全面实现“同网同价”，每年为供区内用电客户节约用电成本1000万元以上。

**【国网富顺县供电有限责任公司】**国网富顺县供电有限责任公司于2015年12月底挂牌成立，2016年底成为国有全资公司，2017年年底完成富顺县国资办45.32%地方国有产权上划，属国网四川省电力公司全资控股县级供电企业。富顺县公司在沱江河有径流式水电站两座，总装机容量3.4万千瓦，年发电量2亿千瓦时左右，2017年完成黄葛灏水电站增效扩容改造项目主体工作。2017年全面推进富顺用电信息采集建设，完成36万只智能电表换装主体工作，首次在富顺实现“国网速度”。富顺县公司依托4个110千伏变电站和17个35千伏变电站（含1个开关站）构成主干电网；拥有110千伏线路7.964千米，35千伏线路215.288千米，10千伏线路1906.42千米，配电变压器3122台。富顺县公司供电区域主要位于富顺县境内，辐射周边市县的部分地方，共约30余乡镇，总供电面积1350平方千米，供电人口120余万人，供电户数35.2万余户。实现自发自供电量18673.6万千瓦时，销售电量53810.1万千瓦时，售电均价0.6826元/千瓦时（含税基金），综合线损率12.37%。2017年千方百计实现扭亏为盈，实现利润1.05万元，比上年减亏1721.24万元。

（邹　庆）

# 国网巴中供电公司

**【企业概况】**国网巴中供电公司是国网四川省电力公司的直属分公司，国有大一型供电企业，全国五一劳动奖状获奖单位。1995年8月4日成立筹备处，1998年8月26日正式挂牌成立；承担着为巴中市经济社会发展提供安全、可靠供电的重要使命；供电服务区域覆盖巴州、恩阳、通江、南江、平昌等全市五区县（含巴中经开区），供电面积1.23万平方千米，供电户数119.43万户。

2017年，国网巴中供电公司再次荣获全国文明单位称号；被评为巴中市目标绩效管理先进单位、国网四川省电力公司2016年度安全生产先进单位。农网升级改造和老旧居民小区供配电设施改造等两项工程成功列入全市年度“十件民生实事”。国网巴中市恩阳供电公司雪山供电所荣获“中国最美供电所”，国网巴中市巴州供电公司荣获四川省最佳文明单位、四川省2017年度厂务公开民主管理先进单位，国网南江县供电公司被评为国家电网公司新一轮农网改造升级“两年攻坚战工作先进集体”，国网平昌县供电公司被评为四川省爱国卫生运动委员会“卫生单位”。越战老兵陈新宇的事迹首次入选国网故事会，公司员工获中国民生论坛“2017年度精准扶贫带头人”、全国职工公共安全卫生应急避险知识普及竞赛活动三等奖。

2017年，巴中电网最高负荷66.9万千瓦，同比增长10.57%；日最高用电量1235万千瓦时，同比增长10.36%；累计完成售电量25.58亿千瓦时，同比增长8.76%，均创历史新高；实现售电均价648.16元/千千瓦时；营业收入14.70亿元，实现利润2.27亿元；电费回收率100%；并表口径线损率10.36%，同比降低0.5个百分点。一篇典型经验入选省公司最佳案例。

2017年1月22日，国网四川省电力公司和巴中市政府签订战略协议在巴中市签订　（伏顺德　摄）

国网巴中供电公司现设13个职能部门、6个业务支撑和实施机构、5个县级分公司，全口径用工总量4247人。全市共有变电站89座，其中500千伏变电站1座、220千伏变电站4座、110千伏变电站17座，35千伏变电站67座；35千伏及以上线路共计2518.87千米，其中220千伏线路12条548.45公里、110千伏线路38条859.79千米、35千伏线路90条1110.62千米。

**【人力资源】**2017年，国网巴中供电公司人力资源紧密围绕公司“降本增效”“管理提升”工作部署，继续强化人力资源全口径、全过程、全管控管理要求，着力加快解决劳动组织、劳动用工、薪酬激励、福利保障、绩效管理、培训教育等方面的重点难点问题，助推提升人力资源和企业规范管理水平。一是农电体制改革取得突破。全面理顺农电管理关系，整合农电专业管理资源，实现市、县三新、农电合署办公。二是供电服务指挥改革先行先试。探索建立一体化协同指挥平台——供电服务指挥中心，大力推进跨专业业务协同和地县业务集约，抢修、非抢修及应急指挥协调性明显增强。三是队伍建设全面深化。创新举办“巴山夜校”周讲堂，探索“校企联合”人才培养机制，公司全年新增中（高）级职称188人，中（高）级技能等级137人，精益带级人才10名，省公司各类专家库9人次，入选“电力雏鹰”2人，竞赛调考创历史最好成绩，位列省公司第十名，3个专业分获省公司前三名，9人次受到省公司及以上表彰。四是基础管理不断夯实。加强内部人资市场建设，出台岗位管理实施意见，选派17名专业骨干“上挂下派”培养锻炼，解决区县公司超缺员问题；配合省公司完成领导班子综合测评，开展公司科级干部年度考评，启动科级后备干部推荐等工作；完成退休人员“两审一核”，完善本部绩效管理体系；规范全民支援集体用工，依法推进停薪留职人员清理取得成效明显。

**【电网建设与发展】**国网巴中供电公司结合市级各类规划和市场需求，滚动修编了“十三五”电网规划及工业园区电网专项规划。协调地方政府组织召开全市电力工作会议，深入研究电力工作目标，统筹协调电力发展，将重要电力工程建设纳入全市重点工作督查督办。高质量开展了19项35千伏及以上项目可研，13项35千伏及以上项目核准，年度计划任务完成率100%。全年完成固定资产投资8.85亿元，220千伏城西、110千伏周家坝等4项工程顺利开工，杨家坝110千伏扩建等4项工程按期竣工投运。加强电网建设项目过程管控，实施项目监理清单化管理，全省基建安全责任年度量化考评排名全川第一，并揽获业主、施工、监理三个类别第一；2 项工程分获国家电网公司、省公司优质工程命名，35 千伏平昌佛楼变电工程荣获全省唯一一个 35 千伏“标准工艺示范工程”称号。作为被省公司抽调支援建管成兰铁路阿坝松潘牵引站清 220 千伏供电工程的 5 家单位之一，首次承担供区外重大工程项目建管，电网建设管理能力和水平得到省公司认可，该工程前期工作稳步推进。

**【经营管理】**国网巴中供电公司公司深入实施“管理提升年”活动，全面落实 112 项管理提升措施。强力推进同期线损系统建设，综合线损率创历史最好成绩。主业“两金”压降成效显著，应收账款压降 115.06 万元，压降比 29.27%；存货压降 223.71 万元，压降比 70.90%。集体企业应收账款压降 5729.93 万元，压降比 44.35%。成功打通废旧物资处置通道，全年累计回收 394.89 万元，为上年度的 7.29 倍。召开 4 次协同监督联席会，分析研判劳务分包等“发热点”并及时完成弱项整治。开展扶贫领域专项廉政监督，有效防范违规违纪问题。严肃执纪问责，全年党纪政纪处分 29 人，组织处理 33 人。加强审计监督管理，创新建设在线审计分析方式，实施工程竣工决算滞后情况自查自纠，开展经济责任审计 5 个、工程项目审计 76 个、专项审计 2 个，稳妥做好集体企业迎审工作。立足公司实际，问题清单累计梳理 11 方面、116 项问题，目前正全面规范整改。开展巡察、审计、内外部检查问题整改“回头看”，消除管理短板和历史遗留问题。梳理现行规章制度，修订新建“三重一大”决策等制度 15 项。

**【安全生产】**国网巴中供电公司扎实推进本质安全建设，实施 13 个子方案，落实 30 方面 279 项重点工作。深化安全生产风险分析，梳理整改 9 方面 25 项问题。层层落实安全责任，签订执行各类安全目标责任书 156 份，组织 8 名科级干部安全述职。强化新入网设备质量管理，完善三级技术监督网络，开展 4 个工程一次设备金属监督。认真学习宣贯《网络安全法》，深化信息安全“防火墙”建设，信息安全不断强化。举办安全教育培训 7 类 48 次，完成 287 人次安规考试，各级人员安全履职意识和能力不断提升。以“四不两直”方式严查整治违章 1453 项，惩处 403 人次。开展安全大检查等专项活动 12 次。强化农网工程现场安全监督管控系统应用。隐患排查治理首次实现专业全覆盖。加强输电线路“六防”综合整治，实施无人机巡检杆塔 930 基，政企联动整治外破事件 55 次，运用新型红外测温等 5 项新技术，发现并消除缺陷 272 项。220 千伏线路全年零跳闸，35 千伏及以上线路跳闸率同比下降 10.54%，10 千伏线路故障跳闸率同比下降 31.98%，全年配网故障抢修同比降低 29.54%。参与省公司首批变电站智能巡检试点，取得良好实效。加强安全风险预警及管理，强化 35 项重大风险全过程管控。高质量完成主备调切换、迎峰度夏（冬）等演练，开展零点作业 16 次、带电作业 218 次，成功应对迎峰度夏（冬）高负荷。圆满完成中共十九大、国务院扶贫工作组调研、环中赛等重大政治经济活动保电 67 次。公司公安保卫、消防、交通等管控有力，实现连续安全生产 5295 天。

**【农电工作】**国网巴中供电公司全面接收了南江 15 家小水电企业供区，巴中“三个一”格局全面形成。4 个直属供电所正式下划属地区县公司管理，全面理顺管理关系。主动助推巴中市脱贫攻坚，特别是巴州区易地扶贫搬迁电力配套建设期间，公司快速反应，并在第一时间报请省公司给予支援。省公司为此专门组织开展“国家电网四川电力共产党员服务队走进红色老区、助推脱贫攻坚”主题活动，组织包括成都、德阳、南充、资阳 4 支外援队伍在内的

2017 年 3 月 22 日，国网巴中市巴州供电公司梁永供电所员工涉江抢修保供电 （伏顺德 摄）

10 支突击队，完成了 950 个易地扶贫搬迁电力配套项目。全力助推脱贫摘帽所做重要贡献和典型经验，被树为典范并在全市范围内推广，市委、市政府为此专题致信感谢省公司。巴中电视台连续 13 期专辑播放国家电网助推革命老区脱贫攻坚建设，社会反响良好。整合农电专业管理资源，实现市、县三新、农电合署办公。以全能型供电所建设为契机，优化供电所布局，整合撤销供电所 1 个、新增 2 个（含经开区）。农网改造工程成功列入全市年度“十件民生实事”并顺利实施。加快推进工程进度的同时强化质量工艺管理，首次评选 “农网十佳工程”，4 个项目入选省公司“农网工程五十佳”，南江公司荣获国家电网公司“新一轮农网改造升级‘两年攻坚战’工作先进集体”称号。

**【科技与信息化工作】**国网巴中供电公司深入推进科技创新，完成发明专利（申请）2 项，实用新型（申请）5 项，两篇论文在中文核心期刊发表。积极争取省公司 2017 年科技项目储备，“基于人工智能的智能变电站二次系统故障诊断技术研究项目”项目可行性研究报告成功获得批复。2017 年省管科技项目“基于互联网＋的智能红外检测平台技术研究”有序推进，保质保量完成了年度计划任务。成功开展基于无线专网变电站机器人巡检移动作业应用，完善移动终端准入机制及配套安全管控措施，持续深化二次网络与电网业务的深度融合；持续提升巴中地区电力信息通信技术支撑能力，完成巴中地区通信骨干网优化网络独立二次项目和数据网核心节点冗余设备建设工程申报工作。开展大数据、云存储应用工作，利用现有服务器，采用虚拟主机技术，完成虚拟云存储技术应用研究；采用 VPN 接入方式，梳理公司非 PC 业务网络通道安全接入流程，保障公司营销用电采集系统、POS 收费系统、ATM 缴费等系统安全规范接入。

**【市场服务（优质服务）】**国网巴中供电公司完成替代电量 1114 万千瓦时。主动介入增量配电市场建设，分别与 5 区县及经开区建立战略合作关系，无偿接收各级工业园区配网资产 829 万元。新增智能电表 33.04 万只，智能电表覆盖率 99.63%，抄表成功率 98.85%。加快推进“三供一业”分离移交，改造供电设施 2095 户。完成 7 个老旧小区供配电设施改造，恩阳机场、中心医院南坝院区 10 千伏配套项目推进顺利。恩阳公司作为全省 22 家营销转型试点之一，智能电表、高（低）压费控、用电采集覆盖率均达 100%，全口径采集成功率 99.93%，台区线损合格率 92.32%，各项指标均位列全省前 6 名，成为省公司第一批符合验收条件的试点单位。圆满完成中共十九大、国务院扶贫工作组调研、环中赛等重大政治经济活动保电 67 次，受到地方党委、政府和社会各界高度赞誉。

**【党的建设和精神文明建设】**国网巴中供电公司深入学习宣贯党的十九大精神，组织专题学习 133 次、专题活动 199 次，各级党员撰写学习心得 987 篇。积极构建政企战略合作新机制，促成省公司与市政府签订战略合作框架协议。举办“百人百讲”形势任务宣讲竞赛。设立 58 个党员责任区、133 个党员示范岗。全面规范党建工作机构设置，完成年度党建工作测评。开展党费审计及党建工作“健康体检”，建立党的组织建设问题清单台账。修订完善党风廉政建设“两个责任”清单，签订责任书 23 份予以明责。落实党风廉政约谈制度，全年约谈 32 名科级干部，听取 6 名基层单位纪委书记当面述职。加强先进典型选树，评选流动红旗集体 4 个、月度明星 12 名。健全特困职工分级帮扶和动态管理制度，实现帮扶全覆盖。多样化开展职工文体活动 30 余次，多项原创节目在省公司和巴中市展示。公司系统各单位（集体）、个人分别累计获评 112 项、335 人次地市及以上荣誉称号。

**【存在的主要问题】**一是电网结构仍显薄弱。主网结构局部仍然薄弱，220 千伏兴文站负荷达到 180 兆瓦，110 千伏母线将分列运行，存在五级电网事件风险；220 千伏草池站及 110 千伏板桥、信义、寨坡、凤凰站均为单主变供电，且 110 千伏信义站重载，电网转供能力差，供电可靠性低，优质服务压力大。巴中地处秦巴山区，幅员辽阔，人居分散，10 千伏电网供电半径大、电网设备老旧、迂回供电现象突出，10 千伏配网导线长度和供电面积在全省范围内均处于较高水平，电网末端结构庞杂，电网结构薄弱问题异常突出，迎峰度夏（冬）期间压力巨大。新接收的南江小水电供区电网薄弱且绝大多数地方从未改造，大部分由小水电站直接供电，供区范围内 35 千伏站分布不合理，改造资金需求量较大。

二是脱贫攻坚电力保障任务极为繁重。2017 年巴中市计划 9.54 万人口脱贫、215 个贫困村退出、巴州和恩阳 2 个贫困县（区）“摘帽”，2018 年将于明年 3 月接受国家层面验收。因巴中电网建设历史欠账多，局部地区和变压器台区尾端低电压问题仍然存在，老百姓存在用电诉求，顺利通过国检仍存在一些压力。在巴中五县（区）中，巴州、恩阳两区电网总体情况相对较好，但南江、通江、平昌县地理条件更加复杂，贫困发生率更高，脱贫摘帽配套电力保障任务将更加艰巨。

三是经营质效短期内难以有效提升。巴中地处偏远山区，辖区均为国家级或省级贫困县，电网基础薄弱且运维成本高，脱贫攻坚任务重。为解决好5个贫困县（区）、215个贫困村、28338户脱贫人口的供电设施老旧、供电质量不达标等问题，国网巴中供电公司电网基建投资持续增大，2017年度已完成电网建设投资8.24亿元。截至11月底，公司固定资产原值64.14亿元，在建工程10.34亿元，而售电收入仅13.28亿元，每亿元资产仅产生收入0.21亿元。接收南江小水电供区，短期投入大，投入产出见效慢。根据巴中规划，“十三五”规划期间位于小水电供区的石墨产业年产值将达100亿元，预计每年增加销售电量11.48亿千瓦时、售电收入5.98亿元，远期效益可观。但是小水电供区基础较弱，2018年至2019年需投资4.71亿元，投入产出见效慢。

**【国网巴中市巴州供电公司】**国网巴中市巴州供电公司前身为成立于1952年的巴中县电厂；1981年8月成立巴中县电力公司；1998年12月由国网巴中供电公司代管；2006年3月，公司实施增资扩股改制，成为国网四川省电力公司的控股子公司；2014年1月，公司地方国有股权整体上划，成为国网四川省电力公司的全资子公司；2016年9月，公司通过吸收合并方式改制为国网四川省电力公司的分公司。

2014年3月，国网巴中供电公司抽调公司人员组建了恩阳供电服务中心，形制上等同于县级供电企业，在国网巴中供电公司层面与国网巴中市巴州供电公司相对独立运作，但在省公司层面各项考核指标仍未与公司分开，仍为一个单位。2017年6月，恩阳公司正式成立运作，但恩阳区的电网调控和35千伏及以上电网运行维护工作仍由公司负责。

国网巴中市巴州供电公司供电区域涵盖巴州区和巴中经开区全部行政区域，营业客户26.45万户，其中城区客户10.1万户、农村客户16.35万户，户通电率100%。公司供区内现有小水电装机容量10190千瓦；500千伏变电站1座，220千伏变电站1座（另有1座在建），110千伏变电站5座，35千伏变电站11座；35千伏线路235.4千米，10千伏线路2225.3千米，10千伏以下线路1.2万千米。

国网巴中市巴州供电公司本部设8个职能部门，下设业务支撑和实施机构3个、供电所9个。现有集体企业两个。公司现有在册员工791人，其中上岗747人，另有离退休人员478人。公司员工平均年龄44.9岁，人才当量密度0.87。

配合国网巴中供电公司完成与巴州区、经开区战略合作框架协议签署，电力工作大环境得到了进一步优化。加大施工协调力度，积极落实属地协调责任，城西220千伏输变电项目按里程碑计划全面开工建设，并在全省首次实现免办“建设许可证”的先例，争取由政府出资750万元实施房屋拆迁和进站道路建设，工作成效得到了省公司的表扬。强化施工组织管理，35千伏顶山变电站扩建工程如期完工。配合完成了9个供电所光纤敷设，长度达50.6千米。优化中心城区电网结构，在迎峰度夏初期成功实现江北、城南110千伏变电站8条10千伏出线全部投运，迎峰度夏期间城区配抢工单接单量同比下降了52%以上。高度重视重点民生项目市中心医院南坝院区电源引入工程，按要求时间完成了双电源建设。加快推进“三供一业”分离移交，及时将27个国有企业“三供一业”和老旧居民小区现场摸排的情况上报区经信局予以确认并出台正式文件。完成了宏荣名著、金桂大厦、公路大厦等7个小区改造试点，其中宏荣名著等5个老旧小区改造被列入2017年巴中市政府“十件民生实事”，成功争取到省公司匹配资金749万元，政府奖励补助资金110万元。

积极应对电力体制改革，克服成本刚性增长、电价下调等不利因素，大力培育新的负荷增长点，全面推行业扩线上受理和派工，办结高低压业务容量14.52万千伏安，无偿接收配电资产5501万元。协调区政府召开了电能替代推进会，全年完成替代电量800万千瓦时。完成城区智能电表换装6.38万只，供区内智能电表覆盖率达到99.98%。长期保持电费回收高压态势，全面规范电费实收账务管理，落实专人进行日管控和流程督办。强力推进新装增容客户费控装置投入，有序推进费控改造项目，全年新安装费控装置205台。坚持常态化开展营业大普查，实施反窃电及违约用电查处利剑行动，补收电费和违约使用电费11.34万元。狠抓采集指标提升，综合采集成功率逐步提升。认真落实降损措施，稳步推进同期线损系统建设。充分利用来水多发电，全年发电量逼近历史最高水平。开展带电作业221次，同比增加47%。全力以赴整治低压台区线损，整体治理效果较为明显。争取保险赔偿资金109万元，减低了公司损失。深化“子改分”后财务管理融合，强化综合计划过程管控。尤其是10月以来，面对年内成本费用极其紧张的情况，公司始终放眼财务运营总盘子，牢牢把握资金运作的主动权，对各项支出仔细区分轻重缓急，灵活把握节奏，在保证职工福利费用、电网危重隐患整治等必须开支费用外，其他费用都尽最大可能地予以控制、压缩、延缓、取消，特别是更加严格了财务预算管理和刚性执行。在市公司的全力支持下，通过全体干部员工共同努力，备尝艰辛地维持了企业稳健运转。

扎实推进本质安全建设，编制13个实施子方案，落实10个方面31项重点工作。举办安全教育培训26次，参培人员1275人次，警示教育302人次，各级人员安全履职意识和能力不断提升。全面深入开展春（秋）安大检查、两排查一整治等专项行动，首次使用无人机巡线，闭环整改各类缺陷隐患795处，35千伏、10千伏线路跳闸同比分别下降35%、24%，城农网可靠性指标位居全市第一。有序组织应对罕见持续高温和多轮暴风雨极端天气，电网迎峰度夏、防洪度汛取得全面胜利。强化重要时段、重点领域安全监督和风险管控，针对电网建设、电力扶贫施工点多面宽的情况，严格落实“到岗到位”和精准“日管控”等安全生产要求，健全了四级安全管控网，实行“一队一档、一人一档”安全业绩管理，全年管控五级及以上电网风险4项、三级及以上风险作业445项。开展现场巡查1085次，及时纠正违章行为398项，开除施工队伍2个，处罚金额10万余元，违章行为同比下降了64.3%。深入分析12家分包企业安全承载力，制定完善分包安全管控措施。深刻汲取行业内外安全事故教训，扎实开展“电力工程安全年”“基建反违章专项行动”等活动，进一步强化了全员安全生产意识。组织开展用电安全宣传活动170余次，用电安全培训二期，发放张贴宣传资料8万余份（幅）。将配网调度管辖范围延伸至配变低压总路开关刀闸，非计划停电管控率达97%，临时停电同比下降91%。全面强化台区总保和用户末级漏保管控，维修更换总漏保595台。常态化开展高危及重要客户隐患排查，发出用电检查结果通知书58份。交通、消防、信息、综治安全管控形势总体平稳。

以服务脱贫攻坚的政治担当，强力推进农网工程和易地扶贫搬迁涉电项目建设。积极向省市公司汇报争取，共落实2017年农网改造计划3个批次73个项目、投资1.2亿元，覆盖67个村。配合实施电力线路迁改359处，安装基建用电519处，特别是组织多支施工队集中突击农网主干线建设，极大地压缩了停电次数和时间，保证了聚居点建设施工用电需要。巴州区作为全省15个预脱贫摘帽县任务最重的县区，10月扶贫工作进入百日攻坚阶段，大量聚居点和分散安置贫困户房屋集中建成，要求用电保障全面跟进。面对施工时间异常紧迫、施工任务异常繁重、施工条件异常艰苦等重重困难，公司采取果断措施予以应对。成立了指挥部，落实了公司领导、部门分片挂包督导机制，实行供电所辖区负责制，对工程进度一天一统计、一天一通报。通过密集反复向区委、区政府和国网巴中供电公司汇报面临的困难，区长杨波到公司现场办公解决问题，研究成立了电力扶贫专项协调组，并紧急拨付资金3000万元实施终期用电安装。省、市公司新增700万元业扩新政和农维费解决配套资金不足问题，并开展“共产党员服务队走进红色老区助推脱贫攻坚”主题活动，派出成都、德阳、资阳、南充和兄弟单位共10支共产党员服务队支援，掀开了工作推动的新高潮。三新、和兴分公司整合施工力量，赶晴天、战雨天，全力突击聚居点终期用电安装。各供电所在做好聚居点配合工作的同时，组建共产党员突击队、女子突击队，全力突击分散安置户新房用电安装和用电诉求整改。在巴州区电力扶贫这场“战役”中，全体干部员工精诚团结，站在讲政治、顾大局的高度，以“狭路相逢勇者胜”的气概，风雨兼程、战天斗地，通过异常艰辛的付出，仅用两个月时间就完成了600多个安置点终期用电安装、2000多户分散安置贫困户新房用电接入、8万多贫困人口用电达标认证，以及大量的用电诉求整治，夺取了电力助推脱贫攻坚工作的全面胜利。公司电力扶贫也引起了全区、全市，乃至全省的高度关注，市内外、省内外、行业内外多家重要媒体对此进行了密集深度报道，市、区党委和政府多位领导，在多个场合、通过多种方式、多次对巴州区电力扶贫工作予以了肯定认可。

以开展“管理提升年”活动为载体，全面深化“子改分”后与国家电网公司管理融合接轨。梳理现行规章制度，修订新建“三重一大”决策制度、党委议事规则和工作规则。立足公司实际，问题清单累计梳理3个方面20项问题，已完成整改13项。深入推进依法治企，开展巡察、审计、内外部检查问题整改和“回头看”，切实消除管理短板和历史遗留。停薪留职清理安置工作成效明显，原有46名停薪留职人员中，已安置到岗32人，解除劳动关系11人。加强工程财务管理，积极做好决算和结算，完成资产转固9240万元。“两金”压降成效明显，存货余额较年初压降了77.52%，全年无新增应收账款。处置回收废旧物资71.36万元，为上年度的3倍。规范了费用报销管理，差旅费同比下降了24%。营配贯通率继续提升，PMS2.0系统深化应用全面开展。扎实推进全能型乡镇供电所建设，组建了公司层面计量采集运维班，健全了供电所内勤班、外勤班设置。将计量采集运维业务向末端全面延伸，实现逐步脱离外委技术力量。深入开展农电管理转型，梁永供电所成功创建省公司四星级乡镇供电所。曾口、水宁、顶山供电所成功创建图数治理五星级供电所，五星级创建已达6个。狠抓施工质量管控，一个农网项目获评省公司年度“五十佳”，两个项目获评市公司“年度十佳”工程。电力小区物业接收框架协议成功签定，剩下134户居民供水改造全面完成。深入开展QC创新活动，4个班组获评市公司2017年度QC成果优秀奖，大学生创新工作室成功组建。

高度重视政企关系建设，主动加强向地方党委、政府和“两代表一委员”沟通汇报，组织110余家企业召开电力客户座谈会，积极争取支持与理解。以江北供电所为基础，整合公司人力资源，成立了兴文供电所，全面负责经开区和原江北供电所辖区供电服务工作。按照全能型供电所要求，高标准完成了兴文供电所生产营业场所建设。完成历次电价调整，各类电价与国家电网直供区实现全面同网同价。配合实施客户电量参与市场化交易，全年直购电退费6.8万元，富余电量消纳退费41万元，居民丰水期电能替代下移电费640.05万元。对重点项目推行“一站式”服务模式，及时解决用电难题。大力推行零点作业和带电作业，强化停送电协调机制，加强停送电信息发布。覆盖乡、村、社的供电服务微信群基本建立，“朋友圈”的温情服务正在加速延伸。大力拓展支付宝等网上交费渠道，开通“掌上电力”APP注册交费12.4万户，营业厅WiFi实现全覆盖。针对服务投诉高发态势，连续开展“供电服务提升月”和“投诉专项治理月”活动，重点整治窗口服务不规范、业扩报装超时、频繁停电等服务事件，处理66人次，遏制投诉举报高发态势取得了一定效果。圆满完成中共十九大、“两会”“两考”“全国易地扶贫搬迁现场会”等重大保电活动58次，安排260万元资金用于春节保供电。

深入学习贯彻中共十九大精神，扎实推进“两学一做”学习教育常态化、制度化。全面规范了党建工作机构设置，完成了年度党建工作测评。扎实开展李家村精准帮扶，房屋、公路、电力等基础设施建设全面完善，“五小”扶持项目精准实施，党员干部对口帮扶赢得赞声一片。共产党员服务队开展对口帮扶和志愿服务活动35次，被市委宣传部等机构授予“岗位学雷锋”先进集体。充分激发青年员工活力，召开了大学生座谈会，公司团委被表彰为四川省“五四”红旗团委，变电运检班被表彰为四川省青年文明号创建集体。深入开展作风建设，强化劳动纪律管理，全面实行指纹考勤。严格执行党风廉政建设约谈规定，定期约谈基层单位和部门负责人，推行党风廉政建设履责痕迹化管理，确保“两个责任”有效落实。持续推进全员培训和职称评定，成功申报中高级职称29人，申报技师26人。出台了骨干员工上派下挂管理办法，安排近两年12名新进大学生基层锻炼。多样化开展职工文体活动，原创节目在省公司和巴中市展示。健全完善困难职工分级帮扶和动态管理制度，全年帮扶132人次费用39.9万元。大力营造争先进赶先进氛围，公司表彰各类先进集体（班组）25个、先进个人73名，38名员工获市级表彰。张博获省公司信息通信运行安全技能竞赛三等奖和“信息通信监督先进个人”，李永明获省公司安规调考第六名，雷军获全国职工公共安全卫生应急避险知识普及竞赛活动三等奖，总经理张仕利被省公司评为安全生产先进个人，水电运检中心被省公司评为安全生产先进班组，公司获评市公司四季度“流动红旗”。信访稳定、品牌建设、精神文明建设、离退休等工作不断加强，公司获评国网公司、省公司文明单位和四川省省级最佳文明单位、四川省厂务公开民主管理先进单位、巴中市“十佳”诚信守法国有（民营）企业、巴中市模范职工之家。

**【国网平昌县供电公司】**国网平昌县供电公司始建于1952年，1998年12月由原巴中电业局代管， 2006年3月改制为控股公司，2013年1月改制为全资子公司，2016年8月底，完成“子改分”业务切换。

按“三集五大”体系建设方案要求，国网平昌县供电公司设7个管理职能部门、2个业务支撑机构、13个供电所。受托管理和兴平昌分公司和三新平昌分公司两个集体企业。

国网平昌县供电公司现有在册长期职工662人。职工平均年龄44.2岁。国网公司后备专家人才2人，国网巴中供电公司优秀技能人才2人；人才当量密度0.8954，高技能人才比例88.17%。用电户数29.84万户，其中高压客户658户、低压居民客户28.33万户、低压非居民客户1.51户，城区客户6.67万户、农村客户23.17万户。市场占有率、户通电率100%。现有220千伏变电站1座，变电容量36万千伏安；110千伏变电站4座，变电容量22.45万千伏安；35千伏变电站17座，变电容量198.95万千伏安。

2017年完成供电量5.33亿千瓦时，售电量4.83亿千瓦时；综合线损率9.47%；含税售电均价653.90元/千千瓦时；电费回收率100%。

修订完善《中层管理人员管理办法》等3项干部管理制度。参加、举办各类培训155期5019人次，135人技能等级、专业技术资格、学历得到提升，13人通过国家电网公司工程师资格评审，6人通过国家电网公司高级工程师资格评审，职称评定创历史最好水平。开展学规贯制482场7814人次。与县检察院联合出台了《关于联合开展职务犯罪预防工作的实施意见》，常务副检察长带队在云台、邱家等供电所开展法纪专题教育，签订《员工遵纪守法廉洁从业责任书》700份。逐步推进历史遗留问题的解决，全面清理处置停薪留职人员18人。

促成国网巴中供电公司与县政府签署战略合作协议，与37个大客户签署供用电合作协议。成立项目管理中心，实行专业分工、一体化运作。规范工程管理，建立"黑名单"和退出机制。全年完成电网投资1.17亿元，35千伏佛楼输变电工程竣工投运。完成生产大修技改项目5个。全力攻坚农网、中心村、井井通电改造工程。加快推进城市配网建设，3批次12个项目按期完成。响滩供电所生产办公楼顺利开工建设。

努力增供促销，业扩报装新增容量8.39万千伏安，完成电能替代电量470万千瓦时。落实直购电和富余电量消纳等激励政策，全县大工业用电量同比增长16.45%。加强电费风险防控，电费回收实现"双结零"。完成2批次9个小区1174万资产的接收转固。加强物资盘活利库管控，物资库存额压降117.34万元，降幅95.55%。依法对往来款项进行清理催收，历史应收款项实现结零。稳步提升集体企业经营效益，集体企业收回应收款项285.42万元。

发布本质安全总体实施方案和10项专项子方案，落实22项年度重点任务。扎实开展精准"日管控"，施工现场反馈作业图片6300余张。配电网标准化建设取得初步进展。成立多部门联动的巡查大队，通过"四不两直"纠偏纠违章245项，处罚17人次，处罚金额2.97万元。扎实开展"安全警示学习""安规考试"等活动，认定"三种人"资格322人。联合团县委、教育局、"三电办"开展安全知识进校园、进社区活动28次。联合县安监局、经信局依法处置14起电力设施外破事件。逐级签订网络安全责任书和承诺书，信息安全管控实现全覆盖。成功应对3次超历史记录负荷和4次暴风雨灾害，高效安全完成度冬、度夏应急保电及抢险任务，圆满完成十九大、"两会"、"环中赛"等11次重大保电任务。

制定出台了《供电所同业对标体系》，从6月开始全面实施评价、分析和考核工作。建立领导分片督查、部门挂包的责任机制，落实各供电所全过程介入、监督、协调属地工程项目建设。紧密结合平昌经济社会发展需求，做好电网与地方发展规划衔接。制定落实"四到位"措施，清理高低压线路通道2316千米，排查整治安全隐患247项，10千伏跳闸率同比降低38.01%。积极向省、市公司汇报争取，共落实2017年农网改造5个批次100个项目、投资1.17亿元，覆盖83个村（含68个贫困村）、受益人口5.81万人。同步对建成的4231户易地扶贫安置户实施了用电安装，户通电率100%。在驷马所试点的基础上，加快推进全能型供电所建设。

积极拓展"互联网-营销服务"模式，新绑定"掌上电力"APP客户2.99万户，网上购电金额突破1000万元，下发成功率达98%。利用营销管理系统、用电信息采集系统，共查处窃电和违约用电142笔，追补电量37.3万千瓦时，电费47.93万元。开展采集业务应用培训36次、集中向客户宣传21次。

全力服务平昌县产业园区建设、旅游交通建设、电力迁改等43个重点工程项目建设，得到县委政府的高度肯定。主动上门服务大客户152次，积极协调解决招商引资项目用电难题。组织所长、专责、管片人员等召开了6次营销现场培训会，开展指导工作330余人次，台区线损合格率较年初提升46.71%。创新成立了供电服务指挥中心，故障抢修平均缩短2.2小时。针对投诉高发态势，组织召开供电服务大讨论6次，到基层供电所开展"百人百讲"26场次，征询员工建议21条，投诉举报较2016年同比降低28.46%。召开了2次供电服务恳谈会，聘请了15名市县人大代表、政协委员、政府部门领导、大客户代表和新闻媒体代表出任公司新一届行风监督员。

修订完善了《公司工作规则》《公司党委议事规则》，切实将党的领导融入企业治理各环节。深入推进"两学一做"学习教育常态化、制度化，各党支部开展"两学一做"学习教育、讨论、党课190场次，开展十九大会议精神学习宣贯25次。对2016年民主生活会存在的13个问题进行了整改。新成立了党委组织部、党委办公室、党建工作部。制定了作风建设"九不准"，对50%的中层单位（部门）管理人员进行了集体廉政约谈，组织136名中层管理人员及关键岗位人员到化成警示教育基地开展了警示教育，正风肃纪效果良好。创先争优扎实开展，2人获得国网巴中供电公司"月度明星"荣誉称号，2人参加国网巴中供电公司党课竞赛分获第一、二名，1人被评为"电能计量专业优秀技能人才"。积极实施企业文化传播、落地和评价"三项工程"，驷马供电所被省公司党委表彰命名为企业文化建设示范点。

2017年十件大事：

（一）脱贫攻坚取得阶段性胜利

电力专项扶贫投入电网改造1.126亿元，完成4231户易地扶贫搬迁电力安装。全省唯一智能化模块化新建35千伏佛楼变电站投运。为23名贫困学生捐款38350元。元柏村顺利通过省市脱贫摘帽验收和第三方评估，贫困户认可度100%，第一书记周天俊获2017年《民生周刊》论坛“精准扶贫带头人”大奖。

（二）与平昌县人民政府签署战略合作协议

5月3日下午，市公司与平昌县人民政府签署战略合作协议，对共同推动平昌电网建设、助力平昌“丘陵地区经济强县”发展战略实施，逐步构建结构合理、安全可靠、智能高效的平昌电网奠定了坚实的基础。

（三）《电力志》编纂出版

从2007年起，公司不间断组织人员，查历史资料、走访老同志，遵循实事求是、以微著显、开拓创新原则，经过10多年的时间，编纂完成31.5万字的《电力志》，为公司发展历史留下了一部具有深远价值和现实价值的宝贵财富。

（四）成立“双中心”，实现电网建设、优质服务一体化运作

成立县级“供电服务指挥中心”和“项目管理中心”，2017年5月，投诉同比下降25.91%。发布安全风险预警6235次，收集现场施工安全图片6300余张，现场安全管控得到加强，实现了信息共享、服务质量提升。

（五）售电量增速位居全市第一

2017年公司通过守市场、增供扩销、台区线损治理等手段累计完成售电量4.83亿千瓦时，同比增长14.29%，增速位居全市第一。

（六）获“四川省卫生单位”

公司通过文明单位建设、开展创卫和爱国卫生运动，2017年被评为“四川省级卫生单位”。

（七）智能电表实现全覆盖

2017年响滩、大寨安装智能电表19469万只。通过4年的智能电表推广应用和采集系统建设运维，公司智能电表总数达302669万只，覆盖率100%。

（八）依法治企管理水平大幅提升

“四上四下”完成3个专题、12项问题清单梳理整改报备。制定作风建设“九不准”，全面全员开展“七五”普法，检企联合开展职务犯罪预防，实行法律顾问参加办公会议讨论重大问题，促进公司管理更加规范。

（九）职称评定创历史新高

2017年，新增高级专业技术资格6人、中级专业技术资格13人、初级职称11人、技师34人，人才当量密度同比提升1.7%。公司现有高级专业技术资格8人、中级专业技术资格54人、初级专业技术资格287人、高级技师8、技师151人。

（十）揽获市公司“两学一做”党支部书记讲党课竞赛第一、二名

6月27日，在国网巴中供电公司组织的“党支部书记讲党课”比赛中，经过激烈角逐，选送的《同志，这个月你交党费了吗？》《即便你不戴党徽我也知道你是共产党员》分获一、二等奖。

**【国网南江县供电公司】**国网南江县供电公司成立于1982年，1998年12月被巴中电业局代管，2003年7月进一步理顺代管体制，进入实质性代管。2006年3月经南江县人民政府与四川省电力公司共同改制，成为四川省电力公司的控股公司。2013年改制成为国网四川省电力公司全资公司。2014年5月“三集五大”体系建成运营。2016年12月25日正式成为国网四川省电力公司的分公司。

2017年12月20日，全县小水电供区全面移交国网南江县供电公司管理，供电面积为3383平方千米，供电人口70.9万余人，有48个乡镇、522个村、86个社区，供电户数23万余户。现有220千伏变电站1座，容量300兆伏安；110千伏变电站3座，容量201.5兆伏安；35千伏变电站16座，容量154.85兆伏安；35千伏及以上线路共计555.174千米。其中220千伏线路52.5千米；110千伏线路7条180.80千米；35千伏线路23条276.77千米；10千伏配电线路2194.91千米，0.4伏及以下线路8182.60公里，配电变压器2982（含专变617台）台，容量332.59兆伏安。2017年12月20日，全县小水电供区移交后，新增10千伏配电线路1165.6千米，0.4伏及以下线路6197.6千米，配电变压器970台。水电站1座，装机总容量2400千瓦时。

2017年完成供电量5.95亿千瓦时，占年计划的99.64%，同比增长1.77%；售电量5.49亿千瓦时，占年计划的98.82%，同比增长0.33%；综合线损率7.71%，比年计划上升0.76个百分点，同比上升1.25个百分点；售电均价（含税）638.23元/千千瓦时，占年计划的92%，同比下降51.66元/千千瓦时，完成营业总收入3.09亿元，同比下降0.64%；利润总额按分公司模式计算盈利1.27亿元。

2017年12月底，共有员工702人，农电工2人，其中在岗674人、离岗退养4人、停薪留职18人，病休6人；平均年龄44.4岁；在册员工中，本科及以上文化程度110人，大专文化程度312人；高级职称及以上10人，中级职称 58人，初级及以下职称128人；高级技师14人，技师330人，高级工183人，中级工及以下62人；人才当量密度0.9324。签订以师带徒合同56份，为公司人才储备提供了保障。夯实班组细胞建设，加强班组先进典型选树，涌现出省公司五星级班组1个、省公司“优秀班组长”1人。

完成了“十三五”电网规划，储备“十三五”

农网升级改造项目 418 个，储备计划总投资 8.3 亿元。配合国网巴中供电公司与县政府成功签订了南江电网战略合作框架协议，为推进“一张网”供电格局奠定了坚实的基础。完成了新建 110 千伏东榆及 35 千伏沙滩、候家输变电站项目前期开工各项准备工作。完成 2015 年配网低电压项目和 2016 年农网工程现场整改、竣工资料重新编制及施工结算工作。实施 2017 年农网改造工程共 5 个批次、86 个单体项目，总投资 1.648 亿元，涉及 32 个乡镇、79 个村、社区街道。电网建设创优工作取得优异成绩，贵民乡铧尖村、关田乡西坪村 3 社、元潭乡彭家塝村 3 社共 3 个农网改造工程荣获国网巴中供电公司“农网十佳”工程命名荣誉称号。加快贫困地区电网建设改造，积极助推精准扶贫，完成了全县精准脱贫村的农网改造投资计划；投资 1500 万元完成 115 个易地扶贫搬迁集中安置点及 2516 户易地搬迁户的电力建设，全面解决了全县 43 个中心村、48 个村村通动力电、31 眼农村灌溉机井通电问题，被国家电网公司表彰为“新一轮农网改造升级两年攻坚战”先进集体。

2017 年 10 月 23 日，国网四川省电力公司组织 6 支党员服务队走进红色老区巴中助推脱贫攻坚。图为在巴中供电公司举行启动仪式　　（伏顺德　摄）

完成省公司下达的“两金”压降目标任务，收回应收账款 5.30 万元，较年初降低 57.42%；压降存货 20.50 万元，较年初降低 57.75%。大力培育新增负荷，坚持守存量保增量，业扩报装共受理 18,229 户，容量 163,30 千伏安，其中高压 170 户容量 91,975 千伏安。推进高压客户购电制，实现海螺和南威水泥分次抄表收费，负控购电金额合计 2562 万元。全面开展用电检查，规范用电市场，开展了系统“僵尸”用户的清理，共销户长期未用电专变客户 21 户，低压客户 263 户。有序推进小区客户资产接收，完成 87 个小区客户资产接收协议签定、评估和 PMS 建档，财务入账金额 7452 万元。电能替代实现新突破，完成银洁洗涤厂煤改电工作，年用电量可达 210 万千瓦时；完成 4 个火锅后电能替代，月增售电量 0.28 万度左右。完成充电桩建设 8 个，电动公交车共计已达 20 辆，月增加售电量 7.5 万千瓦时左右。深化 PMS2.0 应用与营配调数据清理，高压贯通率 99.44%，低压贯通率 96.5%。

深入推进本质安全建设，细化分解安全管理提升工作目标 80 项，促进安全治理能力有效提升。扎实开展春秋安大检查、基建现场反违章、“贯标准”活动等一系列专项行动，着力解决安全管理薄弱环节。强化农网工程属地化管理机制，利用微信、QQ 信息平台，建立施工作业群，实现了公司各类作业现场处于可控、在控。坚持严抓严管、严管重处，落实好“说清楚”“安全约谈”制度，严厉打击违章行为，全年共查处违章 184 起，处罚金额 4.5 万元，清退工作负责人 3 名。推进精准“日管控”工作，强化“电力安全工作日记”运用，落实安全生产标准化、痕迹化管理。督促指导各级人员用好、用实《电力安全工作日记》，做到抓安全心中有数，工作有痕。加强电网、设备运维管理，排查重大隐患。深化全员安全培训，组织城、农网作业人员 400 余人开展安全教育培训。高度重视新接小水电供区安全风险防控工作，重点消除紧急隐患，有效防止农电事故发生。被市公司表彰为“安全业绩突出单位”。

积极推进农电管理体制改革，顺利完成乡供、三新合署办公，有效整合农电业务。强力推进“星级”供电所创建、“全能型”乡镇供电所打造，实现了供电所全员集中管理和全面统一派工，“网格化”“台区客户经理制”运维服务全面落地，乐坝“四星级”供电所创建和“全能型”供电所打造已全面进行了验收。加快推进小水电供区接收步伐。通过多方共同努力，15 家小水电供区于 2017 年 12 月 20 日，全面由国家电网公司接收管理，供区接收涉及 35 个乡镇，234 个村社，用户 6.93 万户，面积 1274 平方千米，彻底解决了南江电网发展面临的诸多问题，实现南江电力发展史上又一个新飞跃、新突破，开启了巴中电网“统一规划、统一建设、统一运营、统一管理”的新时代。

强化创新管理，1 项技术创新项目在国网巴中供电公司成功立项，1 项创新成果获得省公司职工创新成果优秀奖，主创人获得省公司“能工巧匠”称号，1 条合理化建议获得国网巴中供电公司三等奖，2 个 QC 成果发布获得市公司优秀奖。组队参加了南江县“2017 年计算机应用技能竞赛”，两名选手分获三等奖和优秀奖。

全力推进智能电表全覆盖，完成营销项目智能电表换装 7098 只，安装公、专变采集 146 台，智能电表覆盖率 99.96%（剔除小水电），公、专变采集实现 100%全覆盖。扎实开展“客户满意工程”，围绕 “供电服务提升月”活动，组织开展营业窗口优质服务督查、作风纪律检查 36 人/次，切实规范服务行为。开辟业扩流程“绿色通道”，主动走访重要客户和大客户 12 人/次，处理用电难题 10 件，解决供电服务“最后一公里”问题。拓宽停电信息发布的渠道与方式，大力推进电视台、政府网站、微信群、网络论坛、微博等多渠道的运用，加强停电信、故障报修等信息发布。拓展服务渠道，完成“掌上川电”和“掌上电力”APP 注册 5.56 万用户，实现网上购电 58.8 万笔，远程购电金额 1.23 亿元。积极开展客户回访制度和“两代表一委员”走访活动的落实，把握客户需求，营造全员用心服务氛围。全面开展供电服务提升月活动，推进供电服务指挥中心建设工作。大力服务市政重点工程和民生项目，圆满完成各类保电任务 40 余次，其优质服务受到地方党委政府和社会各界的好评。

深入学习宣贯中共十九大精神，组织专题学习 20 余场次、专题活动 30 余场次，开展电力助推脱贫攻坚活动 26 次，各级党员撰写学习心得 20 余篇。落实省、市公司党建工作新要求，抓好“三会一课”制度执行和基层党支部标准化建设。组织党委中心组（扩大）理论学习 12 次。完成 280 名党员信息管理和档案清理。坚持高标准、严要求发展新党员 3 名，预备党员转正 3 名。组织参加国网巴中供电公司“百人百讲”形势任务宣讲、支部书记讲党课等竞赛，8 名员工获奖。改善中干队伍结构，交流调整和补充了中层干部队伍，为小水电供区接收及时储备管理力量。开展“月度明星”评选活动，1 名员工当选国网巴中供电公司“月度明星”，充分发挥了典型示范引领作用。夯实班组细胞建设，加强班组先进典型选树，涌现出省公司五星级班组 1 个、省公司“优秀班组长”1 人。关爱员工，开展系列慰问活动，全年访贫问苦 738 人次，发放慰问金、慰问物品共计 52 万元。依法合规开展员工疗休养、健康体检等工作，干部员工共享电力发展成果。职工文化持续繁荣，组队参加各类文体活动，荣获了 2 个集体奖和 2 个个人奖，增强了企业的凝聚力和向心力，获省公司“先进集体”称号。

**【国网通江县供电公司】**国网通江县供电公司 2003 年由巴中电业局实质性代管；2006 年 3 月，改制成为四川省电力公司的控股县级供电公司；2014 年完成全资子公司改制；2016 年 8 月改制为国网四川省电力公司分公司。共设 7 个职能部门、3 个业务支撑和实施机构、16 个供电所（其中青浴供电所系 2017 年新成立、铁佛供电所系代管供电所），受托管理和兴通江分公司和三新通江分公司两个集体企业。

2017 年年末，国网通江县供电公司现有小水电站 1 座，装机容量 9800 千瓦；县内 220 千伏变电站 1 座，容量 150 兆伏安；110 千伏变电站 3 座，容量 220 兆伏安，110 千伏线路 7 条 195 千米；35 千伏变电站 15 座、变压器 24 台，容量 166.5 兆伏安，35 千伏线路 21 条 361.21 公里。10 千伏线路 82 条 3153.07 千米，配电变压器 3557 台，容量 335.96 兆伏安。0.4 千伏及以下线路 1.78 万千米。用电客户数 27.67 万户，智能电表客户 27.67 万户，占比 100%，户通电率 100%。

国网通江县供电公司现有职工 808 人(男职工 533 人，女职工 275 人)，平均年龄 44.4 岁。大专及以上学历占 71.4%，高中（中专）学历占 26.86%，初中及以下学历占 1.74%。有高级职称 5 人，中级职称 51 人，初级职称 508 人，高级技师 2 人，技师 128 人，高级工 254，中级工 321，初级工 17 人。人才当量密度 0.8692。

积极配合国网巴中供电公司与县政府签订战略合作协议，外部发展环境不断优化。遵循适度超前原则修编一系列电网规划。完成 35 千伏双泉变电站初设阶段前期工作。110 千伏周家坝输变电工程如期开工并有序推进。完成 35 千伏洪口变电站扩建工程。完成 2016 年 3 个批次农网工程项目及城市配网建设与改造项目。2017 年 4 个批次农网项目及城市配网建设与改造项目有序推进。完成 35 千伏至诚变电站 1 号主变等 5 个大修项目、35 千伏铁佛变电站 10 千伏设备综合改造等 3 个技改项目。强化业主、监理、施工三方责任体系建设，狠抓施工“安全、质量、进度、效果”过程管理，1 个农网项目入选国网巴中供电公司 2017 年“农网十佳”工程。

完成 2013—2016 年农网工程废旧物资处置工作，回收资金 68 万元。“两金”压降成效显著，主业应收账款和存货分别下降 26.08%、62.03%，两个集体企业收回历欠 630 万元，压降比超过 40%。小额快赔财产保险管理取得实效，全年获赔财产保险理赔 58 万元。开展“量价费损”专项核查和打击窃电违约用电专项行动，挽回经济损失共计 42.2 万余元。加强电费风险防控，落实专变客户“一户一策”措施，电费回收率 100%。客户资产接收并录入 4846 万元。认真落实降损措施，强化同期线损系统建设，综合线损率、台区线损合格率达历史最好水平。刚性执行国网公司通用制度，适应“子改分”要求，梳理现行规章制度，新建制度 20 项。加强同业对标管理，强化指标分析和解读，进一步推进管理业务融合，同业对标全市排名第二。

以“抓基础、保安全、促发展”为主线，深入推进本质安全建设。深入开展“电力建设工程施工安全年”“基建反违章专项行动”“安全生产大检查”“安全生产领域问题清单梳理”等各类安全活动，坚持边查边改、以查促改，发现并整改问题 83 项。加强现场安全管控，加大安全巡查和反违章工作力度，累计开展现场安全巡查和定向监督检查 1032 次，查处各类违章 137 起，经济处罚 91 人次，处罚金额 5.4 万元。扎实开展隐患排查治理，投入资金 400 余万元，处理各类安全隐患 236 处，完成 104 处跨鱼塘湖泊绝缘化整治，完成 18 条 10 千伏线路综合治理，开展高危和重要客户用电隐患排查 44 次，对发现的隐患及时督促整改。强化大型作业安全风险防控，发布电网安全风险预警 5 期，确保 110 千伏草通线及 35 千伏九永线迁改、35 千伏麻石变电站和广纳变电站负荷割接期间电网安全稳定运行。

撤销乡镇供电所管理部，强化三新通江分公司农电管理职能。以星级供电所建设为支撑，开展“全能型”乡镇供电所建设，推进营配业务末端融合，争创四星级供电所 1 个、三星级供电所 1 个。加强安全工器具管理，投入资金 28 万元，为农村供电所补充更换安全工器具 790 件。配套解决并大力改善基层供电所生产生活条件，对部分供电所房屋进行维修整治。全面加强阵地建设，开展铁溪、空山、洪口、火炬、青浴、瓦室供电所房屋新建前期工作，力争在两年内解决供电所无生产办公用房问题。

加强群众创新管理，群创项目“10 千伏氧化锌避雷器智能生态测试平台”荣获“国网四川省电力公司 2017 年度运检职工创新实践活动配电类优秀成果奖”“国家电网公司第二届运检业务职工创新实践活动优秀成果奖”，申报专利 2 项，该项目在多个领域实现历史性突破。完善 QC 活动机制，新注册 QC 小组 2 个，申报 QC 课题 2 个，新立项创新项目 2 个。加强新技术运用，运用超声波、局部放电检测、红外线诊断等新技术、新设备对线路设备进行带电巡检。

强化服务管控，认真梳理营销、运检、电网建设类投诉源头防控流程，开展供电服务风险点排查和“回头看”，加大明察暗访检查力度，多渠道了解客户需求，及时跟踪解决，降低投诉风险，严肃查处服务态度、服务行为、故障抢修现场处理超时等属实性投诉，严格执行“说清楚”和“约谈”制度，共处罚 51 人次，处罚金额 3.45 万元，投诉同比下降 93 笔，下降 32.98 个百分点。全面推广“掌上电力”“电 E 宝”等新型电子缴费渠道，绑定客户 10.16 万户，实现远程购电 7.52 万笔，累计缴费金额 943.58 万元。完善停送电协调机制，加强停送电信息发布，大力推行零点作业和带电作业，有效地提高电网供电可靠率。强化政府重点招商引资、巴万高速、返乡创业等重点工程、项目的电力保障，圆满完成十九大等重要保电任务 40 余次。

深入学习贯彻中共十九大精神，坚决贯彻新时代党的建设总要求，坚持不懈加强和改进公司党的建设，全面推进党建工作高质量发展，征集主题征文 23 篇。推进“两学一做”学习教育常态化、制度化，23 个基层党支部书记开展了形势任务交叉宣讲。全面规范党建工作机构设置，完成年度党建工作测评。开展合格党员“积分制”管理，强化党员身份意识，开展共产党员进社区、“我为绿色出主意”志愿服务活 178 次，党员“责任田”“示范岗”成效明显。举办道德微讲堂 22 场次，“我的安全我做主”主题讲堂在国网巴中供电公司展示，专题片选送至省公司企业文化节展播，道德讲堂被省公司命名为“示范道德讲堂”。开展“美丽女人节·相约健康行”登山活动、“绿色出行 从我做起”职工健步走活动。获巴中市“模范工会”、国网巴中供电公司先进集体，1 个供电所获省总工会厂务公开民主管理先进班组，1 个党支部获市公司“电网先锋党支部”，2 名员工获省公司表彰，2 名员工获市总工会表彰，23 名员工获国网巴中供电公司表彰。

**【国网巴中市恩阳供电公司】**国网巴中市恩阳供电公司的前身为恩阳供电服务中心，隶属国网巴中供电公司的内设二级机构，2013 年 12 月 13 日组建成立，2014 年 3 月 10 日正式运转。2017 年 6 月 1 日经国家电网公司、国网四川省电力公司批准，正式成立国网巴中市恩阳供电公司。机构定位及职责是按照国网四川省电力公司分公司性质的县级供电公司进行管理，主要承担恩阳区电网建设、电网运营、安全生产和优质服务等工作。

国网巴中市恩阳供电公司供电区域涵盖恩阳区全部行政区域，供电面积1156平方千米，辖3个街道（登科街道办事处、司城街道办事处、文治街道办事处）、24个乡（镇）、437个村（居）委会、2538个（村）居民小组，供电人口63万，营业客户17.4万户

（其中城区客户1.187万户、农村客户16.213万户），户户通电率100%。现有小水电站3座，装机容量1840千瓦；110千伏变电站1座容量9万千伏安；35千伏变电站6座容量7.39万千伏安；110千伏线路2条53.15公里；35千伏线路7条100.98千米；10千伏线路42条1700.25千米；10千伏配变2489台容量43.22万千伏安；10千伏以下线路9600千米。

国网巴中市恩阳供电公司机关本部内设 5 个职能部门、2 个业务支撑机构，下设 7 个乡镇供电所，另有集体企业 2 个。主业定编 405 人，现有在岗员工 341 人，平均年龄 44.5 岁。

2017 年完成供电量 2.48 亿千瓦时，占年计划的 100.88%，同比增长 11.89%；完成售电量 2.28 亿千瓦时，占年计划的 103.79%，同比增长 12.96%；完成 10 千伏综合线损 7.77%，较国网巴中供电公司下达指标下降 2.58 个百分点，同比下降 0.88 个百分点；完成发电量 490 万千瓦时，同比增长 42.62%；电费回收率 100%；上缴税金 838 万元。

深化全员安全培训，安规普考全覆盖，组织 380 余人次分包队伍集中培训考核。首推“安全例会进基层”，深入一线与员工面对面宣贯安全管理要求。深入开展安全生产大检查、电力建设安全年等专项活动，排查整治隐患 160 条，常态化检查 10 千伏智能开关、三级漏保运行情况，总漏保“三色卡”管理覆盖 1850 个台区。启动问题清单专项梳理，整改 11 项问题。严格落实“盯、关、跟”精准日管控措施和管理人员到岗到位制度，狠抓现场安全管控，及时曝光违章行为，查处违章现场 116 个，惩处 125 人，经济处罚 8.5 万元。投入 25 万元编印安全用电手册、宣传画等资料 8 万余份，持续开展安全用电知识进校园、社区、农户宣传活动。加强集体企业安全监管，严格队伍资质审查，实施作业人员“二维码”信息管控，执行分包队伍、技工黑名单清退机制。协调恩阳区出台大面积停电事件应急预案，完善陈旧变压器及脱落开关标示牌、警示标志，配合召开通信、电力、广电相关企业“三线”交越整治会，警企联动处置外破事件 6 起。强化质量监督管理，上报 8 条质量事件，1 条被国家电网公司收录。保密、信息、保卫、交通、消防等管控有力，全年未发生不安全事件，实现连续安全生产 1441 天。

主动对接恩阳区总体规划和市场需求，完成了恩阳电网诊断分析和“十三五”电网规划修编，储备 2018-2020 年配电网项目 97 个，计划投资 1.8 亿元。配合做好 110 千伏西龛输变电工程可研批复、项目核准等前期准备，完成 110 千伏玉山输变电工程选址、选线，积极协调推动 35 千伏观音变电站建设。投资 1168 万元的 14 个城市配网项目加快实施，投资 307 万元的 94 处跨鱼塘线路绝缘化改造基本完成，全年安装故障在线监测仪 42 台，城网巴恩快速通道 10 千伏新建工程获省公司优质工程。建立农网工程周例会机制，统筹兼顾质量与进度，强化物资

2017 年 5 月，国网巴中市恩阳供电公司雪山供电所被授予“中国金牌最美供电所”称号 （伏顺德 摄）

保障，按照时间节点倒排工期，投资 9785 万元的 2017 年农网改造升级工程、小城镇（中心村）、“井井通电”工程、脱贫攻坚等 4 批次 99 个项目有序稳步推进，3 个项目获国网巴中供电公司“农网十佳工程”，两个项目入选省公司“农网五十佳”。加快全区重点项目推进，高效完成好彩头公司、区第一人民医院等 10 千伏线路新建和迁改任务，加快恩阳机场 10 千伏双电源建设。推进小型基建项目，花丛供电所和公司机关办公用房按要求完成工程进度。

扎实开展“管理提升年”活动，严格执行“三重一大”决策制度，加强巡察、审计、内外部检查问题整改，切实消除管理短板。完成公司主要负责人离任经济审计。强化综合计划刚性管理和过程管控，严格监督考核，提高计划执行效果。健全全面预算管理体系，从严从紧控制一般性和非生产性支出。加强同业对标指标分析，完善指标改善措施，着力整改弱项指标，同业对标综合排名第一名。圆满完成营销管理转型试点任务，全口径智能表覆盖

率达 100%，全口径采集接入率达 100%，公、专变采集成功率分别达 99.74%、99%，实现高压客户费控执行率 100%，高压客户购电执行率 96.66%，台区线损合格率 92.29%，高于 22 家试点县区公司平均值 10.86 个百分点，位居全省营销转型试点单位第 6 名。完成 16 条 10 千伏线路 641 公里登杆检查、14 条 10 千伏线路 848 台变压器设备预试轮换、安装 10 千伏线路防雷避雷器 16 处。利用超声波巡检、红外测温、无人机巡线等措施对线路和通道走廊进行了综合治理，10 千伏线路跳闸率同比下降 34.3%，配网精益化管理专项验收代表国网巴中供电公司迎检获全省第三名。加强新投异动、异常指标监测分析，推进关口计量装置改造项目及技术降损，10 千伏同期分线线损指标超省公司考核指标，月度均排全市县区公司第一名。受理高低压业务 7974 笔，容量 16.33 万千伏安。深入开展反窃电专项行动，查处违约、窃电 85 笔，追补电费 8.2 万元。改造 159 台高压费控装置，应收电费颗粒归仓。完成替代电量 500 万千瓦时，助力恩阳区首座分布式光伏发电项目顺利并网。加强物资仓储管理，严格物资计划、领用、收发等关键环节把控。坚持多发满带，小水电站经济效益稳步提升。加强集体企业工程分包、物资采购管理，强化集体企业工程款回收力度。

严格落实业扩新政，全面规范和简化业务办理流程，大力整治业务线下办理、体外循环。扎实开展“供电服务提升月”活动，加大供电服务业务培训和明察暗访查力度，修订投诉考核管理办法，采取有针对性的措施，大力压减服务投诉。邀请行风监督员、“两代表一委员”走进施工现场，广泛征求意见和建议，促进行风建设水平提升。推行台区“网格化管理”，组建营销业务管控中心，推动营销系统、关键指标、数据有机融合，实现营销业务管控全覆盖。营配调贯通一致率 99.98%，高低压业务线上受理率 100%、线上办理率 92.5%。巩固供电所管理转型成果，玉山供电所获评省公司图数治理四星级供电所，柳林、茶坝等 5 个供电所获评省公司图数治理五星级供电所。加快推进“三表合一”进程，接入水表、气表 518 户。“掌上电力”APP 绑定 7.6 万用户，开通远程缴费用户 15.8 万户，全年充值 3.14 万笔共 487 万元。做好城乡“两保户”免费用电基数兑现工作，减免电费 172 万元，圆满完成全国脱贫攻坚现场会、中共十九大会议等重大经济活动保电任务 70 余次。

主动承担脱贫攻坚首要政治任务，落实 30 名党员干部定点帮扶关公九龙村 64 户贫困户。投资 100 余万元解决了帮扶村用电问题，指导帮扶村完成阵地建设、办公场所打造，协助新建村卫生室 1 间。建立完善“一户一档”，举办农民夜校，协调村委会为经营大户流转土地发展种养殖业，带动贫困群众增收致富。积极做好对标达标、查漏补缺，顺利通过省级脱贫攻坚考核验收。开展了贫困人口入户调查，发放达标认定书 2.25 万份，贫困户生活用电达标率 100%。优先将贫困村纳入农网改造计划，投资 1279 万元实施了 34 个脱贫攻坚和查漏补缺项目，涉及全区 17 个贫困村。完成了 176 个易地扶贫搬迁集中安置点电力配套项目建设，解决了易地扶贫搬迁集中安置点 2747 户 9934 人和 2667 户分散安置户及随迁户的用电问题，实施了饮水工程电力配套项目 72 处，为全区脱贫摘帽提供了可靠的电力支撑，获得区委区政府主要领导书面批示肯定。

持续推进“两学一做”学习教育常态化、制度化，深入学习宣传贯彻中共十九大精神。成功召开第一次党代会，选举产生第一届党的委员会和纪律检查委员会。全面规范党建工作机构设置，完成年度党建工作测评和党员干部党建知识考试。设立 11 个党员责任区、67 个党员示范岗。开展反腐倡廉警示教育、基层讲廉课 14 场次，发送廉洁短信达 3000 余条。建立干部、关键岗位轮岗交流制度，全年提拔中层干部 5 人，调整干部 11 人次，岗位交流 6 人次。17 名专业骨干对口支援帮扶，有效缓解了人员紧缺的压力。新开设“恩电讲堂”，全年评选高级职称 1 人、中级职称 6 人，技师 16 人，人才当量密度提升至 0.9473。评选月度明星 12 名，微信平台“早安恩电”和“恩电家园”专栏发布励志短语 70 余条、激发了广大员工的积极性和主动性。全年访贫问苦 132 人次，发放慰问金 18.6 万元。组织员工疗休养、健康体检等工作。后勤管理、离退休工作及女工工作等都取得了新的成绩。

2017 年，国网巴中供电公司获评省公司“安全先进集体”、国网巴中供电公司“先进基层党委”和二季度“流动红旗”单位；雪山供电所先后荣获中电传媒“中国金牌最美供电所”、国家电网公司“先进班组”、省公司“标杆班组”和“安全先进班组”；营销部获省公司“安全先进班组”；恩阳供电所荣获国网巴中供电公司“安全业绩突出班组”；花丛供电所获国网巴中供电公司“先进班组”。熊果、张文等 27 人分别获国网公司、省公司以及市公司表彰奖励。

（祝中华、符光、黄超）

# 国网甘孜供电公司
# 国网甘孜州电力有限责任公司

**【企业概况】**国网甘孜供电公司（简称分公司）成立于2006年1月，是隶属于国网四川省电力公司的以输电和售电为主的分公司，现有长期职工292人。国网四川甘孜州电力有限责任公司（简称州公司）成立于2012年3月20日，下辖全资县级公司17个（除德格县和海螺沟景区），是国网四川省电力公司控股的市州级供电企业，现有各类员工2051人，其中全民（其他）1921人，劳务派遣用工130人。按照一套人马、两块牌子、管理高度融合的原则，分公司人员整体无偿支援州公司。

2017年，国网甘孜供电公司按照“三转”“三抓”“三创”（转观念、转作风、转行为；抓基础、抓建设、抓管理；创形象、创业绩、创特色）的工作思路和“54321”（“五个提高”，提高管理水平、提高技术技能水平、提高工作质量、提高工作效率、提高经济效益；“四个突破”，电网管理取得突破、对标指标取得突破、专业考核取得突破、企业文化取得突破；“三个降低”，综合线损全面降低、设备故障及缺陷率全面降低、现场作业违章状况全面降低；“两个促进”，促进形象提升、促进经营环境进一步改善；“一个目标”，实现“做实州公司、做优做强县公司”发展目标）的工作要求，强基固本抓管理，增强公司自我发展能力；紧盯市场抢机遇，抓住未来发展先机；以提升效益为中心，完成“州公司盈利，县公司全面扭亏”目标，实现公司发展迈上新台阶。

2017年，公司完成电网投资10.69亿元，投产10千伏及以上线路1405千米；线损率19.44%，较2016年同期下降3.91个百分点；售电量16.45亿千瓦时，同比增长21.37%。全面完成省公司下达的各项考核指标，实现扭亏为盈目标，全年未发生受考核的安全生产、优质服务、队伍稳定和党风廉政事件。

2017年，国网甘孜供电公司成功创建“全国文明单位”，荣获省公司安全生产先进单位等多项荣誉，多名员工荣获国家电网公司、省部级表彰。

**【人力资源】**国网甘孜供电公司设立10个职能部门、6个业务支撑和实施机构。10个职能部门分别是办公室（党委办公室）、发展策划部、党委组织部（人力资源部）、财务资产部、建设部（项目管理中心）、安全监察质量部（保卫部）、审计部、监察部（纪委办公室）、党建工作部（工会、团委）、电力调度控制中心。6个业务支撑和实施机构分别是经济技术研究所、运维检修部（检修分公司）、营销部（农电工作部、客户服务中心）、信息通信分公司、物资供应中心、综合服务中心。运维检修部与检修分公司合署，营销部（农电工作部）与客户服务中心合署，具有职能管理和实施主体双重职责。

2017年，国网甘孜供电公司严格执行干部选拔任用程序，加强干部队伍建设，优化干部队伍结构完成省公司第一批次援藏科级干部援建期满考核工作和第二批次援藏干部需求提报、接收工作。深入开展劳务协作和对口帮扶，逐步缓解公司结构性缺员问题。加强学习教育培训，本部建立了周学习制，采取集中培训、送教上门、冬季集中培训等方式全面提升干部队伍素质。不断提升员工队伍素质，组织完成2017年两批次技能初、中、高级工鉴定考试工作，145名员工参加考试，121人通过，通过率达83.44%。组织完成2017年技师考试、鉴定工作，28名员工经考试、鉴定合格，取得技师资格。

**【电网建设与发展】**国网甘孜供电公司重点抓好项目规划管理工作，完成2018年配电网滚动规划等工作。重点完成脱贫攻坚查漏补缺规划、独立供区规划入库、小水电供区规划入库、光伏扶贫送出规划工作。启动甘孜来马110千伏输变电工程，保障格萨尔机场安全可靠供电。积极拓展德格供区，助力公司电网侧“一张网”布局。严格按计划开展前期工作，完成丹巴、甘孜来马110千伏输变电工程、泸定桃子坪至沙嘴改接幸福线路新建工程、35千伏雅江西俄洛输变电工程等项目核准，启动丹巴白呷在内的3个35千伏项目20余项前期专题要件办理工作，助推公司基建项目顺利实施、电力扶贫项目顺利开展，完成年度计划。强化过程管控，按期完成9项竣工投产和4项新开工的基建任务，新建35千伏及以上输电线路172.83千米，变电容量75.75兆伏安，实现续建工程不跨年的管理突破，全面完成省公司年度建设目标。开通施工现场视频监控系统，全面实施施工人员“二维码”管理，开展施工安全质量交叉检查，现场管控有效加强。110 千伏田坝变电站工程获国网公司“优质工程”，公司电网建设管理水平得到显著提升。

【经营管理】2017 年，15 家县公司线损率同比下降，降幅最大达 22.83 个百分点。保持电费回收高压态势，落实“一户一策”，全年电费回收率保持 100%。加强营销业务质量管控，逐步规范抄核收流程，严格落实电费电价政策，开展反窃电专项整治，挽回经济损失 160 万元。开展计量基础建设，努力取得计量检定授权。全力推进营销“三全”建设，智能电表覆盖率和采集成功率分别达到 82.02%和 66.24%，公变台区线损合格率实现“零”突破。以客户需求为导向，业扩报装全面实现线上办电，在康泸地区试点开展低压线上交费业务，多渠道发布停送电信息，提高客户满意度。在全州开展电能替代业务，甘孜藏区首个电能替代重点示范项目——白玉鑫源矿业“煤改电”工程圆满落地。加强往来款项的管理，针对应付款项开展专项清理活动，各县公司全年通过处置应付账款实现营业外收入 1214.11 万元。

【安全生产】全面落实省公司 2017 年安全生产各项工作部署，通过夯实安全基础，规范管理流程，加强风险管控，加大监督考核等方式，努力提升公司本质安全水平，顺利完成年度安全生产目标，荣获国网四川省电力公司 2017 年安全生产先进单位。

充分利用安全生产例会平台，部署研究解决重大问题，加大安全投入，强化作业现场到岗到位管理和精准日管控；提升安全巡查广度和深度，加大安全通报力度，全年组织开展安全巡查 128 次，查处违章 318 起，下达整改通知单 103 份；建立安全教育训诫室，对安全履职不到位、违章人员进行教育训诫，全年开展训诫 14 期，训诫人员 38 人。优化电网运行方式，加强继电保护技术监督，开展稳定计算，刚性执行调度纪律，提升配网计划停电率（95%以上），强化电网运行风险管控，成功防范包括川藏联网工程检修期间巴塘孤网运行等六级及以上电网风险 12 次，圆满完成十九大保电任务，有效提升了供电可靠性。深入推进变电精益化评价和“五通一措”，强化技术监督和缺陷管理，全年共消除各类危机缺陷 88 条、严重缺陷 224 条，一般缺陷 377 条，显著提升了设备健康运行水平；严格落实架空线路“六防”措施，建立防山火专项档案，组织开展重要线路通道监察性巡视，有效降低线路跳闸率（220 千伏、110 千伏、35 千伏线路跳闸率同比分别下降 60%、56.5%、28.9%）；通过开展水电站隐患治理和管理提升，有效提高水电站发电量（全年提升 21.5%）和县公司生产效益；着力在各县公司分别打造了一座标准化变电站、水电站和输配电线路，通过以点带面，全面提升设备运维管理水平；积极组织参加省公司各类技能竞赛和技术比武，持续提升公司管理技术经验积淀，取得较好效果。加强应急管理，修编应急预案，清理应急台账，提升装备水平，系统开展各厂站地质灾害隐患排查整治和监察性巡视，强化应急演练和培训，高效处置丹巴暴雨山洪、理塘君坝电站泥石流等自然灾害，得到国网四川省电力公司肯定。

【农电工作】2017 年，国网甘孜供电公司按期完成 2016 年中心村二批、三批，2017 年脱贫攻坚专项共 3 个批次农网项目建设工作，完成计划投资 7.3 亿元，涉及甘孜州 17 个县。新建 10 千伏线路 1456.21 千米，新增配变 1170 台，容量 184.9 兆伏安，新建低压线路 2029.82 千米，改造户数 43460 户。

该公司结合星级供电所和全能型供电所创建工作，进一步加强乡镇供电所管理，有效解决乡镇供电所管理工作存在的突出问题，不断增强乡镇供电

2017 年 6 月 26 日，雅康高速大渡河兴康特大桥主缆架设完成，国网甘孜供电公司常年为工程建设保电，正在巡线的员工见证了这一时刻

（黄丽　摄）

所供电服务保障能力。全年完成86个供电所全能型建设标准化配置的初步规划方案编制，制定了全能型供电所建设实施总体方案。对满足条件的供电所开展了星级供电所、全能型供电所创建工作，不定期组织人员到供电所开展现场检查指导，并邀请帮扶兄弟单位针对供电所创建任务开展短期帮扶指导，将于2018年建成1个四星级供电所、1个三星级供电所和5个二星级供电所。

**【科技与信息化工作】**国网甘孜供电公司扎实开展环保工作，严格按要求落实环、水保措施，在国家环保巡查过程中，未发生环保事件。科技项目成效显著，发表电力相关论文7篇，研发实体工具3套，取得技术专利8项。

开展通信电源隐患治理，完成5座220千伏变电站电源图的绘制及上墙工作，完成5座220千伏变电站、14座110千伏变电站通信电源告警信号隐患治理工作，完成15座变电站通信电源直流信号整改入库工作，通信电源运行水平进一步提高。完成220千伏榆林站等7座变电站站端光缆及沟道防火反措整治，实现独立通信光缆通道、不同电缆沟进入通信机房和主控室，完善防火阻燃和阻火分隔措施，有效解决了220千伏重要光缆线路光缆同沟敷设问题。完成5座220千伏变电站、18座110千伏变电站、11座35千伏变电站二次系统安防设备升级改造，站端二次系统防护水平提升明显。开展“甘孜地区并网电厂电力监控系统安全防护专项检查”，共发现问题682项，下发安全督查整改通知单69份，收到整改回复单69份，指导电厂完成问题整改392项，协助省调完成川东南等49座电厂安全防护方案，得到省公司高度认可。开展全网渗透测试10次，提交上报首发漏洞2个，发现终端风险点124个，升级终端系统漏洞1000余项，高危端口治理215项，现场排查信息安全隐患26处，确保系统不留漏洞、安全无死角。积极与甘孜州公安局网络安全保卫支队沟通协作，建立了网络与信息安全漏洞挖掘和预警机制开展3次网络与信息安全宣贯培训，多渠道方式宣传《网络安全法》，有效筑牢了公司信息安全防线。积极组织参与2017年度通信系统运行方式编写工作，获得省公司A级评价。

**【市场服务（优质服务）】**积极拓展第三方代收业务，与农行甘孜州分行、邮储甘孜州分行开展第三方代收电费合作，在全州17个县公司设置了29台24小时自助缴费机，拓宽客户交费渠道。推广“掌上电力”APP注册，完成注册13815户，方便客户及时查询用电信息，掌握停电公告。圆满完成重大活动、会议、维稳等保电任务180余次。做好停送电信息发布工作，累计发布停电信息956条。

组成行风检查小组开展明察暗访工作，对14个县公司开展明察暗访，重点督查业扩办理“三指定”、业扩工程中“吃、拿、卡、要”的违纪行为，挂网通报监督检查情况6期，走访客户40余户，发现问题133项，现已全部整改并对有关责任人员进行了考核问责，加强了对县公司业务的管控，保证业务高效、准确。对行风测评提出的问题进行自查自纠，强化对营业厅的管理工作，努力提升营业厅现场管理水平，持续增强员工服务意识，规范服务行为。

**【党的建设和精神文明建设】**按照上级党委“五个到位”的要求（即：组织领导到位、学习培训到位、宣传引导到位、督查指导到位和推动工作到位），国网甘孜供电公司掀起了深入学习贯彻中共十九大精神热潮。公司党委委员率先垂范，开展专题研讨，深入联系片区和基层面对面宣讲19次，基层党组织宣讲主题党课23次。组织各级党委中心组专题学习20余次，为党员领导干部配备学习辅导用书2200余册。500余人参加了在“电力格桑花”微信平台上开展的中共十九大知识竞赛，征集十九大主题书法、

2017年6月29日，国网甘孜供电公司“圣洁尚巴”（连心桥）服务队正式成立

（黄丽　摄）

征文等文学作品30余件，实现了学习全覆盖。组织“圣洁尚巴”服务队员深入乡村，用藏汉双语和藏区农牧民共同学习中共十九大精神。

狠抓党建工作责任落实。深入推进“两学一做”学习教育常态化、制度化，坚持每月组织1次中心组学习，重点学习舒印彪在四批次巡视情况汇报会的讲话精神、省十一次党代会精神等16项重点内容。班子成员严格履行管党治党责任，对党委委员进行党内职责、片区、重点工作分工，召开学习贯彻省公司党建工作会议精神专项工作会，制定“旗帜领航•三年登高”实施方案，建立以党委委员为组长的巡查督导机制，成立7个督导组对各基层党支部进行党建工作巡查，共查摆问题24项，制定整改措施28项，切实履行把方向、管大局、保落实的政治责任。基层党组织书记述职实现全覆盖，差异化指导党支部制定管理提升方案。不断夯实党建基础。强化党建阵地建设，打造本部标准化党支部活动室1个、基层党组织党员活动室5个。严格党员发展，把好入口关，积极在生产一线、关键岗位、为作出突出贡献的人员以及少数民族职工中发展党员，共发展党员20名、积极分子46名。推广“掌上微党课”“党员大讲堂”等活动载体，发布组织生活学习主题、重点，着力提升党员素三是基层党组织和党员作用有效发挥。以“砥砺奋进、党旗飘扬”为主题，开展“向党说说心里话”、“我身边的共产党员”等纪念建党96周年系列活动。启动“圣洁尚巴”服务工程，打造党建红色名片，在急难险重任务中成立“党员突击队”“党员先锋队”，架起藏汉连心桥。

通过实施“六个一”工程强化企业文化的落地融合，积极打造既融合国家电网公司卓越企业文化又具有藏区特色的企业文化精品，促进文化在藏区的传播落地。1家基层单位荣获“省公司企业文化建设先进集体”称号；1个示范点被评为省公司企业文化示范点；1名员工被评为“感动川电”人物；微电影《牛粪》分别获得第五届亚洲微电影“金海棠”奖、第五届中国国际微电影“金桂花”奖、“中国梦•劳动美”第四届全国职工微影视大赛银奖、英大传媒2017年度优秀电视作品微电影类唯一特等奖及最佳摄影奖、省公司企业文化节微视频大赛一等奖；微电影《爱的高度》获四川省总工会第三届微电影大赛纪录片类银奖、省公司企业文化节微视频大赛二等奖；原创歌曲《爱的彩虹》被评为“川电金曲”。加强新闻宣传，持续开展了抗洪保电、管理提升、十九大等宣传策划，全面完成了省公司下达的外宣任务，在公司内外部网站上刊发新闻3000余篇。成功创建成为全国文明单位，实现了县级文明单位全覆盖、新创成州级文明单位1家。利用互联网技术和微信平台，以微信公众号“电力格桑花”为平台，采用线上答题模式开展企业文化知识竞赛，获得员工好评。

凝聚合力，促进群团组带作用有效发挥。健全会籍档案，开展职工代表巡视督查，强化民主管理和厂务公开。举办“4•15”维权咨询服务日、女职工维权知识竞赛等活动增强职工维权意识。开展“大手牵小手 你我共成长”亲子活动，持续关爱电力留守儿童。慰问一线班组、特困职工等730余人次，慰问金额21万余元，及时传递组织温暖。加强班组建设，创成“四川省民主管理示范班组”1个、“五星级班组”3个。扎实开展“学总书记讲话，做合格共青团员”教育实践，建立团籍电子台账，开展团员民主评议379人次，举办“重学团章”、“团支部风采展示”等主题活动。组织团员青年积极参加“青年训练营”竞技，3人获奖。全年组织开展诗词大赛、主持人大赛、全民健身登山活动、“情歌故里 牵手七夕”青年联谊、“冬至一家亲 饺子暖人心”等寓教于乐的活动，持续丰富员工业余生活。获省公司“厂务公开民主管理示范单位”，获“四川省五四红旗团委”，1个班组获省公司“青年安全生产示范岗集体”。

**【存在的主要问题】**

一是硬件基础仍然较为薄弱。主干电网多为单线单变，中低压电网老旧问题突出，通信自动化系统覆盖率低，设备缺陷问题较多，办公及后勤保障设施建设滞后。

二是管理仍然较为粗放。电网设备、营销服务的基础台账不齐全，管理制度执行不到位，流程控制缺失，常态化管理水平低下，应急式管理情况普遍，向管理要效益的空间还十分巨大。

三是人力资源仍然问题较多。一方面，人力资源总量不足，“两头少”的局面仍然存在；另一方面，人力资源效率低下，人尽其才、人尽其用，让每个人和每个岗位发挥其应有作用的目标远未实现。

**【国网康定市供电公司】**2007年10月，康定电力公司同泸定电力公司联营重组成立甘孜藏族自治州电力有限责任公司，2013年4月成立国网康定县供电有限责任公司，成为由国网四川电力控股管理的县级供电企业，2017年，“子改分”工作完成后更名为国网康定市供电分公司，担负着康定市21个乡（镇）、240个村、4.35万户、12.9万多人的生产生活供电任务。拥有110千伏变电站5座，变电容量21.65万千伏安；35千伏变电站8座，总容量9.545万千伏安；拥有110千伏线路4条，全长129.034千米；35千伏线路18条，206.067公里；10千伏输配电线路52条，1145.01千米；配电变压器台区924个，低压线路2175.519千米。2017年，完成售电量4.70亿千瓦时，同比增长13.43%。

**【国网泸定县供电公司】**国网泸定县供电公司成立于2013年4月，是国网四川省电力公司控股的县级供电企业。2017年，“子改分”工作完成后更名为国网泸定县供电分公司，担负着泸定县5个乡（镇）、62个行政村，2.76万多户、4万多人的生产生活供电任务。泸定电网于2006年并入省网，现有小水电站1座，装机容量为1800千瓦；110千伏变电站3座，变电容量27.6万千伏安；35千伏变电站3座，代管35千伏沙湾变电站1座，变电容量6.565万千伏安；110千伏线路2条，全长60.89千米；35千伏线路10条，全长112.939千米；10千伏线路20条，全长214.137千米；配变台区271台，容量11.901万千伏安；低压线路412.566公里。2017年，完成售电量1.83亿千瓦时，同比增长4.36%。

**【国网九龙县供电公司】**国网九龙县供电公司成立于2007年12月，是国网四川省电力公司控股的县级供电企业，2017年，“子改分”工作完成后更名为国网九龙县供电公司，担负着全县2镇16个乡，65个村，265个村民小组，0.53万户的供电任务。现境内有水电站13座，总容量8.05万千瓦；其中自有小水电站1座，总装机2030千瓦。35千伏变电站4座，变电容量2.105万千伏安；35千伏线路共5回，全长105.298千里；10千伏线路14条，全长336.184千米；配电台区626台，总容量7.692万千伏安2017年，完成售电量6856.26万千瓦时，同比增长13.20%。

**【国网丹巴县供电公司】**国网丹巴县供电公司成立于2011年7月8日，是国网四川省电力公司控股的县级供电企业。2017年，“子改分”工作完成后更名为国网丹巴县供电公司，担负着丹巴县辖1镇14乡、181个村，0.96万户，6.1万多人的生产生活供电任务。现境内有水电站13座，总容量8.05万千瓦；其中自有小水电站1座，总装机2030千瓦。35千伏变电站4座，变电容量2.105万千伏安；35千伏线路共5回，全长105.298千米；10千伏线路14条，全长336.184千米；配电台区626台，总容量7.692万千伏安。2017年，完成售电量8593.25万千瓦时，同比增长97.72%。

**【国网甘孜县供电公司】**国网甘孜县供电公司成立于2012年3月，是国网四川省电力公司控股的县级供电企业。2017年，“子改分”工作完成后更名为国网甘孜县供电公司，担负着全县辖5个片区、22个乡（镇）、220个行政村、0.96万户的生产生活供电任务。全县共有水电站7座（其中2座停运），总装机9570千瓦。拥有110千伏变电站1座，总容量4万千伏安；拥有35千伏变电站7座，总容量2.515万千伏安；35千伏线路10条，193.72千米；10千伏输配电线路23条，359.101千米；配电变压器台区312个，变电容量7.8万千伏安；低压线路682.3公里。2017年，完成售电量7169.78万千瓦时，同比增长34.08%。

**【国网巴塘县供电公司】**国网巴塘县供电公司成立于2012年7月，是国网四川省电力公司控股的县级供电企业。2017年，“子改分”工作完成后更名为国网巴塘县供电分公司，担负着全县辖18乡3镇、123个村、0.85万户、5.3万多人的生产生活供电任务。巴塘电网2014年12月并入省网，现有7座小水电站，装机容量10250千瓦；110千伏变电站1座，变电容量4万千伏安； 35千伏变电站7座，变电容量2.41万千伏安；35千伏线路11条，全长289.295千米；10千伏线路33条，线路总长743.2千米，配电台区303台，容量4.8万千伏安；低压线路1294.06公里。2017年，完成售电量1.29亿千瓦时，同比增长120.77%。

**【国网石渠县供电公司】**国网石渠县供电公司成立于2012年10月，是国网四川省电力公司控股的县级供电企业。2017年，“子改分”工作完成后更名为国网石渠县供电公司，担负着石渠县23个乡（镇、场）、302个行政村、25525户、1.27万户的生产生活供电任务。石渠电网于2012年10月并入省网，现有水电站1座，装机6400千瓦；110千伏变电站2座，变电容量8万千伏安； 35千伏变电站9座，变电容量2.86万千伏安；35千伏线路11条，全长390.421千米；10千伏线路33条，线路总长2206.297千米，配电台区774台，容量8.7205万千伏安；低压线路4191.4行咪。2017年，完成售电量4991.93万千瓦时，同比增长25.77%。

**【国网炉霍县供电公司】**国网炉霍县供电公司成立于1989年5月，2011年转由国家电网公司代管。2012年5月改制后更名为四川炉霍供电有限责任公司；同年，更名为国网四川炉霍县供电有限责任公司，是国网四川省电力公司控股的县级供电企业，2017年，“子改分”工作完成后更名为国网炉霍县供电公司，担负着炉霍县15乡1镇、171个行政村、14721户、0.53万户，4.6万多人的生产生活供电任务。炉霍电网于2014年12月并入省网，现自有小水电站3座（1座停运），总装机容量3960千瓦；110千伏变电站1座，变电容量4万千伏安；35千伏变电站9座，变电容量2.285万千伏安；35千伏线路

13 条，全长 233.808 千米；10 千伏线路 27 条，全长 428.9 公里；配电台区 315 台，配电容量 5.18 万千伏安；低压线路 913.2 千米。2017 年，完成售电量 4672.25 万千瓦时，同比增长 9.81%。

**【国网得荣县供电公司】**国网得荣县供电公司成立于 2014 年 3 月，是国网四川省电力公司控股的县级供电企业。2017 年，“子改分”工作完成后更名为国网四川得荣县供电公司，担负着得荣县辖 1 镇 11 乡、127 个村、0.32 万户、2.65 万多人的生产生活供电任务。得荣电网于 2015 年 1 月并入省网，现有水电站 3 座（其中 1 座已停运），总装机 3000 千瓦；110 千伏变电站 1 座，变电容量 4 万千伏安；35 千伏变电站 8 座，变电容量 2.66 万千伏安；35 千伏线路 10 条，全长 146.504 公里；10 千伏线路 16 条，全长 565.5257 千米；配电变压器 263 台，容量 4.15 万千伏安。2017 年，完成售电量 4179.48 万千瓦时，同比减少 3.13%。

**【国网理塘县供电公司】**国网理塘县供电公司成立于 2014 年 2 月，是国网四川省电力公司控股的县级供电企业，2017 年，“子改分”工作完成后更名为国网四川理塘县供电公司，担负着理塘县辖 1 镇 23 乡、208 个村、1.4 万户、7.06 万多人的生产生活供电任务。理塘电网于 2014 年 12 月并入省网，现有小水电站 12 座(其中 3 座电站已停运)，总装机 10935 千瓦；110 千伏变电站 1 座，变电容量 4 万二伏安；35 千伏变电站 7 座，总容量 2.58 万千伏安；35 千伏线路 10 条，251.498 千米；10 千伏输配电线路 37 条，784.1 千米；配电变压器台区 379 个，变电容量 5.563 万千伏安；低压线路 1489.79 千米。2017 年，完成售电量 4941.09 万千瓦时，同比增长 0.02%。

**【国网雅江县供电公司】**国网雅江县供电公司成立于 2013 年 4 月，是国网四川省电力公司控股的县级供电企业。2017 年，“子改分”工作完成后更名为国网理塘县供电公司，担负着雅江县 17 个乡、113 个村、1 个居委会、128 个村民小组、0.78 万户、5.3 万多人的生产生活供电任务。雅江电网于 2012 年 1 月并入省网，辖区自有小水电站 6 座，总容量 4765 千瓦，110 千伏变电站 1 座，变电容量 4 万千伏安；35 千伏变电站 12 座，变电容量 4.2 万千伏安；35 千伏线路 18 条，全长 266.527 公里；10 千伏线路 29 条，249.3 千米；配电台区 143 台，总容量 22815 千伏安；低压线路 747.9 千米；2017 年，完成售电量 6848.48 万千瓦时，同比增长 44.77%。

**【国网乡城县供电公司】**国网乡城县供电公司成立于 2013 年 4 月，是国网四川省电力公司控股的县级供电企业。2017 年，“子改分”工作完成后更名为国网乡城县供电公司，担负着乡城县辖 1 镇 11 乡、89 个村民委员会、130 个村民小组、0.36 万户、3.2 万多人的生产生活供电任务。乡城电网 2014 年 10 月并入省网，下辖 1 座水电站，装机 4000 千瓦；拥有 110 千伏变电站 1 座，变电容量 4 万千伏安；35 千伏变电站 5 座，变电容量 2.445 万千伏安；35 千伏线路 6 条，190.738 千米；10 千伏输配电线路 17 条，418.993 公里；配电变压器台区 234 个，变电容量 4.35 万千伏安；低压线路 769.1 千米。2017 年，完成售电量 8492.46 万千瓦时，同比减少 15.36%。

**【国网稻城县供电公司】**国网稻城县供电公司成立于 2011 年 7 月，是国网四川省电力公司控股的县级供电企业。2017 年，“子改分”工作完成后更名为国网稻城县供电公司，担负着稻城县 14 乡（镇）、124 个行政村、0.43 万户、3.41 万多人的生产生活供电任务。稻城电网于 2014 年 11 月并入省网，现有水电站 1 座，装机 2500 千瓦；110 千伏变电站 2 座，总容量 12 万千伏安， 35 千伏变电站 7 座，总容量 4.275 万千伏安；35 千伏线路 3 条，总长 94.773 千米；10 千伏输配电线路 21 条，359.8 千米；配电变压器台区 317 个，变电容量 5.074 万千伏安；低压线路 1216 公里。2017 年，完成售电量 6621.09 万千瓦时，同比增长 37.70%。

**【国网新龙县供电公司】**国网新龙县供电公司成立于 2013 年 3 月，是国网四川省电力公司控股的县级供电企业，2017 年，“子改分”工作完成后更名为国网新龙县供电公司，担负着新龙县辖 12 个乡镇、92 个村、0.29 万户、2.97 万多人的生产生活供电任务。新龙电网于 2014 年 11 月并入省网，现有水电站 3 座（其中 1 座停运），总装机 5020 千瓦；110 千伏变电站 1 座，总容量 4 万千伏安；35 千伏变电站 5 座，总容量 2.245 万千伏安；35 千伏线路 7 条，254.077 千米；10 千伏输配电线路 24 条，249.3 千米；配电变压器台区 347 个，变电容量 3.53 万千伏安；低压线路 473.67 千米。2017 年，完成售电量 2550.16 万千瓦时，同比增长 10.07%。

**【国网色达县供电公司】**国网色达县供电公司成立于 2012 年 6 月，是国网四川省电力公司控股的县级供电企业。2017 年，“子改分”工作完成后更名为国网色达县供电公司，担负着色达县辖 2 镇 15 乡、134 个村、0.61 万户、5.3756 万人的生产生活供电任务。色达电网于 2014 年 12 月并入省网，现有小水电站 3 座，总装机 1.18 万千瓦；110 千伏变电站 2 座，总容量 8 万千伏安；35 千伏变电站 9 座，总容量 5.54 万千伏安；35 千伏线路 10 条，404.6 千米；10 千伏输配电线路 33 条，817.454 千米；配电变压器台区 429 个，变电容量 5.2843 万千伏安；低压线路 1298.61 千米。2017 年，完成售电量 7337.2 万千瓦时，同比增长 41.36%

**【国网白玉县供电公司】**国网白玉县供电公司成立于 2012 年 12 月，是国网四川省电力公司控股的县级供电企业。2017 年，“子改分”工作完成后更名为国网白玉县供电公司,担负着白玉县 17 个乡(镇)、156 个村、0.45 万户、5.7 万多人的生产生活供电任务。白玉电网于 2014 年 11 月与主网并网运行，现有现有小水电站 2 座，总装机 2720 千瓦；110 千伏变电站 2 座，变电容量 8 万千伏安；35 千伏变电站 6 座，总容量 2.855 万千伏安；35 千伏线路 12 条，340.76 千米；10 千伏输配电线路 24 条，689.256 千米；配电变压器台区 415 个，变电容量 5.35 万千伏安；低压线路 1309.6 公里。2017 年，完成售电量 7640.64 万千瓦时，同比增长 23.55%。

**【国网道孚县供电公司】**国网道孚县供电公司成立于 2013 年 5 月，是国网四川省电力公司控股的县级供电企业。2017 年，“子改分”工作完成后更名为国网道孚县供电公司，担负着道孚县 22 个乡（镇）和 2 个居民委员会、160 个行政村、0.73 万余户、5.58 万多人的生产生活供电任务。道孚电网于 2015 年 8 月并入省网，现有小水电站 5 座，总装机 5385 千瓦；110 千伏变电站 1 座，总容量 8 万千伏安；35 千伏变电站 8 座，总容量 2.07 万千伏安；35 千伏线路 9 条，211.074 千米；10 千伏输配电线路 25 条，520.96 千米；配电变压器台区 614 个，变电容量 4.325 万千伏安。2017 年，完成售电量 4646.12 万千瓦时，同比增长 29.04%。

（曾春夏）

# 发电与超（特）高压运检企业

责任编辑：何　飞

# 国网四川映秀湾发电厂

**【企业概况】**国网四川映秀湾发电厂（以下简称映电总厂），位于四川省西北部阿坝藏族羌族自治州汶川县映秀镇，地处少数民族地区，距成都 65 千米，距都江堰市 16 千米。整个生产厂区分布于岷江及其支流数十公里区域内，由映秀湾水电站、渔子溪水电站（一级）和耿达水电站（二级）共同组成，是四川省电力系统大二型骨干水电厂之一。

映秀湾水电站位于岷江上游干流，渔子溪和耿达水电站位于岷江上游右岸支流渔子溪河。3 站均系低闸隧洞引水径流式发电站，除耿达电站是半地下式厂房外，映秀湾电站和渔子溪电站均为地下式厂房，共有机组 11 台，主设备 29 台，总装机容量为 45.5 万千瓦。

2017 年，映电总厂以“管理提升年”活动为主线，以国网四川省电力公司党委巡查问题为导向，在全力确保安全生产和稳定大局的同时，坚决推进问题整改和历史遗留问题处置，转作风、强管理、促提升。截至 2017 年 12 月 31 日，安全生产长周期达 7069 天。成功召开一届一次职工代表大会，产生第一届工会委员会和经费审查委员会委员。顺利通过全国单位复查，荣获国网四川省电力公司“2017 年度安全先进单位”，省能监办“全川发电企业同业对标”第二名。

**【人力资源】**2017 年，映电总厂全面梳理“三集五大”体系设置的职能部室、基层单位纵横管理关系，修订《总厂机构设置和岗位调整实施方案》，进一步清晰各职责界面、合理业务归属。深化“五位一体”建设，开展人力资源诊断分析，理清人力资源各专业管理思路。认真贯彻落实国网四川省电力公司“主业支援集体企业人员逐步回流”工作部署，通过借出单位安置、成建制划转、组织调配、岗位竞聘等多种方式妥善安置集体回流人员，全民支援集体员工由年初的 123 人减少到年末的 55 人。开展内部人力资源市场及 ERP 人资模块信息维护工作，规范 ERP 集中部署，严格执行降岗、待岗制度。全面强化人力资源基础管理工作，开展工会预算编制、主业支援集体企业职工借工协议、培训经费、岗位类别梳理归类、差旅费用报销、考勤管理和精益化管理等专项工作整改。修订完善《国网四川映秀湾电厂全员绩效管理实施方案》，构建合理的绩效考核组织体系，强化基层参与度；建立符合总厂实际、以“主要业务工作”为内容的绩效考核指标体系；按照“两级两类”的考核方式，对各专业工作实行积分管理和专项奖励；实现全员绩效管理系统的上线推广。以“绩效引领”为主线，着力完善绩效薪酬联动激励机制，通过调整修正系数，逐步缩小各单位（部门）相同层级间绩效差异；规范专项绩效的项目，缩减专项绩效总额，确保职工收入水平更加平衡、合理。加强全口径人工成本管控，建立人工成本统计分析和评价体系、月度计划分析机制，探索人工成本调控办法。进一步加强福利保障的规范管理。抓好全员培训、学历教育、技术技能等级提升、高技术技能人才、优秀人才选拔培养和内训师队伍建设。2017 年，取得硕士学位 4 人、本科学

2017 年 3 月 6 日，映秀湾电站 1 号主变成功吊罩检修（包旺　摄）

历 84 人、专科学历 61 人；通过通用工种技师及高级技师技能鉴定各 1 人，通过行业工种技师鉴定 7 人，推荐 7 人参加行业工种高级技师鉴定；新取得副高级职称 27 人、中级职称 16 人、初级职称 19 人。初步建成映秀、都江堰 2 个水电仿真实训基地，拥有水电厂计算机仿真培训系统、运维检修实训系统和完善的后勤保障设施；内训师队伍人才济济，获兼职培训师资格直接认定 103 人，资格培养认定 38 人；已先后为系统内外 30 多座水电厂开展培训工作并取得良好效果。映秀实训基地建筑面积 390 平方米，可接纳 15 名检修、运维人员同时开展现场实训操作；都江堰实训基地由安全警示教育室、水电仿真培训室、PLC 实训室和正在建设的继电保护实训室组成。

2017 年 4 月 13 日，耿达电站尾水区域淤积清理工程开工（王婧玲　摄）

【经济技术指标】2017 年，映电总厂年度发电量超额完成国网四川省电力公司下达年度计划。发生综合厂用电量 3349.1639 万千瓦时，综合厂用电率 1.3989%；机组等效可用系数 94.66%，机组发电启动成功率 100%，各项经济技术指标均全面完成。

【安全生产】2017 年，映电总厂持续夯实本质安全基础，严格执行安全责任到岗到位制度，深化安全精准“日管控”，精益集控管理，强化事前预控。扎实开展专业领域安全生产风险清单梳理，整改问题 108 个，消除隐患 51 项；安全集体巡查发现问题 391 项，整改完成 312 项；采取无人机巡飞完成地质灾害隐患排查和危险性安全评估。高效应用视频监控、QQ 和微信曝光平台等手段，加大反违章监督力度，考核 77 起违章、114 人。在一线班组全面推广危险预知训练(KYT)，尤其是应用到 2017 年枯期检修作业的现场施工中，收效良好。完成第一轮全员安全警示教育培训、全员安全法规知识考试，将“一把手讲安全课”延伸至班组，开讲 11 场次，参培 820 人次。建立映电总厂竞赛调考激励机制，3 期国网四川省电力公司安规调考平均成绩 95.47 分，均获国网四川省电力公司通报表扬；8 人参加国家电网公司安规调考，平均成绩 97.66。修订完善“交通安全管理办法”，全面梳理机构、职责、人、车、路、事故应急处置等，建立月度交通安全管控要点及风险提示发布机制。将集体企业的所有工程项目全面纳入总厂“月计划、周安排、日管控”安全管控平台。健全映电总厂应急预案体系，制定并发布应急演练标准化模块 19 个；开展综合演练 2 次、专项应急预案演练 27 次、现场处置方案演练 308 次，累计参加 3309 人次；强化应急体系建设，优化应急基干队伍年龄结构和专业配置；应急能力建设评估工作顺利通过国网四川省电力公司复查评，成功应对“6·24”叠溪海子山体垮塌和“8·8”九寨沟地震影响，紧急驰援甘海子 110 千伏变电站抢险救灾。

【发电运行】2017 年，映电总厂全面实施以安全为导向的水电站群“运维一体化”精益管理，开展精益化设备巡检（点检），常态化开展“三漏”治理，夯实以“两票三制”为核心的运行管理工作。三站和集控执行操作票共计 1881 份，执行操作 51952 项，操作票合格率 100%；办理工作票 2631 份，工作票合格率 100%；三站及集控中心应急演练 150 次；完成反冲、冲沙、避峰等累计 39 次。全年累计完成 TPM 工作 2891 项。

【设备维护与检修】2017 年，映电总厂对缺陷进行精准全过程管控，提高缺陷消除及时性，年度消缺率达到 100%。按照国家电网公司标准化检修要求，开展映秀湾电站 3 号机 A 修、渔子溪电站 3 号机 A 修、耿达电站 2 号机 A 修，映秀湾电站 1 号主变 B 修，3 站 8 台机组 C 修，完成规程规定的工作及技改大修项目。实施全过程安全和质量管控，机组均一次性启动成功。年度技术监督按照计划全部完成，保护、自动化装置正确动作率 100%，编制《技术监督工作信息简报》4 期。

【**科技与信息化工作**】2017 年，映电总厂统筹推进科技成果培育，组建项目团队，初步完成“地质灾害多发地带水电站防水淹厂房工程研究及应用”“映秀湾电站新型材料水轮机改造研究及应用”“三相一体化全封闭浇筑母线改造研究及应用”3 个成果技术报告编写、科技查新等工作。开展多泥沙河流磨蚀物成分检测分析及地下厂房环境监测研究项目，在中文核心期刊发表 3 篇论文，申报 1 项软件著作权，形成了适用于映秀湾电厂发电水体浊度与泥沙含量的关系参数表，构建了映秀湾电厂上游岷江区域浊度与含沙量的数学模型。首次通过研究发电水体浊度与电厂停机避峰（洪峰）调度关系、通过物性分析和地质矿物检测的手段，对映秀湾电厂河流泥沙成分进行了检测分析研究，创新提出基于发电水体浊度实时测值、趋势变化辅助电厂调度决策的技术方案，为机组安全运行和最大化发电提供了依据。由昆明理工大、三峡集团等单位资深专家组成的验收组认为该项目研究成果具有较大的推广价值，具有发电水质监测实时性好、辅助机组优化运行方式、决策机组停机避峰（洪峰）的优点，建议在径流式多泥沙河流水力发电厂推广应用。2017 年度共两项科技成果获得国网四川省电力公司奖励，“渔站、耿站机组超出力运行可行性分析”项目获国网四川省电力公司科技进步三等奖，“水轮发电机组油雾收集装置”项目获国网四川省电力公司工人技术创新三等奖；共获得发明专利授权 3 项，实用新型专利授权 23 项。

依托《中华人民共和国网络安全法》的宣贯实施，以立足信息安全，强化业务支撑为出发点，扎实开展信息安全隐患排查，完善信息安全技防措施，优化安全防护策略，加强日常监控，业务账号及权限治理，新编信息系统运行、检修规程，完善专业技术标准。研究水电厂大数据应用前景，储备安全生产管控平台信息化建设项目、基于实时数据的水电站运维辅助决策系统科技项目，助力卓越智能电厂建设。

【**企业管理及标准化工作**】2017 年，映电总厂以“管理提升年”活动为主线，分专业制定管理提升目标，落实管理提升举措 82 条，实现管理成熟度和业绩卓越度持续提升，实施的“管理提升年”活动卓越项目“非招标批次管理优化提升”获得国网四川省电力公司卓越项目三等奖。持续大力推进全面质量管理活动，创作了总厂 QC 之歌《因为有了你》，宣传视频获国网四川省电力公司好评。QC 活动成果“提高水电站非接触式螺旋密封加工一次合格率”获国网四川省电力公司 2017 年度优秀 QC 成果一等奖，“远程控制求心器研制”等 3 个 QC 成果获国网四川省电力公司 2017 年度优秀 QC 成果二、三等奖。精益项目“水电站设备巡视检查周期及项目精益化”和“水电站非接触式螺旋密封加工质量精益提升”入选国网四川省电力公司精益管理优秀案例。围绕安全生产等重点领域，深化企业管理创新与课题研究，管理创新项目《以安全为导向的水电站群运行维护一体化精益管理》获国网四川省电力公司 2017 年度企业管理创新成果三等奖。全面完成技术标准实施评价 10 个 100%的工作目标，识别学习国家电网公司、国网四川省电力公司新发布的技术标准 313 项，完成总厂 29 份技术标准的修编工作，为总厂设备状态检修和运行维护管理提供有力支撑。

2017 年 8 月 9 日，九寨沟地震，映电总厂紧急向灾区运送变电站所需救灾电缆　　（徐涛　摄）

【**党的建设和精神文明建设**】2017 年，映电总厂把学习宣贯中共十九大精神作为首要政治任务，紧扣“十个深刻领会”“六个聚焦”，深刻领悟新时代、新思想和新使命。开展“党旗飘飘”十九大精神系列学习活动，通过党员故事汇、党课微讲堂、党员献一策等活动，推动十九大精神进基层、进班组、进现场，实现全覆盖。严明党建主体责任，建立健全党建工作业绩考评体系，落实全面从严治党要求。制定《旗帜领航·三年登高实施方案》，实施9项基础建设工作。常态化开展“两学一做”学习教育，深入开展“三亮三比”主题活动，建立“党员责任区”44个、“党员示范岗”32个。标准化党支部建设课题成果和编制的《党支部工作手册》在国网四川省电力公司系统内推广运用，修造部党支部荣获“国家电网公司电网先锋党支部”称号。夯实全国文明单位建设基础，顺利通过全国文明单位复查，持续开展映秀镇黄家院村文明共建，开展“两站一家”建设、志愿服务和“领导班子爱心接力”活动。以坚决推进国网四川省电力公司党委巡察问题整改为抓手，狠抓干部队伍作风建设、廉政建设和反腐败工作，严明纪律规矩、严肃执纪问责，完成48项问题整改，以“党风廉政再排查再整改”专项活动为着力点，彻查整改各专业风险隐患73项，建立问题整改长效机制，强力促进管理规范到位，全面构建履责担当、失责必究、问责必严的新常态。映电总厂荣获汶川县“2016年度精准扶贫结对共建先进单位”；事隔十年，乐鸿再次当选国网四川省电力公司“感动川电员工”。深化企业文化建设，“水电厂文化环境分类分级管理探索与实践课题”荣获国网四川省电力公司2016年度优秀课题研究成果三等奖。

**【存在的主要问题】**一是接连发生了茂县“6·24”叠溪海子山体高位滑坡、九寨沟地震，表明龙门山系断裂带仍极不稳定。映电总厂映站、渔站、耿站厂房及闸首均处龙门山地震带上，映、耿生产区域均出现了新的、较为严重的山体松散、滑坡，地质灾害及次生灾害仍严重影响现场员工的生命安全和大坝安全。二是部分机电设备及二次设备老化，设备缺陷故障率逐年上升，增大了安全生产风险。三是集体企业背负4800万元货款，在全面完成“瘦身健体”压减工作后，人力资源严重不足、业务承载力骤降、业务大幅缩减，经营压力巨大。

## 国网四川检修公司

**【企业概况】**2008年4月18日，随着四川500千伏电网的快速发展，为了优化资源配置，合理整合资源，充分发挥专业化优势，提升专业化管理水平，实现500千伏电网安全、可靠、稳定运行，国网四川省电力公司启动了四川超高压电网运检体制改革，超高压运行检修公司在成都正式成立。按照“总体设计、分步实施、逐步到位”原则，稳步推进，完成了所属6个检修中心的组建和业务划转及人员接收工作，改变了四川超高压电网多年来的属地化管理格局，全面推进专业化管理。2010年6月，为深化专业化改革，国网四川省电力公司做出了交直流业务整合的重大决策，组建了超（特）高压运行检修公司，这是专业化改革道路上的又一个里程碑，业务范围涵盖了交流和直流、超高压和特高压所有的省内骨干电网，步入了发展的快车道。2012年6月，为全面推进“三集五大”体系建设，在原超（特）高压运行检修公司基础上，组建成立了国网四川检修公司，作为国网四川省电力公司“三集五大”体系建设的省级层面支撑和实施机构。

国网四川检修公司（以下简称“检修公司”）是国家电网四川省电力公司的直属单位之一，主要负责全省21个地市（州）超特高压输变电设备的生产运维、检修、大修、抢修、带电作业等工作的组织实施。检修公司本部现设置办公室、运维检修部、安全监察质量部（保卫部）、财务资产部、人力资源部、党群工作部（工会、团委）、监察审计部（纪委办公室）7个部门，下辖变电检修中心、输电检修中心，成都、西昌、自贡、南充、绵阳、乐山、雅安7个运维分部，以及特高压交直流运检中心和综合服务中心。截至2017年年底，检修公司运维管理500千伏交流变电站48座，变电容量8078万千伏安，±500千伏换流站1座，容量300万千瓦，输电线路187条，长度15945.084千米（其中2630.124千米线路委托四川电力送变电公司运维）。检修公司电网资产总量达605.60亿元（其中代管国家电网资产114.82亿元，华中资产10.49亿元，浙江资产9.33亿元），超特高压电网规模居国家电网公司系统前茅。

**【人力资源】**截至2017年底，全口径用工2386人。其中，国有全民员工1523人，占63.83%；业务外委用工 863 人，占 36.16%。国有全民员工 1523 人中，管理人员 215 人，占 14.12%；专业技术人员 77 人，占 5.06%；技能类人员 1197 人，占 78.59%；服务类人员 34 人，占 2.23%。硕士研究生及以上学历(含硕士学位)人员共计 226 人，占 14.84%；大学本科学历人员共计 965 人，占 63.37%；大专学历人员共 254 人，占 16.67%；大专以下学历人员共 78 人，占 5.12%。取得专业技术资格人员共有 1172 人，占公司全民职工总数的 76.95%，其中高级职称 136 人，占 8.93%；中级职称 373 人，占 24.49%。取得技能等级人员共计 978 人，占全民职工总数的 64.22%，其中高级技师 192 人，占 12.61%；技师 599 人，占 39.33%。

2017 年 4 月 27 日，“文化进班组”五一特别节目——“为你骄傲——走近劳模倾听他们成长的故事”主题活动在国网四川检修公司举行(王志奇　摄)

2017 年，检修公司全面深化国企党建工作，增设党委办公室、党委组织部，分别与办公室、人力资源部合署办公，调整党群工作部（工会、团委）为党建工作部（工会、团委），并新增部分党建管理岗位；持续优化岗位设置，先后对综合服务中心、运维检修部和财务资产部部分岗位进行新增和优化，公司全年共调整优化岗位 55 个；进一步深化业务外委管理，建立了相应制度体系，同时通过量化外包定员测算业务外包工作量，有效指导业务部门开展外包业务和外包成本管控；积极推进“大班组”建设，有效整合人力资源，深化复合型人才培养。

2017 年，检修公司全面贯彻落实国家电网公司通用制度，结合实际情况精益开展规范劳动用工工作，深化员工岗位动态管理，通过岗位竞聘、挂职（岗）锻炼和借用等方式，选拔 68 名优秀员工到公司本部和综合服务中心、生产运行指挥中心相关岗位工作，全年实施公司员工岗位动态配置 643 人次，员工岗位配置效率不断提升。

2017 年，进一步规范和完善公司干部选拔、培养、监督、考核和管理体系、促进公司干部队伍健康有序发展提供了制度保障。补充选拔正、副职后备干部 22 人，开展干部调整 3 次，提拔干部 9 人，平级交流 19 人，干部队伍结构进一步优化，后备人才队伍得到了有效充实。全年开展干部及后备干部培训班 3 个，培训 101 人次，干部队伍素质不断提升，履职能力进一步增强。

2017 年，检修公司坚持以“奖勤罚懒、公平公正”为原则，健全完善薪酬绩效管理制度，形成“多劳多得，收入凭贡献”的激励机制。深化检修工作量与工资总额挂钩机制应用，进一步调动检修员工的工作积极性。修订公司全员绩效管理体系，体现“三级三维”和“三元比较”的绩效管理思路和考核模式；稳妥推进一线员工同价计酬机制落地，进一步激发了班组员工工作积极性。

2017 年，深入开展“专家团队”建设、“专业技术新星”选拔、跨专业复合型人才培养等多维度人才培养工作，共选拔 114 人参与培养工作，效果显著；组织实施生产技术、安全监督、物资管理、人力资源、党政工团等 11 类 269 项教育培训项目计划，自主办班培训 5100 余人次，外送培训 1200 余人次，共计培训 6300 余人次，员工素质和技能业务水平大幅提升；主业生产岗位员工持证上岗率 100%；有效推进人才评价，全年公司共有 136 人取得高级专业技术资格和技能等级、34 人被评为公司级及以上优秀人才；竞赛调考屡获佳绩，参加国网四川省电力公司及以上单位组织的技能竞赛项目共 8 项，获得团体或个人奖项项目 7 项，公司获首届“四川工匠杯”职业技能大赛四川省第一届电力行业职业技能大赛继电保护专业个人一等奖、团体一等奖；人才当量密度从 2016 年年底 1.0802 提升到 1.1051，国家电网公司系统省级检修公司同业对标排名由 C 段提升至 A 段。

**【运维检修管理】**电网驾驭能力不断增强。一是编制印发《2017 年度电网运行风险及重点作业风险管控方案》，对全年 43 个常态电网风险、94 个作业风险进行了预测、预警。二是编制《作业风险督查评估标准》和《风险管控典型手册》，试点应用基于管控平台和移动终端（云台）的远程管控系统，建立方案审查、现场督查、视频抽查相结合的三维“精准日管控”工作机制，实现了风险的精准管控，全年顺利完成 99 项电网风险、87 项三级及以上现场作业风险和 18 项继电保护高风险管控。提高至五级作业风险管控完成 7 条次老旧绝缘子大修工作，严格把控顺利完成锦苏 OPGW 光缆更换同跨五回输电线路的高风险作业。三是圆满完成中共十九大供电保障、三大直流运维保障等重特大、长周期的保电工作，川电外送电量突破 6000 亿千瓦时大关，中央电视台新闻频道进行专题报道；九寨沟地震后仅一周时间就完成了隐患排查，锦苏直流地线断线应急抢修工作受到国家电网公司表扬。四是智能终端设备形成网络布局，完成输变电设备三维建模试点，智能巡检机器人已成功覆盖 47 座变电站，视频会商系统对公司 48 座变电站、10 个基层单位进行了全覆盖，移动作业终端覆盖了公司 45 个变电班组、25 个输电班组。五是输电线路“六防”工作取得突破，创造外破“0”故障佳绩，线路跳闸率、停运率同比下降 51.47%、60%，创历史最好成绩。

设备本质安全水平大幅提升。一是输变电设备管理向精益化不断迈进，全年共完成 1961 项反措治理，对 7 类 496 台设备进行了家族性缺陷隐患排查治理，发现并消除精益化问题 21471 条，站用交直流管理提升取得预期效果。顺利完成 1299 基 ME 绝缘子大修、197 基复合绝缘子单改双灯工作，完成快速响应并自主完成九石一线导线飞石断股、向复一线绝缘子钢帽裂纹、月普一线线夹螺栓退出等危急缺陷处置，开展锦苏 71 号～72 号地线断线抢修工作，自主检修和应急处置能力明显提升。二是顺利完成洪遂、丹猴等 29 条线路 OPGW 光缆开断接入，完成成都 500 千伏环网线路保护通道“复改专”及全省一、二、三级骨干通信网 256 项检修工作，省级通信网络保障能力得到加强。编制了四川境内国网天成重、国网德宝光传输系统、国网大容量骨干 OTN 光传输系统运行手册，为国网信通公司提供运行数据支撑。三是开展变电设备深度隐患排查治理工作，梳理发现站用交直流问题 1379 项，发出立查立改通知单 21 份，并逐项落实整改。四是新技术应用逐步实现效益转化，带电检查共发现缺陷 200 余处（含疑似缺陷），无人机发现缺陷 1775 处，带电消缺 109 次，悬式绝缘子红外检零工作完成 16 座变电试点，耐张线夹 X 光探伤、通道激光扫描工作形成常态。五是新入网设备质量管控有力，有效介入工程规划设计，建设过程中务实开展全过程技术监督和五通验收，有力推动了 500 千伏川渝三通道资阳管母金具、玛瑙站 GIS 受潮漏气、桃乡 3 号主变和 GIS 防腐涂层厚度不足、达玛线跨一级公路档内接续、复合绝缘子双串化改造等工程投运前妥善治理，提升新入网设备精益化管理水平。六是线路防雷工作取得成效。在全省落雷同比增多 20.14%的情况下，加强防雷状态评估，大力开展接地电阻测量和接地网整治，推进石墨基柔性接地体应用，安装了避雷器 314 台、分布式行波测距装置 78 套、调整避雷器 77 台，各项防雷工作计划有序实施，线路雷击跳闸率同比下降 54.1%。

经营管理手段更加丰富。一是检修公司“大计划”管理初见成效，建立了融合“年度重点工作计划、项目综合计划、检修计划、财务计划、物资采购批次计划和审计计划”的“大计划”管理体系，明确各部门、各级主体责任，完善了“纵向贯穿、横向协同”的计划管理流程，落实统计、分析和执行过程的监督考核，计划引领各项安全生产工作协同有序推进。二是群策群力、信息共享的项目群管理理念已经初现张力，建立分级管理机制，通过“日管控、周例会、月分析”，对项目实施过程勤管控，开展“问题清单”销号管理，生产技改项目入账率同比大幅提升。编制了 14 类典型项目预算模板，制定设备防腐、绿化等工程量计算规则，对避雷器、绝缘子更换、三跨改造进行专项预算分析，规范过程审核和签证管理，切实提高造价管理水平。三是建立公司标准成本测算模型，科学测算下达输变电检修成本预算；下发输变电设备运维检修指导意见，明确运维检修投入方向，提高成本精准投入水平。四是开展年度工程人工成本统计，将各分部（中心）年度大修技改等工程人工成本作为检修工作完成率的计算参数，与绩效工资总额挂钩，为内部市场经营机制建设提供支撑。五是完成同期线损建设，2017 年 500 千伏系统累积线损率为 1.73%，高质量完成国网四川省电力公司目标，累计外送电量 1349.31 亿千瓦时。六是充分发挥在线监测实时作用，在提高可靠性的同时，有效压降外协观冰、观火人员。全年完成带电作业 121 次，带电作业 195.31 小时。进一步规范了抗冰防山火及三大直流运维保障等大额成本过程痕迹化资料管理和档案要求，降低大额资金使用风险和廉政风险。

运检队伍建设取得实效。一是组建了输变电管理专家团队，并参与公司技术研讨、方案编审工作，公司管理专责挂帅的专业智囊逐步形成。二是班组管理工作得到优化，部门专责“深入班组、同进同出”问诊班组管理问题、执行力情况，行文精简28种现场记录，明确62种现场记录形式，规范10种系统的应用，释放了班组运检工作活力。三是员工技术技能培训成效显著，先后获得首届“四川工匠杯”职业技能大赛继电保护团体一等奖、个人一、二、三等奖；省公司首届带电检测竞赛团体一、二等奖，无人机技能竞赛团体一等奖等诸多荣誉。

技术监督管理全面覆盖。一是运检管理工作与国家电网公司要求同频共振，五通制度得到宣贯普及，首次编制了检修公司输电线路状态检修实施细则，优化检修策略，科学延长检修周期，开展精准维护检修。二是运维一体化向运检一体化摸索前进，保护装置电源插件更换、设备取油样、主变风冷回路继电器更换、直流充电装置更换等检修工作在西昌、雅安、绵阳分部试点推进。三是完成智能变电站SCD文件管控系统建设，消除了智能站全站配置文件微机离线保存的风险。四是完善了涵盖22个专业的技术监督网络，形成上下紧密衔接的各专业对口管理体系，技术监督工作向工程前期纵深，确保白泉、玛瑙及川渝三通道输变电工程的优质投产，雅中直流可研、初设阶段提出的建设性意见大部分被国网采纳。五是绝缘子红外检零、X光探伤、复合绝缘子检测、吊桥检测等项目有效落地，带电检测获得新突破，通过超声波局放带电检测，及时发现和处置500千伏广都变电站50311气室金属性放电严重隐患。六是设备状态评价及状态检修机制趋于成熟，为国网四川省电力公司开展状态检修工作提供成熟经验。七是高压直流专业能力得到拓展，直流融冰、SVC装置纳入特高压交直流中心统一管理，并完成月城、东坡等5座变电站直流融冰装置的年检及备品备件梳理工作。八是完成高寒高海拔、特高压直流领域带电作业技术攻关，并在3100米海拔成功实践，带电作业团队事迹首次登上中央电视台新闻联播，检修公司员工受邀走进中央电视台直播间讲述“银色电力蜘蛛侠”的故事。突破了特高压直流线路直线V串多片绝缘子带电更换领域，形成了国内首支全电压等级、全海拔、全地形覆盖的带电作业技术力量。九是开展特高压直流绝缘子电化学腐蚀分析，为国家电网公司启动的全国范围特高压直流绝缘子防电化学腐蚀整治工作提供支撑。

【**安全管理**】严抓善管，安全管理体系日臻完善。一是严格落实安全生产责任制，公司领导以上率下，带队参加基层单位月度安全分析会，利用春秋季安全大检查深入班组、贴近现场、了解实情，果断出招解决问题，切实增强了现场安全工作者的信心和决心。二是安全管理制度不断完善，制定安全风险日管控及到岗到位补充细则、不安全事件调查实施方案、本质安全工作实施方案，修订完善安全生产工作奖惩实施意见等系列安全管理制度，精心编制外来作业安全管理实施意见，安全制度基本齐全、简洁、务实、管用。三是持续深入开展反违章工作，全年各级共查纠违章1098人次，查处红线禁令违章32起，通过反违章的深入开展有效防范不安全事件的发生。四是铁腕抓安全、及时斗硬兑现奖惩，严格按“四不放过”的原则及时调查处理异常未遂及以上不安全事件，刨根问底找原因、举一反三谋改进，全年共处罚金额109.1万元，奖励金额286.8万元，切实做到了“奖罚对等、重奖重罚”。

梳理安全生产问题清单，推动本质安全水平提升。为落实监事会和国家电网公司、国网四川省电力公司安全生产的工作部署，检修公司结合安全生产实际，以安全生产问题清单专项梳理为抓手，全员、全过程、全方位、深层次排查公司在人、物、管理三个方面的问题，按“四上四下”程序建立公司全覆盖、专业全覆盖的安全生产问题清单，全年公司共梳理安全生产问题9项，均制定针对性整改措施和防范对策，落实整改责任，强化过程监督，不断提升预防和抵御事故风险的能力，夯实公司本质安全基础。

2017年10月19日，国网四川检修公司绵阳运维分部在500千伏路平变电站开展十九大保电特巡 （许毅 摄）

演练与实战并重，推动应急水平不断提升。检修公司一贯注重应急队伍建设，不断提升公司应急组织能力和应急队伍现场处置能力，强化应急物资的清理和储备，针对性开展冰冻灾害天气无脚本应急演练，迅速、圆满完成“尖山站35千伏开关爆炸”“±800千伏锦苏直流架空地线断裂”“失控货车撞损500千伏九石一线N256号塔”等急难险重的抢险任务，公司应急体系日臻完善，应急处理的能力显著增强。

圆满完成三大特高压直流满功率运维保障工作。检修公司按照“全参与体系”“全覆盖排查”“全过程管控”“全方位保障”的“四全管理模”式，强化组织措施，成立运维保障领导小组，整合各地市公司及电科院力量，采用通道属地化和群众护线工作模式，全方位、全要素开展运维保障工作；强化技术保障，深入开展隐患排查治理，采取先进工具仪器精心开展运维工作；突出抓好安全保障，建立三级防护体系，重点时段和区段实行“见警察、见警灯”巡逻，与直流沿线4个铁路供电段、3个地方电力公司、5个跨区送出水电厂签订了互保协议，并与云南境内南方电网的昭通供电所建立了定期联系机制，为三大直流满功率运维保障工作提供了坚强保障。

2017年11月13日，国网四川检修公司德阳换流站年检　　（郑自豪　摄）

桃资、山桃迁改工程安全平稳推进。严格落实集体企业“同标准、同要求、同考核”原则，切实将集体企业安全管理纳入公司一体化协同推进。组建山桃四回、桃资双回迁改安全生产委员会，明确各级各类人员安全责任，及时研究解决迁改工程有关安全重大事项的决策部署。在工程开工、组立铁塔、展放导地线等重要工序前及时组织召开三次安全生产委员会，以防范人身伤亡为重点，切实加强作业计划管理和过程管控，强化施工方案审查、作业承载力评估、危险点分析等关键环节安全防控。加大现场巡查频次和反违章力度，针对性组建迁改现场安全巡查小组，强化施工作业督查管控力度，全年共计开展现场督查156人次，发现并纠正现场违章328项，为桃资双回迁改工作的提前竣工及山桃四回迁改工程的顺利推进提供了坚强的安全保障。

**【科技与信息化工作】**2017年度，检修公司全年共计上报专利技术交底书22份，累计申请发明专利3项、实用新型专利15项。检修公司3个项目参加国网四川省电力公司2017年运检业务职工创新实践活动发布展示及竞赛活动，1个项目荣获换流站类优秀成果第一名，并代表国网四川省电力公司参加国家电网公司比赛，检修公司组织工作开展有序，获得优秀组织奖；8个项目分获国网四川省电力公司2017年工人技术创新奖一、二、三等奖，获奖数量创检修公司历年之最。检修公司特高压工器具项目获得国网四川省电力公司2017年度科学技术进步奖二等奖，同时获得2017年（第九届）全国电力职工技术成果三等奖。

**【党的建设和精神文明建设】**2017年，检修公司党委严格落实国家电网公司党组和国网四川省电力公司党委1号文精神，以党的建设“旗帜领航•三年登高”计划为引领，从基本组织建设、基本队伍建设、基本制度建设抓起，落实“基础建设年”的固本、铸魂、强基、壮骨、清风“五大工程”，强化责任落实，以思想建党和制度建党为抓手，夯实管理基础，着力解决党的建设“四个化”问题和“三无”现象，为检修公司全面完成年度目标任务提供了坚强保障。检修公司荣获国家电网公司文明单位（复查通过），国网四川省电力公司先进单位、先进基层党组织、厂务公开民主管理示范单位、职工创新先进单位、“五四红旗团委”等多项荣誉。

充分发挥思想政治引领作用。始终把党的政治建设摆在首位，认真抓好形势任务教育。先后2次修订检修公司《党委议事规则》，完善党委班子运行机制；全年召开党委会19次，审议议题56项，对27项会议决策落实情况进行跟踪闭环，无违规决策和违反组织程序事项。通过党委中心组、“三会一课”、集中收看开幕式、邀请省委党校教授辅导培训等形式全方位、多层次、立体式宣贯中共十九大精神。创新党员教育载体，开设公司党建微课堂48期。开展党员集中轮训，完成3期294人集中培训。编印《党建微课堂优秀成果集》《党建知识要点手册》，引导全体党员筑牢信念之基。

健全完善党建工作责任制。建立检修公司两级党委党建工作领导小组，制定党委委员分工管理办法，检修公司党委班子开展定点联系活动26次，切实解决基层存在问题。专题研究部署党建工作，细化分解年度党委重点工作任务计划97项。加强“三会一课”管理，严肃党内政治生活。首次建立基层党组织党建工作量化考核评价标准，完成12个基层党组织和本部各党支部党建工作考核评价，实现党建工作考评全覆盖，层层压紧压实党建工作责任。在国网四川省电力公司2017年度党建工作绩效综合考评中名列直属单位第二名。

落实基层组织建设保障。制定检修公司党的建设“旗帜领航·三年登高”计划，落实“六位一体”大党建体系建设。持续优化基层党组织设置，新成立10个基层党委，并同步成立10个纪委。首次举办“一支部一亮点，一支部一品牌”展示活动，树立党建品牌意识。主动联系、积极开展与国网凉山、自贡、南充、资阳、绵阳、乐山、雅安等7个供电公司党委结对共建工作，形成检修公司党委与供电公司党委定期互访、学习交流、资源共享的常态机制。严把发展党员质量关，全年新发展党员14人，按期转正13人。常态开展“三亮三比”“党员示范岗”“党员责任区”活动，充分发挥党组织和党员作用。1个基层党组织荣获国家电网公司“电网先锋党支部”称号。

2017年9月19—21日，国网四川检修公司在首届“四川工匠杯”职业技能大赛暨四川省第一届电力行业职业技能大赛中，获得继电保护专业团体一等奖
（王志奇　摄）

彰显企业文明形象。积极培育“安全、廉洁、家风、人文”四种文化主题，举办道德讲堂四期，构建员工与企业的责任、荣誉、利益、命运和价值“五个共同体”。集中开展“培育卓越品质•争做最美员工”评选活动，评选出最美员工10名，传播践行企业核心价值观的真实典型。着力打造“三微”文化，策划微故事、微电影、微小说作品征集活动，《触不到的恋人》获得国网四川省电力公司微电影大赛三等奖。

和谐企业建设取得新成效。认真履行职代会各项职能，审议并通过议案5项；开展职工代表专项巡视检查和民主管理专项监督检查，深化检修公司民主管理；落实厂务公开制度，公开公司级重大事项23件；完成集体合同及专项合同修订、协商和签订工作，受到国网四川省电力公司表扬并被兄弟单位参考借鉴。积极开展困难职工帮扶工作，帮扶困难职工3名，帮扶金额6万元。合理制定疗养方案，完成检修公司510名职工疗养工作。策划组织文化进班组活动5次，受到国网家园头条关注。开展“活力检修”系列文体活动，因地制宜建设营门口职工文化活动中心和体育活动中心，创作报告文学《巴塘虹》、自创歌曲《雪域情怀》，讲述川电检修人自己的故事。

建功立业载体不断丰富。深入开展班组减负“回头看”工作，完成8类专业《班组标准化工作手册》修编，制定下发《班组建设管理办法》，全面提升班组核心业务水平。全年共建成四川省工人先锋号1个，国家电网公司一流班组1个、先进班组4个。开展检修公司第一届“创新引领•匠心筑梦”职工创新成果发布展示活动，提升检修公司职工的创新活力和创新潜能。输电建彬创新工作室荣获“国网公司劳模创新工作室示范点”称号，1名职工被授予“国家电网公司劳动模范”称号，5名职工分别荣获“川电工匠”和“能工巧匠”称号。

团青工作焕发新活力。召开检修公司第一次团员代表大会，完成检修公司团委换届选举。持续打造“青”字品牌，创新开展“活力青春——微信H5”展示活动，开展“爱心助学•电亮梦想”等志愿服务活动，开展团干培训和“青工综合素质提升”，创建“一学一做”优秀团支部、“蓬勃青年创新创效工作室”。检修公司1个班组被评为国网四川省电力公司青年安全生产示范岗集体，1名团干部荣获国家电网公司“优秀共青团干部”称号。

**【运维分部（中心）建设】**检修公司下辖变电检修中心、输电检修中心，成都、西昌、自贡、南充、绵阳、乐山、雅安7个运维分部和德阳直流换流站、综合服务中心。

**【变电检修中心】**变电检修中心于2013年12月成立，主要负责检修公司系统交流500千伏变电站变电一、二次设备A类检修，直流换流站设备A、B、C类检修，检修公司所辖变电设备特殊带电检测、信息通信检修及技术支持、检修公司应急抢险等二作。

2017年全年共计完成停电检修38项，不停电检修79项，提报一票45张、二票226张。克服电网风险等级高、运行方式特殊等困难，圆满完成内江站220千伏母联间隔完善化改造工作；德阳换流站年检工作中，投入检修骨干60人，圆满完成十大项检修试验项目，发现缺陷100项，消缺96项，做到年检安全可控、在控；完成检修公司48座500千伏变电站的带电检测，发现疑似缺陷532条，解体处理3条GIS局放缺陷，受到国网四川省电力公司及检修公司表扬。变电检修中心带电检测团队在国网四川省电力公司带电检测技能比武中获团体及个人第一名；强化通信专业风险评估和安全管控力度，全年提报TMS检修票124张，占检修公司48%，占国网四川省电力公司23%。全年完成通信检修业务在国网四川省电力公司范围内占比近37%，累计开展应急抢修、消缺工作58项；完成尖山站322开关爆炸抢险，丹景站220千伏丹梓一、二线4把刀闸动触头夜间更换，发现龙王站272开关CT膨胀器冲顶紧急缺陷并完成应急抢修，彰显应急排头兵作用。变电检修中心电气试验班获国家电网公司先进班组及国网四川省电力公司先进班组称号。全年创新成果丰硕，变电检修中心变检职工创新工作室获国网四川省电力公司劳模（职工）创新工作室称号，两项群创项目分获国网四川省电力公司2017年工人技术创新一等奖与三等奖，两项QC成果获国网四川省电力公司QC成果二等奖，1项精益化项目入选国网四川省电力公司精益优秀案例。

**【输电检修中心】**输电检修中心成立于2012年6月21日，主要负责检修公司500千伏及以上输电线路（含直流接地极线路）A、B、E类检修工作以及检修公司安排的C、D类检修工作，大型迁改、技改工程建管工作，新投设备的验收工作；负责检修公司的无人机技术培训、空域申请、技术保障和无人机巡检工作等。

2017年，完成输电线路停电检修17条，带电检修7条，开展检修作业1469项，消除电气缺陷537项。完成500千伏普天线、月普一线、谭龙二线应急抢险工作，500千伏谭龙二线更换地线工作；参与川渝第三通道等11条输电线路验收工作。完成带电作业121次（其中特高压带电作业3次），带电作业次数指标位列国家电网公司第一，消除严重及危急缺陷32次，减少停电时间191.34小时，多供电量1.734亿千瓦时。无人机精细化巡检杆塔1096基，通道巡检322千米，发现各类缺陷108项，危急缺陷11项；开展无人机喷火除异物作业7次，故障特巡3次，对5座变电站开展了避雷线、避雷针专项特巡，对国网四川映秀湾电厂3座水电站开展了地质隐患专项排查，对三大直流满负荷运行及十九大保电特巡，稳步推进了无人机在线路运检作业中的实用化进程。有序有力建管500千伏桃资双回和500千伏山桃四回迁改工程，500千伏桃资双回新建段仅用时7个月完成迁改送电，保证了天府国际机场如期建设运营。全年开展计划内培训项目28项，培训342人次，完成2016年和2017年33名新入职员工

2017年12月29日，国网四川检修公司员工在500千伏九石线抢险现场
（李浩　摄）

的培训工作，人才当量密度由 1.075 提升为 1.089。荣获全国电力行业 QC 成果二等奖、国家电网公司 QC 成果二等奖、四川省质量协会优秀质量管理小组等荣誉。在国家电网公司无人机巡检技能大赛中获得优秀组织奖。截至 2017 年 12 月 31 日，实现安全生产 2081 天。输电检修中心无人机作业班荣获国家电网公司“先进班组”称号；建彬工作室荣获“四川省劳模创新工作室”“国网公司劳模创新工作室示范点”称号；1 名员工获评国家电网公司劳动模范。

**【成都运维分部】**成都运维分部成立于 2013 年 12 月 26 日，主要承担成都、德阳、资阳、眉山等地区超高压输变电设备运维检修业务，管辖 500 千伏变电站 11 座，变电总容量 2380 万千伏安；管辖 500 千伏输电线路 33 条，线路总长度 1757 千米；肩负着成都平原供电保障、雅安、甘孜大水电及川渝、西北电网联络重任。

2017 年，成都运维分部认真贯彻落实国网四川省电力公司“管理提升年”活动，安全生产、设备运检管理水平不断提高；成功应对成都、德阳等地区负荷履创新高考验，全年安全供电 599 亿千瓦时，占检修公司的 49.9%，国网四川省电力公司的 33.83%，500 千伏川渝第三通道建成后外送电量达 63 亿千瓦时；完成检修作业 289 项，执行操作票 5474 份，累计安全操作 74899 项，完成 62 项大修技改项目，总投资 7242 万元；圆满完成川渝第三通道、白泉智能站、桃乡 3 号主变及 14 条 220 千伏间隔配套送出及中共十九大、迎峰度夏保电任务；全面落实资阳主变 N-2 二级电网风险管控，有效管控四级电网风险 10 处，五级及以上电网风险 59 处，继电保护高风险作业 5 处；大力开展隐患、老旧设备整治，完成 4 台平高断路器爆炸隐患、39 台干式空心电抗器火灾隐患、30 台老旧 220 千伏 CT、21 组 220 千伏隐患刀闸整治，有效降低人员现场作业风险；开展变电交直流系统、电气设备火灾隐患等各类排查 8 项，排查出隐患 453 条，完成整改 281 条，余下部分正在稳步推进、有效管控；开展输电线路“三跨”隐患排查，登塔 135 基，走线 92 档，测温 889 处；重点管控 27 台 500 千伏断路器拒动导致川渝—华中电网解列隐患，率先开展蜀州 8 台 ABB 断路器中期检修；完善尖山、谭家湾站 220 千伏母线接线，提升电网运行灵活性；完成广都、桃乡通信电源及交直流系统信号提升，提升管控力度；完成成都 500 千伏环网 8 条 500 千伏线路保护通道复改专，源头降低通信系统故障带来的电网风险；整合运检手段，实现移动作业终端、机器人全覆盖，初步形成“立体协同”巡检新模式，采用“在线监测+视频辅控+机器人+移动作业终端+人工巡检”相互协同、互补工作，全面掌握设备健康水平；制定《成都运维分部人为责任不安全事件考核标准》，通过视频、现场等方式累计查纠内外部违章 69 起。2017 年，分部员工参加四川省工匠杯继保竞赛获个人二、三名，累计在国网四川省电力公司及以上级竞赛中获得个人奖项 5 项；青年创新成果获国网四川省电力公司科技进步二等奖、中电联职工技术成果奖三等奖及中国电力创新奖，国家实用新型专利 3 项，国网四川省电力公司命名职工创新工作室 2 个，电气试验班获评四川省工人先锋号，变电运维一班荣获国家电网公司先进班组。

**【西昌运维分部】**西昌运维分部管辖区域覆盖凉山州、攀枝花市、甘孜州九龙县以及雅安市石棉县等地区，所辖输电线路 32 条，线路长度 2952 千米，其中 500 千伏交流线路长度 2648 千米，±800 千伏锦苏直流线路长度 230 千米，锦苏直流接地极线路长度 74 千米。所辖在运变电站 10 座，变电容量共计 1630 万千伏安。分部现有西昌和攀枝花 2 个办公区，员工总数 467 人，生产班组 15 个。

2017 年，完成 500 千伏石板箐变电站 500 千伏保护室沉降综合治理工作，为电网顺利迎峰度夏和攀枝花电网的可靠供电奠定了坚实基础；顺利完成±800 千伏锦屏换流站接地极线路 OPGW 光缆改造工作，这也是检修公司首次在 3200 米高海拔实施特高压 OPGW 更换工作；顺利完成三大直流满功率运维保障工作和十九大保电工作；圆满完成输电线路覆冰监测和直流融冰工作，共开展直流融冰 23 次；顺利完成 500 千伏普提、石棉、九龙、木里变电站共 40 台 500 千伏开关的隐患排查治理工作；完成 500 千伏普提、石棉、月城直流融冰设备年检预试工作，完成普提站 1 号主变停电更换 220 千伏 B 相套管、500 千伏 II 母母线 A 相气室解体和耐压试验工作，完成普提站榄普一线等 4 条 500 千伏线路停电年检预试、和串补刀闸更换工作，500 千伏纳日变电站通过国家电网公司精益化检查；完成 500 千伏榄普一线绝缘子大修工作，500 千伏二普一线停电检修工作，成功处置±800 千伏锦苏线 68 号至 72 号地线断线危急缺陷；与国网凉山供电公司党委结对共建活动正式启动，掀开了双方优势互补、资源共享、合作共进的新篇章。

**【自贡运维分部】**自贡运维分部成立于 2009 年 10 月 28 日，主要负责洪沟、内江、泸州、叙府 4 座 500 千伏变电站运维管理及年度检修工作，变电容量 650 万千伏安；负责运维管理地处自贡、宜宾、泸州、内江、资阳、遂宁等多个地市的 34 条 500 千伏线路，线路总长 2071.835 千米，3 条特高压直流输电线路及 2 座接地极址，特高压直流输电线路长度 625.567 千米、接地极线路 180.212 千米。2017 年，自贡分部凝心聚力、攻坚克难，圆满完成了三大特高玉直流保电、方山电厂停机保电和十九大保电工作，三大直流全年无任何闭锁、降功率事件发生；圆满完成洪遂线联合水库迁改、普洪一二三线绝缘子大修等大型项目的自主建管工作，自主实施完成内江 220 千伏母线改造等大型工程项目，母线轮停施工方案得到省公司、省调的高度评价；防外破管理不断提升，及时成功拆除锦苏 801 号线下水泥搅拌站，得到国网四川省电力公司肯定；属地化工作成效显著，在国网四川省电力公司属地化工作检查中排第一；固定护线员转为信息员工作成效明显，护线员数量降低 70%，年护线费、信息费降低 60%，实行一事一奖，信息员工作质量明显提升；安全管理能力全面提升，全员反违章意识明显提升，班组自行查处违章数提高较多，分部及以上查处量明显下降，2017 年安全隐患治理率达到 100%。全年共计开展质量调查分析 14 起。2017 年，自贡运维分部荣获国网四川省电力公司先进集体、国网四川省电力公司安全生产先进集体等多项荣誉称号，输电运检五班荣获国家电网公司先进班组、国网四川省电力公司先进班组荣誉称号，分部员工蒋枝代表检修公司参加首届“四川工匠杯”职业技能大赛，荣获集体二等奖和个人第一名。

**【南充运维分部】**南充运维分部成立于 2009 年 6 月 30 日，主要负责南充、广安、达州、巴中、遂宁 5 个地市内的 500 千伏输变电设备生产运行维护。南充运维分部所属 500 千伏变电站 6 座，变电容量为 9500 兆伏安；线路 18 条，长度 1188 千米。2017 年，南充运维分部共开展停电检修工作 51 项，大修技改和自控项目 44 个。高质量完成 500 千伏玛瑙输变电工作验收投运工作。500 千伏遂宁变电站继电保护精益化查评工作荣获国家电网公司第二名。积极支援自贡特高压保电，成都川渝第三通道验收，桃资线、山桃线迁改工程，桃乡变电站 220 千伏间隔扩建、广安电厂 500 千伏间隔检修等工作。扎实部署线路运维及专项防治工作，完成 13 处外破隐患值守、80 余处山火隐患治理、10 次山火应急响应、整治不合格接地网 60 处、7 处重复砍伐点位永久性治理，所辖线路安全稳定运行，全年实现“零”故障安全生产目标。2017 年，南充运维分部 7 个班组均获得五星级班组荣誉称号，输电运检一班荣获国网四川省电力公司“安全先进班组”。大力推进科技管理创新，分部试验班的全自动延时降温装置荣获国网四川省电力公司优秀奖，回形针职工创新工作室成功申报为国网四川省电力公司职工创新工作室，南充运维分部员工杨贺荣获“能工巧匠”称号。南充运维分部党委在 2017 年以“两学一做”为思想引领，着力打造“三型”党组织，营造“五心”团队。严格落实党风廉政建设责任制，在日常工作安排中，贯穿以廉政意识的宣贯培养，树立干事干净的廉政理念。分部全年未发生违规、违纪事件。

2017 年 11 月 18 日，国网四川检修公司推进“两学一做”学习教育常态化，共产党员发挥先锋模范作用，助力德阳直流换流站年检工作

（杨红　摄）

**【绵阳运维分部】**绵阳运维分部成立于 2010 年 8 月 31 日，主要负责绵阳、广元、阿坝州全境以及德阳、遂宁部分地区 500 千伏输变电设备运维工作。绵阳运维分部党委下设变电、线路两个二级党支部。管辖 500 千伏变电站 6 座，变电总容量 950 万千伏安；输电线路 14 条（包括德宝直流和直流接地极线路），线路总长 1313.097 千米。2017 年，绵阳运维分部狠抓管理质效提升，制定管理人员参加班组安全学习、到岗到位等制度，充分深入班组和现场。高效完成各项输变电检修任务，独立完成尖山和昭化两个 220

千伏新建间隔安装调试及验收投运。创新运检工作思路，针对色尔古、茂县变电站蓄电池存在的突出问题，在检修公司范围内率先开展变电站蓄电池在线监测试点工作。历时 143 天，圆满完成德宝直流满功率运行保障任务。严格执行“五个最”的十九大保电标准，出色完成保供电任务。克服重重困难，成功处置了谈判长达 4 年之久的谭乐一线 8-9 号通道隐患，及时发现并消除了谭乐一线 81-82 号外破隐患。连续 5 年在春秋两季专项清理和日常巡视排查的基础上，对全部线路的所有标准化区段开展集中专项排查，累计发现并消除缺陷隐患 100 余项。前端防控“三跨”隐患，主动与地方政府相关职能部门和高速公路建设单位沟通，积极排查绵阳至西充、绵阳至九寨沟两条新建高速公路钻越分部线路情况，得到对方的积极配合。深度介入“两站一线”新建输变电工程，以“五通”“十八项反措”为标准大力开展随工验收。绵阳运维分部变电运维二班荣获国家电网公司“一流班组（工人先锋号）”荣誉称号，绵阳运维分部员工李宗宇荣获国家电网公司“优秀班组长”荣誉称号。

**【乐山运维分部】**乐山运维分部成立于 2012 年 6 月 20 日，主要负责乐山、眉山地区内的 500 千伏输变电设备生产运行维护。管辖 500 千伏变电站 4 座，变电总容量 550 万千伏安；输电线路 20 条，总长度 1797.334 千米。2017 年，乐山运维分部共执行倒闸操作票 1666 张，安全操作 16609 项次，办理工作票一种票为 119 张、二种工作票 520 张，消除缺陷 264 条，完成大修项目 11 个，技改项目 15 个；圆满完成沐溪站 2 号主变停电首检、500 千伏沙天线及 220 千伏州溪一二线扩建的验收投运。根据“有人值班、少人值守、无人值班”运维模式管理要求，顺利推行 500 千伏南天站无人值守，进一步提升变电运维管理质效。乐山运维分部实现巡检机器人远程集控全覆盖，成功远程巡检 52 次，发现和跟踪缺陷 5 处，为实现变电站运维人员减负及提升智能机器人巡检质量奠定基础。政企联动，扎实推进线路通道清障工作，夹江县区段输电线路通道清障实现青苗不赔偿，具体砍伐过程中只支付砍伐民工费模式。通过推进成本项目精细化管理，规范成本项目管理全过程，全面提升分部自主成本管理能力。在检修公司范围内率先推行定点住宿，减轻员工负担，降低住宿成本，杜绝住宿费变通使用，降低廉政风险。结合同价计酬管理办法，修改配套的员工绩效管理办法，有效激发员工工作热情。

**【雅安运维分部】**雅安运维分部成立于 2008 年 8 月 01 日。截至 2017 年年底，雅安运维分部管辖 6 座变电站、1 座开关站，变电总容量 968 万千伏安，其中 6 座站址都位于甘孜藏族自治州；管辖 500 千伏线路 12 条，总长为 1370 千米。2017 年，雅安运维分部安全实施线路状态检修 12 条次，消除绝缘子自爆、铁塔本体缺陷共计 367 处，开展铁塔螺栓紧固及绝缘子清扫 600 余基。结合停电安装线路等值覆冰装置 30 套，加装分布式故障诊断装置 32 套，开展防风偏塔位改造 8 基，调整安装线路避雷器 116 套。实施九石一二线避雷器点位调整 77 套，新安装避雷器 44 套，九石一二线雷击跳闸率同比下降 72.7%。割除线路通道可燃物 1500 余亩，清砍油性树木 4500 余棵，开展现场流动观火 3600 人次，发现危及线路运行火情 14 次，及时预警并申请停用重合闸 14 次，全年未发生山火跳闸。圆满完成 500 千伏九石一线 37 号塔遭受飞石打击、500 千伏九石一线 256 号塔遭货车撞击等重大应急抢险工作，保证了骨干电网安全。完成 2 台主变、4 条 500 千伏母线、18 个 500 千伏间隔、24 个 220 千伏间隔变电设备年检、预试工作，完成 500 千伏雅安站两组 35 千伏无功补偿装置预留间隔设备安装调试工作、首次开展 500 千伏乡城站 5022 开关 C 相 GIS 开关整体更换工作。截至 2017 年 12 月 31 日，雅安运维分部安全运行 1467 天。雅安运维分部党委荣获国家电网公司“电网先锋党支部”、检修公司“先进基层党组织”荣誉称号。雅安运维分部荣获检修公司“安全生产先进集体”“党风廉政建设先进单位”荣誉称号。

**【德阳直流换流站】**德阳直流换流站（原特高压交直流运检中心）于 2013 年 12 月 9 日正式成立，主要负责±500 千伏德阳换流站的运维管理、永河接地极运行维护、检修公司所辖直流融冰装置和 SVC 检修维护消缺、直流三大核心设备年度检修及全站设备应急处置消缺工作。2017 年，深度开展换流站设备检修工作，牵头完成站内 15 台交流断路器灭弧室家族性缺陷的更换治理工作；自主完成 7 组蓄电池修前试验，并牵头实施了 8 组蓄电池更换工作；自主完成检修公司所辖 5 座变电站直流融冰装置核心设备年检工作。2017 年，国家电网公司下发试行的直流“五通一措”在德阳换流站年检工作中首次全面执行。通过重点梳理“五通一措”与常用检修、试验标准中重要设备工艺流程存在的差异，扎实开展前期设备现场查勘、缺陷隐患分析统计及方案制定工作。德阳直流换流站年检期间，完成主要检修项目 28 项、特殊性检修及技改项目 5 项。站部独立承担了直流控保系统检修，自主设计并实施了换流变及平抗故障潜油泵不自动切除等 9 项隐患治理工作，完成精益化治理项目 23 项，圆满完成了德阳换流站直流核心设备检修的年度工作目标。截至 2017 年 12 月 31 日，德阳直流换流站实现安全生产 2926 天，累计输送电量 923 亿千瓦时。德阳直流换流站连续 6 年荣获国家电网公司“红旗换流站”荣誉称号。站部运行班荣获国家电网公司“先进班组”、检修公司“先进班组”荣誉称号，站部维护班荣获国网四川省电力公司“安全生产先进班组”荣誉称号。

**【综合服务中心】**2017 年 6 月，媒体业务管理职责调整至综合服务中心，至此综合服务中心业务版块增加至 4 个，分别为媒体业务中心、物资供应中心、后勤服务中心、综合科，主要负责检修公司对外联络、品牌建设、新闻宣传、物资管理、后勤管理、车辆管理、消防保卫、小型基建管理等工作。2017 年品牌建设工作取得新突破，检修公司特高压带电作业团队新闻在中央电视台《新闻联播》《新闻直播间》栏目播出，代表人物邱中华参加央视《家和万事兴》专访；检修公司“四川西电东送超 6000 亿千瓦时”新闻，在中央电视台《晚间新闻》《朝闻天下》栏目播出；九石线抢险新闻，在中央电视台三次直播，并登上《新闻联播》；两位一线员工故事《这个春节，他火了》和《高原之恋，每次见面都像“渡劫”》，登上“国网故事汇”。2017 年共报送物资采购计划 35 个批次，报送非物资采购计划 24 个批次，组织 18 个批次物资采购评审，组织 20 个批次非物资采购评审，全年共签订物资采购合同 788 份；完成检修公司两金压控指标，有效解决废旧物资履约历史遗留问题，成功通过法律途径捍卫公司权益；物资采购计划执行率、物资合同签订及时率、物资合同履约完成率、评标专家管理规范率等物资指标均达到 100%。开展 3 次办公用房和公有住房清理，更新完善公司周转房、自有房地、租赁资产等 5 类基础信息台账；完成绵阳分部运维检修生产用房土地确权，项目顺利动工，为检修公司解决自有生产基地难题提供了典型经验；建立了“一车一台账”并推广使用 ETC，进一步落实了车辆使用费的监管手段，杜绝跑冒滴漏，降低资金使用风险；关注员工食品健康，引进生态猪肉进食堂餐桌，提供健康有力保障。

# 教育与医疗单位

责任编辑：何　飞

# 国网四川省电力公司党校（管理培训中心）

**【单位概况】**国网四川省电力公司党校（管理培训中心），是国网四川省电力公司于2010年组建的企业内部非盈利性职业教育培训机构，属于国网四川省电力公司分公司性质的二级单位，作为国网四川省电力公司党委的重要部门，主要承担党建理论研究、领导干部、后备干部及党务专业管理人员理论教育培训等工作，并针对国网四川省电力公司经营类、管理类和部分技术类岗位实施专业培训。

2017年1月22日，国网四川省电力公司党校召开第六届职工代表大会第二次会议暨2017年工作会议，会议期间，国网四川管培中心各部门工作成果实物展台引代表热烈讨论　（何雯懿　摄）

国网四川省电力公司党校始终立足于国网四川省电力公司发展大局，新时代国网四川省电力公司党校的发展目标：建成央企标杆党校，为国网四川省电力公司建设具有卓越竞争力的国内一流能源互联网企业做好人才支撑和智力保障。以培养适应高素质干部队伍和专业人才队伍为宗旨，大力开展管理人员教育培训工作。结合电网发展实际，建立完整、系统、具有电力特色的培训课程体系，自主开发特色培训课程，在培育高素质、复合型管理人才方面做了卓有成效的工作。同时，还承担国网四川省电力公司系统内一类会议及部分二类会议的接待及公司廉洁教育、集中评标等相关工作。

国网四川省电力公司党校具备了500余人规模的会议接待能力，学员宿舍床位数达576个，餐厅座位数达800个。从功能上分为北部培训区和南部会议区，北部培训区设有研修室、电教室、报告厅、阅览室、培训教室等现代化培训教学设施。南部会议区设有会场、国网四川省电力公司廉洁教育基地和电子评标室，并配有运动场馆，可同时进行网球、篮球、羽毛球、乒乓球等球类运动。不断整合国网四川省电力公司系统内部培训资源，创新培训管理方式，建立一支满足不同层次培训需求的优秀内训师队伍。同时，加大网络学习平台建设力度，于2013年建成了数字化校园系统，实现了培训管路、会议接待各类资源的数字化管理。

面向未来，国网四川省电力公司党校将紧紧围绕国网四川省电力公司发展大局，以习近平新时代中国特色社会主义思想为指引，朝着建成央企标杆党校的目标迈进，为国网四川省电力公司实现“建设具有卓越竞争力的国内一流能源互联网企业”的发展目标提供思想支撑、人才支撑和智力支持，为国网四川省电力公司教育培训事业做出新的更大贡献。

**【人力资源】**国网四川省电力公司党校现有在岗职工105人，其中男职工54人，女职工51人。平均年龄39.69岁，人才当量密度1.0519。现有离退休职工102人，其中离休干部1人。职工队伍现状：硕士研究生17人，大学本科62人，大专及以下26人。高级职称26人，中级职称、技师27人，初级职称、高级工36人。

**【技术装备】**国网四川省电力公司党校现有信息发布系统2套，大屏显示系统2套，扩声系统13套，中控系统3套，信息查询系统1套，会议系统3套，多媒体显示系统3套，会议录播及监控系统1套。数字化校园1套（含：教学策划、教学管理、后勤保障功能），同声传译1套，数字网络扩声系统1套，演出音响1套，舞台灯光1套，公广系统1套，音频矩阵系统1套，信息采集与后期制作1套，LED大屏显示系统1套。

**【自身业务工作开展情况】**2017年，面对复杂形势和艰巨任务，国网四川省电力公司党校上下坚决贯彻落实国网四川省电力公司党委决策部署，紧紧抓住“管理提升年”和“党校建设年”两条工作主线，顺利完成“1120”年度目标。全年实现利润总额-5084.37万元，流动资产余额122.44万元，可控成本支出1689.24万元。承办各类培训班152个，12574人·次，63091人天，培训完成率100%，培训合格率100%；承接各类会议接待103个，8336人次，24412人·天，综合服务满意率100%。年度企业负责人业绩考核排名连续两年为国网四川省电力公司科研教培、专业公司第四名，位列第一方阵。连续两年获得国网四川省电力公司“先进单位”荣誉称号。

2017年9月11日，国网四川省电力公司党校开展骨干员工拓展训练

1. 高扬旗帜、深入学习宣贯中共十九大精神。国网四川省电力公司党校把坚持学习宣传贯彻十九大精神作为首要政治任务，着力在学懂弄通做实上下功夫，迅速掀起学习贯彻热潮。制定《学习贯彻党的十九大精神工作方案》，明确重点任务和职责分工，采用党委中心组学习（扩大）会、“三会一课”等方式学习十九大精神，充分利用门户网站、宣传栏、微信群等载体，及时报道宣贯十九大新思想、新举措、新成效。开展“党旗增辉、安全护航”活动，全体共产党员率先垂范，走进基层，贴近员工，护航安全。积极参加十九大网络答题，实现学习宣贯全覆盖。通过强化习近平新时代中国特色社会主义思想理论武装，全体干部员工“听党话、跟党走”的信心更加坚定。

2. 标本兼治、本质安全不断提升。国网四川省电力公司党校以本质安全建设为着力点，开展“安全月”“安全问题清单梳理”等专项活动6次，梳理安全风险11项，细化安全管理提升措施25条，发布作业现场《安全生产典型违章100条》。创新安全监督方式，开展“互联网+安全”慧眼行动，共发现各种问题283个，整改完成率达100%。开展安全生产知识培训、“6·16”安全咨询活动，推进“三防”体系建设，治安防控水平和安保队伍素质大幅提升。修订完善《国网四川省电力公司管理培训中心应急预案》，组织防洪、消防应急无脚本演练各2次，进一步提升应急处置能力。开展信息系统安全加固工作，确保信息网络安全稳定运行。2017年安全态势平稳，实现安全生产事故“零”目标。

3. 党校姓党、党校功能不断强化。国网四川省电力公司党校认真落实国网四川省电力公司党委部署，完成单位名称变更，将党校挺在前面。加强党校“主阵地”建设，优化干部培训课程设置，突出党校培训特色，党校主体班（中青班、青干班等）党性教育类课程占比达到70%。加强党校“制高点”建设，自主研发3门党性教育类课程，微党课《红线连连看》被公司评为“百人百讲”优秀课件，在国网遂宁供电公司、国网南充供电公司、技培中心等多家基层单位宣讲；《看<人民的名义>学<准则><条例>》《全面从严治党》两门课程进入课堂，深受学员好评，实现员工登上讲台的零突破。参与国网四川省电力公司“旗帜领航·三年登高”活动方案的编制工作，为国网四川省电力公司党建工作出谋划策。加强“智力库”建设，整合内外部资源，聚焦国网四川省电力公司重点难点问题，着力开展智力库建设。新设立党建教研部，配备精兵强将，不断夯实党校“三个建设”基础。

4. 与时俱进、教学科研推陈出新。国网四川省电力公司党校注重培训项目规范化、特色化和专业化管理，形成了“处级班重全局视野、中青班青干班重党性锤炼、中干班重专业能力”的培训专业体系。以“贯彻十八届六中全会精神”为主题，对国网四川省电力公司 423 名处级干部开展专题培训。确定2017年国网四川省电力公司青干班“知行合一”培训目标和“三知两强”课程体系，教学质量稳步提升。创新中层管理干部履职能力培训模式，形成

2017 年 11 月 8 日，国网四川省电力公司党校领导同第一期、第五期青干班学员代表座谈交流

基于问题解决为导向的管理培训“321”培训体系，研讨出 91 个解决方案，139 个优秀管理实践案例，为国网四川省电力公司管理提升提供有力参考。完成国家电网公司、国网四川省电力公司 6 个课题研究以及 84 门微课、78 个案例，研究成果在国家电网公司系统推广应用。开展“智力”援藏、援疆工作，组织承办国网四川省电力公司内训师竞赛、优秀专家人才评选、“电力雏鹰”选拔等工作，智力支撑作用获得国网四川省电力公司相关部门肯定。利用“互联网+培训”手段，不断提高培训管理效率。

5. 降本增效、管理提升成效显著。扎实开展“管理提升年”活动，有力改进指标短板。强化核心资源管控。开展业绩考核全过程管理，按季度进行指标诊断分析，制定改进计划，着力弱项指标提升。严格关键岗位管理，实施关键岗位交流 24 人次。对 3 个部门职责进行调整，理顺管理关系。深化预算精益管控，做实做优预算编报，实施动态跟踪调整。严格项目计划管控，完成 52 个项目可行性审查。出台党校降本增效十条措施，依托“翠月直通车”APP 推行无纸化办公、办会，实施学员宿舍分体空调远程控制。深化依法从严治企。加强制度建设，新增、修编制度 9 项。发挥法律保障功能，采购方案和合同审查率 100%。创新开展“五位一体——360 度挑刺”行动，发现问题 1069 个，全面按计划进行整改。发挥协同监督专业诊断功能，为完善内控机制提供决策依据。做好问题清单梳理工作，2 个问题均完成年度整改目标。完成集体企业年度改制任务，员工队伍保持稳定。

6. 固本强基、“感动文化”成果丰硕。国网四川省电力公司党校信守“五心”服务理念，丰富“感动文化”内涵，圆满完成国网四川省电力公司“三会”、年中工作会、四川省人大学习会、四川省政协学习会、新进大学生培训班、国家电网公司老同志健康休养等大型会议、接待服务保障工作，综合满意率达到 100%，先后收到国家电网公司、四川省人大、四川省政协和其他兄弟单位感谢信 9 封，为国网四川省电力公司创造了品牌价值。成立服务创意小组，利用湖边鹅卵石、废弃矿泉水瓶、飘香桂花叶，制作并亮展“石头画”“小花瓶”“叶脉书签”等手工作品，获得学员、参会代表的高度赞扬。扩展“翠月直通车”APP 功能，实现会议报到、物资配送、信息查询掌上操作，为学员带来方便、快捷的价值体验。党校培训会议接待组被评为国网四川省电力公司优秀班组。

7. 立根铸魂、党建基础持续夯实。国网四川省电力公司党校认真学习贯彻中共十九大精神和十八届六中全会、全国国有企业党建工作会议精神，扎实开展“旗帜领航·三年登高”基础建设年工作，实行党委委员职责、片区“双分工”，有效督促党委委员履行“一岗双责”；开展党员积分制管理，提高广大党员争做“四讲四有”合格党员的自觉性；开展党建工作健康体检，发现并整改问题 3 项。开展“五铸五争先”活动，助力“先锋川电”建设。走访慰问党校老党员、困难党员和困难群众 10 名。积极配合国网四川省电力公司巡察工作，对发现的问题实施整改部门、整改期限、整改措施“三落实”，确保务期必成。完成各专业廉政风险排查，积极配合国网四川省电力公司开展巡察手册编写工作。坚持廉洁教育送课上门，推送廉洁信息共计 260 余条。积极参加“省公司企业文化节”健身操、活力青春 H5 创作、微视频等各类比赛，原创舞蹈《年轻的模样》首次登上国网四川省电力公司职工文艺成果展示舞台。加强民主管理，落实好职代会提案的处理工作。实施关爱职工系列活动，维护职工合法权益。

自主策划完成的品建项目“迎新季”连续两期占领公司微信公众号“川电青年”头条。落实好离退休人员的“两项待遇”，确保离退休队伍和谐稳定。2017 年，国网四川省电力公司党校荣获四川省总工会五一劳动奖状，党建工作部（监察部）被国网四川省电力公司工会评选为国网四川省电力公司民主管理示范班组。

八是通过开展“管理提升年”和“党校建设年”活动，党校建设实现新起航，经营管理取得新突破，党建工作完成新爬坡，改革改制经受新挑战。过去看似平凡，却发生了许多不平凡的事，广大干部员工戮力同心、携手并进，做平凡人展露芳华，做平凡事彰显价值。只有信仰坚定，才能聚力前行，坚定不移把十九大精神、习近平总书记系列重要讲话精神和治国理政新理念新思想新战略作为各项工作的行动指南，坚定不移贯彻国网四川省电力公司各项决策部署，将“四种意识”“六种精神”贯穿工作始终，心无旁骛抓好落实，这是必须恪守的理想信念和工作原则，任何时候都不能偏离。只有站高谋远，才能革弊前行。国网四川管培中心从 2010 年 9 月挂牌成立并与国网四川省电力公司党校合署办公后，领导班子审时度势提出转型、接轨、追赶、跨越“四步走”发展思路，为全面完成“十二五”规划目标任务、实现“十三五”规划良好开局奠定坚实基础，这是谋事行事的基本方法，任何时候都不能忘记。只有求新求变，才能追求卓越，坚持理念创新和群众创新“两轮驱动”，不断增强员工干事创业活力，“三知两强”课程体系、感动文化、“五心”服务、“智慧校园”建设、“五位一体——360 度挑刺”行动、“五铸五争先”党建活动等大批管理创新成果，提升了党校管理水平，这是我们提质增效的力量源泉，任何时候都不能忽视。只有以人为本，才能和谐共进，关注员工思想动态，解决实际困难，畅通晋升通道，搭建献智平台，用经营“家”的理念来经营企业，用“尊重、公平、关爱、成长”良好家训，构建幸福和谐“翠月之家”，这是团队建设的有效举措，任何时候都不能削弱。只有从严治党，才能基业长青，持续巩固“三严三实”专题学习、“两学一做”学习教育活动成果，突出从严治党和依法治企“两翼齐飞”，坚定做到心中有责干成事，心中有戒干好事，这是健康发展的根本保障，任何时候都不能动摇。

**【科技成果】**按照国网四川省电力公司的总体安排，扎实推进管理创新和课题研究工作，开展企业基础管理项目 9 项，1 项课题研究成果获一等奖，1 项管理创新成果获得二等奖，1 项精益项目成果入选国网四川省电力公司精益管理优秀案例库，2 项质量管理（QC）成果获三等奖。国网四川省电力公司党校被评为国网四川省电力公司“管理提升年”活动先进单位。

**【党的建设和精神文明建设】**把学习贯彻中共十九大精神特别是习近平新时代中国特色社会主义思想摆在首要位置，开展“不忘初心、牢记使命”主题教育，持续推进“两学一做”学习教育常态化制度化。深入实施“旗帜领航·三年登高”计划，开展“对标管理年”活动，建成标准化党支部，提高党建工作水平。开展“五铸五争先”活动，打造党建工作品牌。贯彻落实十九届中纪委二次全会精神，细化落实党风廉政建设“两个责任清单”。加大廉洁教育的感染力和执纪监督的震慑力，严防“四风”反弹。扎实开展“素质提升年”活动，认真落实国网四川省电力公司“九大工程”活动方案，打造高素质职工队伍，积极开展党员党性分析和健康体检，做好国网四川省电力公司“新员工孵化”“电力雏鹰”“电力飞鹰”的人才储备工作，出台国网四川管培中心优秀岗位能手、工匠选评办法，争创国家电网公司一流班组。开展“以德育企·德耀川电”主题实践活动，评选国网四川管培中心道德模范。开展员工关爱行动，积极为职工思想上减压，工作上减负。开展形式多样的劳动竞赛和团青活动，繁荣职工文化生活。打造更多文化精品，多渠道、多层面传递“党校声音”。积极争创“全国文明单位”，加快企业文化示范点和企业文化长廊建设，继续办好“道德讲堂”“每周一课”，提升全员文明素质。落实好离退休老同志“两项待遇”。做好保密、档案、信访维稳工作。

# 国网四川技培中心（四川电力职业技术学院）

**【单位概况】**国网四川省电力公司技能培训中心（以下简称国网四川技培中心）是国网四川省电力公司分公司性质的二级单位，属公司层面的教育培训机构，与四川电力职业技术学院实行“一套人马，两块牌子”的运行模式，集员工教育培训、高职学历教育、成人教育、职业鉴定等功能于一体，主要承担国家电网公司系统新入职员工、专业技术和高技能人才培训。四川电力职业技术学院是一所专科层次全日制普通高等学校，2011 年 9 月通过教育部、财政部验收，成为全国 100 所国家示范性高职院校之一，是电力行业和国家电网公司系统唯一一所国家示范性高职院校。中心总占地面积 822.72 亩，有温江、草堂、罗家碾、青峰岭实习实训电厂 4 个校区。设有管理职能部门 7 个；培训、教学及相关业务机构 5 个，内设相关业务部门 20 个。

**【人力资源】**国网四川技培中心全口径用工 566 人，其中全民员工 440 人，集体企业员工 126 人。全民员工平均年龄 42 岁，具有研究生及以上学历的占 45.39%，具有大学本科学历的占 42.17%，具有高级技术、技能等级的占 39.86%，具有中级技术、技能等级的占 35.25%。集体企业员工平均年龄 37 岁，具有大学本科及以上学历的占 56.45%，具有中级技术、技能等级及以上的占 49.19%。现有专兼职教师 287 人，“双师型”教师 81 人。具有研究生及以上学历的占 59.23%，具有大学本科学历的占 40.77%；高级职称占 44.25%，中级职称占 39.37%。

**【技术装备】**国网四川技培中心拥有国网四川省电力公司系统一流的综合性技能实训基地，具有全国领先水平的带电作业实训基地和四川省内领先的水电运维培训基地、电力通信实训基地、调度仿真实训基地、继电保护实训基地，积极推进“风光储智能微网系统”实训基地建设。实训基地建成投运以来，承担了国网四川省电力公司各专业职种岗位人员的技术、技能培训和职业技能鉴定工作；开展了特高压仿真、智能变电站测试、继电保护仿真案例库建设等科研项目；圆满完成国网四川省电力公司信息通信、继电保护、变电设备状态检修、输配电线路带电作业等专业技能竞赛和优秀技能人才选拔工作。

**【自身业务工作开展情况】**国网四川技培中心全面完成国网四川省电力公司下达的各项运营指标，荣获国网四川省电力公司2016—2017年度教育培训先进单位，连续两年被国网四川省电力公司评为“安全生产先进单位”。

2017 年 10 月 16 日，国网四川技培中心首次承担的涉外培训项目——埃及 EETC 500 千伏输电线路项目业主工程师培训班开班仪式（ 张凯川　摄）

1. 培训鉴定稳中有进。全口径培训量（含职鉴及竞赛调考）216794 人 • 天，培训质量满意率、综合服务满意率 100%。组织完成全川职业技能鉴定、特种作业、进网作业及相关培训 88346 人 • 天。完成藏区技术技能培训 3794 人 •天，通过“送考进藏”，

413 名藏区一线员工取得职业技能等级。积极拓展对外业务，完成埃及输电公司 500 千伏作业人员培训及新疆公司 2 期内训师教培项目。承办了 23 项国家电网公司、国网四川省电力公司级竞赛调考，完成 11 项集训任务，成功举办四川省第一届电力行业职业技能大赛，在国网四川省电力公司、中电联培训师教学技能竞赛中分别荣获团体二、三等奖，个人一等奖。全面支撑国网四川省电力公司职工队伍素质建设，调用内训师考试考评 491 人次、授课 375 人天，完成 1523 名国家电网公司级、国网四川省电力公司级优秀专家人才选拔、考核等工作。全力推进网络大学深化应用，网络大学年访问量超过 250 万人次，学习人次超过 169 万，总学时近 100 万学时，有力缓解了工学矛盾，3 人获得“教育培训先进个人荣誉称号”。

2017 年 9 月 18 日，首届“四川工匠杯”职业技能大赛 四川省第一届电力行业职业技能大赛在中心开幕　　（张凯川　摄）

2. 高职教育平稳有序。2017 级新生报到率 86.23%，毕业生就业率 97.51%、58.22%的学生签约国有企事业单位，专升本 5.72%，计算机、英语等级考试通过率分别为 57.24%、41.78%。实际招收西藏、四川藏区“三定”学生 143 名，定向培养在校学生共 370 名。发电厂及电力系统建设通过省级重点专业验收，入选现代学徒制省级试点单位。强力推行以“6S”为核心的职业化管理训练，将企业文化和管理模式全面融入学生学员管理全过程。师生在全国、省级、行业技能竞赛中荣获 3 个一等奖，14 个二等奖，13 个三等奖。

3. 管理提升成效明显。完成 25 项“管理提升年”活动重点任务整改提升，扎实推进问题清单整改落实，坚持依法依规解决历史遗留问题。业务管控科学合规，通过中国质量认证外审监督审核。全面深化内部管控，严格预算精益管控，深化财务资源统筹调控，加强工程、资产管理监督。深化项目全过程管理，全面加强审计监督力度，清理完成 2008—2016 年资本金工程项目自查审计，完成各项合同会签监督。对经济业务管理、关键岗位制衡等 19 个方面进行全面梳理和评价，形成了内部控制手册，提升了风险防控能力。

4. 改革创新稳妥实施。落实国网四川省电力公司培训机构、职业院校改革部署，制定改革、整改方案。依法合规推进“两供一业”分离移交，完成草堂、罗家碾校区家属区 518 户分离移交框架协议签订等，完成供气分离移交。稳健推进集体企业“瘦身健体”压减工作，劳动用工量压减 38.23%，没有发生任何安全稳定事件。大力开展“培训创新年”活动，“定制式培训”“涉外双语培训”等举措全力开拓了培训工作新局面。青峰岭实习实训电厂聚力转型，加速水电站运维培训体系开发。

5. 安全形势持续稳定。本质安全建设扎实推进，制定“本质安全工作方案”，每月召开安全例会，组建安全巡查大队，全面落实各级安全责任制。大力实施安全培训，开展安全员培训 4 期，培训学生学员 19548 人次。建成 10 个专业安全生产考试题库，员工、国网参培新员工安规考试通过率分别为 100%、99.95%，有效提升全员安全意识。加强培训教学、生产、施工现场安全管理与监督，加大反违章监督力度，实施春、秋安全大检查和施工检查，及时发现和整改各类安全问题。加强学生、学员日常行为规范，全面开展心理健康教育。加强信息安全管理，实施全过程监控，从严落实保密制度。

**【科技成果】**完成 9 个发明专利和 11 个实用新型专利申请，1 个项目荣获国网四川省电力公司科技进步三等奖，2 个项目分别荣获国网四川省电力公司工人技术创新奖、专利一等奖，1 个项目确立为国网四川省电力公司科技成果转化项目。加强大师工作室管理，遴选建设 3 个新大师工作室，建成郑和平职工创新工作室、张晶职工创新工作室，两位领班人分别荣获"国网四川省电力公司劳模""川电工匠"荣誉称号。"电力系统培训安全评价水平管理提升"作为国网四川省电力公司"管理提升年"活动卓越项目，获得三等奖。6个项目荣获国网四川技培中心教学成果奖，2个课题成功申报教育厅研究课题和科研项目，承接8项四川省高等职业教育创新发展行动任务。

**【党的建设和精神文明建设】**全方位统筹推进党建工作。认真学习贯彻中共十九大、十八届六中全会精神，坚持两个"一以贯之"不动摇。扎实推进"两学一做"学习教育常态化、制度化，扎实开展"旗帜领航•三年登高"计划，切实落实"三会一课"。积极开展党支部"三分类三升级"、支部书记述职等工作，认真落实党建工作例会制度。结合督查、巡查发现的问题举一反三，认真整改，认真履行"两个责任"。全面加强员工队伍建设。开展科级后备干部的推荐选拔。规范员工管理，完成员工管理各类问题整改。实施全员培训计划，职工参加各类培训1001人•次，5025人•天。新认定中心优秀管理人才2人，优秀技术人才5人，"双师型"教师6人。深入开展企业文化建设。大力弘扬社会主义核心价值观，广泛开展职工建功立业活动，积极参与国网四川省电力公司企业文化节等系列活动。成功举办"百年树人 匠心筑梦"主题活动，展示职前职后教育成果，开启培育电力工匠之路。坚决贯彻国网四川省电力公司、四川省教育厅扶贫攻坚部署，认真实施人才援藏、乡城县"智力帮扶精准扶贫"等项目。离退休"两项待遇"有效落实。3名员工分别荣获"国网四川省电力公司劳动模范""川电工匠""国网四川省电力公司先进工作者"荣誉称号。

2017年7月18—19日，国网四川技培中心扶贫工作组赴乡城县水洼乡那拉岗村开展精准扶贫工作 （张凯川 摄）

**【存在的主要问题】**一是改革发展压力较大。培训机构、职业院校改革势在必行，国网四川技培中心成本水平压降40%，国家职业资格制度改革，电力行业职业资格由113个压缩至27个，其中电网仅4个工种，计划内培训鉴定量将大幅下降。多项改革并行叠加，在经营管理方面，矛盾将不断出现。二是人员配置有待进一步优化。一方面，培训师资严重不足，缺乏带电作业、特高压仿真、智能电网、调度自动化等专业的高层次、高水平培训教师。另一方面，随着国网四川技培中心改革，如何合理配置人员，并采取行之有效的激励措施提高教职工的工作热情，是急需解决的问题。

## 四川电力医院

**【单位概况】**四川电力医院1985年正式成立，是国网四川省电力公司分公司性质直属单位，非营利性医疗机构，主要承担国网四川省电力公司系统内员工健康管理、高原工程生命保障、职业卫生管理、应急医疗保障、电力社区卫生服务及日常医疗业务等工作任务，2013年12月正式挂牌"国家电网公司高原病防治中心"。2016年2月5日，四川省卫计委下发了《四川省卫生和计划生育委员会关于公布

2015年医院等级评审与复查结果的通知》(川卫办发〔2016〕26号),四川电力医院被评定为二级甲等医院。

四川电力医院是四川省、成都市基本医疗保险定点医院。2013年10月8日迁入东风路17号新址,新院区占地面积21亩,建筑面积14000平方米,设临床科室15个(含34个专业),开放床位100张。四川电力医院先后成为"华西医大附一院网络协作医院"、卫生部"骨质疏松症诊疗技术协作基地",四川省骨科医院(成都体育医院)医疗协作单位,成都市第二人民医院医疗技术协作单位,与四川省内多家知名医院及机构建立医疗学术交流平台。初步形成学科门类齐全、具有品牌特色的综合性医院。

2017年,四川电力医院完成门诊业务量5.8万人次,病床使用率33%;体检3.2万人次,健康管理0.36万人次;营业总收入1.2482亿元,同比增加2863万元,增长29.76%。

**【人力资源】**截至2017年年底,四川电力医院共有员工206人。其中,全民员工92人,业务委托用工114人;硕士研究生15人,大学本科113人,共占用工总数的62.14%;高级职称34人,中级职称66人,共占用工总数的48.54%。

**【技术装备】**四川电力医院配备专用体检车、国内首台移动式高原箱装式加压舱、固定式高压氧舱、双源CT、3.0核磁共振、数字化口腔全景机、双能骨密度检测仪等先进医疗设备。

**【自身业务工作开展情况】**2017年,面对复杂多变的形势和艰巨繁重的改革发展任务,四川电力医院上下坚决贯彻落实国家电网公司党组和国网四川省电力公司党委决策部署,坚持服务公司中心工作,积极探索改革思路,医院管理全面加强,医疗水平质量不断提升,藏中联网工程医疗保障工作全力推进,顺利完成年初制定的各项目标任务。

1.深入学习宣贯中共十九大精神。四川电力医院把学习宣传贯彻中共十九大精神和习近平新时代中国特色社会主义思想作为首要政治任务,坚持在学懂弄通做实上下功夫,切实把党组织和广大党员干部的思想和行动统一到十九大精神上来,以十九大精神为指导科学谋划和推动医院工作。召开党委专题会、开展各类学习讨论会,将十九大精神学习宣贯活动深入到职能部门和临床科室。通过学习,广大干部职工思想认识更加统一,推动医院改革发展的信心和决心更加坚定。

2.安全生产持续平稳。一是扎实开展本质安全建设。认真开展安全问题清单专项梳理工作,坚持问题风险导向,共梳理出8个方面、12项问题,发现安全隐患59项,隐患整改率100%。二是狠抓安全培训。开展各领域安全专项培训26次,开展高原工程医疗保障安全培训8次,进一步强化安全"红线"意识。三是加强应急管理。修订完善应急预案,加强应急物资管理,结合实际开展应急专项演练,提升应急处置水平。四是进一步加强档案、病案管理和安全防护,完善危险源规范管理,强化网络信息安全建设,维护办公系统正常运转。2017年,四川电力医院未发生医疗责任事故和恶性误操作事故,共有2个集体、3名个人获得国网四川省电力公司安全先进集体、先进个人。

3.医疗护理质量持续提升。一是夯实医疗基础水平建设。重新修订发布医疗管理相关制度共计六部分480条。开展医疗及院感质量大检查,全年整改医疗缺陷28条。医院实验室通过二级生物安全实验室备案评审。加入华西医院卒中联盟,助力四川电力医院优势科室体系建设。承办并圆满完成成都市市级继续医学教育项目"高原病诊治"和"骨质疏松诊治规范"培训班,3人获得中华医学会骨质疏松和骨矿盐疾病学分会颁发的DXA测量和质控证书,促进了高原病重点专科、骨质疏松诊疗技术协作基地的建设。"高原病重点专科"经过三年建设,现已取得阶段性成果,并向成都市卫计委提交了验收申请。院感管理各项指标均达到"二甲"医院要求。二是狠抓护理质量过程控制。对现行护理质量管理体系进行全面梳理,坚持实施护理质量闭环管理。全年共发现各类护理质量问题85项,全部得到持续有效改进。全院医护人员"三基"竞赛参与率继续保持100%。两名护士取得了"静脉输液"专科护士证书,并成功实施该院第一例经外周静脉穿刺中心静脉置管术。2017年,在成都市锦江区卫计局2017年医疗服务质量督查中,四川电力医院在13家被抽查医院中名列前茅。四川电力医院获锦江区医疗卫生行业 "学科建设先进集体"。

4.藏中联网工程医疗保障持续稳步推进。一是医疗保障工作顺利推进。完成工程全线40个医疗站(点)建设,坚持全线巡诊达63万余千米,共保障参建人员1.9万人次,接诊治疗病人12.4万人次,救治高原肺水肿和脑水肿病人36名,通过"绿色通道"转诊病人53人,保障了中央电视台藏中联网工程直播报道等重大活动的顺利实施。二是保障工作前后方联动不断加强。由四川电力医院领导带队,先后6批22人次深入高原医疗保障一线检查医疗质量安全,开展业务培训指导。高原医学科成为前后方工作衔接沟通的重要桥梁。2017年,藏中联网工程医疗保障完成"三零"阶段性目标,指挥部、项目部对医疗保障工作“满意度”100%，现场医院收到项目部赠送的锦旗15面。

5. 重点管理工作任务有序实施。在国家电网公司和国网四川省电力公司的领导下，四川电力医院积极稳妥、扎实有序推进国企医疗机构改革前期准备工作。通过深入学习相关改革文件精神，调研公司系统内外医疗机构改革经验，分析改革形势，研判医院态势，事实求是地向国家电网公司、国网四川省电力公司汇报反映医院状况，按国家电网公司、国网四川省电力公司统一部署要求推进医院改革。开展“管理提升年”活动，着力解决医院管理中存在的突出问题和薄弱环节。开展“提质增效”工作，共组织实施6个方面47项瘦身健体提质增效重点任务。开展“问题清单梳理”工作，已完成5个问题的整改，剩余的3个问题将在2019年6月前完成整改。

6. 优质服务水平稳步提高。一是不断拓展健康管理服务范围。继国网西藏电力有限公司后，又成功与国网青海省电力公司签订员工体检协议。2017年体检量较同期提升48.7%，实现体检数量质量双突破。圆满完成国网四川省电力公司与国网西藏电力有限公司签订的健康体检和大病诊疗帮扶协议，受到高度赞扬和好评。二是医疗护理工作保持较高水平。入院与出院诊断符合率全年保持优秀，病员调查满意度达96.51%。医院共收到锦旗7面，感谢信5封。三是职业卫生技术服务获得肯定。全年共完成18座变电站1891个点位的检测，出具报告36份，获得业主单位好评。顺利通过四川省安监局对工业卫生站的资质延续评审。

7. 内部管理规范有序。一是依法治企持续深化。强化国网通用制度落地执行，合同审核正确率100%，医院“法律进藏区电网工地”项目被列为国网四川省电力公司管理提升年法治企业建设最佳实践项目，并在公司系统进行了公开展示。二是人力资源管理不断加强。开展机构编制诊断分析和人力资源管理问题排查工作，制定员工薪级动态调整积分规则，探索制定绩效管理优化方案，新增1名省公司级优秀人才，15人提升了职称等级，其中2人取得正高级职称。三是办公行政效能进一步提升。2017年，四川电力医院完成职工家属区户“两供一业”分离移交框架协议的签订，信访、重大事项等信息报送及时准确，档案移交规范有序，公文收发正确率100%，在国网四川省电力公司保密专项检查中，四川电力医院保密工作得到肯定。

8. 打造忠诚干净担当的干部队伍。一是干部选拔任用更加规范。严格选人用人程序流程，严格按照干部管理办法将政治素质好、业务水平高的正副职中层后备干部推荐选拔到领导岗位。二是考核监督更加全面。对中层干部采取360度考评方式，注重考核结果运用，注重监督管理，落实员工民主监督权利，落实干部提醒、诫勉制度。三是培训培养更加扎实。扎实开展习近平总书记系列重要讲话和十九大精神学习宣贯工作、“清风川电”专题活动，大力提升干部能力培训，全年共5次开展中层干部履职能力提升培训活动。

**【科技成果】**2017年，四川电力医院组织编写的《高原电网建设与运维医疗卫生保障标准》标准，正式发布为国家电网公司技术标准，填补了国家电网公司技术标准体系中的空白。

**【党的建设和精神文明建设】**第一，党的建设全面加强。深入推进“两学一做”学习教育常态化制度化，扎实开展“旗帜领航•三年登高”基础建设年各项工作，“四个意识”不断强化。健全完善党建工作机构设置，推进党建标准化管理，严格执行标准党支部建设要求和党建工作各项考核办法，将党建工作由“软指标”变为“硬任务”，实现了党建工作稳步提升。设立中共藏中联网工程电力医院临时支部“党员之家”，着力凸显党员先锋模范带头作用。强化党风廉政建设。推动“两个责任”有效落实，全年共组织84人参加《准则》《条例》、法律法规的学习。第二，群团工作成果丰硕。组建“红蜻蜓”志愿服务队，成立藏中联网工程“红蜻蜓”巡诊小分队，累计开展志愿活动35次。加强四川电力医院发展成果宣传，2017年，四川电力医院在上级媒体上稿137篇，其中2篇为国家电网报头条。在中央电视台藏中联网工程直播报道中，四川电力医院有3名医务人员接受采访，医疗保障工作在直播中镜头长达14分38秒。开展节日、生日员工慰问活动，做好离退休“两项建设”，落实“两项待遇”，走访慰问、看望生病住院离退休老同志共13人次。2017年，四川电力医院被授予2014—2016年度“国家电网公司文明单位”。

# 施工管理单位

责任编辑：何　飞

# 国网四川省电力公司建设管理中心

**【企业概况】**国网四川省电力公司建设管理中心（简称建管中心）成立于 2012 年 12 月，是在原四川电力超高压建设管理公司的基础上，按照国家电网公司“大建设”体系建设要求成立的国网四川省电力公司的专业支撑机构。主要负责国网四川省电力公司直管工程项目的前期及建设管理工作；承担省公司特高压、500 千伏（含部分市州的 220 千伏）电网建设管理职责；协助省公司相关职能部门开展输变电工程可研、项目核准、初设等项目前期管理工作；负责工程初设管理并上报设计、施工、监理招投标计划；负责合同签订与执行，开展施设、工程现场安全、质量、进度、造价、技术管理和预结算等项目管理工作；负责对县（市、区）及以上政府开展建设协调；配合开展工程验收、质检、竣工投运、达标投产、创优、结算及决算等工作。

**【人力资源】**建管中心本部设置综合室、项目前期室、项目管理室、工程技经室、安全质量室 5 个职能部室，下设 8 个专业支撑机构，分别是特高压交流建设项目部、特高压直流建设项目部，以及成都、川北、攀西、川西、川南、甘孜 6 个片区业主项目部。暂代管集体企业四川科锐得实业集团有限公司建设分公司。中心现有各类优秀专家人才 36 人，具有注册建造师、注册监理师、注册造价师等执业资格总计 25 人。

2017 年，建管中心进一步强化干部队伍建设，通过干部跨专业交流、本部与项目部双向交流、不断丰富干部多岗位工作经验。首次举办中干读书班，不断提升中层干部的政治素质、道德素质、法治素质和专业素质。选派 1 名业务骨干到省公司本部培养锻炼，2 名青年干部参加省公司青年干部能力提升班学习，1 名中层干部到藏中联网工程挂职锻炼，为干部员工的成长成才夯实基础。

2017 年，建管中心大力推进全员培训和人才培养，为员工素质能力提升搭建平台。编制下达 2017 年教育培训项目计划，积极送培学员参加上级组织的培训，全年共参加省公司及以上培训班 70 个，自办培训班 5 个，送培学员 280 人次，全员培训率 100%，员工人才当量密度 1.1926，完成省公司下达目标。组织完成 4 名国家电网公司级专业领军人才及后备人才、3 名省公司级优秀专家人才年度履职考核。完成 12 名符合评定中高级职称条件员工的材料审核及推荐上报工作，10 人通过国家电网公司最终评审获得中高级职称，通过率 83%，名列直属单位前列。

**【工程建设项目】**2017 年，建管中心完成基建投资 27.5 亿元。新开工 3 个输变电工程，变电容量 250 万千伏安，线路 69 千米；投产 7 个输变电工程，变电容量 640 万千伏安，线路 672.1 千米。完成可研评审项目 6 个，初设审查项目 3 个，取得项目核准 1 个，环保验收完成 3 项，水保验收完成 3 项。完成竣工预结算 22 个，竣工结算 23 个。中心荣获省公司 2017 年基建管理先进单位。

工程建设管理方面，中心坚持以施工安全为首要目标，抓好施工风险预警管控措施的评估工作，及时掌握现场反馈信息。组织专家及有经验的专业人员对风险较高的跨越、架线、深基坑作业施工方案进行审查。刚性执行里程碑计划，确保投产任务提前完成，川渝第三通道 500 千伏工程顺利投运，创造了电网建设的“四川速度”。有序推进雅中—江西±800 千伏特高压直流输电工程建设管理工作。完成 2013—2016 年投产的 4 个输变电工程项目后评价工作。大力开展标准化业主项目部的创建，推动“三通一标”等标准化建设要求的落实，盐源 500 千伏变电站工程业主项目部和甘泉至会东 500 千伏线路工程项目部被国网公司评为 2017 年示范业主项目部。深化基建管控系统的建设，中心被国网公司评为基建信息化应用先进单位。

前期工作方面，认真分析、梳理省公司前期工作计划，分解前期工作任务，按前期工作节点，实行可研与各专题交叉推进并按期完成。充分发挥属地公司优势，减小外部环境的干扰，缩短前期协议取得的时间。实现可研方案与专题评估交叉开展、有效衔接，保障项目顺利核准。认真研判有关政策法规，大力推进解决项目选址选线涉及城乡规划“禁建区”等问题。积极推进雅中特高压送出工程各项专题评估工作。与政府部门保持紧密联系，协调项目核准、选址意见书、环水保、用地预审等专题办理过程中遇到的各种问题和困难，及时把握政策更新，适应政策变化，积极主动营造良好的电网项目建设外部环境。严把环、水保质量关，在中央环保督察组开展督察工作期间，未发生因环、水保手续不完善被督查事项，妥善处理环保督查期间的纠纷和投诉。圆满解决茂县II500千伏变电站弃土问题，取得茂县II工程水保验收批复，工作成效得到省公司的肯定。建管中心荣获四川省水土保持局颁发的“四川省2017年水土保持工作先进单位”。川藏联网工程荣获“国家水土保持生态文明工程奖”，九江500千伏输变电工程荣获“四川省水土保持生态文明工程奖”。

工程技经管理方面，强化施工过程造价管控，有效规范工程技经管理工作，川藏联网工程获国家优质投资项目称号，“四川大岗山送出工程各阶段造价管理”获国家电网公司造价管理优秀成果二等奖。加强与属地公司的沟通协调，积极推进属地化协议的签订工作。严格采购流程管理，根据上级文件规定及时修订中心《非招标采购指南》，利用中心协同监督平台梳理非招标采购领域存在的相关风险，提出改进措施，有效规避法律和廉政风险。

【安全质量管理】2017年，建管中心全力推进本质安全建设，开展安全问题清单梳理工作。严格贯彻省公司“日管控”指导意见，深入开展电力建设工程施工安全年活动。落实省公司关于工程复工的“五项基本条件”的要求，保证工程安全顺利复工。组织对重大风险作业专项施工方案进行审查，加强高风险作业管控，落实重大风险作业到岗到位要求。全年完成重要风险作业34项，其中三级风险作业13项、四级风险作业21项。持续深入推进基建现场反违章专项行动，杜绝各类事故发生，通过巡查、安全生产大检查、日常巡查发现隐患及安全管理问题330项，全部落实整改闭环。有效开展量化考核，对到岗到位、安全责任落实、安全投入、施工关键点管控措施等落实情况进行了检查评分，并对不合格的单位提出通报考核，有效夯实了工程现场安全工作基础。圆满完成中共十九大电力安全保障任务。中心荣获省公司2017年“安全先进单位”，路平—富乐500千伏线路获得省公司2017年第二批次输电线路工程项目管理流动红旗，工程业主项目部荣获“安全先进班组”称号。

完善调整创优计划，推广标准工艺应用经验，有序推进创优示范工程建设。举办安全质量培训，由省公司系统内的专家对工程建设过程中安全质量管理上的“短板”进行针对性的深度剖析，并“对症下药”。强化过程检查，采取“四不两直”方式对现场开展质量巡查，及时纠正不良质量行为，对施工工艺及质量管理实施有效管控。严格按照《国家电网公司输变电优质工程评定管理办法》及《国家电网公司优质工程评定“否决项”清单》的标准要求，开展中心达标投产考核及优质工程自检工作，累计检查问题700余项，督促相关责任单位限期完成整改消缺。严格审批各阶段质量监督申请前的验收资料，提升验收工作质量，避免验收工作“走过场”，有效规范工程建设质量监督检查程序。九江500千伏变电站工程荣获“中国电力优质工程”。狠抓工程档案管理“四同步”，全力推进档案信息化建设。川藏联网工程项目档案数字化加工工作通过国家电网公司检查验收并顺利移交国家电网公司档案馆，实现了省公司工程项目档案进馆“零”突破。

【资产经营】2017年，建管中心制定并实施“管理提升年”活动工作方案，扎实开展“转作风、作表率、讲规矩、争先进”和“遗留工程、遗留问题整治”两个专项行动，深入推进管理提升。中心文档工作被省公司首次评为示范级。遵循监事会“找问题、促整改、求实效、促发展”监管理念，严格按照国网公司、省公司部署，有序推进问题清单梳理，梳理出企业经营管理方面存在的问题3个并落实整改工作。着力清理工程建设历史遗留问题，包括在建工程余额长期挂账、非正常往来款项、未完项目现状和停建项目成本，顺利推进工程项目后续工作。收回长期应收款项，“两金”压降取得成效。强化预算管控，积极落实降本增效，严格成本和现金流预算执行。启动内部模拟市场建设工作，完成核心业务活动的梳理和业务单价核定，为省公司搭建内部市场模型奠定基础。

【科技与信息化工作】2017年，建管中心企业管理创新、课题研究及精益管理项目成绩斐然，“复杂地质、人文条件下特高压电力建设工程大件运输管理”获2017年度四川省级企业管理现代化创新成果一等奖；“大型复杂电网工程项目综合管控体系建设”及“省级电网企业以创建“两个一流”为目标的战略管理体系构建“分获国家电网公司三等奖及省公司一等奖。

【党的建设和精神文明建设】2017年，建管中心党委深入学习贯彻中共十九大精神，以习近平新时代中国特色社会主义思想为指导，认真落实省公司党委决策部署，贯彻从严治党要求，深入推进“两学一做”学习教育常态化制度化，“四个意识”不断加强。成立党建工作领导小组，修订党委议事规则。开展党支部书记抓党建工作专项述职评议。制定“三年登高”计划，落实“三会一课”等基本制度。建立“党员责任区”“党员示范岗”，推行合格党员积分制，广泛开展“三亮三比三无”竞赛。攀西党支部获得国网公司“电网先锋党支部”称号。严格干部选拔程序，坚持以德才兼备、以德为先原则选拔干部。完成文化长廊建设，充实微信公众号，积极探索企业文化传播新途径。落实老同志“两项待遇”，结合中心工作和职工需求举办了形式多样的文体活动，努力构建联系职工的“连心桥”。

## 四川电力送变电建设有限公司

**【企业概况】**四川电力送变电建设有限公司创建于1958年5月，是国网四川省电力公司出资设立的一人有限责任公司，国家电力工程施工总承包壹级资质，国家一级承装、承修、承试类企业。公司下设3个输电施工分公司、2个变电施工分公司、调试分公司、应急抢修中心（藏区电网运维分公司）、机具设备分公司，主营输变电工程施工（安装、调试）及运检业务。经过多年不懈奋斗，送变电公司已成长为具有坚强的电网建设、运维检修和应急抢修能力，拥有丰富的人才储备、精良的机具装备和现代化管理模式的一流送变电施工企业。

60年来，公司参加并完成了“西电东送”“川电外送”、特高压示范工程、青藏联网、新甘石联网、川藏联网等重点工程建设，在500千伏、750千伏、1000千伏、±800千伏、±1100千伏等各电压等级工程中屡创佳绩，多次荣获国家优质工程金质奖、国家建筑工程鲁班奖。公司先后被评为全国文明单位、全国模范职工之家、国家电网公司先进集体、国家电网抗灾救灾恢复重建功勋集体、四川省先进企业、四川省先进基层党组织、国网四川省电力公司先进单位。

送变电公司积极培育和践行社会主义核心价值观，秉承国家电网“努力超越、追求卓越”的企业精神，在重点工程建设、换流站抢修、藏区特级保电、抗洪抢险、抗冰保电、抗震救灾及灾后重建等急难险重任务中做出了巨大贡献，全面展示了“特别讲政治、特别能吃苦、特别能战斗、特别能奉献”的“川送铁军”形象。

**【人力资源】**2017年，送变电公司主办和协办内外部培训100余班次、1300余人次。不断加强员工队伍素质提升，新增一级建造师5名、二级建造师5名，中级以上职称57人、技师20人，人才当量密度1.0116，在国网系统同业对标中排名第七。积极向省公司推荐优秀专家人才，新增管理类2人，技术类1人，开展雏鹰计划“预选拔”模式，通过笔试、面试以及无领导小组讨论等多种方式从新进大学生中选拔了9名后备人选，并邀请专家进行考前培训，最终向省公司推荐2人。全年调整交流干部8人次，完成7名提拔任职干部试用期满考核工作；选拔储备后备干部40人，基层一线占比67.5%。

藏中联网怒江塔群与天梯（叶海平　摄）

**【工程建设项目】**2017年，送变电公司完成各电压等级输电线路工程9项（512.6千米），变电站新（扩）建工程39项（变电容量7756兆伏安）。高效建成500千伏川渝第三通道工程，创造电网建设新的“四川速度”。1000千伏榆潍线、±800千伏酒湖线、500

千伏宣达线、500千伏沙南线、220千伏昭广线及昌都农网升级工程按期投产，±1100千伏吉泉线、藏中联网包11率先贯通，包9怒江段组塔放线圆满完工，有效发挥样板引领作用。圆满完成谭家湾变母线分段改造，余家、南天、尖山、资阳、桃乡、达州等在运500千伏变电站32项配套改扩建工程，以及泰安、秦皇寺、新都、沙渠、宣汉、大竹6项变电新建工程。加强标准工艺应用，扎实开展安全质量监督检查，施工质量持续提升，承建的±800千伏双龙换流站获中国建设工程鲁班奖，大竹变获省公司安全管理流动红旗。

**【电网运维检修】**2017年，送变电公司开展防冰抗冰、防山火、防汛、防地质灾害以及高温、重负荷时段隐患排查治理工作，加强在线监测设备安装及应用，完成大修技改10项，安装各类设备181套。圆满完成国庆及中共十九大保电、川藏联网防N-2、迎峰度夏等重要专项工作。探索高海拔无人机应用，全年开展精细巡视942基、通道飞巡127公里，发现缺陷339处，"高寒地区无人机巡线精益管理"课题获省公司精益项目优秀奖。参与国网公司"高海拔无人区输电线路运维管理规定"、《高海拔地区线路巡检站运检装备配置规范》编制工作。顺利完成广东侨乡、新疆天山、宁夏灵州、四川复龙等7座换流站年检预试、大修技改、应急抢修等工作，出色完成祁连、锡盟、扎鲁特换流站验收技术服务，成功与换流站运行单位签订电气设备抢修意向协议、"迎峰度夏"保障协议。公司特高压检修队伍先后获得国家电网公司2017年复奉直流、锦苏直流、天中直流年度检修"先进集体"，9名员工先后在宜宾、天山等换流站年度检修预试中获得"先进个人"。

**【安全生产】**2017年，送变电公司深刻汲取"5·7""5·14"电力行业事故教训，组织41个在建项目、2935人全面停工开展安全专题学习，坚决防范各类安全生产事故。以"电力建设施工安全年活动"为契机，全面开展安全大检查、"防倒塔"专项行动，严肃查纠违规违章行为，发现问题513条，全年排查、上报、治理、销号安全隐患397项，发布、公示地质灾害隐患102项。编制完成《电网建设安全工作规程》图文解读、《安全文明施工标准化图册》、《安全档案资料规范化管理指南》、输变电班组交底课件并推广应用。成功应对西藏昌都地区防洪抗汛、汶川县"麦地沟"泥石流、九寨沟、林芝地震等自然灾害，快速响应宜宾换流站双极阀厅直流穿墙套管和换流变应急抢修等突发事件，快速处置500千伏九石线险情，受到各方高度肯定。全年安全总体态势平稳，连续6年荣获省公司安全生产先进单位，省级送变电同业对标排位A段。

**【资产经营】**2017年，送变电公司积极开展"管理提升年"活动，同业对标排名位列全国第十二名，较上年度提升11位。率先完成公司制改制工作，注册资本由8800万元增加至3亿元。持续挖掘市场潜力，提升市场份额，开拓探索巴西美丽山II期国际业务，先后中标特高压换流站年检、藏中联网配套工程、纳震线、兴文变、蜀丹三回等18个标段，新签合同金额12.4亿元。推进工程项目全成本、全过程、全员考核，建立与绩效考核结果有效挂钩的工资总额决定机制。出台技经工作手册、修订分包结算指南等十余项规范性文件。采取固化分包核心骨干人员、承载能力评估等措施，防范转包、挂靠行为。管理创新举措"内部虚拟银行计息"在国网公司平台交流，2项管理创新项目获省公司二等奖。

新型无人机在二郎山60毫米重冰区飞巡（田力　摄）

**【科技与信息化】**2017年，送变电公司积极响应国家"大众创业，万众创新"活动号召，积极推进科技创新，完成国家电网公司、省公司科技项目、群创项目研究3项，自主研发科技项目7项。"川藏特殊地质地貌区输变电工程关键技术、装备研制及工程应用"获得中国电力科学技术二等奖1项。"提高土工格栅加筋挡墙施工合格率"QC成果获国网三等奖，3项QC成果分别获中电建协一、二、三等奖，盐源变 QC 小组获四川省质量管理优秀小组称号。优化直柱支撑羊角跨越网、研发应用小型双平臂抱杆，新申报专利 8 项。

**【党的建设和精神文明建设】**2017 年，送变电公司成立公司党建工作领导小组，制定党委年度重点工作责任清单，明确党委委员职责分工、片区分工，下发《项目党建工作标准化建设指导意见》等文件。深入贯彻落实中共十九大精神，各级领导深入施工一线宣讲十九大精神、讲党课共计 60 余次。组建“百人百讲”宣讲团，对公司 500 余名员工、10 余个项目进行了形势任务宣讲。顺利通过全国文明单位复查。党建工作 APP“红色阵地”上线运行。1 个基层党支部和 2 名党员分别获得国家电网公司“电网先锋党支部”“优秀共产党员”“优秀党务工作者”荣誉称号。理论学习调研文章《“互联网+”在企业思想政治工作中的实践探究》荣获省公司一等奖。完成了本部员工文化长廊和藏区运维企业文化示范点建设，依托文化长廊，传承“川送铁军”精神。配合央视圆满完成《点亮高原》直播和《我和我的祖国》慰问演出，累计中央电视台报道总时长 102 分钟，支撑省公司获得国网公司品牌建设卓越贡献层级（A 级），公司荣获省公司 2017 年品牌建设卓越贡献单位。公司员工王涛获省公司“感动川电”人物。青年员工黄鹏受邀参加国家电网公司团委“奋斗的青春最美丽”主题青年分享会。

**【存在的主要问题】**1. 安全压力大。江西“5・7”、山东“5・14”给电力建设行业敲响了警钟。而送变电公司承建的工程影响施工安全的不可控因素增多，工程施工环境越来越恶劣，超高海拔施工对人员身体、施工组织带来巨大挑战。高风险作业施工常态化，线路施工多频次跨越铁路、公路、带电线路，变电站改扩建、运行设备检修等近电、邻电作业繁多。受征地、设计图纸、甲供物资等提供不及时、现场阻工，停电不按计划等因素影响，在工期不能合理顺延的情况下，造成现场非常规组织施工，增大了安全质量管控难度。

2. 经营压力大。电力基建市场萎缩，省内工程乃至国内超特高压工程比之前年度骤减，送变电公司新中标基建工程逐年下降。同时因电力基建市场萎缩，营业规模下降，工程成本攀升，人工成本、管理费用等刚性支出居高不下，致使公司盈利空间越来越小，经营压力逐年增大。

3. 人才需求大。随着施工生产任务的加重和特高压业务的逐步扩展，施工一线具备相应专业资质、管理能力、技术水平，且能独当一面的项目管理骨干十分缺乏，公司在项目经理、总工程师等关键岗位人员的配备上往往捉襟见肘，结构性缺员问题突出。近年来，新进大学生的文化程度和综合素质逐年提升，对个人职业生涯成长的关注度也越来越高，但受公司专业机构数量缩减，干部配备职数减少等原因影响，优秀青年员工长时间得不到提拔和晋升，青年管理人才整体成长较缓慢。

**【所属子公司】**送变电公司下设 3 个输电施工分公司、2 个变电施工分公司、1 个调试分公司、1 个应急抢修中心（藏区电网运维分公司）、1 个机具设备分公司。

# 四川电力工程建设监理有限责任公司

**【企业概况】**四川电力工程建设监理有限责任公司（以下简称监理公司）成立于 1995 年，注册资本金 580 万元，国网四川省电力公司独资企业，拥有 4 项甲级监理资质和四项乙级监理资质；通过了质量管理、环境管理、职业健康安全管理等 3 体系认证，先后进入“2013 年全国监理十强企业”“全国电力建设优秀监理企业”“四川省优秀监理企业”，中国电力建设企协 AAA 级信用企业。公司先后有 15 个监理项目获国家级优质奖（含鲁班奖），综合业绩排名稳居全国监理行业前二十。2017 年营业收入位居前四，在国网系统监理企业排名进入前三。

**【人力资源】监理**公司下设综合管理部、经营管理部、安全质量监察部 3 个职能部门与 5 个监理业务支撑部门，拥有博士研究生、硕士研究生、大学本科、大学专科以及中等职业各类人员 1117 人。其中，全国注册监理工程师、造价师、一级建造师、注册安全工程师、设备监理师、咨询师、招标师 191 人，持有行业级职业资格共计 676 人。

**【安全生产】**截至 2017 年年底，监理公司在监工程 337 项，所有项目未发生安全质量事故，工程管理可控、在控、能控。公司持续开展安全质量点评和现场监理工作照片采集检查工作,试用无人机航拍开展高空监理工作，落实工程部、安质部对现场管控的“月检查”“季覆盖”，严查现场违反红线禁令和严重违章行为，实现监理工作“清单化”“数据化”“痕迹化”管理，深入开展监理资料劳动竞赛及监理日志评比，严查资料漏项、缺项及创优否决项。出台《后台监控平台实施方案》《后台监控工作实施细则》，切实打牢工程监理质量基础。川藏联网工程获得国家优质投资奖；藏中联网工程监理工作多次得到国网公司藏中联网工程指挥部好评；企业基础管理工作取得突破性成绩，1 项成果获得省公司管理创新二等奖，2 项 QC 成果分获省公司一等奖与三等奖，1 项精益化项目获得省公司精益管理优秀案例表彰。

**【资产经营】**2017 全年签订合同总额 2.03 亿元，完成营业收入 2.78 亿元（含税），利润总额 2039 万元，全面完成省公司下达的各项目标任务。全年没有发生负有监理责任的安全质量事件，省公司企业负责人业绩考核评定为 B。

**【党的建设和精神文明建设】**修订党委议事规则，将党建工作要求纳入公司章程。开展支部书记抓党建工作专项述职评议，推进党建责任体系的构建；成立藏中联网工程临时党支部，“党员示范岗”活动接受央视采访。编制印发的《廉洁从业作风建设手册》，组织各部门、监理部（站）负责人签订《党风廉政建设责任书》130 份；公司党政负责人、纪委书记组织中层干部共计 9 人开展党风廉政建设集体约谈，组织或参加各类培训 393 人次。公司藏中联网临时党支部党建工作受到中央党校党史研究室和国资委党建局相关领导的高度评价，并三上中央电视台直播节目；制作的沙画视频《比翼云端》受到各级领导赞誉并被中央党校教授收录为课件示例，并被央视选播；高原“比翼鸟”徐文强、杨新兰夫妇及总监范惠先的专访在中央电视台《我和我的祖国》文艺演出直播中频频播出；徐文强、杨新兰夫妇的感人事迹被收录于藏中工程总指挥部的微信音乐作品，同时被省公司评为“2017 年第二、三季度文明新风典型人物”。

# 省公司层面集体企业

责任编辑：何　飞

# 四川科锐得实业集团有限公司

【企业概况】四川科锐得实业集团有限公司（以下简称科锐得集团公司）是国网四川省电力公司层面的集体企业经营平台（即平台企业），由国网四川省电力公司层面集体企业资本平台四川格瑞德资产管理公司（即平台企业出资人）于 2010 年 11 月筹资人民币 1 亿元设立。集团公司旗下涉及 10 个全资子公司、7 个分公司、4 个控股公司、3 个参股公司、1 个代管公司。

2017 年，科锐得集团公司全面推动从严治党，巩固完善党的建设，认真贯彻落实国家电网公司“突出核心业务、实施瘦身健体、推动集体企业改革发展”工作部署，按照“以电为纲、瘦身健体、做精做优，走内涵式发展道路”的总体定位，围绕“管理提升年”活动主题，稳步推进实施各项改革任务，持续强化生产经营管理，在为国网四川省电力公司提供优质服务的同时，保持了健康发展的良好势头，各项工作取得新成效。截至 2017 年年末，集团公司合并口径资产总额 34.69 亿元，负债总额 22.26 亿元，所有者权益总额 12.43 亿元。2017 年实现营业收入 29.09 亿元，利润总额 2.08 亿元，全面完成国网四川省电力公司下达的年度经营指标。

2017 年 12 月，科锐得集团公司召开第二次党代会（科锐得集团　提供）

2017 年，科锐得集团公司先后获得国家电网公司“文明单位”，四川省“文明单位”，国网四川省电力公司“安全生产先进单位”“集体企业改革改制突出贡献单位”“集体企业施工项目部标准化建设先进单位”等多项表彰和荣誉。

【人力资源】2017 年，科锐得集团公司继续加强人力资源集约化管理。编制《人力资源管理工作指南》，宣贯管理制度，明确工作内容，固化工作流程，强调管理“红线”。按照国网四川省电力公司集体企业“瘦身健体”压减工作部署和进度要求，稳妥推进“瘦身健体”相关单位的人员安置工作，年度内妥善安置各类用工 1116 人。审查、批复节能公司本部机构设置和人员编制，指导城电、实业公司完成本部机构编制的规范设置，集团公司所属 21 家单位全部实现组织机构的规范化设置。完成公司本部职能部门和二级中心的岗位说明书编制工作，进一步加强岗位规范管理。编制印发《关于进一步加强人工成本规范管理的意见》，强化对各单位年度人工成本费用审批、执行、监督与考核的全过程管控，同时搭建社保福利台账体系，对加强人工成本管控提供数据支撑。修订完善公司全员、本部绩效管理方案，调整考核方式、考核结果及应用。建立表彰奖励台账，进一步规范各级表彰奖励项目、标准，强化表彰奖励年度计划管控力度。结合公司经营生产实际需求，适时举办各类技术、管理培训，大力开展专业技术资格、职业技能等级鉴定工作，全年共计完成 370 人相应等级专业技术资格报名评审和 238 人相应技能等级报名鉴定。其中，申报中、高级专业技术资格鉴定 222 人，相当于 2013—2016 年四年申报总人数，创历年新高，合格率 72.97%，增长 6.9%；初级专业技术资格鉴定申报 148 人，通过 130 人，通过率 88%。完成主业长期职工 133 人和直管单位直签员工 573 人的人事档案集中管理，并全面实现档案数字化管理。

截至 2017 年 12 月底，集团公司全口径从业人员总数为 3510 人，其中，主业借工 524 人，集体 33 人，直签 1577 人，任务期限用工 357 人，其他用工 75 人，劳务派遣用工 944 人。其中，研究生 168 人，本科 1401 人，大专 1045 人，中专 203 人，高中 274 人；高级职称 133 人，中级职称 415 人，初级职称 1245 人；高级技师 12 人，技师 320 人，高级工 212 人，中级工 433 人，初级工 176 人。

**【安全质量管理】**2017 年，科锐得集团公司认真贯彻执行国网四川省电力公司安全生产工作总体部署和要求，始终将安全放在工作的第一位。坚持“安全为纲，管理为先”的安全工作思想，紧紧围绕企业安全生产总目标，多管齐下、多措并举，扎实推进各项安全生产管理工作。各级领导履职尽责，将安全工作与业务工作同安排、同推进、同落实、同检查，坚决守好安全“底线”。严格执行各级、各层面安全管理制度，安全管理工作机制逐步形成，保证体系和监督体系协同推进，日常安全管理工作进一步规范。加大反违章力度，指导协调和检查考核各单位安全生产管理工作，督促落实各项监管措施，确保问题整改闭环。按照“战略引领与问题导向相结合，立足当前与着眼未来相结合，重点攻关与协同推进相结合”的基本原则，以“强基础，重管理，提素质，增活力，上水平”的工作思路，积极响应、全力深入推进安全管理提升活动。纵深推进安全生产大检查，提升本质安全水平。检查重点针对作业现场，突出电网和高风险领域，紧盯安全薄弱环节，找出单位、专业个性问题，分析总结公司系统共性问题，及时提出系列整改措施和建议，有力推进作业点、基础面的安全管理。扎实开展各类安全管理专项活动，重点抓好问题清单专项梳理，深化风险隐患治理。同时依托“管理提升年”活动平台，开展“作业现场安全管理精益提升”项目，推动公司安全管理水平再上新台阶。集团公司全年未发生任何安全事件，安全违章率持续下降，全面实现国网四川省电力公司下达的 2017 年安全管理目标，安全形势始终处于可控状态。集团公司 2017 年再次荣获国网四川省电力公司“安全生产先进单位”称号。

**【资产经营】**2017 年，科锐得集团公司完成平台公司“三会一层”法人治理结构调整，结合实际全面理清公司“三会一层”相关权责、议事界面、议事范围、决策程序，及时建立、修编各项议事规则和相关制度，严格履行集体决策程序，切实加强“三重一大”决策管理，进一步夯实了公司依法从严治企的基础，在全省集体企业中起到示范作用。持续完善内控制度体系建设，强化制度执行，严格管理要求，夯实管理基础，优化管理流程，堵塞管理漏洞，防范管理风险，促进了管理效率整体提升。

持续加强财务和物资集约化管控工作。强化财务全面预算管理、集团资金统筹调配、税收管理和筹划，进一步规范资金归集和账户管理，为公司生产经营发展提供了有力支持。扎实推动应收账款清理回收，公司领导亲自带队参与催收，创新开展应收账款劳动竞赛，多措并举，较好完成了压降任务。省级“资金池”着力提升资金归集率和内部融资效益，节约财务费用近 6150 万元，财务及投资收益约 6842 万元，共计创造资金效益约 1.3 亿元，并在国家电网公司系统率先完成中国电财体系下的集体企业资金集中统一管理。集团内部“资金池”强化统筹、高效调配、有效利用，替换银行流动资金贷款及委托贷款 5.06 亿元，节约了财务费用 2200 万元，促进集团整体运营效益提升。会计集中核算方面加强合法性、合规性审核力度，依托科技手段实现了跨区域集中核算和集中支付全覆盖，进一步提升了防范经营和财务风险的能力。积极推进采购集约化管理，建立了集团层面评审人员库、批次集中评审平台，初步建立起计划、采购、仓储、供应商评价、质量抽检等全过程闭环采购管理体系，电子采购平台应用效果良好，线上采购率达 92.12%，集中采购率达 97.72%。

稳妥有序实施所属企业“瘦身健体”压减工作。建立“集团统一组织、改制单位主体实施、主业单位密切配合、专业部门对口负责，专业机构规范指导”的责任体系，严格履行相关法律程序、内部决策审批程序，保障实施全过程依法合规。强化沟通协作，克服重重困难，充分调动多方资源，按期完成都江堰金沙公司清算关闭，腾兴公司、园林公司和通源公司吸收合并任务。同时，积极配合属地供电公司开展翔能、科锐得公司挂牌转让，完成 9 项投资项目处置等工作。集团公司荣获国网四川省公司“2015—2016 年度集体企业改革改制突出贡献单位”称号。

扎实推动开展“管理提升年”活动。一年来在人工成本核算体系搭建、应收账款清理回收、“省级资金池”整体迁移、全面集中核算支付、电子采购平台应用、作业现场安全管理、工程项目施工成本费用管控、农网工程标准化项目部建设、集体企业监督管理网络体系构建等方面取得多项研究和应用成果，有力推动了公司各方面工作开展。其中，集体企业人工成本核算模式研究、集体企业构建监督网络体系研究两项成果获得国网四川省电力公司2017年度优秀课题研究成果三等奖，应收账款、会计核算、物资管理等专项工作经验和亮点在国网四川省电力公司信息通报上刊发和推广。

**【科技与信息化工作】**2017年，科锐得集团公司积极响应国家电网公司信息化建设总体目标，完成了SG-NC业务应用平台系统二期推广实施；加强信息安全监督和责任体系的建立，组织开展了《网络安全责任书》和《网络安全承诺书》签订工作，所属单位及员工均分别完成《网络安全责任书》和《网络安全承诺书》的签订工作；开展公司专项安全督察和编制《四川科锐得实业集团有限公司信息安全督查工作方案》，对所属各单位网络信息安全状况进行了摸底排查，开出9张信息安全督查督办通知单，形成《四川科锐得实业集团有限公司2017年信息安全督查工作报告》。编制公司《信息系统建设管理办法（试行）》，解决公司信息系统建设各自为政，缺乏统一的流程和标准的现状。根据国网四川省电力公司《关于深化技术标准实施评价工作方案》开展公司技术标准实施评价工作，实现了相关专业技术标准的深化应用。

科锐得集团公司多个项目获得创新成果。蜀能公司“川藏特殊地质地貌区输变电工程关键技术、装备及工程应用”项目获得国家电网公司科技进步一等奖、国网四川省电力公司科技进步特等奖。蜀能公司高新分公司“适用于新一代智能变电站的光纤链路检测方法和转换装置”获得国网四川省电力公司QC成果一等奖。城电设计公司获国家电网公司数字化三维设计竞赛三等奖、国网四川省电力公司设计竞赛第一名。集团公司“集体企业人工成本核定模式的探索研究”和“基于集体企业集约化管理下构建监督网络体系的研究”两项课题获得国网四川省电力公司2017年度优秀课题研究成果三等奖；“作业现场安全管理精益提升”精益化项目获得国网四川省电力公司2017年度精益管理优秀案例奖。通信公司《基于内网门户用户的人群画像》作品参加国网四川省电力公司“点亮数据 放飞梦想”大数据劳动竞赛获得三等奖。

**【党的建设和精神文明建设】**2017年，围绕科锐得集团公司改革发展工作总体布局，坚持全面从严治党、严格依法治企。公司党委深入推进“两学一做”学习教育常态化制度化，高度重视干部员工党的理论教育与思想政治工作，细化公司《党建工作“旗帜领航·三年登高”实施方案》，着力建体系、夯基础、补短板，切实推进“基础建设年”各项工作。巩固完善党的建设，开展基层党建工作健康体检，规范基层党建述职工作，持续夯实党建工作基础。启动新一轮“三分类三升级”活动，具备换届条件的基层党组织已全部按规范程序完成了换届选举工作。圆满召开公司第二次党代会，选举产生了新一届党委会和纪律检查委员会，形成了一支年龄搭配合理、知识能力互补的领导队伍，为企业持续健康发展提供了重要的政治保证和组织保证。不断创新党建工作方式方法，充分发挥党委政治核心作用、基层党组织战斗堡垒作用、党员先锋模范作用，广大党员干部在各项急难险重任务中勇挑重担、尽职履责，冲锋在重点项目实施、抗震救灾保电一线，积极投身安全生产、产业发展、业务推进、改革改制等企业中心工作，为公司全面完成年度各项工作目标提供了坚强保障。公司参建单位和员工克服藏区高原高寒缺氧、降效严重、运输艰难、地质复杂等困难，有序推进藏中联网7个工程建设，得到国家电网公司藏中指挥部的高度肯定，蜀能公司1个项目部、1名员工获得指挥部表彰。110千伏昌都农网工程历时9个月高效建成投运，实现了国家电网

2017年11月，科锐得集团公司与省荣军院开展共建爱国主义教育基地活动

（科锐得集团　提供）

公司里程碑计划。参与“6·24”茂县高位山体垮塌事件抢险救灾保电、“8·8”九寨沟县地震抢险救灾保电工作，获得国网四川省电力公司“抢险救灾先进单位”表彰。参与川渝第三通道 500 千伏输变电工程建设并提前建成投运，实现了“零事故、零缺陷、零阻工、零尾工”目标，受到省委、省政府充分肯定。公司着力党建带工建、党建带团建，充分提升群团服务能力，稳步推进和谐企业建设，持续深化民主管理，扎实开展劳动竞赛，丰富员工文化生活，健全扶贫帮困常态机制，切实开展一线慰问，积极营造良好的和谐发展氛围。四川科锐得文化传播有限公司拍摄制作的《电进“悬崖村”照亮脱贫路》获“中电传媒”优秀电视新闻专题一等奖、中国电力报刊协会优秀影视作品新闻专题一等奖，合作拍摄的微电影《牛粪》获亚洲微电影节金海棠奖、第五届中国国际微电影展“金桂花”奖，英大传媒优秀电视作品展示评比微电影类特等奖及最佳摄影类单项奖；微电影《春夏秋冬又一春》获得亚洲微电影节金海棠奖、好作品奖。

**【分公司】**

1. 四川科锐得实业集团有限公司营销服务分公司

四川科锐得实业集团有限公司营销服务分公司成立于 2012 年 9 月，下设计量、应急、“95598”三个项目部，本部设办公室、营销部两个职能部门，并按照“事业部制”建制管理建设事业部、医疗事业部和职鉴事业部，现有员工 328 人。主要负责从事 95598 呼叫及网路服务辅助业务、省级计量集中检定（检测）辅助业务、应急值班和应急辅助业务、职业鉴定业务、医疗辅助业务及电网建设辅助管理业务，并积极响应电力体制改革拓展新能源以及售电业务。

2. 四川科锐得实业集团有限公司建设分公司

四川科锐得实业集团有限公司建设分公司（以下简称建设分公司）于 2012 年 7 月成立，主要从事电力工程、送变电工程及通信自动化工程管理、设计咨询、施工、安装调试、建立；电力自动化设备、信息系统软硬件产品设计、研发、销售及提供技术服务；机电设备及配件、办公设备销售等业务。

建设分公司本部设办公室、财务部、项目管理部 3 个部门，下设 10 个业务组。拥有中级及以上专业技术职称的工程技术人员 30 人，其中具有建造师、造价师等各类国家执业资格的 17 人。

2017 年，建设分公司依托多年工程建设管理经验，发挥人才优势，以高度的责任心和服务意识，安全、优质、高效完成了省公司建设管理中心各项外委业务，为建设管理中心圆满完成各项业务提供了坚强的支撑。

3. 四川科锐得实业集团有限公司青羊分公司

四川科锐得实业集团有限公司青羊分公司（以下简称青羊分公司）前身为四川腾兴电力科技有限责任公司，2007 年 7 月注册成立，2012 年 6 月由科锐得集团全资收购，作为承接省公司技能培训中心外委业务的服务商。2017 年 9 月，由科锐得集团吸收合并腾兴公司成立青羊分公司。青羊分公司经营范围包括房屋租赁；企业管理、商务咨询及服务（不含投资咨询）；教育咨询；物业管理；酒店管理（不含住宿）；建筑装饰装修、园林绿化设计、管理、工程施工；会议服务；礼仪服务；开发、销售；计算机软硬件并提供技术服务。

青羊分公司下设综合管理部、财务部、业务部等 3 个职能部门，用工人数 349 人，其中主业借工 29 人、集体职工 2 人、直签员工 127 人，任务期限用工 191 人。

青羊分公司承接的外委业务主要包括国网四川省电力公司技能培训中心后勤保障业务项目、培训辅助服务项目等、国网招聘考试项目等。

2017 年，青羊分公司（原腾兴公司）荣获集团公司 2017 年度先进集体、2017 年度应收账款劳动竞赛先进集体、先进基层党组织等多项荣誉。

4. 四川科锐得实业集团有限公司都江堰分公司

四川科锐得实业集团有限公司都江堰分公司（以下简称都江堰分公司）前身为都江堰翠月湖园林工程有限责任公司，成立于 2003 年 3 月，为原四川电力疗养院下属多经企业。2012 年 6 月由科锐得集团全资收购，更名为四川翠月湖园林工程有限责任公司，注册资本 200 万元。2017 年 10 月，由科锐得集团吸收合并翠月湖园林公司成立都江堰分公司。都江堰分公司主要负责物业管理；酒店管理；建筑装饰装修、园林绿化设计、管理、工程施工；会议服务；计算机软硬件并提供技术服务；信息系统集成服务；网络工程安装维护；种植、销售、租赁：花卉苗木；建辅建材销售等多种经营业务。

都江堰分公司本部设置 3 个职能部门和 2 个业务部门，分别为综合管理部、安全监察质量部、经营管理部、工程部、服务管理部。根据自身业务发展需要，下设相应业务实施班组 14 个，主要负责相关业务的具体实施。

2017 年，都江堰分公司承接国网四川省电力公司党校（管培中心）后勤综合服务外委业务，坚持以“培训服务的支撑者、感动文化的传播者、群众微创的组织者、队伍和谐的稳压器”的工作定位，圆满完成各类培训班152个，会议团队接待103个，综合服务满意率100%。全年完成工程项目1项，养护项目5项，租摆3项，工程项目及花木养护质量获得各单位广泛好评，为科锐得集团和国网四川省电力公司党校（管培中心）服务品牌建设起到了良好的支撑作用。

2017年，都江堰分公司先后荣获集团公司先进集体、安全生产先进集体、工会工作先进集体及国网四川省电力公司党校（管培中心）安全生产先进集体等多项荣誉。

5．四川蜀能电力有限公司成都蜀达分公司

四川蜀能电力有限公司成都蜀达分公司（以下简称蜀达分公司）于2012年6月成立，经营范围主要包括电力生产、机电设备安装工程、送变电工程、销售建筑材料、建筑机械及设备租赁、项目投资、国内劳务派遣、停车场服务、物业管理等。2017年，蜀达分公司续建工程有110千伏成都永宁输变电工程、川渝第三通道500千伏工程（四川段）施工2标、藏中电网与昌都电网联网工程（四川段）乡城—巴塘500千伏线路升压改造工程。新建工程有资阳广惠至文峰220千伏线路工程1标。截至2017年年底，川渝第三通道500千伏工程（四川段）施工2标已顺利竣工投产，藏中电网与昌都电网联网工程（四川段）乡城—巴塘500千伏线路升压改造工程、资阳广惠至文峰220千伏线路工程1标均按照既定工期计划稳步推进。

6．四川蜀能电力有限公司电网运维分公司

四川蜀能电力有限公司电网运维分公司（以下简称运维分公司）于2013年2月成立，经营范围包括承接国网四川检修公司非核心业务外委及零星社会化委托业务。业务范围覆盖全川，在成都、绵阳、自贡、西昌、雅安、南充、乐山等地设有班组。

运维分公司设置工程项目部、综合管理部、安全质量监察部。下设3个变电检修班、3个输电检修班、14个地区变电班和10个地区线路班和1个综合服务班。截至2017年年底，运维分公司共有各类员工299人。

2017年，运维分公司累计承接业务162项，其中省检修公司项目130项，用户间隔运维24项，用户间隔改（扩）建项目5项，线路迁改项目3个，实现营业收入4.77亿元，实现利润450万元，应收账款余额309万元，较年初压降41%，主要经营指标均超额完成。同时，不断夯实安全管控，全年安全态势整体平稳，自2013年2月19日成立起，累计安全生产1773天。

2017年，运维分公司先后荣获国网四川省电力公司“安全生产先进单位”、科锐得集团公司“先进单位”等荣誉。综合管理部、员工秦文帆分别获得国网四川省电力公司“安全生产先进班组”和“安全生产先进个人”称号。

7．四川蜀能电力有限公司高新分公司

四川蜀能电力有限公司高新分公司（以下简称高新分公司）前身为四川通源电力科技有限公司，成立于2010年12月，是集电力技术研发、监督、服务、咨询于一体的高新技术企业，2012年10月由科锐得集团全资收购。2017年9月，由四川蜀能电力有限公司吸收合并通源公司成立高新分公司。高新分公司主要经营电力工程、机电工程、输变电工程施工、设计；建筑工程机械设备租赁；物业管理；停车场管理服务；电力设备、电气设备技术研发、技术转让；计算机软硬件技术开发、技术服务；计算机系统集成；物联网技术服务；打印、复印等。具有“电力工程调试单位能力资格甲级”资质，可承担500千伏及以下电网工程调试业务；具备独立开展500千伏及以下智能站新建、改建、扩建二次调试，500千伏及以下主变、GIS、接地网、互感器等特殊试验以及光伏电站电能质量、功率控制等并网检测能力。

截至2017年年底，高新分公司设置3个职能部门，分别为综合管理部、党建工作部、安全监察质量部；2个业务部门，分别为工程部、质检服务部，负责公司主要业务实施；月工总量156人。

2017年，高新分公司首次开展跨地区换流站试验，分别在山西晋北、内蒙古扎鲁特±800千伏换流站完成地网、直流开关性能试验、换流变特殊试验；加快拓展服务领域，首次集安装调试于一体，全面参与四川电网谐波平台改造项目，完成四川14个变电站33个监测点电能质量在线监测装置的安装调试；积极推进伊达、拉马、卓坤等11个风电、光伏电厂的并网检测工作，为新能源建设和运行提供技术支撑；夯实成果转化实施，根据工程经验总结出适用于新一代智能变电站的光纤链路检测方法和转换装置研发，该成果获得国网四川省电力公司QC成果一等奖。

**【所属子公司】**

1．四川科锐得文化传播有限公司

四川科锐得文化传播有限公司（以下简称文传公司）是科锐得集团全资子公司，成立于2011年4月，注册资本3000万元。具备装饰装修三级资质，是建筑装饰装修工程质量管理体系、职业健康安全管理体系、环境管理体系认证企业。文传公司主营业务涵盖了省公司自办媒体业务，以及省公司系统新闻宣传策划、采访报道、广告设计、代理及发布、企业形象宣传和VI设计制作，书籍、画册设计制作、印刷，媒体、户外广告发布，多媒体展示厅建设，电视专题片拍摄制作，重要活动策划布展，营业厅装饰装修等。

2017年，文传公司内网收到投稿13000余篇，编发新闻稿件9400余篇；编发手机报253期，国网川电微信48期。编制《四川电业》杂志6期，国网川电视频90期。完成500千伏川渝第三通道建成投产、“6·24”茂县山体垮塌和“8·8”九寨沟地震救灾保电、藏中联网开工、企业文化节等大型活动策划报道。完成省委副书记邓小刚、副省长王宁、国家电网公司总经理寇伟等重要领导到访四川公司的新闻宣传。以管理提升、优质服务、电力体制改革和市场开拓为主题，围绕“三个一”的理念进行组约稿，掀起了“三个一”的宣传热潮。完成重要新闻采访报道380余次，组稿发稿420余篇，国家电网公司网站、国家电网手机报、《国家电网报》、电网头条上稿270余篇，对外投稿160余篇，在省公司上稿排名中名列前茅。组织采编团队值守编辑“国网故事汇”四个月，并发表原创故事10个，其中4个故事获评“月度十佳”。拍摄的《电进“悬崖村”照亮脱贫路》获“中电传媒”优秀电视新闻专题一等奖、中国电力报刊协会优秀影视作品新闻专题一等奖；合作拍摄的微电影《牛粪》获亚洲微电影节金海棠奖、第五届中国国际微电影展“金桂花”奖，英大传媒优秀电视作品展示评比微电影类特等奖及最佳摄影类单项奖；微电影《春夏秋冬又一春》获得亚洲微电影节金海棠奖、好作品奖。

2017年，文传公司共承接项目252个，完成215项，完成率85%，客户满意率95%以上。完成的主要项目有：省公司企业文化节开幕式和四川省第一届电力职业技能竞赛活动会场布展、物料制作；省公司一楼大厅规划布展；“掌上川电”APP改版上线；“星星点灯”诗歌大赛展示、省公司第三届青创赛决赛；阿坝公司营业厅标准化建设，国网西南调度中心党员活动室布展，综合服务中心及成都公司配电工区VI标识制作；省公司“中国梦 劳动梦”职工技术创新成果展示，为国网乌海电力公司、国网四川电科院、计量中心、凉山供电公司等单位设计制作企业文化展示厅等。

2．四川蜀能电力有限公司

四川蜀能电力有限公司（以下简称蜀能公司）成立于1994年，是科锐得集团全资子公司，注册资本9807万元，资产总额约4.57亿元。蜀能公司具有输变电工程专业承包一级资质、电力工程施工总承包贰级资质和电力设施一级承装（修、试）类许可资格，是工程建设施工组织质量管理、职业健康安全管理、环境管理三体系认证企业。业务涵盖输变电工程、电力工程、建筑机械及设备租赁等。

蜀能公司本部设综合管理部、人力资源部、安全监察质量部、工程管理部、市场经营部、财务资产部6个部门。下设成都蜀达分公司、电网运维分公司、高新分公司、送电和建安工程各项目部及调试作业班、机械作业班。公司现有员工249人（不包括蜀达、运维），有一级建造师24人、二级建造师61人、注册安全工程师6人。

2017年6月，科锐得集团公司参加国网四川省电力公司庆祝建党96周年暨2017年“卓越之路”企业文化节成果展示活动（科锐得集团 提供）

20多年来，蜀能公司已在省内、外建成35—500千伏输电线路4700余千米，110—500千伏变电站130余座。500千伏川藏联网、枕头坝送出线路等42项工程获得国家电网公司“优质工程”奖，新都桥500千伏变电站获得电力行业优质工程奖、安装之星奖、国家优质工程奖。通过电力天路、川藏联网、藏中农网升级改造等重要工程建设和圆满完成急难险重任务，全面提升了公司的电网建设施工管理能力，在业内树立了良好的企业品牌形象。

2017年，蜀能公司坚持

“坚守省内市场，开辟省外市场，向低电压等级找市场”的市场开拓思路，年内中标拉林铁路供电配套、桃资线、九寨沟抢建等3个工程，新签合同总额1.3亿元。建成投运500千伏丹新线、110千伏察雅变等5个线路工程和4个变电工程。110千伏昌都农网工程历时9个月高效建成投运，仅用3个月工期完成九寨沟震后抢建工程，保障了灾区人民迎峰度冬用电需求，“蜀能”名片再次擦亮。500千伏长河坝—康定线路等3个工程获国网四川省电力公司优质工程奖，枕头坝500千伏线路等5个工程获国家电网公司优质工程奖。参与的“川藏特殊地质地貌区输变电工程关键技术、装备及工程应用”科研项目获国家电网公司科技进步一等奖、国网四川省电力公司科技进步特等奖。藏中联网工程左贡500千伏开关站走进中央电视台《乐游天下》栏目，员工受邀参加中央电视台融媒体直播节目，公司外部形象进一步提升。

3. 四川科锐得电力通信技术有限公司

四川科锐得电力通信技术有限公司（以下简称通信公司）为科锐得集团全资子公司，成立于2011年1月，注册资本4000万元。具备电子与智能化工程专业承包二级资质和通信工程施工总承包三级资质，是中质协ISO 9001、ISO 14001、OHSAH1 8001三体系认证企业。通信公司设安质部、工程部、市场部等6个职能部门以及通信系统工程、信息自动化工程、研发、生产等11个业务中心，下设通信公司运行维护分公司。主要业务为通信、计算机网络、视频监控及安防、电力自动化、继电保护、信息系统的工程施工及运行维护。具有的10项软件著作权和5项实用新型专利广泛运用于四川电力系统。

通信公司坚持以打造四川电网优质服务商为目标，不断加强电网支撑服务保障工作。2017年，通信公司参建了藏中联网配套光纤通信工程、川渝第三通道光纤通信工程、昌都地区农网改造配套光纤通信工程等重点难点工程。完成四川电力交易中心大屏支撑系统工程、国网四川省电力公司管培中心大屏系统改造工程、500千伏厂站调度数据专网及二次安防设备接入西南调控分中心工程、省调骨干网一平面带宽升级工程、21个地调备调节点跨域工程。完成OTN核心网络加固改造、川东南光环网设备改造、川西南光传输网络10G扩容、成都天府国际机场500千伏桃资线迁改工程通信改造工程。通过提高运维工作效率和水平，配合主业不断提升国网四川省电力公司通信、自动化、信息系统可靠性。快速响应并积极参与“6·24”茂县山体坍塌、九寨沟7.0级地震抢险救灾工作。此外，完成国网一级干线光传输网42个站点的运行维护任务，开展国网四川省电力公司主要出入城光缆例行巡视及应急抢修工作。同时，全力推进科锐得集团公司外部网站、平台业务、川电宝、小贷在线等研发、测试工作。

2017年5月，蜀能公司在藏中联网工程项目部举行“党员先锋突击队”“青年先锋突击队”“工人先锋号”授旗仪式　（蜀能公司　提供）

2017年，通信公司代表集团公司参加国网四川省电力公司首届“点亮数据，放飞梦想”大数据劳动竞赛，荣获三等奖。获得集团公司“2017年度优秀基层党组织”“安全生产先进集体”称号。

4. 四川环网物资有限责任公司

四川环网物资有限责任公司（以下简称环网公司）成立于2004年1月，分别由原四川电力物资供应部和四川电力物资设备器材中心共同出资成立。2012年11月由科锐得集团全资收购，注册资本800万元，现有职工112人，资产总额4585万元。环网公司围绕国网四川省电力公司电网建设发展承担与物资供应保障相关的货物二次运输、装卸、配送，仓储中转等业务，主要完成国网四川省电力公司 220 千伏及以上新（扩）建电力工程项目普通电力物资的综合配送服务。具有交通运输管理部门颁发的道路运输经营许可证，质量监督管理部门颁发的设备监造（乙级）资质，四川省安监局颁发的国家安全生产企业二级资质，同时也是国际质量管理、职业健康安全管理、环境健康三大体系认证企业。

环网公司自成立以来，除了参加电网常规建设各项工程物资运输、装卸业务外，近年来先后参与了“新甘石”工程、“电亮藏区”工程、“川藏联网”工程、“电力天路”工程、川渝电网第三通道工程、藏中联网工程等重大项目的重要物资综合配送服务。先后获得多项表彰和荣誉，受到相关单位及各级领导的充分肯定和高度评价。

5．成都科锐得节能服务有限公司

成都科锐得节能服务有限公司（以下简称节能公司）成立于 2012 年 12 月，是科锐得集团全资子公司，注册资本 6000 万元，经营范围为：节能技术推广服务、节能技术咨询；合同能源管理；销售、租赁机械设备；充电设施建设、维护、运营；火力发电、水力发电、风力发电、太阳能发电、生物质能发电；电力供应；建材、五金交电、电气设备批发；网上贸易代理。节能公司于 2013 年通过国家发改委、财政部节能服务公司第五批备案（2013 年 28 号公告），2017 年 9 月在国网四川电力交易中心通过售电交易注册备案。节能公司设置 2 个职能部门，分别为综合管理部、财务资产部，另根据业务发展需要，设置 2 个业务实施机构，分别为市场策划室和技术工程室，负责公司主要业务实施。目前在编 9 人，其中主业借工 4 人，集体聘用职工 2 人，劳务派遣用工 3 人。

节能公司主要涉及的业务领域包括：节能服务及电能替代、新能源产业、售电业务及电动汽车产业。已经掌握的节能技术包括能效诊断、LED 绿色照明技术、余热余压发电技术、矿热炉无功补偿技术、配电网综合节能降损技术以及冰（水）蓄冷空调技术。

6．四川金沙阳光房地产开发有限责任公司

四川金沙阳光房地产开发有限责任公司（以下简称金沙阳光公司）成立于 2005 年 3 月，于 2012 年 12 月由科锐得集团全资收购，注册资本 5000 万元，为三级资质房地产开发企业，可承担 15 万平方米以下的住宅小区，以及与以其投资能力相当的工业、商业、公共建筑、基础设施项目的开发建设，并可在全省范围内承担房地产开发业务。

金沙阳光公司本部由办公室、财务部、计划发展部 3 个部门组成。下属有成都西部金沙鹭岛房地产开发有限责任公司、成都惠能房地产开发有限公司、都江堰金沙阳光房地产开发有限公司 3 个全资子公司。拥有从业人员总数为 47 人，其中主业借工 9 人，直签 20 人，劳务派遣用工 18 人；具备专业技术职称的员工 29 人，其中高级职称 7 人，占比 24%；中级职称 13 人，占比 45%；初级职称 9 人，占比 31%。

2017 年，金沙阳光公司完成了对都江堰金沙阳光房地产开发有限公司的清算关闭；进行了“泓坊河畔商业项目”租赁；完成“泓坊河畔一期”8 套别墅销售；继续开展了“金沙·鹭岛”项目车位销售及产权办理；完成“金沙·鹭岛三期”综合验收备案，基本完成不动产首次登记。

2017 年，金沙阳光公司先后荣获集团公司“基层先进党组织”、“诗歌献给党——喜迎十九大”二等奖、“人力资源‘管理提升年’知识竞赛优秀团体奖”“办公室公文知识竞赛优秀团体奖”等荣誉。

7．四川鸿海工程建设咨询有限公司

四川鸿海工程建设咨询有限公司（以下简称鸿海公司）成立于 2003 年 6 月，为科锐得集团全资子公司。经营范围主要包括工程监理、招标代理，以及造价咨询、信息咨询、工程技术咨询服务，工程项目管理。持有电力工程监理乙级（资质升级正在审批过程中）、房屋建筑工程监理乙级企业资质，通过了 ISO 9001、ISO 14001、OHSAS 18001 三体系认证。

鸿海公司本部设置有综合管理部、安全监察质量部两个职能部门和工程部、市场部两个业务部门。鸿海公司坚持“严格监理、公正执业、持续改进”理念，切实加强现场管控，实现了对所监理工程的安全、质量、进度的可控、能控、再控，迄今为止，现场未发生安全质量事故及廉政事件，得到业主一致好评。2017 年，鸿海公司积极开拓监理市场业务，分别在南充、德阳、西昌等地区新辟市场。

8．四川科锐得天府置业有限公司

四川科锐得天府置业有限公司（以下简称天府置业公司）为科锐得集团全资子公司，成立于 2015 年 8 月，注册资本 5000 万元。经营范围包括：房地产经纪；建筑装饰装修工程设计、施工；计算机硬件研发、销售、租赁、技术服务；机电设备及配件、办公设备销售、租赁；企业管理咨询服务；广告设计、制作、代理发布（不含气球广告及固定形式印刷品广告）；新能源技术研发、技术推广等。天府置业公司主要负责“成都天府智能电网及能源互联网研发中心”项目的建设管理工作。

9．四川通能电力科技有限公司

四川通能电力科技有限公司（以下简称通能公司）成立于2005年5月，注册资本金300万元。2016年3月由科锐得集团全资收购，是一家集电力科技开发、火电技术培训及承运、产品制造、基建调试、电力技术服务为一体的高新技术企业。具有火电工程甲级调试资质、化学清洗“A”级资质、金属喷涂一级资质、咨询业甲级等多项资质，通过了QEH（ISO 9001、14001、28001）质量体系认证。通能公司经营范围包括：技术推广服务；发电机组、仪器仪表、计量设备的检测、安装、调试、研制及维修；环境检测；水、煤、油的化验分析；物业管理；销售；机械设备、五金交电及电子产品，化工产品（不含危险品）、建材，金属材料（不含稀贵金属）；基础软件服务；机械加工；餐饮企业管理服务等。

通能公司下设开发部、市场物资部、财务部、工程技术服务部（调试和运行）、总经理工作部5个部门以及锅炉组、汽机组、电气组、水机组、热工组、化环组、金属喷涂中心7个专业组（中心）。截至2017年年底共有员工195人。

通能公司依托自身的技术力量和四川省电力工业调整试验所的技术沉淀和支持，服务电力领域，在海内外积极开拓电力技术市场，先后承接了哥伦比亚GECELCA3.2燃煤电站项目培训、运行、维护、越南升龙2×300兆瓦火力发电厂项目锅炉、汽机专业分系统及整套启动调试技术服务、波黑300兆瓦监督运行指导等国际大型项目，以及国内多项水、火发电机组的调试、试验、技改等技术服务项目，获得了海内外用户的好评。通能公司在循环流化床机组调试，DCS改造，机组节能降耗测评等前沿技术方面拥有雄厚实力，并逐渐成长为国内外具有相当市场竞争力的一支运行、维护队伍。

10．四川科锐得小额贷款有限公司

四川科锐得小额贷款有限公司（以下简称小贷公司）为科锐得集团全资子公司，于2016年3月获得监管审批，2016年8月注册成立，注册资本3亿元。主要从事贷款发放（不含委托贷款）及相关咨询活动，经营范围覆盖全川。

小贷公司下设信贷业务部、风险管理部、审计稽核部、综合管理部4个部门，现有员工9名。其中，主业借工3人，直签4人，劳务派遣1人，其他借工1人。

小贷公司切实把握当前国网四川省电力公司“产融结合”及“全球能源互联网”战略，按照集团公司“十三五”规划和“互联网+能源+金融”战略，坚持“业务发展与内控管理并举，提质增效与外部协同并举，传统业务与科技创新并举”的经营策略，充分发挥在位优势，高度重视依法治企，强化各项内控管理，着力打造供应链金融服务平台。

2017年，小贷公司围绕“找准市场定位、磨合经营机制、提升公司核心竞争力”的工作思路着力开展业务工作，取得较好成效。截至2017年年底，累计授信3.85亿元，累计放贷23949.21万元，在贷款余额20110万元，资本金使用率已达98.92%，利润总额542.74万元，全年未发生重大安全责任事故，无一笔不良贷款。2017年被簇锦街道办评为区内纳税大户，被四川省金融局作为行业标杆企业邀请参加2017年全省两类公司监督工作会议，并在会上做交流发言。

**【控股公司】**

1．四川西星电力科技咨询有限公司

四川西星电力科技咨询有限公司（以下简称西星公司）前身为西南电力科技咨询开发公司，成立于1986年1月，于2007年1月改制并更名为四川西星电力科技咨询有限公司。2011年3月，由科锐得集团控股60%成为科锐得集团的控股公司。2014年增资扩股后，注册资本为1500万元，科锐得集团持有70%股份。

西星公司主要从事电力工程规划设计、项目后评价、技术咨询、造价咨询服务及招标代理业务。具有工程招标代理甲级资质、工程咨询甲级资质、工程造价企业咨询乙级资质、电力行业工程造价咨询单位甲级资质、中央投资项目招标代理机构乙级资质。公司自成立以来，完成了大量输变电工程招标代理、造价咨询、电网规划、城市配电网规划、电厂接入系统、用户供电方案、电力项目专题调研、管理咨询项目，有多项成果获得四川省优秀咨询成果一、二、三等奖。

西星公司下设综合部、财务部、招标一部、招标二部、工程咨询部，另设有绵阳、德阳、广元、南充、自贡、阿坝、甘孜、内江、眉山、达州、凉山、广安、宜宾等招标代理处13个，2017年年末用工总量79人。2017年度招标一、二部共完成招标代理项目2919个，各代理处共完成项目9465个，各类工程咨询项目58个。

2．成都城电电力工程设计有限公司

成都城电电力工程设计有限公司（以下简称城电设计公司）前身为成都电业局电力勘察设计院，组建于1954年。随着体制改革的不断深入，于2002年8月挂牌成立成都城电电力工程设计有限公司。2013年11月，由科锐得集团全资收购。2016年，按照国网四川省电力公司对区域设计公司的整合要求，城电设计公司对川西北片区德阳、绵阳、资阳、雅安、阿坝、甘孜等地设计业务进行整合，并以四川科锐得实业集团有限公司、德阳明源电力（集团）有限公司等 7 家集体企业平台公司为股东进行增资扩股和股权结构调整，调整后注册资本 8000 万元，科锐得集团持有 60%股份。

城电设计公司是国家甲级电力工程勘察设计单位，专业从事电力工程勘察设计、工程咨询、工程施工、送变电工程项目总承包及建管服务业务。具有 60 余年从事送变电工程勘察、工程设计、工程咨询及工程总承包经验。执有中华人民共和国住房和城乡建设部颁发的电力行业（送电工程、变电工程）专业甲级设计资质、工程勘察专业类（工程测量）甲级资质；国家发改委颁发的工程咨询（火电专业）甲级资质；四川省建设厅颁发的工程勘察专业类（岩土工程、水文地质）乙级资质、电力行业（新能源发电）乙级资质；四川省住建厅颁发的工程造价咨询乙级资质；获得中国质量认评中心颁发的 ISO 9001：2000 质量管理体系认证证书；上海质量体系审核中心颁发的 GB/T24001-2004/ISO14001：2004 环境管理体系认证证书和 GB/T28001-2001 职业健康安全管理体系认证证书。

城电设计公司下设质量档案部、市场营销部、财务部和综合服务部 4 个职能部门和规划系统部、工程总承包部、技术经济部、技术咨询部、变电设计部、输电设计部、工程勘察部、配网部 8 个专业部门，并在川西北属地成立有分公司，现有员工 151 人，在册专业技术人员 101 人，其中国家注册造价工程师 12 人，全国建设工程造价员 7 人，注册咨询师（投资）20 人、注册电气工程师 13 人，一级注册结构工程师 3 人，注册岩土工程师 1 人，一级注册建造师 4 人，二级注册建造师 12 人，二级注册结构工程师 1 人，二级注册建筑师 2 人。高级职称 20 人，中级职称 46 人，初级职称 72 人。

城电设计公司成立以来完成的主要项目有：①、技术咨询项目：电网规划、电力送出系统规划、接入系统规划、接入系统安全稳定分析等 30 余项；编制 110 千伏—500 千伏可行性研究报告 230 余项。②工程勘察设计项目：500 千伏变电站改造、线路迁改等 6 项；220 千伏变电站新建、改扩建工程 180 余项；110 千伏变电站新建、改扩建工程 300 余项；35 千伏变电站新建、改扩建工程 320 余项；新建、改建 220 千伏线路 1090 余千米；新建 110 千伏送电工程 5500 余千米；35 千伏送电工程 1200 多千米及 10 千伏配电工程 800 多项。

城电设计公司在工程勘察设计工作中积极采用新技术、新工艺。四川省首个智能化变电站、地下变电站、电动汽车充电站以及电力隧道多状态监控系统等新技术的探索和运用，受到国网四川省电力公司和各方业主的高度评价。组织编制的国网四川省电力公司、国网成都供电公司的多部典型设计方案及“十一五”“十二五”城网及农网规划，取得了较好的经济效益和社会效益。10 多年来，先后荣获中国电力规划设计协会、四川省工程咨询协会、国家电网公司、四川省住房和城乡建设厅及省公司大小奖项百余次。

3．四川启明星投资发展有限责任公司

四川启明星投资发展有限责任公司（以下简称启明星投资公司）于 2004 年 7 月成立，注册资本 2 亿元。2013 年 8 月，由科锐得集团出资收购其 43.72%股权实现相对控股。该公司经营范围为：项目投资；销售铝及制品；进出口业；送变电工程施工、变电站（所）土建施工、城乡电网改造及建设、电力工程安装调试、检修、运行维护、输变电工程咨询服务。

4．四川蜀科汽车租赁有限公司

四川蜀科汽车租赁有限公司（以下简称蜀科公司）是在国家电网公司规范和加强集体企业用车管理，提高车辆管理集约化、标准化水平，提高车辆利用效率，降低企业经营成本的背景下，于 2013 年 8 月经国网四川省电力公司批准成立。蜀科公司是一家以工程领域“皮卡车、越野车”为主，企事业商务用车为辅，主要开展车辆租赁及相关业务的股份制企业，注册资本为 3548.6 万元，由四川科锐得实业集团有限公司、四川蜀电集团有限公司、攀枝花网源电力有限公司、自贡电力建设集团有限公司、宜宾远能电业集团有限责任公司、绵阳启明星集团有限公司 6 家股东单位联合出资设立，由四川科锐得实业集团有限公司持股 26.52%相对控股。

2017 年，蜀科公司积极参与了省公司纯电动皮卡车的推广试点，并最终通过招标取得了该租赁服务项目，于当年完成了 100 辆电动车的交付，确保国网四川省电力公司首批电动皮卡车按时投入使用。蜀科公司租赁业务范围进一步扩大，在工程领域用车已具备一定实力，且有较强的抗风险能力。截至 2017 年年底，蜀科公司共有各类管理人员 10 名，可经营车辆达 834 台，全年实现营业收入 3758.21 万元。蜀科公司荣获集团公司“2017 年度先进单位”称号。

**【参股公司】**

1．成都鲁能压缩天然气有限责任公司

成都鲁能压缩天然气有限责任公司成立于 2001 年 1 月，注册资本 3000 万元，科锐得集团占股 30%。经营范围为：主营压缩天然气经营；五金交电化工

（不含化学危险品）销售；农牧产品销售；商业贸易；信息咨询；起重机械和电站附属机械销售。经营期限为45年，取得了所有主营业务所需的证书。该公司在成都市二环路周边先后建成投产经营5座CNG加气站。

2. 自贡翔能电力设备制造有限公司

自贡翔能电力设备制造有限公司其前身为自贡翔能铁塔设备制造厂，于2013年5月改制后，由自贡电力建设集团有限公司、自贡裕鑫投资管理公司、四川科锐得实业集团有限公司共同出资设立，注册资本6006万元，科锐得集团占股16.65%。主营业务为：220千伏及以下输电铁塔、铁附件、定型金具、钢结构件和塔型建筑物、对外承接金加工、热浸镀锌以及相关检测业务、高低压开关柜、电能计量柜、计量箱以及各种动力配电屏、配电箱的制造；建材、化工原料、化工产品（不含危化品及易制毒品）、电气设备安装、维修、劳务服务、机电产品的维修、代购代销、静电喷型业务。现有生产资质：220千伏及以下输电线路及铁塔附件的生产许可证，高、低压开关柜设备等6个单元的生产证书。

3. 黑水冰川水电开发有限责任公司

黑水冰川水电开发有限责任公司成立于2004年，注册资本8000万元，科锐得集团占股3.06%。该公司主要进行水电开发、生产、销售，现主要运营竹格多水电站，其装机容量2×40兆瓦，设计多年平均年发电量3.79亿千瓦时。该电站于2006年5月投产发电。

**【代管公司】**

四川电力实业总公司（以下简称实业公司）于1984年7月成立，注册资本2400万元。成立之初系经西南电业管理局批准成立的西南电力实业股份有限公司，后更名为西南电力实业总公司，1992年11月经四川省电力工业局批准更名为四川电力实业总公司。主营业务范围为机电设备安装工程；送变电工程；电力工程；水利水电工程等。现拥有四川省安全技术防范工程设计、安装、维修、营运一级；电力承装（修、试）贰级；机电安装总承包贰级；送变电专业承包二级；机电设备安装专业承包三级；建筑智能化专业承包二级；水利水电施工总承包三级；市政公用工程总承包三级；电力工程总承包三级；环保工程专业承包三级；电子工程专业承包三级；城市及道路照明工程专业承包三级等资质，系通过“三体系”认证和符合GB/T50430-2007《工程建设施工企业质量管理规范》的企业。

实业公司设有7个职能部（室），在川内设有多个项目管理部，现有员工80余人，其中，一级建造师6人、二级建造师33人、注册安全工程师3人、副高级职称6人、中级职称24人、初级职称38人。

实业公司承建的社会影响较大的工程项目包括：成都地铁3号线一期工程110千伏主变电所系统集成与施工总承包项目110千伏送电线路工程、成都地铁3号线一期工程110千伏红牌楼南主变电所房屋建筑及电气安装工程、成都地铁3号线一期工程110千伏主变电所系统集成与施工总承包110千伏对侧间隔改扩建及通信系统、控制中心与数据中心改造工程、攀枝花银石220千伏线路工程、宜宾叙府—南溪220千伏线路工程Ⅰ标、阿坝镇江关220千伏变电站110千伏配套工程、甘孜巴塘110千伏输变电工程、凉山冕宁220千伏变电站110千伏配套送出工程、国网四川乐至、安岳城镇范围智能电表推广及配套采集工程项目和甘孜稻城、乡城和道孚农网改造项目、广元旺苍、南充仪陇、南部、凉山德昌智能电表和农网改造工程等。

实业公司自成立以来，历年均实现了资产的保值增值目标，实现了安全生产“零”事故目标，承建项目优质率100%，用户满意率100%，受到了各级管理部门及业主方的一致好评。公司先后荣获中国AAA级信用企业，四川省“先进安装企业”“四川服务名牌企业”，成都市、区“纳税先进企业”、“社会治安综合治理先进单位”“安全生产工作模范单位”等多项荣誉。

# 附 录

责任编辑：何　飞

# 新颁规章制度

## 国网四川省电力公司<br>党委议事规则

### 第一章　总　则

**第一条**　为进一步规范国网四川省电力公司党委（以下简称公司党委）工作，更好发挥领导核心作用，根据《中国共产党章程》、《中共国家电网公司党组议事规则》和《国家电网公司“三重一大”决策实施办法》等规定，结合公司实际，特制定本规则。

**第二条**　公司党委应当坚持党管干部、党管人才、党领导经济，坚持党对企业的领导，充分发挥领导核心作用，把党的主张通过法定、民主程序转化为本单位领导班子的决定。公司党委由党委书记、党委副书记、党委委员组成，党委书记主持公司党委全面工作。

**第三条**　在董事会成立之前，公司党委代行董事会职责，研究决策相关事项。

### 第二章　议事原则、方式及范围

**第四条**　公司党委议事决策应当坚持集体领导、民主集中、个别酝酿、会议决定，重大决策应当充分协商，实行科学决策、民主决策、依法决策。

**第五条**　公司党委议事决策主要通过党委会议或党委扩大会议的方式进行。

**第六条**　党委会议议事范围主要包括：

（一）贯彻落实党和国家的路线方针政策、法律法规和上级党组织重要决定的意见和措施；

（二）需要向上级党组织请示报告的重要事项，下级单位党组织请示报告的重要事项；

（三）重大决策、重要人事任免、重大项目安排、大额资金使用等事项；

（四）研究公司领导班子成员及助理、副总师工作分工；

（五）公司内部机构设置、职责、人员编制、薪酬分配等事项；

（六）基层党组织和党员队伍建设方面的重要事项；

（七）意识形态工作、思想政治工作和企业文化建设方面的重要事项；

（八）党风廉政建设和反腐败工作方面的重要事项；

（九）其他应当由党委讨论和决定的重要事项、重大问题。

### 第三章　议事程序及要求

**第七条**　党委会议由党委书记主持。党委书记因故不能主持时，可委托党委副书记主持。公司党委委员出席会议，办公室主任列席会议。会议主持人可根据工作需要确定有关人员列席会议。

党委书记可根据会议内容和工作需要，召开党委扩大会议，除上述人员外的其他列席会议人员由党委书记确定。

**第八条**　议题由党委书记确定，或由党委副书记、其他党委委员、总经理助理、副总师、各部门（单位）建议提出，经党委书记同意后确定。

**第九条**　重大事项提交党委会议决策前，要进行深入调查研究论证，会前充分酝酿，开展法律审核、合规性审查和风险评估，广泛吸收各方面意见。

**第十条**　党委会议的召开时间和研究议题确定后，应提前通知各位党委委员，会议材料原则上应提前送达，党委委员要认真阅读，准备意见。

**第十一条**　党委会议须有三分之二（含）以上党委委员到会方可召开。党委书记因故不能主持会议的，会议不讨论有关干部问题。

**第十二条**　对突发事件和紧急情况，不能及时召开党委会议，又必须尽快作出决定的，由党委书记临机处置，事后向党委会议通报。

**第十三条**　党委委员因故不能参加会议，应于会前向党委书记请假。会后，由办公室主任向其报告本次会议决定的内容。如有不同意见，可在下次党委会议上提出。

**第十四条**　党委委员在集体讨论决定事项时，

要充分发表意见，对分管的工作要敢于负责，切实履行职责。同时要关心公司全局工作，相互沟通，积极参与集体领导。严格执行公司公务回避有关规定，“三重一大”决策事项与领导干部本人、近亲属有利害关系，或存在影响公正决策的其他情形时，有关领导干部应当回避。

**第十五条**　需要表决的事项，要在充分讨论的基础上，按照少数服从多数的原则，经应出席会议的党委委员半数以上同意，形成集体决议。

**第十六条**　会议决定多个事项时，应逐项表决；涉及人事问题时，应逐个表决。对已经作出决策的事项如需要进行调整，应重新履行党委决策程序。

**第十七条**　党委委员及与会人员必须严格遵守会议纪律，对应该保密的会议内容和讨论的情况，以及未经会议批准传达和公布的决议，不得以任何形式向外泄漏。

**第十八条**　党委会议的组织和服务工作由办公室负责。党委秘书负责会议记录和纪要整理工作。《党委会议纪要》经办公室主任审核后，报会议主持人审定，由党委书记签发。

**第十九条**　党委会议材料、记录、纪要均为公司内部材料，要按照有关保密规定妥善保管，并于下一年度三月底前归档并永久保存。查阅会议材料、记录、纪要须经办公室主任审核，报党委书记批准。

**第二十条**　公司党委文件由党委秘书负责核稿，由党委书记签发。

## 第四章　议定事项的贯彻执行

**第二十一条**　党委决策一经作出，应当坚决执行。党委委员对党委决策有不同意见的，可以保留或者向上级党组织反映，但在党委决策改变前应当坚决执行。

**第二十二条**　党委会议议定的事项，按照集体领导、分工负责的原则，由分管的党委委员负责，有关单位和部门要坚决贯彻执行，并及时将贯彻落实情况向党委汇报。

**第二十三条**　办公室负责议定事项的督办和相关协调工作。

**第二十四条**　对不遵守、不执行党委集体决定，给公司工作造成影响和损失的，要追究有关人员的责任。

## 第五章　党委理论中心组学习

**第二十五条**　公司党委组建理论学习中心组（以下简称中心组）。中心组组长由党委书记担任，中心组成员由党委副书记、党委委员、总经理助理、副总师，以及办公室、人董部、政工部、监察部主要负责同志组成，可根据学习需要适当吸收有关人员参加。

中心组学习由党委书记主持。

**第二十六条**　中心组学习主要内容包括:中央全会、中纪委全会、中央经济工作会议、全国“两会”等党和国家重要会议精神；中央领导的重要讲话；党中央、国务院关于能源、电力发展的重大战略部署；党的重要文件、制度和规定等；国家电网公司、省委省政府重要会议精神。

**第二十七条**　中心组学习组织和服务工作由政工部负责。

**第二十八条**　中心组学习其他事项遵照公司党委有关规定执行。

## 第六章　党委民主生活会

**第二十九条**　党委民主生活会由公司党委书记召集和主持。

参加会议人员包括：党委副书记、党委委员、上级党组织指导工作的同志、党委书记指定的列席人员。

**第三十条**　党委民主生活会每年至少召开一次，一般安排在四季度，上级党组织对民主生活会的时间及内容另有要求的，按照上级党组织的要求进行。

**第三十一条**　党委民主生活会主要围绕以下方面检查党委和党委委员在党性党风方面存在的问题，开展批评和自我批评:坚定理想信念，严守政治纪律和政治规矩情况；落实中央关于改进工作作风、密切联系群众的各项规定，坚决反对形式主义、官僚主义、享乐主义和奢靡之风情况；加强领导班子自身建设、实行民

主集中制的情况；群众反映、巡视巡察反馈、组织约谈函询的问题；践行“三严三实”要求、开展“两学一做”学习教育常态化制度化情况等。

**第三十二条**　党委民主生活会由政工部牵头组织，办公室、人董部、监察部等部门协助。会前，要认真做好会议的各项准备工作。会后，及时通报党委民主生活会情况，并向上级党组织报告民主生活会情况，认真落实各项整改措施。

**第三十三条**　党委民主生活会其他事项遵照公司党委有关规定执行。

### 第七章　附　则

**第三十四条**　本规则由公司办公室负责解释。

**第三十五条**　本规则自印发之日起试行，原《中共国网四川省电力公司委员会议事规则》（川电委办〔2017〕3号）同时废止。

# 国网四川省电力公司<br>本部工作规则

### 第一章　总　则

**第一条**　为使国网四川省电力公司本部（以下简称“本部”）各项工作规范化、制度化，根据国家有关法律、法规以及《国家电网公司总部工作规则》《国网四川省电力公司章程》等规章制度，制定本规则。

**第二条**　本部工作的总体要求是：深入贯彻国家电网公司、省委省政府各项决策部署，服务党和国家工作大局、服务电力客户、服务发电企业、服务经济社会发展，努力推动公司和电网发展方式转变，在“一强三优”现代公司建设中充分发挥承上启下和推动落实的重要作用。

### 第二章　法人治理结构与领导体制

**第三条**　董事长是公司的法定代表人。董事会是公司的决策机构，在董事会成立之前由公司党委代行董事会职权。

**第四条**　公司党委由党委书记、党委副书记、党委委员组成，党委书记主持公司党委全面工作。坚持党管干部、党管人才、党领导经济，坚持党对企业的领导，充分发挥党委领导核心作用。

**第五条**　公司领导班子由董事长、党委书记，总经理、党委副书记、副总经理、总会计师、纪委书记、工会主席、总工程师组成（以下简称“公司领导”）。

**第六条**　公司领导班子全面贯彻落实公司党委的决策部署，认真负责做好电网发展、公司发展、安全生产、经营管理等工作。

**第七条**　总经理助理、副总师（以下简称“助理副总师”）是公司治理体系的重要组成部分，按照相应工作规则和职责分工，辅助公司决策、开展调查研究、协调推进工作。

**第八条**　公司领导、助理副总师的具体工作分工，经公司党委会研究决定。

**第九条**　董事长、党委书记出差期间，其管理部门和联系单位的日常工作由总经理管理。总经理出差期间，其管理部门和联系单位的日常工作由董事长、党委书记管理。董事长、党委书记，总经理均出差期间，委托其他公司领导主持党委、行政工作。

**第十条**　各部门主任负责本部门的工作，对董事长、党委书记和总经理负责，在公司分管领导的组织下开展工作。各部门要依法依规行使职权，各司其职，各尽其责，协同配合。

**第十一条**　公司向全资子公司、控股公司、参股公司委派的董事、监事，要自觉维护公司利益，认真履行职责，按规定定期报告工作。建立法人治理结构的单位，董事会要依法行使职权，科学民主决策，充分发挥作用。

### 第三章　全面履行本部职能

**第十二条**　本部要围绕国家电网公司总体战略，加强业务管控，突出主营业务，统筹省内人财物资源，组织做好电网发展、建设、运行、检修、营销、安全等各项工作。

**第十三条**　按照国家电网公司总体战略规划，丰富完善公司战略规划体系。坚持依法科学民主决策，实现公司经济、社会和环境综合价值最大化，确保公司沿着正确的方向发展。

**第十四条**　全面提升“三集五大”体系，实现扎根落地、高效运转。在集约管控、资源调配、专业协同、资本运作、激励约束等方面勇于变革、创新突破，加快推进公司治理现代化，全面提升公司管理效率和经营效益。

**第十五条**　充分发挥电网调控、运营监测（控）、客户服务等中心作用，实现对电网运行、关键资源、核心业务、客户服务的实时监测和在线管控，提高整体运营效率。

**第十六条**　遵循电力科学发展规律，对电网运行进行统一组织、指挥和协调，全面提升电网运行控制和应急处置能力，保证电网安全可靠、经济高效运行。

**第十七条**　按照国家电网公司要求，结合公司改革发展实际，优化本部组织结构，每年梳理工作流程，明确纵向、横向职责范围与管理界面，促进管理科学化、制度化、规范化。

## 第四章　实行科学民主决策

**第十八条**　公司党委负责决策“三重一大”事项（重大决策、重要人事任免、重大项目安排和大额度资金运作），以及党的建设、企业文化建设、队伍建设等事项。

**第十九条**　“三重一大”事项提交会议集体决策前，有关部门需进行深入调查研究论证，会前充分酝酿，开展法律审核、合规性审查和风险评估，广泛吸收各方面意见。

**第二十条**　依据国家政策法规，根据工作需要，不断健全本部重大事项决策的规则和程序，完善集体决策和职工参与、专家咨询相结合的决策机制，规范决策行为，提高决策水平，防范决策风险。

**第二十一条**　各部门必须坚决贯彻落实公司党委决定，建立协同监督机制，及时跟踪和反馈执行情况。

**第二十二条**　健全督察督办工作体系，加强对公司党委决策部署的督察督办。承办部门要及时制定工作计划，按要求反馈进展情况。督办工作办理情况作为考核评先的重要依据。

## 第五章　会议制度

**第二十三条**　公司实行以下会议制度：

（一）党委会议；

（二）总经理办公会议；

（三）职工代表大会；

（四）公司工作会议、公司系统负责人会议；

（五）领导班子成员碰头会；

（六）月度工作例会；

（七）专业会议和专题会议。

**第二十四条**　党委会议、总经理办公会议、职工代表大会按照公司有关制度执行。

**第二十五条**　公司工作会议、公司系统负责人会议由公司董事长、党委书记组织召开，公司领导、调研员，助理副总师，各部门主任，各单位、大型县级供电企业等主要负责人参加会议。董事长、党委书记可根据工作需要确定有关人员列席会议。

会议主要内容包括：传达贯彻国家电网公司和省委、省政府的重要会议精神；总结部署公司重点工作。

公司工作会议一般在年初、年中和季度初召开。公司系统负责人会议根据需要不定期召开。会议的组织和服务工作由办公室负责，会议文件由办公室统筹协调，相关部门配合完成。

**第二十六条**　领导班子成员碰头会由董事长、党委书记主持召开。总经理助理、办公室主任列席会议。

会议主要内容包括：传达上级重要文件和会议精神，通报公司有关情况，安排公司阶段性主要工作和活动。

会议原则上安排在周一上午召开，每周召开一次，特殊情况根据实际安排。会议组织和服务工作由办公室负责，并形成会议备忘录，由董事长、党委书记签发。

**第二十七条**　月度工作例会由总经理或总经理委托的其他公司领导主持召开。董事长、党委书记根据工作需要决定是否出席会议。采取电视电话会议方式召开，公司领导，助理副总师，各部门、入驻本部大楼直属单位主要负责人在主会场参加会议，各单位领导班子成员和有关部门负责人在分会场参加会议。会议主持人可根据工作需要确定有关人员列席会议。

会议主要内容包括：传达上级重要会议精神，通报公司重要事项，总结分析上月生产经营管理情况，部署本月重点工作。

月度工作例会在每月初召开。会议的组织和服务工作由办公室负责。会议研究确定的当月主要工作计划和重点工作安排，由办公室负责督办。

**第二十八条**　专业会议和专题会议由公司领导根据工作需要召开，本部有关业务主管部门负责组织。需要公司所属单位主要负责人参加的，须经董事长、党委书记批准。公司领导可委托助理副总师主持召开专题会议。

会议主要内容包括：总结部署各专业领域重点工作，研究、协调和处理公司工作中的专项问题。

公司领导在专业会议上的讲话，以《内部情况通报》印发，由专业部门整理，办公室审核，相关公司领导签发。专题会议议定事项形成《办公通报》，办公室负责审核，由相关公司领导签发。

公司领导委托助理副总师召开的专题会议，其《办公通报》经被委托的助理副总师审核后，交办公室复核，由委托的公司领导签发。

**第二十九条**　公司会议实行年度计划管理、月度统筹安排。严格控制计划外会议以及会议规格、规模和会期，注重提高会议质量和效率，积极采用电视电话会议形式。

**第三十条**　公司实行定点会议场所制度。本部各类会议原则上在成都系统内场所召开，因特殊情况确需在外地召开的，须履行报批手续。在外地召开会议，原则上要安排在系统内场所召开。

## 第六章　公务活动制度

**第三十一条**　省级有关部门、各市（州）党委政府、公司所属单位邀请公司领导、助理副总师参加会议、出席活动、会见等，由办公室统一协调，请示董事长、党委书记同意后予以安排。公司领导，助理副总师一般不出席与本职工作无关的庆典、研讨会、论坛等活动。

**第三十二条**　公司实行新闻发言人制度，新闻发布工作由对外联络部（品牌建设中心）归口管理。公司新闻发言人经公司董事长、党委书记授权，加强与媒体沟通，阐明公司观点，定期发布公司信息。本部各部门可提出对外新闻发布需求，在对外联络部（品牌建设中心）的统一协调下，由本部新闻发言人对外发布。

**第三十三条**　公司领导的外事活动，由办公室提出建议，经分管公司领导审核，报董事长、党委书记审定后统一安排。

**第三十四条**　董事长、党委书记，总经理出差和休假，公司领导出国（境）按国家电网公司有关规定办理。其他公司领导出差和休假，应请示董事长、党委书记同意，并通知办公室。助理副总师、各部门负责人外出，应严格履行请假报告手续。各部门要保证有一位负责人在本部门主持工作（部门仅有一位负责人的除外）。

## 第七章　公文审批和信息报送管理

**第三十五条**　公司公文处理和信息报送坚持实事求是、精简高效的原则，做到及时、准确、安全、规范。

**第三十六条**　公司收文及办理：

（一）收到党中央、国务院、国家有关部委、国家电网公司、省委省政府、市（州）党委政府、其他有关单位、公司各单位的重要文件，按职责分工呈送相关公司领导阅批。涉及重大事项的文件，直接呈送董事长、党委书记阅批。办公室根据公司领导批示意见，将文件转相关部门（单位）办理或传阅；

（二）收到其他一般性业务文件，按职责分工转有关部门（单位）办理。

**第三十七条**　公司签报及办理：

（一）各部门使用公司签报向公司领导请示和报告工作、反映情况、答复询问和对重要事项提出建议及处理办法；

（二）公司签报在呈送公司领导阅批前，应按规定完成部门审核、相关部门会签、办公室编号等程序。

**第三十八条**　公司发文及办理：

（一）公文在签发前，应按规定完成审核、会签、核签等程序；

（二）公司公文需经办公室审核并按职责分工报相关公司领导签发。向国家电网公司、省委省政府报送的公文，涉及特别重大事项、发布公司规章制度的公文，应由董事长、党委书记签发。

**第三十九条**　公文办理完毕后，应按照规定进行归档。个人不允许保存应归档的公文。

**第四十条**　公司信息报送：

（一）公司将信息报送作为向上级沟通汇报工作，为公司领导决策提供参考，以及公司内部上情下达、下情上报、交流经验、推动工作的重要渠道和载体；

（二）公司信息工作由办公室归口管理，各部门原则上不自办信息刊物。根据工作需要需自办刊物的，须经办公室同意后报公司领导批准；

（三）各部门应建立信息报送与重要工作“同计划、同部署、同检查”的工作机制，加强重要信息报送和日常信息互通共享，强化横向协同配合，通过信息报送及时、全面反映中心工作情况。

## 第八章　作风和纪律

**第四十一条**　大力弘扬“诚信、责任、创新、奉献”的核心价值观和“努力超越、追求卓越”的企业精神，建设统一的企业文化，形成共同的价值理念，实现员工和企业共同发展。

**第四十二条**　本部工作人员必须坚决执行公司决策部署，严格遵守规章制度，有令必行，有禁必止。

**第四十三条**　本部工作人员要树立战略思维、全局观念，加强自身学习，提升专业能力、创新能力、科学决策能力和经营管理能力。

**第四十四条**　本部工作人员要严格执行党风廉政建设的各项规章制度，做到廉洁从业，遵章守纪。

**第四十五条**　本部工作人员参加外部会议、活动，须严格履行审批程序，认真贯彻执行公司各项决策，自觉维护公司根本利益和良好形象，重大事项必须及时请示报告。

**第四十六条**　本部工作人员要严格遵守保密纪律，严禁泄露国家秘密和企业秘密，坚决维护国家安全和公司利益。

### 第九章　附　则

**第四十七条**　本工作规则由办公室负责解释并监督执行。

**第四十八条**　本工作规则自印发之日起执行，原《国网四川省电力公司本部工作规则》（川电办〔2015〕52 号）同时废止。

# 国网四川省电力公司<br>业扩配套电网建设项目管理办法

### 第一章　总　则

**第一条**　为加强国网四川省电力公司（以下简称“公司”）业扩配套电网建设工程管理，简化管理流程，畅通工程建设通道，提升业扩报装效率、工作质量和服务水平，特制订本办法。

**第二条**　本办法所指业扩配套电网建设项目（以下简称“业扩配套项目”）是指因用电客户、分布式电源和电动汽车充换电设施（含由公司及所属单位出资建设的项目）等接网引起的，项目需求无法提前确定而暂未纳入公司年度综合计划，但急需加快建设的电网项目。具体包括：

（一）根据公司关于出资界面的规定，省级及以上园区高压客户（园区内的居民住宅小区客户除外）、电能替代项目和电动汽车充换电设施的供电线路工程，由公司投资延伸至客户红线处。对于低压客户，计量点及之前供电设施由公司出资建设。

（二）由用电客户、分布式电源接入引起，需要对本级或上级电网进行的负荷改接、设备改造（增容）等工程项目。

（三）对负荷密度大、符合国家产业政策的市、县级园区，因市场竞争需要的用户接入项目，由各单位履行决策程序并及时上报公司按“一事一议”方式审核后，按照省级及以上园区相关规定执行，纳入业扩配套项目实施。

**第三条**　项目管理原则

（一）业扩配套项目管理坚持“服务客户、快速响应，统一管理、分级负责”的原则，采用“特事特办、限时办结”的方式办理。

（二）优化业扩配套项目规划计划管理，实现电网规划全面满足业扩需求；业扩需求预测常态化、专业化；缩短用户接入方案批复时间；建立“随到随批”的计划快速响应机制；业扩配套项目优先纳入年度计划安排和调整。

（三）对非省级园区客户的公用电网建设，严格执行“先接入、后改造”要求。在确定新增负荷“就近接入”方案后，相关部门应同步分析，判断是否需要电网同步改造，对需要电网改造的应尽快确定电网改造方案，并将电网改造项目纳入业扩配套电网工程项目一并实施，限期完成。

（四）优化物资供应流程，充分运用配网协议库存，压缩物资供应时间。

（五）业扩配套项目应根据客户用电时间和工程建设规模，合理安排年度计划。

（六）各地市单位分解下达业扩配套项目计划应严格履行“三重一大”决策程序。

**第四条**　本办法适用于公司系统各有关单位，控股公司的业扩配套电网项目建设资金原则上由其自行出资。

### 第二章　职责分工

**第五条**　公司有关部门（单位）职责

（一）发展策划部

负责规划、前期、计划的归口管理。负责将业扩配套项目需求纳入电网规划；负责35千伏及以上项目的可研批复；负责10千伏及以下项目包的可研批复；负责将业扩配套项目包纳入年度综合计划安排；负责业扩配套电网基建项目立项审批及备案等管理；负责组织业扩配套电网基建项目的规划项目库、项目储备库和投资计划调整；参与业扩配套电网技改项目可研（方案）审核和批复会签。

（二）财务资产部

负责业扩配套项目资金归口管理；负责将业扩配套项目资金支出纳入公司预算；会签可研批复文件。

（三）运维检修部

负责业扩配套项目工程（技改、10 千伏及以下电网基建）建设的归口管理；负责业扩配套技改项目的可研批复和备案管理；参与业扩配套电网基建项目可研审核和批复会签。

（四）营销部

负责公司业扩业务的归口管理；负责业扩需求的收集和预测；参与审核业扩配套项目年度建设规模。

（五）物资部

负责业扩配套项目物资归口管理；负责业扩配套项目的物资、工程和服务类采购管理。

（六）建设部

负责业扩配套35千伏及以上电网基建项目建设的归口管理。

（七）其他相关部门

按照职责分工做好相关工作。

（八）省经研院

负责业扩配套 110 千伏及以上电网基建项目可研评审；对不具备相应评审能力的市（州）公司，代为开展业扩配套项目可研评审并出具评审意见。

**第六条** 市（州）公司有关部门（单位）职责

（一）发展策划部

负责规划、前期、计划的归口管理。负责组织业扩配套电网项目需求联合会审，并向公司报送业扩配套电网项目需求；负责组织开展业扩配套电网基建项目可研报告编制、评审（内审）和10 千伏及以下基建项目可研批复；负责上报规划项目库、项目储备库和年度综合计划调整建议；负责10千伏及以下业扩配套电网基建项目明细的上报备案。

（二）财务资产部

负责业扩配套项目资金归口管理；负责业扩配套项目可研经济性与财务合规性审查职责；会签业扩配套项目可研批复文件；负责业扩配套项目的成本核算与资金支付工作；负责业扩配套项目竣工决算的编制工作。

（三）运维检修部

负责业扩配套项目（技改、10 千伏及以下电网基建）工程建设管理；（负责业扩配套电网技改项目可研（方案）编制、评审（预审）和10千伏及以下技改项目可研批复；）配合开展业扩配套电网基建项目可研编制；参与项目可研（方案）报告评审；参与项目需求联合会审。

（四）营销部

负责业扩需求的收集和预测，参与业扩配套项目需求联合会审；配合开展业扩配套项目可研（方案）编制，参与项目可研（方案）报告评审。

（五）建设部

负责业扩配套35千伏及以上电网基建项目建设管理。

（六）调控中心

负责调管范围内配电网设施新增业扩可开放容量的归口管理；负责调管范围内配电网可开放容量的计算与发布；负责本地市公司影响新增业扩可开放容量的受限设备信息表的编制、审核汇总和发布，受限设备信息表中应明确优先改造项目需求；配合开展业扩配套项目可研（方案）编制，参与项目可研（方案）报告评审。

（七）物资供应中心

负责业扩配套项目的物资、工程和服务类供应服务、质量管理等工作，收集、审核业扩配套项目所需协议库存计划以及库存备货需求计划。

（八）经研所

负责具体开展业扩配套35千伏及以下电网基建项目可研评审并出具评审意见。对于不具备可研评审能力的市（州）公司，由省经研院代为开展相关项目的可研评审并出具评审意见。

（九）其他相关部门

按照职责分工做好相关工作。

**第七条** 县公司有关部门职责

（一）发展建设部

负责规划、前期、计划的归口管理。负责开展业扩配套电网基建项目需求收集、可研（方案）编制，并参与项目可研评审；负责向市公司报送本单位规划项目库、项目储备库和年度综合计划调整建议。

（二）运维检修部

负责本单位业扩配套项目（技改、10千伏及以下电网基建）工程建设管理；（负责本单位业扩配套电网技改项目可研（方案）编制；）配合开展业扩配套电网基建项目可研编制，并参与项目可研（方案）评审。

（三）营销部

负责本单位业扩用电需求的收集；组织区（县）公司相关部门现场查勘；配合开展业扩配套电网项目可研编制，参与业扩配套项目可研（方案）评审。

（四）调控中心

负责调管范围内配电网设施新增业扩可开放容量计算与发布；负责调管范围内影响新增业扩可开放容量的受限设备信息表的编制、汇总，并提交地市调控中心审核；参与项目可研（方案）报告评审。

（五）其他相关部门

按照职责分工做好相关工作。

（六）配电运检、客户服务中心等无相应职能部门的县级单位，根据实际情况参照执行。

## 第三章　项目前期管理

**第八条** 各单位要严格管理业扩配套电网项目，精心梳理并从严审核，切实把好项目需求关口，纳入业扩配套项目安排的工程项目应有客户签字盖章的《客户用电登记表》和《供电方案答复单》（必须具备对应的用户业扩报装申请和业扩供电方案协议）。严格控制电缆使用，不得将常规配网工程纳入业扩配套项目安排。

**第九条** 各市（州）、县公司在编制项目供电方案的同时应及时落实站址、线路通道协议，确保方案可行；严格控制工程投资，开展与通用造价对比分析，落实业扩配套电网项目在当地的支持政策，特别是站址和线路在用地、房屋拆迁、余物清理等方面应争取与业扩项目享有同等待遇，确保工程投资的经济合理性。

**第十条** 用户供电方案答复后，由地市公司发展部将项目调整进规划库，同步启动业扩配套项目可研编制。完成可研评审后设计单位即可开展初设工作，初设批复不需要提供核准批复。

**第十一条** 35 千伏及以上业扩配套项目可研编制及审批流程与常规电网项目相同，应根据当地政府要求完成项目核准（备案）等相关手续后开工建设。10 千伏及以下业扩配套项目，由公司完成电网基建项目包和生产技改项目包的总体可研批复，并作为“预列”项目纳入项目储备，各市（州）公司根据业扩实际需求，完成具体工程项目可研批复，并在按区、县创建的业扩配套打捆项目包计划额度内自主安排分解实施建设，同步将项目可研批复报公司备案。

**第十二条** 业扩配套项目应执行国家电网公司相关典型设计，选用标准化物料，提高项目设计效率，缩短物资供货周期，保证按期完工。

**第十三条** 对10千伏及以下业扩配套项目，按基建、技改项目分类，分别由市级发展策划部、运维检修部组织，配电运检负责开展中心城区电网基建、生产技改项目可研（方案）编制，区（县）公司发展建设部、运维检修部分别具体负责开展除中心城区外的电网基建、生产技改项目可研（方案）编制，可研报告应达到国网《10千伏及以下电网工程可行性研究内容深度规定》要求，经县公司内审后上报市公司。收到区（县）公司（配电运检）上报的可研报告评审申请后，按基建、技改项目分类，由市(州)公司发展策划部、运维检修部分别负责组织开展项目可研评审，并由市经研所在收到项目可研收口报告后2个工作日内出具评审意见。完成评审并出具评审意见后，按基建、技改项目分类，分别由市（州）公司发展策划部、运维检修部在2个工作日内完成批复并上报公司备案。

**第十四条** “小业扩”指10千伏及以下电压等级，仅加装分界点设备、计量装置和少量引接线路的项目；且架空线路项目投资不超过10万元，电缆线路项目投资不超过35万元的项目。对10 千伏“小业扩”，可按国网《10 千伏及以下电网工程可行性研究内容深度规定》要求，编制《可行性研究报告表》，经研所出具评审意见，由市公司发展部进行批复。

**第十五条** 35 千伏及以上业扩配套项目完成可研批复后，由公司将电网项目调整进项目储备库，完成计划备案程序后推送ERP建项。同时，各市（州）公司应完成项目核准（备案）等前置手续，达到依法开工条件后开工建设。

## 第四章 计划和预算管理

**第十六条** 管理模式

在国家电网公司下达的年度综合计划和预算额度内安排业扩配套项目投资，其中优先安排园区业扩配套项目投资。35 千伏及以上项目按具体项目进行管理，10 千伏及以下业扩配套项目由公司发展策划部、运维检修部综合考虑电网现状和业扩需求等因素，以区、县公司（或对应层级单位）为实施主体，分配电网基建投资计划额度（分高、低压）和生产技改计划额度，在规划计划管理平台和 ERP 系统中设立业扩配套电网基建项目包和生产技改项目包，由项目建管单位根据业扩需求在项目包计划额度内自主安排实施具体工程项目，分别纳入公司年度综合计划的电网基建专项计划和生产技改专项计划。

**第十七条** 次年计划编制

每年8月上旬，由市（州）公司发展策划部、运维检修部分别组织收集业扩配套电网基建项目和技改项目当年计划调整及次年度需求，并经充分会商后上报公司。公司发展策划部和运维检修部经审核和统筹平衡后，将业扩项目需求分别纳入当年计划调整建议和次年电网基建和生产技改专项计划建议并上报国网公司总部。

**第十八条** 预安排计划

对通过项目储备纳入计划建议且能在次年上半年开工的 35千伏及以上业扩配套项目，可纳入大中型基建项目预安排计划下达；10 千伏及以下业扩配套项目可纳入配网预安排项目计划下达。

**第十九条** 项目调整

（一）110千伏及以上业扩配套项目，按照国网计划外新增绿色通道项目要求，上报国网公司备案，由国网完成备案批复，发布项目预算并在ERP中创建项目。

（二）35千伏及以下业扩配套项目实施快速调整机制。

1．35千伏业扩配套项目，市（州）公司以正式公文上报后，公司统筹在全省范围内统一平衡，履行决策程序后先行在ERP系统中组织调整项目计划和预算，便于基层单位及时组织项目实施。

2．10千伏及以下业扩配套项目包急需调整、且项目总投资未超过其年度计划额度时，由相关单位以正式公文向公司报送调整申请和具体方案。市（州）公司无法在年度业扩计划额度内自行平衡时，如经公司统筹后可在全省范围内统一平衡，待公司确认后以正式公文报送调整申请和具体方案。收到申请并核实无误后，公司发展部、财务部先行在ERP系统中组织调整项目计划和预算，便于基层单位及时组织项目实施。

（三）每年10月份，公司发展策划部根据年度投资计划和具体项目执行情况，将各单位业扩配套项目调整情况纳入公司综合计划调整，公司财务部纳入预算调整。

**第二十条**　项目包安排原则

每年10千伏及以下项目每个县公司原则上只下达一个低压包和一个10千伏项目包，如果单个具体项目（即某个子项）非物资需求超标（服务类（非施工）超过50万元或施工类超过200万元），应通过业扩配套快速调整机制新建一个业扩配套项目，按照常规城网方式执行。

**第二十一条**　项目决策

各市（州）公司根据业扩实际需求，完成具体工程项目可研批复并履行本单位“三重一大”审批程序后，在项目计划额度内自主安排实施建设。

**第二十二条**　项目取消管理

（一）业扩配套项目计划下达（分解）后，原则上不予取消。对于已下达计划但在实施过程中由于不可抗力等原因确需停止建设并取消项目（子项）的情况，应对停建原因进行核实，对已生的非物资费用及已采购的物资提出相关处置建议，确定损失并履行决策程序后提出取消申请。

（二）35 千伏及以上项目由公司建设部牵头，发展部、营销部、运检部、物资部和财务部等部门配合开展相关工作；公司发展部配合做好计划取消工作，并及时向国网公司提出调整建议，财务部做好工程费用账务处理工作。

（三）10 千伏及以下项目由市（州）公司运检部牵头，发展部、营销部、物资部和财务部等部门配合开展相关工作；市（州）公司发展部配合做好计划取消工作，及时向公司提出调整建议，财务部做好工程费用账务处理工作。

## 第五章　物资和非物资管理

**第二十三条**　35 千伏及以上业扩配套电网项目物资和非物资原则上纳入国网总部和公司就近批次采购。对于招标批次无法满足的项目，可申请“绿色通道”（见附件2），由项目单位提出，项目主管部门审核，物资部向总部汇报，按总部批复意见执行。35 千伏可研可采取年度框架协议或定点采购的方式确定中标单位范围和服务报价。

**第二十四条**　10 千伏及以下业扩配套项目物资采用年度协议库存采购，提前两月协议库存执行，供应商寄存方式和各单位现货储备方式相结合保障物资及时供应；不属于国家依法必须招标的非物资需求，采取年度框架协议或定点采购方式确定中标单位范围和服务报价。

**第二十五条**　10 千伏及以下业扩配套项目物资和非物资应首先进行年度预估需求计划申报。

（一）业扩配套项目物资预估需求计划原则上每年申报两次。根据国网公司、公司年度批次计划安排，每年年末申报下一年度1-8月的物资预估需求计划，每年初申报当年9-12月的物资需求预估计划；

（二）业扩配套电网项目非物资预估需求计划原则上每年申报一次，每年年末申报下一年的非物资预估需求计划。

（三）市（州）公司运维检修部牵头，营销、发展等部门配合，根据业扩配套项目需求预测，合理预估物资需求计划，分类汇总后报市（州）物资供应中心，物资供应中心审查通过后，向公司物资部报送需求计划建议。

（四）公司物资部牵头，运维检修部配合，收集汇总业扩配套项目框架和定点采购需求、编制零星工程与服务采购方案。

**第二十六条**　公司物资部汇总市（州）公司预估需求计划，组织运维检修部、营销部等部门会商后确定最终采购量，所有物资纳入协议库存采购，所有非物资纳入框架和定点采购。

（一）物资协议库存原则上每年安排两个采购批次，第一批上年度年底完成采购，第二批本年度二季度完成采购。

（二）非物资框架和定点采购原则上每年安排一个采购批次，上年度年底前完成采购。

**第二十七条**　物资协议库存采购完成后，市（县）公司项目建设管理部门每两月按项目包细度提出未来两月物资需求量，并扣除原有库存剩余量。对供应商寄存方式，按寄存方式创建需求物资的采购申请；对现货储备方式，在项目包下创建需求物资的采购申请。

非物资框架和定点采购完成后，低压项目非物资需求计划在项目包下创建采购申请，10 千伏项目非物资需求计划在实际业扩配套子项目WBS下创建采购申请，物资供应中心负责框架及定点采购结果的执行。

**第二十八条**　收到物资需求计划后，省物资分公司、市（州）公司物资供应中心在10个工作日内完成计划审核、协议库存分配，并向供应商发出协议库存采购供货单。省物资分公司要加强对各地市物资供应中心协议库存处理时限的监控。

**第二十九条**　项目建管单位负责非物资合同的签订、履约、资金支付和项目结算工作。市（州）公司物资供应中心负责物资催交催运工作、入出库手续办理、资金支付和物资结算等工作，及时做好物资采购供货单签订，合理安排物资供应计划，及时完成物资收货入库，保证业扩配套项目建设需要。

市（州）物资供应中心应加强物资库存情况监控，物资领用后在库数量下降到一定比例时，应及时预警并补充库存，确保物资可靠供应。

**第三十条**　项目建管单位在项目包下完成实际业扩配套子项目WBS创建后，对10千伏项目物资，市（县）公司项目建设管理部门在实际业扩配套子项目 WBS 下创建物资预留，市（州）公司物资供应中心将所需物资转移至实际子项目WBS下，并及时完成物资配送工作。对低压项目物资，按照抢修领料模式进行管理，物资入库后，需求单位负责在 1-3 个工作日内完成所有实物的出库领用手续。

**第三十一条**　工程结余物资按照《国家电网公司实物库存管理办法》要求办理退库手续，项目管理部门应做好退库物资的利库工作。工程废旧物资按照《国家电网公司废旧物资处置管理办法》要求进行规范处置，实物资产管理部门和项目管理部门应做好废旧物资的技术鉴定和报废审批工作。

## 第六章　工程建设管理

**第三十二条**　项目建管单位快速推进业扩配套工程的建设。根据非物资招标结果，安排设计单位开展设计工作，提出实际业扩配套项目物资需求，并按照需求领用物资发放施工单位。

**第三十三条**　切实做好业扩配套项目实施过程中的信息沟通，营销部门负责收集客户的用电需求并及时反馈给项目管理部门，项目管理部门负责将项目实施进度、需要客户配合事项传递至营销部门，由营销部门与客户协调沟通。

**第三十四条**　低压项目、10 千伏项目，自供电方案答复之日起有效建设周期分别不超过10个、60个工作日；35千伏及以上项目，按照与客户协商一致的用电时间，与客户受电工程同步实施、同步送电，项目竣工后按相关管理规定及时完成工程结算。

**第三十五条**　每月底，县公司负责组织按月对10千伏及以下业扩配套项目工程量和物资库存等进行盘点核查，并逐级上报上级主管部门，省、市公司运维检修部定期组织现场复查。

**第三十六条**　35 千伏及以上项目按单项工程进行成本核算；10 千伏项目按子项核算；低压业扩项目按季进行项目结算，按年办理项目竣工决算。

**第三十七条**　各市（州）公司应加强业扩配套项目执行情况跟踪分析工作，严格核对项目开工、投产统计信息，每月底前上报项目包资金额度利用和具体工程进展情况。

## 第七章　附　则

**第三十八条**　各单位要高度重视、协同推进，可依据本办法并结合本单位实际情况，制订相应具体实施细则，确保各项工作快速有序开展。

**第三十九条**　公司将强化业扩配套项目建设管理的监督检查和考评工作，对市公司备案的业扩配套项目开展方案复核和不定期现场检查，对擅自扩大业扩配套项目范围、随意提高建设标准，造成投资效益低下的情况，将纳入企业负责人绩效和同业指标考核。

**第四十条**　原则上，业扩配套项目均应开展后评价工作，对项目建设成效进行评估；后评价结果将作为后续年份安排各单位业扩配套项目和额度的参考依据。业扩基建项目在可研、设计环节均应计列后评价费用，有条件的可调整纳入电网项目后评价三年工作计划；其他类型项目可参照执行。

**第四十一条**　本办法由公司发展策划部负责解释。

**第四十二条**　本办法自印发之日起执行。原《国网四川省电力公司业扩配套电网建设项目管理实施意见》（川电办〔2016〕34号）同时废止。

# 国网四川省电力公司<br>纪律审查结果运用工作规定

## 第一章　总　则

**第一条**　为贯彻落实中央全面从严治党部署，

规范公司纪律审查结果运用，切实维护纪律的严肃性和权威性，根据《中国共产党纪律处分条例》《中国共产党党内监督条例》《中国共产党问责条例》《中组部关于组织人事部门对领导干部进行提醒、函询和诫勉的实施细则》《国家电网公司员工奖惩规定》《国家电网公司纪律审查工作规定》《国家电网公司纪律审查监督管理工作规定》《国家电网纪检监察部门案件档案管理办法》等相关制度，结合公司实际，制定本规定。

**第二条** 本规定所称纪律审查结果，是指依纪依规对基层党组织、领导人员、员工做出的党纪政纪处分、组织措施、经济处罚以及整改要求等。

**第三条** 纪律审查结果运用，包括处分决定的送达与宣布、落实组织措施、兑现经济处罚、执行整改要求、回复执行情况、资料归档等工作。

**第四条** 纪律审查结果运用，应坚持“依规依纪、从严从实、分级负责、高效规范”原则。

**第五条** 本规定适用于公司本部及所属各单位。

## 第二章 职责分工

**第六条** 纪检监察部门职责：

（一）负责协调、督促、检查纪律审查结果运用工作；

（二）负责将本单位党委管理的正职领导人员及本部副职领导人员的纪律审查处理决定送达本人；

（三）将纪律审查处理决定纳入党风廉政建设责任制考核和党建工作绩效考核评价；

（四）及时将纪律审查处理决定向本单位组织、党建、人资等部门及受处理人员所在单位（部门）通报；

（五）按照领导人员管理权限，建立纪律审查结果运用台账；

（六）把好廉洁关，履行廉洁意见回复、因私出国（境）管理、评先评优资格审查等职责；

（七）建立和维护领导人员廉政档案；

（八）指导对受处理人员进行教育和帮助。

**第七条** 组织人事部门职责：

（一）按照领导人员管理权限，对受处理人员进行提醒、诫勉；

（二）落实纪律审查决定中关于受处理人员的职务、职级、岗位调整意见；

（三）根据纪律审查处理决定，落实因私出国（境）管理限制性规定；

（四）将纪律审查处理决定存入受处理人员人事档案；

（五）向本单位纪委报告纪律审查处理决定执行情况；

（六）指导对受处理人员进行教育和帮助。

**第八条** 党建部门职责：

（一）根据纪律审查处理决定，落实对受处理基层党组织的处理意见；

（二）根据党员管理相关制度和纪律审查处理决定，指导受处理党员所在党组织做好民主评议党员及党员积分管理等工作；

（三）向本单位纪委报告纪律审查处理决定执行情况；

（四）指导对受处理党员进行教育和帮助。

**第九条** 人力资源部门职责：

（一）根据纪律审查处理决定，落实受处理人员经济处罚兑现以及薪酬福利、履职待遇等调整工作；

（二）将党建工作绩效考核评价结果纳入企业负责人年度业绩考核；

（三）根据全员绩效管理相关制度和纪律审查处理决定，准确评定员工年度绩效等级；

（四）向本单位纪委报告纪律审查处理决定执行情况；

（五）指导对受处理人员进行教育和帮助。

**第十条** 受处理人员所在单位（部门）职责：

（一）按照管理权限或受上级委托，将纪律审查处理决定送达受处理人员；

（二）根据纪律审查处理决定，落实因私出国（境）管理限制性规定、评先评优资格审查否决性条件规定；

（三）对受处理人员进行教育和帮助。

## 第三章 送达与宣布

**第十一条** 纪检监察部门应在纪律审查处理决定作出后十个工作日内，向本单位组织、党建、人资等部门及受处理人员所在单位（部门）通报，并制作《纪律审查处理决定通知书》。

**第十二条** 受处理人为本单位党委管理的正职领导人员及本部副职领导人员的，纪检监察部门应在纪律审查处理决定作出后十个工作日内，向受处理人书面送达《纪律审查处理决定通知书》，并由受处理人本人签收。

**第十三条** 受处理人为其他人员的，所在单位（部门）应在收到《纪律审查处理决定通知书》后十个工作日内，送达受处理人并由其本人签收。

**第十四条**　负责送达处理决定的单位（部门）应通过适当方式在一定范围内宣布纪律审查处理决定。党纪处分决定，应按照《中国共产党纪律处分条例》规定进行宣布。

## 第四章　落实组织措施

**第十五条**　纪律审查处理决定涉及受处理人职务、职级、岗位调整的，组织人事部门应在收到纪律审查处理决定一个月内进行调整。因特殊情况需要延期的，最长不得超过三个月。

**第十六条**　纪律审查处理决定涉及对受处理人进行提醒的，组织人事部门或纪检监察部门在两个月内，对受处理人进行提醒。

**第十七条**　纪律审查处理决定涉及对受处理人进行诫勉的，组织人事部门会同纪检监察部门在两个月内，对受处理人进行诫勉。受处理人应在受诫勉后一个月内写出检查材料，一式二份分送组织人事部门和纪检监察部门存档。

**第十八条**　纪律审查处理决定涉及对基层党组织问责的，由党建部门、纪检监察部门按照《中国共产党问责条例》落实处理意见。

**第十九条**　纪律审查处理决定涉及警示谈话、批评教育、通报批评、责令公开道歉、责令检查、责成退出违纪所得、停职检查、待岗、降级等其他组织措施，由归口管理部门在一个月内落实到位。

## 第五章　兑现经济处罚

**第二十条**　公司对照监督执纪“四种形态”，明确和规范各种处理方式的经济处罚标准。

**第二十一条**　非年薪制人员受到经济处罚，由人力资源部门在纪律审查处理决定生效次月，开始兑现经济处罚，直至执行到位。

**第二十二条**　实行年薪制的领导人员受到经济处罚，由组织人事部门在当年年薪结算时一次性兑现经济处罚。

## 第六章　执行整改要求

**第二十三条**　纪检监察部门应在纪律审查决定作出后一个月内，将违纪违规问题和整改意见以《整改意见暨廉政风险防控任务书》的形式送达相关部门及受处理人员所在单位（部门），并按季度向分管领导呈报廉洁风险提示。

**第二十四条**　受处理基层党组织或受处理人员所在单位（部门）应在一个月内制定整改方案，明确整改任务、整改目标、整改时限、责任人员等事项，报上级纪检监察部门备案。

**第二十五条**　受处理基层党组织或受处理人员所在单位应针对违纪违规问题举一反三进行风险排查和问题整改。

## 第七章　回复执行情况

**第二十六条**　纪检监察部门定期向组织、党建、人资部门了解纪律审查结果运用情况，向相关单位（部门）了解整改落实情况。

**第二十七条**　组织、党建、人资部门应在纪律审查处理决定相关事项执行完毕后一个月内，书面向纪检监察部门回复执行情况，并附相关记实材料。

**第二十八条**　受处理基层党组织或受处理人员所在单位完成整改任务后，应书面向上级纪检监察部门报告整改情况。

## 第八章　资料归档

**第二十九条**　组织人事部门应在党纪政纪处分文件印发后一个月内，将处分文件存入受处理人人事档案。

**第三十条**　组织人事部门应对受处理人的书面检查材料进行集中管理。

**第三十一条**　纪检监察部门应将《纪律审查处理决定通知书》、《诫勉谈话表》、《提醒谈话表》、受处理人书面检查材料等存入受处理人个人廉政档案。

## 第九章　监督检查与责任追究

**第三十二条**　公司纪委定期对所属各单位纪律审查结果运用情况进行检查，及时指出、督促整改执行不到位的情况，并将检查情况纳入党风廉政建设责任制考核和党建工作绩效考核评价。

**第三十三条**　纪检监察部门定期对本单位纪律审查结果运用情况进行检查，及时指出、督促整改执行不到位的情况，对拒不执行纪律审查决定或经督促后仍未执行到位的，及时向本单位党委、纪委和上级纪委汇报情况。

**第三十四条**　对在纪律审查结果运用中不履行或不正确履行职责的单位和人员，视问题性质和情节轻重，依据党内法规和公司规章制度，给予组织处理或纪律处分。

### 第十章　附　则

**第三十五条**　本规定所涉及的事项，凡党内法规、法律法规、国网公司通用制度等另有规定的，从其规定。

**第三十六条**　本规定由公司监察部（纪委办公室）负责解释。

**第三十七条**　本规定自印发之日起施行。

## 国网四川省电力公司 地市公司班组式业主项目部 建设管理办法（试行）

### 第一章　总　则

**第一条**　为进一步深化国网四川省电力公司（以下简称“省公司”）输变电工程业主项目部标准化建设，切实提升地市公司电网建设管理水平，依据《国家电网公司关于进一步深化地市公司业主项目部标准化建设的指导意见》和《国家电网公司输变电工程业主项目部管理办法》等管理制度，制定本办法。

**第二条**　本办法所指班组式业主项目部（以下简称“业主项目部”）是指机构设置相对固定，人员组成相对稳定，不再根据某一具体项目的进度和管理需要组建和解散，采取流水作业方式代表业主按照国家电网公司输变电工程业主项目部工作要求履行建设过程管理职责的专业管理机构。

**第三条**　地市公司输变电项目建设管理实行职能管理和现场管理相分离的管理模式。地市公司建设部履行项目业主建设管理职能，项目管理中心代表业主履行现场管理职责，业主项目部是项目管理中心组织架构的深化，实行独立运作和管理。地市公司应成立一个及以上的业主项目部履行项目现场管理职责。

**第四条**　本办法适用于省公司投资，纳入基本建设程序管理的35—220千伏输变电工程。

### 第二章　职责分工

**第五条**　省公司建设部管理职责

1. 贯彻执行国家电网公司业主项目部管理的相关制度，负责制定地市公司业主项目部管理的相关办法并监督执行。

2. 对地市公司业主项目部的管理工作进行考核评价。每两年对项目部优秀人员进行评价和表彰。

3. 对地市公司班组式业主项目部建设进行指导，组织开展监督检查、竞赛交流等活动，提升地市公司业主项目部标准化管理水平。

**第六条**　地市公司层面管理职责

（一）建设部（项目管理中心）管理职责

1. 贯彻执行国家电网公司和省公司业主项目部管理等相关规章制度。

2. 执行工程项目建设计划，负责地市公司管理工程项目进度、安全、质量、技术、造价管理。

3. 建立电网建设协调与对外服务协同机制，负责上级工程项目管理机构开展所辖区域电网建设项目的属地协调工作，负责所辖电网建设项目的属地协调工作。

4. 负责所辖35至220千伏（含新建变电站同期配套10千伏送出线路工程）电网项目的建设过程及现场管理，负责与相关职能部门共同组织项目启动验收。

5. 负责业主项目部的组建和管理，并对业主项目部工作进行指导、考核和评价。

（二）物资供应中心管理职责

1. 负责所辖工程的物资需求计划汇总上报与初审，并按计划组织开展物资供应，协调解决存在的问题。

2. 派员进入业主项目部负责物资管理，接受业主项目经理的业务管理与考核，协调推进物资供应工作，满足工程建设需要。

（三）业主项目部管理职责

贯彻落实上级管理部门的各项文件、制度和工作要求，对项目建设进度、安全、质量、造价、技术等实施现场管理，对工程建设关键环节进行有效管控，对项目管理绩效负责。负责对工程设计、监理、施工、调试等参建单位进行合同履约管理，通过对合同执行情况的监督考核，督促参建单位严格履行合同义务，完成合同规定的工作内容。

1. 贯彻执行并监督参建单位落实有关工程建设的国家、行业标准、规程和规定，以及公司各项管理制度、“三通一标”等标准化建设要求。

2. 参与发展部门负责的工程选址选线、可研、核准等项目前期工作。

3. 开展项目管理策划，组织编写建设管理纲要，报建设管理单位审批；督促参建单位制定项目策划文件，审批参建单位的项目策划文件并监督执行。

4. 参与工程设计、监理、施工及物资等招标及合同签订工作，具体负责设计、监理、施工合同条款的监督执行，监督、配合物资合同条款执行，及时协调合同执行过程中出现的有关问题。

5. 协调推进工程前期工作，协助办理开工前的有关行政许可手续，落实标准化开工条件，项目开工前，配合建设管理单位开展监理项目部、施工项目部标准化配置达标工作。

6. 开展施工图设计管理，组织设计联络会，协调设计单位与物资供应商完成技术确认；组织设计交底及施工图会检，签发会议纪要并监督纪要的闭环落实。

7. 开展建设协调与监督检查，组织召开第一次工地例会和工程月度例会，根据需要召开专题协调会，检查工程进度、安全、质量、造价、技术管理工作落实情况，及时协调工程建设有关问题，提出改进措施；印发纪要并跟踪落实，重大问题上报并协调解决。

8. 开展及参加各类安全、质量检查工作，监督、落实标准工艺应用，具体负责安全文明施工管理，监督安全文明施工费使用，按规定程序上报安全、质量事故（事件），参加安全、质量事故（事件）调查。

9. 推动属地公司运用“一口对外”协调机制，组织开展项目建设外部环境协调。

10. 开展工程设计变更与现场签证管理，按权限分级办理审批手续。审核工程款项（含工程预付款、工程进度款、设计费、监理费、征地费等）支付申请，上报月度用款计划。

11. 跟踪物资生产和到货情况，协调物资供应，满足现场进度要求，及时收集物资结算资料并提报。

12. 全面应用基建管理信息系统，开展项目部专业管理工作，及时完成系统中项目数据录入和维护。

13. 及时组织宣贯上级文件，做好来往文件记录，负责工程信息与档案资料的收集、整理、上报、移交工作。

14. 督促施工单位完成三级自检、监理单位完成初检工作，参加或受委托组织工程中间验收工作，参加工程竣工预验收和启动验收，做好工程质量监督配合，组织各参建单位做好闭环整改工作。

15. 工程投运后，及时对项目管理工作进行总结，对项目参建单位工作成效开展评价，汇总、上报设计、施工、监理、物资供应商的合同履约情况，并报送建设管理单位。

16. 配合完成工程结算、工程竣工决算、工程审计、工程创优等相关工作。

**第七条**　县公司层面管理职责

（一）县公司发展建设部、乡镇供电所应负责各级输变电工程建设的属地协调工作。

（二）县公司指派专人负责工程属地协调，并接受业主项目部的业务管理与考核。

## 第三章　业主项目部的组建及管理模式

**第八条**　业主项目部组建原则

业主项目部原则上由项目管理中心项目经理及工程建设综合技术岗位人员组成，设置项目经理（可内部分工为：业主项目经理、副经理、总工）、工程建设综合技术（可内部分工为：建设协调、安全、质量、造价、技术、档案专责）等岗位（具体工作要求详见附件），属地协调联系人、物资协调联系人由县公司及物资部门派员进驻。

**第九条**　业主项目部数量及管理范围地市公司根据项目数量等实际情况，按照以下原则成立一个或多个业主项目部：

一个业主项目部管理半径不宜超过300公里（地域广、项目分散的地市可适当延长），管理半径超过500公里需另行组建项目部。一个业主项目部可以同时管理同期建设的 220千伏项目不超过5个，110千伏及以下项目不超过10个。同期管理混合电压等级项目时，按照220千伏项目0.3、110千伏项目0.15、35千伏项目0.1系数进行折算，累计不宜超过1.5。

**第十条**　业主项目部人员配置要求

（一）业主项目部设置的项目经理（业主项目经理、总工）、工程建设综合技术（建设协调、安全、质量、技术专责）等岗位，应专职担任，工程建设综合技术（造价、档案专责）岗位可兼任。

（二）业主项目部人员任职要求

1. 项目经理（业主项目经理、副经理、总工）：其任职条件按照《国网四川省电力公司业主项目经理资格证书积分制管理实施办法》的相关要求执行。

对于管理混合电压等级的业主项目部，项目经理（业主项目经理、副经理、总工）按照其中最高电压等级项目对应的项目经理资格级别进行配置。

2. 其他专业管理人员：由具备相应管理能力和丰富实践经验的人员担任，应具有初级及以上职称或相应执业资格，从事电网建设管理、设计、施工、检修、运维等相关专业工作3年以上经历，应相对固定，分工明确（原则上不得兼职），各负其责，确保项目管理团队稳定，工作有序。

业主项目部所有管理人员均需经过国家电网公司或省公司的岗位培训，考试合格后持证上岗。

（三）地市公司应建立与业主项目部现场管理职责相适应的岗位体系，以及权、责、利相适应的薪酬体系，并完善相应的激励机制。

**第十一条** 业主项目部组建和报备要求

（一）地市公司负责业主项目部的组建，发文成立并向省公司建设部报备。

（二）业主项目部管理人员发生变动时，应向省公司建设部报备。

**第十二条** 业主项目部应设立固定办公地点，集中办公人员，配备满足工程管理所必需的办公设施，具备独立运作的条件。

（一）各业主项目部根据所管辖工程的管理半径和现场工作的实际需要合理确定独立办公地点，并应满足以下办公条件：

1. 办公家具、办公设备、办公用品和办公网络等的配置应满足实际工作需要，可参考各地市公司的相关管理办法。

2. 配置会议室一个。

3. 配置资料（档案）室一个。

（二）业主项目部根据项目管理需要配置（租赁）满足工程现场实际需求的车辆，费用可从项目法人建设管理费中列支。

## 第四章 检查考核

**第十三条** 省公司对地市公司班组式业主项目部组建及工作开展情况进行检查评价，评价结果纳入基建管理综合评价、同业对标和企业负责人业绩考核。

**第十四条** 省公司每两年定期开展优秀业主项目部、项目经理评比工作，形成“比、学、赶、帮、超”的良好氛围，充分调动各业主项目部的工作积极性，全面提升项目管理整体水平。

## 第五章 附 则

**第十五条** 本办法由国网四川省电力公司建设部负责解释并监督执行。

**第十六条** 本办法自发布之日起施行。

# 国网四川省电力公司<br>高校毕业生招聘及跟踪管理暂行办法

## 第一章 总 则

**第一条** 为深化公司人力资源集约化管理，规范招聘高等学校毕业生工作，引进高素质人才，依据国家电网公司有关规定和要求，结合公司实际情况，制定本办法。

**第二条** 招聘毕业生工作应遵循以下原则：

（一）规划指导、计划调控。

（二）需求导向、保障基层。

（三）公开平等、竞争择优。

**第三条** 毕业生管理工作包括招聘和跟踪管理（培养、使用、考核等），由公司统一负责组织实施，用人单位人事部门负责日常管理。

**第四条** 本办法适用于公司所属各单位，控股、代管单位参照执行。

## 第二章 管理职责

**第五条** 公司党委组织部（人事董事部）是公司招聘毕业生工作的管理部门，主要职责如下：

（一）负责制定公司招聘毕业生工作制度、年度招聘工作方案；

（二）负责组织编制、下达、调整公司招聘毕业生计划；

（三）负责组织公司招聘笔试、面试，确定拟录用人选并提交国网公司核准； （四）负责审核、办理毕业生入职手续；

（五）负责组织新入职毕业生集中培训；

（六）负责指导、协调、监督、考核各单位招聘毕业生工作。

## 第三章 招聘计划

**第六条** 招聘毕业生实行统一计划管理。

每年9月底前，按照国网公司的要求，公司统一组织各单位开展下年度招聘毕业生计划编制工作。

**第七条** 招聘毕业生计划包括需求单位、学历(学位)、专业名称、专业分类、院校类别、岗位类别、招聘数量、需求原因、需求程度等内容。

公司根据人力资源需求预测、用工策略、超缺员情况等因素，核定各单位招聘计划数量和学历层次、专业分类、岗位类别、地域分布等结构比例，指导各单位制订具体需求计划和实施方案。

各单位应统筹考虑本单位发展规划、业务需要、劳动定员、上岗条件、人员结构、自然减员等因素，开展人力资源总量、专业、素质需求预测，科学编制年度招聘计划，经本单位党委会研究同意，报公司审核，经国网公司批准后执行。

**第八条** 招聘毕业生应围绕各单位主营业务一

线岗位需求，主要考虑重点专业、重点岗位、重点项目，兼顾其他紧缺专业。主营业务一线岗位需求比例一般不低于计划数的80%。

**第九条**　招聘毕业生计划不得跨年度使用，计划落实以当年毕业生报到并办理入职手续为准。

## 第四章　招聘公告和简历筛选

**第十条**　公司根据招聘计划编制招聘公告，报国网公司审核后，通过招聘平台发布。

招聘公告中应包含需求岗位、招聘数量、报名方式、岗位条件、考评方法、结果告知方式、咨询电话等内容，不得设置民族、种族、性别、宗教信仰等歧视性条件，不得将院校作为限制性条件，用人单位招聘毕业生不得将户籍作为限制性条件。

**第十一条**　应聘毕业生应具备以下基本条件：

（一）取得相关学历学位证书的国内普通高校全日制毕业生，或者获得国家教育部学历学位认证的国（境）外院校毕业留学生；

（二）遵守国家法律法规，具有良好的思想品德，认同公司核心价值观；

（三）身体健康，符合招聘岗位工作要求。

**第十二条**　毕业生应聘时，需通过招聘平台注册和填报个人信息，上传学习成绩单、就业推荐表、学籍认证报告、各类证书等相关证明材料扫描件。

**第十三条**　各单位要建立招聘简历筛选量化评分机制，根据招聘计划、岗位需求、毕业院校、所学专业排名、学术成果、资格证书、社团和社会实践等因素，择优确定参加笔试人选。对落户有年龄、毕业时间等限制性要求的地区，简历筛选应符合当地相关规定。

## 第五章　招聘考试

**第十四条**　各单位自主招聘高校毕业生，需自行组织考试，笔试和面试由各单位参照国网公司统一笔试和公司集中面试模式进行。考生综合成绩中笔试成绩占65%，面试成绩占35%，笔试和面试成绩均向考生公开。

**第十五条**　国网公司招聘高校毕业生统一笔试原则上分三批开展，其中第一批由公司所属各单位组织校园招聘，第二、三批由国网公司组织统一笔试。

国网公司统一组织笔试命题和阅卷，公司作为招聘考试的实施主体和责任主体，在国网公司总部统一指导下，开展所属各单位的招聘考试工作。承办笔试考务；组织开展各单位考生集中面试等事项。公司系统各招聘单位负责应聘毕业生的简历初次筛选，配合公司组织本单位应聘人员开展笔试、面试等考务工作。

**第十六条**　招聘笔试主要测试毕业生的综合能力、专业知识等内容，国网公司统一组织的笔试成绩，在各单位通用。

**第十七条**　招聘面试主要测试毕业生的综合素质，涵盖专业能力、职位匹配性、综合分析能力、沟通协调能力、语言表达能力、社会实践经历、形象气质、心理素质等方面。

面试形式以半结构化或结构化面试为主，由公司委托第三方机构进行。

每组面试评委一般不少于5人；到校园现场招聘高学历、紧缺专业毕业生时，每组面试评委不少于3人。

**第十八条**　招聘毕业生体检要求，由各单位参照国家公务员体检标准，结合行业特点和履行岗位职责需要确定。

**第十九条**　综合考察由各单位组织完成，主要包括思想政治、遵纪守法、心理素质等方面内容。

## 第六章　申报和核准录用

**第二十条**　毕业生录用人选申报核准分两批进行，一般安排在当年1月和4月。

各单位根据校园招聘、各批次考试成绩、体检和考察结果等情况，经本单位党委（党组）会研究确定拟录用人选，经白省公司报国网公司审核。

**第二十一条**　国网公司按照“六个优先”原则（主营业务需求、紧缺专业、高层次人才、重点院校、专业特长、艰苦边远地区岗位），对各单位申报的毕业生拟录用人选进行审核，并下达核准录用人选。

**第二十二条**　国网公司核准下达录用人选后，公司在招聘平台公示录用毕业生的姓名、性别、毕业院校等，公布纪检部门监督电话与通信地址，公示期为7天。

**第二十三条**　公示无异议的，各单位应与学生签订就业协议，约定相关权利和义务。公示有异议、经核实不符合录用条件的，不予录用。

## 第七章　入职管理

**第二十四条**　毕业生报到时，用人单位要查验其毕业生、学位证、就业报到证，以及英语等级、获奖证书等材料的原件，留学生需另提供海外学历学位认证书。以上材料信息可通过网络查询验证的，以网络查询验证结果为准。

报到时未能按招聘条件取得相关证书、或无法证实相关证书真实性的，取消录用资格。

未按规定时间报到的，视为自行放弃录用资格。

**第二十五条** 各单位与毕业生依法订立劳动合同，约定劳动合同期限、工作内容和工作地点、工作时间和休息休假、劳动报酬、社会保险、劳动保护、劳动条件、职业危害防护、劳动合同解除与中止等事项。新员工首次订立劳动合同原则上为3至5年，试用期为6个月。

**第二十六条** 各单位应按照公司新入职毕业生培养管理有关规定，组织做好新员工实习定岗、集中培训等工作，通过公司人力资源管理信息系统，详实记录毕业生个人信息及岗位变动情况。

**第二十七条** 新员工入职培养期间的薪酬由各单位负责发放。薪酬标准由各单位参照当地劳动力市场工资价位，结合新员工学历层次等情况统一制定。根据国家和公司相关规定，为新员工建立社会保险和住房公积金并足额缴纳。

**第二十八条** 国网公司于每年12月组织开展招聘高校毕业生“回头看”工作，对入职毕业生的学校、学历、专业、岗位等信息进行核实，对查出问题进行通报和限期整改。

## 第八章 定向和订单培养

**第二十九条** 为解决艰苦边远地区一线人才短缺问题，甘孜、阿坝、凉山供电公司的艰苦偏远或少数民族地区县供电企业，可开展高校学生定向培养和订单培养（以下简称“定向和订单培养”），培养人数纳入入职年度毕业生招聘计划。

**第三十条** 定向培养是指面向艰苦边远地区生源，在高考时定向招生，录取到公司所属专科院校进行定向培养，取得学历证书后，定向安置到艰苦边远供电企业一线工作。

每年3月底前，国网公司核定下达艰苦边远地区定向培养计划；8月底前，定向培养院校和公司共同协调省级教育主管部门，完成学生录取工作；9月底前，公司组织与定向培养院校、学生三方签订定向培养协议。

**第三十一条** 订单培养是指择优选拔电工类专业大学本科四年级学生和其他工学专业大学本科三年级学生，提前确定到艰苦边远供电企业一线工作的就业意向，在毕业前开展电力专业培养，取得学历学位证书后，按协议安排工作单位和岗位。

每年10月底前，国网公司组织公司相关单位赴订单培养协议院校，集中开展笔试、面试，确定订单培养人选；11月底前，国网公司核准下达订单培养人选；12 月底前，公司组织与订单培养协议院校、学生三方签订订单培养协议。

**第三十二条** 定向和订单培养协议中，应约定培养模式、费用标准、考试考核方式、就业入职标准、服务年限、违约责任等内容，明确三方的权利和义务。高校学生签署培养协议后，原则上不再调整录用单位。

定向和订单培养的费用主要包括在校学习、集中培训期间的学费、住宿费、生活费、保险交通费和实训费等，费用金额由公司和合作院校共同协商，依据当地物价部门核定的费用标准确定。培养费用由公司承担，在“营业外支出”科目中列支。

## 第九章 招聘纪律

**第三十三条** 各单位要严格按照公司下达计划和有关规定开展招聘毕业生工作。

**第三十四条** 招聘高校毕业生过程中，与应聘者有夫妻关系、直系亲属关系、三代以内旁系血亲或近姻亲关系，或存在其他可能影响招聘公正情形的企业负责人和工作人员，不得参与招聘工作。

**第三十五条** 有下列情形之一的，按照国网公司相关规定处理责任单位、人员：

（一）指使、帮助他人作弊，或在资格审查、考试考核中参与作弊的；

（二）泄露考试题目的；

（三）违反规定录用毕业生的；

（四）不按计划要求申报毕业生人选的；

（五）入职时擅自调整公司核准的毕业生分配单位和岗位类别的；

（六）有其他应予处理的情形的。

**第三十六条** 有下列情形之一的，取消应聘毕业生的考试和录用资格：

（一）伪造、涂改学历、学位及相关资格证书、获奖证明的；

（二）伪造教育经历，虚报在校成绩的；

（三）在应聘考试过程中作弊的；

（四）违反规定录用的；

（五）有其他应取消资格的情形的。

**第三十七条** 公司建立招聘毕业生工作考核制度，对各单位招聘计划编制、毕业生人选审核申报、招聘纪律执行等方面的情况进行考核。公司纪检监察部门全程参与招聘笔试、面试等关键环节监督，各单位上报审核人选时由单位主要负责人签字确认。

### 第十章　附　则

**第三十八条**　各单位要根据本办法，结合本单位实际，制定实施细则。

**第三十九条**　本办法由公司党委组织部（人事董事部）负责解释并监督执行。

**第四十条**　本办法自2017年8月15日起执行。原《四川省电力公司高校毕业生招聘及跟踪管理暂行办法》（川电人事[2011]151号同时废止。

## 国网四川省电力公司岗位管理实施细则

### 第一章　总　则

**第一条**　按照《国家电网公司供电企业岗位管理办法》的相关规定，为加强国网四川省电力公司（以下简称“公司”）岗位管理工作，明确管理职责和业务流程，建立标准统一、科学规范、责权明确的岗位管理体系，结合公司实际，制定本实施细则。

**第二条**　岗位管理是指为落实企业组织机构设置方案和职责体系，细化企业内部分工协同关系，通过开展工作分析、岗位价值评估等工作，建立并完善岗位体系的管理过程。

**第三条**　岗位管理遵循“顶层设计，科学规范，统筹三定，分级分类”的原则。

**第四条**　岗位管理是人力资源管理的基础性工作，其形成的岗位名称、岗位职责、岗位分类、岗位任职资格、岗位价值评估结果等信息是开展劳动定员、招聘与配置、薪酬管理、绩效管理、培训开发等工作的必要条件。

**第五条**　本细则适用于公司本部、公司所属各单位、县公司，集体企业可参照本细则制定本单位岗位管理制度规定。

### 第二章　职责与分工

**第六条**　公司负责公司本部及所属各单位的岗位规范管理，主要职责：

（一）贯彻落实国家电网公司岗位管理规章制度与标准，制定岗位管理实施细则并组织实施；

（二）落实国家电网公司标准化、精益化管理要求，建立并完善公司典型岗位体系；

（三）负责公司本部实际岗位设立、变更和撤销管理；

（四）指导、监督、检查和考核所属各单位岗位管理工作。

**第七条**　公司层面业务支撑实施单位、地市供电企业和县供电企业（以下简称“各级单位”）负责本单位实际岗位管理，主要职责：

（一）贯彻落实公司岗位管理方面的制度和标准，依据典型岗位体系，建立并完善本单位实际岗位体系；

（二）根据生产组织模式的调整情况，向上级人力资源部提出典型岗位调整申请，经省公司调整后组织实施。

**第八条**　各级人力资源部门是岗位管理的归口管理部门，负责完善岗位管理工作机制，指导和组织本单位专业部门开展工作分析、岗位价值评估等工作，完善岗位体系，审核实施各专业岗位设置方案；各级专业部门根据业务需求和岗位管理规定开展本专业工作分析、岗位价值评估等工作，拟定本专业岗位设置方案，配合开展岗位管理具体工作。

### 第三章　岗位要素

**第九条**　岗位要素主要包括岗位名称、岗位职责、岗位层级、岗位分类、岗位任职资格等方面。各岗位要素依据工作分析结果确定。

工作分析，是指通过观察和研究，确定特定工作所包括的内容及上岗人员必备的技术、知识、能力与责任，并区别本二作与其他工作差异的过程。

**第十条**　岗位名称是岗位工作内容的显性表现，应遵循“岗位工作内容关键词+称谓”的命名规范，其中岗位工作内容关键词应体现岗位工作的核心内容，称谓应符合本岗位所在行业或职业工种的通用叫法。

**第十一条**　岗位职责是对某岗位从事工作内容、工作职权、工作责任的具体描述，以条目形式分项表述。岗位职责以工作分析为基础，结合业务流程性职责对岗位职责进行总结概括，保证岗位信息全面准确，岗位间职责界面清晰明确。

**第十二条**　岗位层级，是指通过岗位价值评估，确定公司组织体系中各岗位的相对价值，即不同岗位对公司战略实现的贡献度。管理与技术类岗位一般分为高级师、中级师、初级师，技能与服务类岗位一般分为高级工（员）、中级工（员）、初级工（员）。各单位应根据公司各层级岗位职数配置标准，按照“结构合理、绩效最优”原则，合理控制不同层级岗位数量比例。

在以下情况之一发生时，应组织开展岗位价值评估，对岗位承担的责任大小、工作强度、难易程度、任职资格等要素进行评价，以确定各岗位在企业内部相对价值，并依据岗位价值评估结果完善岗位层级：

（一）组织架构发生较大变化，导致单位内部分工协同关系发生较大变化时；

（二）业务流程发生较大变化，导致大部分岗位工作内容发生较大变化时；

（三）其他导致岗位工作内容、岗位职责、岗位价值等发生较大规模变化的情况。

**第十三条** 岗位分类是指在岗位调查、分析、设计与评价的基础上，根据岗位工作的性质和特点，将岗位划分为不同类别。主要用于劳动定员、人力资源统计分析等工作。

（一）岗位分类标准制、修订工作由国家电网公司统一组织。岗位分类标准发布后，公司组织所属各单位贯彻实施，并在 ERP 系统人力资源模块中准确维护典型岗位和实际岗位的分类属性。

（二）按照《国家电网公司岗位分类标准》，岗位分为经营、管理、技术、技能和服务五大类别。其中：

经营类为各级单位负责经营决策的岗位，即单位领导班子成员岗位。

管理类为在各级组织机构中，根据实际工作需要设置的有明确职责、任职资格，负责企业某类业务的管理，在企业生产经营活动中从事具体专业管理及相关业务指导、管理和监督工作的岗位。

技术类为在各级组织机构中，根据实际工作需要设置的有明确职责、任职资格，从事专业技术的工作岗位。主要负责新的生产工艺、生产技术、生产设备或装备的研发与应用，生产流程的优化设计，以及在实施过程中所遇技术难题的研究解决。

技能类为在实施机构和生产单位内，根据实际工作需要设置的有明确职责、任职资格，由受过专门专业学习或训练，能熟练掌握、应用专门技术和技能，从事生产实操工作或其他须具备较高技能工作的岗位。

服务类为在各级机构内，根据工作需要或阶段性工作需要设置，从事辅助于管理或生产，并较易从社会劳动力市场上获得的掌握一般熟练技能的工种岗位。

**第十四条** 岗位任职资格，是指为保证工作目标的实现，任职者必须具备的知识、技能、专业经验和能力等方面的要求，主要包括工作年限、学历、专业技术资格、技能等级、能力及特殊要求等。

## 第四章 典型岗位体系

**第十五条** 公司根据生产经营需要，考虑业务规模、装备水平和管理模式等因素，落实强化协同机制建设的有关要求，通过工作分析制定适合公司的岗位设置范例，即公司典型岗位体系。

**第十六条** 典型岗位体系由若干典型岗位组成，每个典型岗位包括所在单位、部门、岗位名称、岗位分类、岗位职责、岗位任职资格等信息。

**第十七条** 典型岗位体系覆盖公司全部业务板块，并按照单位类型分类设置。同一类型单位内部的典型岗位应遵循“因事设岗、数量精简、合理分工、职责明确、相互协同”的原则设置。

**第十八条** 关键岗位是指围绕公司人、财、物、工程建设和营销等业务，具有资源分配、审批审核、监督检查等权责，存在较高廉洁从业风险的岗位。公司按照国家电网公司关键岗位人员交流有关规定，明确典型岗位体系中的关键岗位，制定键岗位人员交流管理办法，具体按照《国网四川省电力公司处级及以下关键岗位人员交流管理办法（试行）》执行。

**第十九条** 公司对典型岗位体系实施动态完善。公司专业部门或所属单位应依据业务流程、组织方式以及技术手段等变化情况，开展工作分析，提出典型岗位的变更建议。公司人力资源部组织审核，统筹考虑同类单位共性情况后予以调整。

## 第五章 实际岗位体系

**第二十条** 实际岗位是以提高生产经营实际劳动组织效率为目的，以典型岗位体系为依据，结合企业规模、工作饱和度和管理特点而建立的实际使用岗位。公司所属各单位应根据典型岗位体系进行选择设置本单位实际岗位，未经审批，不得拆分和合并典型岗位。

**第二十一条** 各单位实际岗位的设置，要充分考虑工作分工的协同性、工时利用的有效性、工作负荷的合理性等因素，保持实际岗位体系的相对稳定。

**第二十二条**　实际岗位管理包括岗位设立、岗位变更、岗位撤销等业务流程。岗位名称、岗位职责等岗位要素变化时，需进行实际岗位的设立、变更和撤销。

（一）岗位设立和变更。各单位专业部门根据业务发展需要和典型岗位体系，提出实际岗位设立、变更申请，由本级单位人力资源部门在典型岗位体系框架内进行审核。拟设立、变更岗位超出典型岗位体系范围的，应提出典型岗位调整申请，报公司人力资源部审核并更新典型岗位后组织实施，并在ERP系统人力资源模块中同步调整。

（二）岗位撤销。人力资源部会同专业部门对部分因业务不存续、岗位工作不饱和的岗位进行撤销，撤销后该岗位的保留职责应调整到其他相关岗位。

## 第六章　岗位应用

**第二十三条**　上岗管理。

各单位应遵循“人岗匹配、双向选择、竞争择优”原则，以岗位工作分析和价值评估为基础，依据岗位任职资格要求，遵循《国家电网公司内部人力资源管理办法》相关规定，采用合适的用工策略，选拔符合岗位需要的人选。

（一）新设立和空缺的管理、技术、重要技能岗位一般应实行岗位竞聘，竞聘人员应符合竞聘条件。

（二）符合辅助性、临时性、替代性规定的一般岗位和通用岗位可以依法合规地使用劳务派遣用工，劳务派遣岗位设置应在《国家四川省电力公司劳务派遣适用岗位指导名录》中进行选设。

（三）业务原因不能兼任的岗位，不能由一个人担任（如会计、出纳）。

（四） 员工组（竞）聘后，各级单位应通过通知或通告等形式对员工上岗情况进行通报。

**第二十四条**　在岗管理。

（一）各单位应定期对员工进行岗位专业技能、知识水平和行为规范的培训，提升员工岗位适应能力素质，为更好地实现岗位工作目标提供保障。

（二）各单位对在岗人员应实施绩效管理，评价员工工作情况，并将评价结果应用到员工薪酬管理，促使员工不断改进绩效，确保更好地完成岗位工作目标。

（三） 各单位关键岗位人员应按照《国网四川省电力公司处级及以下关键岗位人员交流管理办法（试行）》规定按期进行交流。

（四）各单位应建立经营类、管理类、技术类、技能类和服务类岗位人员的职业发展通道，经专业评估及考核竞争，既可在本岗位类别发展，也可跨岗位类别发展，以适应不同类别人员的素质特征，形成多职位、多途径、多方向的职业发展通道体系。

**第二十五条**　考核降岗是指根据员工工作胜任能力和绩效考评结果，将员工调整至较低岗位岗级或现岗位降低岗级使用的情形。考核降岗管理具体按照《国家电网公司员工退出管理规定》执行。

**第二十六条**　待岗是指员工由于个人或组织原因，经所在单位批准，退出工作岗位参加学习培训的情形。待岗管理具体按照《国家电网公司员工退出管理规定》执行。

## 第七章　监督与考核

**第二十七条**　公司统筹定编、定岗、定员情况，定期开展岗位管理规范性分析，重点检查实际岗位规范性、合理性、岗位工作饱和度等内容，发挥岗位管理在人力资源工作中的基础性作用。

**第二十八条**　各单位应在岗位设立、变更和撤销后应及时更新维护人力资源信息管理系统数据。公司对各单位岗位管理制度的执行情况进行考核评价，并通过 ERP 系统人力资源模块对各单位岗位管理工作进行检查。

**第二十九条**　公司对岗位管理标准制度的执行情况进行考核评价，考核结果作为人力资源专业年度业绩考核和同业对标加减分的依据。

**第三十条**　各单位要建立人力资源部门与专业部门协同工作机制，分工协作，科学管理，全面落实公司岗位管理相关规定。

**第三十一条**　各单位岗位的设立、变更由本单位人力资源部门统一行文，上级专业部门不得发文对下属单位直接提出岗位设立和变更的要求，严禁超越权限调整岗位。

## 第八章　附　则

**第三十二条**　本办法由公司人力资源部负责解释并监督执行。

**第三十三条**　本细则自发布之日起施行，原《国网四川省电力公司岗位管理实施细则》（川电人资〔2015〕67 号）同时废止。

# 国网四川省电力公司
# 调控机构安全生产监督管理实施细则

## 第一章　总　则

**第一条** 为规范四川省电力公司调控机构（以下简称“公司”）安全生产体系、制度执行、监督审计、例行工作、应急管理、教育培训、考核评价等监督管理工作，提升调控安全管理水平，根据相关规程、规定及国家电网公司管理要求制定本细则。

**第二条**　调控机构应严格执行国家、电力行业及公司的有关法规、技术标准、规程、规定等，完善安全管理机制，使安全生产工作实现制度化、规范化、标准化。

**第三条**　本细则适用于公司及所属各级单位调控机构。

## 第二章　安全生产体系

**第四条**　调控机构实行以行政正职为安全第一责任人的安全生产责任制，建立健全安全生产责任体系、保证体系和监督体系。

**第五条**　调控机构应建立健全各级、各类人员安全生产责任制，调控机构行政正职对安全工作和安全目标负全面责任；调控机构行政副职对分管工作范围内的安全工作负领导责任，向行政正职负责；各专业负责人具体负责本专业安全生产工作；各专业员工对本岗位安全生产工作负直接责任。

**第六条**　调控机构应根据上级要求、公司年度安全生产目标，结合工作制定安全生产目标，组织签订安全生产责任书，将安全责任细化落实到各层面、各专业、各岗位，确保安全责任到岗到人。安全生产责任书期限为一年，一般应在一季度完成签订并上报，人员岗位变动后应在一个月内重新签订并上报。

**第七条**　调控机构明确分管领导协助行政正职负责分管工作范围内的安全保证体系工作。

**第八条**　调控机构明确行政正职主管安全生产监督体系工作。调控机构内部应建立中心、处（室）两级安全监督体系（安全监督网络模板见附件 2），明确两级安全监督的责任和权利。调控机构设置专职安全员，各处（室）设置兼职安全员。

**第九条**　调控机构日常安全监督的主要内容如下：

（一）调度控制操作票、调度电话录音、调控值班日志、在线安全风险分析执行情况；

（二）电网运行风险预警发布、电网日前停电检修工作票、电网日前计划执行情况；

（三）新设备投产调试方案、电网稳定措施通知单执行情况；

（四）继电保护定值整定计算方案、继电保护定值整定单执行情况；

（五）自动化系统及设备检修工作票、自动化值班日志及自动化运行消缺值班记录执行情况；

（六）工作站、服务器病毒防护情况，非法入侵情况，主机安全情况，调度数据网安全防护情况，网络体系结构安全情况；

（七）设备监控信息接入及问题处置执行情况；

（八）隐患排查及治理情况；

（九）机房环境、电源及消防设施等情况。

**第十条**　调控机构各处（室）安全员应开展本专业核心业务评估及控制要点的日常检查，提出安全风险控制措施建议；中心安全员开展核心业务内控监督检查，提出评价意见和整改建议，按月形成内控监督查评报告。

**第十一条**　公司所属各级单位应成立电网运行安全管理横向协同工作组，建立电网运行安全管理横向协同例会机制，协同相关部门保障电网安全运行，督导电网补强措施及特殊运行方式控制措施落实。

**第十二条**　电网运行安全管理横向协同例会应定期召开，协同处置的事项要做好记录分析，形成会议纪要，存档备查。

**第十三条**　电网运行安全管理横向协同工作组应每年对年度运行方式补强措施及特殊运行方式控制措施落实情况进行监督评价，每年12月31日前在调度管理系统（OMS）中填报监督评价表。

## 第三章　制度执行

**第十四条**　调控机构应配备必备的法律、法规、技术标准、规章制度等文件，建立分类分级目录，将目录和相关规章制度文件在电网调控安全监督系统发布。分类分级目录如下：

（一）国家现行安全法规、条例及准则；

（二）行业相关要求规定；

（三）国网公司通用标准及制度；

（四）公司实施细则。

**第十五条**　调控机构应对规章制度进行检查，

在目录中注明更新日期及检查日期。检查内容如下：

（一）当上级或本公司颁发新规程、反事故技术措施以及其他规章制度、技术标准时，是否及时完成相关细则的补充和修订；

（二）调控规程是否每年进行一次复查修订，每三年进行一次全面修编，是否严格履行审批、印发程序；

（三）是否及时组织对新增、修编文件的学习，并在调度管理系统（OMS）中填报学习记录。

## 第四章 监督审计

**第十六条** 调控机构应每月对调度指令票、检修申请（以下简称“两票”）执行情况进行全面检查，按月统计、汇总、分析。

**第十七条** 两票督查重点内容如下：

（一）两票操作任务是否清楚；

（二）填写调度指令票时是否正确使用设备双重（或三重）命名和调度术语；

（三）调度指令票是否履行拟票、审核、监护、执行手续；

（四）是否写明装设接地线的确切地点；

（五）应填写备注事项是否填写；

（六）调度指令票编号、日期或时间是否正确；

（七）其他。

**第十八条** 调控机构应对调度录音、调度日志进行检查、分析、记录（模版见附件10），要求如下：

（一）班组兼职安全员应每周至少检查一次；

（二）专职安全员应每月至少检查一次；

（三）分析调度联系是否规范，是否严格履行了调控业务联系制度，包括但不限于：互报单位姓名、使用规范术语、调令复诵等；

（四）分析调度日志记录是否正确、规范。

**第十九条** 调控机构应每月对核心业务流程运转情况进行监督审计。各处（室）兼职安全员负责监督本专业核心业务流程运转情况，专职安全员负责根据调度管理系统（OMS）核心业务流程监督审计结果进行考评，未实现系统监督审计的调控机构应按月编制并发布监督审计报告（模版见附件11），督导各处（室）加强核心业务过程管控。

**第二十条** 调控机构应定期开展隐患排查和治理工作，对发现的问题进行评估，实现全过程动态监控，在调度管理系统（OMS）中建立缺陷及隐患管理流程实施“一患一档”管理，对经过评估达到公司规定隐患等级的，应纳入安全监察部门隐患管理范畴。未在调度管理系统（OMS）中建立缺陷及隐患管理流程的调控机构，应建立电子或纸质档案进行管理。

**第二十一条** 调控机构立项的工程项目在签订合同的同时应签订安全（保密）协议，安全（保密）协议中应具体规定双方各自应承担的安全责任和评价考核条款。专职安全员应对安全（保密）协议签订情况进行监督检查。

**第二十二条** 工程开工前，工程项目所属处（室）应对施工方项目经理、现场负责人、技术员和安全员进行全面的安全技术交底，并有完整的记录或资料。在容易引起人员伤害和电网事故、设备事故的场所作业，应要求施工方制定安全措施，并配合做好相关的安全措施。

**第二十三条** 外来工作人员上岗前，必须经过安全知识和安全规程的培训，考试合格后，持证或佩带标志上岗。外来工作人员从事有危险或易引起电网事故、设备事故的工作时，应在有经验的本单位人员带领和监护下进行，并做好安全措施。

## 第五章 例行工作

**第二十四条** 调控机构每年至少组织2次以上安全日活动，安全日活动由调控机构安全第一责任人主持，专职安全员协助，全体员工参加，其主要内容为：

（一）传达上级有关安全生产指示；

（二）学习事故通报及安全生产简报；

（三）讨论、分析安全生产隐患及整改措施；

（四）布置本专业安全生产工作；

（五）其他与安全生产有关的工作。

**第二十五条** 安全日活动由专职安全员负责记录，活动后形成纪要，在安全日活动完成一周内将纪要上传至电网调控安全监督系统。

**第二十六条** 调控机构应每月召开一次安全分析会，会议由调控机构安全第一责任人主持，各处（室）管理人员、安全员及相关人员参加，其主要内容为：

（一）组织学习有关安全生产的文件；

（二）通报月度电网运行情况；

（三）各专业根据电力电量平衡、电网运行方式变更、天气情况、水情变化、火电储煤变化、技术支持系统运行情况等，综合分析安全生产趋势和可能存在的风险；

（四）根据安全生产趋势，针对电网运行存在的问题，研究应对事故采取的预防对策和措施；

（五）总结事故教训，布置下月度安全生产重点工作。

**第二十七条** 月度安全分析会由专职安全员负责记录，会后形成会议纪要，在每月31日前将纪要上传至电网调控安全监督系统。

**第二十八条** 调控机构各班组应每周定期召开一次安全例会，会议由班组所属处（室）负责人主持，班组全体人员参加，其主要内容为：

（一）组织学习有关安全生产的文件；

（二）通报上周电网运行情况；

（三）对本周工作、协调、商讨需多专业配合或领导决定的重要事项进行布置安排，对工作中存在的困难制定措施、办法进行解决；

（四）对近期在工作中号的做法与亮点进行通报推广，对威胁安全生产的安全隐患进行查找与整改；

（五）传达上级对安全工作的指示。

**第二十九条** 周安全例会由班组兼职安全员负责记录，会后形成会议纪要（模版见附件 15），在会后一天内将纪要上传至电网调控安全监督系统。

**第三十条** 调控机构应执行迎峰度夏（冬、汛）、节假日及特殊保电时期等安全检查制度，根据季节性特点、检修时段，每年组织不少于一次调控系统安全专项检查。安全检查前，应结合工作实际编制安全检查提纲；安全检查后，应对检查出的问题制订整改计划并督促落实，在检查后一个月内上传至电网调控安全监督系统。

**第三十一条** 调控机构安全检查的内容如下：

（一）迎峰度夏（冬、汛）专项检查主要内容：

1．结合季节安全生产特点，以查管理、查规程制度执行情况、查隐患、查安全措施落实情况为重点，从电网运行管理、二次设备管理（含安控、继电保护、调度自动化）、网厂（场）协调管理、技术监督、缺陷管理、应急预案制定以及预防演练、迎峰度夏（冬、汛）准备情况等方面开展检查工作；

2．检查直调发电厂（场）运行管理、设备维护、电煤供应、应急处置等方面存在问题和薄弱环节，重点检查影响电网安全运行的电厂公共环节（直流、母线、厂用电、电源）等。

（二）节假日及特殊保电等时期专项安全检查主要内容：

1．保电工作组织领导和工作制度执行情况；

2．保电工作方案、事故处理预案、电网应急预案及备调运行管理情况；

3．值班人员对节日方式和保电预案的熟悉程度、继电保护故障录波联通情况、自动化调度技术支持系统（含 SCADA、AGC、AVC、WAMS 和在线分析应用）维护和管理、运行系统、设备和参数是否完好、电源系统、空调、消防设施、办公场所、值班安排是否正常等；

4．组织协调下级调控机构和运行单位保电工作进展情况。

## 第六章 应急管理

**第三十二条** 调控机构应成立电网应急调度处置组，接受本单位应急领导小组的统一领导和指挥。电网应急调度处置组组长由调控机构安全第一责任人担任，成员由调控机构专业人员组成。

**第三十三条** 调控机构应建立应急预案体系，由总体应急预案、专项应急预案和现场处置方案构成，主要包括：调控机构应对电网运行突发事件应急工作预案、重要厂站全停应急处置方案、调控场所突发事件应急处置方案、黑启动方案、特殊时期保电方案、电煤预警应急处置方案、调度自动化应急处置方案、电网监控系统故障应急处置方案、备用调度应急预案等。

**第三十四条** 调控机构应加强应急预案管理，建立应急预案档案，预案的印刷、存放应严格执行保密制度。遇有上级相关部门工作检查等事项，原则上不得将纸质版“调控现场处置方案”带离应急处置场所。

**第三十五条** 调控机构应每年结合实际对各项预案、处置方案进行一次评估，根据评估结果，及时组织预案修订工作。发生应急处置后，应及时组织对应急预案进行评估或重新修编。

**第三十六条** 调控机构应结合实际，有计划、有重点、分层次、定期组织相关部门和单位进行应急演练，综合考虑电网薄弱环节、季节特性，有针对性地演练各级电网调度、发电厂和变电站之间协同处置重大突发事件的应急机制，提高各级运行人员的事故判断和应急处置能力。

（一）每年度夏或度冬前，调控机构至少组织一次电网调控联合反事故演习，参演单位应包含相关调控机构、运维站（变电站）、发电厂、用户等各级调控对象，各单位参演人员应包含运行人员及技术支撑专业人员；

（二）调控人员遇到电网重大检修方式、特殊运行方式，应及时梳理电网薄弱点，进行反事故实战演练；

（三）针对上级电网因检修等原因可能导致地区电网形成小系统孤网运行时，调控机构应进行孤网运行演练；

（四）调控机构每年应至少组织一次备调转入

应急启用工作模式，调控指挥权转移的综合演练。演练期间，备调负责所有调度、监控业务，主调至少应关闭值班场所及SCADA功能；

（五）调控机构每季度应组织一次备调短时转入应急工作模式的整体演练，主要包括技术支持系统切换、人员转移，但不涉及调控指挥权转移；每月应组织一次月度专业演练，主要涉及调控运行专业和自动化专业；

（六）调控机构每年组织一次典型电网黑启动演练，熟练掌握电网黑启动预案；

（七）调控运行专业每月应至少举行一次专业反事故演习。

**第三十七条** 调控机构应规范本单位应急处置工作。

（一）当公司启动应急指令，或调度管辖范围内电网、自动化系统、场所等出现严重故障时，调控机构应启动应急处置预案，并按照相关规定向上级调控机构报告；

（二）应急指挥部全体成员均应及时（工作时间实时，非工作时间60分钟）赶赴应急指定场所指挥和协助应急处置；

（三）调控机构应加强应急处置过程中的信息收集与共享，除利用电视电话会议系统汇报和通报信息外，应充分利用调控管理系统（OMS）等多种技术手段收集、通报相关信息；

（四）应急指挥部应召集相关专业人员，就重大应急问题做出决策和部署；

（五）应急响应期间，应急指挥部统一负责电网运行信息的汇集与报送工作，确保应急信息的保密工作；

（六）调控机构启动应急处置预案后，根据事件重要程度和影响范围、应急处理需要等，及时向公司应急领导小组和上级调控机构报告，向相关单位进行通报；

（七）应急结束后，应急指挥部应及时向公司应急领导小组和上级调控机构报告，执行公司应急领导小组解除应急状态的指令。应急处置工作结束后，调控机构应对突发事件应急处置情况进行调查评估，提出防范和改进措施。

## 第七章 教育培训

**第三十八条** 调控机构应每年制定安全生产教育培训计划，每年至少开展一次全员安全教育培训，各处（室）每年至少开展两次安全教育培训，安全教育培训应做好记录。

**第三十九条** 安全培训教育内容应至少包括《国家电网公司安全工作规定》、《国家电网公司事故调查规程》、《电力安全工作规程》等规程规定和事故案例，并结合调控运行特点和调控日常业务开展安全培训。

**第四十条** 在岗生产人员的培训要求如下：

（一）定期组织安全教育培训，开展有针对性的现场考问、技术问答、事故预想、反事故演习等培训工作；

（二）加强现场培训，熟悉现场设备及工作流程，调控运行、设备监控管理专业至少每年开展2次、其他专业至少每年开展1次；

（三）离开调控运行岗位 3 个月及以上的调控人员，应重新熟悉设备和系统运行方式，并经安全规程及业务考试合格后，方可重新开展调控运行工作；

（四）生产人员调换岗位，应当对其进行专门的安全教育和培训，经考试合格后，方可上岗；

（五）每年应进行一次全员安全知识和安全规程制度考试，考试成绩应记入员工个人教育培训档案，不及格的应限期补考，合格后方可重新上岗；

（六）对违反安全规章制度造成事故、严重未遂事故的责任者，应停止其业务工作，学习培训有关安全规章制度，考试合格后方可重新上岗；

（七）调控机构人员应学会自救互救方法、疏散和现场紧急情况的处理，应熟练掌握触电现场急救方法，所有员工应掌握消防器材的使用方法。

**第四十一条** 调控机构应每年进行一次安全教育培训总结评估，在每年 12 月 31 日前在电网调控安全监督系统填报，评估结果作为下一年培训计划制定依据。

## 第八章 考核评价

**第四十二条** 调控机构应定期对公司所属各级调控机构安全工作情况进行考核评价，考核情况纳入安全生产评优评先。

**第四十三条** 调控机构应制定安全工作考核评价标准，设置3类11项考核评价指标，基准分为100分，实行扣分制，通过查阅电网调控安全监督系统或调度管理系统（OMS）中数据资料和监督相关安全工作开展情况进行考核评价，评价结果按月通报。

## 第九章 附 则

**第四十四条** 本实施细则由国网四川省电力公

司调度控制中心负责解释并监督执行。

**第四十五条** 本实施细则自印发之日起执行。

# 四川电网梯级水电站集控中心调度管理规定

## 第一章 总 则

**第一条** 为规范和加强四川电网梯级水电站集控中心（以下简称集控中心）及所控电站的调度运行管理，保证调度业务有序开展，确保电网安全稳定运行，根据《四川电力系统调度控制管理规程》及相关技术标准，结合四川电网实际情况，制定本规定。

**第二条** 只有同属于一个业主且水力关系联系紧密的梯级水电站可设立集控中心。集控中心作为电站的异地值班单位，接受相关调度机构的指挥和专业管理。集控中心设计和建设应符合有关规程、规定和技术标准，经相关调度机构审核后方可建设实施。

**第三条** 集控中心的建设及运行不改变所控电站的调度关系。集控中心和所控电站应依据本规定修编完善相应管理制度和业务流程，确保集控中心和所控电站之间职责明确、界面清晰。

**第四条** 本规定适用于国网四川省电力公司调度管理的集控中心的设计、建设及调度业务管理。集控中心及所控电站必须严格遵守本规定，未涉及的调度管理相关内容，按相关调度机构调度管理规程执行。

## 第二章 职责范围

**第五条** 集控中心的职责

（一）代表所控电站与相关调度机构进行操作、调整和异常处理等调度业务联系，接受相关调度机构下发的调度指令并严格执行。

（二）负责对所控电站进行运行监控和设备管理。

（三）负责及时、准确汇总报送所控电站的调度业务数据和生产运行信息。

（四）及时、准确报告事故及异常情况，并配合进行处理。

（五）制定高效的操作制度、现场运维管理制度、运行值班制度等规章制度和完备的应急预案，定期开展反事故演习。

**第六条** 受控电站职责

（一）负责电站一、二次设备及辅助设备的运行维护及管理，开展日常巡视、维护，保证运行设备处于健康状态。

（二）执行相关调度机构调度指令，对电站一、二次设备进行正常操作、异常及事故处理，并对其操作的正确性负责。

（三）发现设备运行异常和缺陷时，负责及时、准确报告事故及异常情况，并配合进行处理。

## 第三章 技术条件

**第七条** 自动化技术条件

（一）集控中心的建设与运行，不得改变原有受控电站至相关调度机构（主调、备调）自动化信息的直采方式。

（二）集控中心及受控电站监控系统必须采用双机冗余模式，各项技术指标应满足相关要求，确保可靠运行。

（三）集控中心及受控电站应建立健全电力监控系统安全防护体系，严格遵循国家及行业相关要求。

（四）集控中心应配置双套独立的调度数据网接入设备，受控站含110千伏及以下的电压等级并网电站的集控中心，集控中心应直接接入省调接入网和电站所在地区电网地调接入网。

（五） 集控中心及受控电站的监控系统可直接接收并实时处理相关调度机构（主调、备调）以受控电站发电计划单元方式下发的AGC控制命令值。

（六） 集控中心及受控电站的监控系统可直接接收并实时处理调度机构（主调、备调）以受控电站高压母线电压设定值/增量值方式下发的AVC 控制命令值。

（七）集控中心应具备监视集控中心及受控电站站用电交直流电源、通信电源、机房环境等信息的功能，集控中心及受控电站的上述告警信号均应接入集控中心值班室。

（八）集控中心监控系统应采用专用的、冗余配置的不间断电源装置(UPS)供电。单台UPS满负荷容量的负载率应不大于40%，在交流电消失后，电池不间断供电维持时间应不小于1小时。UPS应至少具备两路独立的交流供电电源，且每台UPS的供电开关应独立。

（九）集控中心及受控电站监控系统应互为独立系统，受控电站监控系统作为集控中心监控系统的备用系统。

**第八条** 通信技术要求

（一）集控中心及受控电站通信接入设计方案应通过调度机构评审，通信涉网设备应符合电力通信网的组网技术规范和接口标准，光传输设备、调度交换设备应与四川电力通信网主网保持一致，并接入四川电力通信专网统一网管。

（二）集控中心与相关调度机构（主调、备调）间应建立两条独立的 SDH 光纤通信系统通道，并优先采用电力专网。集控中心与所控电站间应建立两条独立路由的通信通道，优先采用SDH光纤通信系统。所控电站有通过500千伏并网的或总装机超一定规模的，集控中心应建立三条不同路由的通信光缆接入电力专网。所控电站总装机超一定规模的，集控中心至受控电站应建立卫星应急通道。

（三）集控中心及受控电站至相关调度机构（主调、备调）的调度电话应具有电力专网及公网市话两种独立方式，且均具备录音功能。集控中心应设置调度交换机，且双点接入电力调度交换专网。

（四）进出集控中心及受控电站的通信光缆或电缆应采用不同物理路由的线路走廊进入通信机房，避免与一次动力电缆同沟（架）布放，并具备防火阻燃和阻火分隔等安全措施。

（五）集控中心应具备双交流供电条件，并配置两套独立通信电源，且蓄电池独立供电时间应不少于八小时。

（六）集控中心、受控电站通信机房应具备通信电源监测和机房环境监控手段，其测控信号应接入集控中心值班室。

**第九条** 其他技术要求

（一）集控中心应能监视到所控电站继电保护及安全自动装置的定值、投退状况、装置动作、异常节点和报文信息，集中监控信号分类应能满足对所控电站的事故、异常等处理快速性和完整性的要求。

（二）集控中心具备对所控电站的继电保护及安全自动装置远方投退、远方测试（包括通道）、远方修改定值等功能。

（三）集控中心建有继电保护运行及故障信息管理系统分站，各受控电站建立继电保护运行及故障信息管理系统子站，子站所采集的信息应完整上送相关调度机构主站和集控中心分站。

（四）集控中心应实现对所控电站的励磁系统（包括PSS）、调速系统（包括一次调频）、功角测量装置（PMU）等涉及电网安全稳定运行的二次设备的运行状况、定值、投退状况、动作报告等信息进行远方监视，能够实现机组PSS 与机组同步投退。

（五）集控中心监控系统对所控电站无功电压调整采用恒电压闭环控制方式，严禁恒无功闭环控制方式。

（六） 集控中心应配备流域水情自动测报系统，实现自动采集雨水情信息，并与四川电网水调自动化系统主站联网，按规定向相关调度机构报送实时水情信息。

（七）集控中心及所控电站均应配置四川电网智能发电调度系统（调令平台），实现通过网络申请和接受发电负荷调整指令。

## 第四章 建设及投运管理

**第十条** 梯级水电集控中心的命名原则上以业主集团公司简称+流域名+梯级水电集控中心组成，如国电大渡河梯级水电集控中心。

**第十一条** 集控中心投入试运行前应完成相关试验、调试和安全评价工作，确保满足电网调度运行要求，并经有关单位或部门验收合格，方可申请试运行。

**第十二条** 集控中心应按要求开展等级保护测评以及安全评估工作，并于正式投运前提交电力监控系统安全防护方案（竣工）、安全风险评估资料、安全承诺书等，通过相关调度机构验收后方可投运。变更集控中心网络拓扑结构前应报相关调度机构审核，确认满足安全防护要求后方可实施。

**第十三条** 集控中心试运行前应与相关调度机构完成AGC/AVC联调试验，正式试运行前一个月向相关调度机构办理投运申请手续，提交情况报告或验收报告、AGC/AVC 集控试验报告、反事故预案、调度联系及运行负责人员名单、运行值班制度、调度联系制度、操作制度、应急处理制度等相关资料，经审核批准后方可投入试运行。

**第十四条** 集控中心试运行期原则上为六个月，期间所控电站应保持正常运行值班，保证异常情况下立即恢复有人值班厂站的就地控制模式。

**第十五条** 集控中心试运行期间所有功能正常、连续稳定运行后方可申请投入正式运行。集控中心试运行期满并向调度机构提交试运行报告和正式投运申请，经审核批准后方可投入正式运行。

**第十六条** 新投电站须投产并正常运行满一年后方可申请接入集控中心试运行，新受控电站接入集控中心的试运行期为六个月，按集控中心投运相关管理规定执行。

## 第五章　调度运行管理

**第十七条**　集控中心应配备足够的运行值班人员，满足对集控中心及所控电站设备的监视及控制需要。

**第十八条**　集控中心正式运行后，要求受控电站应7*24小时留有必要的运行值守人员和现场维护人员（运行值守人员至少2名），保持调度电话畅通，满足异常情况下能立即恢复厂站就地控制权和调度联系权的要求。

**第十九条**　集控中心运行值班人员及受控电站运行值守人员均应参加相关调度机构组织的调度业务联系资格培训和考试，取得相关调度机构颁发的《调度运行值班合格证书》，持证上岗。

**第二十条**　集控中心运行值班人员进行调度业务联系时应报单位、姓名，使用规范调度术语，如“××集控中心值班员××(姓名)”，调度命名使用“三重命名”，注意明确设备所属的厂站名称，如“××（厂站）××（设备）××（编号）”。

**第二十一条**　集控中心及受控电站均应存放完整、齐全、正确的继电保护定值单，并按要求定期完成继电保护定值核对工作。

**第二十二条**　集控中心应配备专职人员负责站端自动化、电力监控系统网络及安全方面的运行维护及管理。

**第二十三条**　集控中心应配备专职人员负责站端通信设备、通信光缆和信息网络等方面的运行维护及管理。

## 第六章　应急处理

**第二十四条**　集控中心及受控电站应制定现场运行规程规定，编制各类应急处置预案、保厂用电方案等，并定期进行演习演练，确保在电网、集控中心或所控电站出现异常、故障情况下，能够及时、有效、正确地处置，确保电网安全稳定运行。

**第二十五条**　集控中心因故不能正常行使集中监控功能时，集控中心应立即汇报相关调度机构，申请退出集中监控模式，将控制权移交所控电站。当缺陷消除，集控中心具备正常监控功能时，集控中心向相关调度机构提出恢复集中监控模式申请，经确认后方可将所控电站转为集控中心集中监控模式。

**第二十六条**　受控电站发生故障，集控中心和受控电站不能及时消除，可能影响到电网其它运行设备时，集控中心应汇报相关调度机构将隔离故障。为避免故障扩大危及人身、电网、设备安全，相关调度机构值班调度员有权采取断开对侧开关将故障电站解列等非常措施，迅速隔离故障点，防止故障发展。各受控电站的设备安全由电站自行负责。

**第二十七条**　发生威胁电力系统安全运行的紧急情况时，相关调度机构值班调度员可直接向集控中心所控电站运行值守人员发布调度指令。

**第二十八条**　在集控中心AGC/AVC投入调度机构远方控制期间，当下列故障情况发生时，集控中心所控电站一次设备应保持故障发生前的运行状态，并立即组织相关技术人员到现场排除故障：

（一）集控中心或受控电站监控系统故障；

（二）集控中心或受控电站至相关调度机构（主调、备调）的通道中断；

（三）集控中心至所控电站的通道中断；

（四）集控中心或受控电站发生重大网络安全事件。

**第二十九条**　集控中心应建立健全应对通讯中断、系统故障、功能失效等异常故障的应急处置措施和技术保障体系，具备防御各种故障和抵抗自然灾害能力。

## 第七章　附　则

**第三十条**　本规定由国网四川省电力公司调度控制中心负责解释。

**第三十一条**　本规定自发布之日起执行，原有《四川电网梯级水电站集控中心调度管理规定（试行）》（川电调度〔2008〕186 号）同时废止。

# 统　计　资　料

## 四川省发电设备装机容量分年度统计表

表 8

(1949—2017 年)

| 年份 | 发电设备容量(万千瓦) | | | | | 水、火电比重（%） | |
|---|---|---|---|---|---|---|---|
| | 合计 | 年增长率(%) | 占全国比重（%） | 水　电 | 火　电 | 水　电 | 火　电 |
| 1949 | 4.57 | | 2.47 | 0.18 | 4.39 | 3.90 | 96.10 |
| 1950 | 4.66 | 1.97 | 2.50 | 0.24 | 4.42 | 5.20 | 94.80 |
| 1951 | 5.36 | 15.20 | 2.85 | 0.39 | 4.97 | 7.30 | 92.70 |
| 1952 | 6.60 | 23.13 | 3.36 | 0.57 | 6.03 | 8.60 | 91.40 |
| 1953 | 7.80 | 18.18 | 3.32 | 0.57 | 7.23 | 7.30 | 92.70 |
| 1954 | 10.00 | 28.21 | 3.85 | 0.57 | 9.43 | 5.70 | 94.30 |
| 1955 | 10.80 | 8.08 | 3.60 | 0.76 | 10.04 | 7.00 | 93.00 |
| 1956 | 13.60 | 25.93 | 3.50 | 3.30 | 10.30 | 24.30 | 75.70 |
| 1957 | 18.60 | 36.76 | 4.01 | 7.11 | 11.49 | 38.20 | 61.80 |
| 1958 | 32.29 | 73.60 | 5.14 | 11.88 | 20.41 | 36.80 | 63.20 |
| 1959 | 42.76 | 32.42 | 4.48 | 13.21 | 29.55 | 30.90 | 69.10 |
| 1960 | 66.44 | 55.38 | 5.57 | 15.88 | 50.56 | 23.90 | 76.10 |
| 1961 | 72.07 | 8.47 | 5.61 | 15.90 | 56.17 | 22.06 | 77.94 |
| 1962 | 73.71 | 2.28 | 5.65 | 17.09 | 56.62 | 23.19 | 76.81 |
| 1963 | 75.35 | 2.22 | 5.65 | 17.89 | 57.46 | 23.74 | 76.26 |
| 1964 | 76.66 | 1.74 | 5.45 | 19.52 | 57.14 | 25.46 | 74.54 |
| 1965 | 83.47 | 8.88 | 5.54 | 22.39 | 61.08 | 26.80 | 73.20 |
| 1966 | 98.47 | 17.97 | 5.79 | 23.33 | 75.14 | 23.70 | 76.30 |
| 1967 | 104.67 | 6.30 | 5.82 | 23.33 | 81.34 | 22.29 | 77.71 |
| 1968 | 117.17 | 11.94 | 6.11 | 23.33 | 93.84 | 19.91 | 80.09 |
| 1969 | 128.77 | 9.90 | 6.12 | 24.33 | 104.44 | 18.90 | 81.10 |
| 1970 | 152.40 | 18.35 | 6.41 | 26.40 | 126.00 | 17.30 | 82.70 |
| 1971 | 185.70 | 21.85 | 7.56 | 60.40 | 125.30 | 32.50 | 67.50 |
| 1972 | 218.60 | 17.72 | 7.64 | 81.50 | 137.10 | 37.30 | 62.70 |
| 1973 | 246.90 | 12.95 | 7.50 | 102.00 | 144.90 | 41.30 | 58.70 |
| 1974 | 265.60 | 7.57 | 7.16 | 107.20 | 158.40 | 40.40 | 59.60 |
| 1975 | 289.02 | 5.87 | 6.66 | 127.20 | 161.82 | 44.01 | 55.99 |
| 1976 | 303.96 | 5.17 | 6.45 | 141.03 | 162.93 | 46.40 | 53.60 |
| 1977 | 333.99 | 9.88 | 6.49 | 159.96 | 174.03 | 47.89 | 52.11 |
| 1978 | 361.41 | 8.21 | 6.33 | 177.08 | 184.33 | 49.00 | 51.00 |

**续表 8**

| 年份 | 发电设备容量(万千瓦) | | | | | 水、火电比重（%） | |
|---|---|---|---|---|---|---|---|
| | 合计 | 年增长率(%) | 占全国比重（%） | 水　电 | 火　电 | 水　电 | 火　电 |
| 1979 | 379.32 | 4.96 | 6.02 | 188.84 | 190.48 | 49.78 | 50.22 |
| 1980 | 396.81 | 4.61 | 6.02 | 200.16 | 196.65 | 50.44 | 49.56 |
| 1981 | 406.20 | 2.37 | 5.88 | 208.30 | 197.90 | 51.28 | 48.72 |
| 1982 | 415.85 | 2.38 | 5.75 | 215.03 | 200.82 | 51.71 | 48.29 |
| 1983 | 444.29 | 6.84 | 5.81 | 231.95 | 212.34 | 52.21 | 47.79 |
| 1984 | 451.00 | 1.51 | 5.63 | 238.45 | 212.55 | 52.87 | 47.13 |
| 1985 | 462.63 | 2.58 | 5.31 | 244.90 | 217.73 | 52.94 | 47.06 |
| 1986 | 504.86 | 9.13 | 5.38 | 264.31 | 240.55 | 52.35 | 47.65 |
| 1987 | 560.59 | 11.04 | 5.45 | 289.81 | 270.78 | 51.70 | 48.30 |
| 1988 | 604.81 | 7.89 | 5.24 | 305.42 | 299.39 | 50.50 | 49.50 |
| 1989 | 657.56 | 8.72 | 5.19 | 320.18 | 337.38 | 48.70 | 51.30 |
| 1990 | 748.97 | 13.90 | 5.43 | 342.74 | 406.23 | 45.76 | 54.24 |
| 1991 | 869.08 | 16.04 | 5.74 | 370.99 | 498.09 | 42.69 | 57.31 |
| 1992 | 956.53 | 10.06 | 5.74 | 408.88 | 574.65 | 42.75 | 57.25 |
| 1993 | 1052.71 | 10.06 | 5.76 | 455.89 | 596.82 | 43.31 | 56.69 |
| 1994 | 1137.59 | 8.06 | 5.69 | 505.43 | 632.16 | 44.43 | 55.57 |
| 1995 | 1215.16 | 6.82 | 5.59 | 559.04 | 656.12 | 46.01 | 53.99 |
| 1996 | 1356.94 | 11.67 | 5.74 | 642.42 | 714.52 | 47.34 | 52.66 |
| 1997 | 1110.74 | -18.14 | 4.37 | 608.24 | 502.50 | 54.76 | 45.24 |
| 1998 | 1284.09 | 15.60 | 4.62 | 770.59 | 513.50 | 60.01 | 39.99 |
| 1999 | 1600.89 | 24.67 | 5.35 | 1034.37 | 566.52 | 64.61 | 35.39 |
| 2000 | 1709.84 | 6.81 | 5.05 | 1100.83 | 609.01 | 64.38 | 35.62 |
| 2001 | 1790.85 | 4.74 | 5.29 | 1153.15 | 637.70 | 64.40 | 35.60 |
| 2002 | 1799.66 | 0.50 | 5.09 | 1185.46 | 614.20 | 65.87 | 34.13 |
| 2003 | 1841.44 | 2.32 | 4.79 | 1231.10 | 610.40 | 66.86 | 33.14 |
| 2004 | 2028.32 | 10.15 | 4.60 | 1338.29 | 690.03 | 65.98 | 34.02 |
| 2005 | 2245.55 | 10.71 | 4.42 | 1495.96 | 749.60 | 66.62 | 33.38 |
| 2006 | 2717.74 | 21.03 | 4.37 | 1765.27 | 952.46 | 64.95 | 35.05 |
| 2007 | 3185.80 | 17.22 | 4.47 | 1985.67 | 1188.98 | 62.32 | 37.32 |
| 2008 | 3560.17 | 9.87 | 4.49 | 2223.67 | 1274.10 | 63.53 | 36.47 |
| 2009 | 3912.59 | 11.78 | 4.48 | 2676.09 | 1234.10 | 68.40 | 31.60 |
| 2010 | 4327.25 | 10.46 | 4.48 | 3069.64 | 1257.61 | 70.49 | 29.06 |

续表 8

| 年份 | 发电设备容量(万千瓦) | | | | | 水、火电比重（%） | |
|---|---|---|---|---|---|---|---|
| | 合计 | 年增长率(%) | 占全国比重（%） | 水　电 | 火　电 | 水　电 | 火　电 |
| 2011 | 4787.47 | 10.63 | 4.51 | 3342.29 | 1439.62 | 69.81 | 30.15 |
| 2012 | 5458.84 | 14.02 | 4.78 | 3964.21 | 1493.02 | 72.62 | 27.35 |
| 2013 | 6862.35 | 25.71 | 5.51 | 5266.23 | 1581.85 | 76.74 | 23.05 |
| 2014 | 7874.68 | 14.76 | 5.79 | 6292.91 | 1547.23 | 79.91 | 19.65 |
| 2015 | 8672.88 | 10.14 | 5.75 | 6939.3 | 1623.87 | 80.01 | 18.72 |
| 2016 | 9108.35 | 5.02 | 5.53 | 7245.53 | 1642.13 | 79.55 | 18.03 |
| 2017 | 9721.42 | 6.73 | 5.47 | 7714.36 | 1661.86 | 79.35 | 17.09 |

## 四川省电力工业主管机构变更情况表
（1950—2017 年）

表 9

| 时　间 | 机　　构　　名　　称 | 管辖范围 |
|---|---|---|
| 1950年3月至8月 | 先后建立重庆区电业管理局、川西水电公司、川南人民行政公署工业厅电业管理局、西康省水利电力厅 | 各行政区内的电力企业 |
| 1951年2月 | 西南军政委员会工业部电业管理局（重庆） | 云南、贵州、四川三省电力企业 |
| 1952年11月 | 燃料工业部工西南电业管理局 | 云南、贵州、四川三省电力企业 |
| 1955年7月 | 电力工业部西南电业管理局 | 云南、贵州、四川三省电力企业 |
| 1956年 | 电力工业部重庆电业管理局 | 云南、贵州、四川三省电力企业 |
| 1957年9月 | 电力工业部成都电业管理局（由重庆迁成都更名） | 云南、贵州、四川三省电力企业 |
| 1958年3月 | 水利电力部四川省电业管理局 | 四川全省电力企业 |
| 1958年8月 | 四川省水利电力厅 | 四川全省电力企业 |
| 1964年 | 四川省水利电力厅电业管理局 | 四川全省电力企业 |
| 1965年9月 | 水利电力部四川省电业管理局 | 四川全省电力企业 |
| | 水利电力部西南电力建设局 | 西南地区电力建设企业 |
| | 水利电力部西南电力修造总厂 | 西南地区电力修造企业 |
| 1971年9月 | 水利电力部四川省电力局（撤销建设局、修造总厂） | 四川全省电力企业 |
| 1978年 | 实行四川电网以省电力局为主的管理体制 | 四川全省电力企业 |
| 1979年2月 | 电力工业部四川省电力工业局 | 四川全省电力企业 |
| 1981年5月 | 电力工业部西南电业管理局（保留四川省电力工业局名称） | 云南、贵州、四川三省电力企业 |
| 1982年3月 | 水利电力部西南电力管理局 | 云南、贵州、四川三省电力企业 |
| 1983年7月 | 停止使用四川省电力工业局名称 | 云南、贵州、四川三省电力企业 |

**续表9**

| 时　间 | 机　构　名　称 | 管辖范围 |
|---|---|---|
| 1988年4月 | 能源部四川省电力工业局 | 四川全省电力企业 |
| 1993年3月 | 能源部四川省电力公司成立，与四川省电力工业局一套班子，两块牌子 | 四川全省电力企业 |
| 1998年3月 | 国家电力公司四川省电力工业局（与国家电力公司四川省电力公司两块牌子，一套班子） | 四川全省电力企业 |
| 2000年2月 | 国家电力公司四川省电力公司（撤销四川省电力工业局） | 四川全省电力企业 |
| 2002年12月 | 国家电网公司四川省电力公司 | 四川全省国有供电企业和映秀湾水力发电总厂 |
| 2003年12月 | 国家电网公司四川省电力公司 | 四川全省国有供电企业和映秀湾水力发电总厂 |
| 2004年12月 | 国家电网公司四川省电力公司 | 四川全省国有供电企业和映秀湾水力发电总厂 |
| 2005年12月 | 国家电网公司四川省电力公司 | 四川全省国有供电企业和映秀湾水力发电总厂 |
| 2006年12月 | 国家电网公司四川省电力公司 | 四川全省国有供电企业和映秀湾水力发电总厂 |
| 2007年12月 | 国家电网公司四川省电力公司 | 四川全省国有供电企业和映秀湾水力发电总厂 |
| 2008年12月 | 国家电网公司四川省电力公司 | 四川全省国有供电企业和映秀湾水力发电总厂 |
| 2009年12月 | 国家电网公司四川省电力公司 | 四川全省国有供电企业和映秀湾水力发电总厂 |
| 2010年12月 | 国家电网公司四川省电力公司 | 四川全省国有供电企业和映秀湾水力发电总厂 |
| 2011年12月 | 国家电网公司四川省电力公司 | 四川全省国有供电企业和映秀湾水力发电总厂 |
| 2012年12月 | 国家电网公司四川省电力公司 | 四川全省国有供电企业和映秀湾水力发电总厂 |
| 2013 年 12 月 | 国家电网公司四川省电力公司 | 四川全省国有供电企业和映秀湾电厂 |
| 2014 年 12 月 | 国家电网公司四川省电力公司 | 四川全省国有供电企业和映秀湾电厂 |
| 2015年12月 | 国家电网公司四川省电力公司 | 四川全省国有供电企业和映秀湾电厂 |
| 2016年12月 | 国家电网公司四川省电力公司 | 四川全省国有供电企业和映秀湾电厂 |
| 2017年12月 | 国家电网公司四川省电力公司 | 四川全省国有供电企业和映秀湾电厂 |

## 四川省年发电量分年度统计表
（1949—2017 年）

表 10

| 年份 | 总发电量（亿千瓦时） | 年增长率（%） | 占全国比重（%） | 水电（亿千瓦时） | 火电（亿千瓦时） |
|---|---|---|---|---|---|
| 1949 | 1. 47 | | 3. 41 | 0. 19 | 1. 28 |
| 1950 | 1. 25 | -14. 97 | 2. 75 | 0. 09 | 1. 16 |
| 1951 | 1. 47 | | 3. 41 | 0. 19 | 1. 28 |
| 1952 | 1. 25 | -14. 97 | 2. 75 | 0. 09 | 1. 16 |
| 1953 | 2. 05 | 64. 00 | 3. 57 | 0. 23 | 1. 82 |
| 1954 | 2. 49 | 21. 46 | 3. 43 | 0. 28 | 2. 21 |
| 1955 | 3. 16 | 26. 91 | 3. 44 | 0. 38 | 2. 78 |
| 1956 | 3. 87 | 22. 47 | 3. 52 | 0. 54 | 3. 33 |
| 1957 | 4. 50 | 16. 28 | 3. 67 | 0. 55 | 3. 95 |
| 1958 | 6. 09 | 35. 33 | 3. 67 | 0. 70 | 5. 39 |
| 1959 | 6. 78 | 11. 33 | 3. 51 | 1. 88 | 4. 90 |
| 1960 | 10. 73 | 58. 26 | 3. 90 | 3. 22 | 7. 51 |
| 1961 | 24. 20 | -9. 84 | 5. 04 | 3. 57 | 20. 63 |
| 1962 | 20. 08 | -17. 07 | 4. 38 | 5. 07 | 15. 01 |
| 1963 | 19. 28 | -3. 98 | 3. 94 | 6. 61 | 12. 67 |
| 1964 | 22. 98 | 18. 72 | 4. 09 | 7. 74 | 15. 15 |
| 1965 | 28. 94 | 26. 43 | 4. 28 | 8. 26 | 20. 68 |
| 1966 | 39. 05 | 34. 93 | 4. 73 | 8. 28 | 30. 77 |
| 1967 | 39. 09 | 0. 10 | 5. 05 | 9. 80 | 29. 29 |
| 1968 | 26. 81 | -31. 41 | 3. 75 | 9. 99 | 16. 82 |
| 1969 | 37. 19 | 38. 72 | 3. 96 | 12. 85 | 24. 34 |
| 1970 | 54. 09 | 45. 44 | 4. 67 | 13. 14 | 40. 95 |
| 1971 | 77. 39 | 43. 08 | 5. 59 | 16. 57 | 60. 82 |
| 1972 | 84. 02 | 8. 57 | 5. 51 | 25. 42 | 58. 60 |
| 1973 | 88. 39 | 5. 20 | 5. 30 | 36. 52 | 51. 87 |
| 1974 | 86. 32 | —2. 34 | 5. 51 | 44. 25 | 42. 07 |
| 1975 | 107. 94 | 25. 05 | 5. 51 | 51. 55 | 56. 39 |
| 1976 | 102. 76 | —4. 08 | 5. 06 | 45. 68 | 57. 08 |
| 1977 | 118. 84 | 15. 65 | 5. 32 | 53. 85 | 65. 02 |
| 1978 | 139. 30 | 17. 22 | 5. 43 | 54. 78 | 84. 52 |
| 1979 | 156. 39 | 12. 27 | 5. 55 | 64. 17 | 92. 22 |
| 1980 | 163. 72 | 4. 69 | 5. 45 | 73. 53 | 90. 14 |
| 1981 | 164. 08 | 0. 22 | 5. 31 | 76. 61 | 87. 47 |
| 1982 | 171. 96 | 4. 80 | 5. 25 | 82. 37 | 89. 59 |
| 1983 | 187. 81 | 9. 22 | 5. 34 | 90. 79 | 97. 02 |

续表 10

| 年份 | 总发电量（亿千瓦时） | 年增长率（%） | 占全国比重（%） | 水　电（亿千瓦时） | 火　电（亿千瓦时） |
|---|---|---|---|---|---|
| 1984 | 199.86 | 6.42 | 5.30 | 98.10 | 101.76 |
| 1985 | 221.42 | 10.79 | 5.39 | 109.45 | 111.97 |
| 1986 | 236.99 | 7.03 | 5.27 | 111.99 | 125.00 |
| 1987 | 262.87 | 10.92 | 5.29 | 116.04 | 146.83 |
| 1988 | 294.02 | 11.85 | 5.39 | 131.52 | 162.50 |
| 1989 | 326.95 | 11.20 | 5.59 | 146.84 | 180.11 |
| 1990 | 345.65 | 5.72 | 5.56 | 148.54 | 197.11 |
| 1991 | 379.58 | 9.82 | 5.6 | 155.06 | 224.52 |
| 1992 | 419.4 | 10.49 | 5.56 | 168.3 | 251.1 |
| 1993 | 470.87 | 12.27 | 5.63 | 195.86 | 275.01 |
| 1994 | 525.18 | 11.53 | 5.66 | 209.54 | 315.64 |
| 1995 | 575.94 | 9.97 | 5.72 | 245.34 | 330.6 |
| 1996 | 618 | 7.3 | 5.78 | 268 | 349.2 |
| 1997 | 491.96 | -20.39 | 4.38 | 245.12 | 246.84 |
| 1998 | 475.75 | -3.29 | 4.11 | 252.88 | 222.87 |
| 1999 | 492.16 | 3.45 | 3.99 | 303.52 | 188.64 |
| 2000 | 556.38 | 13.05 | 3.75 | 369.05 | 187.33 |
| 2001 | 636.47 | 14.39 | 4.28 | 428.38 | 208.08 |
| 2002 | 735.1 | 15.17 | 4.48 | 456.31 | 278.79 |
| 2003 | 827.83 | 12.61 | 4.33 | 500 | 327.82 |
| 2004 | 935.29 | 12.98 | 4.28 | 589.02 | 346.27 |
| 2005 | 1018.76 | 10.89 | 4.12 | 653.64 | 365.42 |
| 2006 | 1120.38 | 9.97 | 4.07 | 684.45 | 435.93 |
| 2007 | 1226.31 | 9.45 | 3.76 | 755.39 | 450.92 |
| 2008 | 1235.88 | 7.80 | 3.66 | 835.51 | 400.37 |
| 2009 | 1487.47 | 20.36 | 4.14 | 981.37 | 505.26 |
| 2010 | 1704.37 | 14.58 | 4.03 | 1139.82 | 564.55 |
| 2011 | 1857.05 | 8.98 | 3.93 | 1260.68 | 596.20 |
| 2012 | 2129.49 | 14.67 | | 1545.20 | 583.89 |
| 2013 | 2616.99 | 22.89 | 4.9 | 2023.41 | 592.76 |
| 2014 | 3129.57 | 19.59 | 5.64 | 2578.28 | 547.19 |
| 2015 | 3208.54 | 2.52 | 5.72 | 2767.44 | 429.3 |
| 2016 | 3369.84 | 5.03 | 5.63 | 2988.71 | 349.27 |
| 2017 | 3569.11 | 5.91 | 5.57 | 3163.72 | 353.57 |

## 四川省电力公司售电量分年度统计表
（1949—2017 年）

表 11

| 年 份 | 售电量(亿千瓦时) | 年增长率(%) | 备　注 |
| --- | --- | --- | --- |
| 1949 | 0. 67 | - | |
| 1950 | 0. 58 | -13. 43 | |
| 1951 | 1. 04 | 79. 31 | |
| 1952 | 1. 30 | 25. 00 | |
| 1953 | 1. 71 | 31. 54 | |
| 1954 | 2. 51 | 46. 78 | |
| 1955 | 3. 01 | 19. 92 | |
| 1956 | 4. 07 | 35. 22 | |
| 1957 | 4. 74 | 16. 46 | |
| 1958 | 7. 60 | 60. 34 | |
| 1959 | 11. 72 | 54. 21 | |
| 1960 | 18. 02 | 53. 75 | |
| 1961 | 16. 13 | -10. 49 | |
| 1962 | 13. 76 | -14. 69 | |
| 1963 | 13. 43 | -2. 40 | |
| 1964 | 16. 03 | 19. 36 | |
| 1965 | 20. 38 | 27. 14 | |
| 1966 | 26. 62 | 30. 62 | |
| 1967 | 23. 63 | -11. 23 | |
| 1968 | 16. 79 | -28. 95 | |
| 1969 | 26. 88 | 60. 10 | |
| 1970 | 37. 24 | 28. 54 | |
| 1971 | 56. 97 | 52. 98 | |
| 1972 | 61. 48 | 7. 92 | |
| 1973 | 65. 06 | 5. 82 | |
| 1974 | 63. 32 | -2. 67 | |
| 1975 | 79. 61 | 25. 73 | |
| 1976 | 78. 89 | -0. 90 | |
| 1977 | 93. 16 | 18. 09 | |
| 1978 | 108. 90 | 16. 90 | |
| 1979 | 122. 65 | 12. 63 | |
| 1980 | 127. 57 | 4. 01 | |
| 1981 | 127. 11 | -0. 36 | |
| 1982 | 136. 73 | 7. 57 | |
| 1983 | 147. 14 | 7. 61 | |
| 1984 | 157. 69 | 7. 17 | |

续表 11

| 年 份 | 售电量(亿千瓦时) | 年增长率(%) | 备　　注 |
|---|---|---|---|
| 1985 | 169.76 | 7.65 | |
| 1986 | 176.20 | 3.79 | |
| 1987 | 184.75 | 4.85 | |
| 1988 | 201.11 | 8.86 | |
| 1989 | 219.85 | 9.32 | |
| 1990 | 231.54 | 5.32 | |
| 1991 | 248.23 | 7.21 | |
| 1992 | 266.58 | 7.39 | |
| 1993 | 299.20 | 12.24 | |
| 1994 | 331.65 | 10.85 | |
| 1995 | 361.88 | 9.12 | |
| 1996 | 387.76 | 7.15 | |
| 1997 | 324.00 | -16.44 | |
| 1998 | 310.00 | -4.32 | |
| 1999 | 289.20 | -6.71 | |
| 2000 | 337.66 | 16.75 | |
| 2001 | 378.69 | 14.26 | |
| 2002 | 476.34 | 21.03 | |
| 2003 | 539.33 | 13.22 | |
| 2004 | 616.36 | 14.27 | |
| 2005 | 708.00 | 11.49 | |
| 2006 | 795.22 | 12.32 | |
| 2007 | 912.80 | 14.78 | |
| 2008 | 871.55 | 4.65 | |
| 2009 | 969.80 | 11.27 | |
| 2010 | 1206.16 | 24.37 | |
| 2011 | 1526.28 | 16.38 | |
| 2012 | 1543.85 | 1.15 | |
| 2013 | 1633.12 | 5.78 | |
| 2014 | 1585.63 | 3.81 | |
| 2015 | 1578.36 | -0.46 | |
| 2016 | 1673.75 | 6.04 | |
| 2017 | 1770.57 | 5.79 | |

说明：本表为并表口径统计数据

## 四川省电力公司（原四川省电力工业局）所属发电厂发电装机容量统计表
## （1949—2017 年）

表 12

| 年份 | 发电设备容量(万千瓦) | | | | | 水、火电比重（%） | |
|---|---|---|---|---|---|---|---|
| | 合计 | 年增长率(%) | 占全国比重(%) | 水 电 | 火 电 | 水 电 | 火 电 |
| 1949 | 2.76 | | 62.56 | 0.06 | 2.7 | 2.17 | 97.83 |
| 1950 | 2.82 | 2.17 | 60.52 | 0.12 | 2.7 | 4.26 | 95.74 |
| 1951 | 3.47 | 23.05 | 64.74 | 0.27 | 3.2 | 7.78 | 92.22 |
| 1952 | 4.03 | 16.14 | 61.06 | 0.43 | 3.6 | 10.67 | 89.33 |
| 1953 | 4.03 | 0 | 51.67 | 0.43 | 3.6 | 10.7 | 89.33 |
| 1954 | 6.73 | 67 | 67.3 | 0.73 | 6 | 10.85 | 89.15 |
| 1955 | 7.28 | 8.17 | 67.41 | 0.73 | 6.55 | 10.03 | 89.97 |
| 1956 | 9.43 | 29.53 | 69.34 | 2.68 | 6.75 | 28.42 | 71.58 |
| 1957 | 14.34 | 52.07 | 77.1 | 6.5 | 7.84 | 45.33 | 54.67 |
| 1958 | 24.77 | 72.73 | 76.71 | 10.03 | 14.74 | 40.49 | 59.51 |
| 1959 | 32.04 | 29.35 | 74.93 | 11.45 | 20.59 | 35.74 | 64.26 |
| 1960 | 50.93 | 58.96 | 76.66 | 13.49 | 37.44 | 26.49 | 73.51 |
| 1961 | 55.08 | 8.15 | 76.43 | 13.49 | 41.59 | 24.5 | 75.5 |
| 1962 | 55.95 | 1.58 | 75.91 | 14.36 | 41.59 | 25.67 | 74.33 |
| 1963 | 56.25 | 0.54 | 74.65 | 14.36 | 41.89 | 25.53 | 74.47 |
| 1964 | 56.98 | 1.3 | 74.33 | 15.24 | 41.74 | 26.75 | 73.25 |
| 1965 | 61.73 | 8.33 | 73.95 | 15.24 | 46.49 | 24.69 | 75.07 |
| 1966 | 73.14 | 18.48 | 74.28 | 15.85 | 57.29 | 21.67 | 78.33 |
| 1967 | 79.06 | 8.1 | 75.53 | 15.97 | 63.09 | 20.2 | 79.8 |
| 1968 | 80.87 | 2.29 | 69 | 15.97 | 64.9 | 19.75 | 80.25 |
| 1969 | 95.47 | 18.05 | 74.15 | 15.97 | 79.5 | 16.73 | 83.27 |
| 1970 | 117.97 | 23.57 | 77.41 | 15.97 | 102 | 13.54 | 86.46 |
| 1971 | 143.27 | 21.46 | 72.07 | 35.22 | 108.05 | 24.59 | 75.41 |
| 1972 | 178.52 | 24.6 | 79.17 | 65.47 | 113.05 | 36.68 | 63.32 |
| 1973 | 194.02 | 8.68 | 76.29 | 80.97 | 113.05 | 41.73 | 58.27 |
| 1974 | 219.77 | 13.27 | 80.5 | 86.22 | 133.55 | 39.23 | 60.77 |
| 1975 | 228.17 | 3.82 | 78.95 | 89.97 | 138.2 | 39.43 | 60.57 |
| 1976 | 227.42 | -0.33 | 74.82 | 89.97 | 137.45 | 39.56 | 60.44 |
| 1977 | 259.92 | 14.29 | 77.84 | 109.97 | 149.95 | 42.31 | 57.69 |
| 1978 | 278.04 | 6.97 | 76.92 | 119.24 | 158.8 | 42.89 | 57.11 |
| 1979 | 283.33 | 1.92 | 74.47 | 119.23 | 164.1 | 42.08 | 57.92 |
| 1980 | 288.2 | 1.72 | 72.63 | 119.1 | 169.1 | 41.33 | 58.67 |
| 1981 | 288.15 | -0.02 | 70.94 | 119.1 | 169.05 | 41.33 | 58.67 |
| 1982 | 287.4 | -0.26 | 69.11 | 118.35 | 169.05 | 41.18 | 58.82 |

续表 12

| 年份 | 发电设备容量(万千瓦) | | | | | 水、火电比重（%） | |
|---|---|---|---|---|---|---|---|
| | 合计 | 年增长率(%) | 占全国比重（%） | 水电 | 火电 | 水电 | 火电 |
| 1983 | 309.4 | 7.65 | 69.64 | 130.35 | 179.05 | 42.13 | 57.87 |
| 1984 | 309.4 | 0 | 68.6 | 130.35 | 179.05 | 42.13 | 57.87 |
| 1985 | 312.9 | 1.13 | 67.64 | 130.35 | 182.55 | 41.66 | 58.34 |
| 1986 | 340.6 | 8.85 | 67.47 | 138.35 | 202.25 | 40.62 | 59.38 |
| 1987 | 373.3 | 9.6 | 66.59 | 146.35 | 226.95 | 39.2 | 60.8 |
| 1988 | 393.3 | 5.36 | 65.03 | 146.35 | 246.95 | 37.21 | 62.79 |
| 1989 | 411.45 | 4.61 | 62.57 | 146.35 | 265.1 | 35.57 | 64.43 |
| 1990 | 464.49 | 12.89 | 62.02 | 146.39 | 318.1 | 31.52 | 68.48 |
| 1991 | 502.4 | 8.16 | 57.81 | 146.3 | 356.1 | 29.12 | 70.88 |
| 1992 | 498.2 | -0.84 | 52.08 | 161.3 | 336.9 | 32.38 | 67.62 |
| 1993 | 557.05 | 11.81 | 52.92 | 190.35 | 366.7 | 34.17 | 65.82 |
| 1994 | 611.86 | 9.84 | 53.79 | 219.51 | 392.35 | 35.88 | 64.12 |
| 1995 | 647.15 | 5.77 | 53.26 | 234.65 | 412.5 | 32.26 | 63.74 |
| 1996 | 702.65 | 8.58 | 51.78 | 259.2 | 443.45 | 36.89 | 63.11 |
| 1997 | 635.26 | -9.59 | 57.19 | 281.51 | 353.75 | 44.31 | 55.69 |
| 1998 | 654.81 | 3.08 | 51 | 301.08 | 353.75 | 45.98 | 54.02 |
| 1999 | 696.67 | 6.39 | 49.32 | 299.17 | 397.5 | 42.49 | 57.06 |
| 2000 | 687.98 | -1.73 | 40.24 | 264.58 | 432.4 | 38.46 | 61.54 |
| 2001 | 725.28 | 5.42 | 40.5 | 295.78 | 429.5 | 40.78 | 59.22 |
| 2002 | 705.18 | -2.77 | 39.18 | 286.78 | 418.4 | 40.66 | 59.34 |
| 2003 | 45.5 | -93.55 | 2.47 | 45.5 | 0 | 100 | 0 |
| 2004 | 45.5 | 0 | 2.24 | 45.5 | 0 | 100 | 0 |
| 2005 | 45.5 | 0 | 2.02 | 45.5 | 0 | 100 | 0 |
| 2006 | 45.5 | 0 | 1.67 | 45.5 | 0 | 100 | 0 |
| 2007 | 45.5 | 0 | 1.42 | 45.5 | 0 | 100 | 0 |
| 2008 | 45.5 | 0 | 1.30 | 45.5 | 0 | 100 | 0 |
| 2009 | 45.5 | 0 | 1.19 | 45.5 | 0 | 100 | 0 |
| 2010 | 45.5 | 0 | 0.05 | 45.5 | 0 | 100 | 0 |
| 2011 | 45.5 | 0 | 0.04 | 45.5 | 0 | 100 | 0 |
| 2012 | 45.5 | 0 | | 45.5 | 0 | 100 | 0 |
| 2013 | 45.5 | 0 | | 45.5 | 0 | 100 | 0 |
| 2014 | 45.5 | 0 | | 45.5 | 0 | 100 | 0 |
| 2015 | 45.5 | | | 45.5 | | 100 | |
| 2016 | 45.5 | | | 45.5 | | 100 | 0 |
| 2017 | 45.5 | | | 45.5 | | 100 | |

## 四川省电力公司（原四川省电力工业局）所属电厂年发电量统计表
## （1949—2017年）

表13

| 年 份 | 总发电量（亿千瓦时） | 年增长率（%） | 占全省比重(%) | 水 电（亿千瓦时） | 火 电（亿千瓦时） |
|---|---|---|---|---|---|
| 1949 | | 1.15 | 78.23 | 0.14 | 10.1 |
| 1950 | 0.85 | -26.09 | 68 | 0.05 | 0.8 |
| 1951 | 1.3 | 52.94 | 63.41 | 0.19 | 1.11 |
| 1952 | 1.59 | 22.31 | 63.86 | 0.22 | 1.37 |
| 1953 | 2 | 25.79 | 63.29 | 0.31 | 1.69 |
| 1954 | 2.81 | 40.5 | 72.61 | 0.44 | 2.37 |
| 1955 | 3.55 | 26.33 | 78.89 | 0.35 | 3.2 |
| 1956 | 4.73 | 33.24 | 77.69 | 0.5 | 4.23 |
| 1957 | 5.43 | 14.8 | 80.09 | 1.64 | 3.79 |
| 1958 | 8.81 | 62.25 | 82.11 | 3.04 | 5.77 |
| 1959 | 14.25 | 61.75 | 80.74 | 3.49 | 10.76 |
| 1960 | 22.05 | 54.74 | 82.15 | 3.66 | 18.39 |
| 1961 | 20.11 | -8.8 | 83.1 | 2.87 | 17.24 |
| 1962 | 16.66 | -17.16 | 82.97 | 4.35 | 12.31 |
| 1963 | 16.08 | -3.48 | 83.4 | 5.81 | 10.27 |
| 1964 | 19.06 | 18.53 | 82.94 | 6.73 | 12.33 |
| 1965 | 24.23 | 27.12 | 83.72 | 6.78 | 17.45 |
| 1966 | 32.01 | 32.11 | 81.97 | 5.72 | 26.29 |
| 1967 | 29.56 | -7.65 | 75.62 | 6.79 | 22.77 |
| 1968 | 19.69 | -33.4 | 73.44 | 6.84 | 12.85 |
| 1969 | 30.56 | 55.21 | 82.17 | 5.39 | 25.17 |
| 1970 | 44.89 | 46.89 | 82.99 | 8.11 | 36.78 |
| 1971 | 64.24 | 43.11 | 83.01 | 9.15 | 55.09 |
| 1972 | 69.27 | 7.83 | 82.44 | 17.17 | 52.1 |
| 1973 | 71.87 | 3.75 | 81.31 | 27.38 | 44.49 |
| 1974 | 69.48 | -3.33 | 80.49 | 34.71 | 34.77 |
| 1975 | 89.08 | 28.21 | 82.53 | 40.49 | 48.59 |
| 1976 | 82.34 | -7.57 | 80.13 | 33.67 | 48.67 |
| 1977 | 98.05 | 19.08 | 82.51 | 40.45 | 57.6 |
| 1978 | 115.41 | 17.71 | 82.85 | 40.29 | 75.12 |
| 1979 | 128.87 | 11.66 | 82.4 | 47.28 | 81.59 |
| 1980 | 133.48 | 3.58 | 81.53 | 52.2 | 81.28 |
| 1981 | 133.05 | -0.32 | 81.09 | 53.34 | 79.71 |

续表 13

| 年　份 | 总发电量（亿千瓦时） | 年增长率（%） | 占全省比重(%) | 水　电（亿千瓦时） | 火　电（亿千瓦时） |
|---|---|---|---|---|---|
| 1982 | 136.95 | 2.93 | 79.64 | 53.95 | 83 |
| 1983 | 147.69 | 7.84 | 78.64 | 57.69 | 90 |
| 1984 | 155.36 | 5.19 | 77.73 | 61.48 | 93.88 |
| 1985 | 169.48 | 9.09 | 76.54 | 67.17 | 102.31 |
| 1987 | 196.96 | 10.61 | 74.93 | 65.45 | 131.51 |
| 1986 | 178.06 | 5.06 | 75.13 | 65.6 | 112.46 |
| 1989 | 232.84 | 6.59 | 70.91 | 73.54 | 159.3 |
| 1988 | 217.51 | 10.43 | 73.98 | 70.6 | 146.91 |
| 1990 | 240.17 | 3.59 | 69.48 | 71.34 | 168.83 |
| 1991 | 252.08 | 4.99 | 66.41 | 69.2 | 182.88 |
| 1992 | 247.08 | 1.98 | 58.91 | 68.81 | 178.26 |
| 1993 | 271.45 | 9.87 | 57.65 | 81.04 | 109.41 |
| 1994 | 293.46 | 8.17 | 55.91 | 87.83 | 205.63 |
| 1995 | 326.7 | 11.26 | 56.72 | 107.99 | 218.71 |
| 1997 | 295.22 | -14.52 | 60.01 | 108.55 | 186.67 |
| 1996 | 343.36 | 5.1 | 55.56 | 110.27 | 233.09 |
| 1998 | 272.2 | -7.80 | 57.21 | 109.44 | 162.76 |
| 1999 | 237.8 | -12.64 | 48.32 | 107.48 | 130.32 |
| 2000 | 224.03 | -5.79 | 40.27 | 97.35 | 126.68 |
| 2001 | 237.6 | 6.06 | 37.33 | 95.24 | 142.36 |
| 2002 | 294.16 | 23.8 | 40.02 | 93.28 | 200.68 |
| 2003 | 21.7 | -92.62 | 2.6 | 21.7 | 0 |
| 2004 | 22.84 | 5.25 | 2.44 | 22.84 | 0 |
| 2005 | 23.72 | 3.85 | 2.33 | 23.72 | 0 |
| 2006 | 21.66 | -9.69 | 1.93 | 21.66 | 0 |
| 2007 | 20.08 | -7.29 | 1.64 | 20.08 | 0 |
| 2008 | 4.27 | -78.74 | 0.35 | 4.27 | 0 |
| 2009 | 6.71 | 57.14 | 0.46 | 6.71 | 0 |
| 2010 | 5.78 | —13.86 | 0.34 | 5.78 | 0 |
| 2011 | 4.73 | —18.17 | 0.25 | 4.73 | 0 |
| 2012 | 20.79 | 339.53 |  | 20.79 | 0 |
| 2013 | 23.52 | 13.15 | 0.899 | 23.52 |  |
| 2014 | 24.84 | 5.62 | 0.8 | 24.84 | 0 |
| 2015 | 23.75 | -4.42 | 0.74 | 23.75 | 0 |
| 2016 | 25.13 | 5.84 | 0.75 | 25.13 | 0 |
| 2017 | 23.94 | -4.74 | 0.67 | 23.94 |  |

## 2017 年四川电网发电能力统计表（全口径）

表 14　　　　　　　　　　　　　　　　　　　　　　　　　　单位：千瓦

| 指标名称 | 期初 | 本月止累计新增 | 本月止累计减少 | 期　末 |
|---|---|---|---|---|
| 甲 | 1 | 4 | 5 | 6 |
| 总计 | 91083537 | 6237385 | 106692 | 97214229 |
| 其中：清洁能源 | 74662233 | 6010067 | 76692 | 80595607 |
| 可再生能源 | 74957733 | 6152885 | 76692 | 81033925 |
| 新能源 | 2502418 | 1388393 | 467 | 3890344 |
| 其中：生物质发电 | 295500 | 142818 | 0 | 438318 |
| 分布式电源 | 154644 | 31975 | 467 | 186152 |
| 水电 | 72455315 | 4764492 | 76225 | 77143581 |
| 其中：抽水蓄能 | | | | |
| 火电 | 16421304 | 227318 | 30000 | 16618622 |
| 燃煤 | 13367850 | 0 | 9750 | 13358100 |
| 其中：煤矸石发电 | 333000 | 0 | 0 | 333000 |
| 燃油 | | | | |
| 燃气 | 1235454 | 23818 | 0 | 1259272 |
| 其中：煤层气 | 48944 | 1500 | 0 | 50444 |
| 气发电 | 3500 | 20818 | 0 | 24318 |
| 其他 | 1818000 | 203500 | 20250 | 2001250 |
| 其中：余热、余压、余气发电 | 1526000 | 81500 | 20250 | 1587250 |
| 垃圾发电 | 267000 | 122000 | 0 | 389000 |
| 农林生物质发电 | 25000 | 0 | 0 | 25000 |
| 核电 | | | | |
| 风电 | 1247000 | 857500 | 0 | 2104500 |
| 太阳能发电 | 959918 | 388075 | 467 | 1347526 |
| 其中：光伏发电 | 959918 | 388075 | 467 | 1347526 |
| 光热发电 | | | | |
| 其他 | 0 | 0 | 0 | 0 |
| 地热能 | | | | |
| 海洋能 | | | | |
| 储能 | | | | |
| 其他 | | | | |
| 一、6000千瓦及以上 | 86617756 | 6051298 | 27400 | 92641654 |
| 水电 | 68336255 | 4592380 | 17650 | 72910985 |
| 其中：抽水蓄能 | | | | |
| 火电 | 16091484 | 222818 | 9750 | 16304552 |
| 燃煤 | 13334850 | 0 | 9750 | 13325100 |
| 其中：煤矸石 | 327000 | 0 | 0 | 327000 |
| 燃油 | | | | |

**续表 14**

| 指标名称 | 期初 | 本月止累计新增 | 本月止累计减少 | 期　末 |
|---|---|---|---|---|
| 燃气 | 1203134 | 22318 | 0 | 1225452 |
| 其中：煤层气 | 27144 | 0 | 0 | 27144 |
| 沼气发电 | 0 | 20818 | 0 | 20818 |
| 其他 | 1553500 | 200500 | 0 | 1754000 |
| 其中：余热、余压、余气发电 | 1261500 | 78500 | 0 | 1340000 |
| 垃圾发电 | 267000 | 122000 | 0 | 389000 |
| 农林生物质发电 | 25000 | 0 | 0 | 25000 |
| 核电 | | | | |
| 风电 | 1247000 | 857500 | 0 | 2104500 |
| 太阳能发电 | 943017 | 378600 | 0 | 1321617 |
| 其中：光伏发电 | 943017 | 378600 | 0 | 1321617 |
| 光热发电 | | | | |
| 其他 | 0 | 0 | 0 | 0 |
| 地热能 | | | | |
| 海洋能 | | | | |
| 储能 | | | | |
| 其他 | | | | |
| A. 按调度关系分 | 86617756 | 6051298 | 27400 | 92641654 |
| 1. 统一调度 | 78867269 | 5582218 | 0 | 84449487 |
| 水电 | 63388600 | 4238300 | 0 | 67626900 |
| 其中：抽水蓄能 | | | | |
| 火电 | 13335200 | 142818 | 0 | 13478018 |
| 燃煤 | 12130000 | 0 | 0 | 12130000 |
| 其中：煤矸石发电 | 270000 | 0 | 0 | 270000 |
| 燃油 | | | | |
| 燃气 | 913200 | 20818 | 0 | 934018 |
| 其中：煤层气 | 15000 | 0 | 0 | 15000 |
| 沼气发电 | 0 | 20818 | 0 | 20818 |
| 其他 | 292000 | 122000 | 0 | 414000 |
| 其中：余热、余压、余气发电 | | | | |
| 垃圾发电 | 267000 | 122000 | 0 | 389000 |
| 农林生物质发电 | 25000 | 0 | 0 | 25000 |
| 核电 | | | | |
| 风电 | 1247000 | 857500 | 0 | 2104500 |
| 太阳能发电 | 896469 | 343600 | 0 | 1240069 |
| 其中：光伏发电 | 896469 | 343600 | 0 | 1240069 |
| 光热发电 | | | | |
| 其他 | 0 | 0 | 0 | 0 |
| 地热能 | | | | |
| 海洋能 | | | | |

续表 14

| 指标名称 | 期初 | 本月止累计新增 | 本月止累计减少 | 期　末 |
|---|---|---|---|---|
| 储能 | | | | |
| 其他 | | | | |
| （1）国家电网公司统一调度 | 23100000 | 0 | 0 | 23100000 |
| 水电 | 23100000 | 0 | 0 | 23100000 |
| 火电 | | | | |
| 核电 | | | | |
| 风电 | | | | |
| 太阳能 | | | | |
| 其他 | | | | |
| （2）分部统一调度 | 3300000 | 0 | 0 | 3300000 |
| 水电 | 3300000 | 0 | 0 | 3300000 |
| 火电 | | | | |
| 核电 | | | | |
| 风电 | | | | |
| 太阳能 | | | | |
| 其他 | | | | |
| （3）省电力公司统一调度 | 52467269 | 5582218 | 0 | 58049487 |
| 水电 | 36988600 | 4238300 | 0 | 41226900 |
| 火电 | 13335200 | 142818 | 0 | 13478018 |
| 核电 | | | | |
| 风电 | 1247000 | 857500 | 0 | 2104500 |
| 太阳能 | 896469 | 343600 | 0 | 1240069 |
| 其他 | | | | |
| 2. 非统一调度 | 7750487 | 469080 | 27400 | 8192167 |
| 水电 | 4947655 | 354080 | 17650 | 5284085 |
| 其中：抽水蓄能 | | | | |
| 火电 | 2756284 | 80000 | 9750 | 2826534 |
| 燃煤 | 1204850 | 0 | 9750 | 1195100 |
| 其中：煤矸石发电 | 57000 | 0 | 0 | 57000 |
| 燃油 | | | | |
| 燃气 | 289934 | 1500 | 0 | 291434 |
| 其中：煤层气 | 12144 | 0 | 0 | 12144 |
| 沼气发电 | | | | |
| 其他 | 1261500 | 78500 | 0 | 1340000 |
| 其中：余热、余压、余气发电 | 1261500 | 78500 | 0 | 1340000 |
| 垃圾发电 | | | | |
| 农林生物质发电 | | | | |
| 核电 | | | | |

**续表 14**

| 指标名称 | 期初 | 本月止累计新增 | 本月止累计减少 | 期　末 |
|---|---|---|---|---|
| 风电 | | | | |
| 太阳能 | 46548 | 35000 | 0 | 81548 |
| 其中：光伏发电 | 46548 | 35000 | 0 | 81548 |
| 光热发电 | | | | |
| 其他 | 0 | 0 | 0 | 0 |
| 地热能 | | | | |
| 海洋能 | | | | |
| 储能 | | | | |
| 其他 | | | | |
| B. 按性质分 | 86617756 | 6051298 | 27400 | 92641654 |
| 1. 公用电厂 | 83950068 | 5956298 | 17650 | 89888716 |
| 水电 | 68336255 | 4592380 | 17650 | 72910985 |
| 其中：抽水蓄能 | | | | |
| 火电 | 13450344 | 142818 | 0 | 13593162 |
| 燃煤 | 12233000 | 0 | 0 | 12233000 |
| 其中：煤矸石发电 | 270000 | 0 | 0 | 270000 |
| 燃油 | | | | |
| 燃气 | 925344 | 20818 | 0 | 946162 |
| 其中：煤层气 | 27144 | 0 | 0 | 27144 |
| 沼气发电 | 0 | 20818 | 0 | 20818 |
| 其他 | 292000 | 122000 | 0 | 414000 |
| 其中：余热、余压、余气发电 | | | | |
| 垃圾发电 | 267000 | 122000 | 0 | 389000 |
| 农林生物质发电 | 25000 | 0 | 0 | 25000 |
| 核电 | | | | |
| 风电 | 1247000 | 857500 | 0 | 2104500 |
| 太阳能发电 | 916469 | 363600 | 0 | 1280069 |
| 其中：光伏发电 | 916469 | 363600 | 0 | 1280069 |
| 光热发电 | | | | |
| 其他 | 0 | 0 | 0 | 0 |
| 地热能 | | | | |
| 海洋能 | | | | |
| 储能 | | | | |
| 其他 | | | | |
| 2. 企业自备电厂 | 2667688 | 95000 | 9750 | 2752938 |
| 水电 | | | | |
| 其中：抽水蓄能 | | | | |
| 火电 | 2641140 | 80000 | 9750 | 2711390 |

续表 14

| 指标名称 | 期初 | 本月止累计新增 | 本月止累计减少 | 期 末 |
| --- | --- | --- | --- | --- |
| 燃煤 | 1101850 | 0 | 9750 | 1092100 |
| 其中：煤矸石发电 | 57000 | 0 | 0 | 57000 |
| 燃油 | | | | |
| 燃气 | 277790 | 1500 | 0 | 279290 |
| 其中：煤层气 | | | | |
| 沼气发电 | | | | |
| 其他 | 1261500 | 78500 | 0 | 1340000 |
| 其中：余热、余压、余气发电 | 1261500 | 78500 | 0 | 1340000 |
| 垃圾发电 | | | | |
| 农林生物质发电 | | | | |
| 核电 | | | | |
| 风电 | | | | |
| 太阳能发电 | 26548 | 15000 | 0 | 41548 |
| 其中：光伏发电 | 26548 | 15000 | 0 | 41548 |
| 光热发电 | | | | |
| 其他 | 0 | 0 | 0 | 0 |
| 地热能 | | | | |
| 海洋能 | | | | |
| 储能 | | | | |
| 其他 | | | | |
| C.按管理关系分 | 86617756 | 6051298 | 27400 | 92641654 |
| 国家电网公司 | 455000 | 0 | 0 | 455000 |
| 华能集团公司 | 2863500 | 150500 | 0 | 3014000 |
| 大唐集团公司 | 3764000 | 2306000 | 0 | 6070000 |
| 华电集团公司 | 8893400 | 250000 | 0 | 9143400 |
| 国电集团公司 | 12689500 | 1275000 | 0 | 13964500 |
| 中国电力投资集团公司 | 1418000 | 99000 | 0 | 1517000 |
| 其他 | 56534356 | 1970798 | 27400 | 58477754 |
| 二、6000千瓦以下 | 4465781 | 186087 | 79292 | 4572575 |
| 水电 | 4119060 | 172112 | 58575 | 4232596 |
| 其中：抽水蓄能 | | | | |
| 火电 | 329820 | 4500 | 20250 | 314070 |
| 燃煤 | 33000 | 0 | 0 | 33000 |
| 其中：煤矸石发电 | 6000 | 0 | 0 | 6000 |
| 燃油 | | | | |
| 燃气 | 32320 | 1500 | 0 | 33820 |
| 其中：煤层气 | 21800 | 1500 | 0 | 23300 |
| 沼气发电 | 3500 | 0 | 0 | 3500 |

续表 14

| 指标名称 | 期初 | 本月止累计新增 | 本月止累计减少 | 期　末 |
|---|---|---|---|---|
| 其他 | 264500 | 3000 | 20250 | 247250 |
| 其中：余热、余压、余气发电 | 264500 | 3000 | 20250 | 247250 |
| 垃圾发电 | | | | |
| 农林生物质发电 | | | | |
| 核电 | | | | |
| 风电 | | | | |
| 太阳能发电 | 16901 | 9475 | 467 | 25909 |
| 其中：光伏发电 | 16901 | 9475 | 467 | 25909 |
| 光热发电 | | | | |
| 其他 | 0 | 0 | 0 | 0 |
| 地热能 | | | | |
| 海洋能 | | | | |
| 储能 | | | | |
| 其他 | | | | |

## 2017 年四川电网全社会用电分类统计表

表 15

| 指标名称 | 用户个数 | 用户用电装接容量 | 用电量（万千瓦时） | |
|---|---|---|---|---|
| | （个） | （千瓦） | 累计 | 上年累计 |
| 全社会用电总计 | 36739924 | 484639951 | 22051786 | 21010235 |
| A. 全行业用电合计 | 2867830 | 230720450 | 17825487 | 17083022 |
| 第一产业 | 250061 | 3596257 | 154646 | 137654 |
| 第二产业 | 676712 | 169273786 | 14182258 | 13773609 |
| 第三产业 | 1941057 | 57850407 | 3488583 | 3171759 |
| B. 城乡居民生活用电合计 | 33872094 | 253919501 | 4226299 | 3927213 |
| 城镇居民 | 12115117 | 131778384 | 2444334 | 2311116 |
| 乡村居民 | 21756977 | 122141117 | 1781965 | 1616098 |
| 全行业用电分类 | 2867830 | 230720450 | 17825487 | 17083024 |
| 一、农、林、牧、渔业 | 250061 | 3596257 | 154646 | 137654 |
| 1. 农业 | 92278 | 1218881 | 47329 | 45655 |
| 2. 林业 | 3353 | 94653 | 3779 | 3648 |
| 3. 畜牧业 | 19546 | 421385 | 33560 | 27130 |
| 4. 渔业 | 16576 | 171238 | 11497 | 8436 |
| 5. 农、林、牧、渔服务业 | 118308 | 1690100 | 58482 | 52786 |
| 其中：排灌 | 84033 | 1231739 | 37980 | 34778 |
| 二、工业 | 589441 | 154884030 | 13770851 | 13376701 |

续表15

| 指标名称 | 用户个数 | 用户用电装接容量 | 用电量（万千瓦时） | |
|---|---|---|---|---|
| | （个） | （千瓦） | 累计 | 上年累计 |
| 轻工业 | 366209 | 22784230 | 1745478 | 1623127 |
| 重工业 | 223232 | 132099800 | 12025373 | 11753574 |
| （一）采矿业 | 36443 | 14111027 | 950436 | 925978 |
| 1. 煤炭开采和洗选业 | 6124 | 3341297 | 169530 | 174987 |
| 2. 石油和天然气开采业 | 2416 | 5003893 | 108124 | 95527 |
| 3. 黑色金属矿采选业 | 854 | 1622129 | 314937 | 284356 |
| 4. 有色金属矿采选业 | 12088 | 585818 | 125529 | 108394 |
| 5. 非金属矿采选业 | 8869 | 2565021 | 159198 | 153537 |
| 6. 其他采矿业 | 6092 | 992869 | 73117 | 108177 |
| （二） 制造业 | 517073 | 117811869 | 10015921 | 9720694 |
| 1. 食品、饮料和烟草制造业 | 297395 | 7205167 | 415139 | 384562 |
| 其中：农副食品加工业 | 101913 | 1727454 | 70650 | 66899 |
| 2. 纺织业 | 5944 | 1470637 | 141110 | 153946 |
| 3. 服装鞋帽、皮革羽绒及其制品业 | 4769 | 487314 | 52719 | 53183 |
| 4. 木材加工及制品和家具制品业 | 26323 | 1914875 | 182473 | 180666 |
| 其中:轻工业 | 3440 | 235083 | 23945 | 24268 |
| 5. 造纸及纸制品业 | 5250 | 1212740 | 258000 | 254600 |
| 6. 印刷业和记录媒介的复制 | 5376 | 313100 | 30661 | 29827 |
| 7. 文体用品制造业 | 1531 | 107196 | 2748 | 2662 |
| 8. 石油加工、炼焦及核燃料加工业 | 3624 | 834459 | 298723 | 276115 |
| 9. 化学原料及化学制品制造业 | 23211 | 46487862 | 1848350 | 1722624 |
| 其中:轻工业 | 328 | 66228 | 16513 | 16611 |
| 其中:氯碱 | 126 | 1167440 | 236544 | 204040 |
| 电石 | 53 | 1047847 | 185653 | 208184 |
| 黄磷 | 107 | 755304 | 168361 | 144066 |
| 其中:肥料制造 | 1706 | 3268153 | 177508 | 174434 |
| 10. 医药制造业 | 2649 | 804222 | 92589 | 89250 |
| 11. 化学纤维制造业 | 988 | 7335523 | 99719 | 88392 |
| 12. 橡胶和塑料制品业 | 6405 | 1502731 | 218194 | 207204 |
| 其中:轻工业 | 1067 | 182400 | 28775 | 29020 |
| 13. 非金属矿物制品业 | 51843 | 11963853 | 1668406 | 1658139 |
| 其中:轻工业 | 5298 | 584531 | 114688 | 105649 |
| 其中:水泥制造 | 2314 | 1526254 | 670203 | 655283 |
| 14. 黑色金属冶炼及压延加工业 | 1841 | 8403650 | 1899208 | 2198324 |

**续表15**

| 指标名称 | 用户个数 | 用户用电装接容量 | 用电量（万千瓦时） | |
|---|---|---|---|---|
| | （个） | （千瓦） | 累计 | 上年累计 |
| 其中：铁合金冶炼 | 244 | 3238115 | 278870 | 346967 |
| 15.有色金属冶炼及压延加工业 | 5011 | 12501514 | 1338573 | 1111476 |
| 其中：铝冶炼 | 212 | 1122411 | 775795 | 499189 |
| 16.金属制品业 | 21925 | 4370703 | 342037 | 343202 |
| 其中:轻工业 | 826 | 268322 | 77475 | 61908 |
| 17.通用及专用设备制造业 | 13620 | 3928010 | 220421 | 192019 |
| 其中：轻工业 | 1537 | 105682 | 13378 | 10981 |
| 18.交通运输、电气、电子设备制造业 | 7370 | 4626138 | 731366 | 611539 |
| 其中：轻工业 | 351 | 240590 | 209230 | 161221 |
| 其中：交通运输设备制造业 | 1237 | 1104710 | 61863 | 56264 |
| 19.工艺品及其他制造业 | 27904 | 2002462 | 154911 | 144287 |
| 20.废弃资源和废旧材料回收加工业 | 4094 | 339713 | 20574 | 18677 |
| （三）电力、燃气及水的生产和供应业 | 35925 | 22961134 | 2804494 | 2730030 |
| 1.电力、热力的生产和供应业 | 23236 | 20965919 | 2541367 | 2523003 |
| 其中:电厂生产全部耗用电量 | 847 | 2265050 | 698697 | 651262 |
| 线路损失电量 | 19226 | 310106 | 1795941 | 1810283 |
| 抽水蓄能抽水耗用电量 | | | | |
| 2.燃气生产和供应业 | 3358 | 726531 | 100415 | 64132 |
| 3.水的生产和供应业 | 9331 | 1268684 | 162711 | 142896 |
| 其中:轻工业 | 1556 | 163033 | 13878 | 12762 |
| 三、建筑业 | 87271 | 14389756 | 411407 | 396908 |
| 四、交通运输、仓储和邮政业 | 19749 | 5602826 | 481862 | 426030 |
| 1.交通运输业 | 9266 | 4509389 | 441224 | 389117 |
| 其中:城市公共交通 | 642 | 61205 | 46316 | 40094 |
| 管道运输业 | 329 | 111978 | 1971 | 1877 |
| 电气化铁路 | 203 | 1400185 | 97374 | 86159 |
| 2.仓储业 | 7279 | 940812 | 30706 | 27365 |
| 3.邮政业 | 3204 | 152625 | 9932 | 9548 |
| 五、信息传输、计算机服务和软件业 | 149169 | 2043664 | 288096 | 250027 |
| 1.电信和其他信息传输服务业 | 140625 | 1767414 | 245928 | 213711 |
| 2.计算机服务和软件业 | 8544 | 276250 | 42168 | 36316 |
| 六、商业、住宿和餐饮业 | 1338767 | 20180929 | 1179944 | 1085691 |
| 1.批发和零售业 | 1099814 | 14255431 | 920078 | 844207 |
| 2.住宿和餐饮业 | 238953 | 5925498 | 259866 | 241484 |

续表15

| 指标名称 | 用户个数 | 用户用电装接容量 | 用电量（万千瓦时） | |
|---|---|---|---|---|
| | （个） | （千瓦） | 累计 | 上年累计 |
| 七、金融、房地产、商务及居民服务业 | 200853 | 10242902 | 653001 | 598521 |
| 1. 金融业 | 14603 | 1144552 | 60039 | 55733 |
| 2. 房地产业 | 26530 | 4910560 | 453016 | 411361 |
| 3. 租赁和商务服务业、居民服务和其他服务业 | 159720 | 4187790 | 139946 | 131428 |
| 八、公共事业及管理组织 | 232519 | 19780086 | 885680 | 811490 |
| 1. 科学研究、技术服务和地质勘查业 | 4176 | 3619887 | 85535 | 80435 |
| 其中:地质勘查业 | 183 | 36230 | 1585 | 1284 |
| 2. 水利、环境和公共设施管理业 | 68068 | 5282844 | 212028 | 195722 |
| 其中：水利管理业 | 2731 | 208336 | 14680 | 13366 |
| 其中：公共照明业 | 20545 | 990216 | 48274 | 43498 |
| 3. 教育、文化、体育和娱乐业 | 58754 | 5686388 | 253359 | 228851 |
| 其中：教育 | 13877 | 1456266 | 123710 | 109066 |
| 4. 卫生、社会保障和社会福利业 | 19195 | 2113914 | 168521 | 151091 |
| 5. 公共管理和社会组织、国际组织 | 82326 | 3077053 | 166237 | 155390 |

## 2017年四川电网负荷特性一览表

表16

| 指标名称 | 计算单位 | 2017年 | 2016年 | 2017年发生日期 | 备注 |
|---|---|---|---|---|---|
| 最高发电负荷 | 万千瓦 | 3595.00 | 3536.00 | 2017-07-27 | |
| 最高用电负荷 | 万千瓦 | 3242.00 | 3264.00 | 2017-07-27 | |
| 平均用电负荷率 | % | 82.50 | 82.81 | | |
| 日最大峰谷差率 | % | 44.83 | 50.22 | 2017-02-02 | |
| 峰谷差率最大日的最大用电负荷 | 万千瓦 | 2063.00 | 1748.00 | | |
| 最大日用电量 | 万千瓦时 | 61606.00 | 64623.00 | 2017-07-27 | |
| 日均用电量 | 万千瓦时 | 44397.00 | 41886.00 | | |
| 累计最大负荷利用小时数 | 小时 | 4998.00 | 4697.00 | | |
| 拉电条次 | 条次 | 0.00 | 0.00 | | |
| 其中：110千伏及以上 | 条次 | 0.00 | 0.00 | | |
| 拉、限电损失电量 | 万千瓦时 | 0.00 | 0.00 | | |
| 其中：拉电损失电量 | 万千瓦时 | 0.00 | 0.00 | | |
| 移峰损失电量 | 万千瓦时 | 0.00 | 0.00 | | |

## 四川省及国网四川省电力公司公用输电线路分年度统计表
（1949—2017年）

表17　　　　计算单位：千米（回路长度）

| 年份 | 合计 | | 500千伏 | | 220千伏 | | 110千伏 | | 35千伏 | |
|---|---|---|---|---|---|---|---|---|---|---|
| | 全省 | 电力 | 全省 | 电力 | 全省 | 电力 | 全省 | 电力 | 全省 | 电力 |
| 1949 | 259.66 | - | - | - | - | - | - | - | 202.09 | - |
| 1950 | 264.17 | - | - | - | - | - | - | - | 212.4 | - |
| 1951 | 276.36 | - | - | - | - | - | - | - | 219.51 | - |
| 1952 | 325.4 | - | - | - | - | - | - | - | 267.7 | - |
| 1953 | 442.6 | - | - | - | - | - | - | - | 385.1 | - |
| 1954 | 481.9 | - | - | - | - | - | - | - | 448.4 | - |
| 1955 | 690 | - | - | - | - | - | 88.6 | - | 566.3 | - |
| 1956 | 784.54 | - | - | - | - | - | 88.6 | - | 695.54 | - |
| 1957 | 862.32 | - | - | - | - | - | 89.24 | - | 773.12 | - |
| 1958 | 1204.2 | - | - | - | - | - | 303.03 | - | 1001.2 | - |
| 1959 | 1897.06 | - | - | - | - | - | 564.2 | - | 1332.86 | - |
| 1960 | 2208.04 | - | - | - | - | - | 771.37 | - | 1436.67 | - |
| 1961 | 2254.21 | - | - | - | - | - | 771.67 | - | 1477.54 | - |
| 1962 | 2290.01 | - | - | - | - | - | 803.97 | - | 1486.04 | - |
| 1963 | - | 1506.9 | - | - | - | - | - | 659.77 | - | 847.13 |
| 1964 | - | 1630.01 | - | - | - | - | - | 671.07 | - | 958.94 |
| 1965 | - | 1986.05 | - | - | - | - | - | 758.77 | - | 1227.28 |
| 1966 | - | 2972.08 | - | - | - | - | - | 1377.36 | - | 1594.72 |
| 1967 | - | 3468.42 | - | - | - | - | - | 1696.71 | - | 1771.71 |
| 1968 | - | 3919.46 | - | - | - | - | - | 1984.5 | - | 1934.96 |
| 1969 | - | 4398.53 | - | - | - | 126 | - | 2189.64 | - | 2052.89 |
| 1970 | - | 5168.88 | - | - | - | 184.5 | - | 2791.02 | - | 2193.36 |
| 1971 | - | 5639.38 | - | - | - | 184.5 | - | 2977.46 | - | 2477.42 |
| 1972 | - | 6395.81 | - | - | - | 618.42 | - | 3220.31 | - | 2557.08 |
| 1973 | - | 6918.29 | - | - | - | 790.42 | - | 3426.45 | - | 2701.42 |
| 1974 | - | 7522.05 | - | - | - | 1010.72 | - | 3564.54 | - | 2946.79 |
| 1975 | - | 8007.7 | - | - | - | 1097.77 | - | 3813.02 | - | 3096.91 |
| 1976 | - | 8344 | - | - | - | 1318 | - | 3723 | - | 3303 |
| 1977 | - | 8792 | - | - | - | 1320 | - | 3892 | - | 3580 |
| 1978 | - | 9275.9 | - | - | - | 1525.5 | - | 4067.7 | - | 3682.7 |
| 1979 | - | 9539.25 | - | - | - | 1516.47 | - | 4220.34 | - | 3802.44 |
| 1980 | - | 10100 | - | - | - | 1874 | - | 4330 | - | 3896 |
| 1981 | - | 10724 | - | - | - | 2096 | - | 4619 | - | 4009 |
| 1982 | - | 10999 | - | - | - | 2196 | - | 4669 | - | 4134 |

续表 17

| 年份 | 合计 | | 500 千伏 | | 220 千伏 | | 110 千伏 | | 35 千伏 | |
|---|---|---|---|---|---|---|---|---|---|---|
| | 全省 | 电力 | 全省 | 电力 | 全省 | 电力 | 全省 | 电力 | 全省 | 电力 |
| 1983 | – | 11328 | – | – | – | 2199 | – | 4913 | – | 4216 |
| 1984 | – | 12404 | – | – | – | 2804 | – | 5360 | – | 4240 |
| 1985 | – | 12989 | – | – | – | 3207 | – | 5407 | – | 4375 |
| 1986 | – | 13391 | – | – | – | 3468 | – | 5458 | – | 4465 |
| 1987 | – | 13827 | – | – | – | 3610 | – | 5691 | – | 4526 |
| 1988 | – | 14231 | – | – | – | 3695 | – | 5909 | – | 4627 |
| 1989 | – | 14579.8 | – | – | – | 3791 | – | 6125.8 | – | 4663 |
| 1990 | – | 15159.97 | – | – | – | 4043 | – | 6389.8 | – | 4727.17 |
| 1991 | – | 15851 | – | – | – | 4458 | – | 6603 | – | 4790 |
| 1992 | – | 16325.8 | – | – | – | 4810 | – | 664950 | – | 4866.3 |
| 1993 | 34790.2 | 17027.3 | – | – | 5064.1 | 4795 | 9287 | 7362.8 | 20439.1 | 4869.5 |
| 1994 | 37504.4 | 17585.5 | – | – | 5252.5 | 4983.4 | 10157.1 | 7611.6 | 22094.9 | 4990.5 |
| 1995 | 40250.7 | 18776.8 | 70.1 | 70.1 | 5619.1 | 5341 | 11239.8 | 8215.3 | 23321.1 | 5150.4 |
| 1996 | 42586.5 | 19183.2 | 147.7 | 147.7 | 5812.9 | 5530.8 | 12144.4 | 8264.9 | 24481.6 | 5239.9 |
| 1997 | 34418 | 15379.5 | 71 | 71 | 4687 | 4586 | 9658 | 6586 | 20002 | 4137 |
| 1998 | 38438 | 18305 | 924 | 924 | 5920 | 5819 | 10588 | 7198 | 20898 | 4346 |
| 1999 | 41563 | 20792 | 1389 | 1389 | 6348 | 6248 | 12410 | 8324 | 21416 | 4549 |
| 2000 | 45812 | 23034 | 1956 | 1956 | 6805 | 6495 | 13535 | 9152 | 23522 | 5130 |
| 2001 | 47817 | 23666 | 1787 | 1787 | 7023 | 6923 | 14164 | 9360 | 24843 | 5427 |
| 2002 | 49081 | 24926 | 1862 | 1862 | 7547 | 7538 | 14500.6 | 10108 | 25171.3 | 5716.9 |
| 2003 | 53525.5 | 26139 | 2287 | 2287 | 8343 | 7626 | 15842.9 | 10349 | 27052.2 | 5877 |
| 2004 | 56101.9 | 26678 | 2604.5 | 2604 | 8231.8 | 7704 | 17416.8 | 10422.76 | 27848.8 | 5947 |
| 2005 | 58781.1 | 27671 | 2986 | 2986 | 8938.5 | 8119 | 18227.9 | 10542 | 28629.2 | 6025 |
| 2006 | 54540.11 | 29073.67 | 3508.53 | 3508.53 | 9899.91 | 8580.91 | 16949.09 | 10833.72 | 24182.57 | 6150.51 |
| 2007 | 63327 | 34332.26 | 5538.84 | 5545.51 | 11920.4 | 10176.21 | 18895.82 | 12151.56 | 26965.35 | 6465.66 |
| 2008 | 65243.67 | 33947.27 | 5514.17 | 4045.81 | 12404.95 | 10392.38 | 21040.67 | 12583.14 | 26283.88 | 6925.95 |
| 2009 | 61781.88 | 36065.6 | 6880.196 | 5283.7 | 12495.32 | 10915.6 | 19459.211 | 13159.01 | 22947.14 | 6707.29 |
| 2010 | 66674 | 39785 | 8016 | 8016 | 13607 | 11404 | 20891 | 13554 | 23895 | 6546 |
| 2011 | 72711 | 44675 | 9190 | 9123 | 15196 | 12962 | 24388 | 15107 | 23673 | 7218 |
| 2012 | 77733.54 | 65176.06 | 9967.61 | 9702.32 | 17271.89 | 15186.23 | 24958.21 | 21938.50 | 24712.57 | 18349.0 |
| 2013 | 84620.98 | 73610.98 | 12193.91 | 12193.9 | 18672.79 | 16142.70 | 25791.26 | 22572.26 | 27051.69 | 22702.1 |
| 2014 | 89120.60 | 78469.90 | 13058.30 | 13058.3 | 19599.86 | 18273.76 | 27554.55 | 24445.24 | 27813.47 | 22692.6 |
| 2015 | 92994.04 | 83084.22 | 13539.3 | 13539.3 | 20465.06 | 19131.27 | 29177.89 | 26006.29 | 28717.36 | 23312.94 |
| 2016 | 93883.49 | 83650.03 | 13555.41 | 13555.41 | 20645.42 | 19224.18 | 29618.7 | 26296.82 | 28974.54 | 23479.21 |
| 2017 | 96927.77 | 85502.28 | 14179.71 | 14179.71 | 21458.88 | 19881.31 | 30146.48 | 26752.71 | 30048.28 | 23594.13 |

## 四川省及国网四川省电力公司公用变电容量分年度统计表
## （1949—2017年）

表18　　计算单位：万千伏安

| 年份 | 合计 | | 500千伏 | | 220千伏 | | 110千伏 | | 35千伏 | |
|---|---|---|---|---|---|---|---|---|---|---|
| | 全省 | 电力公司 | 全省 | 电力公司 | 全省 | 电力公司 | 全省 | 电力公司 | 全省 | 电力公司 |
| 1949 | 2.02 | – | – | – | – | – | – | – | 1.9 | – |
| 1950 | 2.55 | – | – | – | – | – | – | – | 2.43 | |
| 1951 | 2.55 | – | – | – | – | – | – | – | 2.43 | – |
| 1952 | 3.43 | – | – | – | – | – | – | – | 2.99 | – |
| 1953 | 4.03 | – | – | – | – | – | – | – | 3.51 | – |
| 1954 | 9.87 | – | – | – | – | – | – | – | 9.32 | – |
| 1955 | 20.06 | – | – | – | – | – | 9.45 | – | 11.15 | – |
| 1956 | 29.01 | – | – | – | – | – | 9.45 | – | 10.56 | – |
| 1957 | 38.87 | – | – | – | – | – | 12.6 | – | 26.27 | – |
| 1958 | 60.33 | – | – | – | – | – | 17.75 | – | 42.58 | – |
| 1959 | 89 | – | – | – | – | – | 36.25 | – | 52.75 | – |
| 1960 | 167.5 | – | – | – | – | – | 77.85 | – | 89.65 | – |
| 1961 | 180.86 | – | – | – | – | – | 84.25 | – | 96.61 | |
| 1962 | 173.57 | – | – | – | – | – | 87.8 | – | 85.77 | – |
| 1963 | – | 74.05 | – | – | – | – | – | 46.5 | – | 27.55 |
| 1964 | – | 78.42 | – | – | – | – | – | 49.66 | – | 28.77 |
| 1965 | – | 90.98 | – | – | – | – | – | 58.3 | – | 32.68 |
| 1966 | – | 109.74 | – | – | – | – | – | 68.92 | – | 40.82 |
| 1967 | – | 126.34 | – | – | – | – | – | 80.67 | – | 45.67 |
| 1968 | – | 131.12 | – | – | – | – | – | 85.17 | – | 48.95 |
| 1969 | – | 143.52 | – | – | – | – | – | 90.82 | – | 52.7 |
| 1970 | – | 181.2 | – | – | – | – | – | 119.12 | – | 62.08 |
| 1971 | – | 210.54 | – | – | – | – | – | 140.92 | – | 69.62 |
| 1972 | – | 246.35 | – | – | – | 24 | – | 148.07 | – | 74.28 |
| 1973 | – | 270.26 | – | – | – | 33 | – | 160.12 | – | 77.14 |
| 1974 | – | 306.98 | – | – | – | 54 | – | 173.42 | – | 79.56 |
| 1975 | – | 352.5 | – | – | – | 75 | – | 190.41 | – | 87.09 |
| 1976 | – | 360.63 | – | – | – | 75 | – | 195.01 | – | 90.62 |
| 1997 | – | 388 | – | – | – | 84 | – | 206.66 | – | 97.34 |
| 1978 | – | 467.63 | – | – | – | 129 | – | 229.51 | – | 109.12 |
| 1979 | – | 509.39 | – | – | – | 144 | – | 246.36 | – | 119.03 |
| 1980 | – | 587.04 | – | – | – | 186 | – | 277.82 | – | 123.22 |
| 1981 | – | 631.62 | – | – | – | 201 | – | 306.02 | – | 124.6 |

续表 18

| 年份 | 合计 | | 500 千伏 | | 220 千伏 | | 110 千伏 | | 35 千伏 | |
|---|---|---|---|---|---|---|---|---|---|---|
| | 全省 | 电力公司 | 全省 | 电力公司 | 全省 | 电力公司 | 全省 | 电力公司 | 全省 | 电力公司 |
| 1982 | – | 656.67 | – | – | – | 219 | – | 309.42 | – | 128.25 |
| 1983 | – | 677.44 | – | – | – | 219 | – | 322.2 | – | 136.24 |
| 1984 | – | 737.54 | – | – | – | 243 | – | 355.3 | – | 139.24 |
| 1985 | – | 768.86 | – | – | – | 264 | – | 362.8 | – | 141.77 |
| 1986 | – | 830.77 | – | – | – | 294 | – | 368.95 | – | 149.82 |
| 1987 | – | 941.31 | – | – | – | 354 | – | 426.17 | – | 161.14 |
| 1988 | – | 1019.34 | – | – | – | 378 | – | 467.6 | – | 173.74 |
| 1989 | – | 1123.25 | – | – | – | 402 | – | 544.8 | – | 176.45 |
| 1990 | – | 1248.67 | – | – | – | 492 | – | 577.6 | – | 179.07 |
| 1991 | – | 1350.69 | – | – | – | 552 | – | 614.14 | – | 184.55 |
| 1992 | – | – | – | – | – | – | – | – | – | – |
| 1993 | – | – | – | – | – | – | – | – | – | – |
| 1994 | – | – | – | – | – | – | – | – | – | – |
| 1995 | 2296.92 | 1884.4 | – | – | 731.6 | 731.6 | 1058.56 | 925.18 | 506.76 | 227.61 |
| 1996 | 2535.28 | 2084.22 | – | – | 821.6 | 821.6 | 1170.31 | 1025.78 | 543.37 | 236.84 |
| 1997 | 2002.73 | 1630.01 | – | – | 627 | 615 | 933.86 | 818.24 | 441.87 | 196.73 |
| 1998 | 2355.8 | 1943.85 | 150 | 150 | 714 | 702 | 1016.82 | 881.48 | 474.99 | 210.37 |
| 1999 | 2839.82 | 2227.56 | 225 | 225 | 814.5 | 795 | 1265.5 | 990.68 | 534.82 | 216.68 |
| 2000 | 3147.99 | 2448.38 | 225 | 225 | 904.5 | 904.5 | 1406.4 | 1079.71 | 650 | 239.17 |
| 2001 | 3658.13 | 2847.18 | 225 | 225 | 1048.5 | 1029 | 1653 | 1291.03 | 731.63 | 302.15 |
| 2002 | 4071.52 | 3238.57 | 300 | 300 | 1168.5 | 1168.5 | 1867.33 | 1503.36 | 735.69 | 286.61 |
| 2003 | 4282.61 | 3418.17 | 300 | 300 | 1240.5 | 1240.5 | 1969.51 | 1588.63 | 772.64 | 289.54 |
| 2004 | 4828.06 | 3606.24 | 375 | 375 | 1278 | 1278 | 2259.32 | 1652 | 915.74 | 301.24 |
| 2005 | 5497.14 | 4013.84 | 600 | 600 | 1398 | 1398 | 2495.33 | 1733.5 | 1003.82 | 282.34 |
| 2006 | 5949.29 | 4463.81 | 675 | 675 | 1599 | 1599 | 2657.98 | 1898.6 | 1017.31 | 291.21 |
| 2007 | 7588.15 | 6392.63 | 1925 | 1925 | 2007 | 1998 | 2806.02 | 2163.55 | 850.13 | 306.08 |
| 2008 | 8746.9 | 7357.83 | 2350 | 2275 | 2340 | 2316 | 3147.65 | 2454.25 | 909.25 | 312.58 |
| 2009 | 9820.76 | 8615.56 | 2750 | 2750 | 2916 | 2868 | 3308.63 | 2673.2 | 846.13 | 324.36 |
| 2010 | 12705 | 11157 | 3575 | 3575 | 3701 | 3449 | 3764 | 3024 | 895 | 338 |
| 2011 | 13809.38 | 12432.28 | 4525 | 4525 | 4225.75 | 4144.75 | 4168.91 | 3414.33 | 889.72 | 348.20 |
| 2012 | 16125.30 | 15767.97 | 5250 | 5250 | 5045.75 | 5035.75 | 4863.13 | 4665.62 | 966.42 | 816.60 |
| 2013 | 18737.59 | 18479.12 | 6400 | 6400 | 5733 | 5733 | 5506.08 | 5349.28 | 1098.51 | 996.84 |
| 2014 | 20472.91 | 20144.24 | 6850 | 6850 | 6414 | 6399 | 6015.79 | 5824.19 | 1193.12 | 1071.05 |
| 2015 | 22061.99 | 21723.38 | 7390 | 7390 | 6981 | 6981 | 6422.04 | 6211.69 | 1268.95 | 1140.69 |
| 2016 | 22901.24 | 22507.9 | 7490 | 7490 | 7260.45 | 7227.45 | 6839.89 | 6597.54 | 1310.9 | 1192.91 |
| 2017 | 24163.84 | 23777.72 | 8030 | 8030 | 7572.45 | 7557.45 | 7206.49 | 6950.74 | 1354.9 | 1239.53 |

## 2017年四川电网35千伏及以上线路情况表

表19

| 指标名称 | 输电线路 | | | | 架空线路部分 | | | | | | 电缆 部分 | |
|---|---|---|---|---|---|---|---|---|---|---|---|---|
| | 条数（条） | | 长度（千米） | | 条数 | 杆路长度 | 回路长度(千米) | | 其中：紧凑型（千米） | 其中：大截面（千米） | 条数 | 长度 |
| | 小计 | 其中：直流线路 | 小计 | 其中：直流线路 | （条） | （千米） | 小计 | 其中：同塔双（多）回 | | | （条） | （千米） |
| 甲 | 1 | 2 | 3 | 4 | 5 | 6 | 7 | 8 | 9 | 10 | 11 | 12 |
| 电网总计 | 5661 | 4 | 96927.766 | 1094.422 | 5472 | 84636.895 | 95188.172 | 21065.117 | 156.658 | 1157.854 | 1009 | 1739.594 |
| ±800千伏 | 3 | 3 | 854.392 | 854.392 | 3 | 854.392 | 854.392 | 0.000 | 0.000 | 854.392 | | |
| 500千伏 | 175 | | 14179.709 | | 175 | 9943.844 | 14179.709 | 8459.601 | 156.658 | 66.180 | | |
| ±500千伏 | 1 | 1 | 240.030 | 240.030 | 1 | 240.030 | 240.030 | 0.000 | 0.000 | 237.282 | | |
| 220千伏 | 810 | | 21458.876 | | 785 | 17125.026 | 21167.518 | 8079.962 | 0.000 | | 81 | 291.358 |
| 110千伏 | 2134 | | 30146.478 | | 1992 | 26991.973 | 29030.184 | 4068.915 | 0.000 | | 388 | 1116.294 |
| 35千伏 | 2538 | | 30048.281 | | 2516 | 29481.630 | 29716.339 | 456.639 | 0.000 | | 540 | 331.942 |
| 一、国家电网公司 | 4503 | 4 | 85502.282 | 1094.422 | 4348 | 73560.231 | 83963.820 | 20774.324 | 156.658 | 1157.854 | 909 | 1538.462 |
| ±800千伏 | 3 | 3 | 854.392 | 854.392 | 3 | 854.392 | 854.392 | 0.000 | 0.000 | 854.392 | | |
| ±500千伏 | 1 | 1 | 240.030 | 240.030 | 1 | 240.030 | 240.030 | 0.000 | 0.000 | 237.282 | | |
| 220千伏 | 727 | | 19881.311 | | 708 | 15638.698 | 19612.731 | 7943.035 | 0.000 | | 69 | 268.580 |
| 110千伏 | 1781 | | 26752.714 | | 1655 | 23767.427 | 25760.594 | 3983.325 | 0.000 | | 356 | 992.120 |
| 35千伏 | 1816 | | 23594.126 | | 1806 | 23115.840 | 23316.364 | 388.363 | 0.000 | | 484 | 277.762 |
| （一）总部 | 22 | 3 | 2892.029 | 911.339 | 22 | 2743.413 | 2891.979 | 297.138 | 0.000 | 955.595 | 1 | 0.050 |
| ±800千伏 | 2 | 2 | 671.309 | 671.309 | 2 | 671.309 | 671.309 | 0.000 | 0.000 | 671.309 | | |
| 500千伏 | 17 | | 1945.798 | | 17 | 1797.232 | 1945.798 | 297.138 | 0.000 | 47.004 | | |

续表 19

| 指标名称 | 输电线路 | | | | 架空线路部分 | | | | | | 电缆 部分 | |
|---|---|---|---|---|---|---|---|---|---|---|---|---|
| | 条数（条） | | 长度（千米） | | 条数 | 杆路长度 | 回路长度(千米) | | 其中：紧凑型 | 其中：大截面 | 条数 | 长度 |
| | 小计 | 其中：直流线路 | 小计 | 其中：直流线路 | （条） | （千米） | 小计 | 其中：同塔双（多）回 | （千米） | （千米） | （条） | （千米） |
| ±500千伏 | 1 | 1 | 240.030 | 240.030 | 1 | 240.030 | 240.030 | 0.000 | 0.000 | 237.282 | | |
| （二）分部 | 6 | | 661.867 | | 6 | 588.217 | 661.867 | 147.302 | 0.000 | | | |
| 500千伏 | 6 | | 661.867 | | 6 | 588.217 | 661.867 | 147.302 | 0.000 | | | |
| （三）省电力公司 | 4474 | | 81765.303 | | 4319 | 70045.518 | 80226.891 | 20329.884 | 156.658 | 19.176 | 908 | 1538.412 |
| 500千伏 | 152 | | 11572.044 | | 152 | 7558.395 | 11572.044 | 8015.161 | 156.658 | 19.176 | | |
| 220千伏 | 727 | | 19881.311 | | 708 | 15638.698 | 19612.731 | 7943.035 | 0.000 | | 69 | 268.580 |
| 110千伏 | 1781 | | 26752.714 | | 1655 | 23767.427 | 25760.594 | 3983.325 | 0.000 | | 356 | 992.120 |
| 35千伏 | 1814 | | 23559.234 | | 1804 | 23080.998 | 23281.522 | 388.363 | 0.000 | | 483 | 277.712 |
| （四）外省电力公司 | 1 | 1 | 183.083 | 183.083 | 1 | 183.083 | 183.083 | 0.000 | 0.000 | 183.083 | | |
| ±800千伏 | 1 | 1 | 183.083 | 183.083 | 1 | 183.083 | 183.083 | 0.000 | 0.000 | 183.083 | | |
| 二、其他 | 1158 | | 11425.484 | | 1124 | 11076.664 | 11224.352 | 290.793 | 0.000 | | 100 | 201.132 |
| 220千伏 | 83 | | 1577.565 | | 77 | 1486.328 | 1554.787 | 136.927 | 0.000 | | 12 | 22.778 |
| 110千伏 | 353 | | 3393.764 | | 337 | 3224.546 | 3269.590 | 85.590 | 0.000 | | 32 | 124.174 |
| 35千伏 | 722 | | 6454.155 | | 710 | 6365.790 | 6399.975 | 68.276 | 0.000 | | 56 | 54.180 |

## 2017 年四川电网 35 千伏及以上变电站情况统计表

表 20

| 指标名称 | 公用变电站 | | | | | | | 企业自备变电站 | | | 开关站 |
|---|---|---|---|---|---|---|---|---|---|---|---|
| | 普通变电站 | | | 换流站 | | | | | | | |
| | 变电站 | 在运变压器 | 容量 | 换流站 | 在运变压器 | 换流变压器容量 | 换流容量 | 变电站 | 在运变压器 | 容量 | 变电站 |
| | （座） | （台/组） | （千伏安） | （座） | （台/组） | （千伏安） | （千瓦） | （座） | （台/组） | （千伏安） | （座） |
| 电网总计 | 2451 | 4174 | 241638440 | 4 | 84 | 29743200 | 24600000 | 420 | 833 | 18655560 | 10 |
| ±800千伏 | | | | 3 | 0 | 0 | 21600000 | | | | |
| 500千伏 | 47 | 92 | 80300000 | 0 | 84 | 29743200 | 0 | | | | 1 |
| ±500千伏 | | | | 1 | 0 | 0 | 3000000 | | | | |
| 220千伏 | 231 | 457 | 75724500 | | | | | 30 | 85 | 7470160 | 2 |
| 110千伏 | 873 | 1644 | 72064900 | | | | | 167 | 298 | 8216700 | |
| 35千伏 | 1300 | 1981 | 13549040 | | | | | 223 | 450 | 2968700 | 7 |
| 一、国家电网公司 | 2258 | 3873 | 237777210 | 4 | 84 | 29743200 | 24600000 | | | | 10 |
| ±800千伏 | | | | 3 | 0 | 0 | 21600000 | | | | |
| 500千伏 | 47 | 92 | 80300000 | 0 | 84 | 29743200 | 0 | | | | 1 |
| ±500千伏 | | | | 1 | 0 | 0 | 3000000 | | | | |
| 220千伏 | 231 | 456 | 75574500 | | | | | | | | 2 |
| 110千伏 | 827 | 1568 | 69507400 | | | | | | | | |
| 35千伏 | 1153 | 1757 | 12395310 | | | | | | | | 7 |
| （一）总部 | 0 | 1 | 750000 | 4 | 84 | 29743200 | 24600000 | | | | |
| ±800千伏 | | | | 3 | 0 | 0 | 21600000 | | | | |

续表 20

| 指标名称 | 公用变电站 | | | | | | | 企业自备变电站 | | | 开关站 |
|---|---|---|---|---|---|---|---|---|---|---|---|
| | 普通变电站 | | | 换流站 | | | | | | | |
| | 变电站 | 在运变压器 | 容量 | 换流站 | 在运变压器 | 换流变压器容量 | 换流容量 | 变电站 | 在运变压器 | 容量 | 变电站 |
| | （座） | （台/组） | （千伏安） | （座） | （台/组） | （千伏安） | （千瓦） | （座） | （台/组） | （千伏安） | （座） |
| 500千伏 | 0 | 1 | 750000 | 0 | 84 | 29743200 | 0 | | | | |
| ±500千伏 | | | | 1 | 0 | 0 | 3000000 | | | | |
| （三）省电力公司 | 2258 | 3872 | 237027210 | | | | | | | | 10 |
| 500千伏 | 47 | 91 | 79550000 | | | | | | | | 1 |
| 220千伏 | 231 | 456 | 75574500 | | | | | | | | 2 |
| 110千伏 | 827 | 1568 | 69507400 | | | | | | | | |
| 35千伏 | 1153 | 1757 | 12395310 | | | | | | | | 7 |
| 二、其他 | 193 | 301 | 3861230 | | | | | 420 | 833 | 18655560 | |
| 500千伏 | | | | | | | | | | | |
| 220千伏 | | 1 | 150000 | | | | | 30 | 85 | 7470160 | |
| 110千伏 | 46 | 76 | 2557500 | | | | | 167 | 298 | 8216700 | |
| 35千伏 | 147 | 224 | 1153730 | | | | | 223 | 450 | 2968700 | |

## 2017 年四川省供电综合情况统计表（全口径）

单位：万千瓦时,%

表 21

| 指标名称 | 全部供电 | | | 其中：电力企业部分 | | | |
|---|---|---|---|---|---|---|---|
| | 供电量 | 净用电量 | 供电最高负荷 | 供电量 | 售电量 | 线损电量 | 线损率 |
| 总 计 | 21561081.22 | 19802590.60 | 3242.00 | 20870474.42 | 19111983.80 | 1758490.62 | 8.43 |
| 1.主网（省内） | 549312 | | | 549312 | | 549312 | 2.63 |
| 2.国网地区合计 | 21011770 | 19802591 | 3242.00 | 20321163 | 19111984 | 1209179 | 5.95 |
| 达州市 | 605021 | 576083 | 149.20 | 605021 | 576083 | 28938 | 4.78 |
| 南充市 | 644917 | 589605 | 180.30 | 641841 | 586529 | 55312 | 8.62 |
| 成都市 | 4836972 | 4549858 | 948.00 | 4755440 | 4468327 | 287114 | 6.04 |
| 绵阳市 | 881081 | 820985 | 180.20 | 861261 | 801164 | 60096 | 6.98 |
| 德阳市 | 1105791 | 1056300 | 194.16 | 1079977 | 1030486 | 49492 | 4.58 |
| 广元市 | 591259 | 551495 | 92.83 | 569487 | 529723 | 39764 | 6.98 |
| 乐山市 | 1935784 | 1835953 | 193.11 | 1753665 | 1653835 | 99830 | 5.69 |
| 自贡市 | 363708 | 332857 | 102.60 | 358927 | 328076 | 30851 | 8.60 |
| 宜宾市 | 488946 | 456164 | 147.65 | 477586 | 444804 | 32782 | 6.86 |
| 内江市 | 750013 | 721479 | 122.09 | 642464 | 613930 | 28534 | 4.44 |
| 泸州市 | 675501 | 622713 | 145.88 | 660542 | 607753 | 52789 | 7.99 |
| 攀枝花市 | 1279484 | 1255629 | 157.94 | 1129063 | 1105208 | 23855 | 2.11 |
| 凉山州 | 1159410 | 1087556 | 100.15 | 1159410 | 1087556 | 71855 | 6.20 |
| 巴中市 | 297930 | 268362 | 66.86 | 297930 | 268362 | 29568 | 9.92 |

续表21

| 指标名称 | 全部供电 | | | 其中：电力企业部分 | | | |
|---|---|---|---|---|---|---|---|
| | 供电量 | 净用电量 | 供电最高负荷 | 供电量 | 售电量 | 线损电量 | 线损率 |
| 广安市 | 491911 | 473434 | 107.74 | 444379 | 425901 | 18477 | 4.16 |
| 眉山市 | 1006296 | 964033 | 168.50 | 992784 | 950520 | 42264 | 4.26 |
| 资阳市 | 229611 | 208625 | 62.66 | 229611 | 208625 | 20986 | 9.14 |
| 遂宁市 | 432847 | 405127 | 115.40 | 429511 | 401791 | 27719 | 6.45 |
| 阿坝州 | 992838 | 947683 | 98.80 | 992838 | 947683 | 45155 | 4.55 |
| 甘孜州 | 183671 | 139085 | 39.97 | 183671 | 139085 | 44586 | 24.27 |
| 雅安市 | 935645 | 883174 | 132.50 | 935645 | 883174 | 52471 | 5.61 |
| 天府新区 | 876178 | 833107 | 186.63 | 873155 | 830083 | 43072 | 4.93 |